駿台

2024
大学入学共通テスト
実戦問題集

国語

駿台文庫編

はじめに

この問題集は、２０２４年の大学入学共通テストを受ける受験生のために用意されたものです。本書では、駿台予備学校の講師が**共同で練り上げたオリジナルの共通テスト対策実戦問題５回分**に加えて**大学入学共通テスト過去問題３回分**を収録しています。

内容・形式ともに、実際の大学入学共通テストを想定して作題された実戦問題と実際に出題された共通テストの過去問題に取り組むことにより、効果的な演習が行えます。

また、共通テストの特徴や対策をまとめた〈共通テスト 攻略のポイント〉や漢字・語句・句形の確認に役立つ〈直前チェック総整理〉なども掲載していますので、問題・解説とあわせて熟読し、学習に役立ててください。

本書を活用することで、みなさんが自信をもって共通テストにのぞまれることを願っています。

編者

本書の特長

1　オリジナル問題５回＋過去問題３回の計８回を収録

駿台オリジナルの共通テスト対策実戦問題５回分で演習を重ねるとともに、過去問題３回分で出題形式や難易度を確認することにより、共通テストへの準備が効率よく行えます。

2　出題傾向を徹底的に分析

〈共通テスト 攻略のポイント〉では、共通テストにおける特徴や注意すべき点、最新の共通テストの分析結果などを詳細に解説しました。

3　詳細な解説

本文の読解から設問の解答方法まで、丁寧でわかりやすい解説を施しました。例えば選択肢に対しては、正解となるものだけでなく、誤答の選択肢についても解説しています。したがって、「なぜそれを選んではいけないのか？」までもわかります。詳細な本文解説はテーマへの理解を深め、２次試験の準備にも効果を発揮します。

4　頻出事項の復習ができる

『解答・解説編』には過去に出題された、漢字・語句・句形などをまとめた〈直前チェック総整理〉を掲載しています。コンパクトにまとめてありますので、短時間で効率よくチェックすることができます。

本書の利用法

1　問題を解く

まずは実際の試験にのぞむつもりで、必ずマークシート解答用紙を用いて、制限時間を設けて問題に取り組んでください。

マークシート解答用紙の利用にあたっては、「氏名・フリガナ・受験番号・試験場コード」を必ず記入しましょう。受験番号・試験場コード欄にはクラス番号などを記入し、練習用として使用してください。

2　自己採点をする

「解答」の「自己採点欄」を用いて自己採点をしてください。その後、時間をかけて、問題を読み直し、考え直しましょう。特に、自己採点の結果、自分が正答できなかったと判明した設問については、自分が気づかなかった〈正答〉の根拠は何か、自分が選んでしまった答えのどこに間違いがあるのかについて、解説を読む前にもう一度考えてみてください。

3　解説を読む

問題文・資料についての理解を深め、解答の道筋（特に２で考えたこと）について確認し、今後の学習に生かすべきポイントをつかみましょう。古文・漢文では〈現代語訳〉や〈読み方〉に目を通して、きちんと解釈できていなかった箇所をあぶり出し、本文に戻って読み直しましょう。

4　復習する

時間が経ってからもう一度問題を解き直し、きちんとした筋道で解答できるかどうか、知識が身についているかどうかを確認しましょう。

この『**大学入学共通テスト実戦問題集**』に加えて、本番前の力試しとして全教科一回分をパックした『**青パック**』、そして科目別の問題集『**短期攻略　共通テストシリーズ**』を徹底的に学習することによって、共通テスト対策はより万全なものとなります。是非ご活用ください。

目　次

出典一覧

分野	現代文（論理的文章）	現代文（文学的文章）	古　文	漢　文
第1回	五十嵐太郎『モダニズム崩壊後の建築』 浜本隆志『「窓」の思想史』	葛西善蔵「遊動円木」 ※葛西善蔵「広津和郎氏の印象」	『十訓抄』 『今鏡』	梅堯臣『宛陵集』 欧陽脩『六一詩話』
第2回	宇野邦一『反歴史論』 藤原辰史『歴史の屑拾い』	有島武郎『生れ出る悩み』	二条良基『小島の口ずさみ』 ※『新古今和歌集』尭孝『覧富士記』	原念斎『先哲叢談』 ※黄宗羲『明儒学案』
第3回	鷲田清一『〈ひと〉の現象学』 内田隆三『消費社会と権力』	芥川龍之介「芋粥」 武石彰夫『今昔物語集 本朝世俗篇 全現代語訳』	『源平盛衰記』	杜甫「飲中八仙歌」 葉夢得『避暑録話』
第4回	江原由美子「からかいの政治学」 ※瀬地山角「解題：セクシュアル・ハラスメント」	遠藤周作「異郷の友」 ※三雲夏生「ポール遠藤」	藤原道綱母『蜻蛉日記』 ※清少納言『枕草子』	呉兢『貞観政要』 『孔子家語』
第5回	伊藤亜紗『手の倫理』	佐伯一麦「栗の木」 ※阿部公彦「栗の木」の解説	『狭衣物語』	邵雍「漁樵対問」 劉祁『帰潜志』

※は設問中での引用出典

2024年度　大学入学共通テスト　出題教科・科目

以下は，大学入試センターが公表している大学入学共通テストの出題教科・科目等の一覧表です。

最新のものについて調べる場合は，下記のところへ原則として志願者本人がお問い合わせください。

●問い合わせ先　大学入試センター

TEL　03-3465-8600　（土日祝日を除く　9時30分～17時）　http://www.dnc.ac.jp

教　科	ｸﾞﾙｰﾌﾟ	出題科目	出題方法等	科目選択の方法等	試験時間（配点）
国　語		『国　語』	「国語総合」の内容を出題範囲とし，近代以降の文章，古典（古文，漢文）を出題する。		80分 （200点）
地理歴史		「世界史Ａ」 「世界史Ｂ」 「日本史Ａ」 「日本史Ｂ」 「地理Ａ」 「地理Ｂ」	『倫理，政治・経済』は，「倫理」と「政治・経済」を総合した出題範囲とする。	左記出題科目の10科目のうちから最大２科目を選択し，解答する。 ただし，同一名称を含む科目の組合せで２科目を選択することはできない。 なお，受験する科目数は出願時に申し出ること。	１科目選択 60分（100点） ２科目選択 130分（うち解答時間120分） （200点）
公　民		「現代社会」 「倫　　理」 「政治・経済」 『倫理，政治・経済』			
数　学	①	「数学Ⅰ」 『数学Ⅰ・数学Ａ』	『数学Ⅰ・数学Ａ』は，「数学Ⅰ」と「数学Ａ」を総合した出題範囲とする。 ただし，次に記す「数学Ａ」の３項目の内容のうち，２項目以上を学習した者に対応した出題とし，問題を選択解答させる。 〔場合の数と確率，整数の性質，図形の性質〕	左記出題科目の２科目のうちから１科目を選択し，解答する。	70分 （100点）
	②	「数学Ⅱ」 『数学Ⅱ・数学Ｂ』 『簿記・会計』 『情報関係基礎』	『数学Ⅱ・数学Ｂ』は，「数学Ⅱ」と「数学Ｂ」を総合した出題範囲とする。 ただし，次に記す「数学Ｂ」の３項目の内容のうち，２項目以上を学習した者に対応した出題とし，問題を選択解答させる。 〔数列，ベクトル，確率分布と統計的な推測〕	左記出題科目の４科目のうちから１科目を選択し，解答する。	60分 （100点）
理　科	①	「物理基礎」 「化学基礎」 「生物基礎」 「地学基礎」		左記出題科目の８科目のうちから下記のいずれかの選択方法により科目を選択し，解答する。 Ａ　理科①から２科目 Ｂ　理科②から１科目 Ｃ　理科①から２科目及び理科②から１科目 Ｄ　理科②から２科目 なお，受験する科目の選択方法は出願時に申し出ること。	２科目選択 60分（100点）
	②	「物　理」 「化　学」 「生　物」 「地　学」			１科目選択 60分（100点） ２科目選択 130分（うち解答時間120分）（200点）
外国語		『英　語』 『ドイツ語』 『フランス語』 『中国語』 『韓国語』	『英語』は，「コミュニケーション英語Ⅰ」に加えて「コミュニケーション英語Ⅱ」及び「英語表現Ⅰ」を出題範囲とし，【リーディング】と【リスニング】を出題する。 なお，【リスニング】には，聞き取る英語の音声を２回流す問題と，１回流す問題がある。	左記出題科目の５科目のうちから１科目を選択し，解答する。	『英　語』 【リーディング】 80分（100点） 【リスニング】 60分（うち解答時間30分）（100点） 『ドイツ語』，『フランス語』，『中国語』，『韓国語』 【筆記】 80分（200点）

備考

1．「　」で記載されている科目は，高等学校学習指導要領上設定されている科目を表し，『　』はそれ以外の科目を表す。

2．地理歴史及び公民の「科目選択の方法等」欄中の「同一名称を含む科目の組合せ」とは，「世界史Ａ」と「世界史Ｂ」，「日本史Ａ」と「日本史Ｂ」，「地理Ａ」と「地理Ｂ」，「倫理」と『倫理，政治・経済』及び「政治・経済」と『倫理，政治・経済』の組合せをいう。

3．地理歴史及び公民並びに理科②の試験時間において２科目を選択する場合は，解答順に第１解答科目及び第２解答科目に区分し各60分間で解答を行うが，第１解答科目及び第２解答科目の間に答案回収等を行うために必要な時間を加えた時間を試験時間とする。

4．理科①については，１科目のみの受験は認めない。

5．外国語において『英語』を選択する受験者は，原則として，リーディングとリスニングの双方を解答する。

6．リスニングは，音声問題を用い30分間で解答を行うが，解答開始前に受験者に配付したICプレーヤーの作動確認・音量調節を受験者本人が行うために必要な時間を加えた時間を試験時間とする。

2018～2023年度　共通テスト・センター試験　受験者数・平均点の推移（大学入試センター公表）

センター試験←｜→共通テスト

科目名	2018年度		2019年度		2020年度		2021年度第１日程		2022年度		2023年度	
	受験者数	平均点	受験者数	平均点	受験者数	平均点	受験者数	平均点	受験者数	平均点	受験者数	平均点
英語 リーディング（筆記）	546,712	123.75	537,663	123.30	518,401	116.31	476,173	58.80	480,762	61.80	463,985	53.81
英語 リスニング	540,388	22.67	531,245	31.42	512,007	28.78	474,483	56.16	479,039	59.45	461,993	62.35
数学Ⅰ・数学A	396,479	61.91	392,486	59.68	382,151	51.88	356,492	57.68	357,357	37.96	346,628	55.65
数学Ⅱ・数学B	353,423	51.07	349,405	53.21	339,925	49.03	319,696	59.93	321,691	43.06	316,728	61.48
国　語	524,724	104.68	516,858	121.55	498,200	119.33	457,304	117.51	460,966	110.26	445,358	105.74
物理基礎	20,941	31.32	20,179	30.58	20,437	33.29	19,094	37.55	19,395	30.40	17,978	28.19
化学基礎	114,863	30.42	113,801	31.22	110,955	28.20	103,073	24.65	100,461	27.73	95,515	29.42
生物基礎	140,620	35.62	141,242	30.99	137,469	32.10	127,924	29.17	125,498	23.90	119,730	24.66
地学基礎	48,336	34.13	49,745	29.62	48,758	27.03	44,319	33.52	43,943	35.47	43,070	35.03
物　理	157,196	62.42	156,568	56.94	153,140	60.68	146,041	62.36	148,585	60.72	144,914	63.39
化　学	204,543	60.57	201,332	54.67	193,476	54.79	182,359	57.59	184,028	47.63	182,224	54.01
生　物	71,567	61.36	67,614	62.89	64,623	57.56	57,878	72.64	58,676	48.81	57,895	48.46
地　学	2,011	48.58	1,936	46.34	1,684	39.51	1,356	46.65	1,350	52.72	1,659	49.85
世界史B	92,753	67.97	93,230	65.36	91,609	62.97	85,689	63.49	82,985	65.83	78,185	58.43
日本史B	170,673	62.19	169,613	63.54	160,425	65.45	143,363	64.26	147,300	52.81	137,017	59.75
地理B	147,026	67.99	146,229	62.03	143,036	66.35	138,615	60.06	141,375	58.99	139,012	60.46
現代社会	80,407	58.22	75,824	56.76	73,276	57.30	68,983	58.40	63,604	60.84	64,676	59.46
倫　理	20,429	67.78	21,585	62.25	21,202	65.37	19,954	71.96	21,843	63.29	19,878	59.02
政治・経済	57,253	56.39	52,977	56.24	50,398	53.75	45,324	57.03	45,722	56.77	44,707	50.96
倫理，政治・経済	49,709	73.08	50,886	64.22	48,341	66.51	42,948	69.26	43,831	69.73	45,578	60.59

（注１）2020 年度までのセンター試験『英語』は，筆記 200 点満点，リスニング 50 点満点である。

（注２）2021 年度以降の共通テスト『英語』は，リーディング及びリスニングともに 100 点満点である。

（注３）2021 年度第１日程及び 2023 年度の平均点は，得点調整後のものである。

2023年度　共通テスト本試「国語」
データネット（自己採点集計）による得点別人数

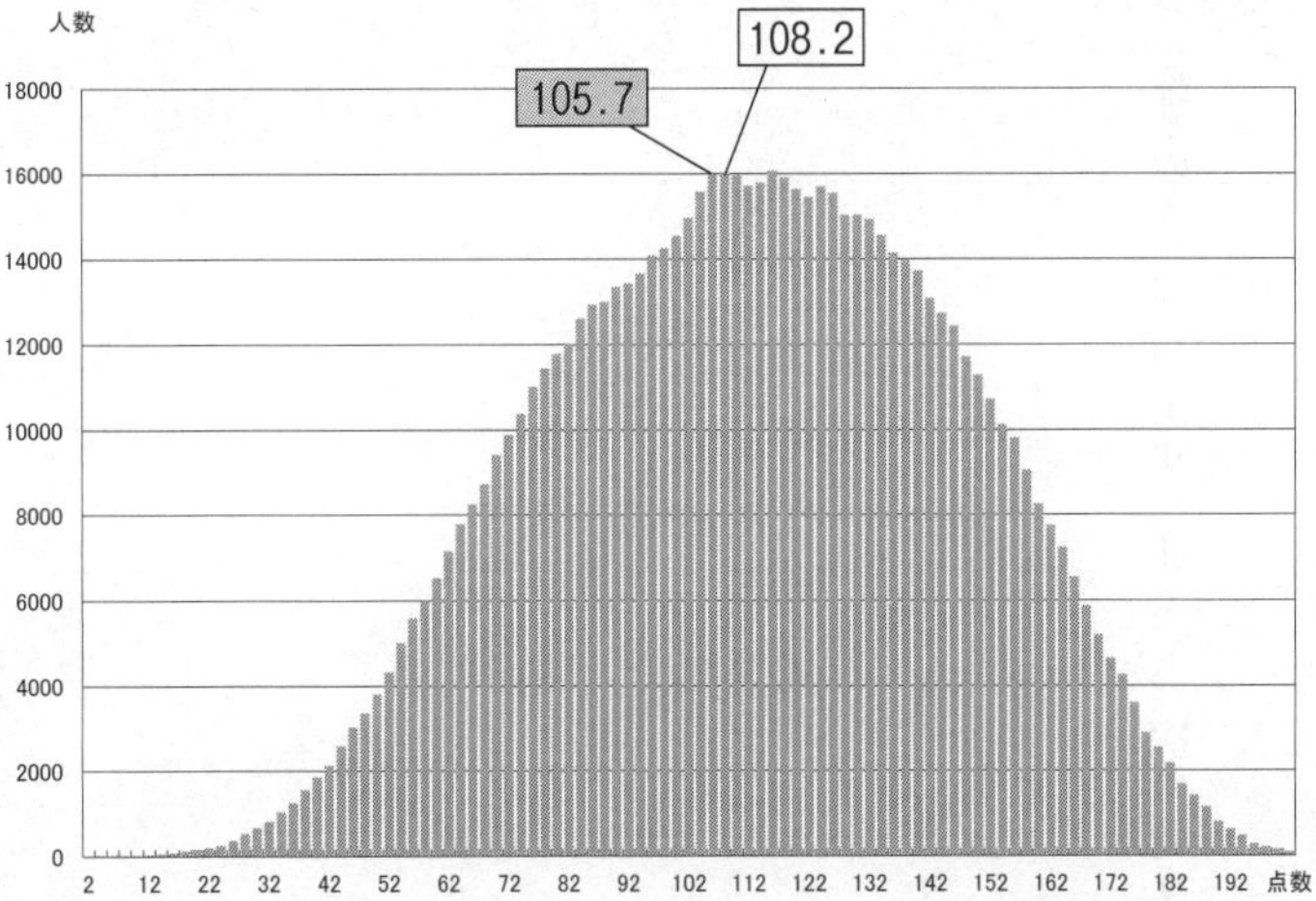

上のグラフは，2023 年度大学入学共通テストデータネット（自己採点集計）に参加した，国語：377,316 名の得点別人数をグラフ化したものです。

2023 年度データネット集計による平均点は 108.2，大学入試センター公表の 2023 年度本試平均点は 105.7 です。

共通テスト 攻略のポイント

■大学入学共通テストについて■（二〇二三年四月時点での情報に基づくもの）

大学入学共通テストは、大学入試センター試験に代わって二〇二一年から開始された全国共通のテストである。**オールマーク式**のテストで、国語は、**80分・200点満点**で実施される。大問構成は次の通りである。

大問	出題分野	解答方法	題材	配点
第1問	現代文	マーク	論理的文章	50点
第2問	現代文	マーク	文学的文章	50点
第3問	古文	マーク		50点
第4問	漢文	マーク		50点

大学入学共通テスト（以下、「共通テスト」と表記する）については、二〇二三年・二〇二二年の本試験・追試験、二〇二一年の第一日程・第二日程の問題が公表されている。以下に、それらの問題および実施結果の分析や、大学入試センター等からリリースされた情報などをもとにした、共通テストの特徴をまとめておく。

■現代文■

〈全体としての特徴〉

共通テストの特徴は、**〈思考力・判断力・表現力〉**を重視した出題である点にある。具体的には、通常の現代文の出題に加えて、次のような出題がなされる。

① **複数テクストによる出題**――二つ以上の文章を組み合わせたり、文章と資料・会話などを組み合わせたりと、**複数のテクスト（書かれたもの）を見渡してそれらの関連性をとらえる力**を試す問題が出題される。

② **応用的・発展的思考力を必要とする設問の出題**――本文に直接〈書いてあること〉を把握する設問だけでなく、**応用的・発展的思考**を求める設問が出題される。例えば、**本文にない具体例を考える**設問、**本文の記述を抽象化・一般化して考える**設問、**本文の論旨を基に論理的な推論を行う**設問、**複数のテクストの共通点・相違点を考える**設問、**本文以外の文章や資料の内容を基に本文を捉え直す**設問、**一方の文章の内容を基に他方の文章**

に応用して新たな考えを導く設問などである。

③ **生徒の学習場面を想定した出題**――通常の文章読解だけでなく、本文を素材とする生徒の学習場面を想定した設問が出題される。生徒の書いたノート・メモ・図や、学習に際しての**参考資料**などが提示され、それを基に本文の内容を整理したり発展的に考えたりする設問や、**複数の人の会話・討論**という形の設問などである。

また、大学入試センターが公表している〈問題作成方針〉には、実用的文章の出題の可能性もあることが示されている。

〈各大問の特徴〉

・**第1問**は、**評論文・論説文・説明文などの論理的文章**を、（ともにある程度の長さをもつ二つの文章、あるいは長い文章と短めの文章といった形で）複数組み合わせる形で出題され、各文章の**内容読解の設問**を中心に、**漢字・語彙設問**、**表現や構成・展開の設問**、**複数の文章の間の関連性を問う設問**、**本文を基に応用的・発展的な考えを導く設問**などが出題される。さらに、論理的文章に実用的な文章や資料を組み合わせる形で出題される可能性もある。

・いずれにせよ、**論理的文章と**、**関連するテクスト**（**他の文章や資料**）**という形での出題**となるので、アプローチのしかたとしては、**一つ目の文章の内容をしっかりと把握し、それとの関連で他のテクストの意味やはたらきを考えていく**、ということになる。――**ある程度の長さの二つの文章が最初に提示される場合**には、一つ目の文章を（対比・同内容関係などに注意することで）論旨を整理しながら読み、その内容を頭に置きつつ、それとの関連性（共通点や相違点など）を考えながらもう一つの文章を読み進めていく。**長い文章が最初に提示され、もう一つの文章・資料は設問の中に組み込まれている場合**には、最初の文章の論旨と設問要求を頭に入れた上で、それらとの関連性を考えながらもう一つの文章・資料を読んでいく、ということになる。

・**生徒のノート・生徒の書いた文章・生徒の会話といった設定に基づいて解答する設問**では、（本文の内容に加え）**それらが設定する文脈**や、**思考・議論の過程**などもヒントにして解答を考える。

・**第2問**は、**小説**を中心とする**文学的文章**を題材とし、**内容読解の設問**を中心に、**語意など国語の知識に関する設問**、**表現や構成の設問**、**本文を基に応用的・発展的な考えを導く設問**などが出題される。

・また、小説と批評・エッセイ・韻文（詩歌）・テーマの上で関連する別の文章など、**何らかの形で複数の題材を組み合わせた形の出題**となる可能性が高い。

・**本文の叙述そのものの読み取り**はもちろん、**叙述を基に直接書かれていないことを推定することまで含めた作品世界の読解**、さらに、**作者の意図や表現のはたらきの考察**などが、設問で問われる内容である。したがって、アプローチのしかたとしては、**本文に書かれていることを正確に把握する**

ことを大前提とし、直接書かれていないことの推定を求める設問については、本文の内容を根拠とする妥当な推測であるか否かを判断して解答する、ということになる。

・設問中に他の文章・資料などが組み込まれている場合には、メインの文章の内容を的確に把握し、それについての設問を解きながらさらに内容をしっかりと頭に入れた上で、他の文章・資料がそれとどのように関連しているかを考えつつ、設問要求に応じて解答を考えていく。

・生徒のノート・生徒の書いた文章・生徒の会話といった設定に基づいて解答する設問では、第1問同様に、(本文の内容に加え)それらが設定する文脈や、思考・議論の過程などもヒントにして解答を考える。

古文

〈全体としての特徴〉

共通テストは、習得した知識を単純にアウトプットする能力を見るだけではなく、**習得した知識を応用した総合的な思考力、判断力、さらにはそれを踏まえた対話能力**などを試す試験という位置づけであり、そういう観点から、従来の大学入試センター試験に手が加えられた出題となっている。その大きな変更点が、**複数テクストの分析・統合・評価の設問**を加えるということである。そうしたコンセプトの大きな変更と連動して、素材文の選定の仕方や、設問の作り方も変わってくる。今年の共通テストの問題もふまえて、今後、どういう出題が予想されるかを説明しておこう。

① **複数の素材を分析・統合・評価させる出題**がなされる――複数の素材の組合せとしては古文＋古文、古文＋現代文の組合せが考えられ、さまざまな形の出題への対応力が試される。

主体となるテクストに、**種々の副素材**が組み合わされる――組み合わされる副素材としては、説明文(出版されている書籍から採用されたものと、出題者が作成したものの両方が考えられる。また、**対話能力**を試すために、単なる説明文ではなく、専門家同士の対話や、学習場面における生徒と教師の対話などが副素材として採用される可能性もある)、古文で書かれた注釈書、主体となるテクストの異本やそこに含まれる内容についての異伝、主体となるテクストと内容的に関連する素材などが考えられる。なお、主体となるテクストとしては、そうした副素材を容易に見出すことができる、**有名出典やそれと関連する素材**が選ばれる可能性が高い。

③ 総合的な思考力を試すために、**様々なテーマ**が話題となる――話題となりそうなテーマとしては、**古典文学についてのリテラシー**(作品やジャンルの性格についての知識、伝本のあり方についての知識、作品が書かれた環境についての知識など)、**古典の注釈の歴史についての理解**、**古文の様々な表現の効果についての理解**などが考えられる。ただし、設問を解くのに必要な知識・情報は示されるので、これらのテーマについて特別な学習が必要なわけではない。

④ 解釈・説明・和歌の読解・内容合致など、従来のセンター試験でも定番であった出題に加えて、**複数素材の分析・統合・評価にかかわる設問**が出

題される――設問文の理解や情報の取捨選択に思考力や判断力が要求されるが、設問の性格としては、**内容合致型、表現説明型の問題**に近くなると考えられる。

漢文

〈全体としての特徴〉

漢文の基礎は再読文字・使役などのいわゆる句形と、特別な読みや意味を持つ重要語の理解であるが、すでにセンター試験においても、こうした基礎的知識だけでなく、その基礎の上に立って文章全体を読解することが求められていた。共通テストにおいても、その傾向がそのまま踏襲されている。句形や重要語の知識を身に付けるのはもちろんだが、それに満足せず、意識して**文脈を読解する力を養成**する必要がある。これに加えて、共通テストでは次のような設問が出題されると考えられる。

・**複数の素材による出題**――二つ以上の漢文の文章、漢文＋現代文、漢文＋漢詩など、様々な組合せの**複数の素材を見渡してそれらの関連性をとらえる力**を試す設問が出題される。

・**漢詩の出題**――センター試験では漢詩は頻出ではなかったが、二〇一七年の共通テストの試行調査、二〇二一年の共通テスト第一日程および二〇二二年の本試験で出題されており、今後も積極的に出題されると考えられる。また、試行調査の出題から、今後次のような設問も出題されることが予想される。

・**日本語・日本文学と漢詩・漢文の関わりに関する出題**――漢詩・漢文に出典を持つ**故事成語**に関する設問や、**日本で作られた漢詩・漢文**を問題文として、**日本文学史における漢詩・漢文の位置**に関する設問が出題される。

・**対話体による出題**――言語生活を意識した対話体による設問により、**対話の内容を読み取り、テクスト全体との関わりを理解**することを求める設問が出題される。

二〇二三年共通テスト（本試験）の分析

二〇二三年一月に実施された共通テスト本試験について、大問ごとの傾向と対策を概観しまとめておく。なお、国語全体の平均点は105・74点で、昨年度本試の110・26点よりマイナス4・52点となっている。

現代文

第1問

昨年同様、**〈共通のテーマ**（昨年度は「食べる」こと、今年度はル・コルビュジエの建築の特質）**について別の角度から論じた二つの文章〉**を取り上げ、**各文章の論旨について順に問うた上で、両文章の関連性を最後の設問で問う**、という設問構成がとられている。**対比関係や同内容関係をつかんで論旨を整理しながら読み進め、各文章の論の中心点を把握しつつ、両文章の内容的連関を考える**、という読解姿勢が求められている。

分量的には**【文章Ⅰ】【文章Ⅱ】**合計で約三四〇〇字。昨年度も二つの文章の合計で約三五〇〇字だったので、分量的にはほぼ同じくらいということになるが、**【文章Ⅰ】【文章Ⅱ】**ともに昨年度に比べれば硬質な評論文であり、問題文の難易度は昨年度よりは難ということになろう。とはいえ、二〇二一年度や追・再試験なども考慮すると、共通テストとしては標準的な分量・難易度であり、今年度よりも手ごわい文章が出題される可能性も念頭に置いておく必要がある。

形式的には、二〇二一年度が〈メインの文章＋設問部分にサブの文章〉という形式だったのに対し、昨年度および今年度は**【文章Ⅰ】【文章Ⅱ】**という形で二つの文章が最初に掲げられる形が続いた。いずれにせよ、**複数の文章を読ませ、その間の関連を問う、という形での出題は続く**ものと思われる。

設問は、**【文章Ⅰ】【文章Ⅱ】**それぞれの論旨について順に問うた上で、二つの文章の関連性を最後の設問で問う、という構成であり、（昨年度は**【文章Ⅰ】【文章Ⅱ】**それぞれ二つずつの設問が出題され、うち一つが表現設問であったのに対し、今年度は**【文章Ⅰ】**で傍線部説明×3、**【文章Ⅱ】**で傍線部説明×1、となった点に違いはあるが）おおむね昨年同様の流れとなっている。**①それぞれの文章の論の中心点を把握する（オーソドックスな読解設問）②それらを踏まえて両文章の内容的連関を考える（共通テスト型の応用的・発展的思考の設問）**という形で、二種類の力が試されているということができ、来年度以降も基本的な方針としてはこうした出題になるのではないかと考えられる。

具体的な設問構成としては、問1が漢字・語彙、問2～問5は傍線部説明で**【文章Ⅰ】【文章Ⅱ】**の主旨を順に問うもの、問6は会話形式の〈生徒の学習場面〉設問で、**【文章Ⅰ】【文章Ⅱ】**の表現・構成を問うものや両文章の内容を重ね合わせて発展的な考えを導き出すもの、という形。〈漢字・

語彙設問↓本文の各部分の読解設問↓何らかの設定（生徒の学習場面など）のもとに複数の文章の関連を問う共通テスト特有の設問〉という流れは二〇二一年度以降の三年間に共通しており、また、昨年度出題された表現設問が今年度は出題されなかったように見えるが、問6の(i)・(ii)は実質的には表現および構成を問う設問だとみることができる（最後の設問で構成を問うのは二〇二一年度第一日程の形だともいえる）。来年度も、**〈漢字・語彙／部分の読解／全体の読解／表現・構成／複数の文章の比較・統合／応用的・発展的思考〉といった〈問う内容〉は一貫させつつ、形式面においては様々な出題がなされる**のではないかと思われる。

設問の難易度は〈昨年度よりはやや難化〉と考えられる。本文の比較的広い範囲を見渡さなければ解答できないタイプの設問がほとんどだった昨年度に比べ、今年度は傍線部の近くの内容をおさえれば正解できる設問も少なくなく、〈解答箇所の発見〉自体は容易だったのではないかと思われるが、誤答の選択肢にかなりまぎらわしいものが多かったため、その点で迷わされて誤答した、あるいは正解できたとしても時間がかかってしまったという受験者が少なくなかったものと考えられる。

問1の**漢字設問**では、昨年度に続き、〈カタカナを漢字に置き換える問い〉に加えて**〈文中の字義と「同じ意味」あるいは「異なる意味」のものを答える問い〉が出題された**（今年度は追・再試験も同様のタイプだった）。ただし、例えば昨年度の追・再試験は、漢字は3問のみで、最後の設問の中に国語の知識に関する問いが出題される、という設問構成となっており、漢字・語彙などの知識設問についても、さまざまな形式が出題される可能性があると考えておいた方がよいだろう。

設問数は昨年と同じく6だが、問6の枝問が昨年度の2から3に増えた分、解答個数は1増となっている。二〇二一年度の第一日程が、最後の設問である問5で〈意味段落の構成／部分読解／複数テクストの統合〉を問い、昨年度は問5で〈表現の特徴と働き〉を、問6で〈部分読解／複数テクストの統合〉を問うていたのに対し、今年度は最後の設問である問6で〈表現の働き（引用の意図）に関する複数テクストの比較／意味段落の構成（子規に関する部分とル・コルビュジエに関する部分との関連性）／複数テクストの統合（一方の文章の内容を基にした他方の文章に関する新解釈の導出）〉を問うているとみることができる。つまり、表面的な形式の変化に目を奪われるよりも、**〈構成・表現の把握〉〈内容読解〉〈複数テクストの比較・統合〉といった力を試す設問を、さまざまな形式で出題する**、という方針だと考えて準備するのが妥当だと思われる。

二〇二一年度第一日程・二〇二二年度本試験では**〈生徒のノート・メモ〉の形をとって発展的・応用的思考を問う設問**が出題されたが、**今年度は〈生徒の会話〉の形をとって発展的・応用的思考を問う設問**が出題された。表面的な形式は異なるが、右に見たように問われている力は同方向のものだということができる。いずれにせよ、**①それぞれの文章の的確な理解を前提に、二つの文章を比較・統合する力が問われる** **②本文の理解に加えて、〈ノート・メモ・会話〉などで出題者が設定した文脈を〈解答の条件〉とし、それらを満たすよう考えていく必要がある**という特徴は共通であり、こうした点に留意して練習を重ねた上で、その力を各年度ごとの出題形式に応用していく、という学習法が望ましい。

以上の分析から、第1問に関する今後の学習としては、

①まず、**オーソドックスな本文読解・設問解答の力**をつける。具体的には、**a 同内容関係・対比関係などに注意して、論旨を整理しながら本文を読む b 傍線部・設問文から〈何を問われているのか〉を的確に把握し、それについて〈本文でどのように書かれているのか〉をおさえ、それに沿う選択肢を選ぶ c 単に〈本文に書かれてあるものは○、書かれていないものは×〉というだけでなく、書かれてあることのうちでも〈論の中心点をおさえているもの〉〈設問要求にきちんと応えているもの〉はどれか、といった観点で〈最適の解答〉を選ぶ** といった解答作業の練習である。

②その上で、**〈応用的・発展的思考〉設問**の練習を重ねる。**〈複数のテクストを比較して共通点・相違点を把握する〉〈与えられた条件に従って必要な情報を探し、要求に応じて再構成する〉〈本文の論旨を基に、本文に直接書かれていないが妥当だと判断できる内容を論理的に導き出す（推論する）〉**といった設問である。**共通テスト型の演習問題を多くこなす**ことがもちろん必要だが、ふだんの学習の中で（通常の読解設問を解く際でも）、**単に答えを出すだけでなく〈なぜその答えになるのか〉という根拠（解答の過程）を意識化しながら解くようにすることで、〈論理的思考力〉をつちかっていくことも重要だろう**。また、日常生活の中で、例えばインターネット上のさまざまな文章を読む際などに、リンクされている他の文章などを合わせて読み、〈どういう点で関連があるのか（同一の話題に関する対立する意見であるとか、一方の文章中のある論点をより詳しく述べたものであるとか、話題自体は違うが筆者の視点や論じ方に共通点があるとか）〉を考えてみる習慣をつけるといったことも、〈複数のテクストを比較する〉設問を考える際の練習になるだろう。さらに、**〈本文を基に、応用的・発展的な新たな考えを導き出す〉**設問に対しては、**本文と設問要求**を的確におさえ、**それらから導き出せる考えとして妥当性の高い〈正解〉と、本文と合致しない・方向性として本文からズレている・設問要求を満たさないといった〈誤答〉**とを見分ける判断力をつちかうことを意識したい。

第2問

昨年度の現代小説から、今年度は昭和二〇年代の小説からの出題となった。センター試験では**様々な時代の小説が出題**されており、共通テストでも同様であろうと考えられる。内容的には、戦後の食糧難の時代において貧窮と空腹に苦しむ主人公を描いた小説であり（現代でも実は社会問題化していることではあるものの）、時代背景の違いもあって、大多数の受験生にとってはあまり〈ピンと来ない〉作品だったのではないかと思われるが、むしろそこにこそ出題者のねらいがあるのではないかと思われる。センター試験でも、受験生の年代の一般的な心理とはさまざまな意味で異質な心理を描いた作品が多く出題されており、**〈自分の心理からの類推や共感でははかりがたい〝他者〟の内面を、書かれた言葉から読み取って理解できるか〉**を試す出題は、一貫した作題方針の一つだといえる。そうした心理を、**〈前書きや注なども含め本文の叙述をきちんと追って的確に把握する〉**練習が不可欠である。分量は約四〇〇〇字で、昨年度本試の三二〇〇字から大幅に増加した。本文自体の難易度としては、描かれている状況や心理の屈折した複雑さという点では昨年度の方が難度が高いともいえようが、時代背景の違いと分量の多さを勘案すると、おおむね昨年度と同程度と考えてよいの

ではないかと思われる。

設問については、設問数が昨年の5から7に増えた一方で、合計解答個数は8と昨年と同じであったことが目を引く。センター試験のように〈合計6問、問1が語意（解答個数3）、問2～5が部分読解（解答個数各1）、問6が表現（解答個数2）〉というふうに固定した形式ではなく、**〈多様な設問形式が出題されうる〉**という心構えで練習を重ねていく必要があるだろう。語意設問は昨年度に続き出題されなかったが、本年度の追・再試験では出題されており、これも来年以降復活する可能性がないとはいえないものと思われる。

全体に、**〈傍線部の直前・直後のみで答えようとすると勘違いして引っかかってしまう誤答〉**が用意されており、**やや広い範囲の内容をある程度頭に入れた上で傍線部をおさえる（設問化されている箇所を他の箇所の心理と接続して考える）と正確に理解でき正解が出せる、**というタイプの設問が多かったといえる。その意味で、小説問題に関する本格的な学習ができているかどうかが試される出題であったということができる（得点差が付きやすいという意味では昨年度より難化したといえよう）。しかし一方で**〈傍線部自体あるいは直前・直後のキーになる表現のニュアンスがきちんと出ているかどうか〉が選択肢判別の決め手になる設問もある。**したがって、解答に当たっては**〈まずある程度まとまりのあるところまで読んで、それを頭に入れた上で傍線の前後もきちんとおさえ、両にらみで最適のものを選ぶ〉**姿勢で臨む必要があるといえる。

右に見た設問の難易度と、先に見た分量および時代背景を総合すると、全体としての難易度は〈昨年度よりやや難〉といったところであろう。

問7は〈生徒の学習場面〉形式で、資料・生徒の〈構想メモ〉とそれに基づく文章が与えられ、本文とそれらを総合して考えるというものだった。形式は目新しいが、**〈設問で与えられた別テキストを基に本文の内容を捉え直す〉**というタイプのものである点では昨年度同様の出題であり、また(i)と(ii)が連動する形の問いとなっている点でも、昨年度同様の出題だということができる。共通テストの出題方針の一つである〈思考の過程〉を重視するという方向性に沿うものであり、解答に当たっては、本文と資料他の与えられたテキストはもちろん、設問同士を**相互に関連づけてヒントにする**ような考え方を意識したいところである。

第1問の問6・第2問の問7を総合すると、**〈特定の場面を設定し、それに沿って考える〉**〈"思考の過程"を重視する〉**〈本文の内容と本文外の事柄との関連を考える〉〈与えられた条件・要求に応じて必要な内容を考える〉**といった特徴を見いだすことができる。これらが**〈論理的文章・文学的文章の別を問わず共通テストで試される力〉**だと考えることができるだろう。

また、第2問の問7(ii)は実質的には〈象徴表現の読み解き〉であり、センター試験から継続的に出題されてきた表現設問のヴァリエーション（であり、問7(ii)はその〈解答に至る思考過程〉を**【資料】【構想メモ】【文章】**というヒントを出しつつ設問化したもの）だと考えることもできる。第1問同様、ここでも基盤になっているのは〈オーソドックスな読解・解答の力〉だといえる。

以上のような分析から、第2問に関する今後の学習としては、

①まず、**オーソドックスな本文読解・設問解答の力**をつける。具体的には、**a　小説（やストーリー性のある随筆）の問題について、リード文（前書き）や注なども踏まえつつ、時と場所、主要人物の属性や性格・置かれている状況、人物間の関係性などをおさえ、また各場面での心情やその変化、時制（過去の回想の挿入や、別の時点への飛躍など）に注意して、内容を把握しながら読む　b　傍線部・設問文から〈何を問われているのか〉を的確に把握し、それについて〈本文でどのように書かれているのか〉をおさえ、解答する　c〈問われていること〉について本文に直接書かれていない場合には、関連する複数の箇所を本文からおさえ、それらを総合して〈最も妥当性の高い解釈〉を選ぶ**といった練習である。

先にも述べたように、文学的文章の問題では、**何らかの形で〈一般的な受験生の日常性とは異なる状況・心情〉**を描いたものが出題されやすい（現代の受験生とは〈時代が違う〉〈世代が違う〉〈少し〝変わった性格〟だったり、特殊な状況に置かれていたり、といった人物が主人公である〉など）。したがって、**〈自分だったらこういう気持ちになる〉**といった答え方でなく、本文の叙述をきちんとたどり、**〈この人はこういう状況にあって、こういう性格で、こういう気持ちになっているのか〉**というふうに読み取っていく、という意識をもって練習を重ねたい。

②その上で、**〈発展的・応用的思考〉設問**の練習を重ねる。**〈本文以外のテクストと本文との関連性を考える〉〈与えられた条件に従って必要な情報を探し、要求に応じて再構成する〉〈本文の内容を別の視点・観点から捉え直す〉**といった設問である。また、〈ノート・メモ〉や〈複数の生徒の会話〉といった設問では、**〈思考の過程〉を踏まえ、枝問同士を連動させて考えるような意識**もって練習したい。

入試問題である以上、**文学的文章の問題とはいえ、解答自体は本文に根拠を求めて〈～だから……だ〉というふうに〈論理的に導き出す〉**ことが前提である。したがって、問題演習に当たっては、通常の読解問題についても、**単に答えを出すだけでなく〈なぜその答えになるのか〉という根拠（解答の過程）を意識化しながら解く**ことを、論理的文章以上に強く意識して練習したい。そのようにしてまず**〈文学的文章についての論理的思考力〉**を鍛え、その上で、**共通テスト型の演習問題を多くこなし**、さまざまな設問形式に慣れていこう。

登場人物の心理の読解設問も、複数の人の〈会話〉の設問も、本文を〈批評〉などの〉別の視点から捉え直す設問も、端的にいえば**〈他者の視点に立って考えることができるか〉**を問われている設問だと考えることができる。現代文の問題を解く練習を重ねる中で、自分自身の考え方・気持ちの動き方とは別に〈こういう考え方・気持ちの動き方をする人もいるのか〉というふうに理解する習慣をつけることが、〈意外にも〉設問解答のための力をつける道だということができる。

なお、**第1問の問1（漢字）**や**第2問の問1（語句の意味）**（昨年度・今年度本試験では出題されなかったが、今年度の追・再試験では出題されている）については、**基本的には〈知らなければできない〉**ものなので、**日頃から辞書をまめに引き、また漢字練習帳や〈語意設問で出題されやすいこ**

とばを集めた単語集〉のようなもので、語彙力の強化をはかるようにしたい。

また、80分という時間の中で古文・漢文を合わせた4題を解くのはかなり大変である。右に見たような形で基本的な力をつちかった上で、**本番同様の形式の問題を80分で解き、〈制限時間内で目標得点を獲得する〉ためのペース配分の練習を繰り返す**必要がある。

今年度の問題は、(二〇二一年度→二〇二二年度の変化に比べれば) 昨年度からの変化はそれほど大きくなかったとはいえるが、第1問の問4・5の形式や、第2問の設問数・形式など、多少の変化はみられる。**設問のフォーマットがほぼ固定されていたセンター試験とは違い、共通テストでは、多様な設問形式を出題しようという方向性がうかがえる**ところである (これは〈予想外の事態にも対応しうる能力〉を試そうとする意図によるものではないかと考えられる)。したがって、**表面的な設問形式にとらわれるよりは、これまで見てきたような形で〈求められる力〉の本質を理解し、それを養う本格的な学習に取り組む**ことが望ましい。

大学入試センターから公表されている「令和6年度大学入学者選抜に係る大学入学共通テスト出題教科・科目の出題方法等及び問題作成方針」の「国語」の項にも、「近代以降の文章 (論理的な文章、文学的な文章、**実用的な文章**)……といった題材を対象とし」とあり、今年度の第2問で〈ある種の〈実用的文章〉である〉広告の図像が出題されたことも勘案すると、来年度以降、共通テスト実施前に二回にわたって行われた〈試行調査〉の問題に近い設問の割合がより多くなっていく可能性もある。そうした問題についてもある程度は意識しておきたい。

古文

第3問

本年度 (二〇二三年度) は、共通テストの第三回目であった。本年度の共通テストの問題が実際どうだったのかを分析しつつ傾向と対策を考えていく。

出典は、主体となるテクストが歌論書として比較的有名な『俊頼髄脳』で、それに『俊頼髄脳』の作者源俊頼の家集『散木奇歌集』が添えられる形になっている。複数テクストの問題の作りやすさからいって有名出典の文章の出題が多くなることが予想されるが、本年度も予想どおりの出題であったといってよい。

本文の分量は、一一〇〇字程度 (副素材を合わせると一三〇〇字程度となる) で、昨年度と比べてやや増加し、**注、設問文、選択肢の文字数を含めた全体の分量**も、四九〇〇字以上と昨年度より五〇〇字ほど増えたが、文章の難易度がそれほど高くなかったので、受験生の負担は昨年度とそれほど変わらなかったと思われる。

問題の構成は、古文+現代文 (教師と生徒の話し合い+古文) で、一応複数テクスト型の出題となってはいるが、複数テクスト型の問題としては昨年度ほど本格的なものではなかった。難易度の調整が難しいためか、昨年度のような古文+古文の形と古文+現代文 (+古文) の形で揺れているという印象であり、この先どういう形になっていくのかまだまだ予断を許さない。いろいろな形に慣れておく必要がある。

設問の構成は、4問構成で、解釈×1問（×3）、説明×2問（要素分解型×1、内容合致型×1）、複数テクスト×1問（空所補充×3）で、昨年度の設問構成が踏襲されているが、追試験が違う構成になっていたことからみて、まだこの形が定着するかどうかは未知数である。ただ、文法の独立問題が出題されない代わりに要素分解型（語句・表現説明）の問題が定着しつつあり、また、内容合致型（部分・全体）の比重が高いこと（複数テクストに関する出題は、内容合致型に近い）はそれほど動かないと考えられる。

個々の設問について見ていこう。

①**解釈の問題**は、センター試験以来の定番で、毎年問1としてだいたい3題出題されるが、本年度の共通テストも同じ形で出題された。今後ともこの形が踏襲されていく可能性が高い。知識型と文脈型（あるいはその混合型）とが設定されているとみられるが、その点でも変化は見られない。受験生がわりと点数を落としやすいところなので、ふだんからきちんとした対策を立てておかなければならない。

②**文法の独立問題**は出題がなかった。ただ、問2の語句・表現説明の問題がかなり文法に寄った出題となっていた（後述）。

③**説明の問題**は、参照箇所の長短によって、**「解釈一発型」**——参照箇所が比較的短く、正解の選択肢が傍線部とその直前の現代語訳に基づいて作られているため、きちんと解釈できていれば正解を一発で選ぶことができるタイプ——と**「部分内容合致型」**——参照箇所が比較的長く選択肢の重なり度合いが低いため、選択肢をそれぞれの該当箇所と照合し、消去法で正解を選んでいくタイプ——とに分類することができる。共通テストでは設問数や選択肢の分量を少なくする必要があり、一問でカバーしなければならない範囲が広いため、部分内容合致型が中心になると予想されるが、本年度は問3が部分内容合致型であったほか、問4の(iii)も部分内容合致型に近い問題であり、予想どおりの出題であった（解釈一発型の出題は見られなかった）。選択肢の対応箇所をすばやく見極め、選択肢の内容を吟味する練習を積んでおこう。なお、問3や問4の(iii)が、本文に段落番号を付し、段落を指定した上での出題であったことは注意されるが（昨年度の追試験、本年度の追試験でも同様の出題が見られた）、この形式が定着するかどうかはわからない。

問2（語句・表現説明の問題）は、傍線部を要素に分解し、それぞれの部分についての分析を選択肢化していくというタイプの出題（**「要素分解型」**と称することにする）であった。「要素分解型」には、文法・表現を絡めて出題できるというメリットがあり、共通テストではほぼ完全に定番化したといってよい。文法などの基本を読解に応用できる形で学習しておくことが必要である。なお、昨年度と同様に本年度も、語句・表現説明の問題で「挿入句」に関わる出題が見られたが、これは共通テストで注意すべき文法事項といえるかもしれない。

④**複数テクストの分析・統合・評価の問題**は思考力・判断力・応用力を総合的に問うことを主眼とするもので、共通テストの目玉となる設問である。本年度は、問4が複数テクストに関する出題であった。同じ作者の、話題が共通する二つの文章を読み、その二つを関連させながらそれぞれの文章の内容・表現を考えさせる問題で、二つの文章を扱った説明文（教師と生徒の話し合い）の空欄に入れるのにふさわしい説明を選ぶことが求められた。

特別な知識が必要なわけではなく（＝連歌についての基本的な知識など、問題を解くのに必要な情報は示されている）、結局は、本文の表現や内容がきちんと読み取れているかどうかだが、複数のテクストを行き来すると目移りするので、この型式の問題に対する慣れはやはり必要となろう。予想問題などで訓練を積んでおくのが望ましい。

なお、問4の(i)・(ii)は連歌の表現について考えさせる出題となっており、**和歌（的なもの）の読解**にかかわる出題であった。センター試験に引き続き、共通テストでも和歌（的なもの）の内容・表現に関わる問題は極力出題する方向で作題してくると予想される。ふだんから注意して学習しておきたい。

第4問　漢文

二〇二三年度共通テストの問題を分析し、その傾向と対策について述べる。

素材としては、詩人として有名な唐の白居易が科挙（高級官僚の登用試験）対策のために自作した予想問題とそれに対する模擬答案の組合せが出題された。共通テストの漢文では、試行調査も含めてこれまですべて複数の素材の組合せによる出題が行われており、傾向が踏襲されていることがわかる。内容的には、予想問題では君主と賢者が巡り会えない理由とその対策が問われており、模擬答案では朝廷と賢者の間が隔たっているのが原因であり、賢者同士の繋がりを利用して登用すればよいと解答している。いずれも論説的な文章であり、設問も論説的な文章に多用される対比・対句や比喩の表現を意識したものとなっている。

設問としては、文字や語句の意味や解釈が問われ、書き下しが出題されている。文字や語句の意味においては、いわゆる重要表現に加えて、多義語の文脈における働きが問われているが、これは近年のセンター試験以来の傾向である。解釈と書き下しについては、いずれも、対句的表現を意識して正解を決定する必要があったが、これも近年のセンター試験で頻出した設問である。その他の設問としては比喩の表現が問われ、文脈を意識して空欄の文字を選ぶ設問が出題された。

最後の設問では予想問題と模擬答案双方の内容が問われている。複数の素材によって出題する共通テストでは、素材同士を関わらせた設問が作られるのが当然で、共通テストの新傾向かつ定番の設問である。ただし、今年度の素材は予想問題とその模擬答案であるから、特に両者の関係性に気を遣うことなく解くことができた。

以上から、共通テストの漢文は多くの部分でセンター試験以来の傾向が引き継がれ、複数素材という点では共通テスト開始以来の傾向が継続していることがわかる。よってセンター試験および共通テストの過去問や予想問題を解いて練習するのが最良の対策となる。練習の際には、文字や語句、書き下し、解釈などについて常に文脈を意識すること。そして新傾向への対策として、複数テクストの読解の練習をすること。以上に加えて、漢詩が出題される可能性があるので、規則を確認しておこう。また、試行調査で問われた故事成語や文学史の知識を身に付け、対話形式の設問の練習をすると良いだろう。

■ 共通テスト・センター試験 出典一覧 ■

※は設問中での引用出典

試験	年度	区分	第1問（現代文）	第2問（現代文）	第3問（古文）	第4問（漢文）
共通テスト	2023	本試験	柏木博『視覚の生命力――イメージの復権』 呉谷充利『ル・コルビュジエと近代絵画――二〇世紀モダニズムの道程』	梅崎春生「飢えの季節」	『俊頼髄脳』（平安） ※『散木奇歌集』（平安）	白居易『白氏文集』（唐）
共通テスト	2023	追試験	北川東子「歴史の必然性について――私たちは歴史の一部である」	太宰治「パンドラの匣」 ※外山滋比古『「読み」の整理学』	『石清水物語』（鎌倉） ※『伊勢物語』（平安）	安積艮斎「話聖東伝」（江戸） 范祖禹『性理大全』（宋）
共通テスト	2022	本試験	檜垣立哉『食べることの哲学』 藤原辰史『食べるとはどういうことか』	黒井千次「庭の男」	『増鏡』（南北朝） 『とはずがたり』（鎌倉）	阮元『揅経室集』（清）
共通テスト	2022	追試験	若林幹夫「メディアの中の声」	室生犀星「陶古の女人」 ※柳宗悦「『もの』と『こと』」（『工藝』）	『蜻蛉日記』（平安） ※『古今和歌集』（平安）	蘇軾『重編東坡先生外集』（宋） ※『旧唐書』（五代）
共通テスト	2021	第1日程	香川雅信『江戸の妖怪革命』 ※芥川龍之介「歯車」	加能作次郎「羽織と時計」 ※宮島新三郎「師走文壇の一瞥」（『時事新報』）	『栄花物語』（平安） ※『千載和歌集』（平安）	欧陽脩『欧陽文忠公集』（宋） 『韓非子』（戦国）
共通テスト	2021	第2日程	多木浩二『「もの」の詩学』	津村記久子「サキの忘れ物」	『山路の露』（未詳）	曾鞏「墨池記」（宋） ※『晋書』「王羲之伝」（唐）
共通テスト	試行調査	2018	名和小太郎『著作権2.0 ウェブ時代の文化発展をめざして』	吉原幸子「紙」「永遠の百合」	『源氏物語』（平安） ※『遍昭集』（未詳）	『荘子』（戦国） 劉基『郁離子』（明）
共通テスト	試行調査	2017	宇杉和夫「路地がまちの記憶をつなぐ」	光原百合「ツバメたち」	『源氏物語』（平安） 『原中最秘抄』（南北朝）	司馬遷『史記』（前漢） 佐藤一斎「太公垂釣図」（江戸）
センター試験	2020	本試験	河野哲也『境界の現象学』	原民喜「翳」	『小夜衣』（鎌倉）	謝霊運「田南樹園激流植援」（『文選』）（六朝）
センター試験	2020	追試験	細田耕『柔らかヒューマノイド』	稲葉真弓「水の中のザクロ」	『桃の園生』（江戸）	章学誠『文史通義』（清）
センター試験	2019	本試験	沼野光義「翻訳をめぐる七つの非実践的な断章」	上林暁「花の精」	『玉水物語』（室町）	杜甫『杜詩詳註』（唐）
センター試験	2019	追試験	三枝博音『西欧化日本の研究』	耕治人「一条の光」	『恨の介』（江戸）	王安石『王文公文集』（宋）
センター試験	2018	本試験	有元典文・岡部大介『デザインド・リアリティ――集合的達成の心理学』	井上荒野「キュウリいろいろ」	本居宣長『石上私淑言』（江戸）	李燾『続資治通鑑長編』（宋）
センター試験	2018	追試験	橋本努『ロスト近代――資本主義の新たな駆動因』	中野孝次「鳥屋の日々」	『鳥部山物語』（室町）	顧炎武『日知録』（清）
センター試験	2017	本試験	小林傳司「科学コミュニケーション」	野上弥生子「秋の一日」	『木草物語』（江戸）	新井白石『白石先生遺文』（江戸）
センター試験	2017	追試験	竹内啓『科学技術・地球システム・人間』	浅原六朗「青ざめた行列」	『海人の刈藻』（鎌倉）	葉廷琯『鷗陂漁話』（清）
センター試験	2016	本試験	土井隆義『キャラ化する/される子どもたち』	佐多稲子「三等車」	『今昔物語集』（平安）	盧文弨『抱経堂文集』（清）
センター試験	2016	追試験	佐佐木幸綱『極北の声』	川端康成「孤児の感情」	『苔の衣』（鎌倉）	郝敬『芸圃傖談』（明）

第 1 回

実 戦 問 題

（200 点　80 分）

第1問　次の【文章Ⅰ】【文章Ⅱ】を読んで、後の問い（問1～6）に答えよ。なお、出題に際し本文を一部省略・改変している。（配点　50）

【文章Ⅰ】

なぜ窓は大事なのか。第一に窓のデザインは、ファサード(注1)の印象を決定づける。いわば建築を顔になぞらえるなら、目の部分にあたるだろう。（中略）さらに比喩的な表現として、藤森照信《ふじもりてるのぶ》(注2)は「目は心の窓であるからして、「窓は建物の心の窓」だと述べている。むろん、通風という役割を想起すれば、窓は鼻の役割も担う。ちなみに、英語の「window」の語源を辿《たど》ると、「風の目」（wind-ow）になるという。また同じく窓を意味する、フランス語の「fenêtre」やドイツ語の「Fenster」は、壁の穴に由来している。ルネサンスの時代における建築論でも、窓のプロポーション、大きさ、数、装飾などに注意を払っており、すでに開口部に対する基本的な考察がなされている。レオン・バッティスタ・アルベルティ(注3)は「開口には二種類ある。ひとつは光と風に、他は物と人に建物の出入り口を提供する」と整理していた。すなわち、前者が窓、後者が扉ということになるが、窓の表象を調べていくと、時として窓から人が出入りするモチーフにしばしば出会う。例えば、グリム童話の『ラプンツェル』のようなフィクション、レアンドロ・エルリッヒ(注4)の現代アート作品「窓と梯子《はしご》」、マンガの『ドラえもん』におけるのび太の部屋など、ジャンルを超えて、窓が本来の機能を超えて、特別な空間的想像力をわれわれに与えている。

ヨハネス・フェルメール(注5)の作品に代表されるように、A十七世紀のオランダは窓辺の絵画が多い。しかし、なぜ窓辺なのか。言うまでもなく、当時は人工照明や空(ア)調設備が発達する以前の段階である。したがって、窓は暗い室内に外の光を入れたり（逆に日射《ひざし》が厳しい地域では抑制したり）、新鮮な空気を入れる開口としての役割が大きかった。ゆえに、窓辺は家事を行ったり、読書をしたり、団欒《だんらん》(注6)する場になったのである。昔の建物の中庭型のプランも、窓を通じて外部に触れる面積を増やす建築計画的な工夫だった。水晶宮がガラス建築だったのは、まだ十分ではない照明技術の時代に巨大な内部空間を明るくするためである。だが、蛍光灯やエアコンなど、照明や空調のテクノロジーが二十世紀に発達すると、広大な内部空間が可能となり、相対的に窓の機能が奪われるだろう。

とすれば、窓に残されたのは、眺望の役割である。横長の連続窓をもつル・コルビュジエ（注7）の住宅をカメラの視点になぞらえて分析した建築史家のビアトリス・コロミーナ（注8）が、「もはや窓の現代的な機能とは、風景のフレーミングにある」と述べたように。だが、今や映像技術が進化し、大きなスクリーンが登場すると、それすらも置き換え可能かもしれない。そもそも室内に別の風景を見せるという意味において、窓と絵画は相同性をもつ。古くはポンペイの住宅における屋外の風景や建築を描いた室内壁画がそうだし、十七世紀のオランダでは、絵画にもカーテンをかけていた。いずれにしろ、窓とは何かを考える際、別ジャンルのものだが、照明、空調、映像など、ほかの技術との相互補完的な関係も意識しなければならない。

テクノロジーが進化すると、もはや窓は不要なのか。いや、そうではないだろう。例えば、真空という極限状態に置かれる宇宙船は機能だけを重視すれば、光や風を入れる必要はなく、基本的にいわゆる窓がなくても成立するらしいが、やはり肉眼で地球を眺めることができる窓がつく。例えば、Bアメリカ初の有人飛行に成功した宇宙船の開発では、当初窓を計画していなかったが、宇宙飛行士の強いリクエストによって、小さな丸窓を設けたという。狭い空間で生存する人間に配慮すると、視界すら遮蔽した密閉空間にするよりも、精神衛生上は窓が存在していた方がよいのだ（さすがに、地下の核シェルターに窓はないが）。こうなると、人を包む空間に出入り口以外の穴は必要なのか、という根源的な問いになるだろう。

また、建築を自然環境から内部空間を切りとるシェルターとしてとらえると、窓はその境界においてさまざまな要素が出入りする装置と定義される。小玉祐一郎《こだまゆういちろう》（注9）が試みるように、自然環境の力を活用し、省エネルギーに（イ）コウケンするパッシブデザインという観点からは、光、風、熱を効果的に導入する窓の役割が再評価されるだろう。最近は飯野ビルディングのように呼吸するダブルスキン（注10）のファサード・エンジニアリングなどを採用した高層建築も登場しているが、しばしばはめ殺しのガラスのカーテンウォールをもち、効率性から大フロアを求められるオフィスに比べて、住宅は室内のどこにいても窓との距離が近い建築である。巨大な資本が投下される近代以降のオフィスビルは、間違いなくガラスや設備など窓に関連するテクノロジーの発達を牽引《けんいん》してきた。実際、先端的な事例の歴史を拾っていくと、大規模なビルが多い。逆に個人住宅は日々の暮らしの中で、過度にハイテク志向とならずに、居住者と窓が触れ合う(注11)ビルディングタイプだろう。

東京工業大学の(注12)塚本由晴《つかもとよしはる》研究室が世界各地を調査した「窓のふるまい学」は、窓辺の空間が詩的な生活をもたらす事例を数多く紹介している。情報化やデジタル化がどんなに進んだとしても、生き物としての人間は変わらないし、暮らすための住空間は必要だろう。今後も住宅の窓に可能性があるとすれば、それぞれの地域の場所性や習慣を踏まえながら、数値や機能性だけでは計れない豊かな個別解を創造できることではないか。

筆者の研究室では、絵画、広告、マンガ、映画などの視覚メディアにおいて、窓がどのように表象されてきたかを調査した。これらのリサーチを通じて、ジャンルを超えて類似したモチーフを発見できることを確認し、また以下の仮説を導いた。すなわち、**C**<u>窓こそが物語を駆動させる重要な装置であることだ</u>。なるほど、閉ざされた空間では何も起きない。出来事が発生するためには、開口部が存在することによって、はじめて内部と外部が関係するコミュニケーション、もしくは人やモノの出入りが生じる。二〇一七年十月のある民間企業の調査では、インターネットやスマートフォンが普及したことにより、一ヵ月の外出回数は二〇代が最も少なく、七〇代を下回り、若者の引きこもり傾向が認められるという報道がされたように、現在、パソコンや携帯電話の画面が新しい窓として台頭しているが、さまざまな生活の場面をリアルにつくりだすのも、窓の役割なのだ。

(五十嵐《いがらし》太郎《たろう》『モダニズム崩壊後の建築』による)

【文章Ⅱ】

現代は「窓の時代」であるといえば、奇異に思う人がいるかもしれない。しかし高層建築を見ると、窓面積がどんどん増え、最新のビルは建物の全面がほとんど窓という様相を呈している。東京、ニューヨーク、ロンドン、フランクフルト、香港《ほんこん》、上海《しゃんはい》など各国の大都会でも、**D**<u>巨大な「ガラスの箱」のような「窓の増殖現象」</u>がみられ、大都市の航空写真はどれを見ても類似しているので、すぐには見分けがつかないほどである。

最近の話題でも、東京で現在建築中の新タワー（スカイツリー）は、完成すれば高さ六三四メートルとされ、すでに東京タワーを抜いて「世界一」になったと報じられているが、塔の建設も窓の文化と密接にかかわる現代社会の象徴である。かつてあった高さ規制は(ウ)テッパイされ、高層化競争は世界各地で展開されている。その時代の波は、砂漠の遊牧民の生活地帯にもおよび、現在、世界一高い建造物は、中東ドバイのブルジュ・カリファ（ハリーファ）という高さ八二八メートルの超高層ビルが知られる。その建造を可能にしたのは、石油という現代文明を支える資源であった。

しかしこのような建築の垂直志向は、現代に限ったことではなく、太古の『旧約聖書』の「バベルの塔」建設以来、伝説や歴史上に数多く存在した。とくに中世ヨーロッパのゴシック大聖堂の形姿は、キリスト教徒が天上の神を目指す願望をあらわしたものであった。それは「天にましますわれらの父よ」というクリスチャンの「呼びかけ」のなかに如実に示されている。天に高くそびえる尖塔《せんとう》、ステンドグラスを通して天上から差し込む神秘的な色光、そこに描かれた聖書物語の世界、壮大な内陣空間などは、人びとに神の世界を追体験させるものにほかならなかった。大聖堂の建設も、根底ではヨーロッパの思想と密接にかかわっていたといえる。


（中略）


図式化すれば、中世のキリスト教的世界観、近代の絶対主義時代の王侯の政治支配、ファシズムの権力構造、共産主義政権、現代の独占資本の高層建築志向の連鎖が指摘できよう。現代のガラス、鉄、コンクリートでつくられた超高層ビルは、エアコンの完備、エレベーターという、技術の発達によって可能となった。こうした機能的な高層ビルの林立、「窓の増殖化」という都市の風景も、ヨーロッパ文明とそれを受け継ぐアメリカ文明が生みだしたものであったが、さらにはグローバル化した現代文明の国際基準となっている。

ところが二〇〇一年九月一一日に、アメリカの世界貿易センタービルという資本主義のシンボルに、航空機によるテロ攻撃がおこなわれた。高層ビルが破壊され、ガラスや建材が(エ)ヒサンし、炎上する悲惨な光景は、映像を通じて今でも鮮明に人びとの脳裏に残っている。「巨大な窓」の顔をもつ現代建築が、憎悪の対象と化して自爆テロを誘発し、瞬時に破壊されたが、その背景にあるのは単なるアメリカへの敵対意識、世界経済を牛耳る資本主義への攻撃だけではない。背景には普遍的な南北問題、キリスト教とイスラーム、富者と貧者などの根深い問題が含まれている。その意味において、垂直上昇志向で膨張してきた都市空間は、根底では時代の思想性を色濃く反映していることがわかる。

したがって最新の都市風景は光の部分だけではなく、自然な人間的生活からの乖離《かいり》現象、欲望の論理、環境破壊、震災や火災の危惧、場合によればテロの標的にもなるという、陰の部分もあわせもっていることがわかる。あるいはそれは、(注13)金融工学に端を(オ)発した(注14)リーマンショックも根っこの部分で繋《つな》がっているといえる。以上の例からも、建築空間と窓というキーワードによって、現代文明の膨張と、それと不可分にかかわる「砂上の楼閣」という問題をクローズアップすることができるのではないだろうか。

ただし窓は、現代という超高層ビルの上昇志向、さらにそのグローバルな世界的広がりを映す鏡であるが、この問題の行方を考えるとき、その前提として現代文明のルーツであるヨーロッパの窓や、建築思想の歴史的な原点に立ち戻らねばならない。まさしくヨーロッパの窓の歴史、建築思想や社会システムを基盤にして、現代のアメリカ文明が、大量生産、大量消費という資本の論理から、窓の肥大化した都市空間をつくりだしたからだ。

(浜本隆志《はまもとたかし》『「窓」の思想史』による)

(注) 1 ファサード――建築物正面部のデザインのこと。
2 藤森照信――建築史家、建築家(一九四六―)。
3 レオン・バッティスタ・アルベルティ――イタリアの人文学者、建築家(一四〇四―一四七二)。
4 レアンドロ・エルリッヒ――アルゼンチンの現代美術家(一九七三―)。
5 ヨハネス・フェルメール――オランダの画家(一六三二―一六七五)。

6　水晶宮――一八五一年のロンドン万国博覧会の展示場として建てられた鉄骨ガラス張りの建造物。
7　ル・コルビュジエ――スイス生まれのフランスの建築家（一八八七―一九六五）。
8　ビアトリス・コロミーナ――スペイン生まれのアメリカの建築史家（一九五二―　）。
9　小玉祐一郎――建築学者（一九四三―　）。
10　ダブルスキン――建物外壁をガラスで二重に覆う建築手法。
11　ビルディングタイプ――建物の種類。建築の類型。
12　塚本由晴――建築家（一九六五―　）。
13　金融工学――投資などの金融に関する課題を数理的手法を用いて研究する学問。
14　リーマンショック――二〇〇八年にアメリカの投資銀行リーマン・ブラザーズが経営破綻したことに端を発した世界的な金融・経済危機のこと。

問1 次の(i)・(ii)の問いに答えよ。

(i) 傍線部(ア)・(オ)と同じ意味を持つものを、次の各群の①〜④のうちから、それぞれ一つずつ選べ。解答番号は 1 ・ 2 。

(ア) 空調 1

① カク調
② 調ショ
③ チョウ調
④ 調ミ

(オ) 発した 2

① ボッ発
② テキ発
③ 発ロ
④ 発イク

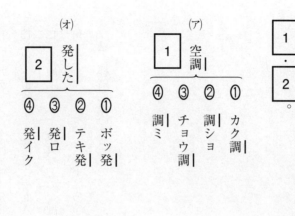

(ii)　傍線部(イ)・(ウ)・(エ)に相当する漢字を含むものを、次の各群の①～④のうちから、それぞれ一つずつ選べ。解答番号は 3 ～ 5 。

(イ)　コウケン 3
① 戦争が泥沼化するチョウコウがある
② 中国とのチョウコウ貿易
③ 授業をチョウコウする
④ 難しい局面でチョウコウする

(ウ)　テッパイ 4
① 部隊をテッタイさせる
② テツヤで勉強する
③ テツガクを専攻する
④ 大臣がコウテツされる

(エ)　ヒサン 5
① ミジめな思いをする
② 案ずるよりウむが易し
③ 花はチるからこそ美しい
④ 口をスっぱくして言う

問2　傍線部**A**「十七世紀のオランダは窓辺の絵画が多い」とあるが、その理由として最も適当なものを、次の①～⑤のうちから一つ選べ。解答番号は 6 。

① 外光の差し込む窓は外部世界への入り口と見なされていたため、当時の人々の屋内での単調な日常生活を忘れさせ非日常の世界へと誘うような絵画が、窓辺を舞台にして描かれやすかったから。

② 十七世紀のオランダでは照明や空調の技術が未発達であり、窓がもっぱらそれらの機能を果たしていたが、そのような本来の機能以外にも窓が特別な空間的想像力を画家たちに与えていたから。

③ 当時は窓を通じて採光や換気が行われていたため、窓辺において日常の諸々の営みが行われることが多かったのだが、そのような日常生活の諸相を十七世紀のオランダ絵画が好んで描いたから。

④ 人工照明や空調設備が発達する以前の時代では、窓辺以外の室内空間は外光が差し込まず換気も悪く空気がこもりがちであったため、画家たちが絵画を制作する環境としては不適切だったから。

⑤ 当時のオランダの絵画では、対象のプロポーションや大きさと数のバランスがもっぱら追求されており、そのような観点から設計された窓こそが絵画の題材として最適だと見なされていたから。

問３　傍線部Ｂ「アメリカ初の有人飛行に成功した宇宙船」は、筆者がどのようなことを述べるために用いた具体例か。その説明として最も適当なものを、次の①～⑤のうちから一つ選べ。解答番号は 7 。

① 照明や空調のテクノロジーにより窓がなくても生活が成立する場合でも、視界すら遮蔽した密閉空間にするのではなく、窓を設けて常に外部の状況を確認できるようにした方が安心感を与えられることから、窓が必要とされるということ。

② 照明や空調のテクノロジーが進化し、窓からそれらの機能が奪われても、窓が外部への視覚を可能にするだけでなく、そもそも視覚を可能にする光を導入するものであることから、いかなる状況においても窓が必要とされるということ。

③ 照明や空調のテクノロジーが機能し窓が不要な場合でも、宇宙船の窓から肉眼で地球を眺めることによって想像力が生き生きと喚起され、閉塞感にさいなまれがちな乗組員の精神衛生が保たれるため、窓が必要とされるということ。

④ 照明や空調のテクノロジーが進歩し、窓がそれらの機能を担う必要がなくなったとしても、映像や絵画におけるフレーミングのように窓が人間の視覚の範囲を定めることから、どのような状況においても窓が必要とされるということ。

⑤ 照明や空調のテクノロジーが発達し、窓がかつてのようにそれらの役割を果たす必要がなくなったとしても、人間が健やかに生きていくためには状況を問わず、外部世界へと開かれた視界を可能にする窓が必要とされるということ。

問4　傍線部C「窓こそが物語を駆動させる重要な装置であることだ」とあるが、このことについて説明したものとして最も適当なものを、次の ① ～ ⑤ のうちから一つ選べ。解答番号は 8 。

① 外部に開かれた窓を通じて内部と外部が関係し、そこにコミュニケーションと物語が生まれることから、窓が絵画のフレームや映画のスクリーンの機能を果たすことが多いが、それこそが今日における窓の役割である。

② 外部に開かれた窓を通じて人やモノが出入りし、内と外とのコミュニケーションや出来事が生じることから、窓がアートやフィクションなどを制作する際の想像力を駆り立てるのみならず、それらの舞台となりやすい。

③ 外部に開かれた窓を通じて、密閉された空間に光と風とが生き生きともたらされることで、初めて人々の間にコミュニケーションとドラマが生まれるため、窓が絵画やフィクションなどの舞台になりやすい。

④ 外部に開かれた窓を通じて、インターネットやスマートフォンの普及によって引きこもり傾向にある若者がリアルな生活へと一歩を踏み出していくという物語が、今日の映画やマンガなどにしばしば登場する。

⑤ 外部に開かれた窓を通じて物と人とを出入りさせ、そこにコミュニケーションとドラマを生じさせるという機能のみが、採光、換気、眺望という旧来の役割をテクノロジーに奪われた今日の窓の唯一の存在意義だと言える。

問５　傍線部**Ｄ**「巨大な『ガラスの箱』のような『窓の増殖現象』」とあるが、筆者はどういうことを言おうとしているのか。その説明として最も適当なものを、次の①～⑤のうちから一つ選べ。解答番号は 9 。

①　中世ヨーロッパの宗教建築において象徴されていた神の座を現代の独占資本主義が奪取し、その上昇志向とグローバルな世界的広がりを象徴するのが超高層ビルであるため、資本主義こそが現代の宗教であり、全面を覆うガラス窓は全世界を上から見下ろす神の視線そのものだということ。

②　中世ヨーロッパの宗教建築において顕著な垂直志向が現代の資本主義による超高層ビルへと受け継がれ、その全面を覆うガラス窓は大量生産、大量消費とグローバル化を映し出すのみならず、自らに対する憎悪やテロ行為及び南北問題や宗教間の対立などにも向き合うものだということ。

③　中世ヨーロッパの宗教建築においてその世界観を体現していた垂直志向が、近代の絶対主義やファシズム、共産主義を経て現代の資本主義へと継承されてきた経緯から、制限のない広範で多角的な視点をそれが持つに至っており、高層ビルの全面を覆うガラス窓こそがその象徴だということ。

④　中世ヨーロッパの宗教建築は神の高みと全知全能の権能を志向するものであり、現代の資本主義はそれを模倣するために超高層ビルを増殖させたが、同時多発テロによって倒壊したビルやその全面を覆っていたガラス窓の残骸は、逆説的にその弱さと脆《もろ》さを象徴するものとなってしまったということ。

⑤　中世ヨーロッパの宗教建築において天上の神を目指していた垂直志向は、現代の資本主義における大量生産、大量消費及びグローバル化による上昇志向と資本の増殖によって受け継がれており、その申し子である超高層ビルと全面に増殖するガラス窓は、それらのありさまを映す鏡のようだということ。

問6　次に示すのは、授業で【文章Ⅰ】【文章Ⅱ】を読んだ後の、話し合いの様子である。これを読んで、後の(i)〜(iii)の問いに答えよ。

生徒A――【文章Ⅰ】と【文章Ⅱ】は、共通の話題についての論だったね。

生徒B――どちらも「窓」の様々な機能や特色について述べた文章だね。ただ、筆者は別の人だし、内容的にもかなり違いがあるよね。

生徒C――うん。それぞれを具体的に見ていくと、[X]ということになるかな。

生徒B――「窓」という一つの話題についても、いろいろな切り口や取り上げ方ができるということだね。

生徒C――【文章Ⅰ】の筆者は、現代のテクノロジーの発達をふまえて、窓本来の役割について論じているね。

生徒B――テクノロジーと「窓」か。筆者はどういうことが言いたいんだろう。

生徒A――それは、[Y]ということだと思う。

生徒B――なるほど。そういえば、【文章Ⅰ】の後半には、テクノロジーと「巨大な資本」の話題がちらりと出てくるけど、【文章Ⅱ】はこの話題を大きく取り上げているよね。

生徒C――そうだね。【文章Ⅰ】と合わせて【文章Ⅱ】を読むと、[Z]ような気がする。

生徒A――関連するテーマの文章を続けて読んでいくと、こんなふうに理解が深まるものなんだね。

(i) 空欄 X に入る発言として最も適当なものを、次の①～④のうちから一つ選べ。解答番号は 10 。

① 【文章Ⅰ】では照明や空調のテクノロジーが発達する以前、あるいは発達後においてすら人間にとって不可欠な窓本来の役割について論じられているけど、【文章Ⅱ】ではテクノロジーの発達を促進した資本主義を象徴するものとしての高層建築の窓について論じられている

② 【文章Ⅰ】では照明や空調のテクノロジーが発達したことで、それまで窓が果たしていた人間にとって不可欠な役割が奪われていく経緯が論じられているけど、【文章Ⅱ】では資本主義とテクノロジーの勝利を象徴するものとしての窓の新たな役割について論じられている

③ 【文章Ⅰ】では採光や換気、眺望のためにそれぞれの地域の場所性や習慣において最も適した方角に窓が設けられることが論じられているけど、【文章Ⅱ】では高層建築においてグローバル化を象徴するかのように全方位に窓が設けられていることについて論じられている

④ 【文章Ⅰ】では人間にとって不可欠な光と風、人とモノとの出入り口としての窓の役割について論じられているけど、【文章Ⅱ】ではテクノロジーと資本主義の発達のためにそれらを一切必要としない現代の高層建築における窓の非人間的な有様について論じられている

(ii) 空欄 Y に入る発言として最も適当なものを、次の ① 〜 ④ のうちから一つ選べ。解答番号は 11 。

① テクノロジーの進歩によって、十七世紀の人間と現代の宇宙船の乗組員とでは生活様式や価値観が大きく変化したけれど、そのことを窓の機能と役割の変遷が如実に物語っている

② テクノロジー発達以前、窓からの採光によって十七世紀オランダ絵画が発達したように、テクノロジーの発達以降も窓が視覚芸術の諸々のジャンルが発展するための必要条件だ

③ テクノロジーの発展の最たる例である宇宙船の乗組員にとっても、換気と採光という窓本来の役割が必要であることが判明したように、窓はテクノロジーとは無関係に不変の意義を持つ

④ どれだけテクノロジーが発達しても窓がなくなることはない、とりわけ人やモノの出入りを通じて人々の想像力を駆り立て、詩的な生活や物語を生み出すという機能においてそう言える

(iii)　空欄 Z に入る発言として最も適当なものを、次の ①〜④ のうちから一つ選べ。解答番号は 12 。

① モノも人も風もそこから出入りすることはなく、なおかつ出来事や物語を生み出す余地のない縦横に広がる無機質な窓がただひたすらに増殖を続けるという、現代の風景の不気味で非人称的な性格が浮き彫りにされる

② 個人住宅とは異なり高層建築であるために、もしビルの全面に設けられた窓を開閉すれば高所の清々《すがすが》しい空気と光とを室内に導入し、高みから四方八方をくまなく見渡すことが出来るという可能性がそこにはある

③ 現代の高層建築の全面を覆う窓は世界資本主義の象徴であり、グローバル化によってひたすら増殖し続けることで、全世界の人々の羨望と憎悪をかき立てていることから、南北問題やテロや戦争を引き起こす危険性がある

④ 窓が空間的想像力を与え十七世紀のオランダ絵画や現代の映画やマンガなどを生んだように、今日の高層ビルの窓が人間の想像力を喚起し、グローバル化した現代の人間的交流の豊かさをテーマとした作品を生むことが期待できる

第2問　次の文章は、葛西善蔵《かさいぜんぞう》「遊動円木」（一九一九〔大正八〕年発表）の全文である。これを読んで、後の問い（**問1～5**）に答えよ。（配点　50）

私は奈良にT新夫婦を訪ねて、一週間ほど彼等《かれら》と遊び暮《くら》した。五月初旬の奈良の公園は、素敵なものであった。初めての私には、日本一とも世界一とも感嘆したい位であった。彼等は公園の中の休み茶屋の離れの亭《ちん》(注1)を借りて、ままごとのような理想的な新婚の楽しみに耽《ふけ》っていた。私も別に同じような亭を借りて、朝と昼とは彼等のところで御馳走《ごちそう》になり、**A**晩には茶屋から運んで来るお膳でひとり淋《さび》しく酒を飲んだ。Tは酒を飲まなかった。それに、Tのところで飲むと、その若い美しい新夫人の前で、私はTからいろいろな説法を聴かされるのが、少しうるさかったからでもある。

互いに恋し合った間柄だけに、他所目《よそめ》にも羨《うらや》ましいほどの新婚ぶりであった。何という優しいTであろう、――彼は新夫人の前では、一切《いっさい》女に関する話をすることすら避けていた。私はある晩大いに彼に叱られたことがある。それは、私がずっと以前に書いたものの中に、決して彼のことを書いたのではないのだがサーニン主義者(注2)めいたものを書いたのを、彼は自分から彼のことを書いたもののように解して、蔭《かげ》では怒っているのだそうである。

「君のように、ある輪郭を描いて置いて、それに当てはめて人のことを書くような書き方は大いに怪《け》しからんよ。失敬な！失敬な！」

B彼はその晩も、こう言って、血相を変えて私に喰《く》ってかかった。酒を飲んでいた私は、この突然な詰問に会って、大いに狼《ろう》狽《ばい》した。

「あれは、決して君のことを書いたという訳ではないじゃないか。あんな事実なんか、全然君にありゃしないじゃないか。君はKに僕と絶交すると言ったそうだが、なぜそんなに君が怒ったのか、僕の方で不思議に思った位だよ。君がサーニン主義者だなんて、誰が思うもんかね。あれは全く君の邪推《じゃすい》というものだよ。君はそんなことのできるような性質の人ではないじゃないの」私は一々事実を挙げて弁解しなければならなかった。

「そんならいいが、もし君が少しでもそんな失敬なことを考えているんだと、僕はたった今からでも絶交するよ。失敬な！失敬な！」彼はこう繰返《くりかえ》した。

「いや決してそんなことはないよ。そんな点では、君はむしろ道徳家の方だと、ふだんから考えている位だよ」

「それならいいが……」

こんな風で、私は彼の若い新夫人の前で叱られてからは、晩のお膳を彼のところへ運びこむのを止《よ》しにした。これに限らず、すべての点で彼が非常に卓越した人間であるということを、気が弱くてついおべっかを言う癖のある私は、酒でも飲むとつい誇張してしまって、あとでは顔を赤くするようなことがあるので、淋しくても我慢してひとりで飲む気になるのである。

「浪子さんと言っちゃいけないだろうか？」

「いけないよ……」

「なんて言うの？　奥さんと言うのもあまり若いんで、少し変じゃないか？」

「そんなことないよ。やっぱし奥さんと言ってやってくれ給《たま》えな」と、彼は言った。

こうしたところにも、彼の優しい心づかいが見られて、私はこの年下の友達を愛せずにいられなかった。しかし私には、美しくて若い彼の恋人を奥さんと呼ぶのは何となくふさわしくないような気がされて、とうとう口にすることはできなかった。

私たちは毎日打連《うちつ》れて猿にお米をくれに行ったり、若草山に登ったり、遠い鶯《うぐいす》の滝の方までも散歩したりして日を暮した。鹿どもは毎日雨戸をあけるのを待ちかねては御飯をねだりに揃《そろ》ってやってきた。若草山で摘んだ蕨《わらび》や谷間で採った蕗《ふき》やが、若い細君の手でおひたしやお汁の実《つけ》にされて、食事を楽しませた。当《あて》もない放浪の旅の身の私には、ほんとに彼等の幸福そうな生活が、羨ましかった。彼等の美しい恋のロマンスに聴き入って、私はしばしば涙を誘われた。私はいつまでもいつまでも彼等のそばで暮したいと思った。が私にはそうしてもいられない事情があった。

あしたお別れという晩は、六畳の室に彼等と床を並べて一緒に寝ることにした。その晩は洋画家のＦ氏も遊びに来た。酒飲みは私一人であった。浪子夫人がお酌をしてくれた。私は愉快に酔った。十一時近くになって皆《み》なで町へお汁粉をたべに行った。

私は彼等のたべるのをただ見ていた。大仏通りの方でF氏と別れて、しめっぽい五月の闇の中を、三人は柔《やわら》かい芝生を踏みながら帰って来た。ブランコ（注3）や遊動円木などのあるところへ出た。「あたし乗ってみようかしら？　夜だから構やしないことよ……」と浪子夫人が言いだした。

「あぶないあぶない！　それにお前なんかは乗れやしないよ」Tはとめた。

「でも、あたし乗ってみたいんですもの……」

浪子夫人はすっと空気草履（注4）を穿《は》いたまま飛び乗って、そろりそろりと揺《ゆる》がし始めた。しんなりした撫肩《なでがた》の、小柄な華奢《きゃしゃ》な身体を斜《ななめ》にひねるようにして、舞踊か何かででも鍛えあげたようなキリリとした恰好《かっこう》して、だんだん強く強く揺り動かして行った。おお何という見事《みごと》さ！　ギイギイと鎖の軋《きし》る音してさながら大濤《おおなみ》の揺れるように揺れているその上を、彼女は自在に、ツツツ、ツツツとすり足して、腰と両手に調子を取りながら、何のあぶな気もなく微笑しながら乗り廻《まわ》している。実際驚異すべき鮮《あざや》かさである。私には単にそれが女学校などで遊戯として習得した以上に、何か特別に習練を積んだものではないかと思われたほどに、それほど見事なものであった。Tもさすがに呆気《あっけ》に取られたさまで、ぼんやり見やっていたが、敗《ま》けん気を出して浪子夫人のあとから鎖につかまって乗り出してみたが二足と先《さ》きへは進めなかった。たちまち振り飛ばされるのである。が彼は躍起となって、その大きな身体を泳ぐような恰好して、飛びついては振り飛ばされ、飛びついては振り飛ばされながらも、勝ち誇った態度の浪子夫人に敗けまいと意気込んだ。

「梅坊主（注5）！　梅坊主」

私はこう心の中に繰返して笑いをこらえていたが、ふっと笑えないようなある感じがはいって来て、私の心が暗くなった。

「禅骨（注6）！　禅骨！」

私は今度はこう口へ出して、ほめそやすように冗談らしく彼に声をかけたが、しかし私の心はやはり明るくならなかった。私たちみたいな人間に共通したある淋しい姿を見せられた気がして、——それは恋人（注7）にも妻にも理解することのできないような。……

浪子夫人はますます揚々とした態度で、大濤のように揺れる上を自在に行ったり来たりした。C鎖の軋る音が、ギイギイ深夜の闇に鳴った。

（注）1　亭——休憩用の小さな建物。この場合は寝泊まりできるものになっている。

2　サーニン主義者——刹那的快楽主義者。ロシアの作家アルツィバーシェフの小説の主人公サーニンの生きる姿勢に由来する。

3　遊動円木——遊具で、太い丸木の両端を鎖やロープでつるし、前後に揺れるようにしてあって、その上を歩いたり、落とし合いをして遊ぶ。

4　空気草履——かかとの部分がばね仕掛けになっており、空気が入っている感じを出した草履。

5　「梅坊主！　梅坊主」——明治・大正時代の寄席芸人豊年斎梅坊主《ほうねんさいうめぼうず》への声援をTへの声援に振り替えたもの。

6　「禅骨！　禅骨！」——禅の修行を貫き通す人を意味する語によって、無理を押して頑張る人への声援としたもの。

7　理解さする——理解させる。

問1　傍線部A「晩には茶屋から運んで来るお膳でひとり淋しく酒を飲んだ」とあるが、「私」はなぜそうしたと考えられるか。その要因の説明として適当なものを、次の ① ～ ⑥ のうちから**二つ**選べ。ただし、解答の順序は問わない。解答番号は 13 ・ 14 。

① 酒を飲まないTの前で、自分だけ飲酒するというのはいくぶん気が引けるから。
② 若く美しい夫人が羨ましくて、自分をいかにもみじめだと感じてしまうから。
③ Tの執拗な攻撃性に対して、うっかりするとけんか腰になりそうな気がするから。
④ T夫婦のいかにも理想的な新婚生活の邪魔をするようなことはしたくないから。
⑤ Tの前に出ると何にせよ自分の分が悪いと感じ、つい卑屈になってしまうから。
⑥ 新夫人の前では女の話をしたくてもできないTが気の毒でいたたまれないから。

問2　傍線部B「彼はその晩も、こう言って、血相を変えて私に喰ってかかった。」における「彼（T）」の心情の説明として最も適当なものを、次の ① ～ ⑤ のうちから一つ選べ。解答番号は 15 。

① 自分の疚《やま》しい点を暴露されたことに対し、ひどく怒ってみせることで自分は潔白だとアピールしようとしている。
② 自分が本当はどう思われているのか知って落胆しつつ、それでも何とかかつての友情を取り戻そうと必死になっている。
③ 自分を甘く見て裏で失礼を働く友人をやり込め、新夫人の前で自分の卓越さを確固たるものにしようとしている。
④ 自分へのゆえなき誹謗《ひぼう》に憤りつつ、愛する夫人を前に自分の身の潔白を証《あか》さずにはおくまいと懸命になっている。
⑤ 自分の決して認めたくない一面を突きつけられ、それを何よりまず自分自身に対して必死で打ち消そうとしている。

問３　傍線部Ｃ「鎖の軋る音が、ギイギイ深夜の闇に鳴った。」とあるが、「私」はどういう思いでこの音を聞いていると考えられるか。その説明として最も適当なものを、次の ① ～ ⑤ のうちから一つ選べ。解答番号は 16 。

① 浪子夫人の少女のような無邪気さが奏でるその音に、愛らしさと同時に哀切さのようなものを覚えるといった思い。
② 浪子夫人の得意な気持ちをそのまま伝えてくるその音に、なぜかおさえがたい嫌悪の感情を覚えるといった思い。
③ 浪子夫人の持つ生き生きとした活力が生み出すその音に、かえって何かぬぐいがたい淋しさを覚えるといった思い。
④ 浪子夫人の明るく元気な性格を証すかのようなその音に、むしろ夫人の心の底に流れる不安が感じられるといった思い。
⑤ 浪子夫人の若く積極的な精神性を感じさせるその音に、ふと兆した淋しい気持ちを跳ね返す力を感じるといった思い。

問４　本文の登場人物に関する次の(i)・(ii)の問いに答えよ。

(i)　「T」に対する表現を通じて「私」のどのような心情を読み取ることができるか。その説明として最も適当なものを次の ① ～ ④ のうちから一つ選べ。解答番号は 17 。

① 「何という優しいTであろう」という言葉に明らかなように、「私」と違って周囲の人間を不用意に傷つけるような言動は決してしない「T」の高潔さとその背後にある博愛の精神を尊敬している。
② 「彼が非常に卓越した人間であるということを……誇張してしまって」という表現からうかがえるように、「私」は「T」に対してかえって皮肉を言いたくなるほどのコンプレックスを抱いている。
③ 「私はこの年下の友達を愛せずにいられなかった」という言葉から察せられるように、「私」に対する「T」の少々厳しすぎる言動も年下ゆえの愛らしさとして許容できている。
④ 「勝ち誇った態度の浪子夫人に敗けまいと意気込んだ」という描写から感じられるように、つまらないことに意地を張りがちな「T」の性格に単につまらぬとばかりは言えないものを「私」は感じている。

(ii) 「私」に関する描写から「私」のどのような性格を読み取ることができるか。その説明として最も適当なものを次の①～④のうちから一つ選べ。解答番号は 18 。

① 「初めての私には、日本一とも世界一とも感嘆したい位であった」から、「私」はとかく何かに感動しやすく、その気分の高揚にまかせてつい軽率な判断をするといった傾向がある。

② 「あとでは顔を赤くするようなことがある」から、その場に合わせて心にもない振る舞いをしては含羞に駆られ、自分ひとりでいたたまれない気分に陥るということを繰り返すところがある。

③ 「私には、美しくて若い彼の恋人を奥さんと呼ぶのは何となくふさわしくないような気がされて、とうとう口にすることはできなかった」から、女性とどう接していいのかわからないというところがあり、何かと遠慮気味になってしまうような弱さがある。

④ 「私はいつまでもいつまでも彼等のそばで暮したいと思った」から、本当はひどい淋しがり屋だが、無理に強がってそれを決して素直に表に出さずにいるといった意地っ張りなところがある。

問５　Ｓさんは、二重傍線部「ふっと笑えないようなある感じがはいって来て、私の心が暗くなった」とはどういう心情なのかを理解しようとして葛西善蔵関連の資料に当たってみた。すると、小説中の「Ｔ」は小説家の広津和郎《ひろつかずお》をモデルにしたものらしいことがわかり、また、葛西善蔵には広津和郎についての人物評があった。

Ｓさんは、その人物評の中の次のような記述に右の心情を解く鍵があるのではないかと考えた。

【人物評】

・君は純然たる人生の観照家、解剖家であるべく、余りに情熱的だ。君ももっとそうした方向に傾いて行って、所謂頭脳《いわゆるあたま》で芸術を作ると言う方になったら、或《あるい》はもっと幸福になれるか知れないと思うが、併《しか》しそうはなり得る人では無いと思う。……君の才分を以《もっ》てしても、やはり人生の苦悩から生《うま》れた芸術だ。（「広津和郎氏の印象（１）」一九一九〔大正八〕年）

・お互いに知り合い過ぎ、お互いの出来事から心持《こころもち》からが、わかり過ぎてしまってるかのような気がされる。兎《と》にも角《かく》にも、十五年来の道伴《みちづ》れだった。（中略）その十五年間自分等の歩いて来た道は、彼にしても僕にしても、境遇から言っても性格から云っても、決して尋常平坦な道と云う訳には行かなかった。崖にもぶつかり、河にもはまり、その度毎《ごと》にヒヤヒヤした不安を与え合ったり、或る場合には、その悶掻《もが》きぶりに、同情を通り越した滑稽？　な感じすら与え合ったような場合などもあったらしくさえ思われるが、此頃《このごろ》では、どうやら、そうした変化も多くそれだけに冒険味もあった路《みち》も尽きて、稍《やや》一路の坦道（注１）の前に立たされた気もされるが、天際広茫（注２）《こうぼう》、これからの長旅《た》びが思いやられて、相会うて、風霜寒暑（注３）にやつれた顔を見合わせ、思わず手を握りしめては「ワッハッハ……なんでえ、こいつやり切れんぞ」と云ったような感じがせぬでもない。（「広津和郎氏の印象（２）」一九二四〔大正一三〕年）

（注）１　坦道――平坦な道。
２　天際広茫――世界がただただ広大であること。
３　風霜寒暑――厳しい試練の意。

Sさんは、【人物評】での広津和郎像と小説の記述とを関係づけて、二重傍線部の心情についての考察を【ノート】に整理した。これを読んで、後の(i)・(ii)の問いに答えよ。

【ノート】

〈小説における遊動円木に乗る浪子夫人とTの様子の比較〉

浪子夫人「彼女は自在に、ツッツ、ツッツとすり足して、腰と両手に調子を取りながら、何のあぶな気もなく微笑しながら乗り廻している。実際驚異すべき鮮かさである。」

T「敗けん気を出して浪子夫人のあとから鎖につかまって乗り出してみたが二足と先きへは進めなかった。たちまち振り飛ばされるのである。が彼は躍起となって、その大きな身体を泳ぐような恰好して、飛びついては振り飛ばされ、飛びついては振り飛ばされながらも、勝ち誇った態度の浪子夫人に敗けまいと意気込んだ。」

⇩

このTのあり方は、人物評の中の広津和郎の［ X ］という精神性に通じるのではないだろうか。

⇩

さらに、この「T」の頑張りを「私」は初めは「笑いをこらえ」るようにして見ているが、「ふっと笑えないような或る感じがはいって来て」「心が暗くな」る。

それは、「私たちみたいな人間に共通したある淋しい姿を見せられた気がし」たからである。

⇩

この一連の流れは人物評の中の「崖にもぶつかり、河にもはまり、その度毎にヒヤヒヤした不安を与え合ったり、或る場合には、その悶掻きぶりに、同情を通り越した滑稽？　な感じすら与え合ったような場合などもあったらしくさえ思われる」に通じるように思われる。

⇩

とすると、「ふっと笑えないようなある感じがはいって来て、私の心が暗くなった」という心情の核心である「私たちみたいな人間に共通したある淋しい姿」とは、［　Y　］ということになるのではないか。

(i) 空欄［X］に入るものとして最も適当なものを、次の①～④のうちから一つ選べ。解答番号は［19］。

① 人生の観照家、解剖家たろうとして、余りに情熱的になってしまう
② とても情熱的であるが、それがかえって苦悩へとつながってしまう
③ 情熱がほとばしるのにまかせて、頭脳を使うことを怠ってしまう
④ 情熱を幸福になることにではなく、苦悩の方に振り向けてしまう

(ii) 空欄［Y］に入るものとして最も適当なものを、次の①～④のうちから一つ選べ。解答番号は［20］。

① 力に余るような苦難に遭遇しても、そこで湧き上がる不安をやせ我慢して押さえつけるという性格ゆえに、ひとりで孤独に頑張らなくてはならなくなり、もがいて生きざるをえなくなる姿
② 力に余るような苦難に遭遇しても、そこで出会う仲間と苦悩を分かち合える性格ゆえに、多少のことなら大丈夫だとたかをくくって頑張ってしまい、もがいて生きることになるという姿
③ 力に余るような苦難に遭遇しても、それを器用にやりすごすといった生き方ができない性格ゆえに、自分に無理をして真っ正面からぶつかっていき、もがいて生きることを常とする姿
④ 力に余るような苦難に遭遇しても、それを意地でも乗り越えなくては気が済まない性格ゆえに、無理をする自分を顧みて滑稽さを感じるに至るまで、もがいて生きるほかないという姿

第3問　次の【文章Ⅰ】は、鎌倉時代の説話集『十訓抄《じっきんしょう》』の一節、【文章Ⅱ】は、平安時代後期の歴史物語である『今鏡』の一節である。どちらの文章も、藤原雅材《ふじわらのまさき》が自らの詩文をきっかけに蔵人《くろうど》に任じられた際の逸話である。【文章Ⅰ】と【文章Ⅱ】を読んで、後の問い（問1～4）に答えよ。（配点　50）

【文章Ⅰ】

天暦《てんりやく》(注1)の御時、延光卿《のぶみつきやう》(注2)、蔵人頭《くらうどのとう》(注3)にて、(ア)御おぼえことにおはしけり。少しも御気色《きしよく》にたがふこともなくて過ぎ給《たま》ひけるに、ある時、叡慮《えいりよ》の心よからぬやうに見えければ、恐れをなして入《い》り籠《こも》られたるを、召《め》しありければ、急ぎ参《まゐ》り給へるに、「A年ごろはおろかならず頼みて過ぐしつるに、くちをしきことは、藤原雅材といふ学生《がくしやう》(注4)の作りたる文の、いとほしみあるべかりけるを、奏せざりけるこそ、いと頼むかひなし」と仰せられければ、ことわり申すかぎりなし。

やがて蔵人たるべきよし仰せ下されけるを、御倉《みくら》(注5)の小舎人《こどねり》して触れつかはすに、家をたづねかねて、通ふ所を聞き出《い》でて、告げたりける。

雅材、出仕すべきやうもなかりけるを、君、聞こし召して、内蔵寮《くらづかさ》(注6)に仰せて、その装《よそほ》ひを賜《たま》はせける。

かれが書ける句は、「鶴、九皐《きうかう》(注7)に鳴く」の序なり。

廻翔《くわいしやう》(注8)を蓬島《ほうたう》(注9)に望めば、霞の袂《たもと》、未《いま》だ逢はず
控御《こうぎよ》を茅山《ばうさん》(注10)に思へば、霜の毛、徒《いたづら》に老いたり

【文章Ⅱ】

村上の御時、枇杷《びは》の大納言延光、蔵人頭にて、御おぼえにおはしけるに、少し御気色たがひたることもおはせで過ぎ給ひける

に、心よからぬ御けしきの見えければ、あやしく恐れ思《おぼ》して、籠り居給へりけるほどに、召しありければ、急ぎ参りておはしけるに、「年ごろはおろかならず頼みて過ぐしつるに、口惜しきことは、藤原雅材といふ学生の作りたる文の、いとほしみあるべかりけるをば、など蔵人になるべきよしをば奏せざりけるぞ。いと頼むかひなく」と仰せられければ、ことわり申すかぎりなくて、やがて仰せくだされけるに、御倉の小舎人、家をたづねで、通ふ所ありと聞きて、その所にいたりて、蔵人になりたるよし告げければ、その家あるじのむすめの男、(注11)所雑色《ところのざふしき》なりけるが、蔵人に望みかけける折節《をりふし》にて、「わがなりぬる」と喜びて、禄《ろく》など饗応《きやうおう》せむ料《れう》に、にはかに親しきゆかりども呼びて、営みけるほどに、小舎人、「雑色殿にはおはせず。(注12)秀才殿《しうさいどの》のならせ給へるなり」と言ひければ、あやしくなりて、家あるじ、「いかなることぞ」とたづねけるに、雑色が妻《め》の姉か妹《おとうと》かなる女房の(イ)まかなひなどしけるを、この秀才しのびて通ひつつ、局《つぼね》に住みわたりけるを、「かかる人こそおはすれ」と家の女ども言ひければ、「よもそれは蔵人になるべきものにはあらじ。ひがことならむ」と言ひければ、小舎人、「その人なり」と言ひければ、雑色も家あるじも恥ぢがましくなりて、「かかる者通ふよりかかる事は出で来るぞ」とて、B夜のうちに、その局の忍び夫《づま》を追ひ出だしてけり。

その事を、(ウ)いかでか雲の上まで聞こし召しつけけむ、「いとほしきことかな。さては出で仕《つかまつ》らむに、装ひのしかるべきもかなひがたくやあらむ」とて、内蔵寮に仰せられて、内蔵頭《くらのかみ》整へて、さまざまの(注13)天《あま》の羽衣賜りてぞ参りける。

そのつくりたる詩は、(注14)釈奠《せきてん》とかに、「鶴九つの皐《さは》に鳴く」といふ題の序を書きたりけるとぞ。詞をばえおぼえず。その心は、

廻《まは》り翔《かけ》らむことを蓬島に望めば、霞の袖未だ逢はず

ひく人やあると浅茅《あさぢ》が山に思へば、霜の上毛徒に老いたり

といふ心なり。

（注）

1　天暦の御時――村上《むらかみ》天皇の治世（九四七〜九五七年）。理想の政治が行われた時代として、後に「天暦の治」と称された。

2　延光卿――源延光。平安時代中期の貴族。

3　蔵人頭――蔵人所《くろうどどころ》の長官。「蔵人」は天皇の側近として勅命の伝達、上奏の取次ぎなどを行った。

4　学生――大学寮などに所属し、学問をする者。

5　御倉の小舎人――蔵人所に所属し、雑用にあたった者。

6　内蔵寮――皇室の財産・宝物を取り扱う役所。

7　九皐――奥深い沢。

8　蓬島――蓬莱山《ほうらいさん》。仙人が住むとされる、中国の想像上の山。

9　霞の袂――仙人のこと。暗に天皇を表す。

10　茅山――中国にある、仙人に関する伝承をもつ場所。

11　所雑色――蔵人所で雑役に従事する無位の者。所雑色も蔵人になる資格があった。

12　秀才殿――「学生」の中でも成績優秀な特待生のこと。試験に及第すれば官僚に登用される。

13　天の羽衣――ここでは天皇が与えた蔵人の装束のこと。

14　釈奠――大学寮で行われる儒教の祭典の一つ。

問１　傍線部(ア)～(ウ)の解釈として最も適当なものを、次の各群の①～⑤のうちから、それぞれ一つずつ選べ。解答番号は 21 ～ 23 。

(ア)　御おぼえことにおはしけり　21
① 常に帝のご機嫌を恐れていらっしゃった
② 格別に帝のお気に入りでいらっしゃった
③ 世間から優れた人物だと認められていらっしゃった
④ たいそうな権勢を誇っていらっしゃった
⑤ 他より秀でたご自分の能力に自信がおありだった

(イ)　まかなひなどしけるを　22
① 詩歌を作るのに秀でていたが
② 食事の支度などの仕事をしていたが
③ 美貌の持ち主であったが
④ 物乞いなどをして生活をしていたが
⑤ 学問に打ち込んでいたが

(ウ)　いかでか雲の上まで聞こし召しつけけむ　23
① なんとかして帝のお耳にまでお届けしよう
② どのようにして帝のお耳に入れたのだろうか
③ どうして帝までもがお聞きつけになったのだろうか
④ なぜ帝のお耳にまで入れようとしたのだろうか
⑤ きっと帝までもがお聞き及びになるだろう

問2　傍線部A「年ごろはおろかならず頼みて過ぐしつるに、くちをしきことは、藤原雅材といふ学生の作りたる文の、いとほしみあるべかりけるを、奏せざりけるこそ、いと頼むかひなし」の語句や表現に関する説明として最も適当なものを、次の①～⑤のうちから一つ選べ。解答番号は 24 。

① 「おろかならず頼みて」は、村上天皇が延光のことを賢明な人物であるために頼りにしていたという意味である。
② 「過ぐしつるに」の「つる」は完了の意味で、村上天皇が延光の能力を過信してしまっていたことを表している。
③ 「くちをしき」は「言い表せない」という意味で、藤原雅材の詩才は言葉で言い表せないほどだという意味である。
④ 「いとほしみあるべかりける」は「目をかけてやるべきであった内容である」という意味で、藤原雅材を蔵人に登用すべきだという村上天皇の判断の理由となっている。
⑤ 「奏せざりける」の「奏せ」は絶対敬語と呼ばれる敬語動詞で、主語である村上天皇への敬意を表している。

問３　傍線部Ｂ「夜のうちに、その局の忍び夫を追ひ出だしてけり」とあるが、このときの「家あるじ」と「雑色」についての説明として最も適当なものを、次の①〜⑤のうちから一つ選べ。解答番号は 25 。

① 雅材のことを取るに足りない存在だと見下しているので、雑色が蔵人の任官で先を越されないように妨げている。
② 雑色の妻と密通する男の存在が露見したために、雑色の蔵人任官が取り消しになってしまったことに憤慨している。
③ 雅材のせいで親類縁者などに恥をさらす格好となり、体裁の悪いことになってしまったことに家あるじも雑色も腹を立てている。
④ 新しく蔵人に任じられた人物は自分の妻と密通している者だということを知らされ、家あるじは恥ずかしく思い狼狽《ろうばい》している。
⑤ 雅材と蔵人の地位を争っていた雑色が蔵人の有力候補だと聞いて、家あるじは雅材のためには雑色を追放するのもやむを得ないと思っている。

問4　次に示すのは、授業で【文章Ⅰ】【文章Ⅱ】を読んだ後の、話し合いの様子である。これを読み、後の(i)〜(iii)の問いに答えよ。

教　師　いま二つの文章を読みましたが、【文章Ⅰ】と【文章Ⅱ】では違う点もありますね。どのような違いがあるか、みんなで考えてみましょう。

生徒A　【文章Ⅱ】の方が【文章Ⅰ】よりも展開がわかりやすい印象があるなあ。

生徒B　確かにそうかも。【文章Ⅱ】では、[X]ようです。

生徒C　私もそのように感じました。あとは、雅材の詠んだとされる漢詩の内容に若干の違いがあるね。雅材が詠んだ漢詩はどういう意味なんですか。

教　師　少し違いがあるけれど、どちらも概ね同じ内容を詠んでいます。

「仙人を乗せて蓬萊山を飛び回ろうと望むが、まだ出会わない。うまく乗りこなしてくれる仙人が茅山にいてほしいと願うが、白い羽毛は虚《むな》しく老けるばかりである。」

という内容です。比喩表現がわかるでしょうか。

生徒A　少しわかったような気がします。これは[Y]ですね。

教　師　そうです、よく理解できましたね。

生徒B　なんだか【文章Ⅰ】は途中の話として面白い部分が省略されていて物足りないですね。

教　師　確かにそう見えるかもしれませんが、【文章Ⅰ】がどのように書かれたのかも考える必要がありますね。【文章Ⅱ】の『今鏡』は人間の生き様を中心に歴史を描くものです。文学史では歴史物語と分類されていますね。それに対して、【文章Ⅰ】の出典は説話集の『十訓抄』だということに注意しましょう。どうして【文章Ⅰ】は【文章Ⅱ】と比べてやや簡潔に記されているのでしょうか。

生徒C　［Z］。

教　師　良い点に気づきましたね。【文章Ⅱ】の『今鏡』に依拠して【文章Ⅰ】の『十訓抄』の作者がこの逸話を残したことは間違いありませんが、書き手の意識の違いによってそれぞれの文章に違いが生じていることに注目すると面白い発見につながりますね。

(i)　空欄［X］に入る最も適当なものを、次の①～④のうちから一つ選べ。解答番号は［26］。

①　村上天皇が延光に対してなぜ不信感を抱いたのかについて、その理由が村上天皇自身の発言でより詳しく説明されている

②　村上天皇が雅材を蔵人に登用するきっかけとなった漢詩について、詠まれた際の出来事が生き生きと書かれている

③　蔵人任官を知らせる使者である小舎人が雅材を訪ねて向かった場所が、異なる場所に設定されている

④　蔵人任官を知らせる使者である小舎人が雅材の居場所を探し出して伝える経緯について細かく記されている

(ii) 空欄 Y に入る最も適当なものを、次の ①～④ のうちから一つ選べ。解答番号は 27 。

① 村上天皇を長寿の象徴である鶴にたとえて、天下の泰平を祝し治世の永続を願ったもの
② 女性を鶴にたとえて、多くの女性と契りを交わしてきたが生涯連れ添う理想の伴侶に出会えないことを嘆いたもの
③ 自分を鶴にたとえて、明君に出会えず、世に用いられることがないまま無為に老いていく不遇の身を恨んだもの
④ 蔵人任官に際して賜った装束を鶴の羽毛にたとえて、その喜びと御礼を述べたもの

(iii) 空欄 Z に入る最も適当なものを、次の ①～④ のうちから一つ選べ。解答番号は 28 。

① **【文章Ⅰ】**では、仏教の教えを説くことが主眼なので、雅材が女性の家に通う箇所は好ましくないとされて省略されたのではないでしょうか
② **【文章Ⅰ】**では、詩作などの才芸を磨く必要性が主題とされているので、それに関わらない細部は省略されたのではないでしょうか
③ **【文章Ⅰ】**は、説話では一話の長さを短めにしなくてはならないので、最も重要な箇所以外は省略されたのではないでしょうか
④ **【文章Ⅰ】**は、武士の世の中になったことで朴訥《ぼくとつ》とした気風が好まれた時代に成立したので、滑稽な展開の部分は省略されたのではないでしょうか

（下書き用紙）

国語の試験問題は次に続く。

第4問

次の【問題文Ⅰ】は北宋《ほくそう》の梅堯臣《ばいぎようしん》の詩で、【問題文Ⅱ】は友人の欧陽脩《おうようしゆう》がそれを論評した文章である。これらを読んで、後の問い（問1～7）に答えよ。なお、設問の都合で返り点・送り仮名・本文を省いたところがある。（配点　50）

【問題文Ⅰ】

春洲ニ生ジ二荻《てき》(注1)芽《が》一

春岸ニ飛ブ二楊《やう》(注2)花《くわ》一

河《か》(注3)豚《とん》ハ当タリテ二是ノ時ニ一

貴キコト不レ数ヘ二魚《ぎよ》(注4)鰕《か》ニ一

其ノ状ハ已ニ可クレ怪シム

A｜其ノ毒モ亦タ莫シレ［X］

忿《ふん》(注5)スル腹ハ若ク二封《ほう》(注6)豕《し》ノ一

怒ル目ハ猶ホシ二呉《ご》(注7)蛙《あ》ノ一｜B

庖《はう》(注8)煎《せん》苟シクモ失ハバ(注9)レ所ヲ

入リテレ喉ニ為ル二鏌《ばく》(注10)鋣《や》ト一

(ア)若レ此喪ヘバ二軀《く》(注11)体《たい》ヲ一

何ゾ須《もち》ヒンレ資スルヲ(注12)二歯牙ニ一

持シテ問フニ二南方ノ人ニ一

党(注13)護シ復タ矜《きよう》誇《くわ》ス

皆言フ美ナルコト無シトレ度(イ)

誰カ謂ハン死スルコト(注14)如シトレ麻ノ

（注）
1 荻芽――オギ（湿地に生えるススキに似たイネ科の植物）の若い芽。
2 楊花――柳の花の綿毛。
3 河豚――フグ。
4 魚鰕――魚介類。
5 忿――怒って膨らませる。
6 封豕――太った豚。
7 呉蛙――蝦蟇《がま》。
8 庖煎――調理。
9 失レ所――適切でない。
10 鏌鋣――いにしえの名剣。
11 軀体――身体。
12 資二歯牙一――食用にする。
13 党護――かたを持つ。
14 死如レ麻――大勢が命を落とす。
15 咄嗟――ため息をつく。

我《ガ》語不レ能《ハ》レ屈《セシムル》　自《ラ》思《ヒ》空《シク》咄《とつ》(注15)嗟《さス》

斯《ノ》味《ハ》曽《テ》(ウ)不レ比　中《ニ》蔵《ス》禍《ノ》無《キヲ》レ涯《はて》

甚《ダ》美《ナルハ》悪《モ》亦《タ》称《かなフ》　此《ノ》言誠《ニ》可《シ》レ嘉《よみス》

（梅堯臣『宛陵集《えんりょうしゅう》』による）

【問題文Ⅱ】

河豚《ハ》常《ニ》出《デ》二於春(注1)暮《ニ》一、羣《ぐん》二遊《いうシ》水上《ニ》一、食《ラヒテ》レ絮《じょヲ》(注2)而肥《ユ》。南人多与荻芽為羹(注3)、云最美。故《ニ》知《ル》レ詩者《ハ》謂《おもハン》、秖《ただ》破(注4)題《ノ》両句《ノミニシテ》、已《ニ》道二尽河豚好処一。聖(注5)兪《ハ》平生苦《シミ》二於吟詠《ニ》一、以《テ》二間(注6)遠古淡《ヲ》一為《ス》レ意《ト》。故《ニ》其《ノ》構(注7)思極《ム》レ艱《かんヲ》。此《ノ》詩《ハ》作《リテ》二於罇《そん》(注8)俎《そ》之間《ニ》一、筆力雄《いう》贍《せん》。頃《けい》(注9)刻《こくニシテ》而成《ルモ》、遂《ニ》為《ル》二絶唱《ト》一。

（欧陽脩『六一詩話《りくいつしわ》』による）

（注）

1　春暮——晩春。
2　絮——楊花に同じ。
3　羹——汁物。
4　破題——詩文の冒頭。
5　聖兪——梅堯臣の字《あざな》。
6　間遠古淡——しずかで奥深く素朴な雅味がある。
7　構思——考えを練ること。
8　罇俎之間——宴席。
9　頃刻——わずかの時間。

問1　波線部(ア)「若レ此」・(イ)「度」・(ウ)「不レ比」のここでの意味として最も適当なものを、次の各群の①～⑤のうちから、それぞれ一つずつ選べ。解答番号は 29 ～ 31 。

(ア)「若レ此」 29
① これが原因で
② しかしながら
③ 若くして
④ このように
⑤ ついには

(イ)「度」 30
① 態度
② 限度
③ 制度
④ 忖度
⑤ 法度

(ウ)「不レ比」 31
① くらべようもない
② それほどでもない
③ 毒性に比例しない
④ ひけはとらない
⑤ 偽りごとではない

問２　傍線部Ａ「其 毒 亦 莫レ［Ｘ］」について、空欄［Ｘ］に入る文字と全体の解釈との組合せとして最も適当なものを、次の①～⑤のうちから一つ選べ。解答番号は［32］。

①　食　　河豚の毒は決して口にしてはならない。

②　味　　河豚の毒は特に美味なものではない。

③　加　　河豚の毒はこれ以上ないほど強力だ。

④　見　　河豚の毒はその姿からは想像できない。

⑤　多　　河豚の毒は大量にあるわけではない。

問３　傍線部Ｂ「入レ喉 為二鏌 鋣一」とはどのようなことを述べているのか。最も適当なものを、次の①～⑤のうちから一つ選べ。解答番号は［33］。

①　食べるのに特別な調理器具がいるということ。

②　慣れるまではなかなか喉を通らないということ。

③　口に入れてみれば非常に美味だということ。

④　刀を呑む芸当のように危険だということ。

⑤　食べればたちまち命を落とすということ。

問4　傍線部C「自思空咄嗟」から読み取れる筆者の心情の説明として最も適当なものを、次の①〜⑤のうちから一つ選べ。解答番号は 34 。

① 南方の人たちの河豚の美味に関する意見が正しいとわかっていながら、決して屈服はできないとかたくなになっている。

② 南方の人たちが、河豚など食べるべきではないという筆者の意見に耳を貸そうとしないことに困惑と失望を感じている。

③ 南方の人たちの河豚の美味に関する意見を聞き、それも一面の真実だと感心して、新たな知見を得られたことを喜んでいる。

④ 南方の人たちが、河豚の美味を説く筆者の意見に耳を貸さず、その毒を恐れてばかりいることにあわれみを感じている。

⑤ 南方の人たちに、河豚など食べるべきではないと威圧的に述べてしまい、こんなことでは人を説得できないと反省している。

問5　傍線部**D**「南人多与荻芽為羹、云最美」について、返り点の付け方と書き下し文との組合せとして最も適当なものを、次の①～⑤のうちから一つ選べ。解答番号は 35 。

① 南人多下与二荻芽一為上羹、云最美　　南人荻芽を与へて羹《あつもの》を為すこと多く、云ふは最も美なり

② 南人多与二荻芽一為レ羹、云二最美一　　南人多く荻芽に与《あづか》るは羹の為《ため》にして、最も美なるを云ふ

③ 南人多与二荻芽一為レ羹、云二最美一　　南人多く荻芽と羹と為し、最も美なりと云ふ

④ 南人多与二荻芽一為レ羹、云レ最レ美　　南人多く荻芽を与ふれば羹の為に、美を最もにすと云ふ

⑤ 南人多下与二荻芽一為上羹、云レ最美　　南人荻芽と羹と為すこと多く、最もと云ふは美なり

問6　傍線部**E**「道二尽河豚好処一。」の解釈として最も適当なものを、次の①～⑤のうちから一つ選べ。解答番号は 36 。

① **【問題文Ⅰ】**の冒頭で、梅尭臣は河豚の美味なところについて言い尽くしている。

② **【問題文Ⅰ】**の冒頭で、梅尭臣は河豚を好む人にまで道義を尽くして対処している。

③ **【問題文Ⅰ】**と**【問題文Ⅱ】**の冒頭で、梅尭臣と私は河豚の名所への詳細な道案内をした。

④ **【問題文Ⅱ】**の冒頭で、私は河豚を好む人に道理に外れた対処をしてしまった。

⑤ **【問題文Ⅱ】**の冒頭で、私は河豚の美味な処理法について語り尽くしている。

問7 【問題文Ⅱ】の筆者は【問題文Ⅰ】の詩をどのように評価しているか。その説明として最も適当なものを、次の①～⑤のうちから一つ選べ。解答番号は 37 。

① 苦心して詩作に励んでいた【問題文Ⅰ】の筆者が宴席で考え抜いて作った詩だが、作為を感じさせない即興的な味わいの作品であると評価している。

② 宴席での議論に敗れた【問題文Ⅰ】の筆者がその場で無念の思いを詠じた詩で、彼の魂の絶叫を雄々しく表現した傑作であると評価している。

③ 深みや雅味の表現を追求していた【問題文Ⅰ】の筆者が宴席でふと作った詩だが、普段の詩以上に深みや雅味を感じさせる傑作であると評価している。

④ 日頃は考えを凝らして詩を作る【問題文Ⅰ】の筆者が宴席で即興的に作った詩だが、そのせいでかえって力強く雄大な傑作となったと評価している。

⑤ 軽々しく詩を作ることのなかった【問題文Ⅰ】の筆者が宴席で気楽に作った詩で、そんな詩が彼の短い生涯での最後の作品となったのが惜しいと評価している。

第 2 回

実 戦 問 題

(200 点　80 分)

第1問

次の【文章Ⅰ】は宇野邦一《うのくにいち》『反歴史論』の一部、【文章Ⅱ】は藤原辰史《ふじはらたつし》『歴史の屑《くず》拾い』〈プロローグ〉の一部である。これらを読んで、後の問い（問1～6）に答えよ。（配点　50）

【文章Ⅰ】

歴史は、連続的なものに関する言説として構成される。そのような連続性は、歴史家という主体の意識から生み出されるしかない。「歴史的分析を連続的なものに関する言説に仕立てること」は「人間の意識をあらゆる生成およびあらゆる実践の根源的主体に仕立てること」と一体である。そこでフーコー（注1）は、歴史における連続性と意識的主体性を、徹底的に批判することになる。A その批判はフランスの知性らしく、根本的で容赦がなかった。

歴史における「連続性」の要求は、「起源を探し求めること、先行事象の連なりを際限なく遡ること、伝統を再構成すること、進化の展開を辿《たど》ること、目的論を企図すること、絶えず生の隠喩に訴えること」のような形をとる、とフーコーは説明している。「生の隠喩に訴える」とは、困難に出会い、忍耐し、反撃し、克服するような人間的生の物語として、歴史が生成されるということだろうか。さらには「語る個人、言説の主体、テクストの作者といった人間学的カテゴリーに（ア）ジュンキョするほとんど無反省な統一性」と、歴史がいつも共犯的であることをフーコーは批判している。もしテクストさえも「考古学的な」資料であり、モニュメントにほかならないとすれば、それを書いた作者や人間の意識的な統一性など前提できるはずがない。ついには「言説」の手前にある物、物質についてもまた、それを自明な前提とすることはできない。

要するに、歴史家も、歴史を読み、語る人々も、ほとんど暗黙のうちに安心して前提としている連続性や意識性を、あるいは人間学的思考を、さらには史料となる言説という自明なものを、ことごとく解体し、不安に突き落とすかのようにフーコーは反歴史的な批判を進めている。これほどまでに歴史と歴史学を批判し、「考古学」のように不確かな、不連続な時空に突き返すようにして、フーコーは一体何をめざしたのだろうか。

たとえば彼はこう書いている。「私が明るみに出したいのは『語られたこと』が出現する条件、それが累積し連鎖する際の諸形態、それが変換を被る際に従う諸規則、それに区分を設ける諸々の非連続性なのだ」と。あるいはまた「言説を、起源のはるか遠い現前へと送り返すのではなく、具体的事件としてのその作用のなかで扱わなければならない」とも彼は言う。要するに「言説をそれに固有の複雑さにおいて出現させること」が彼の問題なのだ。「言説実践（pratique discursive）」という言葉に見えるように、言説はそれ自体で実践であり、その実践の規則が、言説の「形成システム」を構成する。

あらゆる連続性から、意識的統一性から、歴史の言葉（言説）を解き放つという考古学者の課題は、発掘物の破片をながめて夢想するようなことではなく、ただ言説それ自体という出来事、その実践、その出現の条件を、謙虚にみつめていればいいわけではない。とてつもなく難しい仕事が待っているのだ。

こうしてフーコーは『狂気の歴史』を、従来の歴史学者のようにではなく、Bまさに考古学者として書こうとした。「私の前に現れたのはむしろ、欠落のある錯綜《さくそう》した諸々の系列であり、差異、隔たり、置換、変換など諸々の作用であった」、「十九世紀の精神医学的言説を特徴づけるのは、特権化された諸対象ではなく、その言説が自らの諸対象を大きく分散したままにとどめつつ形成するやり方である」。そこでフーコーは「そうした分散そのもの」を記述しようとした。それだけでなく「分散」を通じてある規則性を、つまりは「形成のシステム」を認めようとした。

つまりフーコーは、歴史に対する人間学的前提をふりきって、ただ「言説」そのものを、そして「言説」を形成する「言表」そのものを注視するという、まったく控えめな、厳密にヨク(イ)セイされた「考古学的」姿勢を提案すると同時に、きわめて野心的で革新的な歴史とその方法を提案していたのだ。フーコーは細心であり、大胆だった。

「言説実践」はあくまでそれ自体の固有のレベルで考察されなければならないが、そこに生じる関係は他の言説にも連接して、精神医学、刑法、監禁、人口、労働需要などの分野に広大な連鎖の輪をひろげていたのである。十九世紀の精神医学の誕生とは、そのような言説の事件であり、言説を形成する新しいシステムの登場である。このシステムはそのように「分散」されているとはいえ、その誕生は巨大な歴史的事件でもあった。もちろんそれはフランス革命のようにも、ナポレオンの戦争のようにも、あからさまに到来することのない歴史の出来事である。『狂気の歴史』がなしとげたように、「分散した」もろもろの対象を通じて「システム」を発見しなければ、決して見えてこない出来事だったのだ。

【文章Ⅱ】

ファシズムの時代に生きた思想家ヴァルター・ベンヤミン（注2）は、（ウ）ソウコウの寄せ集めである『パサージュ論』のなかで、自分のなすべき仕事についてこう述べている。

> この仕事の方法は文学的モンタージュである。私のほうから語ることはなにもない。ただ見せるだけだ。価値のあるものを抜き取ることはいっさいしないし、気のきいた表現を手に入れて自分のものにすることもしない。だが、ボロ、くず――それらの目録を作るのではなく、ただ唯一可能なやり方でそれらに正当な位置を与えたいのだ。つまり、そのやり方とはそれらを用いることなのだ。

私に「歴史の屑拾い」というテーマで何かを書かせようとしたのは、まずこの一節である。が、それだけではない。よく知られているように、ベンヤミンにボロや屑への関心をもたせたのは一九世紀フランスの詩人、シャルル・ボードレール（注3）であり、特に「屑拾いの酒」である。

> 屑拾いがやって来るのが見られる　首をふり
> よろめき　壁にぶつかるその姿は　まるで詩人のよう（宇佐美斉《うさみひとし》訳）

この屑拾いの描写を意識しながら、ベンヤミンは『パサージュ論』でこう注釈めいたコメントを残している。「屑屋のぎくしゃくした歩き方は、必ずしもアルコールの影響によるわけではない。なぜなら、彼はいつも立ち止まって屑を拾い、それを背負い籠に投げ込まなくてはならないからだ」。

ボードレールの詩を媒介にしてベンヤミンが考えたことは、おそらく、屑拾いが、歴史叙述の対象としてばかりではなく、歴史叙述のモデルとしても魅力的であるということだろう。

それを私なりに言い換えてみたい。

よく指摘されるように、歴史は、危機の時代の勝者や生存者によってしか描かれてこなかった。危機の時代の敗者や死者は、歴史を語る口を(エ)封じられる。しかし、戦争の勝者しか歴史を書けない、という通俗的な見解と私の見解は異なる。多くの場合、打ち捨てられた人間は、歴史の泥沼に沈む。そこには、未遂の試みも分断されたまま深く沈んでいて、その中から再利用可能なものを探すのはおろか、「正当な位置」を与えることも困難である。

ベンヤミンによれば、歴史学という学問ではこの試みは難しい。なぜなら、「歴史学の構成は軍隊の秩序になぞらえられる。つまりそこでは真の生が苛《さいな》まれ兵舎に入れられる」からだ。歴史学は「一切を抽象化してしまう『感情移入』を要求する」。つまり、史料収集によって、歴史の泥沼に落とされた断片を一つ一つ拾い上げ、目録を作ることはできるが、それらを軍隊的な秩序のもと、大きな構成の部分に埋め直して、断片の生を窒息させてしまう、というわけだ。

C私もそうやって歴史を書いてきた。これまで発見時に最も興奮した史料の一つは、ハーメルンの市立文書館に所蔵されているものである。一九三四年九月三〇日に開催された国家行事である収穫感謝祭で、参加者が書いた絵葉書であった。(オ)裏には「ちょうどいま、ヒトラーが話し始めたところだ」と、総統の演説が始まった直後にコンマで葉書の文を終えていた。収穫感謝祭での聴衆の興奮が伝わる史料であるが実は興奮していない人たちもいた、という文脈で私はこの史料を紹介した。論理の流れに埋め込まなければ、整理されず、読者の頭に入りにくいからだ。

しかし、もっと手綱を緩めてそれらの断片的な史料を読者の頭の中で律動させることはできないだろうか。コンマの意味をもっと深掘りできないだろうか。Dベンヤミンは歴史叙述者を挑発しているように思える。

それにしても、ベンヤミンが目を奪われた屑拾いの「ぎくしゃくした歩き方」が、なぜ「歴史学」のふるまいと対峙《たいじ》できるのだろうか。

大事なのは身振りだ。屑拾いは、目線を下に向け、屑を探す。屑を背中の籠に投げ入れる。だから、いちいち立ち止まる。目線を下に向けたまま前に進むことは難しい。目線が下では先を見通せない。パリという都市の全体像を知ることは困難だろう。だが、捨てられたものをじっと観察する屑拾いは、下を向いて歩くことで、誰も到達できないあることに通暁する。屑の性質を見極めることで、再生可能なものが出やすい場所を熟知していく。それは、捨てる人間の性質も知っていなければ、できる芸当ではない。さらに腕のいい屑拾いは、パリの人びとの卑しさと善良さを、そして、季節ごとの物と人の流れと性質をどんなパリ市民よりも知っている。そんな、地べたに捨てられたものの知からぎくしゃくした身振りで歴史を組み立て直すことを、私はこの書物でやってみたいと思う。

（注）1　フーコー――フランスの哲学者（一九二六―一九八四）。
2　ヴァルター・ベンヤミン――ドイツの思想家・評論家（一八九二―一九四〇）。
3　シャルル・ボードレール――フランスの詩人（一八二一―一八六七）。

問1　次の(i)・(ii)の問いに答えよ。

(i)　傍線部(ア)～(ウ)に相当する漢字を含むものを、次の各群の①～④のうちから、それぞれ一つずつ選べ。解答番号は 1 ～ 3 。

(ア)　ジュンキョ　1
① 月ごとのリジュンを算出する
② 条約がヒジュンされる
③ 出かけるジュンビをする
④ 物事がジュンチョウにはかどる

(イ)　ヨクセイ　2
① ラクセイ式に臨席する
② 市のザイセイを立て直す
③ イセイのいい声をあげる
④ 法をセイテイする

(ウ)　ソウコウ　3
① 不安をイッソウする
② ソウゲンを走り回る
③ 新しい雑誌をソウカンする
④ モウソウにとらわれる

(ii) 傍線部(エ)・(オ)とは**異なる意味**を持つものを、次の各群の①～④のうちから、それぞれ一つずつ選べ。解答番号は 4 ・ 5 。

(エ) 封じられる 4

① 封イン
② 封ケン
③ ミッ封
④ 封サ

(オ) 裏 5

① 裏ニワ
② ヒョウ裏
③ 裏モン
④ ノウ裏

問2　傍線部A「その批判はフランスの知性らしく、根本的で容赦がなかった。」とあるが、どのような「批判」をしたというのか。その説明として最も適当なものを、次の①～⑤のうちから一つ選べ。解答番号は［6］。

①　歴史は連続的なものに関する言説として構成され、その連続性は歴史家の主体意識によってのみ生み出されるのに、既成の価値観に安易に従ったために歴史が人間的生の次元から遊離したことを批判した。

②　歴史が連続的な言説として構成されることを前提にしつつも、それを語る歴史家の主体意識が史料を含めて恣意的で無反省な統一性ばかりを求めることで、歴史記述から客観性が見失われていることを批判した。

③　歴史の連続性が実は歴史家により構成されたものであり、人間の意志的主体性を無反省に前提としたものであることを指摘するとともに、史料そのものも人間学的な解釈によって意味づけられていることを批判した。

④　歴史における連続性は歴史を語る歴史家の主体意識からしか生まれてこないものであるはずなのに、言説の主体が意識的な統一性を確立できていないために、歴史が形骸化してしまっていることを批判した。

⑤　歴史は物的証拠に基づき事実をありのままに伝えるものでなければならないはずなのに、歴史家という意識主体によって史料が勝手に解釈され、人間学的な価値観に即して連続的なものとして構成されていることを批判した。

問3　傍線部B「まさに考古学者として書こうとした」とあるが、それはどういうことか。その説明として最も適当なものを、次の①～⑤のうちから一つ選べ。解答番号は 7 。

① 歴史的な言説を連続性や統一性からいったん切り離し、それぞれを分散された固有のレベルで考察した上で、従来の歴史学者とは異なった視点から新たな連続性を見いだし歴史を構成し直そうとしたということ。

② 歴史的な言説を連続性や統一性のもとに把握するのではなく、分散した言説を分散したままに考察し、それぞれの資料が歴史上のどの出来事に対応するかを、言説に即して精細に見極めていこうとしたということ。

③ 歴史的な言説を連続性や統一性という意識からいったん切り離し、広範な分野に分散している様々な言説と関連させることでその意味を明らかにし、自らの主体性において新たな歴史的位置づけを行っていったということ。

④ 歴史的な言説を連続性や統一性のもとに把握するのではなく、分散された固有の資料そのものとして考察し、それぞれの言説が形成された具体的側面において、それらが形成された過程を明らかにしようとしたということ。

⑤ 歴史的な言説を連続性や統一性という意識からいったん切り離し、それらの言説が精神医学とどう関連するかを考察することで、両者の差異を通して新しい歴史の言説の可能性を探ろうとしていったということ。

問4　傍線部C「私もそうやって歴史を書いてきた。」とあるが、それはどういうことか。その説明として最も適当なものを、次の①～⑤のうちから一つ選べ。解答番号は **8** 。

① 歴史が危機の時代の勝者や生存者によって書かれたものであり、偏向が含まれることは承知していたが、伝統的なやり方を踏襲して記述してきたということ。

② 歴史が危機の時代の勝者や生存者によって書かれたものでしかないことに反発を覚え、敗者や死者に寄り添い、彼らに光を当てる形で記述してきたということ。

③ 歴史は勝者にしか書けないという通俗的な見解を打破するために、歴史から打ち捨てられてきた人間に注目し、既存の歴史観を覆すべく記述してきたということ。

④ 歴史の根本は史料収集にこそあると考え、忘れ去られていた断片的な史料を一つ一つ拾い上げ、それらが読者の頭の中で律動するように記述してきたということ。

⑤ 歴史の構成や展開を重んじることで、今まで取り上げられてこなかった史料を発見しても、それを歴史の中の一側面として埋め込む形で記述してきたということ。

問5　傍線部D「ベンヤミンは歴史叙述者を挑発しているように思える。」とあるが、どのように「挑発している」というのか。その説明として最も適当なものを、次の①～⑤のうちから一つ選べ。解答番号は 9 。

① 歴史叙述は勝者や生存者の営為よりも敗者や死者の事績を中心に書き記されるべきであり、叙述のあり方においても、歴史家の価値観によって事象を記述するのではなく、公平性を十分に考慮し価値の偏りを慎重に避けるようにしてなされるべきである。

② 歴史叙述は歴史の中に埋もれてきた未遂の試みを明るみに出すことに意義を見いだすべきであり、叙述のあり方においても、それらの試みが企図していたことや結果的に成功しなかった原因などを分析し、歴史の流れの中で持つ意味を見定めていくことが重要である。

③ 歴史叙述は歴史の中で打ち捨てられた人や出来事にも言い及ぶようになされるべきであり、叙述のあり方においても、論理的な整合性に基づいて抽象化するのではなく、一つ一つの事象の性質を見極め生き生きとよみがえらせることに徹しなければならない。

④ 歴史叙述は歴史を構成する中で抑圧されてきた生の断片を再現することを使命とするべきであり、叙述のあり方においても、そうした生の断片が歴史の流れの中で持ちえたはずの意味を明らかにし、読者の心を動かす物語として提示することに力を尽くさなければならない。

⑤ 歴史叙述は勝者や生存者を中心に描かれてきた既存の歴史を相対化する視点をもってなされるべきであり、叙述のあり方においても、勝者や生存者の事績を称賛するだけにとどまらず、敗者や死者の無念の思いもくみ取る方向で再構成される必要がある。

問6　【文章Ⅰ】と【文章Ⅱ】を読んだAさんは、考えたことをノートにメモしてみた。次の【ノートのメモ】はそのときのものである。これについて、後の(i)〜(iii)の問いに答えよ。

【ノートのメモ】

・フーコーとベンヤミンには、歴史に対する考え方に共通するものがある。

▼共通点＝［X］。

⇩

・しかし、違いもあるのではないか。

▼相違点＝［Y］。

⇩

・結局のところ、歴史とはどのようなものと考えるのがよいのだろうか。

▼［Z］。

(i)　空欄［X］に入るものとして最も適当なものを、次の①〜④のうちから一つ選べ。解答番号は［10］。

①　歴史は人間が時間の流れを価値観に従って構成した一種の虚構であり信頼するに足りない

②　歴史を叙述する者は自身の価値観や視点が不偏不党なものかどうか不断に検討すべきである

③　事実の歪曲や誤った解釈を一つ一つ発見して正していくのが歴史家としての使命である

④　連続性や歴史家の主体性を基盤に成りたってきた歴史は根底から考え直されるべきである

(ii) 空欄 Y に入るものとして最も適当なものを、次の ① 〜 ④ のうちから一つ選べ。解答番号は 11 。

① ベンヤミンは個々の事象を併記することで既存の歴史の連続性を解体しようとしているが、フーコーは事象を併記することそれ自体に歴史家の主体的意識が関わっているという立場に立つ

② ベンヤミンは個々の事象に注目し取り上げることで既存の歴史に異を唱えているが、フーコーは個々の事象に関する言説のシステムそのものまで見とおすことが必要だと考える

③ フーコーは歴史叙述ばかりか史料収集そのものも歴史家の意識的主体による選択だと批判しているが、ベンヤミンは史料収集それ自体には歴史家の価値観の介入する余地はないとしている

④ フーコーはあらゆる歴史叙述は権力を有する者によって成り立ったものだと批判しているが、ベンヤミンは権力から見放された人々の営為に基づく歴史叙述も可能だと提言している

(iii) 空欄 Z に入るものとして最も適当なものを、次の ①～④ のうちから一つ選べ。解答番号は 12 。

① 歴史はそこに叙述された人物や出来事の選択に歴史家の作為がはたらいているものなので、読み手が歴史に向き合う際には、文芸作品と同じような一種のフィクションだという意識を持って接していくべきである

② 歴史の流れと一般に言われるものは歴史家の価値意識に基づいて連続するものとして構成されているので、読み手は叙述そのものを相対化する意識を持って、自らの歴史観を構築していかなければならない

③ 歴史叙述が示す連続性は歴史家の主体や特定の視点が反映されたものなので、読み手はそれを承知した上で、排除された要素や別様の歴史の可能性があることも念頭に置いて接していく必要がある

④ 歴史は歴史家の主体に基づいて叙述され歴史家の数だけ異なった歴史が存在するので、読み手はそのことに十分留意し、様々な歴史の中から最も客観的と思われる歴史を選ぶ眼力を養わなければならない

第2問　次の文章は、有島武郎《ありしまたけお》「生れ出《いづ》る悩み」（一九一八年発表）の一節で、画家を目指している「君」について描いたものである。これを読んで、後の問い（問1～6）に答えよ。なお、設問の都合で本文の上に行数を付してある。（配点　50）

自分が満足だと思った所は何処《どこ》にあるのだろう。それは謂《い》わば自然の影絵に過ぎないではないか。向こうに見える山はその儘《まま》寛大と希望とを象徴するような一つの生きた塊的《マッス》であるのに、君のスケッチ帖《ちょう》に縮め込まれた同じものの姿は、何の表情も持たない線と面との集まりとより君の眼《め》には見えない。

この悲しい事実を発見すると君は躍起となって次のページをまくる。而《しか》して自分の心持ちを一際謙遜《ひときわけんそん》な、而して執着の強いものにし、粘り強い根気でどうかして山をそのまま君の画帖の中に生かし込もうとする、新たな努力が始まると、君はまた凡《すべ》ての事を忘れ果てて一心不乱に仕事の中に魂を打ち込んで行く。而して君が昼弁当を食う事も忘れて、四枚も五枚ものスケッチを作った時には、もう大分日は傾いている。

然《しか》しとてもそこを立ち去る事は出来ない程、自然は絶えず美しく蘇《よみがえ》って行く。朝の山には朝の命が、昼の山には昼の命があった。夕方の山には又しめやかな夕方の山の命がある。山の姿は、その線と蔭日向《かげひなた》とばかりでなく、色彩にかけても、日が西に廻《まわ》ると素晴らしい魔術のような不思議を現した。峠のある部分は鋼鉄のように寒く硬く、また他の部分は気化した色素のように透明で消え失せそうだ。夕方に近づくにつれて、やや煙り始めた空気の中に、声も立てずに粛然と聳《そび》えているその姿には、汲《く》んでも汲んでも尽きない平明な神秘が宿っている。

昼は真冬からは著しく延びてはいるけれども、もう夕暮れの色はどんどん催して来た。それと共に肌身に寒さも加わって来た。落日に彩られて光を呼吸するように見えた雲も、煙のような白と淡藍《うすあい》との蔭日向を見せて、雲と共に大空の半分を領していた山も、見る見る寒い色に堅くあせて行った。而して靄《もや》とも云《い》うべき薄い膜が君と自然との間を隔てはじめた。

A<u>君は思わず溜息《ためいき》をついた。</u>云い解きがたい暗愁——それは若い人が恋人を思う時に、その恋が幸福であるにもかかわらず、胸の奥に感ぜられるような——が不思議に君を涙ぐましくした。君は鼻をすすりながら、ばたんと音を立ててスケッチ帖を閉じて、鉛筆と一緒にそれを懐に納めた。凍《い》てた手は懐の中の温味《ぬくみ》をなつかしく感じた。弁当は食う気がしないで、切株の上からそのまま取って腰にぶらさげた。半日立ち尽くした脚は、動かそうとすると電気をかけられたように痺《しび》れていた。ようようの事で君は雪の中から爪先をぬいて一歩一歩本道の方へ帰って行った。君の心はまだ夢心地で、芸術の世界と現実の世界との淡々しい境界線を辿《たど》っているのだ。而して君は歩きつづける。

何時《いつ》の間にか君は町に帰って例の調剤所の小さな部屋で、友達のKと向き合っている。Kは君のスケッチ帖を興奮した目付きで彼処此処《そこそこ》見返している。

「寒かったろう」

とKが云う。君はまだ本当に自分に帰り切らないような顔付きで、

「うむ。……寒くはなかった。……その線の鈍っているのは寒かったからではないんだ」

と答える。

「鈍ってはいはしない。君がすっかり何もかも忘れてしまって、駈《か》けまわるように鉛筆をつかった様子がよく見えるよ。今日のは皆《み》んな非常に僕の気に入ったよ。君も少しは満足したろう」

「実際の山の形に較べて見たまえ。B……僕は親父《おやじ》にも兄貴にもすまない」

と君は急いで言いわけをする。

「何んで?」

Kは怪訝《けげん》そうにスケッチ帖から眼を上げて君の顔をしげしげと見守る。

君の心の中には苦い灰汁《あくじる》のようなものが湧き出て来るのだ。漁にこそ出ないが、本当を云うと、漁夫の家には一日として安閑としていい日とてはないのだ。今日も、君が一日を画《え》に暮らしていた間に、君の家では家中で忙しく働いていたのに違いないのだ。建網《たてあみ》に損じの有る無し、網をおろす場所の海底の模様、大釜を据えるべき位置、桟橋の改造、薪炭の買い入れ、米塩の運搬、仲買人との契約、肥料会社との交渉……その外鰊漁《にしんりょう》の始まる前に漁場の持ち主がして置かなければならない事は有り余る

程あるのだ。

君は自分が画に親しむ事を道楽だとは思っていない。いないどころか、君にとってはそれは、生活よりも更に厳粛な仕事であるのだ。然し自然と抱き合い、自然を画の上に活かすという事は、君の住む所では君一人だけが知っている喜びであり悲しみであるのだ。外の人達は――君の父上でも、兄妹《きょうだい》でも、隣近所の人でも――唯《ただ》不思議な子供じみた戯れとよりそれを見ていないのだ。

君は理屈では何ら恥ずべき事がないと思っている。然し実際では決してそうは行かない。芸術の神聖を信じ、芸術が実生活の上に玉座を占むべきものであるのを疑わない君も、その事柄が君自身に関係して来ると、思わず知らず足許《あしもと》がぐらついて来るのだ。

「俺が芸術家であり得る自信さえ出来れば、俺は一刻の躊躇《ちゅうちょ》もなく実生活を踏みにじっても、親しいものを犠牲にしても、歩み出す方向に歩み出すのだが……家の者共の実生活の真剣さを見ると、俺は自分の天才をそう易々《やすやす》と信ずる事が出来なくなってしまうんだ。俺のようなものを描いていながら彼等《ら》に芸術家顔をする事が恐ろしいばかりでなく、僭越《せんえつ》な事に考えられる。俺はこんな自分が恨めしい、而して恐ろしい。皆んなはあれ程心から満足して今日今日《きょうこんにち》を暮らしているのに、俺だけはまるで陰謀でも企《たく》らんでいるように始終暗い心をしていなければならないのだ。どうすればこの苦しさこの淋《さび》しさから救われるのだろう」

平常のこの考えがKと向かい合っても頭から離れないので、君は思わず「親父にも兄貴にもすまない」と云ってしまったのだ。

「どうして？」と云ったKも、君もそのまま黙ってしまった。Kには、物を云われないでも、君の心はよく解《わか》っていたし、君は又君で、自分は綺麗《きれい》に諦《あきら》めながら何処までも君を芸術の捧誓《ほうせい》者たらしめたいと熱望する、C Kの淋しい、自己を滅した、温い心の働きをしっくりと感じていたからだ。

君等二人の眼は悒鬱《ゆううつ》な熱に輝きながら、互いに瞳を合わすのを憚《はばか》るように、やや燃えかすれたストーヴの火を眺め入る。そうやって黙っているうちに君はたまらない程淋しくなって来る。自分を憐《あわ》れむともKを憐れむとも知れない哀情がこみ上げて、Kの手を取り上げて撫《な》でて見たい衝動を幾度も感じながら、女々しさを退けるようにむずかゆい手を腕の所で堅く組む。

ふと煤《すす》けた天井から垂れ下がった電球が光を放った。驚いて窓から見るともう往来は真っ暗になっている。冬の日の舂《うすづ》き隠れる早さを今さらに君はしみじみと思った。掃除の行き届かない電球は埃《ごみ》と手垢《てあか》とで殊更暗かった。それが部屋の中をなお悒鬱にして見せる。

「飯だぞ」

Kの父の荒々しい癇走《かんばし》った声が店の方から如何《いか》にも突慳貪《つっけんどん》に聞こえて来る。普段から自分の一人息子の悪友でもあるかの如《ごと》く思いなして、君が行くと曾《かつ》て機嫌のいい顔を見せた事のないその父らしい声だった。Kは一寸《ちょっと》反抗するような顔付きをしたが、陰性なその表情を益々《ますます》陰性にしただけで、きぱきぱと盾をつく様子もなく、父の心と君の心とを窺《うかが》うように声のする方と君の方とを等分に見る。

君は長座をしたのがKの父の気に障ったのだと推《すい》すると座を立とうとした。然しKはそういう心持ちに君をしたのを非常に物足らなく思ったらしく、君にも是非夕食を一緒にしろと勧めてやまなかった。

「じゃ僕は昼の弁当を食わずにここに持ってるからここで食おうよ。遠慮なく済まして来たまえ」

と君は云わなければならなかった。

Kは夕食を君に勧めながら、ほんとうはそれを両親に打ち出して云う事を非常に苦にしていたらしく、さればとてまずい心持ちで君を還《かえ》すのも堪えられないと思いなやんでいたらしかったので、君の言葉を聞くと活路を見出《みいだ》したように少し顔を晴れ晴れさせて調剤室を立って行った。それも思えば一家の貧窮がKの心に染み渡ったしるしだった。君は独りになると、段々暗い心になり増《まさ》るばかりだった。

それでも夕飯という声を聞き、戸の隙《すき》から漏れる焼魚の匂《にお》いをかぐと、君は急に空腹を感じ出した。而して腰に結び下げた弁当包みを解いてストーヴに寄り添いながら、椅子《いす》に腰かけたままの膝《ひざ》の上でそれを開いた。

北海道には竹がないので、竹の皮の代わりにへぎ(注)で包んだ大きな握り飯はすっかり凍ててしまっている。春立った時節とは云いながら一日寒空に、切株の上にさらされていたので、飯粒は一粒一粒ぽろぽろに固くなって、持った手の中から零《こぼ》れ落ちる。試みに口に持って行ってみると米の持つ甘味はすっかり奪われていて、無味な繊維のかたまりのような触覚だけが冷たく舌に伝わって来る。

君の眼からは突然、君自身にも思いもかけなかった熱い涙がほろほろとあふれ出た。じっと坐《すわ》ったままではいられないような寂寥《せきりょう》の念が真っ暗に胸中に拡《ひろ》がった。

君はそっと座を立った。而して弁当を元通りに包んで腰にさげ、スケッチ帖を懐にねじこむと、Dこそこそと入口に行って長靴をはいた。靴の皮は夕方の寒さに凍って鉄板のように堅く冷たかった。

（注）へぎ――ひのきや杉などの板をごく薄くはいだもので、食物を包むのに使う。

問１　傍線部**A**「君は思わず溜息をついた。」とあるが、その理由の説明として最も適当なものを、次の①～⑤のうちから一つ選べ。解答番号は 13 。

① 自然のもつ美しさを十分に描き出そうとしたのに、夕暮れが迫ってできなくなってしまったから。
② 自然の不可思議な現象の謎を解明したいと思っているのに、手がかりさえつかめずにいたから。
③ 自然はその神秘を顕現させているようでいて、まだ十分には明らかにしていないと思ったから。
④ 自然の霊妙さを深く味わいながらも、まだ味わい尽くしていない気持ちにさせられたから。
⑤ 自然の雄大な美しさに比べれば、自分の存在など取るに足りないものだと感じられたから。

問2　傍線部B「……僕は親父にも兄貴にもすまない」とあるが、ここには「君」のどのような思いがうかがえるか。その説明として最も適当なものを、次の①～⑤のうちから一つ選べ。解答番号は 14 。

①　漁を営んでいる家族はつねに自然を相手に戦っているのに、自分だけが芸術の世界に浸って自然を絵に描き尽くそうとするような道楽にふけっていることを申し訳なく思っている。

②　漁夫の家には安閑としていられる日は一日としてないことを知りながら、自分だけが家族を犠牲にしてまで芸術の世界にあこがれ子供じみた戯れをしていることに切なさを感じている。

③　一家が真剣になって忙しく働いているのに手伝うこともせず、自分でさえ確かな自信をもつことができないでいる芸術の世界にこだわり続けていることに後ろめたさを感じている。

④　家族の真剣な実生活を踏みにじってまで芸術の世界に打ち込んでいるのに、思い通りの作品が描けないというだけで芸術家の才能がないと落胆している自分を情けないと思っている。

⑤　芸術に理解のない家族の反対を押し切ってまで芸術家を目指そうとしているのに、真剣に働く家族への思いを断ち切れず芸術の世界に専念できないでいる気弱さを恥ずかしく思っている。

問3　傍線部C「Kの淋しい、自己を滅した、温い心の働きをしっくりと感じていたからだ」とあるが、「K」について説明したものとして最も適当なものを、次の①～⑤のうちから一つ選べ。解答番号は 15 。

① 一人息子であるために調剤所の跡継ぎにならなければならず芸術への道を断念せざるを得なかったが、今でもその望みを断ち切れないでいる。そのため「君」が絵を描き続けていることをうらやましく思うが、父親に反抗することもできず、おとなしく従うしかないと諦めている。

② 経済的な理由もあり家業を継ぐために自分は芸術への志を断念するしかなかったが、友人の「君」が芸術を信じて生きていくことを強く期待している。そのため「君」の来訪を喜び気遣いもするが、父親の意向や家の事情を考えて思い通りに振る舞うこともできず歯がゆく思っている。

③ 調剤所の跡を継がなければならないために芸術家の道は諦めざるを得なかったが、審美眼は今でも衰えてはいないと自負している。そのため芸術家を目指す「君」の助けになろうと考えているが、父親が「君」の来訪を喜ばないため、願いを果たせない自分を悲しく思っている。

④ 父親の家業を継ぐためにいったんは芸術の世界から離れはしたが、「君」の熱意に影響されて再度取り組もうと思いはじめている。そのため「君」が芸術家になることを強く後押しするが、父親が「君」のことを良く思っていないので、少し距離を置かなければならないとも感じている。

⑤ 一家の手助けをするために芸術の世界から遠ざかるしかなかったが、あこがれはまだ捨てきれないでいる。そのため「君」のことを応援しようとは思うが、父親のことと「君」のことを比較して考えた場合、やはり父親の側につくしかないと思い自分を納得させようとしている。

問4　傍線部D「こそこそと入口に行って長靴をはいた」とあるが、このときの「君」について説明したものとして最も適当なものを、次の①～⑤のうちから一つ選べ。解答番号は 16 。

① 貧しいながらも家族と一緒に食卓を囲んでいるであろうKのことを思うと、自分一人だけが家族をないがしろにしているように思えて、早く家に帰ってやらなければと焦るような思いにかられている。

② 父親との確執はあるようだがそれでも一緒に食事をしているKのことを思うと、ささやかな一家の団欒をこれ以上邪魔するわけにはいかないと感じられ、みなに気づかれないよう静かに立ち去ろうとしている。

③ 家族を貧しさから救うために芸術を捨てたKのことを思うにつけ、自分よりもKの方がいっそうつらい立場におかれていることが推し量られ、これ以上かかわりをもつことは許されないと考えている。

④ 貧しさゆえに家業を選ばざるを得なかったKのことを思うにつけ、昼食も忘れてスケッチに夢中になっていた自分だけが勝手なことをしているように思えてきて、いたたまれない気持ちになっている。

⑤ 父親のことを気にして遠慮がちにしているKのことを思うと、実生活上の貧しさが芸術的才能を失わせてしまうことがあらためて実感され、そうした世界から一刻でも早く遠ざかりたいと思っている。

問5　この文章における表現の特徴についての説明として適当なものを、次の ①〜⑥ のうちから二つ選べ。ただし、解答の順序は問わない。解答番号は 17 ・ 18 。

① この文章は、主人公の視点に寄り添いつつ「君」という二人称の呼びかけにより微妙に距離をとる描き方を通して、芸術と実生活とのはざまで苦悩する青年の心の動きを浮き彫りにしている。

② 本文中の1行目「それは謂わば自然の影絵に過ぎないではないか」、15行目「薄い膜が君と自然との間を隔てはじめた」といった表現は、自然の前では無力でしかない人間の姿を象徴している。

③ 本文中の40行目「君の住む所では君一人だけが知っている喜び」、63行目「Kの父の荒々しい痡走った声」といった表現には、大人たちの無理解に苦しむ若者たちの姿が託されている。

④ この文章は、37行目「鰊漁の始まる前に」、77行目「北海道には竹がないので」といった記述によって、小説の舞台を登場人物の在り方や心情にかかわらせて巧みに物語を構成している。

⑤ 本文中の18行目「弁当は食う気がしないで」、75行目「君は急に空腹を感じ出した」といった記述は、芸術という一種の神聖な世界の中にあっても生活的な基盤が必要であることを暗示的に表現している。

⑥ この文章は、主人公を「君」にしたり登場人物を「K」としたりする特殊な描き方をすることで、日常的な感覚では近づくことのできない芸術世界の神秘を読者に提示することに成功している。

問6　次に示すのは、授業で本文を読んだ後の、**【話し合いの様子】**で、教師が、作中の「君」のモデルとされている木田金次郎が描いた「残雪の岩内山」を提示し、生徒たちに意見を求めた場面である。これを読んで、後の(i)〜(iii)の問いに答えよ。

【話し合いの様子】

教　師——この絵を見て、本文の読後感がより深まるということはありますか。

生徒A——力強い、迫力のある絵ですね。でも、どこか癒されるというか、包み込んでくれるような、自然の持つ度量の深さみたいなものも感じられます。

生徒B——たしかに。それって本文の「君」が山に対して［ X ］と感じ取っていることと、何か関係があるのかもしれない。

生徒C——作中の「君」は、そんな山の姿をあるがままにとらえたかったんですね。それがなかなかできずに苦しんでいる。

生徒D——私は、そんな苦しみが、4行目の「自分の心持ちを一際謙遜な」ものにさせたという描写に魅力を感じました。

生徒A——その思いって、「君」の実生活との関係にも表れているのかもしれない。芸術を目指している「君」は、［ Y ］という思いをいつも抱いているようだし。

生徒C——「君」は、つねに葛藤を抱えて生きているということですね。

生徒D——それは友人のKに対する態度にも表れているように思います。

生徒B——［ Z ］ところとかに、ですね。

教　師——話し合うことで、いろいろなことが見えてきました。

木田金次郎「残雪の岩内山」

(i) 空欄 X に入る発言として最も適当なものを、次の ①〜④ のうちから一つ選べ。解答番号は 19 。

① 2行目の「寛大と希望とを象徴するような一つの生きた塊的《マッス》である」
② 8行目の「自然は絶えず美しく蘇って行く」
③ 10行目の「素晴らしい魔術のような不思議を現した」
④ 11行目の「汲んでも汲んでも尽きない平明な神秘が宿っている」

(ii) 空欄 Y に入る発言として最も適当なものを、次の ①〜④ のうちから一つ選べ。解答番号は 20 。

① 芸術の世界は実生活よりも価値のあるものだと思いながらも、家族のことを考えると思い切った決断もできない
② 芸術の世界よりも汗水を垂らして働く実生活の方が価値あるものだと思うだけに、自分のしていることにはどんな意味があるのだろう
③ 家業を放り出している後ろめたさに耐えてまで芸術の世界に入り込んでいるのに、自分の力量がまだまだ足りていない
④ 家業では飽き足りないので芸術の世界に没入しようと思っていたくせに、芸術の世界でも満足のいく結果を出しきれない

(iii) 空欄 Z に入る発言として最も適当なものを、次の ①～④ のうちから一つ選べ。解答番号は 21 。

① 友人Kが絵画の道を断念せざるを得なかった苦衷が察せられるだけに、代わりに自分が活躍しなければならないと感じている

② 友人Kに芸術の道を断念させた苦しい境遇とその心情が思いやられるだけに、無責任な同情の言葉はかけられないと感じている

③ 友人Kが芸術への道を諦めざるをえない中で自分を応援してくれているとわかるだけに、期待を裏切らないようにしたいと感じている

④ 友人Kが家族の中で孤立していることが理解されるだけに、今以上にKが不遇な立場に立たされないようにしようと感じている

（下書き用紙）

国語の試験問題は次に続く。

第3問

次の文章は、南北朝時代に二条良基《よしもと》が著した『小島《おじま》の口《くち》ずさみ』の一節である。南朝の軍勢が都を占領したことで、北朝の後光厳《ごこうごん》天皇は美濃《みのの》国（現在の岐阜県南部）の小島へと避難した。北朝方の関白であった作者は、病をおして天皇のいる小島へと向かった。以下の文章は、作者が近江《おうみの》国（現在の滋賀県）から美濃国に入り、小島に到着するまでのことが記されている。これを読んで、後の問い（問1～4）に答えよ。なお、設問の都合で本文の段落に 1 ～ 5 の番号を付してある。（配点　50）

1　（注1）伊吹《いぶき》の岳《たけ》とかやは、雲居《くもゐ》のよそながら、近々と、麓《ふもと》を行くやうにぞ見渡さるる。（注2）小野とかやいふ所にて、（注3）三宝院僧正《さんぼうゐんそうじやう》に行き会ふ。近江の方へ急ぐことありて出《い》で侍《はべ》るよし申ししかば、森の陰なる堂の傍らに輿《こし》かき据ゑて対面す。かかるわづらひに、鄙《ひな》の長路《ながぢ》の衰へ、ことのほかに驚きたる気色《けしき》なり。やがて都の方へ a 過ぎぬ。この所の同じ名は古き歌などにも b 多く侍れど、（注4）惟喬《これたか》親王の住みかならねば、思ひやるももの浅き心地ぞせし。

2　かくて行くほどに、松の陰そびえたる岩根《いはね》より c 湧《わ》き出づる水の流れ、いと清う澄みて、まことに世に知らぬ所と見ゆ。（注5）ここは醒《さめ》が井なるべし。やがてまた桟《かけはし》ありて、d 小さき堂清げなるに、これも岩根より出づる水、たぐひなし。（注6）ひさごといふもの召し出でて、手洗ひなどして過ぐ。いとめでたき水なり。

　今よりや憂かりし夢もさめが井の水の流れて末を頼まむ

3　不破《ふは》の関屋《せきや》は、形《かた》のやうなる（注7）板庇《いたびさし》、竹の編戸ばかりぞ残りける。げに秋風もたまるまじう見えたり。

　昔だに荒れにし不破の関なれば今はさながら名のみなりけり

4　（注8）関の藤河《ふぢかは》は、その名も(ア)なつかしければ、わきて言問《こと と》ひ侍りし。名はことごとしけれど、さしもなき小川にて、万代までの流れともわかれず。されど、絶えせぬ例《ためし》はいと頼もしくて、

　さてもなほ沈まぬ名をやとどめましかかる淵瀬《ふちせ》の関の藤河

5　かくて、二三日の道を五六日のほどに、やうやう、からうして小島に e 参り着きぬ。見もならはぬ所の景色、左も右もそび

えたる山に雲いと深うかかりて、さらに晴れ間なし。（イ）げに、（注9）またなうあはれなるものは、かかる所なりけり。時しも秋の深山《みやま》の有様、ただおしこめて、言ひ知らぬもののあはれ、言はん方なし。鹿の音《ね》、虫の声も、（注10）かの松陰にて聞きし秋は、（ウ）物の数ならずおぼえしは、ただ所からの思ひなしにや。（注11）姨捨《をばすて》山ならねど、いと慰めかねぬべき旅の空も、あまりによろづたどたどしかりしかば、（注12）二条中納言の立ち入りたる所へ、まづ落ち着きぬ。

（注）
1　伊吹の岳――伊吹山。近江国と美濃国との境にある。近江国の歌枕。
2　小野――現在の滋賀県彦根市小野町の辺り。
3　三宝院僧正――賢俊。北朝に重用された真言宗の僧。
4　惟喬親王――文徳天皇の第一皇子（八四四～八九七）。弟の惟仁《これひと》親王が皇太子となったのち、出家し比叡山《ひえいざん》の麓の地である小野に隠棲《いんせい》したことが、『伊勢物語』などに描かれている。
5　醒が井――現在の滋賀県米原市醒井の湧き水。近江国の歌枕。
6　ひさご――ひょうたんの実を縦に二つに割って、柄杓《ひしゃく》の代わりとしたもの。
7　形のやうなる――形ばかりの。
8　関の藤河――不破の関のそばを流れる小川で、現在の藤古川《ふじこ》。歌枕として知られ、「美濃の国関の藤河絶えずして君につかへむ万代《よろづよ》までに」（『古今和歌集』神遊びの歌）が特に有名。
9　またなう…かかる所なりけり――『源氏物語』「須磨」の巻に、「またなくあはれなるものは、かかる所の秋なりけり」とあるのを踏まえた表現。
10　かの松陰にて聞きし――作者が病のため小倉山（現在の京都市右京区）の麓で療養していた際のことかとされる。
11　姨捨山――信濃国（現在の長野県）の歌枕。「我が心慰めかねつ更級《さらしな》や姨捨山に照る月を見て」（『古今和歌集』雑上、読み人知らず）が特に有名。
12　二条中納言――今小路（藤原）良冬。作者の叔父。

問1 傍線部(ア)〜(ウ)の解釈として最も適当なものを、次の各群の①〜⑤のうちから、それぞれ一つずつ選べ。解答番号は 22 〜 24 。

(ア) なつかしければ 22
① 心引かれるので
② 昔を思い出したから
③ ふさわしかったので
④ 知っているから
⑤ 有名であるから

(イ) げに 23
① たいそう
② 意外にも
③ いっそう
④ なるほど
⑤ 何となく

(ウ) 物の数ならず 24
① それほど多くないと
② 大したことがないと
③ 誰も経験したことがないと
④ 言いようもないほどすばらしいと
⑤ それとなく趣があると

問２　波線部ａ〜ｅについて、語句と表現に関する説明として最も適当なものを、次の①〜⑤のうちから一つ選べ。解答番号は 25 。

① ａ「過ぎぬ」は、「ぬ」が打消の助動詞であり、三宝院僧正が作者と別れがたい様子であったことを示す表現になっている。

② ｂ「多く侍れど」は、「侍れ」が丁寧語であり、作者から三宝院僧正への敬意を込めた表現になっている。

③ ｃ「湧き出づる」は、「る」が自発の助動詞で、湧き水がひとりでにどんどん流れ出る様子を示す表現になっている。

④ ｄ「小さき堂清げなるに」は、「なる」が伝聞の助動詞で、作者がすでに「小さき堂」の存在を聞き知っていたことを示す表現となっている。

⑤ ｅ「参り着きぬ」は、「参り」が「行き」の謙譲語であり、作者から後光厳天皇への敬意を込めた表現になっている。

問3　本文についての説明として最も適当なものを、次の①～⑤のうちから一つ選べ。解答番号は 26 。

① 1 段落で、作者は、三宝院僧正と対面し、自分がこれから急いで近江国の方へ向かわなければならないことを伝えた。

② 1 段落で、作者は、近江国の小野を訪れ、惟喬親王が隠棲した、比叡山の麓の地である小野と同じ地名であることに深い感慨を覚えた。

③ 2 段落で、作者は、現在のつらい状況が、悪夢から覚めるように解消し、将来がよくなることを期待するという内容の和歌を詠んだ。

④ 4 段落で、作者は、関の藤河が古歌に詠まれているのとは異なり小さな川であったことを頼りなく思い、落胆しながらも和歌を詠んだ。

⑤ 5 段落で、作者は、小島に到着してから心が落ち着かず、叔父のもとを訪ねるまで周囲の風景に感動することもなかった。

問4　次に示すのは、授業で本文を読んだ後の、話し合いの様子である。これを読んで、後の(i)～(iii)の問いに答えよ。

教　師――この本文では、様々な地名が和歌に詠み込まれていますね。例として、[3]段落の「昔だに荒れにし不破の関なれば今はさながら名のみなりけり」の和歌について、内容を話し合ってみましょう。

生徒Ａ――この和歌には、「不破の関」という地名が詠み込まれているね。

生徒Ｂ――その不破の関が、「昔だに荒れにし」といわれているけれど、これはどういう意味かな。

教　師――以前学習した、「だに」という助詞に注意してみると、わかりやすくなりますよ。

生徒Ａ――わかった！　この和歌は、「だに」という助詞を用いて、[X]ということを表しているんだと思うな。

教　師――その通りです。よく復習できていますね。

生徒Ｃ――なるほど、そんな風に詠んでいるということは、作者がこの時より前に不破の関を訪れたことがあることを表しているのかな？

教　師――そうではないんですよ。実際に訪れたことがなくても、特定のイメージをともなって和歌に詠み込まれる名所を「歌枕《うたまくら》」といいます。鎌倉時代以降、全国で宿駅などが発達したことなどを背景に、京と関東の往来が盛んになり、知識人たちの手によって紀行文が盛んに著されるようになります。その中では平安時代の古歌に詠まれた歌枕を実際に訪れ、その感慨を和歌に詠む、ということがよく見られます。不破の関もそうした歌枕の一つなんですよ。次の和歌は、『新古今和歌集』に収められたもので、不破の関が詠まれた和歌の中でも、特に名歌とされたものです。「昔だに…」の和歌やその直前の記述と見比べて、どんなことがいえそうか、考えてみてください。

和歌所《わかどころ》(注1)の歌合《うたあはせ》に、関路秋風《せきぢのあきかぜ》といふことを　摂政太政大臣(注2)

人住まぬ不破の関屋の板庇荒れにし後《のち》はただ秋の風

（注）1　和歌所の歌合――建仁《けんにん》元年（一二〇一）に後鳥羽院が催した歌合。

2　摂政太政大臣――藤原良経《よしつね》。平安時代末期から鎌倉時代初期にかけての公卿《くぎょう》・歌人。

生徒A――両者を比較すると、**Y**といえそうだね。

教　師――いい点に気づきましたね。

生徒B――先生、他にも不破の関が詠まれた和歌はあるのですか？

教　師――例えば、『覧富士記』という作品には、以下のような和歌があります。この作品は、室町時代の歌人堯孝《ぎょうこう》が、将軍足利義教《よしのり》の富士遊覧に随行した際のことを記した紀行文です。

不破の関過ぎ侍りしに、守《も》るとしもなき関の扉《とぼそ》、苔《こけ》のみ深くて、なかなか見所あり。

戸鎖《とざ》しをば幾世《いくよ》忘れてかくばかり苔のみ閉づる不破の関屋ぞ

生徒C――『覧富士記』の和歌は、**Z**といえそうですね。歌枕は特定のイメージが想起されるとはいっても、それぞれの和歌に歌人の独自性が見られて面白いなあ。

教　師――良い学習ができましたね。次の授業では、地図を使いながら、この学校の近くにある歌枕について見てみましょう。

（ｉ）空欄 X に入る発言として最も適当なものを、次の ①～④ のうちから一つ選べ。解答番号は 27 。

① 今でさえすっかり荒廃しているのだから、不破の関はきっと昔も荒れ果てた様子だったに違いない

② 昔でさえ荒廃していた不破の関は、今では「不破」というのが名ばかりであるほどにすっかり荒れ果てている

③ 不破の関は、たとえ今までは荒れ果てていたとしても、せめてこれからは人の往来が増えて栄えてほしい

④ 不破の関は、昔も今も荒廃しているが、将来はきっと「不破」という名の通り堅固な関所となるだろう

（ii）空欄 Y に入る発言として最も適当なものを、次の ①～④ のうちから一つ選べ。解答番号は 28 。

① 本文の和歌では、不破の関について「名のみなりけり」といっているから、不破の関を実際に訪れた作者は、藤原良経が名所として詠んだほどの感慨を抱いていない

② 本文の和歌の直前に「板庇」「竹の編戸」とあり、藤原良経の和歌にも「板庇」が詠まれているから、どちらの和歌も不破の関の実景をよく観察した上で詠まれた

③ 藤原良経の和歌には、本文の和歌には見られない「人住まぬ」という表現があるから、本文の作者の時代よりも藤原良経の時代の方が不破の関は荒廃していた

④ 本文の和歌やその直前の文章には藤原良経の和歌と共通する字句がいくつもあるから、本文の和歌に見られる不破の関の荒廃したイメージは藤原良経の和歌を念頭に置いたものだ

(iii) 空欄 **Z** に入る発言として最も適当なものを、次の ①～④ のうちから一つ選べ。解答番号は **29** 。

① 本文の和歌や藤原良経の和歌と同様に、不破の関の荒廃した様が詠まれているけれど、二つの和歌には詠み込まれなかった新たな情趣が見出されている

② 本文の和歌や藤原良経の和歌と異なり、苔のせいで不破の関の情趣が台無しとなってしまっていることを悲嘆するという内容が詠まれている

③ 不破の関が苔に覆われているのだけが残念ではあるけれど、本文の和歌や藤原良経の和歌と同様に、それなりに趣があると不破の関を評価している

④ 「苔のみ閉づる」に、望まぬ旅に出立したことによる塞《ふさ》ぎ込んだ心情が重ね合わせられていて、本文の和歌や藤原良経の和歌とは全く違った詠み方だ

（下書き用紙）

国語の試験問題は次に続く。

第4問

次の文章は江戸時代の儒者中江藤樹（通称は与右衛門《よえもん》）の逸話である。これを読んで、後の問い（問1～7）に答えよ。なお、設問の都合で送り仮名を省いたところがある。（配点　50）

嘗《テ》夜(ア)自二郊外一帰《ルニ》、有《リ》二賊数人一、突《トシテ》従《よリ》二林中一出《デ》、遮《リテ》レ路《ヲ》曰《ハク》、「客解《キテ》レ橐《たくヲ》（注1）以《テ》供《セヨト》二我《ガ》飲酒《ニ》一。」藤樹乃《チ》熟視《シ》、挙《ゲテ》二銭二百《ヲ》一授《ク》レ之《ヲ》。賊抜刀《シ》、叱《シテ》曰《ハク》、A「所二以求レ客者、豈止是而已哉。」速《ヤカニ》卸《おろセ》（注2）二衣裳及《ビ》佩刀《ヲ》一。否《しかラズンバ》則《チ》不《ト》レ須《また》二多言《ヲ》一。」藤樹(イ)神色不《シテ》レ変《ぜ》曰《ハク》、「姑《しばらク》緩《ウセヨ》レ之《ヲ》。B吾慮《おもんぱかラント》二其《ノ》授《クルト》与レ不《しかラザル》孰《レカ》是《ナルヲ》一。」乃《チ》瞑目叉《さ》（注3）手《しゅスルコト》少頃《しばらくニシテ》曰《ハク》、「吾慮《リタリ》レ之《ヲ》。仮《たとヒ》戦《フコト》不《トモ》レ利《アラ》、無《シト》二軽《かろがろシク》卸《シテ》以《テ》与《フル》レ汝《ニ》之理一。」C即《チ》撫《シテ》レ（注4）刀《ヲ》起《チ》、且《ツ》曰《ハク》、「戦《フ》者《ハ》必《ズ》先《ヅ》以《テ》二姓名《ヲ》一告《グ》。我《ハ》近江《ノ》人、中江与右衛門也《ト》。」(ウ)於レ是D賊大《イニ》驚《キテ》投《ジ》レ刀《ヲ》、羅（注5）拝《シテ》曰《ハク》、「敝《へい》（注6）郷《きやう》雖《モ》二五尺《ノ》童子《ト》一、莫《シ》下不《ル》レ知《ラ》三藤樹先生《ノ》為《ルヲ》二聖人一者上。吾《ガ》党《ハ》雖《モ》二攘《じやう》（注7）攫《くわくヲ》為《スト》レ活《たづきト》（注8）、豈《ニ》得《ン》レ施《スヲ》二之《ヲ》聖人《ニ》一哉。願《ハクハ》

先生矜《あはレ》ミテ二其ノ不レ知ラ而宥《ゆるセ》トレ之ヲ。」藤樹曰ハク、「**E**人誰カ無カランレ過チ。過チテ而能ク改ムルハ、善孰レカ大ナラントレ焉《これ》ヨリ。」**F**乃チ説クニレ之ニ以テスレバ二知行合一之理ヲ一、則チ賊咸《みな》感泣シ、遂ニ率《ひきヰ》テ二其ノ党ヲ一為リレ二良民ト一。

（原念斎《はらねんさい》『先哲叢談《せんてつそうだん》』による）

（注）
1　嚢——財布。
2　卸——解く。
3　叉手——腕組みする。
4　撫レ刀——刀の柄に手を掛ける。
5　羅拝——並んで拝礼する。
6　敝郷——自分たちの村。敝は謙称。
7　攘攫——追い剝ぎ。
8　活——生活の手段。生業（なりわい）。

問1 波線部(ア)「自二郊外一」、(イ)「神色」、(ウ)「於レ是」のここでの意味として最も適当なものを、次の各群の①～⑤のうちから、それぞれ一つずつ選べ。解答番号は 30 ～ 32 。

(ア)「自二郊外一」 30
① 郊外まで
② 郊外の自然を
③ みずから郊外を
④ 郊外から
⑤ 一人郊外に

(イ)「神色」 31
① 神秘的な微笑
② 精神と顔色
③ 神々しい容貌
④ 神がかった様子
⑤ 神への信頼

(ウ)「於レ是」 32
① たちまち
② なんと
③ 大慌てで
④ 意外にも
⑤ そこで

問2　傍線部A「所㆓以求㆒レ客者、豈止是而已哉」について、(i)書き下し文・(ii)その解釈として最も適当なものを、次の各群の①～⑤のうちから、それぞれ一つずつ選べ。解答番号は 33 ・ 34 。

(i) 書き下し文　33

① 客を求むる所以の者も、豈に止《た》だ是のみかな
② 以て客を求むる所の者は、豈に是に止《とど》まるのみならんや
③ 客に求むる所以の者は、豈に止だに是のみならんや
④ 以て客に求むる所の者は、豈に是に止まりて已《や》むや
⑤ 客の求むる所以の者は、豈に止だに是にして已むかな

(ii) 解釈　34

① お前に求めた者たちが、なんと二百文で満足していたとは。
② お前に求めた理由は、ただ酒を飲みたかったからにすぎない。
③ お前が求めていた衣服や刀も、もうおしまいだなあ。
④ お前の衣服や刀を求めて、こんな場所に留まっていたのではない。
⑤ お前に求めているものは、たったの二百文だけではない。

問3 傍線部B「吾慮㆓其授与㆑不孰是㆒」の解釈として最も適当なものを、次の①〜⑤のうちから一つ選べ。解答番号は 35 。

① 私が二百文を与えたのにお前たちは拒否したが、私とお前たちのどちらが正しいか考えてみよ。
② 私は、お前たちに衣服や刀を与える気は全くなく、誰がそんなことをするだろうかと思っている。
③ 私は、衣服や刀をお前たちに与えることと与えないことのどちらが正しいかを考えてみよう。
④ 私が二百文を与えることとそうしないこととでは、誰が結局得をするのか考えてみよう。
⑤ 私が衣服や刀を与えようと与えまいと、いずれにしてもこのようなことになると思っていた。

問4 傍線部C「即撫㆑刀起」から読み取れる藤樹の心情の説明として最も適当なものを、次の①〜⑤のうちから一つ選べ。解答番号は 36 。

① 刀を突きつけられて意識が動転したが、やっと落ち着きを取り戻し、何とか活路を見いだそうとしている。
② 武士である自分にとって、刀による戦いは有利であり、ここで形勢を一挙に逆転してやろうと考えている。
③ 勝利を収めたところで何の利益もないことで、むだな争いはしたくないと、刀を抜くことをためらっている。
④ 戦えば勝ち目はなさそうだが、道理に合わない要求には屈せないので、正々堂々と戦おうと決意している。
⑤ 自分の名を聞けば相手が驚くことがわかっているので、これから起こる事態を予想しておもしろがっている。

問5　傍線部**D**「賊大驚投レ刀」とあるが、その理由として最も適当なものを、次の①～⑤のうちから一つ選べ。解答番号は 37 。

①　藤樹が聖人であることは知っていたが、温厚なはずの聖人が反撃してくるとは思わなかったから。
②　藤樹が聖人であることは誰もが知っており、そのような人に手出しはできないと思ったから。
③　聖人である藤樹に直接手は出せないので、離れた所から刀を投げつけて攻撃しようと思ったから。
④　藤樹が聖人であることを知らないのは子供だけだが、自分たちも知らなかったことを恥じたから。
⑤　藤樹が聖人であるとは少しも知らなかったが、その態度から真の聖人であることを悟ったから。

問6　傍線部**E**「人誰無レ過。過而能改、善孰大レ焉」の解釈として最も適当なものを、次の①～⑤のうちから一つ選べ。解答番号は 38 。

①　人は誰も過ちを犯したりしない。過ちを犯してしまえばそれを改められても、もう大きな善行はできないのだ。
②　人は誰もが過ちを犯さないようにしている。過ちを犯しても改めて、過ちより善行の方が大きければよいのだ。
③　人は誰しも過ちを犯すものだ。過ちを犯しても改めることができれば、これより大きな善行はないのだ。
④　お前たちの誰も過ちを犯してはいない。過ちを改めるまでもなく、誰もが大きな善行をしているのだ。
⑤　お前たちの誰もが過ちを犯した。過ちを犯すのを改められなければ、誰も大きな善行はできないのだ。

問7 傍線部F「説レ之以二知行合一之理一」とあるが、次の**【資料】**は、「知行合一」について述べたものである。この**【資料】**を踏まえた、中江藤樹が盗賊たちを諭した言葉の内容の説明として最も適当なものを、後の①～⑤のうちから一つ選べ。解答番号は **39** 。

【資料】

> 良知(注1)ハ感応スルコト神速ニシテ、無シレ有ル二等待(注2)スルコト一。本心之明ハ即チ知、不ルハレ欺カ二本心之明ヲ一即チ行也。不レ得レ不ルヲレ言ハ二知行合一ト一。
>
> （黄宗羲《こうそうぎ》『明儒学案《みんじゅがくあん》』による）
>
> （注） 1 良知――すべての人が生来持っている良心。後の「本心」も同じ。 2 等待――出現を待つ。

① 良心に基づく判断が「知」であり、その判断に従うのが「行」である。まず「知」の出現を待てば、やがて「行」が追いついてきて、正しい人間になれる。

② 良心に基づく判断が「知」であり、その判断に従うのが「行」である。「知」と「行」は一体であり、これに従うことで誰もが正しい人間になれる。

③ 良心に基づく判断が「知」であり、その判断に従うのが「行」である。まず「行」の出現を待てば、やがて「知」が追いついてきて、正しい人間になれる。

④ 良心に基づく判断が「知」であり、その判断に従うのが「行」である。「知」もしくは「行」のいずれかに従うことで誰もが正しい人間になれる。

⑤ 良心に基づく判断が「知」であり、その判断に従うのが「行」である。「知」と「行」を一体化させることができるごく一部の人こそ正しい人間である。

第 3 回

実 戦 問 題

（200 点　80 分）

第1問　次の【文章Ⅰ】は、鷲田清一《わしだきよかず》『〈ひと〉の現象学』の一部である。また、【文章Ⅱ】は、【文章Ⅰ】の中で引用されている内田《うちだ》隆三《りゅうぞう》『消費社会と権力』の本文中での引用箇所を含む一部である。これらを読んで、後の問い（問1～6）に答えよ。
（配点　50）

【文章Ⅰ】

〈死〉はこの社会において、いわばシステマティックに覆い隠されている。わたしたちの社会では〈死〉という出来事が、出来事として一貫して視野から外されている。たとえば、わたしたちのほとんどが、家族のメンバーが死んでゆくその過程をぜんぶは知らない。わたしたちはそのほとんどが病院で死ぬが、死の瞬間というものはまず、心電図とか、ピッピッと機械的に鳴るあの枕元の装置によって、そしてそれを読む医療機関の専門家によって知らされる。装置は理論を背負っており、それを専門家は解読するのであって、〈死〉はじかに人体において知覚されるものではなくなっている。人体の緊張が解けて、空いた孔《あな》という孔から体液が漏れだしているのだろうと想像がつかないわけではないが、それを想像するいとまもなく、白布に包まれた死体と面接することになる。遺体であり、亡骸《なきがら》である。死体処理の過程をつぶさに見たひとなど、この社会では医療と看護の専門従事者くらいしかいない。〈死〉という、ひとの一生において決定的な意味をもつ出来事が、この社会では知覚不能になっている。家で死ぬことも路上で死ぬこともなく、ひとは今日ほとんどが病院のベッドで死ぬ。

〈死〉がこのように当人や関係者の意思の及ばないところで「処理」される出来事になっているということ、このことと関連して、病もまた、じぶんの生に起こることであるにもかかわらず、その理解や処置はわたしたちの手から遠ざけられている。いまじぶんの身体に何が起こっているかということを、わたしたちはまるで a 御託宣をうかがうように医師から聞かされ、受け容《い》れるだけ。じぶんがじぶんの身体にかかわる回路に医師という他者が介在しているわけだ。自己治療、相互治療の習慣は、もう遠い昔のはなしになっている。出産の場面も同様で、赤子の誕生も、家で産婆さんに取り上げてもらうということがなくなった。わたしたちは、家で母親の呻《うめ》き声を聴くことも、赤子の噴きだすような泣き声を聴くこともなくなった。ひとの誕生がどういう事態なのかをじかに知覚することはめったにない。

さらに、生命活動にとってもっとも重大な意味をもつ栄養摂取の、その前提となる調理の過程と排泄物《はいせつぶつ》処理の過程、これらもシステマティックにわたしたちの眼《め》から遠ざけられている。排泄物処理からいえば、かつて排泄が野外や共同便所でなされ、汲《く》み取りもわたしたちの面前でなされていたのに、下水道の完備とともに排泄物処理が見えない過程になった（他人のうんこを見たことのない児童もいるにちがいない）。つぎに、食品はスーパーやコンビニに行くとすでに加工され調理されて、あとは電子レンジか熱湯で温めるだけでいいレトルト食品として売られている。肉や魚などの食材はきれいに切りそろえられてパックに入れて売られており、わざわざじぶんで生きものを殺し、捌《さば》く必要はなくなっている。

このように、A生命の基礎的過程そのものが、わたしたちの視野から、経験知から、すっかり遠ざけられてしまった。食材となる生きものの死体処理、食材の輸入と(ア)チョウタツ、出産と遺体処理などの場面が、一貫して視野から外されている。民間の相互治療、出産や看取《みと》りにおける共同作業の文化も消え失せた。生存のベーシックないとなみが、身体空間から次々と取り外されてきたのだ。じっさい、わたしたちは調理された肉、パックされた食材、胎脂や血液を拭われた新生児、死に化粧をほどこされた正装した遺体をしか見ない。どういう作業をへて、肉や食材や新生児や遺体がいまここに在るのか。それを思い描くには想像力が要る。その想像力が萎《な》えつつある。そのなかで、ひとが亡くなればその屍《しかばね》はまるで廃棄物のように、見えない場所で処理される。B死が不可視の出来事になりつつある。あるいは、死としては一貫して擬装され、蓋をされつつある。

わたしたちの文化は全体に、衛生的で、生から死を削除しようとする。洗剤はどんな小さな洗濯物のなかにも死をかぎつける。汚れ、セックス、細菌学的あるいは放射性の廃棄物に向かうのと同じ熱心さで、是が非にでも死を不毛にし、透明にし、低温処理し、空調し、化粧し、デザインし、追いつめる。これは死のメイクアップだ。

——J・ボードリヤール(注1)『象徴交換と死』今村仁司《いまむらひとし》・塚原史《つかはらふみ》訳

誕生や病や死は、人間が有限でかつ無力な存在であることを思い知らされる出来事である。おなじように調理や排泄物処理の仕事も、じぶんがほかならぬ自然の一メンバーであることを思い知らされるいとなみである。調理をするという行為は、排泄物の処理とならんで、人間が生きものであることを思い知らされる数少ない機会だからである。そういう出来事、そういういとなみが、「戦後」社会のなかでしだいに見えなくさせられていった。

ひとはじぶんが生きるために他の生命をくりかえし破壊しているということ。そのとき他の生命は渾身《こんしん》の力をふりしぼって抗《あらが》うということ。ひとはその生存のために一つの作業を分かちあい、たがいに支えあうものであるということ。じぶんという存在がまぎれもない物質体であり、壊れもすれば消滅もするということ……。そういうことの、からだごとの体験がことごとく削除されるとしたら、わたしたちの現実性の感覚そのものも根底から変容するにちがいない。その変容した新たな《現実性の係数》に、わたしたちの感覚ははたして耐えうるのだろうか。

わたしたちの身体は、内臓はおろかその表面（顔や背中）ですら知覚不能である。つまりなんらかの〈身体〉観念や〈像〉を媒介にしてしか、じぶんのものにはならない。その意味で、所有されるのは「解体された身体」であり、〈像〉としての身体である。そしてその解釈をおこなうのがこのわたしであるにしても、その解釈の様式は、ある社会のなかで「制度」としていつもすでに共同的に設定されてあるもので、だから〈わたし〉はわたしの身体の擬似所有者でしかない。この擬似所有の仕方そのものが、その解釈のなかにテクノロジーの体系をすでに深く包容するようになっている。〈わたし〉とその身体の関係は、医療テクノロジーの装置と制度を(イ)ケイユするほかなくなっている。身体と病と死についての現代の知は、ちょうど公教育が学校制度によって独占されているのとおなじように、医療テクノロジーによって独占されている。そのなかでひとは、じぶん自身のものではないある不可視の視線によって照明され、分析される身体としてしか、病んだじぶん、死にゆくじぶんの存在を意識できなくなっている。身体の内部はもはや「内なる外部」ですらなく、純粋な外部へと転換したかのようである。そうすると、C「わたしの身体」という観念そのものがすでに〈わたし〉とわたしの身体とのあらかじめ失われた関係を代行する一つの制度にすぎないのかもしれない。

病院でひとの身体は匿名の「病体」として取り扱われる。医療空間は人称的にニュートラルな空間、人称的に無記の(indifferent)空間であり、そこで死はだれのものでもない。いいかえると、輸血、人工臓器、臓器移植、胎児診断、CTスキャンによる検査、遺伝子組み換え操作などといった医療技術の装置のなかに、身体がいよいよ深く挿入されてきており、生そのものが死のモザイクのようになってきている。避妊、堕胎から蘇生《そせい》術、延命治療、出生前診断、安楽死まで、医療テクノロジーはひとの生死に深く介入する。脳死は、そういう高度にテクノロジカルな視線のなかで、生でも死でもない両義的な事態として「発明」された。

しかし、ここで問題なのはおそらく、医療技術の過剰な戯れを抑止すること、その限界を「倫理的」に設定することではない。『消費社会と権力』のなかで内田《うちだ》隆三《りゅうぞう》がするどく指摘しているように、「一つの技術が過剰な戯れであるか、人間の形象に適合する操作であるかを判断する基準は相対的であり、人間についての支配的な言説の秩序に依存する」からだ。医療技術はそれぞれの時点で生体としての人間のあり方そのものの定義や意味づけを変えようと試みる。たとえば遺伝子組み換えやさまざまの生殖技術といった、個体としての、種としての同一性そのものの b根幹にかかわるような技術が問題になってきている。だから「人間的でない」という反論は反論になりえない。それは、「反人間的」だということではファシズムへの反論とならないこととおなじである。身体をある抽象的な空間へと、たとえば手術というかたちで身体を切り裂くことを傷害罪とは考えない法の空間へと拉致する近代医学・医療の視線と、「死者」の消失（＝屍体《したい》の普遍化）とは、おなじ一つの構造から(ウ)ハセイしている。

医療空間は人称的に無記であるといったが、病棟で〈ひと〉としての人称的な関係が生じないかといえば、もちろんそうではない。死の不安に怯《おび》える患者、患者を気遣う家族、患者を看《み》るナース、患者を診《み》るドクター、そして事務スタッフと家族のやりとり……と、死へのプロセスの途上で、死を怖《おそ》れる、死と「闘う」というかたちで、あるいは患者を慰める、励ます、家族をいたわる、ねぎらう、事務職員と相談する、談笑するというかたちで、人称的なかかわりはさまざまに生まれる。だから、相性がよくなかったりそりが合わなかったりして、関係がぎくしゃくし毛羽《けば》だってくることもある。しかしこれらはあくまで死の周縁で起こることであり、だれかの死そのものは、医療機関（外科医、麻酔科医、放射線専門医らの医師団）にゆだねられ、人称的にニュートラルなその空間で処置される。人称的なものの死は、最後まで、死の前に、死のまわりで、死を案じるというかたちでふれられるだけである。死の処置が済めば、「病体」は「遺体」として家族の許《もと》に返される。そしてこんどは、亡くなったひとを悼み、惜しむという、死の後のさまざまないとなみが始まる。

【文章Ⅱ】

今日の医療技術は、両眼の瞳孔が開いて対光反射もなく、血圧が低下し、自発呼吸もストップした身体に、人工呼吸器を取り付けて、必要なカロリーの栄養輸液を施し、血圧維持薬を投与するなどして一般の病人と変わらない入院管理を行なうことができる。カルテには「脳死」と書かれ、家族には「回復不可能な重症」と語られる。これはある意味で何日間あるいは何週間も「生ける遺体」をつくりだすことでもある。従って、脳死を死の基準にすることは、身体の上で演じられる医療技術の過剰な戯れを抑止する、人間学的な限界設定という意義をもちうるのである。

だが同時に、脳死を個体の死の基準とすることによって、「生きた臓器」を他の重篤な患者に提供し、移植するという可能性が開ける。そこでの問題は、移植技術が決してもう一つの過剰な戯れにならないよう、人間学的目的に適合しうるかどうかにある。移植技術が人格の領域にまで及び、人間の形象を本質的に混乱させるとすれば、そこでは純粋な技術の戯れは再び批判的な言説にさらされることになろう。人格の場所を身体全体から脳に局在させることは、技術的な操作＝戯れの場が一定範囲内に制約されると同時に、確保されることでもある。脳死基準と移植技術は、批判的言説を形式的には満足させるが、それは実質的には身体空間の大部分が技術的な戯れの場として属領化されることを引き換えにしてのことなのである。

臓器移植技術だけでなく、医療技術一般と批判的言説の相関を考えてみなければならない。医療技術が人格の領域や生殖の領域に及ぶとき、技術を過剰な戯れ＝ゲームと見なす批判的言説の声が高まる。とはいえ、脳への干渉の素朴な一形態である、モニス(注2)のロボトミーが精神病患者に対して一時普及したことがあり、また、生殖過程への干渉の素朴な一形態である、人工受精は既に広く普及している。今後も、遺伝子組み替え技術、人間のクローン化、細胞の融合、受精卵移植、胎児診断、人工臓器、脳の電気的な操作などのように、D技術の過剰な戯れと見えるものが増加していくことになると思われる。

しかし、技術が人間の形象から遊離して実践され、展開されることを、技術の戯れと呼んで非難するのは、人間の形象が技術から独立に存在し、技術が人間に従属するという考え方を前提としている。既定の人間学的目的から逸脱することが戯れであり、過剰であると批判されるのである。だが、身体空間における技術の戯れが増大し、必要な操作をはるかに上回るほど過剰になれば、人間の形象は新しい形に書き換えられねばなるまい。一つの技術が過剰な戯れであるか、人間の形象に適合する操作であるかを判断する基準は相対的であり、人間についての支配的な言説の秩序に依存するものといえよう。

（内田隆三『消費社会と権力』による）

（注）　1　J・ボードリヤール――フランスの社会学者（一九二九―二〇〇七）。

2　モニスのロボトミー――ポルトガルの神経科医エガス・モニス（一八七四―一九五五）が考案した、精神病の治療法として前頭葉の神経の一部を切断する手術。患者に深刻な後遺症を残すものとして現在では行われていない。

問1 次の(i)・(ii)の問いに答えよ。

(i) 傍線部(ア)〜(ウ)に相当する漢字を含むものを、次の各群の①〜④のうちから、それぞれ一つずつ選べ。解答番号は 1 〜 3 。

(ア) チョウタツ 1
① 税金をチョウシュウする
② チョウハツに乗らないようにする
③ 室温をチョウセツする
④ チョウゼンとした態度を保つ

(イ) ケイユ 2
① 特異なケイレキをもつ小説家
② 正式なケイヤクを交わす
③ 同じケイレツの会社
④ 直情ケイコウな性格

(ウ) ハセイ 3
① 論文がハモンを呼ぶ
② 社員を支社にハケンする
③ 旧弊をダハする
④ 全国大会をセイハする

(ii)　波線部a・bを言い換えたものとして最も適当なものを、次の各群の①〜④のうちから、それぞれ一つずつ選べ。解答番号は 4 ・ 5 。

a　御託宣をうかがうように　4

① 相手の機嫌をうかがうかのように
② 神様のお告げを聞くかのように
③ 刑の宣告を受けるかのように
④ 占いの結果を知らされるかのように

b　根幹にかかわるような　5

① 足りない要素を補うような
② 安定感や信頼性を高めるような
③ 現在の状況を追認するような
④ 中心となる部分を揺るがすような

問2　傍線部**A**「生命の基礎的過程そのものが、わたしたちの視野から、経験知から、すっかり遠ざけられてしまった」とあるが、どういうことか。それに関する説明として**適当でないもの**を、次の①～⑤のうちから一つ選べ。解答番号は 6 。

① 病になったら病院に行くことが当然のことのように見なされており、自らの判断よりも医師の診断に一方的に従う形で治療がなされているということ。

② 肉や魚を食べたくなっても、それを捕らえ命を奪って食材とすることを自らの手で行うことはなく、店舗で手軽に手に入れられるようになっているということ。

③ 赤ん坊の出産が間近になると母親は入院してその時期を待つようになり、医療技術の発達にともなって乳幼児の死亡率が格段に減少したということ。

④ 排泄行為は人間の生存にとって不可欠だが、そのための設備が整備されたことでその行為自体も処理過程も人の眼から遠ざけられるようになったということ。

⑤ 肉親の死であっても、その瞬間は医療装置やそれを読み取る専門家によって知らされるようになり、死という出来事を直接知りがたくなっているということ。

問3　傍線部B「死が不可視の出来事になりつつある。」とあるが、そのことでどのような問題が生じると言うのか。その説明として最も適当なものを、次の①～⑤のうちから一つ選べ。解答番号は 7 。

① 人間の一生において決定的な意味をもつ死という出来事が人々の眼から隠されることで、病や出産、栄養摂取や排泄物処理の過程までもが人々の眼から遠ざけられるようになっており、生命の基礎的過程そのものへの想像力が失われてしまうという問題。

② 人間はその誕生から死に至るまで他の生命を破壊し、他者に支えられて生存してきたにもかかわらず、そうした事実を思い知らされる機会が減少していくことで、自身が有限で無力な存在であることに対し見て見ない振りをしていくようになるという問題。

③ 人間は自然の一メンバーであるにもかかわらず、有限で無力な自身の存在を維持するために他の生命を犠牲にして生きるようになっており、今後もその状態が続けば自らも一介の生き物でしかないという謙虚な姿勢を見失いがちになるであろうという問題。

④ 人間が生きるために必要なさまざまな過程が見えない場所で処理されるようになり、身体とともに生きているという感覚が見失われることで自然界の生命の一員であるという感覚が失われ、やがて人間はそのことに耐えられなくなるであろうという問題。

⑤ 人間も自然界の生物の一員であるにもかかわらず、他の生き物の生命を犠牲にして生存を維持し、また互いの支えなくしては生きていけないような物質としての有限な身体をそなえた存在であるという、生の根本に対する実感が希薄になってしまうという問題。

問4 傍線部C「『わたしの身体』という観念そのものがすでに〈わたし〉とわたしの身体とのあらかじめ失われた関係を代行する一つの制度にすぎないのかもしれない」とあるが、そのように言えるのはなぜか。その説明として最も適当なものを、次の①～⑤のうちから一つ選べ。解答番号は 8 。

① わたしたちの身体がかかえもつ知覚不能で固有な部分が医療テクノロジーによって解明されたことで、現代では「わたしの身体」という観念それ自体が成り立たなくなっているから。

② わたしたちの身体は何らかの形で解釈された身体でしかないが、現代では「わたしの身体」という観念それ自体が医療テクノロジーの装置や制度を介さずには思い描けなくなっているから。

③ わたしたちの身体は観念を媒介にして思い描かれるものであったが、現代では医療テクノロジーが進展して「わたしの身体」は観念ではなく物質として意識されるようになったから。

④ わたしたちの身体はこれまで自身にとって擬似所有物として意識されていたが、現代では隅々まで分析が可能になったことで「わたしの身体」として強く意識されるようになってきたから。

⑤ わたしたちの身体は医療テクノロジーの装置や制度との関係なしには存続が不可能になっており、現代では「わたしの身体」とはいっても自身の身体だとは言いきれなくなっているから。

問５　傍線部**Ｄ**「技術の過剰な戯れ」とあるが、そのように言われるのはなぜか。その説明として最も適当なものを、次の①～⑤のうちから一つ選べ。解答番号は　9　。

①　専門的な知識がない者には、リスクが大きく成功の可能性はきわめて薄い賭けのように思われる技術だから。

②　既存の価値観からすると、人間の生命や存在のあり方をもてあそび毀損しているように感じられる技術だから。

③　医学の側からみれば、診断や治療のための行為ではなく医学の進歩のための実験的試みと捉えられる技術だから。

④　社会一般の人々には、自分たちが求めている水準を超えて過剰な医療が行われているように見える技術だから。

⑤　医療技術者たちにとって、現時点で可能な技術のレベルを凌駕する危険だが魅力的な試みだと思える技術だから。

問6 【文章Ⅰ】【文章Ⅱ】を授業で読んだJさんは、四人の同級生とともに【文章Ⅰ】【文章Ⅱ】に関する議論を行うことになった。これに関し、次の(i)・(ii)の問いに答えよ。

(i) Jさんは、【文章Ⅰ】【文章Ⅱ】を読んで考えたことを次のような【ノート】にまとめてみた。空欄 X ・ Y に入るものとして最も適当なものを、後の各群の①～④のうちから、それぞれ一つずつ選べ。解答番号は 10 ・ 11 。

【ノート】

> 【文章Ⅱ】の中で内田氏は「一つの技術が過剰な戯れであるか、人間の形象に適合する操作であるかを判断する基準は相対的」だ、と述べている。例えば、私たちは「人間のクローン化」すなわちある個体の体細胞を未受精卵に移植することでまったく同じ遺伝情報を持つ別の個体を作る技術を、人間の生殖に関する「過剰な」技術の介入だと考え、あってはならないことだと批判する。 X 。そのように考えると、何をもって生命への「過剰な」介入だと考えるかは、時代・社会によって変わりうる「相対的」なものだ、という内田氏の考えも理解できるし、【文章Ⅰ】で鷲田氏が述べていることが、新しい技術は、 Y ということだと理解することもできる。

X に入るもの 10

① ただし、遺伝情報が同じになるという問題が「遺伝子組み替え技術」で解消されるようになれば、話は別である
② それは、「クローン化」が、個人の人格の独立性を前提とする私たちの社会の基盤を揺るがしかねないものだからだ
③ もちろん、そうした批判は、専門的な知識に欠ける「一般市民」がおちいりがちな誤解に基づくものではある
④ だが、例えば「人工授精」の技術も、当初はやはり同じように「過剰」な技術だと批判されたのではないか

Y に入るもの 11

① 人称的にニュートラルな空間において人間の生死に深く介入することにより、人間の生そのものを死のモザイクのようにしてしまうものだ

② 人間のあるべき未来を指し示すものなのであり、それを抑制しようとすることは歴史の必然的な流れに逆らおうとする愚行でしかない

③ 既成の倫理に適合するかどうかという問題ではなく、むしろ倫理の基準そのものの再検討という問題を私たちに突きつけるものだ

④ 特に医療技術において生体としての人間のあり方そのものの定義や意味づけを変えようと試みるものであり、そうした医療技術の過剰な戯れを抑止することが必要だ

(ii) 次に示すのは、Jさんを含む五人の生徒が交わした議論の一部で、**【文章Ⅰ】** の二重傍線部「『人間的でない』という反論は反論になりえない」について論じた部分である。Jさんは(i)で考えたことを基に発言しているが、その発言はどれだと考えられるか。最も適当なものを、次の ① 〜 ⑤ のうちから一つ選べ。解答番号は 12 。

① 技術の進歩は人間のあり方そのものに介入して、社会の秩序をおおもとから変えてしまう可能性をもっているよね。人間が技術に支配されてしまうことは何としても避けなきゃいけない。だけど、単に「人間的でない」と反論しただけでは説得力がないから、個々のケースごとに具体的に批判していかなくちゃ。

② いやあ、どうだろう。技術の中には人間に害をもたらすものがあるのは確かだけれど、全体として考えれば人間に利益をもたらしてくれている面の方が大きいよね。だから、技術の進歩そのものを「人間的でない」というふうに決めつけて否定するのは間違いだと思うなあ。

③ そもそも技術自体は中立的なもので、使い方しだいで良いものにも悪いものにもなるよね。問題なのはそれを使う人間の側だと思う。技術の進歩を「人間的でない」の一言で否定するのは思考停止だよ。人間がそれを良い方向に導いて、「人間的」なものとして利用していくことが大切なんだ。

④ 何を基準に「人間的」「人間的でない」と判断するか、それが問題なんでしょ？ 技術の進歩に危うさを感じるなら、必要なのは、何を「人間的」とみなすかという本質的な議論をすることじゃないかと思う。いまの技術は、これまでの「人間」観そのものを変えていくものなんだから。

⑤ そうだね。ある技術が「人間的」かどうか判断するのはその時代の人間なんだから、絶対的な根拠なんてありえない。技術の進歩がもたらした変化に対して「人間的でない」と感情的に反発するんじゃなく、むしろ新しい「人間」のあり方として受け入れていくべきだと思うよ。

（下書き用紙）

国語の試験問題は次に続く。

第2問　次の【文章Ⅰ】は、芥川龍之介《あくたがわりゅうのすけ》の「芋粥《いもがゆ》」（一九一六年発表）の一節である。また、【文章Ⅱ】は、その典拠となった『今昔物語集』巻第二十六第十七「利仁《としひと》将軍、若き時京より敦賀《つるが》に五位を将《い》て行く語《こと》」の現代語訳の一節である。これらを読んで、後の問い（問1～5）に答えよ。なお、設問の都合で【文章Ⅰ】の本文の上に行数を付してある。（配点　50）

【文章Ⅰ】

［　風采のあがらぬ侍である「五位」は芋粥を満足するまで食べたいというささやかな願望を抱いている。これを聞いた「利仁」はその願いをかなえようと、ある日五位を京都から自分の屋敷がある敦賀へと連れ出し、芋粥をふるまおうとする。］

翌朝、眼《め》がさめると、直《すぐ》に、昨夜《ゆうべ》の山の芋の一件が、気になるので、五位は、何よりも先に部屋の蔀《しとみ》をあげて見た。すると、知らない中《うち》に、寝すごして、もう卯時《うのとき》をすぎていたのであろう。広庭へ敷いた、四、五枚の長筵《ながむしろ》の上には、丸太のような物が、およそ、二、三千本、斜《ななめ》につき出した、檜皮葺《ひわだぶき》の軒先へつかえるほど、山のように、積んである。見るとそれが、悉《ことごと》く、切口《きりくち》三寸、長さ五尺の途方もなく大きい、山の芋であった。

五位は、寝起きの眼をこすりながら、殆《ほとん》ど周章に近い驚愕《きょうがく》に襲われて、呆然《ぼうぜん》と、周囲を見廻《みまわ》した。広庭の所々には、新しく打ったらしい杭《くい》の上に、五斛納釜《ごくのうがま》（注1）を五つ六つ、かけ連ねて、白い布の襖《あお》を着た若い下司女《げすおんな》が、何十人となく、そのまわりに動いている。火を焚《た》きつけるもの、灰を掻《か》くもの、あるいは、新しい白木の桶《おけ》に、「あまずらみせん」（注2）を汲《く》んで釜の中へ入れるもの、皆芋粥をつくる準備で、眼のまわるほど、忙しい。釜の下から上る煙と、釜の中から湧く湯気とが、まだ消え残っている明方《あけがた》の靄《もや》と一つになって、広庭一面、はっきり物も見定められないほど、灰色のものが罩《こ》めた中で、赤いのは、烈々と燃え上《あが》る釜の下の焔《ほのお》ばかり、眼に見るもの、耳に聞くもの悉く、戦場か火事場へでも行ったような騒ぎである。五位は、今更のように、この巨大な山の芋が、この巨大な五斛納釜の中で、芋粥になる事を考えた。そうして、自分が、その芋粥を食うために京都から、わざわざ、越前《えちぜん》の敦賀まで旅をして来た事を考えた。考えれば考えるほど、何一つ、情《なさけ》なくならないものはない。A我《わが》五位の同情すべき食欲《しょくよく》は、実に、この時もう、一半を減却してしまったのである。

それから、一時間の後、五位は利仁や舅《しゅうと》の有仁とともに、朝飯の膳に向《むか》った。前にあるのは、銀《しろかね》の提《ひさげ》(注3)の一斗ばかりはいるのに、なみなみと海の如《ごと》くたたえた、恐るべき芋粥である。五位はさっき、あの軒まで積上《つみあ》げた山の芋を、何十人かの若い男が、薄刃を器用に動かしながら、片端《かたっぱし》から削るように、勢《いきおい》よく切るのを見た。それからそれを、あの下司女たちが、右往左往に馳《は》せちがって、一つのこらず、五斛納釜へすくっては入れ、すくっては入れするのを見た。最後に、その山の芋が、一つも長筵の上に見えなくなった時に、芋のにおいと、甘葛《あまずら》のにおいとを含んだ、幾道かの湯気の柱が、蓬々然《ほうほうぜん》(注4)として、釜の中から、晴れた朝の空へ、舞上《まいあが》って行くのを見た。これを、目のあたりに見た彼が、今、提に入れた芋粥に対した時、まだ、口をつけない中から、既に、満腹を感じたのは、恐らく、無理もない次第であろう。——B五位は、提を前にして、間の悪そうに、額の汗を拭いた。

「芋粥に飽かれた事が、ござらぬげな。どうぞ、遠慮なく召上《めしあが》って下され。」

舅の有仁は、童児たちにいいつけて、更にいくつかの銀の提を膳の上に並べさせた。中にはどれも芋粥が、溢《あふ》れんばかりにはいっている。五位は眼をつぶって、ただでさえ赤い鼻を、一層赤くしながら、提に半分ばかりの芋粥を大きな土器《かわらけ》にすくって、いやいやながら飲み干した。

「父もそう申すじゃて、平《ひら》に、遠慮は御無用じゃ。」

利仁も側から、新《あらた》な提をすすめて、意地悪く笑いながらこんな事をいう。弱ったのは五位である。遠慮のない所をいえば、始めから芋粥は、一椀も吸いたくない。それを今、我慢して、やっと、提に半分だけ平《たいら》げた。これ以上、飲めば、喉を越さない中にもどしてしまう、そうかといって、飲まなければ、利仁や有仁の厚意を無にするのも、同じである。そこで、彼はまた眼をねぶって、残りの半分を三分の一ほど飲み干した。もう後は一口も吸いようがない。

「何とも、忝《かたじけの》うござった。もう、十分頂戴致したて。——いやはや、何とも忝うござった。」

五位は、しどろもどろになって、こういった。よほど弱ったと見えて、口髭《くちひげ》にも、鼻の先にも、冬とは思われないほど、汗が玉になって、垂れている。

「これはまた、御少食《ごしょうしょく》な事じゃ、客人は、遠慮をされると見えたぞ。それそれその方ども、何を致しておる。」

童児たちは、有仁の語《ことば》につれて、新な提の中から、芋粥を、土器に汲もうとする。五位は、両手を蠅《はえ》でも逐《お》うように動かして、平に、辞退の意を示した。

「いや、もう、十分でござる。……失礼ながら、十分でござる。」

もし、この時、利仁が、突然、向《むこ》うの家の軒を指さして、「あれを御覧《ごろう》じろ」といわなかったなら、有仁はなお、五位に、芋粥をすすめて、止《や》まなかったかも知れない。が、幸いにして、利仁の声は、一同の注意を、その軒の方へ持って行った。檜皮葺の軒には、丁度、朝日がさしている。そうして、そのまばゆい光に、光沢《つや》のいい毛皮を洗わせながら、一疋《いっぴき》の獣が、おとなしく、坐《すわ》っている。見るとそれは一昨日《おととい》、利仁が枯野《かれの》の路《みち》で手捕りにした、あの阪本(注5)の野狐《のぎつね》であった。

「狐も、芋粥が欲しさに、見参したそうな。男ども、しゃつ(注6)にも、物を食わせてつかわせ。」

利仁の命令は、言下に行われた。軒からとび下りた狐は、直に広庭で芋粥の馳走《ちそう》に、与《あずか》ったのである。

五位は、芋粥を飲んでいる狐を眺めながら、此処《ここ》へ来ない前の彼自身を、なつかしく、心の中でふり返った。それは、多くの侍たちに愚弄されている彼である。京童《きょうわらべ》にさえ「何じゃ。この鼻赤めが」と、罵《ののし》られている彼である。色のさめた水干に、指貫をつけて、飼主《かいぬし》のない尨犬《むくいぬ》のように、朱雀《すざく》大路をうろついて歩く、憐《あわれ》むべき、孤独な彼である。しかし、同時にまた、芋粥に飽きたいという欲望を、ただ一人大事に守っていた、幸福な彼である。——彼は、この上芋粥を飲まずにすむという安心とともに、満面の汗が次第に、鼻の先から、乾いてゆくのを感じた。晴れてはいても、敦賀の朝は、身にしみるように、風が寒い。五位は慌てて、鼻をおさえると同時に銀の提に向って大きな嚔《くさめ》(注7)をした。

【文章Ⅱ】

やがて、さわがしい大声で何かいう声がきこえてくるので、耳をかたむけると、男の呼び声がして、「このあたりの下人どもよく聞けよ。あすの朝、卯の刻（午前六時）に、切り口三寸、長さ五尺の山のいもを、めいめい一本ずつ持参せよ」と命じているようであった。「どえらいことを言うものよ」と聞いて、そのまま寝こんでしまった。さて、まだ夜明けごろに聞くと、庭にむしろをしく音がする。「いったい、何をしているのだろう」と聞いていると、夜があけて蔀戸をあげたときに、そとを見ると、長むしろが四、五枚しいてある。「何に使うのだろう」と思っていると、下人の男が、木のようなものを一本おいていった。それから、つぎつぎにもってきておいていくのを見ると、ほんとうに、切り口三寸ぐらい、長さ五、六尺ぐらいの山のいもをもってきておいていく。巳《み》の時まで置いていったので、寝所の軒ぐらいの高さにつみあげた。昨ばん、呼んでいたのは、実は、そのあたりの下人すべてに命令をつたえる、人呼びの岳《おか》という塚の上で、大声をあげていたのであった。その声のとどく範囲の下人どもが持ちよったのでさえ、こんなに多いのだ。まして、遠くはなれたあたりに住む従者どもの数の多さといったら、どれほどになるのか、想像を絶するものがあろう。「あきれたことよ」と見ていると、五石いりのかまを、五つ、六つほどかついできて、急いで何本もの杭をうって、そのかまをならべてすえつけた。「なにをするのだろう」と見ているうち、白い布の襖《あお》というものをきて、腹のあたりに帯ひもをきりりとしめた若々しく小ぎれいな下女どもが、白く新しい桶に水をくんでもってきて、このかまのなかにあけた。「なんの湯をわかすか」と見ていると、この水と見えたのは、あまずらの汁であった。また、若い男どもが、十人あまり、やってきて、たもとをたくしあげて、長い薄刃の刀を手にして、山のいもの皮をむいては、なで切りに切る。なんと、いもがゆをにるのであった。これを見ていると、もう食べる気もしないどころか、かえって、うんざりしてしまった。ぐつぐつと煮かえして、「いもがゆができました」と言うと、「ではさしあげよ」といって、大きな土器で、銀のひさげの一斗もはいるものに、三、四はいもくみ入れてもってきた。一ぱいさえも、のどにとおらず、「もう、十分に満腹いたした」と言うと、みんながどっと笑って、そこに集まりすわりこんで、「お客さまのおかげで、いもがゆがいただけます」などと、冗談をいいあっている。

そのとき、むかいの家の軒で、狐がこちらをのぞいているのを、利仁が見つけて、「ご覧なさい。きのうの狐が、あいに参っておりますよ」と言って、「あれに、なにか食わせてやれ」と言うので、ものを食べさせると、狐は、それを食べてどこかへいってしまった。

こうして、五位は、一ヵ月ばかり滞在していたが、なにごとにつけて、最高に楽しかった。その後、都にのぼるときには、おくりものとして、ふだん着や晴れ着の装束をたくさんわたされた。また、綾・絹・綿などを、いくつも行李に入れて与えられた。はじめての夜のあの夜着などももちろんである。その上、りっぱな馬に、鞍をおいて、牛などもつけてくれたので、それらをみなもらい、物持ちになって上京した。

ほんとうに、ながねん、つとめあげて、人から一目おかれているようなものに、自然とこういうこともあるものだ、とこう語り伝えているということである。

（武石彰夫訳『今昔物語集　本朝世俗篇　全現代語訳』による）

（注）1　五斛納釜——五斛も入るような大きな釜。斛は容量の単位であり、一斛は十斗。一斗は約一八リットル。
2　あまずらみせん——甘葛という植物の茎を煮つめて甘味料とした汁。
3　提——つると注ぎ口のある鍋型の器。
4　蓬々然——風のふきおこるさま。
5　阪本の野狐——この前々日、利仁は野狐をとらえ、この狐を敦賀の自邸へ自分たちの到着の予定を知らせる使いにしている。
6　しゃつ——あいつ。
7　嚔——くしゃみ。

問１　傍線部Ａ「我五位の同情すべき食慾は、実に、この時もう、一半を減却してしまったのである。」とあるが、それはなぜか。その説明として最も適当なものを、次の①～⑤のうちから一つ選べ。解答番号は 13 。

① 遠く敦賀まで旅をしてきて、いま信じられないほどの量の芋粥がたくさんの人々によって作られている様子を見ながら、自分がそれを食べることを思い描くうちに、すでに十分なほどの達成感を得てしまったから。

② 敦賀まで連れてきてもらい、実際に多くの人々の手で芋粥が作られる様子を目にするうちに、芋粥を腹いっぱい食べるためにこのようなことを望んだ自らの身勝手さが省みられ、自己嫌悪で気持ちが沈んだから。

③ 京都からわざわざ敦賀まで連れてきてもらい、たくさんの人々が大量の芋粥を作っている様子を見ているうちに、自らの願いであるのにすべてを人まかせにしている自分のふがいなさが身にしみて感じられ、恐縮したから。

④ 京都から遠く敦賀まで連れ出されたうえに、多くの人々によって異常な量の芋粥が用意されている様子を見たことで、自分を困らせようとしている利仁の意図に気づき、耐えがたい怒りがわきあがってきたから。

⑤ はるばる敦賀までやってきて、驚くほど大量の芋粥が多くの人々の手で準備されている大仰な様子を見て圧倒され、芋粥を満足いくまで食べたいという自らの願望がつまらないものに感じられて、みじめな思いがしてきたから。

問2　傍線部B「五位は、提を前にして、間の悪そうに、額の汗を拭いた。」とあるが、ここでの「五位」についての説明として最も適当なものを、次の①～⑤のうちから一つ選べ。解答番号は 14 。

① 用意された食べきれないほど大量の芋粥を目の前にして、自分の望みをかなえるために尽力してくれたたくさんの人々に対する感謝の気持ちで、胸がいっぱいになっている。

② 大量の芋粥を前にしてもはや食欲も消え失せてしまってはいたが、自分の願いをかなえるために手を尽くしてくれた人々の厚意を無下にするわけにもいかず、思案に暮れている。

③ たくさんの人々の厚意にあずかりいよいよ念願をかなえるところまできたものの、あまりにも大量の芋粥を前に圧倒されてしまい、すべて食べきることができるか不安に感じている。

④ 準備された芋粥は到底食べきることができないほど大量のものだったが、自分のために立ち働いてくれた人々の厚意に応えるため、食べられるだけの芋粥は食べようと覚悟を決めている。

⑤ 多くの人々の尽力により待望の芋粥にありつくことができたが、度を越えた量の芋粥を目にして食欲も失せてしまい、思慮を欠いた人々のふるまいに怒りをおさえられずにいる。

問3　【文章Ⅰ】と【文章Ⅱ】の関係はどのようなものか。その説明として最も適当なものを、次の①～⑤のうちから一つ選べ。解答番号は 15 。

① 食べきれないほどの芋粥が作られて、五位が途方に暮れてしまう筋立ては【文章Ⅰ】と【文章Ⅱ】で共通しているが、【文章Ⅱ】では長年愚直に勤めあげた五位が報われる結末となっているのに対し、【文章Ⅰ】ではうだつのあがらない侍として最後まで周囲の人々から虚仮《こけ》にされ続けて深い絶望にとらわれる五位の姿が描き出されている。

② 驚くほど大量の芋粥が用意され、五位が困り果てるという話の大筋は【文章Ⅰ】と【文章Ⅱ】で共通しているが、【文章Ⅱ】では望みをかなえた五位が最終的に多大な富を手に入れることになるのに対し、【文章Ⅰ】では小さな夢を抱えながら何気ない日々を送ることの幸せに気づき新たな日常の幸福を求め始める五位の姿が描き出されている。

③ 異常な量の芋粥が与えられ、五位の願いがかなえられるという話の展開で【文章Ⅰ】と【文章Ⅱ】は共通しているが、【文章Ⅱ】ではこれをきっかけに五位が次第に強欲になっていく筋立てとなっているのに対し、【文章Ⅰ】では他愛のない願いをもちながら日々生きることの喜びを喪失してうつろな気持ちに沈む五位の姿が描き出されている。

④ 大量の芋粥が利仁によってふるまわれ、五位の願望がかなえられるという点で【文章Ⅰ】と【文章Ⅱ】は共通しているが、【文章Ⅱ】では願いをかなえた五位がその後も様々な幸運を手にする話となっているのに対し、【文章Ⅰ】では、ささやかな願望を抱きながら生きる日常の幸福が失われて空《むな》しさを覚える五位の姿が描かれている。

⑤ たくさんの芋粥が提供されて、五位の望みがかなえられるという物語の筋は【文章Ⅰ】と【文章Ⅱ】で共通しているが、【文章Ⅱ】では願いの実現を素直に喜ぶ五位がその後も幸せになっていく筋立てとなっているのに対し、【文章Ⅰ】では利仁たちの悪意ある振る舞いを許せなかった五位が陰鬱な気分を抱え続ける姿が描き出されている。

問4　次の【P群】のａ・ｂは、いずれも【文章Ⅰ】のある箇所の表現について評したものである。どの箇所の表現に関する評だと考えられるか。最も適当なものを、後の【Q群】の①～⑥のうちから、それぞれ一つずつ選べ。解答番号はａは 16 、ｂは 17 。

【P群】

ａ　直喩表現や対句的な表現を交えて、あわただしく立ち働く人々の様子を描き出している。

ｂ　身体動作の視覚的な描写を通じて、困惑し狼狽する五位の様子を表現している。

【Q群】

①　2行目「広庭へ敷いた」～4行目「山の芋であった。」

②　8行目「釜の下から上る煙と」～10行目「騒ぎである。」

③　15行目「五位はさっき」～16行目「切るのを見た。」

④　19行目「これを、目のあたりに」～20行目「次第であろう。」

⑤　32行目「よほど弱ったと」～33行目「垂れている。」

⑥　35行目「五位は、両手を」～36行目「意を示した。」

問5　Aさんは国語の授業で、芥川龍之介「芋粥」とその原典とを比較して【**鑑賞文**】を書くことになり、原典の現代語訳である【**文章Ⅱ**】の前の部分から【**資料甲**】を、【**文章Ⅰ**】の前の部分から【**資料乙**】をそれぞれ取り上げたうえで、後の【**鑑賞文**】を書いた。これらを読んで、後の(i)～(iii)の問いに答えよ。

【**資料甲**】

（五位が）いもがゆをすすり、したつづみをうって、「ああ、なんとかして、いもがゆをはらいっぱい食べてみたい」と言ったところ、利仁は、これを耳にして、「大夫殿は、まだ、いもがゆをはらいっぱいめしあがったことはないのですか」と言うと、五位は「まだあきるほど食べたことはありません」とこたえた。利仁が、「なんとかして、満足させてさしあげたいな」と言うと、五位は、「なんと、嬉《うれ》しいことですな」と言って、その日は、そのままになってしまった。

【**資料乙**】

彼は飲んでしまった後の椀をしげしげと眺めながら、うすい口髭についている滴を、掌《てのひら》で拭いて誰にいうともなく、「何時《いつ》になったら、これに飽ける事かのう」と、こういった。

「大夫殿は、芋粥に飽かれた事がないそうな。」

五位の語《ことば》が完《おわ》らない中に、誰かが、嘲笑《あざわら》った。（中略）

「お気の毒な事じゃ。」利仁は、五位が顔を挙げたのを見ると、軽蔑と憐憫《れんびん》とを一つにしたような声で、語を継いだ。「お望みなら、利仁がお飽かせ申そう。」（中略）

彼は躊躇《ちゆうちよ》した。もし、その時に、相手が、少し面倒臭そうな声で、「おいやなら、たってとは申すまい」といわなかったなら、五位は、何時までも、椀と利仁とを、見比べていた事であろう。

彼は、それを聞くと、慌《あわただ》しく答えた。

「いや……忝うござる。」

この問答を聞いていた者は、皆、一時に、失笑した。「いや……忝うござる。」——こういって、五位の答《こたえ》を、真似《まね》る者さえある。いわゆる、橙黄橘紅《とうこうきつこう》(注1)を盛った窪坏《くぼつき》(注2)や高坏《たかつき》の上に多くの揉烏帽子《もみえぼし》(注3)や立烏帽子《たてえぼし》が、笑声と共に一しきり、波のように動いた。中でも、最《もつとも》、大きな声で、機嫌よく、笑ったのは、利仁自身である。

(注) 1 橙黄橘紅——黄色い橙《だいだい》と赤くなったみかん。色とりどりの柑橘《かんきつ》類。

2 窪坏や高坏——いずれも食器の種類。

3 揉烏帽子や立烏帽子——いずれも冠物《かぶりもの》の種類。

【鑑賞文】

原典の**【資料甲】**の場面を、芥川は**【資料乙】**のようなかたちに大きくふくらませている。**【文章Ⅰ】**でいう「多くの侍たちに愚弄されている」様子も描き加えられているが、私が注目したのは、利仁の人物像である。**【資料乙】**では、五位に芋粥をご馳走すると申し出ることで［ X ］が強調されている。

そう考えると、**【文章Ⅰ】**の最後の場面で、狐の登場によって利仁が五位に「芋粥をすすめ」なくなったのは、［ Y ］からなのかもしれないという気がしてくる。つまり、五位が感じた「この上芋粥を飲まずにすむという安心」は、［ Z ］を、象徴的に示すものであるようにも思える。

(i) 空欄 X に入るものとして最も適当なものを、次の ①～④ のうちから一つ選べ。解答番号は 18 。

① 彼への親愛の情を示し、他の侍たちのふるまいをたしなめようとする優しさ
② 自らの権勢を誇り、自尊心を満たそうとしているかのような傲慢さ
③ その場の雰囲気に追随し、周囲の人々を自分の味方にしようとする狡猾《こうかつ》さ
④ 好意を伝えようとしながら、相手の反応次第で態度を急変させる気まぐれさ

(ii) 空欄 Y に入るものとして最も適当なものを、次の ①～④ のうちから一つ選べ。解答番号は 19 。

① 利仁が五位の心中を思いやり、無理強いしてはならないと理解した
② 利仁が満腹した五位の辞退を遠慮だと勘違いし、その気持ちを尊重しようとした
③ 利仁の支配欲が狐に向けられ、五位の代わりに狐に芋粥を食べさせた
④ 利仁の厚意を無にするような五位の態度を不快に感じ、彼に見切りをつけた

(iii) 空欄 Z に入るものとして最も適当なものを、次の ①～④ のうちから一つ選べ。解答番号は 20 。

① 利仁のおかげで、これからは他の侍たちに愚弄されずにすむと五位が考えていること
② 利仁の力にとらえられていた五位が、かろうじてそこから解放されたこと
③ 利仁の介入により変わってしまった自らの人生を、五位が受け入れようとしていること
④ 利仁の気遣いを感じた五位が、彼に対して深甚な感謝の念を抱いていること

第3問　次の文章は、『源平盛衰記《げんぺいじようすいき》』の一節である。これを読んで、後の問い（問1～6）に答えよ。（配点　50）

この守長《もりなが》(注1)は、歌の道にはやさしき者にて、帝までも知ろし召したることなり。

一年《ひととせ》、一院(注2)、鳥羽《とば》(注3)の御所に御幸《ごかう》ありて、御遊《ぎよいう》ありき。ころは五月二十日余りのことなり。卿相《けいしやう》・雲客《うんかく》(注4)列参あり。重衡《しげひら》(注5)卿も出仕せんとて出で立ち給《たま》ひけるが、卯《う》の花に時鳥《ほととぎす》書きたる扇紙を取り出でて、「(ア)きと張りて参らせよ」とて、守長に賜《た》ぶ。守長、仰せ承つて、急ぎ張りけるほどに、分廻《ぶんまは》(注6)しを悪《あ》しざまに当てて、時鳥の中を切り、わづかに尾と羽先ばかりを残したり。過ちしぬと思へども、取り替ふべき扇もなければ、さながらこれをば参らする。

重衡卿、かくとも知らず出仕し給ひて、御前にて開きて使ひ給ひけるを、一院、叡覧《えいらん》ありて、重衡の扇を召されけり。三位中将、初めてこれを見給ひつつ、Aかしこまりてぞ候はれける。御諚《ごぢやう》(注7)再三になりければ、御前にてこれをさし置かれたり。一院、開き御覧じて、「無念にも、名鳥に疵《きず》をば付けられたるものかな。何者がしわざ**a**にてあるぞ」とて、うち笑はせ給ひければ、当座の公卿たちも、まことにをかしきことに思ひあはされたり。三位中将も、苦々しく恥ぢ恐れ給へる体《てい》なり。退出の後、守長を召して、深く勘当《かんだう》し給へり。守長、大い**b**に嘆き恐れて、一首を書き参らす。

X　五月闇《さつきやみ》(注8)くらはし山の時鳥姿を人に見するものかは

と。三位中将、この歌を捧《ささ》げて御前に参り、しかしかと奏聞《そうもん》し給ひたりければ、君、「さては、守長がこの歌詠まんとて、わざとのしわざにや」と叡感《えいかん》あり。

ためしなきにあらず。能因《のういん》(注9)入道が、

Y　都をば霞とともに出でしかど秋風の吹く白河の関

と詠みたりけるを、わが身は都にありながら、(イ)いかに無念にこの歌を出ださんとて、東《あづま》の修行に出でぬと披露《ひろう》して、人に知られず籠居《ろうきよ》して、照る日に身をまかせつつ、色を黒くあぶりなして後に、陸奥国《むつのくに》の方の修行のついでに詠み出だしたりとぞ言ひひ

ろめける。

また、待賢門院《たいけんもんゐん》(注10)の女房に、加賀《かが》(注11)といふ歌詠みありけり。

Z　かねてより思ひしことを伏《ふ》し柴《しば》のこるばかりなるなげきせんとは

といふ歌を詠みて、年ごろ持ちたりけるを、同じくは、(ウ)さるべき人に言ひむつびて、忘れられたらん時詠みたらば、勅撰《ちょくせん》なんどに入りたらん面《おもて》も優《いう》なるべしと思ひけり。さて、いかがしたりけん、花園《はなぞの》大臣(注12)に申しそめて、程経つつかれがれになり**c**にけり。**B**加賀、思ひのごとくにやありけん、この歌を奉らせたりければ、大臣いみじくあはれに思《おぼ》しけり。世の人、伏し柴の加賀とぞ言ひける。さて思ひのごとく千載集に入りにけり。

守長もかくしもやあらんとおぼつかなし。秀歌なりければ、鳥羽の御所の御念誦堂《ごねんじゅだう》(注13)の杉の障子(注14)に彫り付けられて今**d**にあり。されば、かしこきも賤《いや》しきも、讃《ほ》むるも毀《そし》るもとりどりなるべしとぞ申しける。

（注）
1　守長——後藤兵衛尉《ひょうえのじょう》守長。平重衡の家来。
2　一院——後白河法皇。
3　鳥羽の御所——鳥羽離宮。平安京の南に位置し、十二～十四世紀にかけて上皇の御所として使われた。
4　卿相・雲客——「卿相」は公卿《くぎょう》、「雲客」は殿上人《てんじょうびと》の別称。
5　重衡卿——平重衡。平家一門の武将。左近衛権中将ながら正三位に至る（三位中将）。
6　分廻し——紙などを円形に切るための道具。
7　御諚——貴人のご命令。
8　五月闇——五月雨《さみだれ》（＝梅雨）のころ、夜が暗いこと。
9　能因入道——平安中期の歌人。
10　待賢門院——鳥羽天皇の中宮藤原璋子《たまこ》。後白河法皇の母。
11　加賀——平安後期の歌人。
12　花園大臣——源有仁。後三条天皇の孫で、帝位に即《つ》く可能性もあった人物。諸芸に秀で、光源氏を思わせる貴公子といわれた。
13　御念誦堂——念仏を修するために建てた堂。
14　杉の障子——杉の板で作った戸。

問1　傍線部(ア)～(ウ)の解釈として最も適当なものを、次の各群の①～⑤のうちから、それぞれ一つずつ選べ。解答番号は 21 ～ 23 。

(ア)　きと張りて参らせよ　21

①　確かに扇に張って参上せよ
②　すぐに扇に張って献上いたせ
③　即刻扇に張って持って来てください
④　きちんと扇に張って送ってください
⑤　間違いなく扇に張らせて持って来させよ

(イ)　いかに無念にこの歌を出ださん　22

①　なんとかして不意にこの歌を発表したいものだ
②　なぜ人の失望もかえりみずこの歌を公にしたのだろうか
③　なんとも残念なことにこの歌を詠んでしまったことよ
④　どうして何の考えもなくこの歌を披露することができよう
⑤　どんな間の抜けたやり方でこの歌を詠んだことにしようか

(ウ)　さるべき人に言ひむつびて　23

①　立派な人と深い間柄となって
②　自分を捨てそうな人と恋仲となって
③　勅撰集の撰者となりそうな人を欺いて
④　本当なら交際を避けるはずの人と交際して
⑤　自分から去って行こうとする人に詠みかけて

問2　波線部a〜dの文法的説明の組合せとして正しいものを、次の①〜⑤のうちから一つ選べ。解答番号は 24 。

① a 格助詞の一部　b 形容動詞の一部　c 断定の助動詞　d 断定の助動詞
② a 格助詞の一部　b 格助詞　c 完了の助動詞　d 断定の助動詞
③ a 断定の助動詞　b 形容動詞の一部　c 完了の助動詞　d 格助詞
④ a 断定の助動詞　b 格助詞　c 断定の助動詞　d 格助詞
⑤ a 断定の助動詞　b 形容動詞の一部　c 完了の助動詞　d 断定の助動詞

問3　傍線部A「かしこまりてぞ候はれける」とあるが、重衡がそうした理由として最も適当なものを、次の①～⑤のうちから一つ選べ。解答番号は 25 。

① 扇に描かれた意味ありげな時鳥の絵柄を見て、それに関して後白河法皇から和歌を詠むように命じられるのではないかと考え、にわかに緊張したから。

② 扇に描かれた奇妙な時鳥の絵柄を見て、守長が後白河法皇と結託して自分をおとしいれるためにしたことだと考え、これからどうなるか不安になったから。

③ 扇に描かれた奥ゆかしい時鳥の絵柄を見て、自分が人々の注目を浴びるように守長がしてくれたことだと思い至り、感謝の念に堪えなかったから。

④ 扇の時鳥の絵柄が切りぞこないであるのを見て、過失を犯した上に何も言わずにこれを自分に渡した守長に憤りを感じ、口をきく気にならなかったから。

⑤ 扇の時鳥の絵柄が明らかに不自然なのを見て、気づかなかったとはいえ、そのようなものを人前で使ったことを恥じ入り、どうしたらよいか思い浮かばなかったから。

問4　X〜Zの和歌の表現の説明として**適当でないもの**を、次の①〜⑤のうちから一つ選べ。解答番号は 26 。

① Xの和歌は、和歌が詠まれた季節にふさわしい「五月闇」という素材を見出したことで、自分の失敗を巧みに言いわけしている。

② Xの和歌では、「くらはし山」に大和の国の歌枕「倉橋山」と「暗《くら》」を掛けることで、「五月闇」と「時鳥」という素材を巧みにつないでいる。

③ Yの和歌は、春の景物である「霞」、秋の景物である「秋風」の語を配することで時の経過を暗示し、それとなく旅情を漂わせたところが表現の眼目である。

④ Zの和歌は、二句切れで倒置法が用いられており、予想に反して恋人にかえりみられなくなった嘆きを強調的に表現している。

⑤ Zの和歌では、「樵《こ》る」と「懲《こ》る」、「投げ木」と「嘆き」の掛詞、「伏し柴」「樵る」「投げ木」の縁語などを用い、恋の思いを巧みに表現している。

問5　傍線部Ｂ「加賀、思ひのごとくにやありけん、この歌を奉らせたりければ、大臣いみじくあはれに思しけり。」についての説明として適当なものを、次の①～⑤のうちから一つ選べ。解答番号は 27 。

①「思ひ」とは、源有仁の加賀の人間性に対する予想のことである。
②「ごとく」には、周囲の心配どおりに事態が進行したことが示されている。
③「けん」には、加賀の行動の理由を作者が推測する気持ちが示されている。
④「奉らせ」は、源有仁が加賀に和歌を献上させたという意味である。
⑤「あはれに思しけり」は、加賀が源有仁に感謝したという意味である。

問6　次に掲げるのは、授業でこの文章を扱った後で、五人の生徒が話し合った会話である。本文の内容についての説明として最も適当な発言を、①～⑤のうちから一つ選べ。解答番号は 28 。

①　生徒Ａ――能因入道も加賀も、それぞれ日に焼けたり失恋したりしたことをごまかそうとしているね。守長も主人から預かった大切な扇紙を台無しにしてしまい、その過失をごまかそうとしたんだよ。しかし、主人にそのごまかしが露見して叱られた。そこで、とっさに思い付いた「五月闇…」の和歌を差し出して後白河法皇を感動させ、後白河法皇にとりなしてもらったんだよ。すぐれた和歌には人を窮地から救う効能があるというよくある話だね。

②　生徒Ｂ――能因入道の話も加賀の話も、和歌を披露する状況を整えてからあらかじめ用意しておいた和歌を披露したという点に主眼がある話だよ。守長が和歌を前もって思い付いていたかどうかは分からないけど、後白河法皇が「さては、守長がこの歌詠まんとて、わざとのしわざにや」と想像したように、能因入道や加賀のように状況を整えた上でその和歌を披露したとしか思えないほど、「五月闇…」の和歌が当意即妙の歌だったということだよ。

③　生徒Ｃ――加賀に関しては、勅撰和歌集に自分の和歌を入集《にっしゅう》させる意図があったと書かれているね。能因入道の和歌も『後撰和歌集』に載せられているよ。守長もせっかく思い付いた「五月闇…」の和歌を勅撰和歌集に入集させたかったんだよ。後白河法皇は歌人としても名高く、『新古今和歌集』の編纂を命じた人物だよ。守長は主人の重衡や扇職人の協力を得て一芝居打ち、後白河法皇の目に自分の和歌を印象づけるのに成功したという話だと思う。

④　生徒Ｄ――守長はむしろ積極的に能因入道や加賀のやったことをまねたんだと思うな。守長は「五月闇…」の和歌を劇的に公にしようとした。ところが、功をあせってあまりにも演出にこりすぎ、それが能因入道や加賀のまねであることを英明な後白河法皇に見抜かれてしまった。「守長もかくしもやあらんとおぼつかなし」というのは、主人を犠牲にしてまで和歌の演出にこだわった守長の将来についての後白河法皇の心配を表していると思う。

⑤　生徒Ｅ――私はもっと込み入った話だと思う。「さては、守長がこの歌詠まんとて、わざとのしわざにや」という後白河法皇の発言は、後白河法皇もこの出来事に一役買っていることを示しているよ。武士である重衡は和歌が詠めない。守長は能因入道や加賀の例を参考に、後白河法皇の協力をもあおいでお膳立てをし、あらかじめ用意しておいた「五月闇…」の和歌を重衡に詠ませて主人に手柄を立てさせたんだ。主従関係の理想を示す美談なんだよ。

第4問

次の【問題文Ⅰ】は唐の詩人・杜甫（字は子美）が八人の酒好きを詠じた「飲中八仙歌」のうち、唐の宰相であった李《り》適之《てきし》と伝不明の焦遂《しょうすい》を歌った部分で、【問題文Ⅱ】は宋の葉夢得《しょうぼうとく》がこの二人を論評した文章である。【問題文Ⅰ】と【問題文Ⅱ】を読んで、後の問い（問1～7）に答えよ。なお、設問の都合で返り点・送り仮名を省いたところがある。（配点　50）

【問題文Ⅰ】

左相ハ日興費ヤシ㆓万銭ヲ㆒　　左丞相の李適之は日々の酒宴に万銭を費やし

飲ムコト如シ㆔長鯨ノ吸フガ㆓百川ヲ㆒　　その飲みっぷりはまるで巨大な鯨が百筋の川の水を飲み干すようだ

銜《ふく》ミ㆑杯ヲ楽シミ㆑聖ヲ称ス㆑避クト㆑賢ヲ　　杯を口にして、聖人の教えを楽しみ賢人に地位を譲ると述べる

焦遂ハ五斗ニシテ方《はじ》メテ卓然タリ　　焦遂は五斗の酒を飲んではじめて才能を発揮し

高談雄弁驚カス㆓四《し》筵《えん》ヲ㆒　　高尚な談論の雄弁さは宴席の人々を驚かせる

【問題文Ⅱ】

適之ハ坐シ㆓李《り》（注1）林《りん》甫《ぽ》ノ譖《しん》ニ㆒、求メ㆑為ランコトヲ㆓散（注2）職ト㆒、乃チ以テ（注3）太子少保ヲ㆒罷《や》メントス㆓政事ヲ㆒。(1)命

A 下ルニ、与親戚故人歓飲、賦シテ㆑詩ヲ曰ハク、

避（注4）賢初罷相

楽（注5）聖且《しばら》銜《ふく》杯

為問門前客

B今朝幾《いく》箇《ばく》 X

可以見其超然無所芥《かい》（注6）蔕《たい》之意。適之以天（注7）宝五載罷相、即貶（注8）死袁州。而子美十載方《はじ》以献賦（注9）得官、疑非相与周（注10）旋者。C蓋但記能飲者耳。惟焦遂名（注11）跡不見他書。適之之去、自為得計、（2）而終不免于死、D不能遂《と》其詩意。乃知、棄宰相之重而求一杯之楽、有不能自謀者。欲碌（注12）碌求為焦遂、其可得乎。

（葉夢得『避暑録話』による）

（注）
1 李林甫譖――李林甫は唐代の政治家。玄宗に取り入り、政敵を激しく弾圧した。譖は讒言《ざんげん》。
2 散職――閑職。宰相であった李適之は、閑職に移ることで李林甫の弾圧を避けようとした。
3 以㆓太子少保㆒罷㆓政事㆒――太子少保は太子の教育係。それになって政治の実務から手を引く。
4 避㆑賢――賢人に官職を譲る。
5 楽㆑聖――聖賢の教えを楽しむ。
6 芥蔕――心にわだかまりを持つ。
7 天宝五載――天宝は玄宗の年号。載は年に同じ。天宝五載は西暦七四六年。
8 貶死㆓袁州㆒――左遷されて袁州（現在の江西省宜春市）で死去する。李適之は李林甫が自分を殺害しようとしていることを悟り、みずから命を絶った。
9 賦――長編の詩。
10 周旋――付き合い。
11 名跡――名前と事跡。
12 碌碌――平凡であること。

問1　傍線部(1)「命」・(2)「計」と同じ意味の「命」「計」を含む熟語として最も適当なものを、次の各群の①～⑤のうちから、それぞれ一つずつ選べ。解答番号は 29 ・ 30 。

(1)「命」 29
① 寿命
② 薄命
③ 生命
④ 任命
⑤ 命名

(2)「計」 30
① 計量
② 良計
③ 統計
④ 計器
⑤ 会計

問2　杜甫に関する説明として最も適当なものを、次の①～⑤のうちから一つ選べ。解答番号は 31 。

① 杜甫は四句からなる絶句にとりわけ優れ、超俗的な気質から「詩仙」と称された。
② 杜甫は四句からなる律詩にとりわけ優れ、社会を鋭く描写して「詩聖」と称された。
③ 杜甫は八句からなる絶句にとりわけ優れ、超俗的な気質から「詩仙」と称された。
④ 杜甫は八句からなる律詩にとりわけ優れ、社会を鋭く描写して「詩聖」と称された。
⑤ 杜甫は八句からなる絶句にとりわけ優れ、社会を鋭く描写して「詩聖」と称された。

問3 傍線部A「与親戚故人歓飲」の返り点の付け方とその読み方として最も適当なものを、次の①〜⑤のうちから一つ選べ。解答番号は 32 。

① 与㆓親戚㆒故人歓飲　親戚に与へて故人は歓飲し
② 与㆓親戚故人㆒歓飲　親戚故人に与《あづか》りて歓飲せしめ
③ 与㆓親戚故人㆒歓飲　親戚故人と歓飲し
④ 与㆓親戚㆒故人歓飲　親戚に与へて故人も歓飲し
⑤ 与㆓親戚㆒故人歓飲　親戚と故人とは歓飲するも

問4 傍線部B「今朝幾箇 X 」について、(a)空欄 X に入る語と、(b)この句全体の解釈との組合せとして最も適当なものを、次の①〜⑤のうちから一つ選べ。解答番号は 33 。

① (a) 客　(b) 宰相を辞めてしまった今日にも、大勢の客がいることだ。
② (a) 来　(b) 宰相を辞めてしまった今日は、いくたりの人が来ることか。
③ (a) 飲　(b) 宰相を辞めてしまった今日は、どれほど飲んでもかまうまい。
④ (a) 宴　(b) 宰相を辞めてしまった今日までに、何度宴会に出席しただろう。
⑤ (a) 害　(b) 宰相を辞めてしまった今日までに、なんと大勢の人を傷つけたことだ。

問5　傍線部C「蓋但記㆓能飲者㆒耳」とあるが、**【問題文Ⅱ】**の筆者がそのように述べる理由の説明として最も適当なものを、次の①～⑤のうちから一つ選べ。解答番号は 34 。

①　杜甫は年代的に李適之とは面識がなく、酒豪ぶりを知っていただけだと思われるから。
②　杜甫は李適之の宴席で詩を披露しており、杜甫自身も酒豪として記憶されているから。
③　杜甫は宰相であった李適之よりも無名の焦遂の方を高く評価していたと思われるから。
④　杜甫は自作の賦を李適之に献上しており、その酒豪ぶりも耳にしていたはずだから。
⑤　杜甫が詩に詠じた八人を考えると、焦遂にだけは酒豪だったという記録がないから。

問6　傍線部D「不㆑能㆑遂㆓其詩意㆒」とあるが、「其詩意」の内容の説明として最も適当なものを、次の①～⑤のうちから一つ選べ。解答番号は 35 。

①　李適之が自作の詩に詠じた、賢人や聖人を尊重する政治的抱負。
②　李適之が「飲中八仙歌」から学んだ、酒を愛する超俗の境地。
③　李適之が自作の詩に詠じた、ひたすら酒を楽しむ享楽主義。
④　李適之が焦遂の詩から学んだ、隠者としての穏やかな生き方。
⑤　李適之が自作の詩に詠じた、世俗的なこだわりのない境地。

問7 【問題文Ⅰ】【問題文Ⅱ】の説明として最も適当なものを、次の①～⑤のうちから一つ選べ。解答番号は 36 。

① 【問題文Ⅰ】が宰相の李適之と無名の焦遂との贅沢で乱脈なさまを詠じたのに対して、【問題文Ⅱ】は李適之が脱俗の思いを抱きながら政争による死を免れなかったことを述べ、ひとたび地位を得れば、焦遂のように無名でありたくても、もはやできないのだと結んでいる。

② 【問題文Ⅰ】が宰相の李適之と無名の焦遂との豪快で高尚なさまを詠じたのに対して、【問題文Ⅱ】は李適之がその地位に固執したために政争による死を免れなかったことを述べ、ひとたび地位を得ると、焦遂のように無名であることには耐えられなくなるのだと結んでいる。

③ 【問題文Ⅰ】が宰相の李適之と無名の焦遂との贅沢で乱脈なさまを詠じたのに対して、【問題文Ⅱ】は李適之が脱俗の思いと宰相の地位とを両立していたことを述べ、焦遂とても決して無名でいたくはなかったのだが、地位が得られなかったのだと結んでいる。

④ 【問題文Ⅰ】が宰相の李適之と無名の焦遂との豪快で高尚なさまを詠じたのに対して、【問題文Ⅱ】は李適之が脱俗の思いを抱きながら政争による死を免れなかったことを述べ、ひとたび地位を得れば、焦遂のように無名でありたくても、もはやできないのだと結んでいる。

⑤ 【問題文Ⅰ】が宰相の李適之と無名の焦遂との豪快で高尚なさまを詠じたのに対して、【問題文Ⅱ】は李適之が脱俗の思いと宰相の地位を両立していたことを述べ、焦遂とても決して無名でいたくはなかったのだが、地位が得られなかったのだと結んでいる。

第 4 回

実 戦 問 題

（200点　80分）

第1問

次の文章は、一九八一年に書かれた江原由美子《えはらゆみこ》「からかいの政治学」の一部である。本文中でいう「本章」とは、出典となった著作の中の「からかいの政治学」の章を指す。これを読んで、後の問い（**問1～5**）に答えよ。なお、設問の都合で本文の段落に 1 ～ 16 の番号を付してある。（配点　50）

1　では一体、「からかい」とは何なのか。「からかい」は、相互行為の一形式であり、それを一方の側からとらえたものである。「からかい」は、「からかう側」から「からかわれる側」に向けられた行為なのである。この「からかい」の行為は、通常言葉を伴っている。本章では、「からかい」を「からかい」の言葉として問題にしたい。

2　一般に、言葉は、その内容それ自体の意味と、その言葉をどのように受け取るべきかという文脈や状況における意味という二重の意味を持つ。「からかい」についても同様に考えられる。

3　まずはじめに後者から考察しよう。「からかい」の言葉とは、「遊び」の文脈に位置づけられている。すなわち、「からかい」の言葉は、けっして言葉どおりに、「真面目」に受けとられてはならないのである。「からかい」の言葉は「遊び」であり、余裕やゆとりであり、その言葉に対しては、日常生活における言葉の責任を免れている。

4　したがって A「からかい」は通常、何らかの標識を伴っている。それはニヤニヤ笑いや声の調子、身ぶり、思わせぶりな目くばせなどである。これらの標識は、「からかわれる側」に直接示されるとは限らない。第三者がいる時は、その第三者に標識が示される場合もある。むろん、「からかわれた」側がその「からかい」の標識に「気づかぬ」場合もある。しかし、誰かがそれを認知しさえすれば、その言葉はその場においてその時点で、「からかい」であり「遊び」であることが宣言されているのだ。

5　「からかい」はそれが「真面目」なことでないからこそ、発言の責任主体の特定化を避けることになる。むろん、対面的状況では、誰が話しているかは明瞭であるが、しかし、その発言の主張や内容があたかも伝聞であったり、B自明の事実であったりするように表明されるのである。「私はお前を○○だと思う」という形の、その言葉の内容が自分自身の思想や意志に帰着されてしまうような文体をけっして「からかい」はとらない。なぜならこうした文体は、言葉の責任の所在を明瞭にしてしまうからである。「からかい」は「遊び」であるからこそ、責任の明確化は必要ではないし、「遊び」のルールからして不要である。

6 したがって「からかい」の言葉は、その言葉を発した個人の意志や意図に帰着されないよう、「普遍化」「匿名化」される。

7 雑誌などの記事における、言葉のみにおける「からかい」においては、「からかい」の標識はその文章の調子、言葉使い、文体によって与えられるわけであるが、この時、文の主体を不明瞭化し「匿名化」することは、ひとつの重要な標識である。「ウァー！　恐ろしや、(注)くわばらくわばら」と書くわけである。

8 集団内で「からかい」が提起されれば、それに反対する理由が特にない限り、「からかい」の共謀者となることが、その場にいる全員に(ア)ヨウセイされる。なぜなら「からかい」は「遊び」であり「冗談」だからである。「遊び」である以上、ルール破りは、最大の「遊び」に対する冒瀆《ぼうとく》なのである。したがって、ルールを破らないという消極的な共謀を、そこにいる人々すべてがヨウセイされるのだ。ルール破りをあえて行なうにはかなりの勇気がいるだけでなく、その場にいる皆を納得させるだけの正当な理由が必要なのである。

9 逆に「からかい」を提起した者は、積極的にまわりの人々をまきこむことによって「からかい」のゲームを成立させようとする。それによって、彼は「からかい」の言葉を「匿名化」するという作業も成しとげることができる。

10 以上の「遊び」と「普遍性」という、「からかい」の言葉の持つ二重の意味指定、文脈は、「からかい」が「からかわれる側」だけでなく第三者、オーディエンスも想定していることを(イ)明らかにする。原則的・構造的には、「からかい」の言葉は、オーディエンスに向けては「遊び」であることを主張し、「からかわれる側」に向けては「普遍的・匿名的・自明的な主張」であることを主張する。しかし、このことは、以下のことを(ウ)サマタげない。第一に、二重の意味指定が、異なる二種の相手に、ともに読まれること。この場合でも、それぞれの行為者はそれぞれの与えられた筋書《すじがき》に従って演技せねばならない。第二に、オーディエンスの不在の場合でも、「からかい」の言葉は成立する。なぜならば、「からかわれる側」は必ず、オーディエンスの能力も身につけており、従ってオーディエンスを想定して、筋書を進行させうるし、同様のことが「からかう側」にも言いえるのである。

11 基本的に、この二重の意味指定こそ、「からかい」の構造である。この構造を持つ限りあらゆることが、「からかい」の種になりうる。エープリル・フールであるのにそれに気づかぬ者がいた場合、その人にウソをつき、その人が真にうけるのを楽しむ者、悪口を書いた紙をその人の背中に貼りつける者、子どもに恐《こわ》い話をして、それを真にうける子どもを面白がるおとな…。これらは皆、「遊び」であることを知っている者と、そのことに気がつかず、ある人の主張を、「真実」であるととりちがえる者との間になりたつ「からかい」の行為である。これらはともに、オーディエンスに「遊び」や「ゲーム」であることを示し、「からかわれる側」には、その意味指定を隠そうとしている。

12 次に、「からかい」の言葉の内容自体について考察しよう。むろんあらゆることが「からかい」の種になりうる。しかし、「からかい」の言葉は、その内容自体において、いくつかの顕著なパターンを示す。そのもっとも重要なものは、「からかわれる側」の行為の意図や動機を、当人の思っているのではない、または、公的に表現されたのではない文脈におきかえてしまうことである。

13 たとえば、「からかわれる側」が夢中になり、熱心に何ごとかに集中している場合、「からかい」は彼らの行為や言葉を別の文脈におきかえることによって、「冷やかす」ことができる。夫婦ゲンカに対し、「いつも仲の良《よ》ろしいことで」というような例である。「真面目」さや「熱中」は「冷やかし」のかっこうの対象となる。

14 または、公的に表明されたのではない、通常、それよりもより通俗的な動機を、「からかわれる側」の行為や言葉に付与することがある。道義的、倫理的な主張に対し、金銭上の動機をさがしあてるなどの例、また、恋仲らしい男女の、何げない行動の内に、それらしいチョウ(オ)コウを見出《みいだ》し「からかう」のもその類である。これらの「からかい」の場合、C「からかわれる」側の行為の本当の意図は当人よりも「からかう」側が良く知っているのだという主張がなされるのである。「からかわれている側」に帰属させられる動機や意図は、通常、公的に表明されるには、「恥ずかしかった」り、「はしたない」と思われていることでありながら、非常に一般的な誰でも持っていそうな動機や意図である。したがって、「からかわれる側」が「隠して」いるのはあたりまえとされ、同時に、それを持っていることは当然であるという主張がなされるのだ。

15 したがって「からかい」の言葉は、その内容において、「からかわれる側」の行為や属性について何らかの主張を行なうことができる。しかし、この主張は、あくまで「からかい」の文脈におかれており、「遊び」であることが宣言されているのである。

16 以上の考察から「からかい」という社会的相互行為のパターンには次のような特徴があるといいうるだろう。第一に、「からかい」は、基本的に「遊び」の文脈に位置する。そのことによって「からかい」の行為や言葉は、「真面目な」社会的相互行為の責任を回避できる。第二に、しかし、「からかい」のゲームが成り立つためには、「からかわれる側」に対しては、「匿名的・普遍的・自明的」なものとして呈示されねばならない。この二重の意味指定によって、「からかう」側は「からかわれる側」に対し、優位に立つことになる。第三に、「からかい」の言葉は、その内容において、「からかわれる側」の行為や属性について、何らかの主張を行なうことができる。

（注）　くわばらくわばら――怖いことや不吉なことを避けるためのまじないの言葉。

問1　次の(i)・(ii)の問いに答えよ。

(i)　傍線部(ア)・(ウ)・(オ)に相当する漢字を含むものを、次の各群の①～④のうちから、それぞれ一つずつ選べ。解答番号は 1 ～ 3 。

(ア)　ヨウセイ　1
① 政府にセイガンショを提出する
② セイジツな対応をとる
③ 後進のイクセイにあたる
④ 条例をセイテイする

(ウ)　サマタげ　2
① ボウガの境に入る
② 河川にテイボウを築く
③ 通行のボウガイになる
④ 平和が訪れることをカツボウする

(オ)　チョウコウ　3
① コウバイのきつい坂道
② けがのコウミョウ
③ コウホの一人に名を連ねる
④ 紙幣をコウカに両替する

(ii)　傍線部(イ)・(エ)と同じ意味を持つものを、次の各群の①～④のうちから、それぞれ一つずつ選べ。解答番号は［4］・［5］。

(イ)　明らか　［4］
① キュウ明
② ケン明
③ 明ニチ
④ 明メツ

(エ)　楽しむ　［5］
① 楽ショウ
② 楽タイ
③ コウ楽
④ センシュウ楽

問2　傍線部A「『からかい』は通常、何らかの標識を伴っている」とあるが、それはなぜか。その説明として最も適当なものを、次の①～⑤のうちから一つ選べ。解答番号は 6 。

① 「からかい」の言葉は内容それ自体の意味と文脈における意味を持っており、そうした二重の意味があることを標識が知らせるから。

② 「からかい」は余裕のある「遊び」であり、標識は「からかう側」と「からかわれる側」の役割分担を明らかにするから。

③ 「からかい」の言葉は「遊び」であり、その意味を「からかう側」が決定するということを、標識は共謀者に教えるから。

④ 「からかい」は「遊び」であり、言葉の内容どおりに受けとるべきものではないことを、標識によって知らせる必要があるから。

⑤ 「からかい」はオーディエンスを必要とする行為であり、標識によって第三者に参加を呼びかけなければ成立しないから。

問3　傍線部**B**「自明の事実であったりするように表明される」とあるが、これはどういうことを言っているのか。その説明として最も適当なものを、次の①～⑤のうちから一つ選べ。解答番号は 7 。

① 「からかい」は、「遊び」に過ぎないため、「からかう側」も自らの意志で発言しているのではないことは「遊び」のルールからして言うまでもないことである。だが、「からかい」の言葉を誰が発言したのかは明瞭であるため、「からかわれる側」に追及を受けることのないように、発言主体を隠す形をとるということ。

② 「からかい」は、相互行為の「遊び」であるので、「からかう側」の個人的思想や意志を反映するべきではないが、対面状況では誰が話しているかは明瞭である。したがって、相互行為を成立させるために、オーディエンス側に配慮をし、特定の個人の思想や意志が強調されることのないように、主体を曖昧にした言い方がなされるということ。

③ 「からかい」は、「遊び」としてその場にいる人々に了承されることで、その発言内容に関する責任をある個人に問うことはできない仕組みになっている。このために「からかい」は、「からかう側」の特定の主体の発言としてではなく、誰もがそう思っていることであるかのように示されるということ。

④ 「からかい」は、「遊び」として受けとることが求められるものであり、これに関しオーディエンスのルール破りを防ぐ必要がある。そのため「からかう側」は、「からかい」の言葉を自分だけの主張ではなくオーディエンスもそのように考えているものであるかのように表明し、オーディエンスを共犯にしているということ。

⑤ 「からかい」は、「遊び」として宣言されることで、「からかわれる側」と「からかう側」が共犯関係となり、発言の主張内容は第三者の発言であるかのように主張される。それによって「からかわれる側」はその言葉を「真面目」に受けとらなくてもよいことが分かり、責任を追及しなくなるということ。

問4　傍線部C「『からかわれる』側の行為の本当の意図は当人よりも『からかう』側が良く知っているのだという主張」とは、どういう主張か。その説明として最も適当なものを、次の①～⑤のうちから一つ選べ。解答番号は 8 。

① 「からかう側」は周りの人々をまきこむことに成功しており、その行為の意図に関して、より一般的な判断に基づいて考えていると言えるので、「からかわれる側」よりも事情に通じているという主張。

② 「からかわれる側」は自分の行為の意図を公的に表明しうるものとしているのだろうが、実際の意図はより人間味のある誰もが持つものに過ぎないと「からかう側」は知っているという主張。

③ 「からかわれる側」は自分の行為が公的には「はしたない」とされることなので、その行為を意図的なものではないということにしたいのだろうが、「からかう側」はそれに気づいているという主張。

④ 「からかう側」は二重の意味指定を利用する形で「からかい」を成立させており、それに気づかぬ「からかわれる側」よりもその「からかい」の言葉の本質をよく分かっているという主張。

⑤ 「からかう側」には通俗的な動機や意図についてより知っている大人が多いのに対して、「からかわれる側」には一般的に幼い者や真面目な者が多いため、事情をよく分かっていないという主張。

問5　この文章を授業で読んだNさんは、より考えを深めるために、論旨を整理したり関連する他の文章を読んだりした。このことについて、次の(i)・(ii)の問いに答えよ。

(i)　Nさんは、本文の内容をよく理解するためにノートを作成し、論旨を整理してみた。【ノート1】はその一部である。本文の内容を踏まえ、空欄 Ⅰ ・ Ⅱ に入る語句の組合せとして最も適当なものを、後の①～⑥のうちから一つ選べ。解答番号は 9 。

【ノート1】

> 本文は「からかい」を、そこで用いられる言葉の分析と関係する人々の役割分析から解きあかしている。「からかい」の言葉の持つ意味は、その言葉を読みとく人が Ⅰ であるか Ⅱ であるかによって異なるが、 Ⅰ が同時に Ⅱ の受けとる意味を理解することもありうるという指摘もされている。

① Ⅰ「からかう側」　Ⅱ 共謀者
② Ⅰ「からかわれる側」　Ⅱ オーディエンス
③ Ⅰ 共謀者　Ⅱ「からかう側」
④ Ⅰ「からかわれる側」　Ⅱ「からかう側」
⑤ Ⅰ 共謀者　Ⅱ オーディエンス
⑥ Ⅰ「からかう側」　Ⅱ「からかわれる側」

(ii) Nさんは、出典の「からかいの政治学」の全文を読んだうえで、「からかいの政治学」を解説している、瀬地山角《せちやまかく》による文章（『フェミニズム・コレクションⅡ』「解題：セクシュアル・ハラスメント」）を読み、【ノート2】を作成した。本文の内容とNさんの学習の過程を踏まえて、空欄 Ⅲ ・ Ⅳ に入るものとして最も適当なものを、後の各群の①～⑤のうちから、それぞれ一つずつ選べ。解答番号は 10 ・ 11 。

【ノート2】

本文は「からかいの政治学」の第2節であるが、第1節は「はじめに」と題され、ウーマンリブ運動(注1)に対する「からかい」について書かれていた。このことに関係して、本文を解説している『フェミニズム・コレクションⅡ』(注2)「解題：セクシュアル・ハラスメント」には、次のように書かれていた。

D この論文はもともとリブをめぐる世間の扱いを「からかい」として問題化したものであり、セクシュアル・ハラスメントを直接的に論じたものではない。それにもかかわらず、これをセクシュアル・ハラスメントの項で取り上げたのは、この論文が E セクシュアル・ハラスメントが隠蔽されてきた構造をみごとに剔抉《てっけつ》(注3)する作業だからである。「お酒の席のことなんだからめくじらたてるなんて大人げないよ」という「からかい」の問題性をセクシュアル・ハラスメントが話題になる以前にとりあげているのである。

（注） 1 ウーマンリブ運動――一九六〇年代後半から一九七〇年代にかけて起こった女性解放運動。女性に対する社会的差別の撤廃、たとえば男女の雇用における不平等の是正を求めたり、人工妊娠中絶の権利を法的に認めるように求めるなどした。後の「リブ」はこの略称。

2　フェミニズム――制度や慣習、社会の動向において生じる性別役割や性別による格差を明るみに出し、女性を性別役割や格差から解放することを目指す思想、および運動。
3　剔抉――えぐってあばき出すこと。

考察　傍線部**D**「この論文はもともとリブをめぐる世間の扱いを『からかい』として問題化したものであり」とあるが、「からかいの政治学」第1節にはウーマンリブ運動に対するある週刊誌からの「からかい」の例（**Ⅲ**）が引用されていた。この例は［5］に書かれていた「『からかい』はそれが『真面目』なことでないからこそ、発言の責任主体の特定化を避けることになる」という分析があてはまるからかいの例であるとわかった。

傍線部**E**には「セクシュアル・ハラスメントが隠蔽されてきた構造」とある。ここで指摘されている「構造」とは、本文で示されている「からかい」の構造のことだが、これがセクシュアル・ハラスメントが隠蔽されてきた構造の指摘にもなっている。**Ⅳ**

今でははっきりと問題であるとされている「セクシュアル・ハラスメント」ということの存在自体を話題にすることが難しかったわけもわかった。

Ⅲ に入る語句 **10**

①　本誌記者が感じたウーマンリブへの違和感
②　大会に馳《は》せ参じた猛女たちの「かわいい部分」
③　「もう泣き寝入りしない」立ち上がった女たち
④　フェミニズム運動の今後と問題点
⑤　「女には任せられない」と大臣は言った

Ⅳ に入る文章 **11**

① セクシュアル・ハラスメントについて公的に発言すること自体にかなりの勇気がいるのは、それがたんなる「遊び」である「からかい」の場合があるからである。にもかかわらずセクシュアル・ハラスメントであると指摘することで、別の文脈におきかえてしまうという構造が問題だということだ。

② セクシュアル・ハラスメントや「からかい」を隠蔽してきたのは、「からかわれる側」である。そのようなことが起こったことを公的に表明するのは、通常、「恥ずかしい」ことであるので、「隠して」いるのはあたりまえであり、そのような「からかわれる側」の心理を利用する構造になっているということだ。

③ セクシュアル・ハラスメントではその場にいる人々の消極的な共謀が求められているが、「遊び」では済まされないことであるのはその場にいる人も気づいてはいる。ただ、人々は争いごとにまきこまれたくないために、自分の存在を「匿名化」してしまい、知らないふりをしてしまう構造があるということだ。

④ セクシュアル・ハラスメントも多くが「遊び」や「冗談」の一種として実行される。したがって、それを指摘することで「遊び」のルールを破ることには、たいへんな決意と第三者を納得させる説明の労力を払わなければならないという構造的な問題があり、その構造を利用されているということだ。

⑤ セクシュアル・ハラスメントと「からかい」は同型の構造を持ち、「からかわれる側」は公的に表明されているのとは異なる自分の行為の意図や動機を隠そうとする。しかし「からかう側」は本当の意図を指摘してしまうので、セクシュアル・ハラスメントであるとされてしまうということなのだ。

（下書き用紙）

国語の試験問題は次に続く。

第2問

次の文章は、遠藤周作《えんどうしゅうさく》「異郷の友」（一九五九年発表）の一節である。これを読んで、後の問い（問1～5）に答えよ。なお、設問の都合で本文の上に行数を付してある。（配点　50）

一九五〇年は朝鮮事変（注1）のはじまった年だった。そして私と四国邦夫とはリヨン（注2）の町でただ二人の日本人であり、リヨンの大学でただ二人の日本人留学生だった。もっともリヨンの郊外に仏蘭西《フランス》の女性と結婚した滝村という老人が住んでいたらしいが、私たちはこの老人とほとんど会う機会もなかったのである。

四国は私よりも一カ月はやくこの町に到着していた。二人とも秋の新学期から大学に入学することはきまっていたが、彼は船足の早い客船で横浜を出発し、私は半月ほど遅れて貨客船に乗りこんだからである。未知の国にたった一人で出かけるということ、そして未知の都市で四国以外にはお互い頼りあう日本人はいないということが、ながい船旅の間、私の心に早くも彼にたいする友情をつくりあげていた。

彼もまた同じような友情の結晶作用にかられたのであろう。マルセイユを夜汽車でたって乳色の朝靄《あさもや》がまだたちこめているリヨンにおりた時、暗い電気がポツ、ポツともっている人影のないプラットホームで、四国の肥《ふと》った体が嬉しそうにちかづいてきたのを私は今日も憶《おぼ》えているのだ。私もその顔が一カ月の孤独な生活で少しやつれ、黒ずんでいるのにすぐ気がついた。

「もちましょう。その鞄《かばん》」と彼は分あつい手をさしのべた。

「とんでもない」

日本ではあまり接触のなかった私たちの言葉使いはまだ他人行儀だった。そしてだれも歩いていない駅前の広場から私たちはタクシーに乗り、フルビエール町の彼の下宿にむかった。

「仏蘭西じゃタクシーの運転手にはチップをやらなくちゃいけないんです。タクシーだけじゃなく散髪屋でも、映画館でも料金の一割をとられますよ」

一カ月さきに着いていただけあって彼はこの国での生活についてはもう先輩だった。私はその一つ一つの忠告を肯《うなず》きながらきいていた。

「仏蘭西語、うまくなったでしょうね」私は少し不安な気持《きもち》でたずねた。「一カ月も一人でこの町に住んでいれば」

彼はあいまいな笑いをうかべたが、しかし自分の仏蘭西語の進歩を誇示するように運転手に突然話しかけたのである。都会人の洗錬された態度に気圧《けお》された田舎者のように、彼が映画に出てくる仏蘭西人のごとく肩をすぼめたり、大袈裟《おおげさ》な感嘆詞を入れたりするのを私はびっくりして眺めていた。

「運転手の言うこと、君わかりますか」

象のように眼《め》を細めて彼がふりむいた時、A私は弱々しく首をふった。私には僅《わず》か一カ月の生活でこれほど仏蘭西語に上達するとは思えなかった。私は不安とかすかな怯《おび》えとで黙っていた。

「こいつらと話をする時、気をつけなくちゃいけませんよ。リヨンは保守的な町でね、アカ嫌い(注3)な連中が住んでいるからなあ」

「アカ嫌い？」

「奴等は案外、単純な反共主義者(注4)ですがね」彼は軽蔑したように肩をすぼめた。もちろんその日本語は運転手にわかる筈《はず》はなかった。「特に仏印戦争(注5)や朝鮮事変がはじまって以来、東洋人といえば共産主義者と考えてるらしいからな。ここでは保守的な物の言い方をするほうがトクですよ」

私は彼の肥った体をそれから少し汗をかいたまるい顔や鼈甲《べっこう》(注6)の太縁の眼鏡をかけた彼の細い眼をながめた。

彼の下宿につくと四国はアルコール・ランプ(注7)をひねってネスカフェをわかしてくれた。私もトランクをあけ、日本から持ってきた羊羹《ようかん》や梅干《うめぼし》の瓶をさしだした。その梅干の瓶を彼はなつかしそうに白い掌《てのひら》でさすりながら幾度も呟《つぶや》いた。

「なつかしいなあ、一カ月も日本の飯をくわないと……」

私は自分が遠い国に来たこと、このリヨンで彼以外には日本について語りあう仲間がいないことを感じ、あらためて四国に連帯感をおぼえたのだった。日本はまだ戦犯国で大使館も日仏の間には設置されていない年だった。象のように大きな体に小さな梅干の瓶を懸命にかかえこんだ彼はまるで子供のように私には可愛く見えた。

私の下宿と彼の下宿とはバスで二十分もかかるほど離れていた。けれども二人は大学が始まるまでの幾週間、顔を毎日あわせ、一緒に飯をくい、つれだって市役所に登録に行ったり学校に手続きに出かけたりしたものである。日本では同じ大学を出ながらほとんど話しあう機会もなかった二人だったが、私はこの分ならばリヨンでのながい生活で二人の性格がそれほど嚙《か》みあわないことはないと考えはじめた。いや B それ以上になにか彼にたいして友情めいた気持さえ持ちだしている自分に気がついたのだった。

だが外国生活になれぬ私は一種の錯覚にかかっていたのである。はじめて異郷の街に放りだされた私と四国とはあたらしい不安な生活に一人、一人で当《あた》るよりは二人でぶつかる方がはるかに便利だったにすぎない。勿論《もちろん》、同じ国からきた同じ学校の入学者だという親しみもそれに加わった。けれども相手の気質や物の考え方が似通っているか似通っていないかを検討する前に、私たちは手を握りあってしまったのである。

私がこの事実に気がついたのは大学の新学期がはじまる四日前だった。私たちはその日、二人が入学する文学部の学生補導課長ブレモン教授の事務室をたずねることになっていた。と言うのは留学生たちは学校から指定された日にこの補導課長をたずね、一種のテストを受けるよう命令されていたからである。

いつものように新しい洋服をきた私たちは二人つれだってローヌ河の岸辺に並んでいる文科大学の校舎をたずねた。夏休みがまだ終《おわ》らないのでセメントの匂《にお》いの漂う建物の構内も、夾竹桃《きょうちくとう》(注8)の花が赤く咲いている中庭にも学生の姿は一人もみえなかった。私たちは蟬《せみ》の声をききながら顔の汗をぬぐい、ネクタイの歪《ゆが》みをなおしながらブレモン先生の部屋を叩《たた》いた。

先生は頭のはげた眼の鋭い人だった。机の上にはさまざまな書類や本が雑然と放りだされていた。そしてその真中《まんなか》に木の台のついた十字架がおかれ、壁には基督《キリスト》の聖画が飾られてあった。それを見て私はすぐ先生が敬虔《けいけん》な基督教信者であることに気がついたのである。

しばらくの間、下宿のことやあたらしい生活の状況を質問されたのち、先生は書類をひろげながら二人が専攻する勉強についてたずねた。四国は哲学をやり私は仏文学を学ぶことになっていた。先生はどんな哲学に興味があるのかと四国にきかれた。

「基督教哲学です」

と彼は両手を窮屈そうに肥った膝の上にそろえながら返事をした。

「わたしは基督教徒ですから」

「ほう」

先生は好奇心と好意とにみちた眼差《まなざ》しを急に四国にむけて体を前にかたむけた。

「君は基督教徒だったのかね」

「はい」彼は太縁の眼鏡を真正面にむけながら肯いた。

「家族もみなそうです」

驚いたのは先生だけではなかった。私も少し意外な気がしたのである。意外だったというのは彼が虚言《うそ》を言ったからではない。これは嘘《うそ》ではなかった。三週間になる四国との交際で私も彼が子供の時、洗礼をうけたということを、いつか街の大教会を見物に行った時、きかされた記憶があるからである。だがその時、四国は自分にはもう信仰なぞないこと、現在の基督教には全く疑問しかもっていないことを事もなげに言っていたのだった。

私はしばらく、ぼんやりと窓からながれこむ陽《ひ》の光がそこだけ丸い日だまりをこしらえている机の上を眺めていた。机の上には木の台のついた十字架があった。なぜか知らないが始めてリヨンに着いた朝がた、タクシーの中で四国がこの保守的な街では言動に注意した方がトクだと言った言葉を心に甦《よみがえ》らせた。

先生はしばらくの間、四国と、私には興味のない話を続けていた。それからやっと私の存在に気がついたように、軋《きし》んだ音をたてながら廻転《かいてん》椅子をこちらにむけた。

「君も基督教徒かね」

「いいえ」そう返事をしたのは私ではなく四国だった。

「彼は無神論者でしょう」

私はリヨン到着以来はじめて C 四国にたいして不愉快な気持をもちながら彼の顔を見あげた。鼈甲の太縁の眼鏡の奥で彼は私を無表情に見つめている。そのまるい大きな無表情な顔がかえってこちらの気分をいらいらとさせるのだった。だから先生からどんな文学をやるのかと聞かれた時、私はこの補導課長を困らすためではなく、むしろ四国に挑むために、わざと、最も醜悪な肉慾《にくよく》を描き反基督教的な考えをもったある近代作家の名を思わず口に出してしまったのである。

先生はしばらくの間、じっと私の顔を眺めていた。

「折角《せっかく》、仏蘭西に来たのだからね」先生はやがてポツリと言った。「わたしは君が真面目に古典の作家を勉強することを奨《すす》めるね」

この真面目にという副詞のなかに先生が私にたいする不満と皮肉をふくめられているのがこちらの肌に痛いほど感ぜられた。それからブレモン先生は私たちに三日後にひらかれる異国学生の歓迎パーティに出席するかと訊《たず》ねた。「悦《よろこ》んで」と答えた四国は椅子からたちあがった。

外に出ると相変《あいかわ》らず蟬が夾竹桃の茂みの間でないていた。構内のどこか遠くの教室からまずいピアノを弾く音がきこえてきた。私たちはしばらくの間、だまって校舎と校舎を結ぶ石畳の通路をあるいていた。

「君あ、本当にあんな作家を勉強するんかい」突然、彼がたずねた。「ああ」吐き捨てるように私は答え、彼の顔をみた。四国は視線をそらせて中庭の方角に眼を転じた。

「あんた本当に基督教の哲学をやるのか」

今度は私が皮肉にたずねる番だった。そしてこの皮肉な調子を四国はその白い肥った体に敏感に感じたにちがいなかった。

「そうさ。そのつもりだよ」

彼も幾分意地になって答えたのである。

今から考えると馬鹿馬鹿しい争いだった。だが異国の街に住むたった二人きりの日本人留学生の神経はいつの間にか、些細《ささい》なこと、つまらぬことでたがいに傷つくものであることは私も経験して始めてわかったのである。

四国に別れて下宿に戻ると私はベッドに仰むけになって自分がひどく神経質になっていることを恥じた。これからながいリヨンの生活で同じ日本人の彼と今日のようなつまらぬ心理的な反撥《はんぱつ》を繰りかえすのは我慢ができなかった。四国も四国だが、私自身も素直ではなかったことが冷静になるにしたがって段々わかってきた。

（注）
1　朝鮮事変――朝鮮戦争。大韓民国と朝鮮民主主義人民共和国との間で生じた戦争。
2　リヨン――フランス南東部の都市。
3　アカ――社会主義や共産主義を侮蔑して呼んだ呼称。
4　反共主義者――共産主義に反対し、敵視しようとする思想をもつ人。
5　仏印戦争――インドシナ戦争のこと。
6　鼈甲――ウミガメ科のカメであるタイマイの甲。くしや眼鏡の縁などに多く用いられる。
7　ネスカフェ――インスタントコーヒーの商品名。
8　夾竹桃――インド原産のキョウチクトウ科の常緑大低木。高さは約三メートルとなり、庭木とされる。

問1　傍線部A「私は弱々しく首をふった」とあるが、このときの「私」の心情の説明として最も適当なものを、次の①～⑤のうちから一つ選べ。解答番号は 12 。

① 日本ではあまり接触がなかったために「私」にたいしては丁寧な言葉使いをする四国が、タクシーの運転手とは映画に出てくるフランス人のような身ぶりまで交えて馴《な》れ馴れしく話す様子を見てびっくりし、今後四国と良好な人間関係を築いていけるだろうかと不安に思う心情。

② 「私」より早く渡仏し、生活上の経験でも先んじている四国が、タクシーの運転手とフランス人のように会話するのを目の当たりにして驚き、現時点で運転手の話の内容を聞き取れない自分のフランス語の力が、四国のように短期間で進歩することは難しいだろうと恐れ弱気になる心情。

③ リヨン到着時には早朝にもかかわらず嬉しそうに駅まで出迎えてくれた四国が、フランス語の会話になると、不安を感じている「私」にたいしてこれ見よがしにタクシーの運転手に話しかけて見せたことに底意地の悪さを感じ、今後の留学生活を思って憂鬱な気持ちになっている心情。

④ フランスでの生活について親切に忠告をしてくれた四国が、リヨンに着いたばかりでフランス語を聞き取れるはずもない「私」にタクシーの運転手の言うことが理解できたかどうかを嬉しそうに尋ねてきた真意がわからず、四国にたいしてかすかに怯えを抱き、不安になっている心情。

⑤ 自分よりもたった一カ月早くフランスに着いていただけの四国が、洗練された都会人のようなフランス語の会話力を身につけ、タクシーの運転手とも対等に話しているのを見て驚愕《きょうがく》し、四国のように一カ月の生活でフランス語に上達することは無理だと思って絶望している心情。

問2　傍線部B「それ以上になにか彼にたいして友情めいた気持さえ持ちだしている自分に気がついたのだった」とあるが、このときの「私」について説明したものとして最も適当なものを、次の①～⑤のうちから一つ選べ。解答番号は 13 。

① 日本では同じ大学に在籍していても話しあうことのない間柄だったが、これからリヨンで長く接していくうちには四国と性格が嚙みあわないようなこともなくなっていくだろうと考えはじめただけでなく、子供のように可愛いしぐさを見せる四国に好感を抱き、友情が生まれたことを自覚したということ。

② 幾週間、毎日会って話したことで四国の気質や物の考え方への理解が深まり、リヨンでの大学生活で二人の意見が嚙みあわなくなるようなことはしないでおこうと考えただけでなく、外国での不安な生活の中で唯一親しみのもてる同国同学の者として、友人としてのつきあいを四国に求め始めていたということ。

③ 一カ月先にリヨンに到着していた四国にたいして初めのうちは気後れしていたが、市役所に登録に行ったり学校に手続きに出かけたりと、否応《いやおう》なく毎日顔をあわせて一緒に行動しなければならない日々を過ごしているうちに、四国にたいして日本にいたときと同じような友情がよみがえってきたということ。

④ 新学期が始まるまでの間毎日四国と行動を共にしていたのは、慣れない外国で生活するには一人でいるよりも同国人二人でいる方が何かと便利で心強いというだけのことだったのに、それを四国と自分の相性が悪くないしるしだと思い、さらには仲間としての親愛の情さえ抱くようになっていたということ。

⑤ 留学生としてはじめて異郷の街で生活するに当たり、新しい不安な生活に一人一人で当たるよりは四国と二人で対処する方がはるかに便利であるというだけでなく、同じ国からきた同じ学校の入学者だという親しみもあって、四国にたいして当初抱いていた違和感は次第に解消されていったということ。

問3　傍線部C「四国にたいして不愉快な気持をもち」とあるが、「私」が「不愉快な気持」をもったのはなぜか。その説明として最も適当なものを、次の ①〜⑤ のうちから一つ選べ。解答番号は 14 。

① 四国は、もう信仰などもたず、現在のキリスト教には疑問しかもっていないと言っていたにもかかわらず、キリスト教信者の教授には自分はキリスト教徒であると言ったことに「私」が欺瞞《ぎまん》を感じただけでなく、反キリスト教的な作家の研究をしようとする「私」にたいして批判的な言い方をすることに、反発を抑えることができなかったから。

② 四国は、自分はキリスト教徒であると教授に言い、それによって同じキリスト教徒である教授が四国に好意を抱いて二人で「私」には興味のないキリスト教の話をしたことに「私」が疎外感を抱いたことに加え、やっと教授が「私」の存在に気づいて質問をしてきた時にまで、四国が返事をしてしまったことで「私」は憤りを感じたから。

③ 四国は、子供の頃洗礼を受けたキリスト教徒でも今はもう信仰などもっていないと言っていたのに、教授にたいして自分も家族もキリスト教徒であると言ったことを少し意外に思っていたが、四国が教授に「私」のことを「無神論者」だと言ったことで、彼が「私」に不信感を抱いていることがわかり、裏切られた思いでひどく腹が立ったから。

④ 四国は、キリスト教信者である教授に気に入られようと、自分も家族もキリスト教徒であるという嘘をついて教授と「私」を驚かせただけではなく、「私」がキリスト教徒かどうか質問してきた教授に「無神論者」であるという嘘まで重ねたので「私」はあきれ果て、見慣れた眼鏡のまるい大きな顔にまでいらいらとした気分にさせられたから。

⑤ 四国は、洗礼を受けてはいるが今のキリスト教には疑問しかないと言っていたのに、キリスト教徒である教授に迎合して自分はキリスト教徒なのでキリスト教哲学に興味があると言った上に、リヨンでは保守的な言動をした方が得だと言いながら、教授に「私」が保守とは対極の人間であるように言ったことに、「私」はいらだちと反発を覚えたから。

問４　Aさんのクラスでは国語の授業で「私」の描写を中心に学んできた。続いてもうひとりの登場人物である四国邦夫について各グループで話し合うことになった。次はAさんのグループの話し合いの様子である。これについて、後の(i)・(ii)の問いに答えよ。

Aさん――四国邦夫については、本文の8行目で「彼もまた同じような友情の結晶作用にかられた」、続く9行目には「四国の肥った体が嬉しそうにちかづいてきた」とあるね。

Bさん――さらに四国のことを37行目で「彼はまるで子供のように私には可愛く見えた」と描いているよ。

Cさん――それなのに四国は、キリスト教徒の教授に「私」のことを「無神論者」だと言って「私」を不愉快にさせたり、「私」を非難するようなことを言ったり皮肉を言ったりもしているんだよね。

Dさん――そうだね。その前にも20行目では「自分の仏蘭西語の進歩を誇示するように運転手に突然話しかけ」て、リヨンに着いたばかりの「私」をびっくりさせた上で、23行目で「運転手の言うこと、君わかりますか」なんて「私」に聞いているよ。

Cさん――それだけじゃなく、四国はリヨンの人たちについても28行目では「奴等は案外、単純な反共主義者ですがね」と言って「軽蔑したように肩をすぼめた」とも書かれている。

Aさん――そう考えると、この人は［　Ⅰ　］人物として描かれているようだね。

Bさん――じゃあ、「私」にとって四国邦夫はどういう存在だと言えるんだろう。

Cさん――本文前半では6行目に「ながい船旅の間、私の心に早くも彼にたいする友情をつくりあげていた」と書かれているし、40行目にも「二人の性格がそれほど嚙みあわないことはない」とあるね。

Dさん――でも、それを43行目では「一種の錯覚」と言っているよ。これは当時のことを振り返って分析したものだね。45行目では「相手の気質や物の考え方が似通っているか似通っていないかを検討する前に、私たちは手を握りあってしまった」とある。

Cさん――だから最後には96行目にあるような「馬鹿馬鹿しい争い」になったんだね。

Aさん――そうだね。96行目で「日本人留学生の神経はいつの間にか、些細なこと、つまらぬことでたがいに傷つくものである」、98行目で「自分がひどく神経質になっていることを恥じた」、99行目でも「四国も四国だが、私自身も素直ではなかった」と書かれている。

Bさん――そうか、四国との争いは **Ⅱ** きっかけを「私」に与えることになったんだ。

(i) 空欄 **Ⅰ** に入る発言として最も適当なものを、次の①～④のうちから一つ選べ。解答番号は **15** 。

① 友情のように見える言動をしてもそれはうわべだけのもので、実は自己中心的で他者をかえりみることがない

② 親切心や他者への情愛が全くないわけではないが、他者にたいする自己の優位を保持し、誇りたい気持ちが強い

③ 相手との友情を求める気持ちと、自己を顕示して他者をあなどろうとする気持ちの間で絶えず揺れ動いている

④ 友人と一緒に故郷をなつかしむような素直さと、自分の利益のために平気で他人を利用する冷徹さをあわせ持つ

(ii)　空欄 Ⅱ に入る発言として最も適当なものを、次の ① 〜 ④ のうちから一つ選べ。解答番号は 16 。

① ただ二人しかいない日本人留学生である自己の境遇や、そこでの自身の内面を冷静に見つめる

② はじめての異国生活で、唯一の同郷人とも分かり合えないという人間の根源的な孤独に気づく

③ 他者と争いが起きた時には、一方的に相手を責めるのではなく自己反省することの重要さを学ぶ

④ 終戦間もない時代に、日本人がほとんどいない外国で留学生として生活する過酷さを再確認する

問5　次に示す【資料】は、本文の作者遠藤周作と同時期にたった三人の日本人留学生の一人としてリヨンに留学した人物（もう一人は【資料】の筆者である三雲夏生《みくもなつみ》の弟三雲昂《たかし》である）が、留学当時を振り返り、一九七五年に遠藤周作の文学全集の月報に寄稿した文章「ポール遠藤」の一部である。本文の設定に似た先の事情を踏まえつつ、本文とこの【資料】とを比較した説明として適当なものを、後の①～⑥のうちから二つ選べ。ただし、解答の順序は問わない。解答番号は 17 ・ 18 。

【資料】

戦後まだ国交も回復せず、日本政府の代表部もなかった頃、われわれはこの町に留学した。最近は留学などという言葉が古くさく感ぜられるほど学生の海外旅行は日常茶飯事となってしまった。しかしわれわれの留学はこの言葉のもつ一種の華やかさとも縁のない、いささか悲壮なものであった。

英語の勉強すら白眼視された時代に育ち、召集、敗戦と西欧人を敵としか見ることができない環境の外に出たことのなかったわれわれは、少しばかり西洋文化をかじり、キリスト教に接していたといっても、独り異人の国に放り出されるのは不安で心細かった。

（中略）

われわれの精神は常に極度の緊張の中におかれていた。単に敗戦の負い目や、言葉の不自由さによるコンプレックスだけでなく、極東の勇《いさま》しい後進国民への無邪気な好奇心や、憐憫《れんびん》に対する反撥、焼野《やけ》原のバラック（注1）に慣れ親《したし》んだわれわれの安直な生活感覚の、ロマネスク（注2）の重厚さやゴシックの憧憬を礎にがっしりと築き上げられたキリスト教社会の仕来《しきたり》への違和感、「泥沼」の中で馴れ合い許し合う生温《なまぬる》い仲間意識と、透明で冷厳な絶対の裁断の間の隔絶など、われわれは実地に生きてみて自分の存在や意識の分裂、喪失に絶えず苛《さいな》まれなければならなかった。

二人の間にもそれまでの長い交友になかった奇妙な空気が流れた。「白い人」の中で嫌でも思い知らされる黄色い肌同志に通じ合う共通の運命は、たしかにわれわれの親密さを増した反面、深く付き合うほどにお互いが自分の深層心理や醜さを写す鏡となって、哀《かな》しさや寂しさをなめ合うどころか、どうしようもない嫌悪の対象にさえなった。

（注）１　バラック――粗造りの仮小屋のこと。
２　ロマネスク――中世の西欧諸国における建築、彫刻、絵画の様式。ゴシック様式に先立ち、教会建築を中心とする。

① 【資料】は留学生時代を振り返り、当時の自身の思いを修辞法は用いず簡潔に述べているのに対して、本文には擬態語や比喩表現など様々な表現技巧が用いられている。

② 【資料】は留学生活で抱いたフランス人へのコンプレックスを、具体例によって生き生きと描いているが、本文は日本人同士の確執を、具体的エピソードを通して浮かび上がらせている。

③ 【資料】が実体験に基づき当時の自身の心境を具体的に述べているのに対して、本文は「私」の主観に即しながらもうひとりの登場人物の人物像も鮮やかに描き出している。

④ 【資料】には留学先である外国の状況のみならず日本の状況も書かれているが、本文では留学先のリヨンについてしか述べられておらず、それが異国情緒を生んでいる。

⑤ 両者は戦後間もない時期に異国に身を置く不安や、数少ない同郷の仲間への背反する感情、相手を介して自己自身と向き合うことになった経験を記している点で共通している。

⑥ 両者はともに過去を回想する形式で描かれている点で共通し、内容面においても青春時代への感傷的な気持ちが文章全体を貫いているという点で通ずるところがある。

第3問

次の文章は、『蜻蛉《かげろう》日記』の一節である。仏道に志して京郊外の鳴滝の山寺に参籠している作者は、夫藤原兼家が再三帰宅を促しても聞こうとしなかった。次の場面は、兼家が藤原道綱（作者と兼家の子・大夫《たいふ》）を連れて作者を呼び戻しに寺を訪れたところから始まる。これを読んで、後の問い（**問1～5**）に答えよ。（配点　50）

釣《つり》する海人《あま》の泛子《うけ》(注1)ばかり思ひ乱るるに、ののしりて、もの来ぬ。さなめりと思ふに、ここち惑《まど》ひたちぬ。こたみはつつむことなくさし歩みて、ただ入りに入れば、わびて几帳《きちやう》ばかりを引き寄せて端隠《はたかく》るれど、何のかひなし。香《かう》盛り据ゑ、数珠《ずず》ひきさげ、経《きやう》うち置きなどしたるを見て、「あな恐ろし。いとかくは思はずこそありつれ。(ア)いみじくけうとくてもおはしけるかな。もし出《い》で給《たま》ひぬべくやと思ひて、まうで来つれど、かへりては罪得べかめり。いかに、大夫、かくてのみあるをばいかが思ふ」と問へば、「いと苦しう侍《はべ》れど、いかがは」と、うちうつぶして居たれば、「あはれ」と、うち言ひて、「さらば、ともかくも汝《きんち》(注2)が心。出で給ひぬべくは車寄せさせよ」と言ひも果てぬに、立ち走りて、散りかひたる物ども、ただ取りて、包み、袋に入るべきは入れて、車どもにみな入れさせ、引きたる軟障《ぜざう》(注3)なども放ち、立てたる物ども、みしみしと取り払ふに、心地はあきれて、あれか人かにてあれば、人は目を配《くは》せつつ、いとよく笑みて目守《まぼ》り居たるべし。「Aこのこと、かくすれば、出で給ひぬべきにこそはあめれ。仏に事のよし申し給へ。例の作法なる」とて、天下《てんげ》(注4)の猿楽言《さるがうごと》を言ひののしるめれど、夢にものも言はれず、涙のみ浮けれど、念じ返してあるに、車寄せていと久しくなりぬ。申《さる》の時ばかりにものせしを、燈《ひ》ともすほどになりにけり。(イ)つれなくて動かねば、「よしよし、我は出でなむ。汝にまかす」とて、立ち出でぬれば、「とくとく」と、手を取りて、泣きぬばかりに言へば、いふかひもなさに出づる心地ぞ、(ウ)さらに我にもあらぬ。

大門《だいもん》引き出づれば、乗り(注5)加はりて、道すがら、うちも笑ひぬべきことどもを、多《ふさ》にあれど、夢路か、ものぞ言はれぬ。このもろとも(注6)なりつる人も、暗ければあへなむとて、同じ車にあれば、それぞ時々いらへなどする。はるばると到《いた》るほどに、亥《ゐ》の時になりにたり。京には、昼さるよし言ひたりつる人々、心遣ひし、塵《ちり》かい払ひ、門も開けたりければ、我にもあらずながら降りぬ。心地も苦しければ、几帳さし隔ててうち臥《ふ》すところに、ここにある人(注7)、ひやうと寄り来て言ふ、「撫子《なでしこ》の種取らむとし侍りしかど、根もなくなりにけり。呉竹《くれたけ》も、一筋《ひとすぢ》倒れて侍りし。繕はせしかど」など言ふ。ただ今言はでもありぬべきことかなと思へば、いらへもせであるに、眠るかと思ひし人（注8）、いとよく聞きつけて、このひとつ車にてものしつる人の障子《さうじ》を隔ててあるに、「聞い給ふや。ここに事あり。この世を背きて家を出でて菩提《ぼだい》を求むる人に、ただ今ここなる人々が言ふを聞けば、撫子はなでおほしたりや、呉竹は立てたりや、とは言ふものか」と語れば、B聞く人いみじう笑ふ。あさましうをかしけれど、つゆばかり笑ふ気色《けしき》も見せず。かかるに、夜やうやう半ばばかりになりぬるに、「方《かた》はいづかたか塞《ふた》がる」と言ふに、数ふれば、むべもなく、こなた塞がりたりけり（注9）。「いかにせむ。いと辛《から》きわざかな。いざもろともに近きところへ」などあれば、いらへもせで、Cあなものぐるほし、いとたとしへなきさまにもあべかなるかなと思ひ臥して、さらに動くまじければ、「さふりはへこそはすべかなれ（注10）。方開《あ》きなばこそは参り来べかなれと思ふに、例の六日の物忌《ものい》み（注11）になりぬべかりけり」など、悩ましげに言ひつつ出でぬ。

（注）
1　泛子——釣道具の「浮き」のこと。
2　汝——兼家から道綱への呼びかけ。
3　軟障——隔てにするための引き幕。
4　天下の猿楽言——まったくひどい冗談ごと。
5　乗り加はりて——動作主体は兼家。
6　もろともなりつる人——作者と一緒に参籠していた作者の妹。
7　ここにある人——作者の家で留守番をしていた侍女。
8　眠るかと思ひし人——眠っているかと思っていた兼家のこと。
9　こなた塞がりたりけり——兼家の家から、作者の家の方角が凶の方角となっていたこと。方角が塞がっている時は、その方角には向かわないのが基本であるが、必要があればあらかじめ異なる方角に移動してから向かった。これを「方違《かたたが》へ」という。
10　さふりはへこそはすべかなれ——方違《かたたが》えは無理にでもしなければならないようだ。
11　六日の物忌み——陰陽道において六日間続く物忌み。自宅に籠もっている必要があった。

問1 傍線部(ア)～(ウ)の解釈として最も適当なものを、次の各群の①～⑤のうちから、それぞれ一つずつ選べ。解答番号は 19 ～ 21 。

(ア) いみじくけうとくてもおはしけるかな 19
① 本当に熱心に仏道を志しておられたのだなあ
② ひどく近づきがたい様子でいらっしゃったことよ
③ とても質素な暮らしをしていたのだなあ
④ まったく人気《ひとけ》のない場所にいたのだなあ
⑤ じつに周到に準備をしていらっしゃったことよ

(イ) つれなくて動かねば 20
① 冷淡な仕打ちに動かないでいると
② しばらくは動かないでいたかと思うと
③ いつまで経《た》っても車が動かないので
④ けっして私の意志は動かないので
⑤ 平然として動かないでいると

(ウ) さらに我にもあらぬ 21
① その上自分の意志にも反している
② これまで以上に残念に思われた
③ まったく茫然《ぼうぜん》自失の状態である
④ 加えて自分自身を責める思いである
⑤ けっして自分が悪いのではない

問2　傍線部A「このこと、かくすれば、出で給ひぬべきにこそはあめれ。仏に事のよし申し給へ。例の作法なる」の語句や表現に関する説明として最も適当なものを、次の①～⑤のうちから一つ選べ。解答番号は 22 。

① 「このこと、かくすれば」は、兼家が作者の籠もっている寺までわざわざ迎えに来たことを指している。
② 「出で給ひぬ」は、兼家と道綱が作者の籠もっている寺から出て行くことを意味している。
③ 「出で給ひぬべきにこそはあめれ」には、全部で三つの助動詞が用いられている。
④ 「事のよし」は、作者が寺での参籠を終えて、寺から退出することを指している。
⑤ 「例の作法」は、寺を退出する時にはきちんと片付けをするのが作法であることを言っている。

問3　傍線部B「聞く人いみじう笑ふ」とあるが、作者の妹が笑ったのはなぜか。その理由の説明として最も適当なものを、次の①〜⑤のうちから一つ選べ。解答番号は 23 。

① 作者の追い詰められた心情をわきまえずに侍女が撫子や呉竹について報告したのを受けて、それを茶化すように兼家が言った冗談をおかしく感じたから。

② 作者の家の侍女が、山寺から連れ戻されて気分もすぐれない作者の状況もわきまえないで、撫子や呉竹のことばかり心配している様子が面白かったから。

③ 兼家のことをまったく相手にせず、じっと沈黙している作者を、なんとか笑わせようと冗談ばかり言っている兼家の姿が滑稽に見えたから。

④ 作者と兼家との間に流れている不穏な雰囲気を察知し、その場を取り繕い和ませるためには自分が笑うに越したことはないと思ったから。

⑤ 侍女の作者への報告を話題とした兼家の発言が、撫子や呉竹の生態をまったくわきまえておらず、荒唐無稽な内容であることを奇妙に感じたから。

問4　この文章の登場人物についての説明として最も適当なものを、次の①～⑤のうちから一つ選べ。解答番号は 24 。

① 作者は参籠をやめる気はなく、迎えに来た兼家と道綱を無視していたが、身の回りを片付けられ、兼家に強く促されると、兼家に手を引かれてしぶしぶ車に乗った。

② 作者の息子道綱は、母に寺から帰ってほしいという思いを抱きつつも、はじめは躊躇《ちゅうちょ》していたが、父兼家の言葉を受けて堰《せき》を切ったように母の帰り支度を始めた。

③ 作者の家で留守をしていた侍女は、家に帰って意気消沈している作者の心を慰めようと、作者が参籠中に心配していた撫子と呉竹の現状について報告をした。

④ 作者の夫兼家は、作者を山寺から帰宅させたが、その日は兼家の家から作者の家の方角が塞がっていることを知っていたので、すぐに自分の家に帰った。

⑤ 作者の妹は、作者とともに参籠することに疲れていたので、兼家が作者を連れ戻しに来たことに感謝して、帰りの車でも作者の家でも兼家の発話に応じていた。

問5 次の【文章】は『枕草子』の「たとしへなきもの」の章段である。この章段を参考としつつ傍線部C「あなものぐるほし、いとたとしへなきさまにもあべかなるかなと思ひ臥して」について議論している生徒A～Fの発言の中で適当なものを、後の①～⑥のうちから二つ選べ。ただし、解答の順序は問わない。解答番号は 25 ・ 26 。

【文章】

たとしへなきもの。夏と冬と。夜と昼と。雨降る日と照る日と。人の笑ふと腹立つと。老いたると若きと。白きと黒きと。想ふ人と憎む人と。

おなじ人ながらも、心ざしあるをりと変はりたるをりは、まことに異人《ことびと》とぞおぼゆる。

火と水と。肥えたる人、瘦せたる人。髪長き人と短き人と。

夜烏《よがらす》どもの居て、夜中ばかりに眠寝《いね》さわぐ。落ちまどひ、木伝《こづた》ひて、寝起きたる声に鳴きたるこそ、昼の目にたがひてをかしけれ。

① 生徒A――この『枕草子』の章段を見ると、「たとしへなし」は、夏と冬、夜と昼のように、二つの物や事柄があまりにも違っていて、比べようもないことを意味するようだね。

② 生徒B――私もAさんの意見に賛成。傍線部Cで作者は、沈み込んでいる自分の状況と、冗談ばかり言っている兼家の様子とがあまりにも対照的で、かえって興味深く感じているんだと思う。

③ 生徒C――いや、『枕草子』の章段では、夜と昼、白と黒みたいに、対になるものが挙げられているから、「たとしへなし」は、一対の物や事柄がそろっていなければならないことを意味するように私には思えるな。

④　生徒Ｄ――私はＣさんに賛成だな。傍線部Ｃでは、一緒にどこかに泊まりに行こうという兼家の提案はばかげているけれど、その一方で作者は兼家との確かなつながりを感じているんだよ。

⑤　生徒Ｅ――「たとしへなし」はＡさんの言うとおりだろう。傍線部Ｃで作者は、兼家の提案が方角が塞がっている時の常識的な対応とあまりにもかけ離れていることにあきれ果てているのだと思う。

⑥　生徒Ｆ――「たとしへなし」がＣさんの言うような意味だとしたら、傍線部Ｃで作者は、兼家が気さくな一面と実直な一面との両方を持っていることに驚いているんじゃないかな。

第4問 次の【文章Ⅰ】と【文章Ⅱ】は、いずれも君主のあり方を説いたものである。これらを読んで、後の問い（問1〜7）に答えよ。なお、設問の都合で返り点・送り仮名を省いたところがある。（配点 50）

【文章Ⅰ】

貞《ぢやう》観《ぐわん》六年、太宗(注1)謂ヒテ二侍臣ニ一曰ハク、「朕聞ク、『周(注2)・秦初メテ得ルハ二天下ヲ一、其ノ事不レ異ナラ。然ルニ周ハ則チ惟ダ善ヲノミ是レ務メ、積ミレ功ヲ累《かさ》ヌルハレ德ヲ、(A)所以能保八百(注3)之基。秦ハ乃チ(1)恣二其ノ奢《しや》淫《いん》ヲ一、好メバレ行フヲ二刑罰ヲ一、不シテレ過ギ二二世ヲ一而滅ブ。』豈ニ非ズヤ三為スレ善ヲ者ハ福《ふく》(注4)祚《そ》延(B)長ニシテ、為レ悪者降年不ルニレ永カラ。朕又聞ク、『桀《けつ》(注5)・紂《ちう》ハ帝王也。以テ二匹夫ヲ一比スレバレ之ニ、則チ以テ為スレ辱ト。顔《がん》(注6)・閔《びん》ハ匹夫也。以テ二帝王ヲ一比スレバレ之ニ、則チ以テ為スレ栄ト。』此レ亦タ帝王ノ深恥《ち》(注7)也。朕毎《つね》ニ将《もつ》テ二此ノ事ヲ一以テ為ス二鑑戒ト一。(C)常恐不逮、為人所笑。」魏《ぎ》徴《ちよう》(注8)対ヘテ曰ハク、「臣聞ク、魯《ろ》ノ(注9)哀公謂ヒテ二孔子ニ一曰ハク、『有リ二人好ク忘ルル者一。移シテレ宅ヲ乃チ忘ルト二其ノ妻ヲ一。』孔

子曰《ハク》、『又有《リ》下好《ク》忘《ルルコト》甚《ダシキ》二於此《ヨリ》一者上。丘(注10)見《ルニ》二桀・紂之君《ヲ》一、乃《チ》忘《ルト》二其《ノ》身《ヲ》一。』願《ハクハ》陛下毎《ニ》以《テ》レ此《ヲ》為《セバ》レ慮《ヲ》、庶《ちかキ》レ免《ルルニ》二後人《ノ》笑《ヒヲ》一爾(2)。」

（呉兢《ごきょう》『貞観政要《じょうがんせいよう》』による）

（注）
1　太宗――唐王朝の第二代皇帝。
2　周・秦――周は約八百年続いた王朝。秦は始皇帝による天下統一後、実質的に二代にして滅亡した王朝。
3　八百之基――八百年も続く王朝の基礎。
4　福祚延長――天から福を授かることが長い。ここでは、王朝が長く続くということ。
5　桀・紂――桀は夏王朝の第十七代にして最後の王、紂は殷王朝の第三十代にして最後の王。
6　顔・閔――顔は顔回、閔は閔子騫《しけん》のこと。いずれも孔子の高弟で、優れた徳行で知られる。
7　耻――恥に同じ。
8　魏徴――太宗に仕えた名臣。
9　魯哀公――魯の国の君主。
10　丘――孔子の名。

【文章Ⅱ】

孔子曰《ハク》、「昔者《むかし》夏《ノ》桀、貴《キコト》為《リテ》二天子一、富《ハ》有《たもツモ》二四（注1）海《ヲ》一、忘《レ》二其《ノ》聖（注2）祖之道《ヲ》一、壊《やぶリ》二其《ノ》典法《ヲ》一、廃《シ》二其《ノ》世《せい》（注3）祀《しヲ》一、荒《すさミ》二于淫楽《ニ》一、耽《たん》（注4）二-湎《めんス》于酒《ニ》一。佞《ねい》臣《しん》諂《てん》（注5）諛《ゆシテ》、窺《き》（注6）二-導《だうシ》其《ノ》心《ヲ》一、忠士折《ふさギ》レ口《ヲ》、逃《レテ》レ罪《ヲ》不レ言《ハ》、天下誅《ちうシテ》レ桀《ヲ》而有《ツ》（注7）二其《ノ》国《ヲ》一。此《レ》謂《フ》下忘《ルルコト》二其《ノ》身《ヲ》一之甚《ダシキモノト》上矣。」

（『孔子家語《こうしけご》』による）

（注）

1　四海――天下。

2　聖祖――偉大な祖先。

3　世祀――代々伝えるべき祭祀。

4　耽湎――ふけり溺れる。

5　諂諛――こびへつらう。

6　窺導――相手の心を窺《うかが》って自分の都合の良いように導く。

7　有二其国一――諸侯が自分たちの国を守る。

問１　傍線部⑴「恣」・⑵「爾」のここでの意味と、最も近い意味を持つ漢字はどれか。次の各群の①～⑤のうちから、それぞれ一つずつ選べ。解答番号は 27 ・ 28 。

⑴ 「恣」 27
① 愛
② 因
③ 極
④ 好
⑤ 縦

⑵ 「爾」 28
① 乎
② 耳
③ 汝
④ 然
⑤ 否

問２　傍線部Ａ「所以能保八百之基」の返り点の付け方と書き下し文との組合せとして最も適当なものを、次の①～⑤のうちから一つ選べ。解答番号は 29 。

① 所㆔‐以能保㆓八百之基㆒　能く八百の基を保つ所以なり
② 所㆓‐以能㆑保㆓八百之基㆒　八百の基を保つ能ふ所以なり
③ 所㆔以能保㆓八百之基㆒　以て能く八百の基を保つ所なり
④ 所㆔以㆑能保㆓八百之基㆒　能を以て八百の基を保つ所なり
⑤ 所㆑以㆔能保㆓八百之基㆒　能く八百の基を保つを以てする所なり

問3　傍線部B「為悪者」の具体的な内容として最も適当なものを、次の①～⑤のうちから一つ選べ。解答番号は 30 。

① 太宗
② 周
③ 秦
④ 桀
⑤ 魯

問4　傍線部C「常恐不逮、為人所笑。」の解釈として最も適当なものを、次の①～⑤のうちから一つ選べ。解答番号は 31 。

① いつも偉大な帝王たちに及ばないので、世の人に笑ってもらえるか心配している。
② いつも偉大な帝王たちに及ばず、世の人に笑われることになるのではないかと心配している。
③ いつも偉大な帝王たちにかなわないことを心配して、世の人に笑ってもらえるようにしている。
④ いつも偉大な帝王たちに追いつけないことを心配しているばかりなため、世の人に笑われている。
⑤ いつも偉大な帝王たちにかなわないことを心配しているのは、世の人が自分のことを笑っているためだ。

問5　【文章Ⅰ】と【文章Ⅱ】を踏まえた「桀」の説明として最も適当なものを、次の①～⑤のうちから一つ選べ。解答番号は 32 。

① 政治的判断を誤って王朝を衰退させた君主。
② 命をかけて国家を存亡の危機から守った君主。
③ 厳罰主義のために短命に終わった王朝の君主。
④ 快楽のために為政を怠り王朝を滅亡させた君主。
⑤ すぐれた政治的手腕によって王朝を建てた君主。

問6　太宗が述べる君主としての心がけの説明として最も適当なものを、次の①～⑤のうちから一つ選べ。解答番号は 33 。

① 君主としては、父祖の業績から学ぶようにすることが大切だ。
② 君主としては、優れた徳行を重ねるようにすることが大切だ。
③ 君主としては、臣下が意見を言えるようにすることが大切だ。
④ 君主としては、臣下の言葉を見極めるようにすることが大切だ。
⑤ 君主としては、儒学の経典をよく読むようにすることが大切だ。

問7　魏徴から太宗への忠告の説明として最も適当なものを、次の ① ～ ⑤ のうちから一つ選べ。解答番号は 34 。

① 施政に当たっては、人民の利益にかなっているかどうかを常に考えることが大切だ。
② 政治的な判断に際しては、全ての臣下の意見を公平にとりいれていくことが大切だ。
③ 自分の進める政策が、法律や制度から逸脱しないように常に見直していくことが大切だ。
④ 皇帝としての自分の振るまいが適切か否かに気を配り、常に自らを律することが大切だ。
⑤ 何事においても宮殿にこもるのではなく、常に自分が矢面に立つようにすることが大切だ。

第 5 回

実 戦 問 題

(200 点　80 分)

第1問　次の文章を読んで、後の問い（問1～6）に答えよ。なお、設問の都合で本文の段落に[1]～[19]の番号を付してある。

（配点　50）

[1] 社会心理学が専門の山岸俊男は、「安心」と「信頼」の違いを、「針千本マシン」という架空の機械を使って説明しています。針千本マシンとは、喉に埋め込むタイプの機械で、その人が嘘《うそ》をついたり約束を破ったりすると、自動的に千本の針が喉に送り込まれる、という仕組みになっています。

　さて、ある人間の喉にこの「針千本マシン」が埋めこまれているとします。そのことを知っている者は誰でも、その人間が絶対に、少なくとも意図的には嘘をついたり約束を破らないと確信できるでしょう。たとえその人間がこれまでに何度も約束を破って、そのために罰として「針千本マシン」を埋め込まれた人間であったとしても、千本の針を喉に送り込まれる目にあうよりは、約束を守ったほうがましだからです。

[2] 「針千本マシン」は、機能としては、孫悟空が頭にはめさせられている輪っか（緊箍児《きんこじ》）に似ています。悟空が悪事をはたらくと、三蔵法師が「緊箍児呪《きんこじじゅ》」と呪文をとなえる。すると輪っかが悟空の頭を締め付けて苦しめます。つまり、罰が(ア)ヨクシ力になって罪を犯すのを防ぐのです。ただ「針千本マシン」のほうは、刑罰の執行が機械化されている点で、より冷徹と言えるかもしれません。

[3] 重要なのは、このマシンがあることによって、まわりの人が、この人間は嘘をつかないはずだという確信をもつということです。まわりの人は、その人物の人格の高潔さや、自分たちとの関係を考えてそう思っているのではありません。嘘をつくと彼／彼女は不利益をこうむる。だから、合理的に考えて、彼／彼女は嘘をつかないはずだ。つまり、まさにその人物が「針千本マシン」を埋めこまれているから、彼／彼女は嘘をつかないはずだ、と判断するのです。

[4] 果たしてこれは「信頼」でしょうか。それとも「安心」でしょうか。山岸は、A ここには「安心」はあるが「信頼」はない

と言います。

5 重要なのは「彼／彼女は嘘をつかないだろう」という判断に、確信が伴うことです。嘘をつくことによって、彼／彼女は確実に不利益をこうむります（もっとも、少ない確率で利益をこうむる可能性もゼロではありませんが、少なくとも山岸は「確信」という言葉を使っています）。まわりの人からすれば、それは確実だから「安心」なのです。想定外のことが起こる可能性がほとんどゼロ。すなわち、「安心」という感情は、状況をコントロールできている想定と関係しています。

6 他方で、「信頼」が生まれるのは、そこに「社会的不確実性」があるときだ、と山岸は言います。社会的不確実性がある状況とは、「相手が自分の思いとは違う行動をする可能性がある、つまり自分を裏切るかもしれないような状況」のこと。すなわち信頼とは、「相手の行動いかんによっては自分がひどい目にあってしまう状況で、相手がひどいことをしないだろうと期待すること」なのです。安心と信頼の違いを、山岸は(イ)タンテキに次のように整理しています。

信頼は、社会的不確実性が存在しているにもかかわらず、相手の（自分に対する感情までも含めた意味での）人間性のゆえに、相手が自分に対してひどい行動はとらないだろうと考えることです。これに対して安心は、そもそものような社会的不確実性が存在していないと感じることを意味します。

7 要するに、安心とは、「相手のせいで自分がひどい目にあう」可能性を意識しないこと、信頼は「相手のせいで自分がひどい目にあう」可能性を自覚したうえでひどい目にあわない方に賭ける、ということです。もしかしたら、一人で出かけた子供が行き先を間違えて迷子になるかもしれない。途中で気が変わって、渡した電車賃でジュースを買ってしまうかもしれない。そう分かっていてもなお、行っておいでと背中を押すことです。

8 ポイントは、信頼に含まれる「にもかかわらず」という逆説でしょう。社会的不確実性がある「にもかかわらず」信じる。この逆説を埋めるのが信頼なのです。

9 なんて不合理な、と思うかもしれません。けれども実際の機能としてはむしろ逆でしょう。つまり、B信頼はものごとを合理化するのです。信頼は複雑なプロセスを短縮し、コストを削減する効果を持っています。

10 たとえば私の勤務する大学ではある時期、出張に確かに行ったということを証明するのに膨大な書類を作らされていました。カラ出張を防ぐためです。航空券や特急券の半券を持ち(ウ)帰るのはもちろんのこと、ホテルでは宿泊証明書を作ってもらい、会議に参加すれば会場のまえで自分の姿を入れた写真を撮り、それらすべてをそろえて信憑《しんぴょう》書類として経理課に提出しなければならないのです。要するに、教員が信頼されていない。ホテルのフロントや鉄道の駅員さんに書類をお願いするたびに、自分が信頼されていないことを晒《さら》しているようで何とも恥ずかしい思いをしたものです。

11 問題は、これだけの事務作業をするのに、教員や事務支援員の膨大な労働力、つまり時間とお金が割かれているということです。もし大学がひとこと「教員を信じる」とさえ言ってくれれば、膨大な時間とお金を無為に浪費することなく、研究や教育など、大学としてより重要な仕事にあてることができたはずです。ところが、信頼がないがために、本来重要でないはずの作業にコストがかかってしまった。もちろん、国立大学ですので説明責任があるのは分かりますが、よくよく考えてみれば、いまどき写真なんていくらでも加工できるわけで、そもそもが穴のある不条理なシステムです。

12 結局、出張に関するこの複雑な経理システムは、文科省からの「過度なローカルルールは改善すべし」というお達しによって、あるときを(エ)境に簡素化されることになりました。その理由は「効率化」。架空の思考実験ならまだしも、現実には社会的不確実性をゼロにするのは不可能です。つまり一〇〇パーセントの安心はありえない。どこまでもシステムを複雑化してしまう無限後退に終止符を打ってくれるのが信頼なのです。

13 認知症の介護の世界でも、信頼と安心の違いが問題になることがあります。

14 介護福祉士の和田行男は、認知症の高齢者がともに生活を営むグループホームを営んでいます。和田はこの施設に夜間以外は鍵をかけません。つまり、入居するお年寄りが、施設から自由に出入りできるようになっているのです。もちろん、扉にセンサーをつけ、必要に応じて職員が付き添うなど、安全対策はきちんとなされています。周囲の「目」がある範囲内で、お年寄りの自由度が確保されている。そうすることで、ふつうの家に近い状態で生活することができるのです。

15 「ふつうの生活」がなされている証拠に、入居しているお年寄りたちは、自分でできることは自分で行います。洗濯、掃除どころか、買い物に行き、料理もします。包丁も握るし、火も使うのです。

16 いくら安全対策がなされているとはいえ、周囲からすれば不安も残るでしょう。「ふつうの生活」にはさまざまなリスクがともないます。実際、目を離したすきに入居者さんが外出してしまい、長時間行方不明になってしまうケースもあったそう。「鍵をかけないのは危険だ」という批判も当然寄せられます。

17 それでも、和田は認知症のお年寄りを信じようとしました。確かに、鍵をかけ、行動を制限すれば事故などのリスクは減ります。けれども、それは生きていることにならないのではないか。和田は介護現場の現実をこう述べます。

　とどのつまり、本人が椅子から立とうとすると「危ないから座っていてください」と行動を制止し、本人がどんなに頑張っても立ち上がることができないようなソファーを置いてそこに座らせておいたり、施錠して出て行けないようにしたり、物を隠して触れないようにする、薬物を使うなどの手を打つことになるのです。

　すると家族等が一番望む「安全な生活」は担保できたとしても、自分の意思を行動に移すという人としてのステキな姿は消え失《う》せ、そのことからくる混乱は増し、動かないことによる心身の活動性低下や能力の(オ)スイタイが合わさって起こるなど、「生き生きとした姿」を失うことにつながりかねないのです。

18 安心が前提にする、社会的不確実性がゼロの状況とは、先にも指摘したとおり、確実にコントロールできているということを意味します。相手の行動が予測可能なものになっていて、こちらからするとリスクがない。「相手の行動によってこちらがひどい目にあう」ということがないわけですから、自分と相手の関係も固定されることになる。それは、制御し、支配する関係です。

19 けれども和田は、どこまでもお年寄りを制御したり支配したりしないようにする。なぜなら、生きることはそもそもリスクを伴うことだからです。もちろんさまざまな工夫によって、リスクを最小化することは重要ですし、和田もその点に関しては細心の注意を払っています。けれども、相手が意思を行動に移すとき、必ず想定外のことは起こる。だからこそ和田は、Cお年寄りの力を信じ、「想定外」がゆるされるような生活の場を整えようとするのです。

（伊《い》藤《とう》亜《あ》紗《さ》『手の倫理』による）

問1 次の(i)・(ii)の問いに答えよ。

(i) 傍線部(ア)・(イ)・(オ)に相当する漢字を含むものを、次の各群の①〜④のうちから、それぞれ一つずつ選べ。解答番号は 1 〜 3 。

(ア) ヨクシ 1
① 浜辺でニッコウヨクをする
② ドンヨクに知識を吸収する
③ ヨクヨウをつけて話す
④ 組織のイチヨクを担う

(イ) タンテキ 2
① タンパクな味の料理
② タンラク的な考え
③ カンタンな問題
④ タンショを開く

(オ) スイタイ 3
① 水滴がタれる
② 体力がオトロえる
③ 車にヨう
④ ご飯をタく

(ii) 傍線部(ウ)・(エ)と**異なる意味**を持つものを、次の各群の①〜④のうちから、それぞれ一つずつ選べ。解答番号は 4 ・ 5 。

(ウ) 帰る　4
① 帰ゾク
② 帰コク
③ 帰ト
④ 帰セイ

(エ) 境　5
① 境カイ
② 境グウ
③ コッ境
④ エッ境

問2　傍線部A「ここには『安心』はあるが『信頼』はない」とあるが、それはなぜか。その説明として最も適当なものを、次の①～⑤のうちから一つ選べ。解答番号は 6 。

① 相手が嘘をつくことが合理的に考えてありえない状況では、相手は嘘をつかないだろうと自信をもって判断できるはずなのに、人間はそのような状況ですら、相手は自分を裏切るのではないかと思ってしまうものだから。

② 相手が嘘をつくと本人が確実に不利益をこうむる状況では、相手が自分の想定外の行動をする可能性はないため、自分に害を与えるようなことはないだろうと相手を信じるまでもなく、相手が嘘をつくことは絶対にないと思えるから。

③ 相手が嘘をつくときびしい罰を受ける状況では、相手が嘘をつかないことは確実だが、相手が嘘をつかないのは、罰を恐れてなのか、それとも相手である自分に対してひどいことをしてはいけないと思ってなのかがわからないから。

④ 相手が嘘をつくと本人が不利益をこうむる状況では、相手が合理的でありさえすれば、人格の高潔さや自分との関係を考慮することなく、相手は自分に対して嘘をつかないだろうと確信をもって判断できるから。

⑤ 相手が嘘をつくことがほとんどありえない状況では、相手に嘘をつかれることはないはずだと確信してしまい、相手の行動によって自分がひどい目にあう可能性は自然には意識されず、自覚的にその意識を抱く必要があるから。

問３　傍線部Ｂ「信頼はものごとを合理化する」とあるが、それはどういうことか。その説明として最も適当なものを、次の①～⑤のうちから一つ選べ。解答番号は 7 。

① 教員が提出した書類の真正さを信じることが、複雑なプロセスを短縮しコスト削減につながるということ。
② 写真の加工が容易な昨今では、諸々の書類よりも人間を信じるほうがまだしも理にかなっているということ。
③ 複雑さへの信仰を捨て単純なシステムの有効性を信じることが、コストを削減する効果を生むということ。
④ 人から信頼される人間になることで、不条理なシステムから解放されて時間を有効に使えるようになるということ。
⑤ 相手がひどいことをしないだろうと信じることで、社会の仕組みを簡素化し効率的なものにできるということ。

問4　傍線部C「お年寄りの力を信じ、『想定外』がゆるされるような生活の場を整えようとする」とあるが、それはなぜか。その説明として最も適当なものを、次の①～⑤のうちから一つ選べ。解答番号は 8 。

① リスクを最小化し、家族等が一番望む「安全な生活」を実現するには、本人の意思を行動に移すときに必ず生じる想定外のことを受け入れる余地をあらかじめ作っておく必要があるから。

② 生きることにはどうしてもリスクが伴い、どんなに状況から不確実性を排除し相手を支配したとしても、相手が自分の意思を行動に移すときには必ず想定外のことが起こってしまうから。

③ 安心を求めて相手の行動を制御すればリスクは減るが、人が生き生きと生きるには自分の意思を行動に移すことが必要であり、そのことにはどうしても想定外のことがつきまとうから。

④ 人間にできるのは状況を完全にコントロールすることではなく、さまざまな工夫によってリスクを最小化することだけであり、相手が意思を行動に移すときには必ず想定外のことが起きるから。

⑤ 相手が意思を行動に移すときには必ず想定外のことが起き、それはときにこちらをひどい目に合わせるが、決して悪意でしているのではないと相手を信頼することでそれを許すことができるから。

問５　この文章の構成と内容に関する説明として最も適当なものを、次の①～④のうちから一つ選べ。解答番号は 9 。

① 1～8段落では、「安心」と「信頼」の違いについて、山岸俊男の議論を引用しながら山岸の考えを紹介し、9段落以降では、山岸とは対照的な筆者独自の考えを示している。

② 9段落では、そこまでの議論を踏まえつつ「信頼」について筆者の考えを述べ、そのことを10～12段落では、筆者自身が体験した具体的な事例に即して説明し根拠づけている。

③ 13段落からは、介護福祉士である和田行男が考える「信頼」と「安心」の違いを紹介し、19段落で、それが問題のある考え方であることを指摘して論を終えている。

④ 1段落、6段落、17段落と、要所要所にそれなりの長さのある引用をはさむことで、議論のリズムに緩急がつき、読みやすい文章になっている。

問6　この文章を授業で読んだNさんは、自身で考察を深め、後日の授業で次のような【発表】を行った。本文の内容を踏まえたうえで、空欄 X ・ Y に入るものとして最も適当なものを、後の各群の①～④のうちから、それぞれ一つずつ選べ。解答番号は 10 ・ 11 。

【発表】

私はこの文章を読んで、まずある友人のことを思いました。その友人は、子どもがどこにいるか親がいつでもわかるようにと、親にGPS機能付きの携帯電話をもつように言われていて、そのことをとてもいやがっています。親からすれば子どもの安全のことを考えてそういうことをしているのだと思いますが、それは、 X からかなと思いました。

また、私はこの文章を読んで、「鶴の恩返し」という民話を思い出しました。このような民話には細部に違いのあるいくつものバリエーションがあるようですが、話のあらすじはおおよそ次のようなものです。

ある日老人（若者の場合もある）が、罠《わな》にかかった鶴をかわいそうに思い逃がしてやる。雪の降るその夜、一人の女性が彼の家にやって来て、道に迷ったので一晩泊めてほしいと言うので、家に入れてあげる。雪はなかなかやまず、女性はしばらく彼の家に留《とど》まることになる。ある日、彼女が「布を織りたいので糸を買ってきてほしい」というので糸を買ってくると「絶対になかを覗《のぞ》かないでください」と言い渡して部屋にこもる。彼女が織った布はすばらしく、町で高く売れた。そのことがしばらく続くが、どうやってあのような布を織っているのだろうということが気になり、約束を破って部屋を覗いてしまう。すると、そこには一羽の鶴がいた。助けた鶴が人間に姿を変えて、恩返しのために羽を織り込んで美しい布を作っていたのである。正体を見られたので去らねばならないと言い、鶴は去っていく。老人は嘆き、自らの行為を悔いた。
この話は、「動物報恩譚《たん》」と呼ばれるタイプの民話の一つであり、また一般的には「見るなのタブー」や約束は守らなければいけないという話として解されているようですが、**Y** という含意を読み取ることもできるのかなと思いました。

X **10**

① 機械に頼って安易に「安心」を得ようとする親を、子どもとしては心から「信頼」できない
② 親にとっては「安心」でも、子どもにとっては「信頼」されていないということになる
③ 親の一方的な押しつけにすぎず、親と子どもの「信頼」関係にもとづく真の「安心」がない
④ 機械を「信頼」することで親は「安心」できても、それだけでは子どもは「安心」できない

Y **11**

① 約束というのは必ずしも守られるわけではなく、それだけでは「安心」を得ることはできない
② 自分が何者かをきちんと示し相手に「安心」を与えることが、人間関係を維持するためには必要だ
③ 人に何かよいことをしてもらったらありがたく受け入れ、むやみに人を疑わず「信頼」することが大事だ
④ 他人を完全に知ろうと思ってはならず、どこかでわからぬままに相手を「信頼」しなくてはならない

第2問 次の文章は、佐伯一麦《さえきかずみ》「栗の木」の末尾までの一節である。小説家の斎木と染色家の河原奈穂は、二人で一緒に暮らすため、七ヶ月前東北の田舎町にある古家へと引っ越してきた。この家の庭には大きな栗の木がある。これを読んで、後の問い（問1～6）に答えよ。なお、設問の都合で本文の上に行数を付してある。（配点　50）

彼等は毎日のように栗拾いを楽しんだ。

栗の毬《いが》を両足の靴の底で踏み付けて、中の実を取り出す。一つの毬に実は二つ入っているが、一つは扁平《へんぺい》で小さい。けれどももう一つの方は、弾《はじ》けそうなほど身が詰まって大きかった。

栗の毬は、大きな麻袋に入れて、冬の間の貴重な染めくさ(注1)として取っておいた。ときどき、隣の子供で保育園に行っている大森みきも栗拾いを手伝った。いつものサンダル履きをちゃんとズックに履きかえて、彼等に負けじと落ちている栗の毬を見付けては小さい足で踏み付ける。「みきちゃん、うまいねえ」と彼等が誉《ほ》めると、「保育園で教わったの」と、みきは得意そうに前髪をかきあげながら言った。

「なほちゃん」

と言って、みきは彼等の家にやってくる。

ある日、奈穂が風呂場を使って染め物をしているときに、みきがやってきた。奈穂は、手が離せないので「あとでね」と風呂場から叫んだ。その夜、奈穂は、(ア)邪険にして悪かったかなと思い、みきに手紙を書いて、郵便受けに入れてきた。「……こんどそめものをてつだってね。へんじちょうだい」

翌日の午後、奈穂が登校拒否をしている中学三年生の家に家庭教師に出掛けていて留守で、斎木が家で書き物の仕事をしているときに、玄関口で気配が起こった。「郵便屋かな」と思って立っていくと、三和土《たたき》(注2)に赤い折り紙を畳んだものが落ちていた。拾い上げて、開いてみると白い裏側に「はい」とだけクレヨンで書いてあった。隣のみきの仕業だとはすぐに見当がついたが、その文面に彼は首をひねった。

帰ってきた奈穂に手渡すと、「ああ、『はい』、『いいえ』っていう返事の意味だと思ったのね、みきちゃん」と笑いながら、いきさつを彼に説明した。「そうか」と彼も笑った。

拾った栗を彼等は、最初は茹《ゆ》でて食べるだけであった。斎木は栗の真ん中にかぶりついて実を半分にすると、歯で皮をしごくようにして中身を食べた。「こいなぐして食うのがいちばんだっちゃ」（注3）「んだ、スプーンなんかでお上品やるより、このほがうまいんだ」と言い合いながら、この時期になると栗にむしゃぶりついていた父親と母親の姿を彼は思い出した。

奈穂は最初だけ栗の頭を齧《かじ》って、後は前歯で渋皮を剝《む》いて丸ごとの実を口に放り込んだ。やっぱり、親の食べ方を真似していた。

初めて、東京西郊の清瀬《きよせ》にある奈穂の実家を訪れたとき、彼はそこが以前自分が外灯工事を行った団地から道路を隔てたすぐそばにあることに驚かされた。

彼が工事を手懸けたのは二十二歳の時だったから、六歳下の奈穂は、まだ高校生だったことになる。その頃に、それと知らずに出会っていたのかもしれない、と奈穂の家族たちと、世間の狭いことを話題にしあった。

家庭教師のアルバイトがない休日、隣の丹野さん（注4）からお返しに糯米《もちごめ》が届いたのをきっかけに、奈穂が栗ご飯に挑戦した。斎木の実家に電話をかけて、作り方を教わった。それぞれ三杯ずつおかわりをして、「ああ、うまかったあ」と畳に大の字に寝そべった。

それでは、と斎木の方は、焼き栗を作ってみることにした。そのために町の金物屋で、火熾《ひおこ》しを買った。実家に煉炭炬燵《れんたんごたつ》（注5）があった頃、ガスの火で炭火を熾すのに使った記憶があるその道具がまだあるものなのか心配だったが、ちゃんとあった。値段も四百五十円と意外と安かった。

栗を入れた火熾しに、栗が弾け飛ばないように鍋の蓋をかぶせてガスレンジの火にかけ、こまめにうごかしながら炒《い》る。そのやり方は、仙台の仕事場のアパートの近くにあって、彼がちょくちょく足を運ぶ居酒屋で教わった。

これもうまくいった。茹でたのよりも余計な水気が少ない感じで、ホクホクしてうまかった。

彼等が初めてこの栗の木を見上げたのは、去年の十二月のことであった。だがその時は、葉がすっかり落ちているその木が何の木であるかなどろくに見もしなかった。

斎木の旧知の不動産屋に連れられて、彼等はこの家を訪れた。

町道に沿って五軒並んでいた元町営住宅の一軒で、建物が恐ろしく古びているという第一印象を受けた。並びの四軒の家は、二階(注6)があげられ建て替えられていた。

「ここは奥さんを早くに亡くしたお爺《じい》さんが一人で住んでた家なんですよ。一人娘さんが今は大家なんですけど、結婚して横浜に住んでるものだから、ここに帰ってくるあてはないんで、好きなように住んでもらってかまわないと言ってます」

と不動産屋は言った。

家の周囲は、どこもかしこも杉の枯葉《かれは》がうずたかく積もっていた。家の外側の羽目板(注7)は、所々剝がれていた。

斎木はずっと以前、少年の頃に新聞配達をしている時に見かけた家を思い出した。家の主人を失って久しく、もはや野良猫の溜《たま》り場となっていたその家同様、ただ朽ち果てるのを待っている荒家《あばらや》そのもの、といった佇《たたず》まいであった。

ともかく家の中を見よう、と足を踏み入れると、とたんに黴《かび》の臭いに顔を顰《しか》めさせられた。喘息《ぜんそく》の持病を持つ斎木は、立て続けに咳《せ》き込んだ。玄関を上がった板の間のすぐ右手にある便所の扉を恐る恐る開けた奈穂が、小さな悲鳴を挙げた。彼が後ろから伸び上がって覗《のぞ》き込むと、そこには便槽から這《は》い昇ってきたらしい蛆虫《うじむし》たちの死骸が湿り気を帯びた床に腐乱していた。

それを見ただけで、彼等は「とても住めない」と見限って、早々に退散した。

ところが、年が明けてすぐ、彼等は再びその家に入ってみることになった。あの後、(イ)手を尽くして方々の土地の不動産屋を回ってみた。けれども、安い貸家で染色の工房を開けそうな物件を探しているというと、紹介してもらうことさえ出来なかった。「山林の土地を買って、そごさ(注8)建てるっつうんじゃねえとまんず無理でねがなあ」というような素っ気ない返事ばかりが返って来た。貯《たくわ》えのまるでない彼等が新しく住むには、貸家以外は考えられなかった。自分たちの考えが甘かったことを彼等は思い知らされた。

だから、二度目にその家の前に立ったときは、最初とはだいぶ心構えが違っていた。斎木が居酒屋で得た情報で、仙台と山形を結ぶ仙山線の無人駅の近くにある廃屋を年の暮《くれ》の吹雪《ふぶき》の日に訪ねても行った。けれどもそこは、この家も物の比ではないほどの荒れようで、家の中に木が生えている状態であった。

それに比べれば、目の前の家は、全然上等に見えた。台所に向かった斎木は、床が異様に湿っているのに気付いて、流し台の下の扉を開けてみた。排水管の継目《つぎめ》が外れていた。おそらくそれを知らずに使っていたのだろう。流し台の床はすっかり腐り切っていた。

それを目にしても、A今度は彼等はめげなかった。「大丈夫だ、直せるよ」と斎木が言い、「電気工だった頃はもっとひどい状態の空家《あきや》を修理したこともあるんだ。やっぱりここを借りて少しずつ手を加えるしかないよ」と付け加えた。その言葉に、不安の色は消せないまでも、奈穂は頷《うなず》いた。

ひとたびそう決心すると、娘の勉強部屋のために後から付け足したらしい天井の低い四畳半ほどの洋室は奈穂がミシンやアイロンをかける部屋に使えそうだし、残りの二部屋のうち、一つは寝室に後は居間と彼の仕事場を兼ねることにすれば何ら問題はない、と思えた（正直の所、斎木の仕事場にもう一《ひ》と部屋あれば理想的だが）。

それから、建物の西側に、物置小屋があるのも、下にセメントを流して床にすれば染め場に改造することができそうであった。「建物に手を入れることはどうぞご自由に」と不動産屋は言った。

その小屋を見た後だ。冬枯れた雑草地に落ちていた栗の毬を見付けて、「あれっ、これ栗の木じゃない？」と奈穂が木を仰ぎ見たのは。

「ええそうですよ。おいしい栗がなるんで町でも評判の木なんですよ」

と不動産屋は、やっとセールスポイントを見付けたとでも言うように、にこやかな顔になった。

「やっぱり。栗の毬でも染められるんです。銀鼠《ぎんねず》色に」

と奈穂が、弾んだ声で言った。B彼女も、すっかりこの古家に住む決心がついたようであった。

彼等は二月に引っ越しをした。山形から奈穂の荷物を、仙台から斎木の荷物を、ちょうど中間にあたるこの土地に持ち寄った。体の左半身が不自由な師匠の用事の運転手もつとめなければならないために中古で買った奈穂の軽自動車で何度も往復したのだが、最後の荷物を山形から運ぶときはひやりとさせられた。

「ほんとうにあの時は危なかった」と彼等はいまでも話し合う。(注9)蔵王《ざおう》を貫通している笹谷《ささや》トンネル（長さが三三八五メートルと、五メートルだけが余分だが語呂があった）に入る直前、車の(注10)アクセルワイヤーが切れた。急停止した車の後ろの大型のダンプカーがクラクションを鳴らしながら、(ウ)辛うじてハンドルを切って追突を避けた。「バカヤロウ」と降りてきたダンプカーの運転手であったが、事情がわかると、親切になり、道の脇まで軽自動車を押してうごかすのを手伝ってくれた。奈穂はすっかり動転していて、うまくハンドルが切れなかった。(注11)「トンネルの中でなぐって、ほんとうによかったなや。命拾いしたべや」と運転手が言った。

レッカー車で故障車ごと山形市内の自動車販売店まで運んでもらい、そこで借りた代車に再び荷物を積み直した。そのまま、またトンネルを越えるのは二人とも何となく躊躇《ためら》われた。車の中には蒲団《ふとん》が積んであったので、がらんとした山形の奈穂のアパートで最後の夜を過ごすことにした。翌朝早く、新たな気持ちで彼等は出発した。

いまは九月の末だが、あれからあっという間に時間が過ぎた、と裏庭に立っている斎木は思う。排水パイプの修理や便所の掃除はすぐ済ませたが、仕事の合間をみてすることにした羽目板のペンキ塗りもまだ途中であったし、裏の物置を染め場にする計画もまだ手付かずであった。物置の入り口に取り敢《あ》えず置いてある業務用の大きなステンレスの流し台は、集金にくるプロパンガス屋の中田のお婆《ばあ》さんの口利きで、店仕舞いしたストアから一万円で譲り受けたものであった。

町の方から車のライトが近付いてくるのが見える。奈穂の車かと目を凝らしたが、普通車であった。彼等の家の前でタイヤの軋《きし》む音をさせながら急ターンして国道の方にスピードを上げて走り去っていく。

C「まあ慌てることはないか」と斎木は自分に言い聞かせて、家に戻りはじめる。彼は物を書く仕事で忙しかったし、奈穂は自分の生活費を稼ぐ家庭教師のアルバイトをしながら、搬入日が迫った初めて出展する工芸展の作品の制作に追われていた。

斎木は玄関口に立って、引き戸の上を見る。そこには、表札が二枚かけてある。左側に「斎木」、右側が「河原」。その文字は、木の板に斎木と奈穂がそれぞれ筆ペンで書いた。「河原」の文字の方が、少し大きい。

（注）
1　染めくさ――染料をとるための材料。
2　三和土――コンクリートなどで固めた土間。
3　こいなぐして――こんなふうにして、という意味。
4　隣の丹野さんから――この前の場面において斎木と奈穂は丹野さんに栗をお裾分けしている。
5　煉炭炬燵――煉炭を熱源に用いた掘り炬燵。
6　二階があげられ――二階が増築され、という意味。
7　羽目板――壁や天井に並べて平らに貼った板。
8　そごさ建てる……――「そごさ建てる」は、そこに建てる、という意味、「まんず無理でねがなあ」は、まず無理ではないかなあ、という意味。
9　蔵王――宮城と山形にまたがる火山群の総称。
10　アクセルワイヤー――車のエンジンの一部とアクセルをつなぐチューブ内に通されているワイヤーのこと。
11　トンネルの中でなぐって――トンネルの中でなくって、という意味。

問1 傍線部(ア)〜(ウ)の本文中における意味として最も適当なものを、次の各群の①〜⑤のうちから、それぞれ一つずつ選べ。解答番号は 12 〜 14 。

(ア) 邪険にして 12
① 厳しくとがめて
② 大声で怒鳴って
③ ぞんざいに扱って
④ 完全に無視して
⑤ 子供扱いして

(イ) 手を尽くして 13
① 残された手段もなくなって
② できる限りのことを試みて
③ まじめに心をこめて
④ 周りの人々の協力を得て
⑤ 十分に時間をかけて

(ウ) 辛うじて 14
① どうにか
② 巧みに
③ 怒って
④ 慌てて
⑤ とっさに

問2　本文冒頭から36行目（「〜ホクホクしてうまかった。」）までの部分について説明したものとして最も適当なものを、次の①〜⑤のうちから一つ選べ。解答番号は 15 。

① 特別なことが起こるわけではない穏やかで平坦な日常の場面を通して、近隣の人たちとともに田舎町の退屈な生活をかこちつつ、栗拾いを唯一の楽しみにしながら日々の雑事や仕事を淡々とこなしている主人公たちの様子が描き出されている。

② 庭の木になる栗を様々に味わうエピソードを通して、近所の人たちとのなごやかな交流を楽しんだり身内との温かな思い出に浸ったりしながら、のどかではあるがいくぶん自堕落な生活を満喫している主人公たちの様子が描き出されている。

③ 栗の木を介した近所の人たちとの交流にまつわるいくつかの挿話を通して、新しい土地に暮らし始めてその環境にまだ馴染《なじ》めないものを感じながらも、周囲に対して徐々に心を開くようになっている主人公たちの様子が描き出されている。

④ 静かな田舎暮らしに関する様々な挿話を通して、栗の木をはじめとする周囲の自然に深く親しみつつ粛々と仕事を進め、近隣の人たちとの交流を持ちながらも世俗を離れ超然とした生活を送っている主人公たちの様子が描き出されている。

⑤ 栗の木をめぐる様々なエピソードを通して、近所の人たちとの温かくほほえましい交流や、いまは離れて暮らしている身内とのつながりに支えられて、ささやかな日常の喜びを味わいながら生きている主人公たちの様子が描き出されている。

問3　傍線部Ａ「今度は彼等はめげなかった」とあるが、それはなぜか。その説明として最も適当なものを、次の①～⑤のうちから一つ選べ。解答番号は 16 。

① 古家は激しく荒廃しており、当初はとても人が住めるものとは思えず入居は諦めていたが、希望に合う物件に一向に出会えず自分たちの認識の甘さに直面させられるとともに、それ以上にひどいありさまの家を目にするなかで、二人が目指す生活のためにはこの古家に手を加えなんとか暮らせるようにするしかないと考えるようになったから。

② 当初は荒れ果てた古家に衝撃を受け、よく調べることもせず早々に入居を断念していたが、自分たちが望むような物件をなかなか見いだせないなか、あらためて古家の状態を確認してみたところ、家の傷みの程度は思っていたほどのものではなく、時間をかけて修理していけば十分に二人で暮らしていくことができるようになるという確信を得たから。

③ ひどく荒廃した古家に驚愕《きょうがく》している奈穂を見て、当初斎木はこの家に二人で住むことを諦めていたが、自分たちが求めるような貸家がまったく見つからないという現実に直面したうえ、それ以上に荒れ果てた他の物件を見るなどするうちに、もはやこの古家に住むほかないと考えを改めて自分がなんとか奈穂を説得しようと心を決めたから。

④ 当初は激しく傷んだ古家の様子に愕然とし、そこで暮らすことなど考えられずにいたが、どれだけ懸命に探しても条件に合った物件を見つけることができず、それとは比べものにならないほどひどく荒廃した他の物件を目にしたこともあって、むしろこの古家が素晴らしいもののように思えてきてそれまでの不安がすべて解消されていたから。

⑤ ひどく荒れ果てた古家のありさまを目にして、当初は二人でそこに暮らすことを断念していたが、他に条件の良い物件を見つけることもできず途方に暮れるなか、再度古家を見直してみたところ、物置小屋や栗の木の存在というそれまで見逃していた美点に気づくことができ、この古家を魅力的なものとしてとらえ返すようになったから。

問４　傍線部Ｂ「彼女も、すっかりこの古家に住む決心がついたようであった。」とあるが、それはなぜか。その説明として最も適当なものを、次の ①～⑤ のうちから一つ選べ。解答番号は 17 。

① 古家のそばに栗の木がありおいしい栗がなることを不動産屋から教えられたことで、それまで難点ばかりが目についていた古家の思いもよらぬ美点に気付かされ、古家の印象が一変したから。

② 染め場に改造できそうな物置小屋と染め物に利用できる栗の毬が手に入る栗の木の存在を確認したことで、古家に入居してもこれまで通り自分の仕事を続けることができると安心したから。

③ ひどく荒廃した古家に不安を感じていたが、かつて電気工であった斎木が自分たちの手で修繕すれば十分暮らしていけると勇気づけてくれたため、前向きな思いを得ることができたから。

④ 染め場に改築できそうな物置小屋を見るとともに、染め物に使える栗の毬を見つけて栗の木の存在を認識したことで、この古家に自分との縁のようなものを見いだした気がし胸が躍ったから。

⑤ 貸家に手を加えて自分の染め場を作ってもよいのだろうかとひどく心配していたが、不動産屋が建物に手を入れることを許可してくれたため、その不安がすっかり解消され心が弾んだから。

問5　傍線部C「『まあ慌てることはないか』と斎木は自分に言い聞かせて、家に戻りはじめる。」とあるが、このときの斎木の心情はどのようなものか。その説明として最も適当なものを、次の①～⑤のうちから一つ選べ。解答番号は 18 。

① 今の家に暮らすことになった経緯を思い起こしたことで、なかなか進まない家の修繕や整備について意識させられたが、現在の自分と奈穂のそれぞれの仕事の忙しさを考え、余計なことにかまけることなく懸命に働かなければならないと自己を律している。

② 今の家に暮らすことになった過程を振り返りつつ、放置されたままの家の修理や整備を早く進めねばならないと考えたが、交通事故を起こしそうになった直後でもあり、生きていられるだけでもありがたいと感じて奈穂との今の生活をのんびりと享受しようと思っている。

③ 今の家に住むことになった成り行きを思い出すなかで、放置された家の修理や整備に再度手をつけなければならないという現実に直面したが、自分たちの仕事の忙しさにことよせて、家の修繕作業は後回しにするしかないと面倒な問題から目を背けている。

④ 今の家に住むことになったいきさつを振り返りながら、家の修繕や整備を進めねばならないとは思いつつも、田舎町での暮らしのなかで自分も奈穂もそれぞれの仕事に打ち込む日々に手応えを覚え、慌てることなく二人での生活を作り上げていこうと考えている。

⑤ 今の家に住むと決めたときのことを思い出し、家の修理や整備が思いのほかはかどっていないことに焦りを覚えたこともあったが、その後大きな交通事故を起こしそうになったことで、あらゆることを慌てず慎重に進めていかなければならないと自戒している。

問6　次に示す**【資料】**は、この文章（佐伯一麦「栗の木」）が収録されている短篇《たんぺん》集『日和山』に加えられた解説（筆者は阿《あ》部《べ》公彦《まさひこ》）の一部である。これを踏まえた上で、後の問いに答えよ。

【資料】

本書に収められた作品の中では、冒頭の「朝の一日」をのぞけば、どれもアスベスト禍(注)による呼吸器の疾患が主人公の人生に大きな影を落としている。実際、佐伯は電気工事の現場で大量のアスベストを吸いこみ、以来、明らかにこれに起因すると考えられる呼吸器の症状に苦しめられてきたのである。しかし、そうした困難は個人の閉じた不運や悲劇として描かれるよりも、一方では病を生んだ大きな社会構造を見据える目へ、また他方では病を介した他者との接点の模索へとつながっている。

本書には採られていないが、佐伯は二〇一三年に身体欠損を抱えた人々を描いた短篇を集めた『光の闇』を刊行している。聴覚のない人、脚を亡くした人、声を失った人……。作家がこのようなテーマに取り組んだ背景には、〝病んだ身体〟に対する感受性の強さがある。佐伯は生命の躍動に突き動かされるとともに、さまざまな病に追い立てられてもきた。病の意味を問うことが、そのまま生きることの奥にあるものを見据えることにつながってきたのである。小説家として、病を抱えるということを現実そのものとして――世界の必然として――くり返し執拗《しつよう》に描き、そのことで癒やしの道を探るとともに、病むことが内在的に持っている生かすための力にも敏感に反応してきた。

そんな生かすための力の中心に位置するものとして興味深いのは、呼吸である。呼吸器の疾患を抱えた佐伯は、いかに呼吸するかに細心の注意をはらってきた。そうせざるを得なかったのである。新しい仕事場を求めてさまよう夫婦を描く「栗の木」では、いかにも喘息に悪そうな荒れ果てた廃屋を、紆余曲折《うよきょくせつ》をへて何とか住むことのできる環境に整えていくプロセスが描かれるが、そこには呼吸を求めて努力をつづける作家の懸命な生き様が重なる。ときおりのぞく不吉な運命――死の影――と隣り合わせにある感覚も佐伯作品に抜きがたくある運命感を思い起こさせるが、そうした不意の影におびやかされつつも、彼は決して生きることを諦めないのである。

（注）アスベスト禍――建材に含まれるアスベスト（石綿）によって健康被害がもたらされ社会問題化した一連の災難を総称した表現。

【資料】の筆者のとらえ方に基づいて本文の内容や表現を説明したものとして**適当でないもの**を、次の①～⑥のうちから**二つ**選べ。ただし、解答の順序は問わない。解答番号は 19 ・ 20 。

① 本文49行目「喘息の持病を持つ斎木は、立て続けに咳き込んだ」といった表現は、【資料】で言及されている作者の「アスベスト禍による呼吸器の疾患」を反映したものだと考えられる。

② 本文において喘息を患う斎木が奈穂と二人の生活を新たに築き上げていこうとする姿には、【資料】で述べられている、病むことのなかに立ち上がってくる「生かすための力」の存在がうかがえる。

③ 【資料】中の「個人の閉じた不運や悲劇」は、本文99行目「表札が二枚かけてある」とあるように斎木と奈穂の名が分けて玄関口に掲げられていることを通して暗に示されている。

④ 【資料】中の「病を介した他者との接点の模索」は、斎木が大森みきや丹野さんといった近隣の住民と交流している姿を通して表現されている。

⑤ 【資料】中の「不意の影」は、本文では斎木と奈穂が新居に荷物を運んでいる途中で大型のダンプカーと事故を起こしそうになる出来事を通して描かれている。

⑥ 【資料】を参照すると、本文65行目「ここを借りて少しずつ手を加えるしかないよ」といった表現には、病を得ながら何とか生をつなごうとする人生のあり方が重ねられているとみることができる。

第3問

次の文章は、『狭衣物語』の一節である。もともと源氏の宮に対して密かに思いを寄せていた狭衣大将であったが、その思いを遂げることはできず、親によって心ならずも一品《いっぽん》の宮と結婚させられる。本文は、一品の宮に対して飽き足りない思いを抱いている狭衣大将が、源氏の宮の姿をひと目見ようと源氏の宮のもとに出かけて行く場面から始まる。これを読んで、後の問い（問1〜5）に答えよ。（配点　50）

常の冬よりも、雪、霰《あられ》がちにて、晴れ間なき空のけしきも、いとど所柄《ところがら》はしめやかにもの心細くて、参り給《たま》ひぬれば、また何事よりも、しのぶもぢずり（注1）は、さま異《こと》に、乱れまさり給ひぬべし。御前を見入れ給へれば、小さき御几帳より、御衣《おんぞ》の袖口、裾などは、隠れなし。蘇芳《すはう》（注2）の御衣どもにほひたるに、浮線綾《ふせんりよう》（注3）の白きやうなる、籬《まがき》の菊の、枝よりはじめて移ろひたる、色のけざやかに見えたる、例の人の着たるにもあらず、「あなめでた」と見え給ふ。御髪、肩のほどよりこぼれ、額髪《ひたひがみ》の、袖口よりなよなよと引かれ出でたる、さま異に見ゆ。御衣の裾に溜《た》まり入りたるほど、いくら長さかと見ゆるに、（注4）A「末の方、裾の白きに、あなうつくしと常よりも見ゆるは、よろづいと口惜しき目移しのいとどしきなめりかし」と、我ながらいと屈《くん》じにける心もあはれなりや。うちさぶらふ人とても、目やすきをのみ見ならひ給へるに、この御ありさまのいとかくしも見えさせ給ふも、ただ、「あな心憂の宿世《すくせ》や。『かやうならざらん人をば見じ』と思ひしものを、残りなくさし向かひて過ぐし聞こえけん折、何事思ひけん。妻の宿世（注5）さへ尽きにけるかな」と思ひ給ふには、胸もせき上ぐるまで思されて、言ひて過ぐししいにしへは、なほいと恋しかりけり。

御側に寝入りたる猫、鳴き出《い》でて、端ざまへ出づる、綱（注6）に御几帳の帷子《かたびら》の引き上げられて、見合はせ給へば、御顔いと赤くなりながら、わざと引き入りなどはせさせ給はず、御扇に紛らはして、少し傾かせ給ふ、まみ、頬《つら》つき、髪ざし、御髪のかかり、「げに光とはこれを言ふにや」と見えさせ給ふにも、「あな、心憂の身のさまや。いとかばかりなる事こそ叶《かな》はざらめ、『少しもなぞらへなる世をば見るまじきもの』と思ひ知られしより、『これに劣りたらん人をば見じ聞かじ』と思ひ初《そ》めにしこそ。いでや、我が心のよろづに言ふかひなくて、親にもひとへに（注7）任《まか》せられ奉りて、心づからいと憂き世にも長らふることぞかし」と思ふにも、身よりほかにつらき人なくて、(ア)涙のみぞことわり知らぬものなりければ。

猫を「こちや」とのたまへば、らうたげなる声にうち鳴きて、近く寄り来たる、御衣の移り香うらやましうて、かき寄せ給へれば、御袖より入らんと睦《むつ》るる、いとうつくし。いと堪へがたくて、「くねくねしうわびしき目を見つつ長らふるよりはかくこそあるべかりけれ」と思されて、「この御猫、しばし預けさせ給へかし。（注8）人肌つける春を求むるよりは」とのたまふを、（注9）宣旨《せんじ》といふ人うち笑ひて、「X今さらはなどてか。人は誰をかは求めさせ給はん。いとおとなしき御扱ひをさへせさせ給ふなるに。猫は所狭う思されめ」と聞こゆれば、「(イ)さらなりや。岩間を潜《くぐ》る水だにも漏るまじければ」とて、うち笑ひ給ふものから、「いとかかる心の内も今は知らせ給はねば、『思ひ直りて、いつしか（注10）ゆかり思ひをさへして、思ひ扱ふらん』と聞かせ給ふらんかし。同じさまながらだに見え聞こえさせじものを」と恥づかしくおぼえ給ふを、前なる人々の絵描き散らしたる筆どもの散りたるを取り給ひて、紙の端に、

かつ見るもあるはあるにもあらぬ身を人は人とや思ひなすらん

手すさみのやうに片仮名に書きて、この猫の首に結びつけて、「(ウ)あな、いぎたな。今は起きて参りね」と押し出で給へれば、聞き知り顔に、ほかざまにも行かず、参りて睦れ参らするぞうらやましきや。

（注）
1　しのぶもぢずり――忍草《しのぶぐさ》の葉などの乱れた模様を布に染めたもの。ここでは、源氏の宮を思って乱れる狭衣大将の心のこと。
2　蘇芳の御衣ども――「蘇芳」は「蘇芳色」のことで暗い赤色。
3　浮線綾――文様を浮き出させた織物。
4　いくら長さか――「（髪の長さが）どれほどの長さなのか」の意。
5　妻の宿世――思い通りの女性と結婚できる運の良さ。
6　綱――猫をつないでいる綱。

7　任せられ奉りて――従わせられ申し上げて。「任す」はここでは相手の意に合わせる意。

8　人肌つける春を求むるよりは――「人肌に接することのできる機会を求めるよりは」ということ。

9　宣旨といふ人――源氏の宮に仕えている女房。

10　ゆかり思ひ――親族の女性に対する思い。ここでは、狭衣大将の、正妻である一品の宮に対する思いをいう。狭衣大将と一品の宮はいとこの間柄。

問１　傍線部(ア)〜(ウ)の解釈として最も適当なものを、次の各群の①〜⑤のうちから、それぞれ一つずつ選べ。解答番号は 21 〜 23 。

(ア) 涙のみぞことわり知らぬものなりければ　21

① 涙だけは本心をよくわかっていたので流れてやむことがなかった
② 涙だけは拒むことができなかったので流れてやむことがなかった
③ 涙だけは本心をあざむくことができず流れてやむことがなかった
④ 涙だけは理屈通りにならなかったので流れてやむことがなかった
⑤ 涙だけは特別の理由もなかったのに流れてやむことがなかった

(イ) さらなりや　22

① 言うまでもないことですよ
② そんなことはありませんよ
③ そう言われても困りますよ
④ それ以上言わないでくださいよ
⑤ もっと言ってもよいですよ

(ウ) あな、いぎたな　23

① ああ、なんて見苦しいことだ
② ああ、ひどくきたならしいよ
③ ああ、ぐっすり寝込んでいることだ
④ さあ、おまえに行ってほしいのだよ
⑤ さあ、もうすっかり書き終えたよ

問2　傍線部A「『末の方、裾の白きに、あなうつくしと常よりも見ゆるは、よろづいと口惜しき目移しのいとどしきなめりかし』と、我ながらいと屈じにける心もあはれなりや」の語句や表現に関する説明として**適当でないもの**を、次の①〜⑤のうちから一つ選べ。解答番号は 24 。

①「あなうつくし」は、源氏の宮の髪の様子がふだん以上にいっそうかわいらしく見える様子を表している。
②「いと口惜しき目移し」は、源氏の宮ではなく一品の宮と結婚してしまった狭衣大将の残念な気持ちを表している。
③「いとどしき」は形容詞「いとどし」の連体形で、「口惜しき目移し」がいっそうひどい状態であることを表している。
④「いと屈じにける心」は、狭衣大将の、源氏の宮に対する思いが遂げられないままの落ち込んだ心情を表している。
⑤「あはれなりや」の「や」は反語の意の助詞であり、「あはれなりや」は狭衣大将に対する否定的な評価を表している。

問3　この文章の狭衣大将の行動や心境の説明として適当なものを、次の①～⑥のうちから**二つ**選べ。ただし、解答の順序は問わない。解答番号は 25 ・ 26 。

① 源氏の宮の衣装の美しさを見て、その衣装は普通の人が身につけているのとは全く違ったものだと思い、源氏の宮自身もその衣装に満足しているに違いないと思った。

② 源氏の宮と結婚できなくても源氏の宮に劣らない美しい相手とは結婚したいと願っていたのに、その通りにならなかった自分の運命を情けないものだと感じた。

③ 一品の宮と結婚したことについて、自分は気が進まなかったのに親から言われたのでやむを得なかったのだと思い、だから自分には全く責任はないと自らを慰めた。

④ 源氏の宮と隔てなく話をしていた昔のことを思い出し、今後も自分の態度次第で源氏の宮と昔のままの隔てのないつきあいができるに違いないと楽観的に考えた。

⑤ 狭衣大将と一品の宮との夫婦仲の良さを疑っていない宣旨に対して、実際には岩間の水が冷たいように一品の宮との夫婦仲はすっかり冷えきっていると愚痴を言った。

⑥ 源氏の宮に、「生きているかどうかもわからぬほど生きがいのない私のことを、あなたは世間一般の幸せな人だと思っているのだろうか」という内容の歌を送った。

問4　この文章には「猫」が登場しているが、文章中の「猫」が登場する場面に関する説明として最も適当なものを、次の①～⑤のうちから一つ選べ。解答番号は 27 。

① 猫をつないでいる綱が几帳の帷子に引っかかったために、狭衣大将の視界から源氏の宮の姿がさえぎられた。
② 猫を呼び寄せてもなかなか自分の近くに来ないので、狭衣大将は強引に猫を自分の着物の袖の中に招き寄せた。
③ 猫がその身を自分にすり寄せてきたことを、狭衣大将はまるで源氏の宮が自分にすり寄ってくるかのように感じた。
④ 狭衣大将は、一品の宮との結婚生活を意に添わないまま送るよりは、猫と気楽に過ごす方が望ましいと考えた。
⑤ 狭衣大将は、源氏の宮のもとに運ばせるために歌を猫の首に結びつけたが、猫は見当違いの方向に歩き出した。

問５　二重傍線部Ｘ「今さらはなどてか。人は誰をかは求めさせ給はん。いとおとなしき御扱ひをさへせさせ給ふなるに。猫は所狭う思されめ」の箇所は、『狭衣物語』の他の写本の本文では、次のＹのように記されている。両者を比較した際のＸとＹそれぞれの説明として最も適当なものを、後の①～⑤のうちから一つ選べ。解答番号は 28 。

> Ｙ　今さへはなでふ人肌をば尋ねさせ給ふ。いとおとなしき御扱ひをさへこそせさせ給ふなるに。猫は所狭うこそおぼえ侍らめ。

① Ｘの「などてか」の「などて」もＹの「なでふ」もどちらも「どうして」という意の副詞だが、Ｘでは「などて」の後に係助詞「か」を加えてそこで文を切ってその後を省略することで、話し手の宣旨のそそっかしい性格が効果的に表現されている。

② Ｘの「今さらはなどてか」に対してＹの「今さへはなでふ人肌をば尋ねさせ給ふ」の部分では副助詞「さへ」が用いられることで、「まして今後はもっと人肌を恋しくお思いにならずにはいられないだろう」という話し手の宣旨の疑いの心情が暗示されている。

③ Ｘの「人は誰をかは求めさせ給はん」の箇所には反語表現が用いられているが、Ｙには反語表現は用いられておらず、そのことによって、ＸよりもＹには話し手の宣旨のおっとりした性格がいっそうはっきりと表現されている。

④ Ｘの「いとおとなしき御扱ひをさへせさせ給ふなるに」に対してＹの「いとおとなしき御扱ひをさへこそせさせ給ふなるに」には係助詞「こそ」が加えられており、そのことによってＹでは「せさせ給ふなるに」の後にさらに語句の省略のあることがわかる。

⑤ Ｘは「所狭う思されめ」、Ｙは「所狭うこそおぼえ侍らめ」とあって、ともに「所狭う」という語を用いて宣旨の推測が述べられているが、Ｘの「所狭う」は狭衣大将が猫に対してわずらわしく思う心情を表しているのに対し、Ｙの「所狭う」は猫にとっての窮屈で気づまりな気持ちを表している、という違いがある。

第4問 次の【文章Ⅰ】と【文章Ⅱ】を読んで、後の問い（問1〜6）に答えよ。なお、設問の都合で返り点・送り仮名を省いたところがある。（配点　50）

【文章Ⅰ】

(注1)樵《せう》者《しや》曰《ハク》、「人《ニ》有《リ》下禱《いのリテ》二鬼(注2)神《ニ》一而求《ムル》レ福《ヲ》者上。福可《キ》二禱《リテ》而求《ム》一耶。求《メテ》レ之《ヲ》而可《キ》レ得耶。敢《ヘテ》問《フト》二其《ノ》所以《ヲ》一。」漁(注3)者曰《ハク》、「語《ニ》(注4)『善悪《スル》者《ハ》人也、(1)禍福者天也』。天道《ハ》福《さいはヒシ》レ善《ニ》而禍《わざはヒス》レ淫《ニ》。鬼神其《レ》能《ク》違《たがハン》レ天《ニ》乎。(ア)自作《なさバ》二之《ガ》咎《とがヲ》一、固《ヨリ》難《ク》レ逃《レ》、(イ)已天降《サバ》二之《ガ》災《ヒヲ》一、A(注5)禳《はらフモ》レ之《ヲ》奚《なんノ》益《カアラン》。修《メ》レ徳《ヲ》積《ムハ》レ善《ヲ》、君子《ノ》常(注6)分《ナリ》。B安有余事於其間哉。」樵者曰《ハク》、「有《リ》二為《シテ》レ善《ヲ》而遇《フコト》レ禍《ヒニ》、有《ル》二為《シテ》レ悪《ヲ》而獲《ルコト》レ福《ヲ》者《は》、(2)何也。」漁者曰《ハク》、「有《レバ》三幸《ト》与二不幸一也。幸不幸《ハ》 X 也、当(注7)不当《ハ》 Y 也。一命一分、人其《レ》逃《レン》乎《ト》。」

（邵雍《しようよう》「漁樵対問《ぎよしようたいもん》」による）

(注)　1　樵者——きこり。
2　鬼神——人に禍福を与える精霊。
3　漁者——漁師。
4　語——ことわざ。
5　禳——祈禱《きとう》によって災いを祓《はら》う。
6　常分——分は自分のあり方。本分。
7　当不当——福を受けるのにふさわしいかどうか。

【文章Ⅱ】

(a)為《シテ》レ善《ヲ》而遇《フ》二災《さい》(注1)屯《ちゅん》困《こん》窘《きん》一《ニ》者《ハ》(b)命也、非《ザル》レ(c)分《ニ》也。為《シテ》レ(d)悪《ヲ》而遇《フ》二災屯困窘一《ニ》者《ハ》分也、非《ザル》レ命《ニ》也。為《シテ》レ善《ヲ》而得《ル》二富(注2)貴亨《こう》達《たつ》一《ヲ》者《ハ》分也、非《ザル》レ命《ニ》也。為《シテ》レ悪《ヲ》而得《ル》二富貴亨達一《ヲ》者《ハ》命也、非《ザル》レ分《ニ》也。命分之理《ハ》、惟《ダ》識者《ノミ》(3)為《ニ》二能弁《ズ》レ之。

(劉祁《りゅうき》『帰潜志《きせんし》』による)

(注)　1　災屯困窘——災難と困窮。
2　富貴亨達——富と栄達。

問1　波線部(ア)「自」・(イ)「已」のここでの意味と、最も近い意味を持つ漢字はどれか。次の各群の①～⑤のうちから、それぞれ一つずつ選べ。解答番号は 29 ・ 30 。

(ア) 「自」 29
① 常
② 親
③ 数
④ 嘗
⑤ 甚

(イ) 「已」 30
① 乃
② 又
③ 止
④ 既
⑤ 因

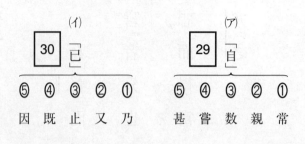

問2　傍線部(1)「禍　福　者　天　也」・(2)「何　也」・(3)「為㆓能　弁㆑之」のここでの解釈として最も適当なものを、次の各群の①～⑤のうちから、それぞれ一つずつ選べ。解答番号は 31 ～ 33 。

(1)「禍　福　者　天　也」 31

① 災いを受けた人に福を授けるのが天だ
② 災いも福も天から見れば同じことだ
③ 災いと福とを授けるのは天である
④ 福を得るときっと天が災いを下す
⑤ 災いを福と考えるのが天の教えだ

(2)「何　也」 32

① なぜだろうか
② なんでもない
③ なんということだ
④ なぜならば
⑤ どうしようもない

(3)「為㆓能　弁㆑之」 33

① 巧みに弁解できる
② 弁済しようと考える
③ 自弁する能力を持つ
④ 弁論の役に立てる
⑤ 弁別することができる

問3　傍線部A「禳レ之奚益」とはどのようなことを述べているのか。その説明として最も適当なものを、次の①～⑤のうちから一つ選べ。解答番号は **34** 。

① 天が福をくだすような善事を行っているのなら、お祓いをすることには全く意味がないということ。
② 天が罰をくだすような悪事を行ったのならば、お祓いをしてなんとか許してもらうべきだということ。
③ 天が罰をくだすような悪事を行ったのならば、お祓いをしたところで全く意味がないということ。
④ 天が福をくだすような善事を行っているのなら、お祓いによってご利益が得られるだろうということ。
⑤ 天が罰をくだすような悪事を行っていても、お祓いをすればご利益があるのはなぜなのかということ。

問4　傍線部B「安有余事於其間哉。」の返り点の付け方と書き下し文との組合せとして最も適当なものを、次の①～⑤のうちから一つ選べ。解答番号は **35** 。

① 安レ有二余事一於二其間一哉。　余事有るに安んじて其の間に於いてするかなと。
② 安有三余事二於其間一哉。　安くんぞ余の其の間を事とする有らんやと。
③ 安有レ余二事於其間一哉。　安くにか事の其の間より余れる有るやと。
④ 安レ有二余事於其間一哉。　余事の其の間に有るに安んぜんやと。
⑤ 安有二余事於其間一哉。　安くんぞ余事其の間に有らんやと。

問5　【文章Ⅰ】の空欄 X ・ Y には、【文章Ⅱ】の二重傍線部(a)〜(d)のいずれかが入る。空欄 X ・ Y に入る語の組合せとして最も適当なものを、次の①〜⑥のうちから一つ選べ。解答番号は 36 。

① X (a) 善　Y (d) 悪
② X (a) 善　Y (b) 命
③ X (b) 命　Y (c) 分
④ X (b) 命　Y (d) 悪
⑤ X (c) 分　Y (b) 命
⑥ X (c) 分　Y (a) 善

問6 【文章Ⅰ】の「漁者」と【文章Ⅱ】の筆者に共通する、人が福を得たり災いに遭ったりすることに対する考え方の説明として最も適当なものを、次の①～⑤のうちから一つ選べ。解答番号は 37 。

① 福と災いとには、運命によるものと自分の行為によるものがあり、見識ある君子は行為を正すとともに運命を好転させる祈禱も怠らない。

② 福と災いとは自分の行為によるのであり、見識ある君子のように見えても困窮しているのならば、必ず裏で悪事をしているのである。

③ 福と災いとは運命によるのであり、見識ある君子は将来天が災いをくだすことを見越して、あらかじめお祓いを行っておくものだ。

④ 福と災いとには、運命によるものと自分の行為によるものがあり、見識ある君子はそれをわきまえて正しい行為を重ねてゆく。

⑤ 福と災いとは運命によるのではあるが、見識ある君子が正しい行為を重ねてゆけば、やがて天が認めて福を授けてくれる。

2023年度

大学入学共通テスト
本試験

（200 点　80 分）

第1問　次の【文章Ⅰ】は、正岡子規《まさおかしき》の書斎にあったガラス障子と建築家ル・コルビュジエの建築物における窓について考察したものである。また、【文章Ⅱ】は、ル・コルビュジエの窓について【文章Ⅰ】とは別の観点から考察したものである。どちらの文章にもル・コルビュジエ著『小さな家』からの引用が含まれている（引用文中の（中略）は原文のままである）。これらを読んで、後の問い（問1～6）に答えよ。なお、設問の都合で表記を一部改めている。（配点　50）

【文章Ⅰ】

寝返りさえ自らままならなかった子規にとっては、室内にさまざまなものを置き、それをながめることが楽しみだった。そして、ガラス障子のむこうに見える庭の植物や空を見ることが慰めだった。味覚のほかは視覚こそが子規の自身の存在を確認する感覚だった。子規は、視覚の人だったともいえる。障子の紙をガラスに入れ替えることで、A子規は季節や日々の移り変わりを楽しむことができた。

（注1）『墨汁一滴』の三月一二日には「不平十ケ条《じっかじょう》」として、「板ガラスの日本で出来ぬ不平」と書いている。この不平を述べている一九〇一（明治三四）年、たしかに日本では板ガラスは製造していなかったようだ。石井研堂（注2）の『増訂明治事物起原』には、「（明治）三十六年、原料も総《すべ》て本邦のものにて、完全なる板硝子《いたがらす》を製出せり。大正三年、欧州大戦の影響、本邦の輸入硝子は其《その》船便を失ふ、是《ここ》に於《おい》て、旭《あさひ》硝子製造会社等の製品が、漸《ようや》く用ひらるることとなり、わが板硝子界は、大発展を遂ぐるに至れり」とある。

これによると板ガラスの製造が日本で始まったのは、一九〇三年ということになる。子規が不平を述べた二年後である。してみれば、虚子（注3）のすすめで子規の書斎（病室）に入れられた「ガラス障子」は、輸入品だったのだろう。高価なものであったと思われる。高価であってもガラス障子にすることで、子規は、庭の植物に季節の移ろいを見ることができ、青空や雨をながめることができるようになった。ほとんど寝たきりで身体を動かすことができなくなり、絶望的な気分の中で自殺することも頭によぎっていた子規。彼の書斎（病室）は、ガラス障子によって「見ることのできる装置（室内）」あるいは「見るための装置（室内）」へと変容したのである。

映画研究者のアン・フリードバーグ(注4)は、『ヴァーチャル・ウインドウ』の(ア)ボウトウで、「窓」は「フレーム」であり「スクリーン」でもあるといっている。

窓はフレームであるとともに、プロセニアム〔舞台と客席を区切る額縁状の部分〕でもある。窓の縁〔エッジ〕が、風景を切り取る。窓は外界を二次元の平面へと変える。つまり、窓はスクリーンとなる。窓と同様に、スクリーンは平面であると同時にフレーム――映像〔イメージ〕が投影される反射面であり、視界を制限するフレーム――でもある。スクリーンは建築のひとつの構成要素であり、新しいやり方で、壁の通風を演出する。

子規の書斎は、ガラス障子によるプロセニアムがつくられたのであり、それは外界を二次元に変えるスクリーンでありフレームとなったのである。**B** ガラス障子は「視覚装置」だといえる。

子規の書斎（病室）の障子をガラス障子にすることで、その室内は「視覚装置」となったわけだが、実のところ、外界をながめることのできる「窓」は、視覚装置として、建築・住宅にもっとも重要な要素としてある。

建築家のル・コルビュジエは、いわば視覚装置としての「窓」をきわめて重視していた。そして、彼は窓の構成こそ、建築を決定しているとまで考えていた。したがって、子規の書斎（病室）とは比べものにならないほど、ル・コルビュジエは、視覚装置としての窓の多様性を、デザインつまり表象として実現していった。とはいえ、窓が視覚装置であるという点においては、子規の書斎（病室）のガラス障子といささかもかわることはない。しかし、ル・コルビュジエは、住まいを徹底した視覚装置、まるでカメラのように考えていたという点では、子規のガラス障子のようにおだやかなものではなかった。子規のガラス障子は、フレームではあっても、操作されたフレームではない。他方、**C** ル・コルビュジエの窓は、確信を持ってつくられたフレームであった。

ル・コルビュジエは、ブエノス・アイレスで(イ)行った講演のなかで、「建築の歴史を窓の各時代の推移で示してみよう」といい、また窓によって「建築の性格が決定されてきたのです」と述べている。そして、古代ポンペイの出窓、ロマネスクの窓、ゴシックの窓、さらに一九世紀パリの窓から現代の窓のあり方までを歴史的に検討してみせる。そして「窓は採光のためにあり、換気のためではない」とも述べている。こうしたル・コルビュジエの窓についての言説について、アン・フリードバーグは、ル・コルビュジエのいう住宅は「住むための機械」であると同時に、それはまた「見るための機械でもあった」のだと述べている。さらに、ル・コルビュジエは、窓に換気ではなく「視界と採光」を優先したのであり、それは「窓のフレームと窓の形、すなわち「アスペクト比」の変更を引き起こした」と指摘している。ル・コルビュジエは窓を、外界を切り取るフレームだと捉えており、その結果、窓の形、そして「アスペクト比」(ディスプレイの長辺と短辺の比)が変化したというのである。

実際彼は、両親のための家をレマン湖のほとりに建てている。まず、この家は、塀(壁)で囲まれているのだが、これについてル・コルビュジエは、次のように記述している。

> 囲い壁の存在理由は、北から東にかけて、さらに部分的に南から西にかけて視界を閉ざすためである。四方八方に蔓延《まんえん》する景色というものは圧倒的で、焦点をかき、長い間にはかえって退屈なものになってしまう。このような状況では、もはや〝私たち〟は風景を〝眺める〟ことができないのではなかろうか。景色を(ウ)望むには、むしろそれを限定しなければならない。思い切った判断によって選別しなければならないのだ。すなわち、まず壁を建てることによって視界を遮《さえ》ぎり、つぎに連《つ》らなる壁面を要所要所取り払い、そこに水平線の広がりを求めるのである。(注5)(『小さな家』)

風景を見る「視覚装置」としての窓(開口部)と壁をいかに構成するかが、ル・コルビュジエにとって課題であったことがわかる。

(柏木《かしわぎ》博《ひろし》『視覚の生命力――イメージの復権』による)

【文章Ⅱ】

一九二〇年代の最後期を飾る初期の古典的作品サヴォア邸(注6)は、見事なプロポーション(注7)をもつ「横長の窓」を示す。が一方、「横長の窓」を内側から見ると、それは壁をくりぬいた窓であり、その意味は反転する。それは四周を遮る壁体となる。「横長の窓」は、「横長の壁」となって現われる。「横長の窓」は一九二〇年代から一九三〇年代に入ると、「全面ガラスの壁面」へと移行する。(注8)スイス館がこれをよく示している。しかしながらスイス館の屋上庭園の四周は、強固な壁で囲われている。大気は壁で仕切られているのである。

かれは初期につぎのようにいう。「住宅は沈思黙考の場である」。あるいは「人間には自らを消耗する〈仕事の時間〉があり、自らをひき上げて、心の(エ)キンセンに耳を傾ける〈瞑想《めいそう》の時間〉とがある」。

これらの言葉には、いわゆる近代建築の理論においては説明しがたい一つの空間論が現わされている。一方は、いわば光の(オ)ウトんじられる世界であり、他方は光の溢《あふ》れる世界である。つまり、前者は内面的な世界に、後者は外的な世界に関わっている。

かれは『小さな家』において「風景」を語る：「ここに見られる囲い壁の存在理由は、北から東にかけて、さらに部分的に南から西にかけて視界を閉ざすためである。四方八方に蔓延する景色というものは圧倒的で、焦点をかき、長い間にはかえって退屈なものになってしまう。このような状況では、もはや〝私たち〟は風景を〝眺める〟ことができないのではなかろうか。景色を望むには、むしろそれを限定しなければならない。(中略)北側の壁と、そして東側と南側の壁とが〝囲われた庭〟を形成すること、これがここでの方針である」。

ここに語られる「風景」は動かぬ視点をもっている。かれが多くを語った「動く視点」にた

サヴォア邸

いするこの「動かぬ視点」は風景を切り取る。視点と風景は、一つの壁によって隔てられ、そしてつながれる。風景は一点から見られ、眺められる。**D**壁がもつ意味は、風景の観照の空間的構造化である。この動かぬ視点theōria《テオリア》（注9）の存在は、かれにおいて即興的なものではない。

　かれは、住宅は、沈思黙考、美に関わると述べている。初期に明言されるこの思想は、明らかに動かぬ視点をもっている。その後の展開のなかで、沈思黙考の場をうたう住宅論は、動く視点が強調されるあまり、ル・コルビュジエにおいて影をひそめた感がある。しかしながら、このテーマはル・コルビュジエが後期に手がけた「礼拝堂」や「修道院」（注10）において再度主題化され、深く追求されている。「礼拝堂」や「修道院」は、なによりも沈思黙考、瞑想の場である。つまり、後期のこうした宗教建築を問うことにおいて、動く視点にたいするル・コルビュジエの動かぬ視点の意義が明瞭になる。

（呉谷充利《くれたにみつとし》『ル・コルビュジエと近代絵画――二〇世紀モダニズムの道程』による）

（注）

1　『墨汁一滴』――正岡子規（一八六七―一九〇二）が一九〇一年に著した随筆集。

2　石井研堂――ジャーナリスト、明治文化研究家（一八六五―一九四三）。

3　虚子――高浜虚子（一八七四―一九五九）。俳人、小説家。正岡子規に師事した。

4　アン・フリードバーグ――アメリカの映像メディア研究者（一九五二―二〇〇九）。

5　『小さな家』――ル・コルビュジエ（一八八七―一九六五）が一九五四年に著した書物。自身が両親のためにレマン湖のほとりに建てた家について書かれている。

6　サヴォア邸――ル・コルビュジエの設計で、パリ郊外に建てられた住宅。

7　プロポーション――つりあい。均整。

8　スイス館――ル・コルビュジエの設計で、パリに建てられた建築物。

9　動かぬ視点theōria《テオリア》――ギリシア語で、「見ること」「眺めること」の意。

10　「礼拝堂」や「修道院」――ロンシャンの礼拝堂とラ・トゥーレット修道院を指す。

問1　次の(i)・(ii)の問いに答えよ。

(i)　傍線部(ア)・(エ)・(オ)に相当する漢字を含むものを、次の各群の①～④のうちから、それぞれ一つずつ選べ。解答番号は［1］～［3］。

(ア)　ボウトウ　［1］
① 流行性のカンボウにかかる
② 今朝はネボウしてしまった
③ 過去をボウキャクする
④ 経費がボウチョウする

(エ)　キンセン　［2］
① ヒキンな例を挙げる
② 食卓をフキンで拭く
③ モッキンを演奏する
④ 財政をキンシュクする

(オ)　ウトんじられる　［3］
① 裁判所にテイソする
② 地域がカソ化する
③ ソシナを進呈する
④ 漢学のソヨウがある

(ii) 傍線部(イ)・(ウ)と同じ意味を持つものを、次の各群の①～④のうちから、それぞれ一つずつ選べ。解答番号は 4 ・ 5 。

(イ) 行った 4

① 行シン
② 行レツ
③ リョ行
④ リ行

(ウ) 望む 5

① ホン望
② ショク望
③ テン望
④ ジン望

問2　傍線部A「子規は季節や日々の移り変わりを楽しむことができた」とあるが、それはどういうことか。その説明として最も適当なものを、次の①～⑤のうちから一つ選べ。解答番号は 6 。

① 病気で絶望的な気分で過ごしていた子規にとって、ガラス障子越しに外の風物を眺める時間が現状を忘れるための有意義な時間になっていたということ。

② 病気で塞ぎ込み生きる希望を失いかけていた子規にとって、ガラス障子から確認できる外界の出来事が自己の救済につながっていったということ。

③ 病気で寝返りも満足に打てなかった子規にとって、ガラス障子を通して多様な景色を見ることが生を実感する契機となっていたということ。

④ 病気で身体を動かすことができなかった子規にとって、ガラス障子という装置が外の世界への想像をかき立ててくれたということ。

⑤ 病気で寝たきりのまま思索していた子規にとって、ガラス障子を取り入れて内と外が視覚的につながったことが作風に転機をもたらしたということ。

問3　傍線部B「ガラス障子は『視覚装置』だといえる。」とあるが、筆者がそのように述べる理由として最も適当なものを、次の①～⑤のうちから一つ選べ。解答番号は 7 。

① ガラス障子は、季節の移ろいをガラスに映すことで、隔てられた外界を室内に投影して見る楽しみを喚起する仕掛けだと考えられるから。

② ガラス障子は、室外に広がる風景の範囲を定めることで、外の世界を平面化されたイメージとして映し出す仕掛けだと考えられるから。

③ ガラス障子は、外の世界と室内とを切り離したり接続したりすることで、視界に入る風景を制御する仕掛けだと考えられるから。

④ ガラス障子は、視界に制約を設けて風景をフレームに収めることで、新たな風景の解釈を可能にする仕掛けだと考えられるから。

⑤ ガラス障子は、風景を額縁状に区切って絵画に見立てることで、その風景を鑑賞するための空間へと室内を変化させる仕掛けだと考えられるから。

問4　傍線部C「ル・コルビュジエの窓は、確信を持ってつくられたフレームであった」とあるが、「ル・コルビュジエの窓」の特徴と効果の説明として最も適当なものを、次の①～⑤のうちから一つ選べ。解答番号は 8 。

①　ル・コルビュジエの窓は、外界に焦点を合わせるカメラの役割を果たすものであり、壁を枠として視界を制御することで風景がより美しく見えるようになる。

②　ル・コルビュジエの窓は、居住性を向上させる機能を持つものであり、採光を重視することで囲い壁に遮られた空間の生活環境が快適なものになる。

③　ル・コルビュジエの窓は、アスペクト比の変更を目的としたものであり、外界を意図的に切り取ることで室外の景色が水平に広がって見えるようになる。

④　ル・コルビュジエの窓は、居住者に対する視覚的な効果に配慮したものであり、囲い壁を効率よく配置することで風景への没入が可能になる。

⑤　ル・コルビュジエの窓は、換気よりも視覚を優先したものであり、視点が定まりにくい風景に限定を施すことでかえって広がりが認識されるようになる。

問5　傍線部D「壁がもつ意味は、風景の観照の空間的構造化である。」とあるが、これによって住宅はどのような空間になるのか。その説明として最も適当なものを、次の①～⑤のうちから一つ選べ。解答番号は 9 。

① 三方を壁で囲われた空間を構成することによって、外光は制限されて一方向からのみ部屋の内部に取り入れられる。このように外部の光を調整する構造により、住宅は仕事を終えた人間の心を癒やす空間になる。

② 外界を壁と窓で切り取ることによって、視点は固定されてさまざまな方向から景色を眺める自由が失われる。このように壁と窓が視点を制御する構造により、住宅はおのずと人間が風景と向き合う空間になる。

③ 四周の大部分を壁で囲いながら開口部を設けることによって、固定された視点から風景を眺めることが可能になる。このように視界を制限する構造により、住宅は内部の人間が静かに思索をめぐらす空間になる。

④ 四方に広がる空間を壁で限定することによって、選別された視角から風景と向き合うことが可能になる。このように一箇所において外界と人間がつながる構造により、住宅は風景を鑑賞するための空間になる。

⑤ 周囲を囲った壁の一部を窓としてくりぬくことによって、外界に対する視野に制約が課せられる。このように壁と窓を設けて内部の人間を瞑想へと誘導する構造により、住宅は自己省察するための空間になる。

問6 次に示すのは、授業で【文章Ⅰ】【文章Ⅱ】を読んだ後の、話し合いの様子である。これを読んで、後の(i)～(iii)の問いに答えよ。

生徒A――【文章Ⅰ】と【文章Ⅱ】は、両方ともル・コルビュジエの建築における窓について論じられていたね。

生徒B――【文章Ⅰ】にも【文章Ⅱ】にも同じル・コルビュジエからの引用文があったけれど、少し違っていたよ。

生徒C――よく読み比べると、［ X ］。

生徒B――そうか、同じ文献でもどのように引用するかによって随分印象が変わるんだね。

生徒C――【文章Ⅰ】は正岡子規の部屋にあったガラス障子をふまえて、ル・コルビュジエの話題に移っていた。

生徒B――なぜわざわざ子規のことを取り上げたのかな。

生徒A――それは、［ Y ］のだと思う。

生徒B――なるほど。でも、子規の話題は【文章Ⅱ】の内容ともつながるような気がしたんだけど。

生徒C――そうだね。【文章Ⅱ】と関連づけて【文章Ⅰ】を読むと、［ Z ］と解釈できるね。

生徒A――こうして二つの文章を読み比べながら話し合ってみると、いろいろ気づくことがあるね。

(i) 空欄 X に入る発言として最も適当なものを、次の ①～④ のうちから一つ選べ。解答番号は 10 。

① 【文章Ⅰ】の引用文は、壁による閉塞とそこから開放される視界についての内容だけど、【文章Ⅱ】の引用文では、壁の圧迫感について記された部分が省略されて、三方を囲んで形成される壁の話に接続されている

② 【文章Ⅰ】の引用文は、視界を遮る壁とその壁に設けられた窓の機能についての内容だけど、【文章Ⅱ】の引用文では、壁の機能が中心に述べられていて、その壁によってどの方角を遮るかが重要視されている

③ 【文章Ⅰ】の引用文は、壁の外に広がる圧倒的な景色とそれを限定する窓の役割についての内容だけど、【文章Ⅱ】の引用文では、主に外部を遮る壁の機能について説明されていて、窓の機能には触れられていない

④ 【文章Ⅰ】の引用文は、周囲を囲う壁とそこに開けられた窓の効果についての内容だけど、【文章Ⅱ】の引用文では、壁に窓を設けることの意図が省略されて、視界を遮って壁で囲う効果が強調されている

(ii) 空欄 **Y** に入る発言として最も適当なものを、次の ① ～ ④ のうちから一つ選べ。解答番号は 11 。

① ル・コルビュジエの建築論が現代の窓の設計に大きな影響を与えたことを理解しやすくするために、子規の書斎にガラス障子がもたらした変化をまず示した

② ル・コルビュジエの設計が居住者と風景の関係を考慮したものであったことを理解しやすくするために、子規の日常においてガラス障子が果たした役割をまず示した

③ ル・コルビュジエの窓の配置が採光によって美しい空間を演出したことを理解しやすくするために、子規の芸術に対してガラス障子が及ぼした効果をまず示した

④ ル・コルビュジエの換気と採光についての考察が住み心地の追求であったことを理解しやすくするために、子規の心身にガラス障子が与えた影響をまず示した

(iii) 空欄 Z に入る発言として最も適当なものを、次の ① 〜 ④ のうちから一つ選べ。解答番号は 12 。

① 病で絶望的な気分の中にいた子規は、書斎にガラス障子を取り入れることで内面的な世界を獲得したと言える。そう考えると、子規の書斎もル・コルビュジエの主題化した宗教建築として機能していた

② 病で外界の眺めを失っていた子規は、書斎にガラス障子を取り入れることで光の溢れる世界を獲得したと言える。そう考えると、子規の書斎もル・コルビュジエの指摘する仕事の空間として機能していた

③ 病で自由に動くことができずにいた子規は、書斎にガラス障子を取り入れることで動かぬ視点を獲得したと言える。そう考えると、子規の書斎もル・コルビュジエの言う沈思黙考の場として機能していた

④ 病で行動が制限されていた子規は、書斎にガラス障子を取り入れることで見るための機械を獲得したと言える。そう考えると、子規の書斎もル・コルビュジエの住宅と同様の視覚装置として機能していた

（下書き用紙）

国語の試験問題は次に続く。

第2問

次の文章は、梅崎春生《うめざきはるお》「飢えの季節」(一九四八年発表)の一節である。第二次世界大戦の終結直後、食糧難の東京が舞台である。いつも空腹の状態にあった主人公の「私」は広告会社に応募して採用され、「大東京の将来」をテーマにした看板広告の構想を練るよう命じられた。本文は、「私」がまとめ上げた構想を会議に提出した場面から始まる。これを読んで、後の問い(問1～7)に答えよ。(配点　50)

私が無理矢理に拵《こしら》え上げた構想のなかでは、都民のひとりひとりが楽しく胸をはって生きてゆけるような、そんな風の都市をつくりあげていた。私がもっとも念願する理想の食物都市とはいささか形はちがっていたが、その精神も少《すく》なからずこの構想には加味されていた。たとえば緑地帯には柿の並木がつらなり、夕昏《ゆうぐれ》散歩する都民たちがそれをもいで食べてもいいような仕組《しくみ》になっていた。私の考えでは、そんな雰囲気のなかでこそ、都民のひとりひとりが胸を張って生きてゆける筈《はず》であった。絵柄や文章を指定したこの二十枚の下書きの中に、私のさまざまな夢がこめられていると言ってよかった。このような私の夢が飢えたる都市の人々の共感を得ない筈はなかった。町角に私の作品が並べられれば、道行く人々は皆立ちどまって、微笑《ほほえ》みながら眺めて呉《く》れるにちがいない。そう私は信じた。だから之《これ》を提出するにあたっても、私はすこしは晴れがましい気持でもあったのである。

会長も臨席した編輯《へんしゅう》(注1)会議の席上で、しかし私の下書きは散々の悪評であった。悪評であるというより、てんで問題にされなかったのである。

「これは一体どういうつもりなのかね」

私の下書きを一枚一枚見ながら、会長はがらがらした声で私に言った。

「こんなものを街頭展に出して、一体何のためになると思うんだね」

「そ、それはです」とA私はあわてて説明した。「只今《ただいま》は食糧事情がわるくて、皆意気が衰え、夢を失っていると思うんです。だからせめてたのしい夢を見せてやりたい、とこう考えたものですから――」

会長は不機嫌な顔をして、私の苦心の下書きを重ねて卓の上にほうりだした。

「――大東京の将来というテーマをつかんだら」しばらくして会長はは き出すように口をきった。「現在何が不足しているか。理想の東京をつくるためにはどんなものが必要か。そんなことを考えるんだ。たとえば家を建てるための材木だ」

会長は赤らんだ掌《てのひら》をくにゃくにゃ動かして材木の形をしてみせた。

「材木はどこにあるか。どの位のストックがあるか。そしてそれは何々材木会社に頼めば直《す》ぐ手に入る、とこういう具合《ぐあい》にやるんだ」

会長は再び私の下書きを手にとった。

「明るい都市? 明るくするには、電燈《でんとう》だ。電燈の生産はどうなっているか。マツダランプの工場では、どんな数量を生産し、将来どんな具合に生産が増加するか、それを書くんだ。電燈ならマツダランプという具合だ。そしてマツダランプから金を貰《もら》うんだ」

ははあ、とやっと胸におちるものが私にあった。会長は顔をしかめた。

「緑地帯に柿の木を植えるって? そんな馬鹿な。土地会社だ。東京都市計画で緑地帯の候補地がこれこれになっているから、そこの住民たちは今のうちに他に土地を買って、移転する準備したらよい、という具合だ。そのとき土地を買うなら何々土地会社へ、だ。そしてまた金を貰う」

佐藤や長山アキ子や他の編輯員たちの、冷笑するような視線を額にかんじながら、私はあかくなってうつむいていた。飛《と》んでもない誤解をしていたことが、段々判《わか》ってきたのである。思えば戦争中情報局(注2)と手を組んでこんな仕事をやっていたというのも、憂国の至情にあふれてからの所業ではなくて、たんなる儲《もう》け仕事にすぎなかったことは、少し考えれば判る筈であった。そして戦争が終《おわ》って情報局と手が切れて、掌をかえしたように文化国家の建設の啓蒙《けいもう》をやろうというのも、私費を投じた慈善事業である筈がなかった。会長の声を受けとめながら、椅子に身体《からだ》を硬くして、頭をたれたまま、B私はだんだん腹が立ってきたのである。私の夢が侮蔑されたのが口惜しいのではない。この会社のそのような営利精神を憎むのでもない。佐藤や長山の冷笑的な視線が辛《つら》かったのでもない。ただただ私は自分の間抜けさ加減に腹を立てていたのであった。

その夕方、私は憂鬱《ゆううつ》な顔をして焼けビル(注3)を出、うすぐらい街を昌平橋《しょうへいばし》(注4)の方にあるいて行った。あれから私は構想のたてなおしを命ぜられて、それを引受《ひきう》けたのであった。しかしそれならそれでよかった。給料さえ貰えれば始めから私は何でもやるつもりでいたのだから。憂鬱な顔をしているというのも、ただ腹がへっているからであった。膝をがくがくさせながら昌平橋のたもとまで来たとき、私は変な老人から呼びとめられた。共同便所の横のうすくらがりにいるせいか、その老人は人間というより一枚の影に似ていた。

「旦那」声をぜいぜいふるわせながら老人は手を出した。「昨日から、何も食っていないんです。ほんとに何も食っていないんです。たった一食でもよろしいから、めぐんでやって下さいな。旦那、おねがいです」

老人は外套《がいとう》(注5)も着ていなかった。顔はくろくよごれていて、上衣《うわぎ》の袖から出た手は、ぎょっとするほど細かった。身体が小刻みに動いていて、立っていることも精いっぱいであるらしかった。老人の骨ばった指が私の外套の袖にからんだ。私はある苦痛をしのびながらそれを振りはらった。

「ないんだよ。僕も一食ずつしか食べていないんだ。ぎりぎり計算して食っているんだ。とても分けてあげられないんだよ」

「そうでしょうが、旦那、あたしは昨日からなにも食っていないんです。何なら、この上衣を抵当(注6)に入れてもよござんす。一食だけ。ね。一食だけでいいんです」

老人の眼《め》は暗がりの中ででもぎらぎら光っていて、まるで眼球が瞼《まぶた》のそとにとびだしているような具合であった。頬はげっそりしなびていて、そこから咽喉《のど》にかけてざらざらに鳥肌が立っていた。

「ねえ。旦那。お願い。お願いです」

頭をふらふらと下げる老爺《ろうや》よりもどんなに私の方が頭を下げて願いたかったことだろう。あたりに人眼がなければ私はひざまずいて、これ以上自分を苦しめて呉れるなと、老爺にむかって頭をさげていたかも知れないのだ。しかし私は、C自分でもおどろくほど邪険な口調で、老爺にこたえていた。

「駄目だよ。無いといったら無いよ。誰か他の人にでも頼みな」

暫《しばら》くの後私は食堂のかたい椅子にかけて、変な臭いのする魚の煮付と芋まじりの少量の飯をぼそぼそと噛《か》んでいた。しきりに胸を熱くして来るものがあって、食物の味もわからない位だった。私をとりまくさまざまの構図が、ひっきりなしに心を去来した。毎日白い御飯を腹いっぱいに詰め、鶏にまで白米をやる下宿のあるじ、闇売り(注7)でずいぶん儲けたくせに柿のひとつやふたつで怒っている裏の吉田さん。高価な莨《たばこ》(注8)をひっきりなしに吸って血色のいい会長。鼠《ねずみ》のような庶務課長。膝頭が蒼《あお》白く飛出《とびで》た佐藤。長山アキ子の腐った芋の弁当。国民服一着しかもたないT・I氏。お尻の破れた青いモンペ(注9)の女。電車の中で私を押して来る勤め人たち。ただ一食の物乞いに上衣を脱ごうとした老爺。それらのたくさんの構図にかこまれて、朝起きたときから食物のことばかり妄想し、こそ泥のように芋や柿をかすめている私自身の姿がそこにあるわけであった。こんな日常が連続してゆくことで、一体どんなおそろしい結末が待っているのか。**D**それを考えるだけで私は身ぶるいした。

食べている私の外套の背に、もはや寒さがもたれて来る。もう月末が近づいているのであった。かぞえてみるとこの会社につとめ出してから、もう二十日以上も経っているわけであった。

私の給料が月給でなく日給であること、そしてそれも一日三円の割であることを知ったときの私の衝動はどんなであっただろう。それを私は月末の給料日に、鼠のような風貌の庶務課長から言いわたされたのであった。庶務課長のキンキンした声の内容によると、私は(私と一緒に入社した者も)しばらくの間は見習《みならい》社員というわけで、実力次第ではこれからどんなにでも昇給させるから、力を落《おと》さずにしっかりやるように、という話であった。そして声をひそめて、

「君は朝も定刻前にちゃんとやってくるし、毎日自発的に一時間ほど残業をやっていることは、僕もよく知っている。会長も知っておられると思う。だから一所懸命にやって呉れたまえ。君にはほんとに期待しているのだ」

私はその声をききながら、私の一日の給料が一枚の外食券(注10)の闇価(注11)と同じだ、などということをぼんやり考えていたのである。日給三円だと聞かされたときの衝動は、すぐ胸の奥で消えてしまって、その代《かわ》りに私の手足のさきまで今ゆるゆると拡《ひろ》がってき

たのは、水のように静かな怒りであった。私はそのときすでに、此処《ここ》を辞める決心をかためていたのである。課長の言葉がとぎれるのを待って、私は低い声でいった。

「私はここを辞めさせて頂きたいとおもいます」

なぜ、と課長は鼠のようにずるい視線をあげた。

「一日三円では食えないのです。E食えないことは、やはり良くないことだと思うんです」

そう言いながらも、ここを辞めたらどうなるか、という危惧がかすめるのを私は意識した。しかしそんな危惧があるとしても、それはどうにもならないことであった。私は私の道を自分で切りひらいてゆく他はなかった。ふつうのつとめをしていては満足に食べて行けないなら、私は他に新しい生き方を求めるよりなかった。そして私はあの食堂でみる人々のことを思いうかべていた。鞄《かばん》の中にいろんな物を詰めこんで、それを売ったり買ったりしている事実を。そこにも生きる途《みち》がひとつはある筈であった。そしてまた、あの惨《みじ》めな老爺にならって、外套を抵当にして食を乞う方法も残っているに相違なかった。

「君にはほんとに期待していたのだがなあ」

ほんとに期待していたのは、庶務課長よりもむしろ私なのであった。ほんとに私はどんなに人並みな暮《くら》しの出来る給料を期待していただろう。盗みもする必要がない、静かな生活を、私はどんなに希求していたことだろう。しかしそれが絶望であることがはっきり判ったこの瞬間、F私はむしろある勇気がほのぼのと胸にのぼってくるのを感じていたのである。

その日私は会計の係から働いた分だけの給料を受取《うけと》り、永久にこの焼けビルに別れをつげた。電車みちまで出てふりかえると、曇り空の下で灰色のこの焼けビルは、私の飢えの季節の象徴のようにかなしくそそり立っていたのである。

（注）
1 編輯――「編集」に同じ。
2 情報局――戦時下にマスメディア統制や情報宣伝を担った国家機関。
3 焼けビル――戦災で焼け残ったビル。「私」の勤め先がある。
4 昌平橋――現在の東京都千代田区にある、神田川にかかる橋。そのたもとに「私」の行きつけの食堂がある。
5 外套――防寒・防雨のため洋服の上に着る衣類。オーバーコート。
6 抵当――金銭などを借りて返せなくなったときに、貸し手が自由に扱える借り手側の権利や財産。
7 闇売り――公式の販路・価格によらないで内密に売ること。
8 国民服――国民が常用すべきものとして一九四〇年に制定された服装。戦時中に広く男性が着用した。
9 モンペ――作業用・防寒用として着用するズボン状の衣服。戦時中に女性の標準服として普及した。
10 外食券――戦中・戦後の統制下で、役所が発行した食券。
11 闇価――闇売りにおける価格。

問1　傍線部A「私はあわてて説明した」とあるが、このときの「私」の様子の説明として最も適当なものを、次の①～⑤のうちから一つ選べ。解答番号は 13 。

① 都民が夢をもてるような都市構想なら広く受け入れられると自信をもって提出しただけに、構想の主旨を会長から問いただされたことに戸惑い、理解を得ようとしている。

② 会長も出席する重要な会議の場で成果をあげて認められようと張り切って作った構想が、予想外の低評価を受けたことに動揺し、なんとか名誉を回復しようとしている。

③ 会長から頭ごなしの批判を受け、街頭展に出す目的を明確にイメージできていなかったことを悟り、自分の未熟さにあきれつつもどうにかその場を取り繕おうとしている。

④ 会議に臨席した人々の理解を得られなかったことで、過酷な食糧事情を抱える都民の現実を見誤っていたことに今更ながら気づき、気まずさを解消しようとしている。

⑤ 「私」の理想の食物都市の構想は都民の共感を呼べると考えていたため、会長からテーマとの関連不足を指摘されてうろたえ、急いで構想の背景を補おうとしている。

問2　傍線部B「私はだんだん腹が立ってきたのである」とあるが、それはなぜか。その理由として最も適当なものを、次の①～⑤のうちから一つ選べ。解答番号は 14 。

①　戦後に会社が国民を啓蒙し文化国家を建設するという理想を掲げた真意を理解せず、給料をもらって飢えをしのぎたいという自らの欲望を優先させた自分の浅ましさが次第に嘆かわしく思えてきたから。

②　戦時中には国家的慈善事業を行っていた会社が戦後に方針転換したことに思い至らず、暴利をむさぼるような経営にいつの間にか自分が加担させられていることを徐々に自覚して反発を覚えたから。

③　戦後に営利を追求するようになった会社が社員相互の啓発による競争を重視していることに思い至らず、会長があきれるような提案しかできなかった自分の無能さがつくづく恥ずかしくなってきたから。

④　戦後の復興を担う会社が利益を追求するだけで東京を発展させていく意図などないことを理解せず、飢えの解消を前面に打ち出す提案をした自分の安直な姿勢に自嘲の念が少しずつ湧いてきたから。

⑤　戦時中に情報局と提携していた会社が純粋な慈善事業を行うはずもないことに思い至らず、自分の理想や夢だけを詰め込んだ構想を誇りをもって提案した自分の愚かさにようやく気づき始めたから。

問3　傍線部C「自分でもおどろくほど邪険な口調で、老爺にこたえていた」とあるが、ここに至るまでの「私」の心の動きはどのようなものか。その説明として最も適当なものを、次の①～⑤のうちから一つ選べ。解答番号は 15 。

① ぎりぎり計算して食べている自分より、老爺の飢えのほうが深刻だと痛感した「私」は、彼の懇願に対してせめて丁寧な態度で断りたいと思いはしたが、人目をはばからず無心を続ける老爺にいら立った。

② 一食を得るために上衣さえ差し出そうとする老爺の様子を見た「私」は、彼を救えないことに対し頭を下げ許しを乞いたいと思いつつ、周りの視線を気にしてそれもできない自分へのいらだちを募らせた。

③ 飢えから逃れようと必死に頭を下げる老爺の姿に自分と重なるところがあると感じた「私」は、自分も食べていないことを話し説得を試みたが、食物をねだり続ける老爺に自分にはない厚かましさも感じた。

④ 頬の肉がげっそりと落ちた老爺のやせ細り方に同情した「私」は、彼の願いに応えられないことに罪悪感を抱いていたが、後ろめたさに付け込み、どこまでも食い下がる老爺のしつこさに嫌悪感を覚えた。

⑤ かろうじて立っている様子の老爺の懇願に応じることのできない「私」は、苦痛を感じながら耐えていたが、なおもすがりつく老爺の必死の態度に接し、彼に向き合うことから逃れたい衝動に駆られた。

問4 傍線部D「それを考えるだけで私は身ぶるいした。」とあるが、このときの「私」の状況と心理の説明として最も適当なものを、次の①～⑤のうちから一つ選べ。解答番号は 16 。

① 貧富の差が如実に現れる周囲の人びとの姿から自らの貧しく惨めな姿も浮かび、食物への思いにとらわれていることを自覚した「私」は、農作物を盗むような生活の先にある自身の将来に思い至った。

② 定収入を得てぜいたくに暮らす人びとの存在に気づいた「私」は、芋や柿などの農作物を生活の糧にすることを想像し、そのような空想にふける自分は厳しい現実を直視できていないと認識した。

③ 経済的な格差がある社会でしたたかに生きる人びとに思いを巡らせた「私」は、一食のために上衣を手放そうとした老爺のように、その場しのぎの不器用な生き方しかできない我が身を振り返った。

④ 富める人もいれば貧しい人もいる社会の構造にやっと思い至った「私」は、会社に勤め始めて二十日以上経ってもその構造から抜け出せない自分が、さらなる貧困に落ちるしかないことに気づいた。

⑤ 自分を囲む現実を顧みたことで、周囲には貧しい人が多いなかに富める人もいることに気づいた「私」は、食糧のことで頭が一杯になり社会の動向を広く認識できていなかった自分を見つめ直した。

問5　傍線部E「食えないことは、やはり良くないことだと思うんです」とあるが、この発言の説明として最も適当なものを、次の①～⑤のうちから一つ選べ。解答番号は 17 。

① 満足に食べていくため不本意な業務も受け入れていたが、あまりにも薄給であることに承服できず、将来的な待遇改善や今までの評価が問題ではなく、現在の飢えを解消できないことが決め手となって退職することを淡々と伝えた。

② 飢えた生活から脱却できると信じて営利重視の経営方針にも目をつぶってきたが、営利主義が想定外の薄給にまで波及していると知り、口先だけ景気の良いことを言う課長の態度にも不信感を抱いたことで、つい感情的に反論した。

③ 飢えない暮らしを望んで夢を侮蔑されても会社勤めを続けてきたが、結局のところ新しい生き方を選択しないかぎり静かな生活は送れないとわかり、課長に正論を述べても仕方がないと諦めて、ぞんざいな言い方しかできなかった。

④ 静かな生活の実現に向けて何でもすると決意して自発的に残業さえしてきたが、月給ではなく日給であることに怒りを覚え、課長に何を言っても正当な評価は得られないと感じて、不当な薄給だという事実をぶっきらぼうに述べた。

⑤ 小声でほめてくる課長が本心を示していないことはわかるものの、静かな生活は自分で切り開くしかないという事実に変わりはなく、有効な議論を展開するだけの余裕もないので、負け惜しみのような主張を絞り出すしかなかった。

問6 傍線部F「私はむしろある勇気がほのぼのと胸にのぼってくるのを感じていたのである」とあるが、このときの「私」の心情の説明として最も適当なものを、次の①～⑤のうちから一つ選べ。解答番号は 18 。

① 希望していた静かな暮らしが実現できないことに失望したが、その給料では食べていけないと主張できたことにより、これからは会社の期待に添って生きるのではなく自由に生きようと徐々に思い始めている。

② これから新しい道を切り開いていくため静かな生活はかなわないと悲しんでいたが、課長に言われた言葉を思い出すことにより、自分がすべきことをイメージできるようになりにわかに自信が芽生えてきている。

③ 昇給の可能性もあるとの上司の言葉はありがたかったが、盗みをせざるを得ないほどの生活不安を解消するまでの説得力を感じられないのでそれを受け入れられず、物乞いをしてでも生きていこうと決意を固めている。

④ 人並みの暮らしができる給料を期待していたが、その願いが断たれたことで現在の会社勤めを辞める決意をし、将来の生活に対する懸念はあるものの新たな生き方を模索しようとする気力が湧き起こってきている。

⑤ 期待しているという課長の言葉とは裏腹の食べていけないほどの給料に気落ちしていたが、一方で課長が自分に期待していた事実があることに自信を得て、新しい生活を前向きに送ろうと少し気楽になっている。

問7　Wさんのクラスでは、本文の理解を深めるために教師から本文と同時代の【資料】が提示された。Wさんは、【資料】を参考に「マツダランプの広告」と本文の「焼けビル」との共通点をふまえて「私」の「飢え」を考察することにし、【構想メモ】を作り、【文章】を書いた。このことについて、後の(i)・(ii)の問いに答えよ。なお、設問の都合で広告の一部を改めている。

【資料】

●マツダランプの広告

雑誌『航空朝日』(一九四五年九月一日発行)に掲載

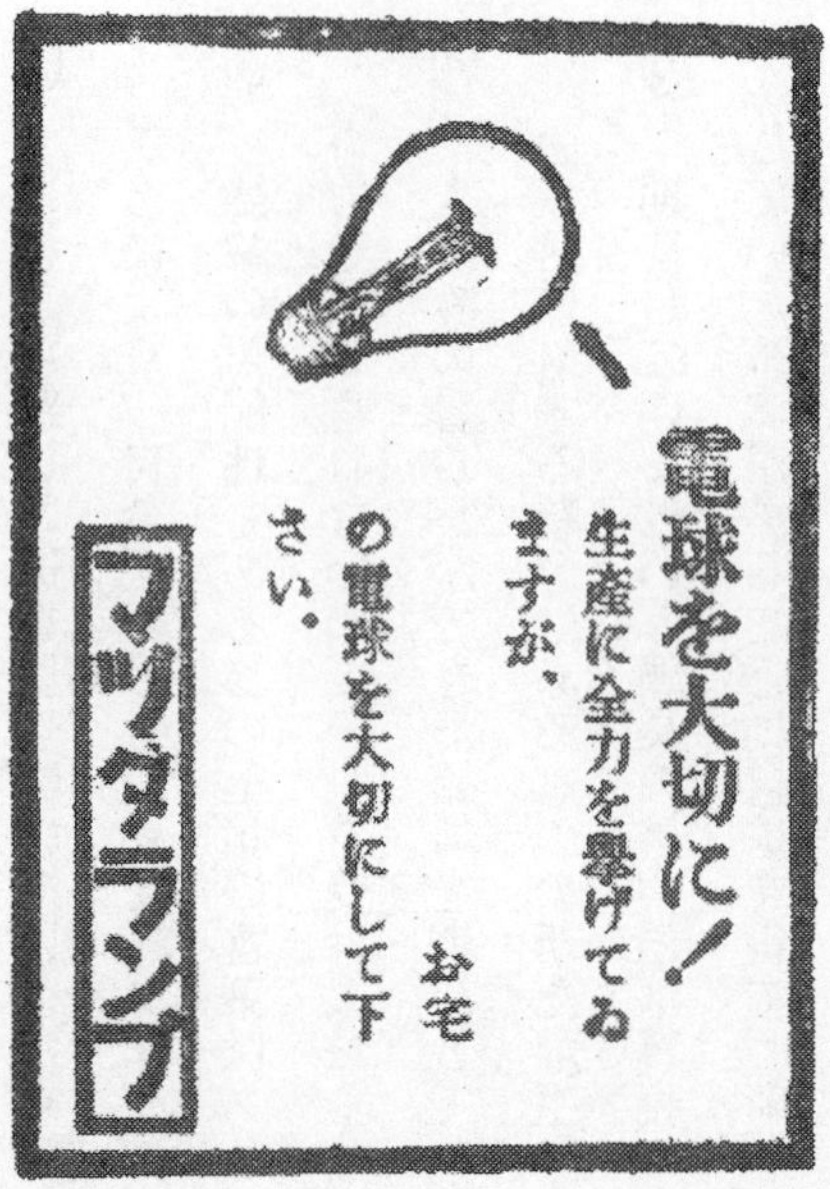

●補足

この広告は、戦時中には「生産《せいさん》に全力《ぜんりよく》を擧《あ》げてゐますが、御家庭用は尠《すく》なくなりますから、お宅の電球を大切にして下さい。」と書かれていた。戦後も物が不足していたため、右のように変えて掲載された。

【構想メモ】

(1)　【資料】からわかること

・社会状況として戦後も物資が不足していること。

・広告の一部の文言を削ることで、戦時中の広告を終戦後に再利用しているということ。

(2)　【文章】の展開

①　【資料】と本文との共通点

・マツダランプの広告

・「焼けビル」(本文末尾)

↓

②　「私」の現状や今後に関する「私」の認識について

↓

③　「私」の「飢え」についてのまとめ

【文章】

【資料】のマツダランプの広告は、戦後も物資が不足している社会状況を表している。この広告と「飢えの季節」本文の最後にある「焼けビル」とには共通点がある。 Ⅰ この共通点は、本文の会長の仕事のやり方とも重なる。そのような会長の下で働く「私」自身はこの職にしがみついていても苦しい生活を脱する可能性がないと思い、具体的な未来像を持つこともないままに会社を辞めたのである。そこで改めて【資料】を参考に、本文の最後の一文に注目して「私」の「飢え」について考察すると、「かなしくそそり立っていた」という「焼けビル」は、 Ⅱ と捉えることができる。

(i) 空欄 Ⅰ に入るものとして最も適当なものを、次の①～④のうちから一つ選べ。解答番号は 19 。

① それは、戦時下の軍事的圧力の影響が、終戦後の日常生活の中においても色濃く残っているということだ。
② それは、戦時下に生じた倹約の精神が、終戦後の人びとの生活態度においても保たれているということだ。
③ それは、戦時下に存在した事物が、終戦に伴い社会が変化する中においても生き延びているということだ。
④ それは、戦時下の国家貢献を重視する方針が、終戦後の経済活動においても支持されているということだ。

(ii) 空欄 Ⅱ に入るものとして最も適当なものを、次の①～④のうちから一つ選べ。解答番号は 20 。

① 「私」の飢えを解消するほどの給料を払えない会社の象徴
② 「私」にとって解消すべき飢えが継続していることの象徴
③ 「私」の今までの飢えた生活や不本意な仕事との決別の象徴
④ 「私」が会社を辞め飢えから脱却する勇気を得たことの象徴

第3問

次の文章は源俊頼《としより》が著した『俊頼髄脳《としよりずいのう》』の一節で、殿上人たちが、皇后寛子のために、寛子の父・藤原頼通の邸内で船遊びをしようとするところから始まる。これを読んで、後の問い(問1～4)に答えよ。なお、設問の都合で本文の段落に 1 ～ 5 の番号を付してある。(配点 50)

1 宮司《みやづかさ》(注1)ども集まりて、船をばいかがすべき、紅葉《もみぢ》を多くとりにやりて、船の屋形にして、船《ふな》さし(注2)は侍《さぶらひ》の a 若からむをさしたりければ、俄《にはか》に狩袴《かりばかま》(注3)染めなどしてきらめきけり。その日になりて、人々、皆参り集まりぬ。「御船はまうけたりや」と尋ねられければ、「皆まうけて侍り」と申して、その期《ご》になりて、島がくれ(注4)より漕《こ》ぎ出でたるを見れば、なにとなく、ひた照《て》りなる船を二つ、装束《さうぞ》き出でたるけしき、いとをかしかりけり。

2 人々、皆乗り分かれて、管絃《くわんげん》の具ども、御前(注5)より申し出だして、そのことする人々、前におきて、(ア)やうやうさしまはす程に、南の普賢堂に、宇治の僧正(注6)、僧都《そうづ》の君と申しける時、御修法《みずほふ》しておはしけるに、かかることありとて、もろもろの僧たち、大人、若き、集まりて、庭にゐなみたり。童部《わらはべ》、供《とも》法師にいたるまで、繡花《しうくわ》(注7)装束きて、さし退《の》きつつ群がれゐたり。

3 その中に、良暹《りやうぜん》といへる歌よみのありけるを、殿上人、見知りてあれば、「良暹がさぶらふか」と問ひければ、良暹、目も(注8)なく笑みて、平《ひら》がりてさぶらひければ、かたはらに若き僧の侍りけるが知り、「b さに侍り」と申しければ、「あれ、船に召して乗せて連歌《れんが》(注9)などせさせむは、いかがあるべき」と、いま一つの船の人々に申しあはせければ、「いかが。あるべからず。後の人や、さらでもありぬべかりけることかなとや申さむ」などありければ、さもあることとて、乗せずして、ただ船ながら連歌などはせさせてむなど定めて、近う漕ぎよせて、「良暹、さりぬべからむ連歌などして参らせよ」と、人々申されければ、さる者にて、もしさやうのこともやあるとて c まうけたりけるにや、聞きけるままに程もなくかたはらの僧にものを言ひければ、その僧、(イ)ことごとしく歩みよりて、

「もみぢ葉のこがれて見ゆる御船《みふね》かな

と申し侍るなり」と申しかけて帰りぬ。

4 人々、これを聞きて、船々に聞かせて、付けむとしけるが遅かりければ、船を漕ぐともなくて、やうやう築島《つくじま》をめぐりて、一めぐりの程に、付けて言はむとしけるに、え付けざりければ、むなしく過ぎにけり。「いかに」「遅し」と、たがひに船々あらそひて、二《ふた》めぐりになりにけり。なほ、え付けざりければ、船を漕がで、島のかくれにて、「(ウ)かへすがへすもわろきことなり、これを d今まで付けぬは。日はみな暮れぬ。いかがせむずる」と、今は、付けむの心はなくて、付けでやみなむことを嘆く程に、何事も e覚えずなりぬ。

5 ことごとしく管絃の物の具申しおろして船に乗せたりけるも、いささか、かきならす人もなくてやみにけり。かく言ひ沙汰する程に、普賢堂の前にそこばく多かりつる人、皆立ちにけり。人々、船よりおりて、御前にて遊ばむなど思ひけれど、このことにたがひて、皆逃げておのおの失《う》せにけり。宮司、まうけしたりけれど、いたづらにてやみにけり。

(注) 1 宮司——皇后に仕える役人。

2 船さし——船を操作する人。

3 狩袴染めなどして——「狩袴」は狩衣を着用する際の袴。これを、今回の催しにふさわしいように染めたということ。

4 島がくれ——島陰。頼通邸の庭の池には島が築造されていた。そのため、島に隠れて邸《やしき》側からは見えにくいところがある。

5 御前より申し出だして——皇后寛子からお借りして。

6 宇治の僧正——頼通の子、覚円。寛子の兄。寛子のために邸内の普賢堂で祈禱《きとう》をしていた。

7 繡花——花模様の刺繡《ししゅう》。

8 目もなく笑みて——目を細めて笑って。

9 連歌——五・七・五の句と七・七の句を交互に詠んでいく形態の詩歌。前の句に続けて詠むことを、句を付けるという。

問1　傍線部(ア)～(ウ)の解釈として最も適当なものを、次の各群の①～⑤のうちから、それぞれ一つずつ選べ。解答番号は 21 ～ 23 。

(ア)　やうやうさしまはす程に　21
① さりげなく池を見回すと
② あれこれ準備するうちに
③ 徐々に船を動かすうちに
④ 次第に船の方に集まると
⑤ 段々と演奏が始まるころ

(イ)　ことごとしく歩みよりて　22
① たちまち僧侶たちの方に向かっていって
② 焦った様子で殿上人のもとに寄っていって
③ 卑屈な態度で良暹のそばに来て
④ もったいぶって船の方に近づいていって
⑤ すべてを聞いて良暹のところに行って

(ウ)　かへすがへすも　23
① 繰り返すのも
② どう考えても
③ 句を返すのも
④ 引き返すのも
⑤ 話し合うのも

問2　波線部a～eについて、語句と表現に関する説明として最も適当なものを、次の①～⑤のうちから一つ選べ。解答番号は 24 。

① a「若からむ」は、「らむ」が現在推量の助動詞であり、断定的に記述することを避けた表現になっている。
② b「さに侍り」は、「侍り」が丁寧語であり、「若き僧」から読み手への敬意を込めた表現になっている。
③ c「まうけたりけるにや」は、「や」が疑問の係助詞であり、文中に作者の想像を挟み込んだ表現になっている。
④ d「今まで付けぬは」は、「ぬ」が強意の助動詞であり、「人々」の驚きを強調した表現になっている。
⑤ e「覚えずなりぬ」は、「なり」が推定の助動詞であり、今後の成り行きを読み手に予想させる表現になっている。

問3　[1]〜[3]段落についての説明として最も適当なものを、次の①〜⑤のうちから一つ選べ。解答番号は[25]。

① 宮司たちは、船の飾り付けに悩み、当日になってようやくもみじの葉で飾った船を準備し始めた。
② 宇治の僧正は、船遊びの時間が迫ってきたので、祈禱を中止し、供の法師たちを庭に呼び集めた。
③ 良暹は、身分が低いため船に乗ることを辞退したが、句を求められたことには喜びを感じていた。
④ 殿上人たちは、管絃や和歌の催しだけでは後で批判されるだろうと考え、連歌も行うことにした。
⑤ 良暹のそばにいた若い僧は、殿上人たちが声をかけてきた際、かしこまる良暹に代わって答えた。

問4 次に示すのは、授業で本文を読んだ後の、話し合いの様子である。これを読んで、後の(i)〜(iii)の問いに答えよ。

教　師——本文の 3 〜 5 段落の内容をより深く理解するために、次の文章を読んでみましょう。これは『散木奇歌集《さんぼくきかしゅう》』の一節で、作者は本文と同じく源俊頼《としより》です。

> 人々あまた八幡《やはた》(注1)の御神楽《みかぐら》に参りたりけるに、こと果てて又の日、別当《べったう》(注2)法印光清《くわうせい》が堂の池の釣殿《つりどの》に人々ゐなみて遊びけるに、「光清、連歌作ることなむ得たることとおぼゆる。ただいま連歌付けばや」など申しゐたりけるに、かたのごとくとて申したりける、
>
> 釣殿の下には魚《いを》やすまざらむ　　俊重《とししげ》(注3)
>
> 光清しきりに案じけれども、え付けでやみにしことなど、帰りて語りしかば、試みにとて、
>
> うつばり(注4)の影そこに見えつつ　　俊頼
>
> (注) 1 八幡の御神楽——石清水八幡宮《いわしみずはちまんぐう》において、神をまつるために歌舞を奏する催し。
> 2 別当法印——「別当」はここでは石清水八幡宮の長官。「法印」は最高の僧位。
> 3 俊重——源俊頼の子。
> 4 うつばり——屋根の重みを支えるための梁《はり》。

教　師――この『散木奇歌集』の文章は、人々が集まっている場で、連歌をしたいと光清が言い出すところから始まります。その後の展開を話し合ってみましょう。

生徒A――俊重が「釣殿の」の句を詠んだけれど、光清は結局それに続く句を付けることができなかったんだね。

生徒B――そのことを聞いた父親の俊頼が俊重の句に「うつばりの」の句を付けてみせたんだ。

生徒C――そうすると、俊頼の句はどういう意味になるのかな?

生徒A――その場に合わせて詠まれた俊重の句に対して、俊頼が機転を利かせて返答をしたわけだよね。二つの句のつながりはどうなっているんだろう……。

教　師――前に授業で取り上げた「掛詞《かけことば》」に注目してみると良いですよ。

生徒B――掛詞は一つの言葉に二つ以上の意味を持たせる技法だったよね。あ、そうか、この二つの句のつながりがわかった! **X** ということじゃないかな。

生徒C――なるほど、句を付けるって簡単なことじゃないんだね。うまく付けられたら楽しそうだけど。

教　師――そうですね。それでは、ここで本文の『俊頼髄脳』の 3 段落で良暹《りょうぜん》が詠んだ「もみぢ葉の」の句について考えてみましょう。

生徒A――この句は **Y** 。でも、この句はそれだけで完結しているわけじゃなくて、別の人がこれに続く七・七を付けることが求められていたんだ。

生徒B――そうすると、 4 ・ 5 段落の状況もよくわかるよ。 **Z** ということなんだね。

教　師――良い学習ができましたね。『俊頼髄脳』のこの後の箇所では、こういうときは気負わずに句を付けるべきだ、と書かれています。ということで、次回の授業では、皆さんで連歌をしてみましょう。

(i) 空欄 X に入る発言として最も適当なものを、次の①～④のうちから一つ選べ。解答番号は 26 。

① 俊重が、皆が釣りすぎたせいで釣殿から魚の姿が消えてしまったと詠んだのに対して、俊頼は、「そこ」に「底」を掛けて、水底《みなそこ》にはそこかしこに釣針が落ちていて、昔の面影をとどめているよ、と付けている

② 俊重が、釣殿の下にいる魚は心を休めることもできないだろうかと詠んだのに対して、俊頼は、「うつばり」に「鬱」を掛けて、梁の影にあたるような場所だと、魚の気持ちも沈んでしまうよね、と付けている

③ 俊重が、「すむ」に「澄む」を掛けて、水は澄みきっているのに魚の姿は見えないと詠んだのに対して、俊頼は、「そこ」に「あなた」という意味を掛けて、そこにあなたの姿が見えたからだよ、と付けている

④ 俊重が、釣殿の下には魚が住んでいないのだろうかと詠んだのに対して、俊頼は、釣殿の「うつばり」に「針」の意味を掛けて、池の水底には釣殿の梁ならぬ釣針が映って見えるからね、と付けている

(ii) 空欄 **Y** に入る発言として最も適当なものを、次の①～④のうちから一つ選べ。解答番号は 27 。

① 船遊びの場にふさわしい句を求められて詠んだ句であり、「こがれて」には、葉が色づくという意味の「焦がれて」と船が漕がれるという意味の「漕がれて」が掛けられていて、紅葉に飾られた船が池を廻《めぐ》っていく様子を表している

② 寛子への恋心を伝えるために詠んだ句であり、「こがれて」には恋い焦がれるという意味が込められ、「御船」には出家した身でありながら、あてもなく海に漂う船のように恋の道に迷い込んでしまった良暹自身がたとえられている

③ 頼通や寛子を賛美するために詠んだ句であり、「もみぢ葉」は寛子の美しさを、敬語の用いられた「御船」は栄華を極めた頼通たち藤原氏を表し、順風満帆に船が出発するように、一族の将来も明るく希望に満ちていると讃《たた》えている

④ 祈禱を受けていた寛子のために詠んだ句であり、「もみぢ葉」「見ゆる」「御船」というマ行の音で始まる言葉を重ねることによって音の響きを柔らかなものに整え、寛子やこの催しの参加者の心を癒やしたいという思いを込めている

(iii) 空欄 **Z** に入る発言として最も適当なものを、次の ① ～ ④ のうちから一つ選べ。解答番号は **28** 。

① 誰も次の句を付けることができなかったので、良暹を指名した責任について殿上人たちの間で言い争いが始まり、それがいつまでも終わらなかったので、もはや宴《うたげ》どころではなくなった

② 次の句をなかなか付けられなかった殿上人たちは、自身の無能さを自覚させられ、これでは寛子のための催しを取り仕切ることも不可能だと悟り、準備していた宴を中止にしてしまった

③ 殿上人たちは良暹の句にその場ですぐに句を付けることができず、時間が経っても池の周りを廻るばかりで、ついにはこの催しの雰囲気をしらけさせたまま帰り、宴を台無しにしてしまった

④ 殿上人たちは念入りに船遊びの準備をしていたのに、連歌を始めたせいで予定の時間を大幅に超過し、庭で待っていた人々も帰ってしまったので、せっかくの宴も殿上人たちの反省の場となった

第4問

唐の白居易は、皇帝自らが行う官吏登用試験に備えて一年間受験勉強に取り組んだ。その際、自分で予想問題を作り、それに対する模擬答案を準備した。次の文章は、その**【予想問題】**と**【模擬答案】**の一部である。これを読んで、後の問い（**問1**～7）に答えよ。なお、設問の都合で本文を改め、返り点・送り仮名を省いたところがある。（配点　50）

【予想問題】

問フ、自レ古《いにしへ》リ以来、A君タル者無レ不ルハ思レ求ムルヲ二其ノ賢ヲ一、賢ナル者罔《な》シレ不ルハ思レ効《いた》スヲ二其ノ用ヲ一。然レドモ両《ふた》ツナガラ不ルハ二相《あひ》遇ハ一、其ノ故ハ何ゾ哉。今欲スルニレ求メントレ之ヲ、其ノ術ハ安クニ在リヤ。

【模擬答案】

臣（注1）聞ク、人君タル者無レ不ルハ思レ求ムルヲ二其ノ賢ヲ一、B人臣タル者無シトレ不ルハ思レ効スヲ二其ノ用ヲ一。然リ而シテ君ハ求メントシテレ賢ヲ而不レ得、臣ハ効サントシテレ用ヲ而(ア)無レ由者、豈不以貴賤相懸、朝（注2）野相隔、堂（注3）遠於千里、門（注4）深於九重。

臣(イ)以為、求《ムルニ》レ賢《ヲ》有《リ》レ術、(ウ)弁レ賢《ヲ》有《リ》レ方。方術者、各《おのおの》審《つまびらカニシ》二其《ノ》族類《ヲ》一、使《ムル》二

之《ヲシテ》推薦《セ》一而已。近《ク》取《レバ》二諸《これヲ》喩《たとへニ》一、C其《レ》猶《ホ》《キ》二線《いとト》与《ノ》レ矢也。線《ハ》因《リテ》レ針《ニ》而入《リ》、矢《ハ》待《チテ》レ

弦《ヲ》而発《ス》。雖《モ》レ有《リト》二線矢一、苟《クモ》無《クンバ》二針弦一、求《ムルモ》二自《ラ》致《スヲ》一焉、不《ル》レ可《カラ》レ得也。夫《レ》必《ズ》以《テスル》二

族類《ヲ》一者、蓋《シ》賢愚有《リ》レ貫《クコト》、善悪有《リ》レ倫《ともがら》、若《シ》以《テ》レ類《ヲ》求《ムレバ》、D X 以類至。此《レ》

亦《タ》猶《ホ》《ク》二水《ノ》流《レ》レ湿《ニ》、火《ノ》就《クガ》レ燥《ニ》一、E自然之理也。

(白居易『白氏文集』による)

(注) 1 臣――君主に対する臣下の自称。
2 朝野――朝廷と民間。
3 堂――君主が執務する場所。
4 門――王城の門。

問1 波線部(ア)「無レ由」、(イ)「以　為」、(ウ)「弁」のここでの意味として最も適当なものを、次の各群の①～⑤のうちから、それぞれ一つずつ選べ。解答番号は 29 ～ 31 。

(ア)「無レ由」 29

① 方法がない
② 伝承がない
③ 原因がない
④ 意味がない
⑤ 信用がない

(イ)「以　為」 30

① 考えるに
② 同情するに
③ 行うに
④ 目撃するに
⑤ 命ずるに

(ウ)「弁」 31

① 弁償するには
② 弁護するには
③ 弁解するには
④ 弁論するには
⑤ 弁別するには

問2 傍線部**A**「君者無㆑不㆑思㆑求㆓其賢㆒、賢者罔㆑不㆑思㆑効㆓其用㆒」の解釈として最も適当なものを、次の①～⑤のうちから一つ選べ。解答番号は 32 。

① 君主は賢者の仲間を求めようと思っており、賢者は無能な臣下を退けたいと思っている。

② 君主は賢者を顧問にしようと思っており、賢者は君主の要請を辞退したいと思っている。

③ 君主は賢者を登用しようと思っており、賢者は君主の役に立ちたいと思っている。

④ 君主は賢者の意見を聞こうと思っており、賢者は自分の意見は用いられまいと思っている。

⑤ 君主は賢者の称賛を得ようと思っており、賢者は君主に信用されたいと思っている。

問3　傍線部B「豈不以貴賤相懸、朝野相隔、堂遠於千里、門深於九重」の返り点の付け方と書き下し文との組合せとして最も適当なものを、次の①～⑤のうちから一つ選べ。解答番号は 33 。

① 豈不レ以二貴賤相懸一、朝野相隔、堂遠二於千里一、門深二於九重一
豈に貴賤相懸《あひへだ》たるを以てならずして、朝野相隔たり、堂は千里よりも遠く、門は九重よりも深きや

② 豈不レ以二貴賤相懸、朝野相隔一、堂遠二於千里一、門深二於九重一
豈に貴賤相懸たり、朝野相隔たるを以てならずして、堂は千里よりも遠く、門は九重よりも深きや

③ 豈不レ以三貴賤相懸、朝野相隔、堂遠二於千里一、門深二於九重一
豈に貴賤相懸たり、朝野相隔たり、堂は千里よりも遠きを以てならずして、門は九重よりも深きや

④ 豈不下以三貴賤相懸、朝野相隔、堂遠二於千里一、門深中於九重上
豈に貴賤相懸たり、朝野相隔たり、堂は千里よりも遠きを以て、門は九重よりも深からずや

⑤ 豈不レ以下貴賤相懸、朝野相隔、堂遠二於千里一、門深中於九重上
豈に貴賤相懸たり、朝野相隔たり、堂は千里よりも遠く、門は九重よりも深きを以てならずや

問4　傍線部C「其　猶㆓線　与㆒㆑矢　也」の比喩は、「線」・「矢」のどのような点に着目して用いられているのか。最も適当なものを、次の①～⑤のうちから一つ選べ。解答番号は 34 。

①　「線」や「矢」は、単独では力を発揮しようとしても発揮できないという点。
②　「線」と「矢」は、互いに結びつけば力を発揮できるという点。
③　「線」や「矢」は、針や弦と絡み合って力を発揮できないという点。
④　「線」と「矢」は、助け合ったとしても力を発揮できないという点。
⑤　「線」や「矢」は、針や弦の助けを借りなくても力を発揮できるという点。

問5　傍線部D「[X]以類至」について、(a)空欄[X]に入る語と、(b)書き下し文との組合せとして最も適当なものを、次の①～⑤のうちから一つ選べ。解答番号は[35]。

① (a) 不　(b) 類を以てせずして至ればなり
② (a) 何　(b) 何ぞ類を以て至らんや
③ (a) 必　(b) 必ず類を以て至ればなり
④ (a) 誰　(b) 誰か類を以て至らんや
⑤ (a) 嘗　(b) 嘗《かつ》て類を以て至ればなり

問6　傍線部E「自然之理也」はどういう意味を表しているのか。その説明として最も適当なものを、次の①～⑤のうちから一つ選べ。解答番号は 36 。

① 水と火の性質は反対だがそれぞれ有用であるように、相反する性質のものであってもおのおの有効に作用するのが自然であるということ。

② 水の湿り気と火の乾燥とが互いに打ち消し合うように、性質の違う二つのものは相互に干渉してしまうのが自然であるということ。

③ 川の流れが湿地を作り山火事で土地が乾燥するように、性質の似通ったものはそれぞれに大きな作用を生み出すのが自然であるということ。

④ 水は湿ったところに流れ、火は乾燥したところへと広がるように、性質を同じくするものは互いに求め合うのが自然であるということ。

⑤ 水の潤いや火による乾燥が恵みにも害にもなるように、どのような性質のものにもそれぞれ長所と短所があるのが自然であるということ。

問7 **【予想問題】**に対して、作者が**【模擬答案】**で述べた答えはどのような内容であったのか。その説明として最も適当なものを、次の①〜⑤のうちから一つ選べ。解答番号は 37 。

① 君主が賢者と出会わないのは、君主が賢者を採用する機会が少ないためであり、賢者を求めるには採用試験をより多く実施することによって人材を多く確保し、その中から賢者を探し出すべきである。

② 君主が賢者と出会わないのは、君主と賢者の心が離れているためであり、賢者を求めるにはまず君主の考えを広く伝えて、賢者との心理的距離を縮めたうえで人材を採用するべきである。

③ 君主が賢者と出会わないのは、君主が人材を見分けられないためであり、賢者を求めるにはその賢者が党派に加わらず、自分の信念を貫いているかどうかを見分けるべきである。

④ 君主が賢者と出会わないのは、君主が賢者を見つけ出すことができないためであり、賢者を求めるには賢者のグループを見極めたうえで、その中から人材を推挙してもらうべきである。

⑤ 君主が賢者と出会わないのは、君主が賢者を受け入れないためであり、賢者を求めるには幾重にも重なっている王城の門を開放して、やって来る人々を広く受け入れるべきである。

2022年度

大学入学共通テスト
本試験

(200点　80分)

第1問　次の【文章Ⅰ】【文章Ⅱ】を読んで、後の問い（問1〜6）に答えよ。（配点　50）

【文章Ⅰ】　次の文章は、宮沢賢治の「よだかの星」を参照して「食べる」ことについて考察した文章である。なお、表記を一部改めている。

「食べる」ことと「生」にまつわる議論は、どうしたところで動物が主題になってしまう。そこでは動物たちが人間の言葉をはなし、また人間は動物の言葉を理解する（まさに神話的状況である）。そのとき動物も人間も、自然のなかでの生き物として、まったく対等な位相にたってしまうことが重要なのである。動物が人間になるのではない。宮沢の記述からかいまみられるのは、そもそも逆で、人間とはもとより動物である（そうでしかありえない）ということである。そしてそれは考えてみれば、あまりに当然すぎることである。

「よだかの星」は、その意味では、擬人化がカ(ア)ジョウになされている作品のようにおもわれる。その感情ははっきりと人間的である。よだかは、みなからいじめられ、何をしても孤立してしまう。いつも自分の醜い容姿を気にかけている。親切心で他の鳥の子供を助けても、何をするのかという眼差《まなざ》しでさげすまれる。なぜ自分は生きているのかとおもう。ある意味では、多かれ少なかれ普通の人間の誰もが、一度は心のなかに抱いたことのある感情だ。さらには、よだかにはいじめっ子の鷹《たか》がいる。鷹は、お前は鷹ではないのになぜよだかという名前を名乗るのだ、しかも夜という単語と鷹という単語を借りておかしいではないか、名前を変えろと迫る。よだかはあまりのことに、自分の存在そのものを否定されたかのように感じる。

しかしよだかは、いかに醜くとも、いかに自分の存在を低くみようとも、空を飛び移動するなかで、おおきな口をあけ、羽虫をむさぼり喰《く》ってしまう。それが喉につきささろうとも、甲虫《かぶとむし》を食べてしまう。自然に対しては、自分は支配者のような役割を演じてしまいもするのである。だがどうして自分は羽虫を「食べる」のか。なぜ自分のような存在が、劣等感をもちながらも、他の生き物を食べて生きていくのか、それがよいことかどうかがわからない。

夜だかが思ひ切って飛ぶときは、そらがまるで二つに切れたやうに思はれます。一疋《ぴき》の甲虫が、夜だかの咽喉《のど》にはひって、ひどくもがきました。よだかはすぐそれを呑《の》みこみましたが、その時何だかせなかがぞっとしたやうに思ひました。

（『宮沢賢治全集5』、八六頁《ページ》）

A ここからよだかが、つぎのように思考を展開していくことは、あまりに自明なことであるだろう。

（ああ、かぶとむしや、たくさんの羽虫が、毎晩僕に殺される。そしてそのただ一つの僕がこんどは鷹に殺される。それがこんなにつらいのだ。ああ、つらい、つらい。僕はもう虫をたべないで餓《う》ゑて死なう。いやその前にもう鷹が僕を殺すだらう。いや、その前に、僕は遠くの遠くの空の向ふに行ってしまはう。）（同書、八七頁）

当然のことながら、夏の夜の一夜限りの生命かもしれない羽虫を食べること、短い時間しかいのちを送らない甲虫を食べることは、そもそも食物連鎖上のこととしてやむをえないことである。それにそもそもこの話は、もともとはよだかが自分の生のどこかに困難を抱えていて（それはわれわれすべての鏡だ）、それが次第に、他の生き物を殺して食べているという事実の問いに転化され、そのなかで自分も鷹にいずれ食べられるだろう、それならば自分は何も食べず絶食し、空の彼方《かなた》へ消えてしまおうというはなしにさらに転変していくものである。

よだかは大犬座の方に向かい億年兆年億兆年かかるといわれても、さらに大熊星の方に向かい頭を冷やせといわれても、なおその行為をやめることはしない。結局よだかは最後の力を振り絞り、自らが燃え尽きることにより、自己の行為を昇華するのである。

食べるという主題がここで前景にでているわけではない。むしろまずよだかにとって問題なのは、どうして自分のような惨めな存在が生きつづけなければならないのかということであった。そしてその問いの先にあるものとして、ふと無意識に口にしていた羽虫や甲虫のことが気にかかる。そして自分の惨めさを感じつつも、無意識にそれを咀嚼《そしゃく》してしまっている自分に対し「せなかがぞっとした」「思ひ」を感じるのである。

よくいわれるように、このはなしは食物連鎖の議論のようにみえる。確かに表面的にはそう読めるだろう。だがよだかは、実はまだ自分が羽虫を食べることがつらいのか、自分が鷹に食べられることがつらいのか、たんに惨めな存在である自らが食べ物を殺して咀嚼することがつらいのか判然と理解しているわけではない。これはむしろ、主題としていえば、まずは食べないことの選択、つまりは断食につながるテーマである。そして、そうであるがゆえに、最終的な星への昇華という宮沢独特のストーリー性がひらかれる仕組みになっているようにもみえる。

ここで宮沢は、食物連鎖からの解放という(仏教理念として充分に想定される)事態だけをとりだすのではない。むしろここでみいだされるのは、心が(イ)キズついたよだかが、それでもなお羽虫を食べるという行為を無意識のうちになしていることに気がつき「せなかがぞっとした」「思ひ」をもつという一点だけにあるようにおもわれる。それは、B人間である(ひょっとしたら同時によだかでもある)われわれすべてが共有するものではないか。そしてこの思いを昇華させるためには、数億年数兆年彼方の星に、自らを変容させていくことしか解決策はないのである。

(檜垣立哉《ひがきたつや》『食べることの哲学』による)

【文章Ⅱ】　次の文章は、人間に食べられた豚肉(あなた)の視点から「食べる」ことについて考察した文章である。

長い旅のすえに、あなたは、いよいよ、人間の口のなかに入る準備を整えます。箸で挟まれたあなたは、まったく抵抗できぬままに口に運ばれ、アミラーゼの入った唾液をたっぷりかけられ、舌になぶられ、硬い歯によって噛《か》み切られ、すり潰されます。そのあと、歯の隙間に残ったわずかな分身に別れを告げ、食道を通って胃袋に入り、酸の海のなかでドロドロになります。十二指腸でも膵液《すいえき》と胆汁が流れ込み消化をアシストし、小腸にたどり着きます。ここでは、小腸の運動によってあなたは前後左右にもまれながら、六メートルに及ぶチューブをくねくね旅します。そのあいだ、小腸に出される消化酵素によって、炭水化物がブドウ糖や麦芽糖に、脂肪を脂肪酸とグリセリンに分解され、それらが腸に吸収されていきます。ほとんどの栄養を吸い取られたあなたは、すっかりかたちを変えて大腸にたどり着きます。

大腸は面白いところです。大腸には消化酵素はありません。そのかわりに無数の微生物が棲《す》んでいるのです。人間は、微生物の集合住宅でもあります。その微生物たちがあなたを(ウ)襲い、あなたのなかにある繊維を発酵させます。繊維があればあるほど、大腸の微生物は活性化するので、小さい頃から繊維をたっぷり含むニンジンやレンコンなどの根菜を食べるように言われているのです。そうして、いよいよあなたは便になって肛門《こうもん》からトイレの中へとダイビングします。こうして、下水の旅をあなたは始めるのです。

こう考えると、食べものは、人間のからだのなかで、急に変身を(エ)トげるのではなく、ゆっくり、じっくりと時間をかけ、徐々に変わっていくのであり、どこまでが食べものであり、どこからが食べものでないのかについて決めるのはとても難しいことがわかります。

答えはみなさんで考えていただくとして、二つの極端な見方を示して、終わりたいと思います。

一つ目は、人間は「食べて」などいないという見方です。食べものは、口に入るまえは、塩や人工調味料など一部の例外を除いてすべて生きものであり、その死骸であって、それが人間を通過しているにすぎない、と考えることもけっして言いすぎではありません。人間は、生命の循環の通過点にすぎないのであって、地球全体の生命活動がうまく回転するように食べさせられている、と考えていることです。

二つ目は、肛門から出て、トイレに流され、下水管を通って、下水処理場で微生物の力を借りて分解され、海と土に戻っていき、そこからまた微生物が発生して、それを魚や虫が食べ、その栄養素を用いて植物が成長し、その植物や魚をまた動物や人間が食べる、という循環のプロセスと捉えることです。つまり、ずっと食べものである、ということ。世の中は食べもので満たされていて、食べものは、生きものの死によって、つぎの生きものに生を(オ)与えるバトンリレーである。しかも、バトンも走者も無数に増えるバトンリレー。誰の口に入るかは別として、人間を通過しているにすぎないのです。

どちらも極端で、どちらも間違いではありません。しかも、C二つとも似ているところさえあります。死ぬのがわかっているのに生き続けるのはなぜか、という質問にもどこかで関わってきそうな気配もありますね。

（藤原辰史《ふじはらたつし》『食べるとはどういうことか』による）

問1　次の(i)・(ii)の問いに答えよ。

(i)　傍線部(ア)・(イ)・(エ)に相当する漢字を含むものを、次の各群の①～④のうちから、それぞれ一つずつ選べ。解答番号は［1］～［3］。

(ア)　カジョウ　［1］

① ジョウチョウな文章
② 予算のジョウヨ金
③ 汚れをジョウカする
④ ジョウキを逸する

(イ)　キズついた　［2］

① 入会をカンショウする
② 音楽をカンショウする
③ カンショウ的な気分になる
④ 箱にカンショウ材を詰める

(エ)　トげる　［3］

① 過去の事例からルイスイする
② キッスイの江戸っ子
③ マスイをかける
④ 計画をカンスイする

(ii) 傍線部(ウ)・(オ)とは**異なる意味**を持つものを、次の各群の①～④のうちから、それぞれ一つずつ選べ。解答番号は 4 ・ 5 。

(ウ) 4 襲い
① ヤ襲
② セ襲
③ キ襲
④ ライ襲

(オ) 5 与える
① キョウ与
② ゾウ与
③ カン与
④ ジュ与

問2　傍線部A「ここからよだかが、つぎのように思考を展開していく」とあるが、筆者はよだかの思考の展開をどのように捉えているか。その説明として最も適当なものを、次の①～⑤のうちから一つ選べ。解答番号は 6 。

① よだかは、生きる意味が見いだせないままに羽虫や甲虫を殺して食べていることに苦悩し、現実の世界から消えてしまおうと考えるようになる。

② よだかは、みなにさげすまれるばかりかついには鷹に殺されてしまう境遇を悲観し、彼方の世界へ旅立とうと考えるようになる。

③ よだかは、羽虫や甲虫を殺した自分が鷹に殺されるという弱肉強食の関係を嫌悪し、不条理な世界を拒絶しようと考えるようになる。

④ よだかは、他者を犠牲にして生きるなかで自分の存在自体が疑わしいものとなり、新しい世界を目指そうと考えるようになる。

⑤ よだかは、鷹におびやかされながらも羽虫や甲虫を食べ続けているという矛盾を解消できず、遠くの世界で再生しようと考えるようになる。

問3　傍線部B「人間である（ひょっとしたら同時によだかでもある）われわれすべてが共有するものではないか」とあるが、それはどういうことか。その説明として最も適当なものを、次の①～⑤のうちから一つ選べ。解答番号は 7 。

① 存在理由を喪失した自分が、動物の弱肉強食の世界でいつか犠牲になるかもしれないと気づき、自己の無力さに落胆するということ。

② 生きることに疑念を抱いていた自分が、意図せずに他者の生命を奪って生きていることに気づき、自己に対する強烈な違和感を覚えるということ。

③ 存在を否定されていた自分が、無意識のうちに他者の生命に依存していたことに気づき、自己を変えようと覚悟するということ。

④ 理不尽な扱いに打ちのめされていた自分が、他者の生命を無自覚に奪っていたことに気づき、自己の罪深さに動揺するということ。

⑤ 惨めさから逃れたいともがいていた自分が、知らないままに弱肉強食の世界を支える存在であったことに気づき、自己の身勝手さに絶望するということ。

問4　傍線部C「二つとも似ているところさえあります」とあるが、どういう点で似ているのか。その説明として最も適当なものを、次の①～⑤のうちから一つ選べ。解答番号は 8 。

① 人間の消化過程を中心とする見方ではなく、微生物の活動と生物の排泄行為から生命の再生産を捉えている点。
② 人間の生命維持を中心とする見方ではなく、別の生きものへの命の受け渡しとして食べる行為を捉えている点。
③ 人間の食べる行為を中心とする見方ではなく、食べられる側の視点から消化と排泄の重要性を捉えている点。
④ 人間の生と死を中心とする見方ではなく、地球環境の保護という観点から食べることの価値を捉えている点。
⑤ 人間の栄養摂取を中心とする見方ではなく、多様な微生物の働きから消化のメカニズムを捉えている点。

問5 【文章Ⅱ】の表現に関する説明として最も適当なものを、次の①～⑤のうちから一つ選べ。解答番号は 9 。

① 豚肉を「あなた」と見立てるとともに、食べられる生きものの側の心情を印象的に表現することで、無機的な消化過程に感情移入を促すように説明している。

② 豚肉を「あなた」と見立てるとともに、消化酵素と微生物とが協同して食べものを分解する様子を比喩的に表現することで、消化器官の働きを厳密に描いている。

③ 豚肉を「あなた」と見立てるとともに、食べものが消化器官を通過していく状況を擬態語を用いて表現することで、食べることの特殊な仕組みを筋道立てて説明している。

④ 豚肉を「あなた」と二人称で表しながら、比喩を多用して消化過程を表現することで、生きものが他の生物の栄養になるまでの流れを軽妙に説明している。

⑤ 豚肉を「あなた」と二人称で表しながら、生きものが消化器官でかたちを変えて物質になるさまを誇張して表現することで、消化の複雑な過程を鮮明に描いている。

問6　Mさんは授業で【文章Ⅰ】と【文章Ⅱ】を読んで「食べる」ことについて自分の考えを整理するため、次のような【メモ】を作成した。これについて、後の(i)・(ii)の問いに答えよ。

【メモ】

〈1〉　共通する要素
「どちらも「食べる」ことと生命の関係について論じている。」

⇩

〈2〉　「食べる」ことについての捉え方の違い
【文章Ⅰ】「　X　」
【文章Ⅱ】「「食べる」ことは、生物を地球全体の生命活動に組み込むものである。」

⇩

〈3〉　まとめ
「　Y　」

(i) Mさんは〈1〉を踏まえて〈2〉を整理した。空欄 **X** に入る最も適当なものを、次の①～④のうちから一つ選べ。解答番号は 10 。

① 「食べる」ことは、弱者の生命の尊さを意識させる行為である。

② 「食べる」ことは、自己の生命を否応なく存続させる行為である。

③ 「食べる」ことは、意図的に他者の生命を奪う行為である。

④ 「食べる」ことは、食物連鎖から生命を解放する契機となる行為である。

(ii) Mさんは〈1〉〈2〉を踏まえて「〈3〉まとめ」を書いた。空欄 **Y** に入る最も適当なものを、次の①～④のうちから一つ選べ。解答番号は 11 。

① 他者の犠牲によってもたらされたよだかの苦悩は、生命の相互関係における多様な現象の一つに過ぎない。しかし見方を変えれば、自他の生を昇華させる行為は、地球全体の生命活動を円滑に動かすために欠かせない要素であるとも考えられる。

② 苦悩から解放されるためによだかが飢えて死のうとすることは、生命が本質的には食べてなどいないという指摘に通じる。しかし見方を変えれば、地球全体の生命活動を維持するためには、食べることの認識を改める必要があるとも考えられる。

③ 無意識によだかが羽虫や甲虫を食べてしまう行為には、地球全体の生命活動を循環させる重要な意味がある。しかし見方を変えれば、一つ一つの生命がもっている生きることへの衝動こそが、循環のプロセスを成り立たせているとも考えられる。

④ 他者に対してよだかが支配者となりうる食物連鎖の関係は、命のバトンリレーのなかで解消されるものである。しかし見方を変えれば、地球全体の生命活動を円滑にするためには、食べることによって生じる序列が不可欠であるとも考えられる。

第2問

次の文章は、黒井千次《くろいせんじ》「庭の男」(一九九一年発表)の一節である。「私」は会社勤めを終え、自宅で過ごすことが多くなっている。隣家(大野家)の庭に息子のためのプレハブ小屋が建ち、そこに立てかけられた看板に描かれた男が、「私」の自宅のダイニングキチン(キッチン)から見える。その存在が徐々に気になりはじめた「私」は、看板のことを妻に相談するなかで、自分が案山子《かかし》をどけてくれと頼んでいる雀《すずめ》のようだと感じていた。以下はそれに続く場面である。これを読んで、後の問い(問1～5)に答えよ。(配点　50)

立看板《たて》をなんとかするよう裏の家の息子に頼んでみたら、という妻の示唆を、私は大真面目で受け止めていたわけではなかった。落着《おちつ》いて考えてみれば、その理由を中学生かそこらの少年にどう説明すればよいのか見当もつかない。相手は看板を案山子などとは夢にも思っていないだろうから、雀の論理は通用すまい。ただあの時は、妻が私の側に立ってくれたことに救われ、気持ちが楽になっただけの話だった。いやそれ以上に、男と睨《にら》み合った時、なんだ、お前は案山子ではないか、と言ってやる僅かなゆとりが生れるほどの力にはなった。裏返されればそれまでだぞ、と窓の中から毒突くのは、一方的に見詰められるのみの関係に比べればまだましだったといえる。

しかし実際には、看板を裏返す手立てが摑《つか》めぬ限り、いくら毒突いても所詮空威張りに過ぎぬのは明らかである。そして裏の男は、私のそんな焦りを見透《みすか》したかのように、前にもまして帽子の広いつばの下の眼に暗い光を溜《た》め、こちらを凝視して止《や》まなかった。流しの窓の前に立たずとも、あの男が見ている、との感じは肌に伝わった。暑いのを我慢して南側の子供部屋で本を読んだりしていると、すぐ隣の居間に男の視線の気配を覚えた。そうなると、本を伏せてわざわざダイニングキチンまで出向き、あの男がいつもと同じ場所に立っているのを確かめるまで落着けなかった。

隣の家に電話をかけ、親に事情を話して看板をどうにかしてもらう、という手も考えた。少年の頭越しのそんな手段はフェアではないだろう、との意識も働いたし、その前に親を納得させる自信がない。もしも納得せぬまま、ただこちらとのいざこざを避けるために親が看板を除去してくれたとしても、相手の内にいかなる疑惑が芽生えるかは容易に想像がつく。あの家には頭のおかしな人間が住んでいる、そんな噂《うわさ》を立てられるのは恐ろしかった。

ある夕暮れ、それは妻が家に居る日だったが、日が沈んで外が少し涼しくなった頃、散歩に行くぞ、と裏の男に眼で告げて玄関を出た。家を離れて少し歩いた時、町会の掲示板のある角を曲って来る人影に気がついた。迷彩色のシャツをだらしなくジーパンの上に出し、俯《うつむ》きかげんに道の端をのろのろと近づいて来る。まだ育ち切らぬ柔らかな骨格と、無理に背伸びした身なりとのアンバランスな組合せがおかしかった。細い首に支えられた坊主頭がふと上り、またすぐに伏せられた。A隣の少年だ、と思うと同時に、私はほとんど無意識のように道の反対側に移って彼の前に立っていた。

「ちょっと」

声を掛けられた少年は怯《おび》えた表情で立ち止《どま》り、それが誰かわかると小さく頷《うなず》く仕種《しぐさ》で頭だけ下げ、私を避けて通り過ぎようとした。

「庭のプレハブは君の部屋だろう」

何か曖昧な母音を洩《も》らして彼は微《かす》かに頷いた。

「あそこに立てかけてあるのは、映画の看板かい」

細い眼が閉じられるほど細くなって、警戒の色が顔に浮かんだ。

「素敵な絵だけどさ、うちの台所の窓の真正面になるんだ。置いてあるだけなら、あのオジサンを横に移すか、裏返しにするか――」

そこまで言いかけると、相手は肩を聳《そび》やかす身振りで歩き出そうとした。

「待ってくれよ、頼んでいるんだから」

肩越しに振り返る相手の顔は無表情に近かった。

「もしもさ――」

追おうとした私を振り切って彼は急ぎもせずに離れて行く。

「ジジイ――」

吐き捨てるように彼の俯いたまま低く叫ぶ声がはっきり聞えた。少年の姿が大野家の石の門に吸い込まれるまで、私はそこに立ったまま見送っていた。

ひどく後味の悪い夕刻の出来事を、私は妻に知られたくなかった。少年から見れば我が身が碌《ろく》な勤め先も持たぬジジイであることに間違いはなかったろうが、一応は礼を尽《つく》して頼んでいるつもりだったのだから、中学生の餓鬼にそれを無視され、罵られたのは身に応えた。**B**身体の底を殴られたような厭《いや》な痛みを少しでも和らげるために、こちらの申し入れが理不尽なものであり、相手の反応は無理もなかったのだ、と考えてみようともした。謂《いわ》れもない内政干渉として彼が憤る気持ちもわからぬではなかった。しかしそれなら、彼は面を上げて私の申し入れを拒絶すればよかったのだ。所詮当方は雀の論理しか持ち合わせぬのだから、黙って引き下《さが》るしかないわけだ。その方が私もまだ救われたろう。

無視と捨台詞《すてぜりふ》にも似た罵言とは、彼が息子よりも遥《はる》かに歳《とし》若い少年だけに、やはり耐え難かった。

夜が更けてクーラーをつけた寝室に妻が引込んでしまった後も、私は一人居間のソファーに坐《すわ》り続けた。穏やかな鼾《いびき》が寝室の戸の隙間を洩《も》れて来るのを待ってから、大型の懐中電灯を手にしてダイニングキチンの窓に近づいた。もしや、という淡い期待を抱いて隣家の庭を窺《うかが》った。手前の木々の葉越しにプレハブ小屋の影がぼうと白く漂うだけで、庭は闇に包まれている。網戸に擦《こす》りつけるようにして懐中電灯の明《あか》りをともした。光の環《わ》の中に、きっと私を睨《にら》み返す男の顔が浮かんだ。闇に縁取られたその顔は肌に血の色さえ滲《にじ》ませ、昼間より一層生々しかった。

「馬鹿奴《め》」

呟《つぶや》く声が身体にこもった。暗闇に立つ男を罵っているのか、夕刻の少年に怒りをぶつけているのか、自らを嘲っているのか、自分でもわからなかった。懐中電灯を手にしたまま素早く玄関を出た。土地ぎりぎりに建てた家の壁と塀の間を身体を斜めにしてすり抜ける。建築法(注)がどうなっているのか識《し》らないが、もう少し肥《ふと》れば通ることの叶《かな》わぬ僅かな隙間だった。ランニングシャツ一枚の肩や腕にモルタルのざらつきが痛かった。

東隣との低い生垣《いけがき》に突き当《あた》り、檜葉《ひば》の間を強引に割ってそこを跨《また》ぎ越し、我が家のブロック塀の端を迂回《うかい》すると再び大野家との生垣を掻《か》き分けて裏の庭へと踏み込んだ。乾いた小さな音がして枝が折れたようだったが、気にかける余裕はなかった。

繁みの下の暗がりで一息つき、足許《あしもと》から先に懐中電灯の光をさっと這《は》わせてすぐ消した。右手の母屋も正面のプレハブ小屋も、明りは消えて闇に沈んでいる。身を屈《かが》めたまま手探りに進み、地面に雑然と置かれている小さなベンチや傘立てや三輪車をよけて目指す小屋の横に出た。

男は見上げる高さでそこに平たく立っていた。光を当てなくとも顔の輪郭は夜空の下にぼんやり認められた。そんなただの板と、窓から見える男が同一人物とは到底信じ難かった。これではあの餓鬼に私の言うことが通じなかったとしても無理はない。案山子にとまった雀はこんな気分がするだろうか、と動悸《どうき》を抑えつつも苦笑した。

しかし濡《ぬ》れたように滑らかな板の表面に触れた時、指先に厭な違和感が走った。それがベニヤ板でも紙でもなく、硬質のプラスチックに似た物体だったからだ。思わず懐中電灯をつけてみずにはいられなかった。果《はた》して断面は分厚い白色で、裏側に光を差し入れるとそこには金属の補強材が縦横に渡されている。人物の描かれた表面処理がいかなるものかまでは咄嗟《とっさ》に摑めなかったが、それが単純に紙を貼りつけただけの代物ではないらしい、との想像はついた。雨に打たれて果無《はかな》く消えるどころか、これは土に埋められても腐ることのないしたたかな男だったのだ。

それを横にずらすか、道に面した壁に向きを変えて立てかけることは出来ぬものか、と持ち上げようとした。相手は根が生えたかの如《ごと》く動かない。これだけの厚みと大きさがあれば体重もかなりのものになるのだろうか。力の入れやすい手がかりを探ろうとして看板の縁を辿《たど》った指が何かに当った。太い針金だった。看板の左端にあけた穴を通して、針金は小屋の樋《とい》としっかり結ばれている。同じような右側の針金の先は、壁に突き出たボルトの頭に巻きついていた。その細工が左右に三つずつ、六ヵ所にわたって施されているのを確かめると、最早《もはや》男を動かすことは諦めざるを得なかった。夕暮れの少年の細めた眼を思い出し、理由はわからぬものの、**C** あ奴《やつ》はあ奴でかなりの覚悟でことに臨んでいるのだ、と認めてやりたいような気分がよぎった。

（注） モルタル――セメントと砂を混ぜ、水で練り合わせたもの。タイルなどの接合や、外壁の塗装などに用いる。

問1　傍線部**A**「隣の少年だ、と思うと同時に、私はほとんど無意識のように道の反対側に移って彼の前に立っていた。」とあるが、「私」をそのような行動に駆り立てた要因はどのようなことか。その説明として適当なものを、次の①～⑥のうちから**二つ**選べ。ただし、解答の順序は問わない。解答番号は 12 ・ 13 。

① 親が看板を取り除いたとしても、少年にどんな疑惑が芽生えるか想像し恐ろしく思っていたこと。
② 少年を差し置いて親に連絡するような手段は、フェアではないだろうと考えていたこと。
③ 男と睨み合ったとき、お前は案山子ではないかと言ってやるだけの余裕が生まれていたこと。
④ 男の視線を感じると、男がいつもの場所に立っているのを確かめるまで安心できなかったこと。
⑤ 少年の発育途上の幼い骨格と、無理に背伸びした身なりとの不均衡をいぶかしく感じていたこと。
⑥ 少年を説得する方法を思いつけないにもかかわらず、看板をどうにかしてほしいと願っていたこと。

問2 傍線部B「身体の底を殴られたような厭な痛み」とはどのようなものか。その説明として最も適当なものを、次の①〜⑤のうちから一つ選べ。解答番号は 14 。

① 頼みごとに耳を傾けてもらえないうえに、話しかけた際の気遣いも顧みられず一方的に暴言を浴びせられ、存在が根底から否定されたように感じたことによる、解消し難い不快感。

② 礼を尽くして頼んだにもかかわらず少年から非難され、自尊心が損なわれたことに加え、そのことを妻にも言えないほどの汚点だと捉えたことによる、深い孤独と屈辱感。

③ 分別のある大人として交渉にあたれば、説得できると見込んでいた歳若い相手から拒絶され、常識だと信じていたことや経験までもが否定されたように感じたことによる、抑え難いいら立ち。

④ へりくだった態度で接したために、少年を増長させてしまった一連の流れを思い返し、看板についての交渉が絶望的になったと感じたことによる、胸中をえぐられるような癒し難い無念さ。

⑤ 看板について悩む自分に、珍しく助言してくれた妻の言葉を真に受け、幼さの残る少年に対して一方的な干渉をしてしまった自分の態度に、理不尽さを感じたことによる強い失望と後悔。

問3　傍線部C「あ奴はあ奴でかなりの覚悟でことに臨んでいるのだ、と認めてやりたいような気分がよぎった」における「私」の心情の説明として最も適当なものを、次の①～⑤のうちから一つ選べ。解答番号は 15 。

① 夜中に隣家の庭に忍び込むには決意を必要としたため、看板を隣家の窓に向けて設置した少年も同様に決意をもって行動した可能性に思い至り、共感を覚えたことで、彼を見直したいような気持ちが心をかすめた。

② 隣家の迷惑を顧みることなく、看板を撤去し難いほど堅固に設置した少年の行動には、彼なりの強い思いが込められていた可能性があると気づき、陰ながら応援したいような新たな感情が心をかすめた。

③ 劣化しにくい素材で作られ、しっかり固定された看板を目の当たりにしたことで、少年が何らかの決意をもってそれを設置したことを認め、その心構えについては受け止めたいような思いが心をかすめた。

④ 迷惑な看板を設置したことについて、具体的な対応を求めるつもりだったが、撤去の難しさを確認したことで、この状況を受け入れてしまったほうが気が楽になるのではないかという思いが心をかすめた。

⑤ 看板の素材や設置方法を直接確認し、看板に対する少年の強い思いを想像したことで、彼の気持ちを無視して一方的に苦情を申し立てようとしたことを悔やみ、多少なら歩み寄ってもよいという考えが心をかすめた。

問4 本文では、同一の人物や事物が様々に呼び表されている。それらに着目した、後の(i)・(ii)の問いに答えよ。

(i) 隣家の少年を示す表現に表れる「私」の心情の説明として最も適当なものを、次の①～⑤のうちから一つ選べ。解答番号は 16 。

① 当初はあくまで他人として「裏の家の息子」と捉えているが、実際に遭遇した少年に未熟さを認めたのちには、「息子よりも遥かに歳若い少年」と表して我が子に向けるような親しみを抱いている。

② 看板への対応を依頼する少年に礼を尽くそうとして「君」と声をかけたが、無礼な言葉と態度を向けられたことで感情的になり、「中学生の餓鬼」「あの餓鬼」と称して怒りを抑えられなくなっている。

③ 看板撤去の交渉をする相手として、少年とのやりとりの最中はつねに「君」と呼んで尊重する様子を見せる一方で、少年の外見や言動に対して内心では「中学生の餓鬼」「あの餓鬼」と侮っている。

④ 交渉をうまく進めるために「君」と声をかけたが、直接の接触によって我が身の老いを強く意識させられたことで、「中学生の餓鬼」「息子よりも遥かに歳若い少年」と称して彼の若さをうらやんでいる。

⑤ 当初は親の方を意識して「裏の家の息子」と表していたが、実際に遭遇したのちには少年を強く意識し、「中学生の餓鬼」「息子よりも遥かに歳若い少年」と彼の年頃を外見から判断しようとしている。

(ii) 看板の絵に対する表現から読み取れる、「私」の様子や心情の説明として最も適当なものを、次の①〜④のうちから一つ選べ。解答番号は 17 。

① 「私」は看板を「裏の男」と人間のように意識しているが、少年の前では「映画の看板」と呼び、自分の意識が露呈しないように工夫する。しかし少年が警戒すると、「素敵な絵」とたたえて配慮を示した直後に「あのオジサン」と無遠慮に呼んでおり、余裕をなくして表現の一貫性を失った様子が読み取れる。

② 「私」は看板について「あの男」「案山子」と比喩的に語っているが、少年の前では「素敵な絵」と大げさにたたえており、さらに、少年が憧れているらしい映画俳優への敬意を全面的に示すように「あのオジサン」と呼んでいる。少年との交渉をうまく運ぼうとして、プライドを捨てて卑屈に振るまう様子が読み取れる。

③ 「私」は妻の前では看板を「案山子」と呼び、単なる物として軽視しているが、少年の前では「素敵な絵」とたたえ、さらに「あのオジサン」と親しみを込めて呼んでいる。しかし、少年から拒絶の態度を示されると、「看板の絵」「横に移す」「裏返しにする」と物扱いしており、態度を都合よく変えている様子が読み取れる。

④ 「私」は看板を「裏の男」「あの男」と人間に見立てているが、少年の前でとっさに「映画の看板」「素敵な絵」と表してしまったため、親しみを込めながら「あのオジサン」と呼び直している。突然訪れた少年との直接交渉の機会に動揺し、看板の絵を表する言葉を見失い慌てふためいている様子が読み取れる。

問5　Nさんは、二重傍線部「案山子にとまった雀はこんな気分がするだろうか、と動悸を抑えつつも苦笑した。」について理解を深めようとした。まず、国語辞典で「案山子」を調べたところ季語であることがわかった。そこでさらに、歳時記（季語を分類して解説や例句をつけた書物）から「案山子」と「雀」が詠まれた俳句を探し、これらの内容を【ノート】に整理した。このことについて、後の(i)・(ii)の問いに答えよ。

【ノート】

●国語辞典にある「案山子」の意味

㋐竹や藁《わら》などで人の形を造り、田畑に立てて、鳥獣が寄るのをおどし防ぐもの。とりおどし。［季語・秋］。

㋑見かけばかりもっともらしくて、役に立たない人。

●歳時記に掲載されている［案山子と雀の俳句］

ⓐ「案山子立つれば群雀空にしづまらず」（飯田蛇笏《だこつ》）

ⓑ「稲雀追ふ力なき案山子かな」（高浜年尾）

ⓒ「某《それがし》は案山子にて候《そうろう》雀殿」（夏目漱石）

●解釈のメモ

ⓐ遠くにいる案山子に脅かされて雀が群れ騒ぐ風景。

ⓑ雀を追い払えない案山子の様子。

ⓒ案山子が雀に対して虚勢を張っているように見える様子。

●「案山子」と「雀」の関係に注目し、看板に対する「私」の認識を捉えるための観点。

・看板を家の窓から見ていた時の「私」→［　X　］

・看板に近づいた時の「私」→［　Y　］

(ⅰ) Nさんは、「私」が看板を家の窓から見ていた時と近づいた時にわけたうえで、国語辞典や歳時記の内容と関連づけながら【ノート】の傍線部について考えようとした。空欄 X と Y に入る内容の組合せとして最も適当なものを、後の①〜④のうちから一つ選べ。解答番号は 18 。

(ア) X ――歳時記の句ⓐでは案山子の存在に雀がざわめいている様子であり、国語辞典の説明㋐にある「おどし防ぐ」存在となっていることに注目する。

(イ) X ――歳時記の句ⓒでは案山子が虚勢を張っているように見え、国語辞典の説明㋑にある「見かけばかりもっともらしい」存在となっていることに注目する。

(ウ) Y ――歳時記の句ⓑでは案山子が実際には雀を追い払うことができず、国語辞典の説明㋑にある「見かけばかりもっともらしい」存在となっていることに注目する。

(エ) Y ――歳時記の句ⓒでは案山子が雀に対して自ら名乗ってみせるだけで、国語辞典の説明㋐にある「おどし防ぐ」存在となっていることに注目する。

① X―(ア)　Y―(ウ)
② X―(ア)　Y―(エ)
③ X―(イ)　Y―(ウ)
④ X―(イ)　Y―(エ)

(ii) 【ノート】を踏まえて「私」の看板に対する認識の変化や心情について説明したものとして、最も適当なものを、次の①〜⑤のうちから一つ選べ。解答番号は 19 。

① はじめ「私」は、ⓒ「某は案山子にて候雀殿」の虚勢を張る「案山子」のような看板に近づけず、家のなかから眺めているだけの状態であった。しかし、そばまで近づいたことで、看板は㋑「見かけばかりもっともらし」いものであることに気づき、これまで「ただの板」にこだわり続けていたことに対して大人げなさを感じている。

② はじめ「私」は、ⓑ「稲雀追ふ力なき案山子かな」の「案山子」のように看板は自分に危害を加えるようなものではないと理解していた。しかし、意を決して裏の庭に忍び込んだことで、看板の㋐「おどし防ぐもの」としての効果を実感し、雀の立場として「ただの板」に苦しんでいる自分に気恥ずかしさを感じている。

③ はじめ「私」は、自分を監視している存在として看板を捉え、㋐「おどし防ぐもの」と対面するような落ち着かない状態であった。しかし、おそるおそる近づいてみたことで、ⓒ「某は案山子にて候雀殿」のように看板の正体を明確に認識し、「ただの板」に対する怖さを克服しえた自分に自信をもつことができたと感じている。

④ はじめ「私」は、㋐「とりおどし」のような脅すものとして看板をとらえ、その存在の不気味さを感じている状態であった。しかし、暗闇に紛れて近づいたことにより、実際にはⓑ「稲雀追ふ力なき案山子かな」のような存在であることを発見し、「ただの板」である看板に心を乱されていた自分に哀れみを感じている。

⑤ はじめ「私」は、常に自分を見つめる看板に対してⓐ「群雀空にしづまらず」の「雀」のような心穏やかでない状態であった。しかし、そばに近づいてみたことにより、看板は㋑「見かけばかりもっともらし」いものであって恐れるに足りないとわかり、「ただの板」に対して悩んできた自分に滑稽さを感じている。

第3問　次の【文章Ⅰ】は、鎌倉時代の歴史を描いた『増鏡』の一節、【文章Ⅱ】は、後深草《ごふかくさ》院に親しく仕える二条という女性が書いた『とはずがたり』の一節である。どちらの文章も、後深草院（本文では「院」）が異母妹である前斎宮《さいぐう》（本文では「斎宮」）に恋慕する場面を描いたものであり、【文章Ⅰ】の内容は、【文章Ⅱ】の6行目以降を踏まえて書かれている。【文章Ⅰ】と【文章Ⅱ】を読んで、後の問い（問1～4）に答えよ。なお、設問の都合で【文章Ⅱ】の本文の上に行数を付してある。（配点　50）

【文章Ⅰ】

院も我が御方にかへりて、うちやすませ給《たま》へれど、(ア)まどろまれ給はず。ありつる御面影、心にかかりておぼえ給ふぞいとわりなき。「さしはへて（注1）聞こえむも、人聞きよろしかるまじ。いかがはせむ」と思《おぼ》し乱る。御はらからといへど、年月よそにて生ひたち給へれば、うとうとしくならひ給へるままに、**A**つつましき御思ひも薄くやありけむ、なほひたぶるにいぶせくてやみなむは、あかず口惜しと思す。けしからぬ御本性《ほんじやう》なりや。

なにがし（注2）の大納言の女《むすめ》、御身近く召し使ふ人、かの斎宮（注3）にも、さるべきゆかりありて睦《むつ》ましく参りなるるを召し寄せて、

「なれなれしきまでは思ひ寄らず。ただ少しけ近き程にて、思ふ心の片端を聞こえむ。かく折よき事もいと難かるべし」

と**B**せちにまめだちてのたまへば、いかがたばかりけむ、夢うつつともなく近づき聞こえ給へれば、いと心憂しと思せど、あえかに消えまどひなどはし給はず。

【文章Ⅱ】

斎宮は二十に余り給ふ。(イ)ねびととのひたる御さま、神（注4）もなごりを慕ひ給ひけるもことわりに、花といはば、桜にたとへても、よそ目はいかがとあやまたれ、霞（注5）の袖を重ぬるひまもいかにせましと思ひぬべき御ありさまなれば、ましてくまなき（注6）御心の内は、いつしかいかなる御物思ひの種にかと、よそも御心苦しくぞおぼえさせ給ひし。

御物語ありて、神路《かみぢ》（注7）の山の御物語など、絶え絶え聞こえ給ひて、

「今宵はいたう更け侍《はべ》りぬ。のどかに、明日は嵐の山(注8)の禿《かぶろ》なる梢《こずゑ》どもも御覧じて、御帰りあれ」

など申させ給ひて、我が御方へ入らせ給ひて、いつしか、

「いかがすべき、いかがすべき」

と仰せあり。思ひつることよと、をかしくてあれば、

「幼(注9)くより参りしるしに、このこと申しかなへたらむ、まめやかに心ざしありと思はむ」

など仰せありて、やがて御使《つかひ》に参る。ただ(ウ)おほかたなるやうに、「御対面うれしく。御旅寝すさまじくや」などにて、忍びつつ文あり。氷襲《こほりがさね》(注10)の薄様《うすやう》にや、

「知られじな今しも見つる面影のやがて心にかかりけりとは」

更けぬれば、御前なる人もみな寄り臥《ふ》したる。御主《ぬし》も小几帳《こぎちやう》(注11)引き寄せて、御殿籠《とのごも》りたるなりけり。近く参りて、事のやう奏すれば、御顔うち赤めて、いと物ものたまはず、文も見るとしもなくて、うち置き給ひぬ。

「何とか申すべき」

と申せば、

「思ひ寄らぬ御言の葉は、何と申すべき方もなくて」

とばかりにて、また寝給ひぬるも心やましければ、帰り参りて、このよしを申す。

「ただ、寝たまふらむ所へ導け、導け」

と責めさせ給ふもむつかしければ、御供に参らむことはやすくこそ、しるべして参る。甘《かん》(注12)の御衣《ぞ》などはことごとしければ、御大口《おほくち》(注13)ばかりにて、忍びつつ入らせ給ふ。

まづ先に参りて、御障子をやをら開けたれば、ありつるままにて御殿籠りたる。御前なる人も寝入りぬるにや、音する人もなく、小《ちひ》(注14)さらかに這《は》ひ入らせ給ひぬる後、いかなる御事どもかありけむ。

（注）
1　さしはへて――わざわざ。
2　なにがしの大納言の女――二条を指す。二条は【文章Ⅱ】の作者である。
3　斎宮――伊勢神宮に奉仕する未婚の皇族女性。天皇の即位ごとに選ばれる。
4　神もなごりを慕ひ給ひける――斎宮を退きながらも、帰京せずにしばらく伊勢にとどまっていたことを指す。
5　霞の袖を重ぬる――顔を袖で隠すことを指す。美しい桜の花を霞が隠す様子にたとえる。
6　くまなき御心――院の好色な心のこと。
7　神路の山の御物語――伊勢神宮に奉仕していた頃の思い出話を指す。
8　嵐の山の禿なる梢ども――嵐山《あらしやま》の落葉した木々の梢。
9　幼くより参りし――二条が幼いときから院の側近くにいたことを指す。
10　氷襲の薄様――「氷襲」は表裏の配色で、表も裏も白。「薄様」は紙の種類。
11　小几帳――小さい几帳のこと。
12　甘の御衣――上皇の平服として着用する直衣《のうし》。
13　大口――束帯のときに表袴の下にはく裾口の広い下袴。
14　小さらかに――体を縮めて小さくして。

問1 傍線部(ア)～(ウ)の解釈として最も適当なものを、次の各群の①～⑤のうちから、それぞれ一つずつ選べ。解答番号は 20 ～ 22 。

(ア) まどろまれ給はず 20
① 酔いが回らずにいらっしゃる
② お眠りになることができない
③ ぼんやりなさっている場合ではない
④ お心が安まらずにいらっしゃる
⑤ 一息つこうともなさらない

(イ) ねびととのひたる 21
① 将来が楽しみな
② 成熟した
③ 着飾った
④ 場に調和した
⑤ 年相応の

(ウ) おほかたなるやうに 22
① 特別な感じで
② 落ち着き払って
③ ありふれた挨拶で
④ 親切心を装って
⑤ 大人らしい態度で

問2　傍線部**A**「つつましき御思ひも薄くやありけむ、なほひたぶるにいぶせくてやみなむは、あかず口惜しと思す」の語句や表現に関する説明として最も適当なものを、次の①～⑤のうちから一つ選べ。解答番号は 23 。

① 「つつましき御思ひ」は、兄である院と久しぶりに対面して、気恥ずかしく思っている斎宮の気持ちを表している。

② 「ありけむ」の「けむ」は過去推量の意味で、対面したときの斎宮の心中を院が想像していることを表している。

③ 「いぶせくて」は、院が斎宮への思いをとげることができずに、悶々《もんもん》とした気持ちを抱えていることを表している。

④ 「やみなむ」の「む」は意志の意味で、院が言い寄ってくるのをかわそうという斎宮の気持ちを表している。

⑤ 「あかず口惜し」は、不満で残念だという意味で、院が斎宮の態度を物足りなく思っていることを表している。

問3 傍線部B「せちにまめだちてのたまへば」とあるが、このときの院の言動についての説明として最も適当なものを、次の①～⑤のうちから一つ選べ。解答番号は 24 。

① 二条と斎宮を親しくさせてでも、斎宮を手に入れようと企《たくら》んでいるところに、院の必死さが表れている。
② 恋心を手紙で伝えることをはばかる言葉に、斎宮の身分と立場を気遣う院の思慮深さが表れている。
③ 自分の気持ちを斎宮に伝えてほしいだけだという言葉に、斎宮に対する院の誠実さが表れている。
④ この機会を逃してはなるまいと、一気に事を進めようとしているところに、院の性急さが表れている。
⑤ 自分と親密な関係になることが斎宮の利益にもなるのだと力説するところに、院の傲慢さが表れている。

問4　次に示すのは、授業で【文章Ⅰ】【文章Ⅱ】を読んだ後の、話し合いの様子である。これを読み、後の(i)～(iii)の問いに答えよ。

教　師　いま二つの文章を読みましたが、【文章Ⅰ】の内容は、【文章Ⅱ】の6行目以降に該当していました。【文章Ⅰ】は【文章Ⅱ】を資料にして書かれていますが、かなり違う点もあって、それぞれに特徴がありますね。どのような違いがあるか、みんなで考えてみましょう。

生徒A　【文章Ⅱ】のほうが、【文章Ⅰ】より臨場感がある印象かなあ。

生徒B　確かに、院の様子なんかそうかも。【文章Ⅱ】では　X　。

生徒C　ほかに、二条のコメントが多いところも特徴的だよね。【文章Ⅱ】の　Y　。普段から院の側に仕えている人の目で見たことが書かれているっていう感じがあるよ。

生徒B　そう言われると、【文章Ⅰ】では【文章Ⅱ】の面白いところが全部消されてしまっている気がする。すっきりしてまとまっているけど物足りない。

教　師　確かにそう見えるかもしれませんが、【文章Ⅰ】がどのようにして書かれたものなのかも考える必要がありますね。【文章Ⅰ】は過去の人物や出来事などを後の時代の人が書いたものです。文学史では「歴史物語」と分類されていますね。【文章Ⅱ】のように当事者の視点から書いたものではないということに注意しましょう。

生徒B　そうか、書き手の意識の違いによってそれぞれの文章に違いが生じているわけだ。

生徒A　そうすると、【文章Ⅰ】で　Z　、とまとめられるかな。

生徒C　なるほど、あえてそういうふうに書き換えたのか。

教　師　こうして丁寧に読み比べると、面白い発見につながりますね。

(i) 空欄 **X** に入る最も適当なものを、次の①～④のうちから一つ選べ。解答番号は 25 。

① いてもたってもいられない院の様子が、発言中で同じ言葉を繰り返しているあたりからじかに伝わってくる

② 斎宮に対する恋心と葛藤が院の中で次第に深まっていく様子が、二条との会話からありありと伝わってくる

③ 斎宮に執着する院の心の内が、斎宮の気持ちを繰り返し思いやっているところからはっきりと伝わってくる

④ 斎宮から期待通りの返事をもらった院の心躍る様子が、院の具体的な服装描写から生き生きと伝わってくる

(ii) 空欄 **Y** に入る最も適当なものを、次の①～④のうちから一つ選べ。解答番号は 26 。

① 3行目「いつしかいかなる御物思ひの種にか」では、院の性格を知り尽くしている二条が、斎宮の容姿を見た院に、早くも好色の虫が起こり始めたであろうことを感づいている

② 8行目「思ひつることよと、をかしくてあれば」では、好色な院があの手この手で斎宮を口説こうとしているのに、世間離れした斎宮には全く通じていないことを面白がっている

③ 18行目「寝給ひぬるも心やましければ」では、院が強引な行動に出かねないことに対する注意を促すため、床についていた斎宮を起こしてしまったことに恐縮している

④ 20行目「責めさせ給ふもむつかしければ」では、逢瀬《おうせ》の手引きをすることに慣れているはずの二条でさえ、斎宮を院のもとに導く手立てが見つからずに困惑している

(iii) 空欄 Z に入る最も適当なものを、次の ① ～ ④ のうちから一つ選べ。解答番号は 27 。

① 院の斎宮への情熱的な様子を描きつつも、権威主義的で高圧的な一面を削っているのは、院を理想的な人物として印象づけて、朝廷の権威を保つように配慮しているからだろう

② 院と斎宮と二条の三者の関係性を明らかにすることで、複雑に絡み合った三人の恋心を整理しているのは、歴史的事実を知る人がわかりやすく描写しようとしているからだろう

③ 院が斎宮に送った、いつかは私になびくことになるという歌を省略したのは、神に仕えた相手との密通という事件性を弱めて、事実を抑制的に記述しようとしているからだろう

④ 院の発言を簡略化したり、二条の心情を省略したりする一方で、斎宮の心情に触れているのは、当事者全員を俯瞰《ふかん》する立場から出来事の経緯を叙述しようとしているからだろう

（下書き用紙）

国語の試験問題は次に続く。

第4問

清の学者・政治家阮元《げんげん》は、都にいたとき屋敷を借りて住んでいた。その屋敷には小さいながらも花木の生い茂る庭園があり、門外の喧噪《けんそう》から隔てられた別天地となっていた。以下は、阮元がこの庭園での出来事について、嘉慶《かけい》十八年（一八一三）に詠じた【詩】とその【序文】である。これを読んで、後の問い（問1～7）に答えよ。なお、設問の都合で返り点・送り仮名・本文を省いたところがある。（配点　50）

【序文】

余旧《もと》蔵スルニ二董《とう》(注1)思《し》翁《をう》ノ自ラ書セシレ詩ヲ扇ヲ一、有リ二「名園」「蝶《てふ》夢《む》」之句一。辛《しん》(注2)未《び》ノ秋、有リ三異蝶ノ来タル二園中ニ一。識者知リテ為シ二 I 太常仙蝶ト一、呼ベバレ之ヲ落ツレ扇ニ。継イデ而(ア)復見ル二之ヲ於瓜《くわ》(注3)爾《じ》佳《か》氏ノ園中ニ一。A 客有呼之入匣奉帰余園者、及ベバ二至リテレ園ニ啓クニレ之ヲ、則チ空《くう》(注4)匣《かふ》也。壬《じん》(注5)申《しん》ノ春、蝶復見《あらは》ル二於余ノ園ノ台上ニ一。画者祝《いの》リテ曰ハク、B「苟近レ我、我当レ図レ之」。蝶落チ二其ノ袖ニ一、(イ)審視ルコト良《やや》久シクシテ、(ウ)得二其ノ形色ヲ一、乃チ従《しよう》(注6)容《よう》トシテ鼓《う》チテレ翅《はね》ヲ而去ル。園故《もと》無シレ名也。於イテレ是ニ始メテ以テ二思翁ノ詩及ビ蝶ノ意ヲ一名ヅクレ之ニ。秋半バニシテ、余奉ジテレ使ヒヲ出デレ都ヲ、是ノ園モ又タ属ス二他人ニ一。回二憶スレバ芳《はう》叢《そう》ヲ一、真ニ如シレ夢ノ矣。

【詩】

春城ノ花事(注7)小園多ク　幾《いく》度《たび》カ看レテ花ヲ幾度カ X

花ハ為ニレ我ガ開キテ留《とど》メレ我ヲ住《とど》メ　人ハ随ヒレ春ニ去リ奈レ春何

思翁夢ハ好《よ》クシテ遺シ二書扇ヲ一　仙蝶図成リテ染ム二袖羅ヲ一

他日誰《た》ガ家カ還《ま》タ種《う》ヱレ竹ヲ　坐シテ(注8)レ輿《こし》ニ可キレ許ス二子猷《いう》ノ過《よぎ》ルヲ一

（阮元『揅経室集《けんけいしつしゅう》』による）

（注）
1 董思翁――明代の文人・董其昌《とうきしょう》（一五五五―一六三六）のこと。
2 辛未――清・嘉慶十六年（一八一一）。
3 瓜爾佳――満州族名家の姓。
4 空匣――空の箱。
5 壬申――清・嘉慶十七年（一八一二）。
6 従容――ゆったりと。
7 花事――春に花をめでたり、見て歩いたりすること。
8 坐レ輿可レ許二子猷過一――子猷は東晋・王徽之《おうきし》の字《あざな》。竹好きの子猷は通りかかった家に良い竹があるのを見つけ、感嘆して朗詠し、輿《こし》に乗ったまま帰ろうとした。その家の主人は王子猷が立ち寄るのを待っていたので、引き留めて歓待し、意気投合したという故事を踏まえる。

問1　波線部(ア)「復」・(イ)「審」・(ウ)「得」のここでの意味として最も適当なものを、次の各群の①～⑤のうちから、それぞれ一つずつ選べ。解答番号は 28 ～ 30 。

(ア) 「復」 28
① なお
② ふと
③ じっと
④ ふたたび
⑤ まだ

(イ) 「審」 29
① 正しく
② 詳しく
③ 急いで
④ 謹んで
⑤ 静かに

(ウ) 「得」 30
① 気がつく
② 手にする
③ 映しだす
④ 把握する
⑤ 捕獲する

問2 傍線部A「客 有 呼 之 入 匣 奉 帰 余 園 者」について、返り点の付け方と書き下し文との組合せとして最も適当なものを、次の①～⑤のうちから一つ選べ。解答番号は 31 。

① 客 有㆔呼㆑之 入㆓匣 奉㆒帰㆓余 園㆒者　　客に之を呼び匣《はこ》に奉じ入るること有りて余の園に帰る者あり

② 客 有㆓呼㆑之 入㆑匣 奉 帰 余 園 者㆒　　客に之を呼び匣に入れ奉じて帰さんとする余の園の者有り

③ 客 有㆘呼㆓之 入㆒㆑匣 奉 帰㆓余 園㆒者㆖　　客に之を匣に入れ呼び奉じて余の園に帰る者有り

④ 客 有㆘呼㆑之 入㆑匣 奉 帰㆓余 園㆒者㆖　　客に之を呼びて匣に入れ奉じて余の園に帰さんとする者有り

⑤ 客 有㆑呼㆑之 入㆑匣 奉㆑帰㆓余 園 者㆒　　客に之を呼ぶこと有りて匣に入れ余の園の者に帰すを奉ず

問3　傍線部**B**「苟 近レ我、我 当レ図レ之」の解釈として最も適当なものを、次の①～⑤のうちから一つ選べ。解答番号は［32］。

① どうか私に近づいてきて、私がおまえの絵を描けるようにしてほしい。
② ようやく私に近づいてきたのだから、私はおまえの絵を描くべきだろう。
③ ようやく私に近づいてきたのだが、どうしておまえを絵に描けるだろうか。
④ もし私に近づいてくれたとしても、どうしておまえを絵に描けただろうか。
⑤ もしも私に近づいてくれたならば、必ずおまえを絵に描いてやろう。

問4 空欄 X に入る漢字と【詩】に関する説明として最も適当なものを、次の①～⑤のうちから一つ選べ。解答番号は 33 。

① 「座」が入り、起承転結で構成された七言絶句。
② 「舞」が入り、形式の制約が少ない七言古詩。
③ 「歌」が入り、頷聯《がんれん》と頸聯《けいれん》がそれぞれ対句になった七言律詩。
④ 「少」が入り、第一句の「多」字と対になる七言絶句。
⑤ 「香」が入り、第一句末と偶数句末に押韻する七言律詩。

問5　傍線部C「奈レ春　何」の読み方として最も適当なものを、次の①～⑤のうちから一つ選べ。解答番号は 34 。

① はるもいかん
② はるにいづれぞ
③ はるにいくばくぞ
④ はるをなんぞせん
⑤ はるをいかんせん

問6 【詩】と【序文】に描かれた一連の出来事のなかで、二重傍線部Ⅰ「太常仙蝶」・Ⅱ「仙蝶」が現れたり、とまったりした場所はどこか。それらのうちの三箇所を、現れたりとまったりした順に挙げたものとして、最も適当なものを次の①～⑤のうちから一つ選べ。解答番号は 35 。

① 春の城《まち》――袖――瓜爾佳氏の庭園
② 春の城《まち》――阮元の庭園の台――画家の家
③ 董思翁の家――扇――画家の家
④ 瓜爾佳氏の庭園――扇――袖
⑤ 扇――阮元の庭園の台――袖

問7　【詩】と【序文】から読み取れる筆者の心情の説明として最も適当なものを、次の①～⑤のうちから一つ選べ。解答番号は［36］。

①　毎年花が散り季節が過ぎゆくことにはかなさを感じ、董思翁の家や瓜爾佳氏の園に現れた美しい蝶《ちょう》が扇や絵とともに他人のものとなったことをむなしく思っている。

②　扇から抜け出し庭園に現れた不思議な蝶の美しさに感動し、いずれは箱のなかにとらえて絵に描きたいと考えていたが、それもかなわぬ夢となってしまったことを残念に思っている。

③　春の庭園の美しさを詩にできたことに満足するとともに、董思翁の夢を扇に描き、珍しい蝶の模様をあしらった服ができあがったことを喜んでいる。

④　不思議な蝶のいる夢のように美しい庭園に住んでいたが、都を離れているあいだに人に奪われてしまい、厳しい現実と美しい夢のような世界との違いを嘆いている。

⑤　時として庭園に現れる珍しい蝶は、捕まえようとしても捕まえられない不思議な蝶であったが、その蝶が現れた庭園で過ごしたことを懐かしく思い出している。

2021年度

大学入学共通テスト
第1日程

（200点　80分）

第1問

次の文章は、香川雅信《かがわまさのぶ》『江戸の妖怪革命』の序章の一部である。本文中でいう「本書」とはこの著作を指し、「近世」とは江戸時代にあたる。これを読んで、後の問い(問1〜5)に答えよ。なお、設問の都合で本文の段落に 1 〜 18 の番号を付してある。(配点　50)

1 フィクションとしての妖怪、とりわけ娯楽の対象としての妖怪は、いかなる歴史的背景のもとで生まれてきたのか。

2 確かに、鬼や天狗《てんぐ》など、古典的な妖怪を題材にした絵画や芸能は古くから存在した。しかし、妖怪が明らかにフィクションの世界に属する存在としてとらえられ、そのことによってかえっておびただしい数の妖怪画や妖怪を題材とした文芸作品、大衆芸能が創作されていくのは、近世も中期に入ってからのことなのである。つまり、フィクションとしての妖怪という領域自体が歴史性を帯びたものなのである。

3 妖怪はそもそも、日常的理解を超えた不可思議な現象に意味を与えようとするミン(ア)ゾク的な心意から生まれたものであった。人間はつねに、経験に裏打ちされた日常的な原因—結果の了解に基づいて目の前に生起する現象を認識し、未来を予見し、さまざまな行動を決定している。ところが時たま、そうした日常的な因果了解では説明のつかない現象に遭遇する。それは通常の認識や予見を無効化するため、人間の心に不安と恐怖を(イ)カンキする。このような言わば意味論的な危機に対して、それをなんとか意味の体系のなかに回収するために生み出された文化的装置が「妖怪」だった。それは人間が秩序ある意味世界のなかで生きていくうえでの必要性から生み出されたものであり、それゆえに切実なリアリティをともなっていた。A民間伝承としての妖怪とは、そうした存在だったのである。

4 妖怪が意味論的な危機から生み出されるものであるかぎり、そしてそれゆえにリアリティを帯びた存在であるかぎり、それをフィクションとして楽しもうという感性は生まれえない。フィクションとしての妖怪という領域が成立するには、妖怪に対する認識が根本的に変容することが必要なのである。

5 妖怪に対する認識がどのように変容したのか。そしてそれは、いかなる歴史的背景から生じたのか。本書ではそのような問いに対する答えを、「妖怪娯楽」の具体的な事例を通して探っていこうと思う。

6 妖怪に対する認識の変容を記述し分析するうえで、本書ではフランスの哲学者ミシェル・フーコーの「アルケオロジー」の手法を(ウ)エンヨウすることにしたい。

7 アルケオロジーとは、通常「考古学」と訳される言葉であるが、フーコーの言うアルケオロジーは、思考や認識を可能にしている知の枠組み――「エピステーメー」(ギリシャ語で「知」の意味)の変容として歴史を描き出す試みのことである。人間が事物のあいだにある秩序を認識し、それにしたがって思考する際に、われわれは決して認識に先立って「客観的に」存在する事物の秩序そのものに触れているわけではない。事物のあいだになんらかの関係性をうち立てるある一つの枠組みを通して、はじめて事物の秩序を認識することができるのである。この枠組みがエピステーメーであり、しかもこれは時代とともに変容する。事物に対する認識や思考が、時間を(エ)ヘダてることで大きく変貌してしまうのだ。

8 フーコーは、十六世紀から近代にいたる西欧の「知」の変容について論じた『言葉と物』という著作において、このエピステーメーの変貌を、「物」「言葉」「記号」そして「人間」の関係性の再編成として描き出している。これらは人間が世界を認識するうえで重要な役割を果たす諸要素であるが、そのあいだにどのような関係性がうち立てられるかによって、「知」のあり方は大きく様変わりする。

9 本書では、このアルケオロジーという方法を踏まえて、日本の妖怪観の変容について記述することにしたい。それは妖怪観の変容を「物」「言葉」「記号」「人間」の布置の再編成として記述する試みである。この方法は、同時代に存在する一見関係のないさまざまな文化事象を、同じ世界認識の平面上にあるものとしてとらえることを可能にする。これによって日本の妖怪観の変容を、大きな文化史的変動のなかで考えることができるだろう。

10 では、ここで本書の議論を先取りして、Bアルケオロジー的方法によって再構成した日本の妖怪観の変容について簡単に述べておこう。

11 中世において、妖怪の出現は多くの場合「凶兆」として解釈された。それらは神仏をはじめとする神秘的存在からの「警告」であった。すなわち、妖怪は神霊からの「言葉」を伝えるものという意味で、一種の「記号」だったのである。これは妖怪にかぎったことではなく、あらゆる自然物がなんらかの意味を帯びた「記号」として存在していた。つまり、「物」は物そのものと言うよりも「記号」であったのである。これらの「記号」は所与のものとして存在しており、人間にできるのはその「記号」を「読み取る」こと、そしてその結果にしたがって神霊への働きかけをおこなうことだけだった。

12 「物」が同時に「言葉」を伝える「記号」である世界。こうした認識は、しかし近世において大きく変容する。「物」にまとわりついた「言葉」や「記号」としての性質が剝ぎ取られ、はじめて「物」そのものとして人間の目の前にあらわれるようになるのである。ここに近世の自然認識や、西洋の博物学に相当する本草学《ほんぞうがく》(注)という学問が成立する。そして妖怪もまた博物学的な思考、あるいは嗜好《しこう》の対象となっていくのである。

13 この結果、「記号」の位置づけも変わってくる。かつて「記号」は所与のものとして存在し、人間はそれを「読み取る」ことしかできなかった。しかし、近世においては、「記号」は人間が約束事のなかで作り出すことができるものとなった。これは、「記号」が神霊の支配を逃れて、人間の完全なコントロール下に入ったことを意味する。こうした「記号」を、本書では「表象」と呼んでいる。人工的な記号、人間の支配下にあることがはっきりと刻印された記号、それが「表象」である。

14 「表象」は、意味を伝えるものであるよりも、むしろその形象性、視覚的側面が重要な役割を果たす「記号」である。妖怪は、伝承や説話といった「言葉」の世界、意味の世界から切り離され、名前や視覚的形象によって弁別される「表象」となっていった。それはまさに、現代で言うところの「キャラクター」であった。そしてキャラクターとなった妖怪は完全にリアリティを喪失し、フィクショナルな存在として人間の娯楽の題材へと化していった。妖怪は「表象」という人工物へと作り変えられたことによって、人間の手で自由自在にコントロールされるものとなったのである。こうしたC妖怪の「表象」化は、人間の支配力が世界のあらゆる局面、あらゆる「物」に及ぶようになったことの帰結である。かつて神霊が占めていたその位置を、いまや人間が占めるようになったのである。

15 ここまでが、近世後期――より具体的には十八世紀後半以降の都市における妖怪観である。だが、近代になると、こうした近世の妖怪観はふたたび編成しなおされることになる。「表象」として、リアリティの領域から切り離されてあった妖怪が、以前とは異なる形でリアリティのなかに回帰するのである。これは、近世は妖怪をリアルなものとして恐怖していた迷信の時代、近代はそれを合理的思考によって否定し去った啓蒙《けいもう》の時代、という一般的な認識とはまったく逆の形である。

16 「表象」という人工的な記号を成立させていたのは、「万物の霊長」とされた人間の力の絶対性であった。ところが近代になると、この「人間」そのものに根本的な懐疑が突きつけられるようになる。人間は「神経」の作用、「催眠術」の効果、「心霊」の感応によって容易に妖怪を「見てしまう」不安定な存在、「内面」というコントロール不可能な部分を抱えた存在として認識されるようになったのだ。かつて「表象」としてフィクショナルな領域に囲い込まれていた妖怪たちは、今度は「人間」そのものの内部に棲《す》みつくようになったのである。

17 そして、こうした認識とともに生み出されたのが、「私」という近代に特有の思想であった。謎めいた「内面」を抱え込んでしまったことで、「私」は私にとって「不気味なもの」となり、いっぽうで未知なる可能性を秘めた神秘的な存在となった。妖怪は、まさにこのような「私」を(オ)トウエイした存在としてあらわれるようになるのである。

18 以上がアルケオロジー的方法によって描き出した、妖怪観の変容のストーリーである。

（注） 本草学――もとは薬用になる動植物などを研究する中国由来の学問で、江戸時代に盛んとなり、薬物にとどまらず広く自然物を対象とするようになった。

問1　傍線部(ア)～(オ)に相当する漢字を含むものを、次の各群の①～④のうちから、それぞれ一つずつ選べ。解答番号は 1 ～ 5 。

(ア) ミンゾク 1
① 楽団にショゾクする
② カイゾク版を根絶する
③ 公序リョウゾクに反する
④ 事業をケイゾクする

(イ) カンキ 2
① 証人としてショウカンされる
② 優勝旗をヘンカンする
③ 勝利のエイカンに輝く
④ 意見をコウカンする

(ウ) エンヨウ 3
① 鉄道のエンセンに住む
② キュウエン活動を行う
③ 雨で試合がジュンエンする
④ エンジュクした技を披露する

(エ) ヘダてる 4
① 敵をイカクする
② 施設のカクジュウをはかる
③ 外界とカクゼツする
④ 海底のチカクが変動する

(オ) トウエイ 5
① 意気トウゴウする
② トウチ法を用いる
③ 電気ケイトウが故障する
④ 強敵を相手にフントウする

問２　傍線部Ａ「民間伝承としての妖怪」とは、どのような存在か。その説明として最も適当なものを、次の①～⑤のうちから一つ選べ。解答番号は［6］。

①　人間の理解を超えた不可思議な現象に意味を与え日常世界のなかに導き入れる存在。
②　通常の認識や予見が無効となる現象をフィクションの領域においてとらえなおす存在。
③　目の前の出来事から予測される未来への不安を意味の体系のなかで認識させる存在。
④　日常的な因果関係にもとづく意味の体系のリアリティを改めて人間に気づかせる存在。
⑤　通常の因果関係の理解では説明のできない意味論的な危機を人間の心に生み出す存在。

問3　傍線部B「アルケオロジー的方法」とは、どのような方法か。その説明として最も適当なものを、次の①～⑤のうちから一つ選べ。解答番号は 7 。

① ある時代の文化事象のあいだにある関係性を理解し、その理解にもとづいて考古学の方法に倣い、その時代の事物の客観的な秩序を復元して描き出す方法。

② 事物のあいだにある秩序を認識し思考することを可能にしている知の枠組みをとらえ、その枠組みが時代とともに変容するさまを記述する方法。

③ さまざまな文化事象を「物」「言葉」「記号」「人間」という要素ごとに分類して整理し直すことで、知の枠組みの変容を描き出す方法。

④ 通常区別されているさまざまな文化事象を同じ認識の平面上でとらえることで、ある時代の文化的特徴を社会的な背景を踏まえて分析し記述する方法。

⑤ 一見関係のないさまざまな歴史的事象を「物」「言葉」「記号」そして「人間」の関係性に即して接合し、大きな世界史的変動として描き出す方法。

問4　傍線部C「妖怪の『表象』化」とは、どういうことか。その説明として最も適当なものを、次の①～⑤のうちから一つ選べ。解答番号は 8 。

①　妖怪が、人工的に作り出されるようになり、神霊による警告を伝える役割を失って、人間が人間を戒めるための道具になったということ。

②　妖怪が、神霊の働きを告げる記号から、人間が約束事のなかで作り出す記号になり、架空の存在として楽しむ対象になったということ。

③　妖怪が、伝承や説話といった言葉の世界の存在ではなく視覚的な形象になったことによって、人間世界に実在するかのように感じられるようになったということ。

④　妖怪が、人間の手で自由自在に作り出されるものになり、人間の力が世界のあらゆる局面や物に及ぶきっかけになったということ。

⑤　妖怪が、神霊からの警告を伝える記号から人間がコントロールする人工的な記号になり、人間の性質を戯画的に形象した娯楽の題材になったということ。

問5　この文章を授業で読んだNさんは、内容をよく理解するために【ノート1】～【ノート3】を作成した。本文の内容とNさんの学習の過程を踏まえて、(i)～(iii)の問いに答えよ。

(i)　Nさんは、本文の 1 ～ 18 を【ノート1】のように見出しをつけて整理した。空欄 Ⅰ ・ Ⅱ に入る語句の組合せとして最も適当なものを、後の①～④のうちから一つ選べ。解答番号は 9 。

【ノート1】

● 問題設定（1 ～ 5）
　2 ～ 3　Ⅰ
　4 ～ 5　Ⅱ

● 方法論（6 ～ 9）
　7 ～ 9　アルケオロジーの説明

● 日本の妖怪観の変容（10 ～ 18）
　11　中世の妖怪
　12 ～ 14　近世の妖怪
　15 ～ 17　近代の妖怪

① Ⅰ　妖怪はいかなる歴史的背景のもとで娯楽の対象になったのかという問い
　 Ⅱ　意味論的な危機から生み出される妖怪

② Ⅰ　妖怪はいかなる歴史的背景のもとで娯楽の対象になったのかという問い
　 Ⅱ　妖怪娯楽の具体的事例の紹介

③ Ⅰ　娯楽の対象となった妖怪の説明
　 Ⅱ　いかなる歴史的背景のもとで、どのように妖怪認識が変容したのかという問い

④ Ⅰ　妖怪に対する認識の歴史性
　 Ⅱ　いかなる歴史的背景のもとで、どのように妖怪認識が変容したのかという問い

(ii) Nさんは、本文で述べられている近世から近代への変化を【ノート2】のようにまとめた。空欄 Ⅲ ・ Ⅳ に入る語句として最も適当なものを、後の各群の ① ～ ④ のうちから、それぞれ一つずつ選べ。解答番号は 10 ・ 11 。

【ノート2】

近世と近代の妖怪観の違いの背景には、「表象」と「人間」との関係の変容があった。

近世には、人間によって作り出された、 Ⅲ が現れた。しかし、近代へ入ると Ⅳ が認識されるようになったことで、近代の妖怪は近世の妖怪にはなかったリアリティを持った存在として現れるようになった。

Ⅲ に入る語句 10

① 恐怖を感じさせる形象としての妖怪
② 神霊からの言葉を伝える記号としての妖怪
③ 視覚的なキャラクターとしての妖怪
④ 人を化かすフィクショナルな存在としての妖怪

Ⅳ に入る語句 11

① 合理的な思考をする人間
② 「私」という自立した人間
③ 万物の霊長としての人間
④ 不可解な内面をもつ人間

(iii) 【ノート2】を作成したNさんは、近代の妖怪観の背景に興味をもった。そこで出典の『江戸の妖怪革命』を読み、【ノート3】を作成した。空欄 V に入る最も適当なものを、後の①～⑤のうちから一つ選べ。解答番号は 12 。

【ノート3】

本文の 17 には、近代において「私」が私にとって「不気味なもの」となったということが書かれていた。このことに関係して、本書第四章には、欧米でも日本でも近代になってドッペルゲンガーや自己分裂を主題とした小説が数多く発表されたとあり、芥川龍之介の小説「歯車」(一九二七年発表)の次の一節が例として引用されていた。

第二の僕、――独逸《どいつ》人の所謂《いわゆる》Doppelgaenger は仕合《しあわ》せにも僕自身に見えたことはなかった。しかし亜米利加《あめりか》の映画俳優になったK君の夫人は第二の僕を帝劇の廊下に見かけていた。(僕は突然K君の夫人に「先達《せんだつ》てはつい御挨拶もしませんで」と言われ、当惑したことを覚えている。)それからもう故人になったある隻脚《かたあし》の翻訳家もやはり銀座のある煙草《たばこ》屋に第二の僕を見かけていた。死はあるいは僕よりも第二の僕に来るのかも知れなかった。

考察　ドッペルゲンガー(Doppelgaenger)とは、ドイツ語で「二重に行く者」、すなわち「分身」の意味であり、もう一人の自分を「見てしまう」怪異のことである。また、「ドッペルゲンガーを見た者は死ぬと言い伝えられている」と説明されていた。 V

17 に書かれていた『「私」という近代に特有の思想』とは、こうした自己意識を踏まえた指摘だったことがわかった。

①「歯車」の僕は、自分の知らないところで別の僕が行動していることを知った。僕はまだ自分でドッペルゲンガーを見たわけではないと安心し、別の僕の行動によって自分が周囲から承認されているのだと悟った。これは、「私」が他人の認識のなかで生かされているという神秘的な存在であることの例にあたる。

②「歯車」の僕は、自分には心当たりがない場所で別の僕が目撃されていたと知った。僕は自分でドッペルゲンガーを見たわけではないのでひとまずは安心しながらも、もう一人の自分に死が訪れるのではないかと考えていた。これは、「私」が自分自身を統御できない不安定な存在であることの例にあたる。

③「歯車」の僕は、身に覚えのないうちに、会いたいと思っていた人の前に別の僕が姿を現していたと知った。僕は自分でドッペルゲンガーを見たわけではないが、別の僕が自分に代わって思いをかなえてくれたことに驚いた。これは、「私」が未知なる可能性を秘めた存在であることの例にあたる。

④「歯車」の僕は、自分がいたはずのない場所に別の僕がいたことを知った。僕は自分でドッペルゲンガーを見たわけではないと自分を落ち着かせながらも、自分が分身に乗っ取られるかもしれないという不安を感じた。これは、「私」が「私」という分身にコントロールされてしまう不気味な存在であることの例にあたる。

⑤「歯車」の僕は、自分がいるはずのない時と場所で僕を見かけたと言われた。僕は今のところ自分でドッペルゲンガーを見たわけではないので死ぬことはないと安心しているが、他人にうわさされることに困惑していた。これは、「私」が自分で自分を制御できない部分を抱えた存在であることの例にあたる。

第2問

次の文章は、加能作次郎《かのうさくじろう》「羽織と時計」（一九一八年発表）の一節である。「私」と同じ出版社で働くW君は、妻子と従妹《いとこ》と暮らしていたが生活は苦しかった。そのW君が病で休職している期間、「私」は何度か彼を訪れ、同僚から集めた見舞金を届けたことがある。以下はそれに続く場面である。これを読んで、後の問い（問1～6）に答えよ。なお、設問の都合で本文の上に行数を付してある。（配点　50）

春になって、陽気がだんだん暖かになると、W君の病気も次第に快《よ》くなって、五月の末には、再び出勤することが出来るようになった。

『君の家の紋（注1）は何かね？』

彼が久し振りに出勤した最初の日に、W君は突然私に尋ねた。私は不審に思いながら答えた。

『円《まる》（注2）に横モッコです。平凡なありふれた紋です。何ですか？』

『いや、実はね。僕も長い間休んで居て、君に少《すく》からぬ世話になったから、ほんのお礼の印に羽二重《はぶたえ》（注3）を一反《いったん》（注4）お上げしようと思っているんだが、同じことなら羽織にでもなるように紋を抜いた（注5）方がよいと思ってね。どうだね、其方《そのほう》がよかろうね。』とW君は言った。

W君の郷里は羽二重の産地で、彼の親類に織元《おりもと》があるので、そこから安く、実費で分けて貰《もら》うので、外にも序《ついで》があるから、そこから直接に京都へ染めにやることにしてあるとのことであった。

『染《そめ》は京都でなくちゃ駄目だからね。』とW君は独りで首肯《うなず》いて、『じゃ早速言ってやろう。』

私は辞退する(ア)<u>術《すべ》もなかった</u>。

一ケ月あまり経《た》って、染め上《あが》って来た。W君は自分でそれを持って私の下宿を訪れて呉《く》れた。私は早速W君と連れだって、呉服屋へ行って裏地を買って羽織に縫って貰った。

貧乏な私は其時《そのとき》まで礼服というものを一枚も持たなかった。羽二重の紋付《もんつき》の羽織というものを、その時始めて着たのであるが、今でもそれが私の持物《もちもの》の中で最も貴重なものの一つとなって居る。

『ほんとにいい羽織ですこと、あなたの様な貧乏人が、こんな羽織をもって居なさるのが不思議な位ですわね。』

妻は、私がその羽織を着る機会のある毎《ごと》にそう言った。私はW君から貰ったのだということを、妙な羽目からつい(イ)言いはぐれて了《しま》って、今だに妻に打ち明けてないのであった。妻が私が結婚の折に特に拵《こしら》えたものと信じて居るのだ。下に着る着物でも袴《はかま》でも、その羽織とは全く不調和な粗末なものばかりしか私は持って居ないので、

『よくそれでも羽織だけ飛び離れていいものをお拵えになりましたわね。』と妻は言うのであった。

『そりゃ礼服だからな。これ一枚あれば下にどんなものを着て居ても、兎《と》に角《かく》礼服として何処《どこ》へでも出られるからな。』私はA擽《くす》ぐられるような思《おもい》をしながら、そんなことを言って誤魔化《ごまか》して居た。

『これで袴だけ仙台平《せんだいひら》(注6)か何かのがあれば揃《そろ》うのですけれどね。どうにかして袴だけいいのをお拵えなさいよ。これじゃ羽織が泣きますわ。こんなぼとぼとしたセル(注7)の袴じゃ、折角《せっかく》のいい羽織がちっとも引き立たないじゃありませんか。』

妻はいかにも惜しそうにそう言い言いした。

私もそうは思わないではないが、今だにその余裕がないのであった。私はこの羽織を着る毎にW君のことを思い出さずに居なかった。

その後、社に改革があって、私が雑誌を一人でやることになり、W君は書籍の出版の方に廻《まわ》ることになった。そして翌年の春、私は他にいい口があったので、その方へ転ずることになった。

W君は私の将来を祝し、送別会をする代《かわ》りだといって、自ら奔走して社の同人(注8)達《たち》から二十円ばかり醵金《きょきん》(注9)をして、私に記念品を贈ることにして呉れた。私は時計を持って居なかったので、自分から望んで懐中時計を買って貰った。

『贈××君。××社同人。』

こう銀側の蓋の裏に小さく刻まれてあった。

この処置について、社の同人の中には、内々不平を抱いたものもあったそうだ。まだ二年足らずしか居ないものに、記念品を

贈るなどということは曾《かつ》て例のないことで、これはW君が、自分の病気の際に私が奔走して見舞金を贈ったので、その時の私の厚意に酬《むく》いようとする個人的の感情から企てたことだといってW君を非難するものもあったそうだ。また中には、『あれはW君が自分が罷《や》める時にも、そんな風なことをして貰いたいからだよ。』と卑しい邪推をして皮肉を言ったものもあったそうだ。

私は後でそんなことを耳にして非常に不快を感じた。そしてW君に対して気の毒でならなかった。そういう非難を受けてまでも(それはW君自身予想しなかったことであろうが)私の為《ため》に奔走して呉れたW君の厚い情誼《じょうぎ》(注10)を思いやると、私は涙ぐましいほど感謝の念に打たれるのであった。それと同時に、その一種の恩恵に対して、常に或《あ》る重い圧迫を感ぜざるを得なかった。

羽織と時計――。私の身についたものの中で最も高価なものが、二つともW君から贈られたものだ。この意識が、今でも私の心に、感謝の念と共に、B何だかやましいような気恥《きはずか》しいような、訳のわからぬ一種の重苦しい感情を起《おこ》させるのである。

××社を出てから以後、私は一度もW君と会わなかった。W君は、その後一年あまりして、病気が再発して、遂《つい》に社を辞し、いくらかの金を融通して来て、電車通りに小さなパン菓子屋を始めたこと、自分は寝たきりで、店は主に従妹が支配して居て、それでやっと生活して居るということなどを、私は或る日途中で××社の人に遇《あ》った時に聞いた。私は××社を辞した後、或る文学雑誌の編輯《へんしゅう》に携《たずさわ》って、文壇の方と接触する様になり、交友の範囲もおのずから違って行き、仕事も忙しかったので、一度見舞旁々《みまいかたがた》訪《おとな》わねばならぬと思いながら、自然と遠ざかって了った。その中《うち》私も結婚をしたり、子が出来たりして、境遇も次第に前と異《ことな》って来て、一層(ウ)足が遠くなった。偶々《たまたま》思い出しても、久しく無沙汰をして居ただけそれだけ、そしてそれに対して一種の自責を感ずれば感ずるほど、妙に改まった気持《きもち》になって、つい億劫《おっくう》になるのであった。

羽織と時計――併《しか》し本当を言えば、この二つが、W君と私とを遠ざけたようなものであった。これがなかったなら、私はもっと素直な自由な気持になって、時々W君を訪れることが出来たであろうと、今になって思われる。何故《なぜ》というに、私はこの二個の物品を持って居るので、常にW君から恩恵的債務を負うて居るように感ぜられたからである。この債務に対する自意識は、私をして不思議にW君の家の敷居を高く思わせた。而《しか》も不思議なことに、**C**私はW君よりも、彼の妻君《さいくん》の眼を恐れた。私が時計を帯にはさんで行くとする、『あの時計は、良人《うち》(注11)が世話して進《あ》げたのだ。』斯《こ》う妻君の眼が言う。私が羽織を着て行く、『あああの羽織は、良人が進げたのだ。』斯う妻君の眼が言う。もし二つとも身につけて行かないならば、『あの人は羽織や時計をどうしただろう。』斯う妻君の眼が言うように空想されるのであった。どうしてそんな考《かんがえ》が起《おこ》るのか分《わか》らない。或《あるい》は私自身の中に、そういう卑しい邪推深い性情がある為であろう。が、いつでもW君を訪れようと思いつく毎に、妙にその厭《いや》な考が私を引き止めるのであった。そればかりではない、こうして無沙汰を続ければ続けるほど、私はW君の妻君に対して更に恐れを抱くのであった。

『○○さんて方は随分薄情な方ね、あれきり一度も来なさらない。こうして貴郎《あなた》が病気で寝て居らっしゃるのを知らないんでしょうか、見舞に一度も来て下さらない。』

斯う彼女が彼女の良人《おっと》に向《むか》って私を責めて居そうである。その言葉には、あんなに、羽織や時計などを進げたりして、こちらでは尽《つく》すだけのことは尽してあるのに、という意味を、彼女は含めて居るのである。

そんなことを思うと迚《とて》も行く気にはなれなかった。こちらから出て行って、妻君のそういう考をなくする様に努めるよりも、私は逃げよう逃げようとした。私は何か偶然の機会で妻君なり従妹なりと、途中ででも遇わんことを願った。そうしたら、

『W君はお変《かわ》りありませんか、相変らず元気で××社へ行っていらっしゃいますか?』としらばくれて尋ねる、すると、疾《と》うに社をやめ、病気で寝て居ると、相手の人は答えるに違いない。

『おやおや! 一寸《ちっと》も知りませんでした。それはいけませんね。どうぞよろしく言って下さい。近いうちに御《お》見舞に上りますから。』

こう言って分れよう。そしてそれから二三日置いて、何か手土産を、そうだ、かなり立派なものを持って見舞に行こう、そうするとそれから後は、心易《こころやす》く往来出来るだろう――。

そんなことを思いながら、三年四年と月日が流れるように経って行った。今年の新緑の頃、子供を連れて郊外へ散歩に行った時に、**D**私は少し遠廻りして、W君の家の前を通り、原っぱで子供に食べさせるのだからと妻に命じて、態《わざ》と其《そ》の店に餡《あん》パン

を買わせたが、実はその折陰ながら家の様子を窺《うかが》い、うまく行けば、全く偶然の様に、妻君なり従妹なりに遇おうという微《かす》かな期待をもって居た為《た》めであった。私は電車の線路を挟んで向側《むかいがわ》の人道に立って店の様子をそれとなく注視して居たが、出て来た人は、妻君でも従妹でもなく、全く見知らぬ、下女《げじょ》(注12)の様な女だった。私は若《も》しや家が間違っては居ないか、または代《だい》が変ってでも居るのではないかと、屋根看板をよく注意して見たが、以前××社の人から聞いたと同じく、××堂W——とあった。たしかにW君の店に相違なかった。それ以来、私はまだ一度も其店の前を通ったこともなかった。

(注)
1 紋——家、氏族のしるしとして定まっている図柄。
2 円に横モッコ——紋の図案の一つ。
3 羽二重——上質な絹織物。つやがあり、肌ざわりがいい。
4 一反——布類の長さの単位。長さ一〇メートル幅三六センチ以上が一反の規格で、成人一人分の着物となる。
5 紋を抜いた——「紋の図柄を染め抜いた」という意味。
6 仙台平——袴に用いる高級絹織物の一種。
7 セル——和服用の毛織物の一種。
8 同人——仲間。
9 醵金——何かをするために金銭を出し合うこと。
10 情誼——人とつきあう上での人情や情愛。
11 良人——夫。
12 下女——雑事をさせるために雇った女性のこと。当時の呼称。

問１　傍線部(ア)～(ウ)の本文中における意味として最も適当なものを、次の各群の①～⑤のうちから、それぞれ一つずつ選べ。解答番号は 13 ～ 15 。

(ア)　術もなかった　13
① 理由もなかった
② 手立てもなかった
③ 義理もなかった
④ 気持ちもなかった
⑤ はずもなかった

(イ)　言いはぐれて　14
① 言う必要を感じないで
② 言う機会を逃して
③ 言うのを忘れて
④ 言う気になれなくて
⑤ 言うべきでないと思って

(ウ)　足が遠くなった　15
① 訪れることがなくなった
② 時間がかかるようになった
③ 会う理由がなくなった
④ 行き来が不便になった
⑤ 思い出さなくなった

問2　傍線部**A**「擽ぐられるような思」とあるが、それはどのような気持ちか。その説明として最も適当なものを、次の①～⑤のうちから一つ選べ。解答番号は［16］。

① 自分たちの結婚に際して羽織を新調したと思い込んで発言している妻に対する、笑い出したいような気持ち。
② 上等な羽織を持っていることを自慢に思いつつ、妻に事実を知られた場合を想像して、不安になっている気持ち。
③ 妻に羽織をほめられたうれしさと、本当のことを告げていない後ろめたさとが入り混じった、落ち着かない気持ち。
④ 妻が自分の服装に関心を寄せてくれることをうれしく感じつつも、羽織だけほめることを物足りなく思う気持ち。
⑤ 羽織はW君からもらったものだと妻に打ち明けてみたい衝動と、自分を侮っている妻への不満とがせめぎ合う気持ち。

問３　傍線部Ｂ「何だかやましいような気恥しいような、訳のわからぬ一種の重苦しい感情」とあるが、それはどういうことか。その説明として最も適当なものを、次の①～⑤のうちから一つ選べ。解答番号は 17 。

① Ｗ君が手を尽くして贈ってくれた品物は、いずれも自分には到底釣り合わないほど立派なものに思え、自分を厚遇しようとするＷ君の熱意を過剰なものに感じてとまどっている。

② Ｗ君の見繕ってくれた羽織はもちろん、自ら希望した時計にも実はさしたる必要を感じていなかったのに、Ｗ君がその贈り物をするために評判を落としたことを、申し訳なくももったいなくも感じている。

③ Ｗ君が羽織を贈ってくれたことに味をしめ、続いて時計までも希望し、高価な品々をやすやすと手に入れてしまった欲の深さを恥じており、Ｗ君へ向けられた批判をそのまま自分にも向けられたものと受け取っている。

④ 立派な羽織と時計とによって一人前の体裁を取り繕うことができたものの、それらを自分の力では手に入れられなかったことを情けなく感じており、Ｗ君の厚意にも自分へ向けられた哀れみを感じ取っている。

⑤ 頼んだわけでもないのに自分のために奔走してくれるＷ君に対する周囲の批判を耳にするたびに、Ｗ君に対する申し訳なさを感じたが、同時にその厚意には見返りを期待する底意をも察知している。

問4　傍線部C「私はW君よりも、彼の妻君の眼を恐れた」とあるが、「私」が「妻君の眼」を気にするのはなぜか。その説明として最も適当なものを、次の①～⑤のうちから一つ選べ。解答番号は 18 。

① 「私」に厚意をもって接してくれたW君が退社後に寝たきりで生活苦に陥っていることを考えると、見舞に駆けつけなくてはいけないと思う一方で、「私」の転職後はW君と久しく疎遠になってしまい、その間看病を続けた妻君に自分の冷たさを責められるのではないかと悩んでいるから。

② W君が退社した後慣れないパン菓子屋を始めるほど家計が苦しくなったことを知り、「私」が彼の恩義に酬いる番だと思う一方で、転職後にさほど家計も潤わずW君を経済的に助けられないことを考えると、W君を家庭で支える妻君には申し訳ないことをしていると感じているから。

③ 退職後に病で苦労しているW君のことを思うと、「私」に対するW君の恩義は一生忘れてはいけないと思う一方で、忙しい日常生活にかまけてW君のことをつい忘れてしまうふがいなさを感じたまま見舞に出かけると、妻君に偽善的な態度を指摘されるのではないかという怖さを感じているから。

④ 自分を友人として信頼し苦しい状況にあって頼りにもしているだろうW君のことを想像すると、見舞に行きたいという気持ちが募る一方で、かつてW君の示した厚意に酬いていないことを内心やましく思わざるを得ず、妻君の前では卑屈にへりくだらねばならないことを疎ましくも感じているから。

⑤ W君が「私」を立派な人間と評価してくれたことに感謝の気持ちを持っているため、W君の窮状を救いたいという思いが募る一方で、自分だけが幸せになっているのにW君を訪れなかったことを反省すればするほど、苦労する妻君には顔を合わせられないと悩んでいるから。

問5　傍線部D「私は少し遠廻りして、W君の家の前を通り、原っぱで子供に食べさせるのだからと妻に命じて、態と其の店に餡パンを買わせた」とあるが、この「私」の行動の説明として最も適当なものを、次の①～⑤のうちから一つ選べ。解答番号は 19 。

① W君の家族に対する罪悪感を募らせるあまり、自分たち家族の暮らし向きが好転したさまを見せることがためらわれて、かつてのような質素な生活を演出しようと作為的な振る舞いに及んでいる。

② W君と疎遠になってしまった後悔にさいなまれてはいるものの、それを妻に率直に打ち明け相談することも今更できず、逆にその悩みを悟られまいとして妻にまで虚勢を張るはめになっている。

③ 家族を犠牲にしてまで自分を厚遇してくれたW君に酬いるためのふさわしい方法がわからず、せめて店で買い物をすることによって、かつての厚意に少しでも応えることができればと考えている。

④ W君の家族との間柄がこじれてしまったことが気がかりでならず、どうにかしてその誤解を解こうとして稚拙な振る舞いに及ぶばかりか、身勝手な思いに事情を知らない自分の家族まで付き合わせている。

⑤ 偶然を装わなければW君と会えないとまで思っていたが、これまで事情を誤魔化してきたために、今更妻に本当のことを打ち明けることもできず、回りくどいやり方で様子を窺う機会を作ろうとしている。

問6　次に示す【資料】は、この文章（加能作次郎「羽織と時計」）が発表された当時、新聞紙上に掲載された批評（評者は宮島新三郎、原文の仮名遣いを改めてある）の一部である。これを踏まえた上で、後の(i)・(ii)の問いに答えよ。

【資料】

今までの氏は生活の種々相を様々な方面から多角的に描破(注1)して、其処《そこ》から或るものを浮き上《あが》らせようとした点があったし、又そうすることに依《よ》って作品の効果を強大にするという長所を示していたように思う。見た儘《まま》、有りの儘を刻明に描写する――其処に氏の有する大きな強味がある。由来(注2)氏はライフの一点だけを覘《ねら》って作をするというような所謂《いわゆる》『小話《こばなし》』作家の面影は有《も》っていなかった。

それが『羽織と時計』になると、作者が本当の泣き笑いの悲痛な人生を描こうとしたものか、それとも単に羽織と時計に伴う思い出を中心にして、ある一つの興味ある覘いを、否一つのおちを物語ってでもやろうとしたのか分《わか》らない程謂《い》う所の小話臭味の多過ぎた嫌いがある。若《も》し此《この》作品から小話臭味を取去《とり》ったら、即《すなわ》ち羽織と時計とに作者が関心し過ぎなかったら、そして飽くまでも『私』の見たW君の生活、W君の病気、それに伴う陰鬱な、悲惨な境遇を如実に描いたなら、一層感銘の深い作品になったろうと思われる。羽織と時計とに執し過ぎた(注3)ことは、この作品をユーモラスなものにする助けとはなったが、作品の効果を増す力にはなって居ない。私は寧《むし》ろ忠実なる生活の再現者としての加能氏に多くの尊敬を払っている。

宮島新三郎「師走文壇の一瞥《いちべつ》」（『時事新報』一九一八年一二月七日）

（注）1　描破――あまさず描きつくすこと。
2　由来――元来、もともと。
3　執し過ぎた――「執着し過ぎた」という意味。

(i) 【資料】の二重傍線部に「羽織と時計とに執し過ぎたことは、この作品をユーモラスなものにする助けとはなったが、作品の効果を増す力にはなって居ない。」とあるが、それはどのようなことか。評者の意見の説明として最も適当なものを、次の①～④のうちから一つ選べ。解答番号は 20 。

① 多くの挿話からW君の姿を浮かび上がらせようとして、W君の描き方に予期せぬぶれが生じている。

② 実際の出来事を忠実に再現しようと意識しすぎた結果、W君の悲痛な思いに寄り添えていない。

③ 強い印象を残した思い出の品への愛着が強かったために、W君の一面だけを取り上げ美化している。

④ 挿話の巧みなまとまりにこだわったため、W君の生活や境遇の描き方が断片的なものになっている。

(ii) 【資料】の評者が着目する「羽織と時計」は、表題に用いられるほかに、「羽織と時計――」という表現として本文中にも用いられている(43行目、53行目)。この繰り返しに注目し、評者とは異なる見解を提示した内容として最も適当なものを、次の①～④のうちから一つ選べ。解答番号は 21 。

① 「羽織と時計――」という表現がそれぞれ異なる状況において自問自答のように繰り返されることで、かつてのようにはW君を信頼できなくなっていく「私」の動揺が描かれることを重視すべきだ。

② 複雑な人間関係に耐えられず生活の破綻を招いてしまったW君のつたなさが、「羽織と時計――」という余韻を含んだ表現で哀惜の思いをこめて回顧されていることを重視すべきだ。

③ 「私」の境遇の変化にかかわらず繰り返し用いられる「羽織と時計――」という表現が、好意をもって接していた「私」に必死で応えようとするW君の思いの純粋さを想起させることを重視すべきだ。

④ 「羽織と時計――」という表現の繰り返しによって、W君の厚意が皮肉にも自分をかえって遠ざけることになった経緯について、「私」が切ない心中を吐露していることを重視すべきだ。

第3問

次の文章は、『栄花物語』の一節である。藤原長家(本文では「中納言殿」)の妻が亡くなり、親族らが亡骸《なきがら》をゆかりの寺(法住寺《ほうじゅうじ》)に移す場面から始まっている。これを読んで、後の問い(問1～5)に答えよ。(配点 50)

大北の方も、(注1)この殿ばらも、またおしかへし臥《ふ》しまろばせたまふ。これをだに悲しくゆゆしきことにいはでは、また何ごとをかはと見えたり。さて(注2)御車の後《しり》に、(注3)大納言殿、中納言殿、さるべき人々は歩ませたまふ。いへばおろかにて、(ア)えまねびやらず。(注4)北の方の御車や、女房たちの車などひき続けたり。御供の人々など数知らず多かり。法住寺には、常の御渡りにも似ぬ御車などのさまに、(注5)僧都《そうづ》の君、御目もくれて、え見たてまつりたまはず。さて御車かきおろして、つぎて人々おりぬ。

さてこの御忌《いみ》のほどは、誰《たれ》もそこにおはしますべきなりけり。山の方をながめやらせたまふにつけても、わざとならず色々にすこしうつろひたり。鹿の鳴く音《ね》に御目もさめて、今すこし心細さまさりたまふ。(注6)宮々よりも思《おぼ》し慰むべき御消息《せうそこ》たびたびあれど、ただ今はただ夢を見たらんやうにのみ思されて過ぐしたまふ。月のいみじう明《あか》きにも、思し残させたまふことなし。内裏《うち》わたりの女房も、さまざま御消息聞こゆれども、よろしきほどは、A「今みづから」とばかり書かせたまふ。進内侍《じんのないし》と聞こゆる人、聞こえたり。

契りけん千代は涙の水底《みなそこ》に枕ばかりや浮きて見ゆらん

中納言殿の御返し、

起き臥しの契りはたえて尽きせねば枕を浮くる涙なりけり

また東宮の若宮の御乳母《めのと》の小弁《こべん》、

X 悲しさをかつは思ひも慰めよ誰もつひにはとまるべき世か

御返し、

Y 慰むる方しなければ世の中の常なきことも知られざりけり

かやうに思しのたまはせても、いでや、もののおぼゆるにこそあめれ、まして月ごろ、年ごろにもならば、思ひ忘るるやうもやあらんと、われながら心憂く思さる。何ごとにもいかでかくと(イ)めやすくおはせしものを、顔かたちよりはじめ、心ざま、手うち書き、絵などの心に入り、さいつころまで御心に入りて、うつ伏しうつ伏して描《か》きたまひしものを、この夏の絵を、枇杷《びは》殿《どの》にもてまゐりたりしかば、いみじう興じめでさせたまひて、納めたまひし、**B** よくぞもてまゐりにけるなど、思し残すことなきままに、よろづにつけて恋しくのみ思ひ出できこえさせたまふ。年ごろ書き集《つ》めさせたまひける絵物語など、みな焼けにし(注7)後《のち》、去年《こぞ》、今年のほどにし集めさせたまへるもいみじう多かりし、(ウ)里に出でなば、とり出でつつ見て慰めむと思されけり。

(注) 1 この殿ばら —— 故人と縁故のあった人々。
2 御車 —— 亡骸を運ぶ車。
3 大納言殿 —— 藤原斉信。長家の妻の父。
4 北の方 —— 「大北の方」と同一人物。
5 僧都の君 —— 斉信の弟で、法住寺の僧。
6 宮々 —— 長家の姉たち。彰子や妍子(枇杷殿)ら。
7 みな焼けにし後 —— 数年前の火事ですべて燃えてしまった後。

〈人物関係図〉

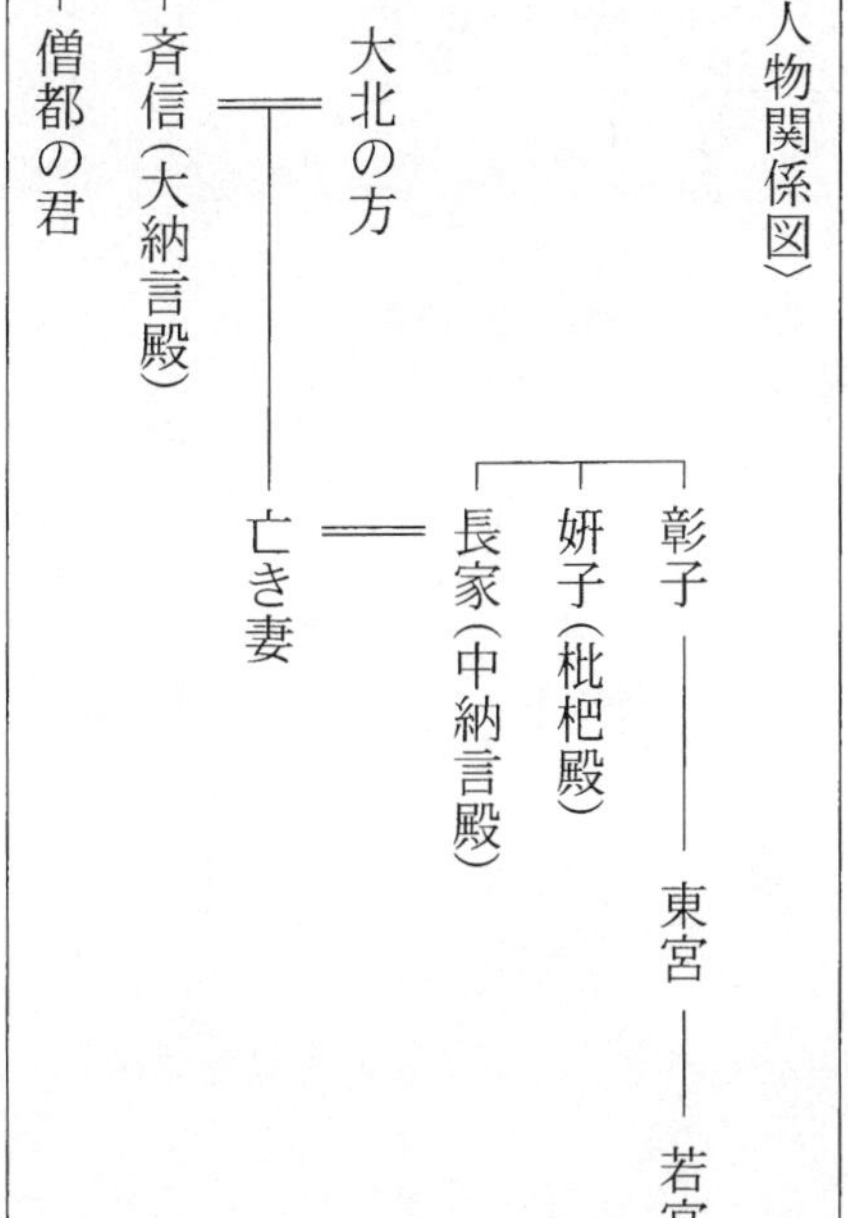

問1　傍線部(ア)〜(ウ)の解釈として最も適当なものを、次の各群の①〜⑤のうちから、それぞれ一つずつ選べ。解答番号は 22 〜 24 。

(ア) えまねびやらず 22

① 信じてあげることができない
② かつて経験したことがない
③ とても真似《まね》のしようがない
④ 表現しつくすことはできない
⑤ 決して忘れることはできない

(イ) めやすくおはせしものを 23

① すばらしい人柄だったのになあ
② すこやかに過ごしていらしたのになあ
③ 感じのよい人でいらっしゃったのになあ
④ 見た目のすぐれた人であったのになあ
⑤ 上手におできになったのになあ

(ウ) 里に出でなば 24

① 自邸に戻ったときには
② 旧都に引っ越した日には
③ 山里に隠棲《いんせい》するつもりなので
④ 妻の実家から立ち去るので
⑤ 故郷に帰るとすぐに

問２　傍線部Ａ『今みづから』とばかり書かせたまふ」とあるが、長家がそのような対応をしたのはなぜか。その理由の説明として最も適当なものを、次の①〜⑤のうちから一つ選べ。解答番号は 25 。

① 並一通りの関わりしかない人からのおくやみの手紙に対してまで、丁寧な返事をする心の余裕がなかったから。
② 妻と仲のよかった女房たちには、この悲しみが自然と薄れるまでは返事を待ってほしいと伝えたかったから。
③ 心のこもったおくやみの手紙に対しては、表現を十分練って返事をする必要があり、少し待ってほしかったから。
④ 見舞客の対応で忙しかったが、いくらか時間ができた時には、ほんの一言ならば返事を書くことができたから。
⑤ 大切な相手からのおくやみの手紙に対しては、すぐに自らお礼の挨拶にうかがわなければならないと考えたから。

問3　傍線部B「よくぞもてまゐりにけるなど、思し残すことなきままに、よろづにつけて恋しくのみ思ひ出できこえさせたまふ」の語句や表現に関する説明として最も適当なものを、次の①～⑤のうちから一つ選べ。解答番号は 26 。

① 「よくぞ……ける」は、妻の描いた絵を枇杷殿へ献上していたことを振り返って、そうしておいてよかったと、長家がしみじみと感じていることを表している。

② 「思し残すことなき」は、妻とともに過ごした日々に後悔はないという長家の気持ちを表している。

③ 「ままに」は「それでもやはり」という意味で、長家が妻の死を受け入れたつもりでも、なお悲しみを払拭することができずに苦悩していることを表している。

④ 「よろづにつけて」は、妻の描いた絵物語のすべてが焼失してしまったことに対する長家の悲しみを強調している。

⑤ 「思ひ出できこえさせたまふ」の「させ」は使役の意味で、ともに亡き妻のことを懐かしんでほしいと、長家が枇杷殿に強く訴えていることを表している。

問４ この文章の登場人物についての説明として最も適当なものを、次の①～⑤のうちから一つ選べ。解答番号は 27 。

① 親族たちが悲しみのあまりに取り乱している中で、「大北の方」だけは冷静さを保って人々に指示を与えていた。

② 「僧都の君」は涙があふれて長家の妻の亡骸を直視できないほどであったが、気丈に振る舞い亡骸を車から降ろした。

③ 長家は秋の終わりの寂しい風景を目にするたびに、妻を亡くしたことが夢であってくれればよいと思っていた。

④ 「進内侍」は長家の妻が亡くなったことを深く悲しみ、自分も枕が浮くほど涙を流していると嘆く歌を贈った。

⑤ 長家の亡き妻は容貌もすばらしく、字が上手なことに加え、絵にもたいそう関心が深く生前は熱心に描いていた。

問5　次に示す【文章】を読み、その内容を踏まえて、X・Y・Zの三首の和歌についての説明として適当なものを、後の①〜⑥のうちから二つ選べ。ただし、解答の順序は問わない。解答番号は 28 ・ 29 。

【文章】

『栄花物語』の和歌Xと同じ歌は、『千載和歌集』にも記されている。妻を失って悲しむ長家のもとへ届けられたという状況も同一である。しかし、『千載和歌集』では、それに対する長家の返歌は、

Z　誰もみなとまるべきにはあらねども後《おく》るるほどはなほぞ悲しき

となっており、同じ和歌Xに対する返歌の表現や内容が、『千載和歌集』の和歌Zと『栄花物語』の和歌Yとでは異なる。『栄花物語』では、和歌X・Yのやりとりを経て、長家が内省を深めてゆく様子が描かれている。

① 和歌Xは、妻を失った長家の悲しみを深くは理解していない、ありきたりなおくやみの歌であり、「悲しみをきっぱり忘れなさい」と安易に言ってしまっている部分に、その誠意のなさが露呈してしまっている。

② 和歌Xが、世の中は無常で誰しも永遠に生きることはできないということを詠んでいるのに対して、和歌Zはその内容をあえて肯定することで、妻に先立たれてしまった悲しみをなんとか慰めようとしている。

③ 和歌Xが、誰でもいつかは必ず死ぬ身なのだからと言って長家を慰めようとしているのに対して、和歌Zはひとまずそれに同意を示したうえで、それでも妻を亡くした今は悲しくてならないと訴えている。

④ 和歌Zが、「誰も」「とまるべき」「悲し」など和歌Xと同じ言葉を用いることで、悲しみを癒《い》やしてくれたことへの感謝を表現しているのに対して、和歌Yはそれらを用いないことで、和歌Xの励ましを拒む姿勢を表明している。

⑤ 和歌Yは、長家を励まそうとした和歌Xに対して私の心を癒やすことのできる人などいないと反発した歌であり、長家が他人の干渉をわずらわしく思い、亡き妻との思い出の世界に閉じこもってゆくという文脈につながっている。

⑥ 和歌Yは、世の無常のことなど今は考えられないと詠んだ歌だが、そう詠んだことでかえってこの世の無常を意識してしまった長家が、いつかは妻への思いも薄れてゆくのではないかと恐れ、妻を深く追慕してゆく契機となっている。

（下書き用紙）

国語の試験問題は次に続く。

第4問　次の【問題文Ⅰ】の詩と【問題文Ⅱ】の文章は、いずれも馬車を操縦する「御術《ぎょじゅつ》」について書かれたものである。これらを読んで、後の問い（問1～6）に答えよ。なお、設問の都合で返り点・送り仮名を省いたところがある。（配点　50）

【問題文Ⅰ】

吾ニ有リ二千里ノ馬一　毛（注1）骨(1)何蕭《せう》（注2）森タル
疾《はや》ク馳《は》スレバ如ク二奔風ノ一　白日ニ無シレ留ムルレ陰ヲ
徐《おもむ》ロニ駆《か》クレバ当タリ二大道ニ一　歩《ほ》（注3）驟《しう》ハ中《あ》タル二五（注4）音ニ一

A
馬ニ雖モレ有リト二四足一　遅速ハ在リ二吾ガ X 一
六《りく》（注5）轡《ひ》ハ応ジ二吾ガ手ニ一　調和スルコト如シ二瑟《しつ》（注6）琴ノ一
東西ト与二南北一　高下ス二山ト与一レ林ヲ

B
惟意所欲適　九（注7）州可シ二周(2)尋ヌ一
(3)至レル哉人ト与レ馬　両楽不二相侵サ一

馬車を走らせる御者

（注）
1　毛骨――馬の毛なみと骨格。
2　蕭森――ひきしまって美しい。
3　歩驟――馬が駆ける音。
4　五音――中国の伝統的な音階。
5　六轡――馬車を操る手綱。
6　瑟琴――大きな琴と小さな琴。

伯（注8）楽ハ識ルモ二其ノ外ヲ一　徒（ア）知ル二価ノ千金ナルヲ一

王良ハ得タリ二其ノ性ヲ一　此ノ術固（イ）已ニ深シ

良馬ハ須《ま》ツ二善（注9）馭《ぎよ》ヲ一　吾ガ言可シレ為スレ箴《しん》ト（注10）

7　九州――中国全土。
8　伯楽――良馬を見抜く名人。
9　善馭――すぐれた御者（前ページの図を参照）。
馭は御に同じ。
10　箴――いましめ。

（欧陽脩《おうようしゅう》『欧陽文忠公集《おうようぶんちゅうこうしゅう》』による）

【問題文Ⅱ】

王良は趙《ちょう》国の襄主《じょうしゅ》に仕える臣であり、「御術」における師でもある。ある日、襄主が王良に馬車の駆け競《くら》べを挑み、三回競走して三回とも勝てなかった。くやしがる襄主が、まだ「御術」のすべてを教えていないのではないかと詰め寄ると、王良は次のように答えた。

凡ソ御之所ハレ貴ブ、馬体(a)安ンジ二于車一、人心(b)調《かな》ヒ二于馬一、而ル後ニ可シ二以テ(c)進ムコト速《すみ》ヤカニシテ致スレ遠キヲ。C今君後則欲レ逮レ臣、先則恐レ逮二于臣一。夫レ誘《すす》メテ道ニ争フレ遠キヲ、非ザレバレ先ンズルニ則チ後ルル也。而シテ(d)先後ノ心ハ在リ二于臣(e)一。尚ホ何ヲ以テ調ハン二於馬一。此レ君之所二以後ルル一也。

（『韓非子《かんぴし》』による）

問1　波線部(ア)「徒」・(イ)「固」のここでの意味と、最も近い意味を持つ漢字はどれか。次の各群の①～⑤のうちから、それぞれ一つずつ選べ。解答番号は 30 ・ 31 。

(ア)「徒」 30
① 只
② 復
③ 当
④ 好
⑤ 猶

(イ)「固」 31
① 強
② 難
③ 必
④ 絶
⑤ 本

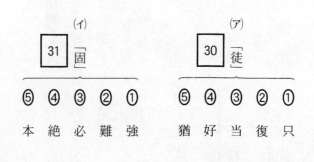

問2 波線部(1)「何」・(2)「周」・(3)「至 哉」のここでの解釈として最も適当なものを、次の各群の①～⑤のうちから、それぞれ一つずつ選べ。解答番号は 32 ～ 34 。

(1)「何」 32
① どこが
② いつから
③ どのように
④ どうして
⑤ なんと

(2)「周」 33
① 手あたり次第に
② 何度も繰り返して
③ あらゆるところに
④ きちんと準備して
⑤ はるか遠くより

(3)「至 哉」 34
① あのような遠くまで行くことができるものなのか
② こんなにも人の気持ちが理解できるものなのか
③ あのような高い山まで登ることができようか
④ このような境地にまで到達できるものなのか
⑤ こんなにも速く走ることができるだろうか

問3 【問題文Ⅰ】の傍線部A「馬雖レ有二四足一遅速在二吾 X 一」は「御術」の要点を述べている。【問題文Ⅰ】と【問題文Ⅱ】を踏まえれば、【問題文Ⅰ】の空欄 X には【問題文Ⅱ】の二重傍線部(a)～(e)のいずれかが入る。空欄 X に入る語として最も適当なものを、次の①～⑤のうちから一つ選べ。解答番号は 35 。

① (a) 体
② (b) 心
③ (c) 進
④ (d) 先
⑤ (e) 臣

問４　傍線部Ｂ「惟意所欲適」の返り点の付け方と書き下し文との組合せとして最も適当なものを、次の①～⑤のうちから一つ選べ。解答番号は 36 。

① 惟 意 所㆓欲 適㆒　　惟《た》だ意の欲して適《かな》ふ所にして

② 惟 意 所 欲㆑適　　惟だ意《おも》ふ所に適《かな》はんと欲して

③ 惟 意㆑所㆑欲 適　　惟だ欲する所を意《おも》ひ適《ゆ》きて

④ 惟 意 所㆑欲㆑適　　惟だ意の適《ゆ》かんと欲する所にして

⑤ 惟 意㆑所㆓欲 適㆒　　惟だ欲して適《ゆ》く所を意《おも》ひて

問5 傍線部C「今君後則欲レ逮レ臣、先則恐レ逮ニ于臣一。」の解釈として最も適当なものを、次の①～⑤のうちから一つ選べ。解答番号は 37 。

① あなたは私に後ろにつかれると馬車の操縦に集中するのに、私が前に出るとすぐにやる気を失ってしまいました。

② あなたは今回後れても追いつこうとしましたが、以前は私に及ばないのではないかと不安にかられるだけでした。

③ あなたはいつも馬車のことを後回しにして、どの馬も私の馬より劣っているのではないかと憂えるばかりでした。

④ あなたは後から追い抜くことを考えていましたが、私は最初から追いつかれないように気をつけていました。

⑤ あなたは私に後れると追いつくことだけを考え、前に出るといつ追いつかれるかと心配ばかりしていました。

問6 【問題文Ⅰ】と【問題文Ⅱ】を踏まえた「御術」と御者の説明として最も適当なものを、次の①～⑤のうちから一つ選べ。
解答番号は 38 。

① 「御術」においては、馬を手厚く養うだけでなく、よい馬車を選ぶことも大切である。王良のように車の手入れを入念にしなければ、馬を快適に走らせることのできる御者にはなれない。

② 「御術」においては、馬の心のうちをくみとり、馬車を遠くまで走らせることが大切である。王良のように馬の体調を考えながら鍛えなければ、千里の馬を育てる御者にはなれない。

③ 「御術」においては、すぐれた馬を選ぶだけでなく、馬と一体となって走ることも大切である。襄主のように他のことに気をとられていては、馬を自在に走らせる御者にはなれない。

④ 「御術」においては、馬を厳しく育て、巧みな駆け引きを会得することが大切である。王良のように常に勝負の場を意識しながら馬を育てなければ、競走に勝つことのできる御者にはなれない。

⑤ 「御術」においては、訓練場だけでなく、山と林を駆けまわって手綱さばきを磨くことも大切である。襄主のように型通りの練習をおこなうだけでは、素晴らしい御者にはなれない。

2024 — 駿台《すんだい》 大学入試完全対策《だいがくにゅうしかんぜんたいさく》シリーズ
大学入学共通《だいがくにゅうがくきょうつう》テスト実戦問題集《じっせんもんだいしゅう》 国語《こくご》

2023 年 7 月 6 日 2024 年版発行

編 者 駿 台 文 庫
発 行 者 山 﨑 良 子
印刷・製本 日 経 印 刷 株 式 会 社

発 行 所 駿 台 文 庫 株 式 会 社
〒 101-0062 東京都千代田区神田駿河台 1-7-4
小畑ビル内
TEL. 編集 03 (5259) 3302
販売 03 (5259) 3301
《共通テスト実戦・国語① 600pp.》

落丁・乱丁がございましたら，送料小社負担にて
お取り替えいたします。
ISBN978-4-7961-6445-0 Printed in Japan

駿台文庫 Web サイト
https://www.sundaibunko.jp

国　語　解　答　用　紙

マーク例

良い例	悪い例
●	⊙ ⊗ ◐ ◯

受験番号を記入し，その下のマーク欄にマークしなさい。

受験番号欄

千位	百位	十位	一位	英字	
–	⓪	⓪	⓪	Ⓐ	A
①	①	①	①	Ⓑ	B
②	②	②	②	Ⓒ	C
③	③	③	③	Ⓗ	H
④	④	④	④	Ⓚ	K
⑤	⑤	⑤	⑤	Ⓜ	M
⑥	⑥	⑥	⑥	Ⓡ	R
⑦	⑦	⑦	⑦	Ⓤ	U
⑧	⑧	⑧	⑧	Ⓧ	X
⑨	⑨	⑨	⑨	Ⓨ	Y
–	–	–	–	Ⓩ	Z

氏名・フリガナ，試験場コードを記入しなさい。

フリガナ						
氏　名						
試験場コード	十万位	万位	千位	百位	十位	一位

注意事項

1　訂正は，消しゴムできれいに消し，消しくずを残してはいけません。
2　所定欄以外にはマークしたり，記入したりしてはいけません。
3　汚したり，折りまげたりしてはいけません。

解答番号	解答欄 1	2	3	4	5	6	7	8	9	解答番号	解答欄 1	2	3	4	5	6	7	8	9	解答番号	解答欄 1	2	3	4	5	6	7	8	9	解答番号	解答欄 1	2	3	4	5	6	7	8	9
1	①	②	③	④	⑤	⑥	⑦	⑧	⑨	14	①	②	③	④	⑤	⑥	⑦	⑧	⑨	27	①	②	③	④	⑤	⑥	⑦	⑧	⑨	40	①	②	③	④	⑤	⑥	⑦	⑧	⑨
2	①	②	③	④	⑤	⑥	⑦	⑧	⑨	15	①	②	③	④	⑤	⑥	⑦	⑧	⑨	28	①	②	③	④	⑤	⑥	⑦	⑧	⑨	41	①	②	③	④	⑤	⑥	⑦	⑧	⑨
3	①	②	③	④	⑤	⑥	⑦	⑧	⑨	16	①	②	③	④	⑤	⑥	⑦	⑧	⑨	29	①	②	③	④	⑤	⑥	⑦	⑧	⑨	42	①	②	③	④	⑤	⑥	⑦	⑧	⑨
4	①	②	③	④	⑤	⑥	⑦	⑧	⑨	17	①	②	③	④	⑤	⑥	⑦	⑧	⑨	30	①	②	③	④	⑤	⑥	⑦	⑧	⑨	43	①	②	③	④	⑤	⑥	⑦	⑧	⑨
5	①	②	③	④	⑤	⑥	⑦	⑧	⑨	18	①	②	③	④	⑤	⑥	⑦	⑧	⑨	31	①	②	③	④	⑤	⑥	⑦	⑧	⑨	44	①	②	③	④	⑤	⑥	⑦	⑧	⑨
6	①	②	③	④	⑤	⑥	⑦	⑧	⑨	19	①	②	③	④	⑤	⑥	⑦	⑧	⑨	32	①	②	③	④	⑤	⑥	⑦	⑧	⑨	45	①	②	③	④	⑤	⑥	⑦	⑧	⑨
7	①	②	③	④	⑤	⑥	⑦	⑧	⑨	20	①	②	③	④	⑤	⑥	⑦	⑧	⑨	33	①	②	③	④	⑤	⑥	⑦	⑧	⑨	46	①	②	③	④	⑤	⑥	⑦	⑧	⑨
8	①	②	③	④	⑤	⑥	⑦	⑧	⑨	21	①	②	③	④	⑤	⑥	⑦	⑧	⑨	34	①	②	③	④	⑤	⑥	⑦	⑧	⑨	47	①	②	③	④	⑤	⑥	⑦	⑧	⑨
9	①	②	③	④	⑤	⑥	⑦	⑧	⑨	22	①	②	③	④	⑤	⑥	⑦	⑧	⑨	35	①	②	③	④	⑤	⑥	⑦	⑧	⑨	48	①	②	③	④	⑤	⑥	⑦	⑧	⑨
10	①	②	③	④	⑤	⑥	⑦	⑧	⑨	23	①	②	③	④	⑤	⑥	⑦	⑧	⑨	36	①	②	③	④	⑤	⑥	⑦	⑧	⑨	49	①	②	③	④	⑤	⑥	⑦	⑧	⑨
11	①	②	③	④	⑤	⑥	⑦	⑧	⑨	24	①	②	③	④	⑤	⑥	⑦	⑧	⑨	37	①	②	③	④	⑤	⑥	⑦	⑧	⑨	50	①	②	③	④	⑤	⑥	⑦	⑧	⑨
12	①	②	③	④	⑤	⑥	⑦	⑧	⑨	25	①	②	③	④	⑤	⑥	⑦	⑧	⑨	38	①	②	③	④	⑤	⑥	⑦	⑧	⑨	51	①	②	③	④	⑤	⑥	⑦	⑧	⑨
13	①	②	③	④	⑤	⑥	⑦	⑧	⑨	26	①	②	③	④	⑤	⑥	⑦	⑧	⑨	39	①	②	③	④	⑤	⑥	⑦	⑧	⑨	52	①	②	③	④	⑤	⑥	⑦	⑧	⑨

国　語　解　答　用　紙

マーク例

良い例	悪い例
●	⊙ ⊗ ◑ ○

受験番号を記入し，その下のマーク欄にマークしなさい。

受験番号欄

千位	百位	十位	一位	英字	
−	⓪	⓪	⓪	Ⓐ	A
①	①	①	①	Ⓑ	B
②	②	②	②	Ⓒ	C
③	③	③	③	Ⓗ	H
④	④	④	④	Ⓚ	K
⑤	⑤	⑤	⑤	Ⓜ	M
⑥	⑥	⑥	⑥	Ⓡ	R
⑦	⑦	⑦	⑦	Ⓤ	U
⑧	⑧	⑧	⑧	Ⓧ	X
⑨	⑨	⑨	⑨	Ⓨ	Y
−	−	−	−	Ⓩ	Z

氏名・フリガナ，試験場コードを記入しなさい。

フリガナ						
氏　名						
試験場コード	十万位	万位	千位	百位	十位	一位

注意事項

1　訂正は，消しゴムできれいに消し，消しくずを残してはいけません。
2　所定欄以外にはマークしたり，記入したりしてはいけません。
3　汚したり，折りまげたりしてはいけません。

解答番号	解答欄 1	2	3	4	5	6	7	8	9	解答番号	解答欄 1	2	3	4	5	6	7	8	9	解答番号	解答欄 1	2	3	4	5	6	7	8	9	解答番号	解答欄 1	2	3	4	5	6	7	8	9
1	①	②	③	④	⑤	⑥	⑦	⑧	⑨	14	①	②	③	④	⑤	⑥	⑦	⑧	⑨	27	①	②	③	④	⑤	⑥	⑦	⑧	⑨	40	①	②	③	④	⑤	⑥	⑦	⑧	⑨
2	①	②	③	④	⑤	⑥	⑦	⑧	⑨	15	①	②	③	④	⑤	⑥	⑦	⑧	⑨	28	①	②	③	④	⑤	⑥	⑦	⑧	⑨	41	①	②	③	④	⑤	⑥	⑦	⑧	⑨
3	①	②	③	④	⑤	⑥	⑦	⑧	⑨	16	①	②	③	④	⑤	⑥	⑦	⑧	⑨	29	①	②	③	④	⑤	⑥	⑦	⑧	⑨	42	①	②	③	④	⑤	⑥	⑦	⑧	⑨
4	①	②	③	④	⑤	⑥	⑦	⑧	⑨	17	①	②	③	④	⑤	⑥	⑦	⑧	⑨	30	①	②	③	④	⑤	⑥	⑦	⑧	⑨	43	①	②	③	④	⑤	⑥	⑦	⑧	⑨
5	①	②	③	④	⑤	⑥	⑦	⑧	⑨	18	①	②	③	④	⑤	⑥	⑦	⑧	⑨	31	①	②	③	④	⑤	⑥	⑦	⑧	⑨	44	①	②	③	④	⑤	⑥	⑦	⑧	⑨
6	①	②	③	④	⑤	⑥	⑦	⑧	⑨	19	①	②	③	④	⑤	⑥	⑦	⑧	⑨	32	①	②	③	④	⑤	⑥	⑦	⑧	⑨	45	①	②	③	④	⑤	⑥	⑦	⑧	⑨
7	①	②	③	④	⑤	⑥	⑦	⑧	⑨	20	①	②	③	④	⑤	⑥	⑦	⑧	⑨	33	①	②	③	④	⑤	⑥	⑦	⑧	⑨	46	①	②	③	④	⑤	⑥	⑦	⑧	⑨
8	①	②	③	④	⑤	⑥	⑦	⑧	⑨	21	①	②	③	④	⑤	⑥	⑦	⑧	⑨	34	①	②	③	④	⑤	⑥	⑦	⑧	⑨	47	①	②	③	④	⑤	⑥	⑦	⑧	⑨
9	①	②	③	④	⑤	⑥	⑦	⑧	⑨	22	①	②	③	④	⑤	⑥	⑦	⑧	⑨	35	①	②	③	④	⑤	⑥	⑦	⑧	⑨	48	①	②	③	④	⑤	⑥	⑦	⑧	⑨
10	①	②	③	④	⑤	⑥	⑦	⑧	⑨	23	①	②	③	④	⑤	⑥	⑦	⑧	⑨	36	①	②	③	④	⑤	⑥	⑦	⑧	⑨	49	①	②	③	④	⑤	⑥	⑦	⑧	⑨
11	①	②	③	④	⑤	⑥	⑦	⑧	⑨	24	①	②	③	④	⑤	⑥	⑦	⑧	⑨	37	①	②	③	④	⑤	⑥	⑦	⑧	⑨	50	①	②	③	④	⑤	⑥	⑦	⑧	⑨
12	①	②	③	④	⑤	⑥	⑦	⑧	⑨	25	①	②	③	④	⑤	⑥	⑦	⑧	⑨	38	①	②	③	④	⑤	⑥	⑦	⑧	⑨	51	①	②	③	④	⑤	⑥	⑦	⑧	⑨
13	①	②	③	④	⑤	⑥	⑦	⑧	⑨	26	①	②	③	④	⑤	⑥	⑦	⑧	⑨	39	①	②	③	④	⑤	⑥	⑦	⑧	⑨	52	①	②	③	④	⑤	⑥	⑦	⑧	⑨

駿　台　文　庫

国　語　解　答　用　紙

マーク例

良い例	悪い例
●	⊙ ⊗ ◐ ○

受験番号を記入し，その下のマーク欄にマークしなさい。

受験番号欄

千位	百位	十位	一位	英字	
–	⓪	⓪	⓪	Ⓐ	A
①	①	①	①	Ⓑ	B
②	②	②	②	Ⓒ	C
③	③	③	③	Ⓗ	H
④	④	④	④	Ⓚ	K
⑤	⑤	⑤	⑤	Ⓜ	M
⑥	⑥	⑥	⑥	Ⓡ	R
⑦	⑦	⑦	⑦	Ⓤ	U
⑧	⑧	⑧	⑧	Ⓧ	X
⑨	⑨	⑨	⑨	Ⓨ	Y
–	–	–	–	Ⓩ	Z

氏名・フリガナ，試験場コードを記入しなさい。

フリガナ						
氏　名						
試験場コード	十万位	万位	千位	百位	十位	一位

注意事項

1　訂正は，消しゴムできれいに消し，消しくずを残してはいけません。
2　所定欄以外にはマークしたり，記入したりしてはいけません。
3　汚したり，折りまげたりしてはいけません。

解答番号	解答欄									解答番号	解答欄									解答番号	解答欄									解答番号	解答欄								
	1	2	3	4	5	6	7	8	9		1	2	3	4	5	6	7	8	9		1	2	3	4	5	6	7	8	9		1	2	3	4	5	6	7	8	9
1	①	②	③	④	⑤	⑥	⑦	⑧	⑨	14	①	②	③	④	⑤	⑥	⑦	⑧	⑨	27	①	②	③	④	⑤	⑥	⑦	⑧	⑨	40	①	②	③	④	⑤	⑥	⑦	⑧	⑨
2	①	②	③	④	⑤	⑥	⑦	⑧	⑨	15	①	②	③	④	⑤	⑥	⑦	⑧	⑨	28	①	②	③	④	⑤	⑥	⑦	⑧	⑨	41	①	②	③	④	⑤	⑥	⑦	⑧	⑨
3	①	②	③	④	⑤	⑥	⑦	⑧	⑨	16	①	②	③	④	⑤	⑥	⑦	⑧	⑨	29	①	②	③	④	⑤	⑥	⑦	⑧	⑨	42	①	②	③	④	⑤	⑥	⑦	⑧	⑨
4	①	②	③	④	⑤	⑥	⑦	⑧	⑨	17	①	②	③	④	⑤	⑥	⑦	⑧	⑨	30	①	②	③	④	⑤	⑥	⑦	⑧	⑨	43	①	②	③	④	⑤	⑥	⑦	⑧	⑨
5	①	②	③	④	⑤	⑥	⑦	⑧	⑨	18	①	②	③	④	⑤	⑥	⑦	⑧	⑨	31	①	②	③	④	⑤	⑥	⑦	⑧	⑨	44	①	②	③	④	⑤	⑥	⑦	⑧	⑨
6	①	②	③	④	⑤	⑥	⑦	⑧	⑨	19	①	②	③	④	⑤	⑥	⑦	⑧	⑨	32	①	②	③	④	⑤	⑥	⑦	⑧	⑨	45	①	②	③	④	⑤	⑥	⑦	⑧	⑨
7	①	②	③	④	⑤	⑥	⑦	⑧	⑨	20	①	②	③	④	⑤	⑥	⑦	⑧	⑨	33	①	②	③	④	⑤	⑥	⑦	⑧	⑨	46	①	②	③	④	⑤	⑥	⑦	⑧	⑨
8	①	②	③	④	⑤	⑥	⑦	⑧	⑨	21	①	②	③	④	⑤	⑥	⑦	⑧	⑨	34	①	②	③	④	⑤	⑥	⑦	⑧	⑨	47	①	②	③	④	⑤	⑥	⑦	⑧	⑨
9	①	②	③	④	⑤	⑥	⑦	⑧	⑨	22	①	②	③	④	⑤	⑥	⑦	⑧	⑨	35	①	②	③	④	⑤	⑥	⑦	⑧	⑨	48	①	②	③	④	⑤	⑥	⑦	⑧	⑨
10	①	②	③	④	⑤	⑥	⑦	⑧	⑨	23	①	②	③	④	⑤	⑥	⑦	⑧	⑨	36	①	②	③	④	⑤	⑥	⑦	⑧	⑨	49	①	②	③	④	⑤	⑥	⑦	⑧	⑨
11	①	②	③	④	⑤	⑥	⑦	⑧	⑨	24	①	②	③	④	⑤	⑥	⑦	⑧	⑨	37	①	②	③	④	⑤	⑥	⑦	⑧	⑨	50	①	②	③	④	⑤	⑥	⑦	⑧	⑨
12	①	②	③	④	⑤	⑥	⑦	⑧	⑨	25	①	②	③	④	⑤	⑥	⑦	⑧	⑨	38	①	②	③	④	⑤	⑥	⑦	⑧	⑨	51	①	②	③	④	⑤	⑥	⑦	⑧	⑨
13	①	②	③	④	⑤	⑥	⑦	⑧	⑨	26	①	②	③	④	⑤	⑥	⑦	⑧	⑨	39	①	②	③	④	⑤	⑥	⑦	⑧	⑨	52	①	②	③	④	⑤	⑥	⑦	⑧	⑨

国　語　解　答　用　紙

マーク例

良い例	悪い例
●	⊙ ⊗ ◐ O

受験番号を記入し，その下のマーク欄にマークしなさい。

受験番号欄					
千位	百位	十位	一位	英字	
―	⓪	⓪	⓪	Ⓐ	A
①	①	①	①	Ⓑ	B
②	②	②	②	Ⓒ	C
③	③	③	③	Ⓗ	H
④	④	④	④	Ⓚ	K
⑤	⑤	⑤	⑤	Ⓜ	M
⑥	⑥	⑥	⑥	Ⓡ	R
⑦	⑦	⑦	⑦	Ⓤ	U
⑧	⑧	⑧	⑧	Ⓧ	X
⑨	⑨	⑨	⑨	Ⓨ	Y
―	―	―	―	Ⓩ	Z

氏名・フリガナ，試験場コードを記入しなさい。

フリガナ						
氏　名						
試験場コード	十万位	万位	千位	百位	十位	一位

注意事項

1　訂正は，消しゴムできれいに消し，消しくずを残してはいけません。
2　所定欄以外にはマークしたり，記入したりしてはいけません。
3　汚したり，折りまげたりしてはいけません。

解答番号	解			答				欄		解答番号	解			答				欄		解答番号	解			答				欄		解答番号	解			答				欄	
	1	2	3	4	5	6	7	8	9		1	2	3	4	5	6	7	8	9		1	2	3	4	5	6	7	8	9		1	2	3	4	5	6	7	8	9
1	①	②	③	④	⑤	⑥	⑦	⑧	⑨	14	①	②	③	④	⑤	⑥	⑦	⑧	⑨	27	①	②	③	④	⑤	⑥	⑦	⑧	⑨	40	①	②	③	④	⑤	⑥	⑦	⑧	⑨
2	①	②	③	④	⑤	⑥	⑦	⑧	⑨	15	①	②	③	④	⑤	⑥	⑦	⑧	⑨	28	①	②	③	④	⑤	⑥	⑦	⑧	⑨	41	①	②	③	④	⑤	⑥	⑦	⑧	⑨
3	①	②	③	④	⑤	⑥	⑦	⑧	⑨	16	①	②	③	④	⑤	⑥	⑦	⑧	⑨	29	①	②	③	④	⑤	⑥	⑦	⑧	⑨	42	①	②	③	④	⑤	⑥	⑦	⑧	⑨
4	①	②	③	④	⑤	⑥	⑦	⑧	⑨	17	①	②	③	④	⑤	⑥	⑦	⑧	⑨	30	①	②	③	④	⑤	⑥	⑦	⑧	⑨	43	①	②	③	④	⑤	⑥	⑦	⑧	⑨
5	①	②	③	④	⑤	⑥	⑦	⑧	⑨	18	①	②	③	④	⑤	⑥	⑦	⑧	⑨	31	①	②	③	④	⑤	⑥	⑦	⑧	⑨	44	①	②	③	④	⑤	⑥	⑦	⑧	⑨
6	①	②	③	④	⑤	⑥	⑦	⑧	⑨	19	①	②	③	④	⑤	⑥	⑦	⑧	⑨	32	①	②	③	④	⑤	⑥	⑦	⑧	⑨	45	①	②	③	④	⑤	⑥	⑦	⑧	⑨
7	①	②	③	④	⑤	⑥	⑦	⑧	⑨	20	①	②	③	④	⑤	⑥	⑦	⑧	⑨	33	①	②	③	④	⑤	⑥	⑦	⑧	⑨	46	①	②	③	④	⑤	⑥	⑦	⑧	⑨
8	①	②	③	④	⑤	⑥	⑦	⑧	⑨	21	①	②	③	④	⑤	⑥	⑦	⑧	⑨	34	①	②	③	④	⑤	⑥	⑦	⑧	⑨	47	①	②	③	④	⑤	⑥	⑦	⑧	⑨
9	①	②	③	④	⑤	⑥	⑦	⑧	⑨	22	①	②	③	④	⑤	⑥	⑦	⑧	⑨	35	①	②	③	④	⑤	⑥	⑦	⑧	⑨	48	①	②	③	④	⑤	⑥	⑦	⑧	⑨
10	①	②	③	④	⑤	⑥	⑦	⑧	⑨	23	①	②	③	④	⑤	⑥	⑦	⑧	⑨	36	①	②	③	④	⑤	⑥	⑦	⑧	⑨	49	①	②	③	④	⑤	⑥	⑦	⑧	⑨
11	①	②	③	④	⑤	⑥	⑦	⑧	⑨	24	①	②	③	④	⑤	⑥	⑦	⑧	⑨	37	①	②	③	④	⑤	⑥	⑦	⑧	⑨	50	①	②	③	④	⑤	⑥	⑦	⑧	⑨
12	①	②	③	④	⑤	⑥	⑦	⑧	⑨	25	①	②	③	④	⑤	⑥	⑦	⑧	⑨	38	①	②	③	④	⑤	⑥	⑦	⑧	⑨	51	①	②	③	④	⑤	⑥	⑦	⑧	⑨
13	①	②	③	④	⑤	⑥	⑦	⑧	⑨	26	①	②	③	④	⑤	⑥	⑦	⑧	⑨	39	①	②	③	④	⑤	⑥	⑦	⑧	⑨	52	①	②	③	④	⑤	⑥	⑦	⑧	⑨

国　語　解　答　用　紙

マーク例

良い例	悪い例
●	⊙ ⊗ ◐ ○

受験番号を記入し，その下のマーク欄にマークしなさい。

受験番号欄

千位	百位	十位	一位	英字	
—	⓪	⓪	⓪	Ⓐ	A
①	①	①	①	Ⓑ	B
②	②	②	②	Ⓒ	C
③	③	③	③	Ⓗ	H
④	④	④	④	Ⓚ	K
⑤	⑤	⑤	⑤	Ⓜ	M
⑥	⑥	⑥	⑥	Ⓡ	R
⑦	⑦	⑦	⑦	Ⓤ	U
⑧	⑧	⑧	⑧	Ⓧ	X
⑨	⑨	⑨	⑨	Ⓨ	Y
—	—	—	—	Ⓩ	Z

氏名・フリガナ，試験場コードを記入しなさい。

フリガナ						
氏　名						
試験場コード	十万位	万位	千位	百位	十位	一位

注意事項

1　訂正は，消しゴムできれいに消し，消しくずを残してはいけません。
2　所定欄以外にはマークしたり，記入したりしてはいけません。
3　汚したり，折りまげたりしてはいけません。

解答番号	解答欄 1	2	3	4	5	6	7	8	9	解答番号	解答欄 1	2	3	4	5	6	7	8	9	解答番号	解答欄 1	2	3	4	5	6	7	8	9	解答番号	解答欄 1	2	3	4	5	6	7	8	9
1	①	②	③	④	⑤	⑥	⑦	⑧	⑨	14	①	②	③	④	⑤	⑥	⑦	⑧	⑨	27	①	②	③	④	⑤	⑥	⑦	⑧	⑨	40	①	②	③	④	⑤	⑥	⑦	⑧	⑨
2	①	②	③	④	⑤	⑥	⑦	⑧	⑨	15	①	②	③	④	⑤	⑥	⑦	⑧	⑨	28	①	②	③	④	⑤	⑥	⑦	⑧	⑨	41	①	②	③	④	⑤	⑥	⑦	⑧	⑨
3	①	②	③	④	⑤	⑥	⑦	⑧	⑨	16	①	②	③	④	⑤	⑥	⑦	⑧	⑨	29	①	②	③	④	⑤	⑥	⑦	⑧	⑨	42	①	②	③	④	⑤	⑥	⑦	⑧	⑨
4	①	②	③	④	⑤	⑥	⑦	⑧	⑨	17	①	②	③	④	⑤	⑥	⑦	⑧	⑨	30	①	②	③	④	⑤	⑥	⑦	⑧	⑨	43	①	②	③	④	⑤	⑥	⑦	⑧	⑨
5	①	②	③	④	⑤	⑥	⑦	⑧	⑨	18	①	②	③	④	⑤	⑥	⑦	⑧	⑨	31	①	②	③	④	⑤	⑥	⑦	⑧	⑨	44	①	②	③	④	⑤	⑥	⑦	⑧	⑨
6	①	②	③	④	⑤	⑥	⑦	⑧	⑨	19	①	②	③	④	⑤	⑥	⑦	⑧	⑨	32	①	②	③	④	⑤	⑥	⑦	⑧	⑨	45	①	②	③	④	⑤	⑥	⑦	⑧	⑨
7	①	②	③	④	⑤	⑥	⑦	⑧	⑨	20	①	②	③	④	⑤	⑥	⑦	⑧	⑨	33	①	②	③	④	⑤	⑥	⑦	⑧	⑨	46	①	②	③	④	⑤	⑥	⑦	⑧	⑨
8	①	②	③	④	⑤	⑥	⑦	⑧	⑨	21	①	②	③	④	⑤	⑥	⑦	⑧	⑨	34	①	②	③	④	⑤	⑥	⑦	⑧	⑨	47	①	②	③	④	⑤	⑥	⑦	⑧	⑨
9	①	②	③	④	⑤	⑥	⑦	⑧	⑨	22	①	②	③	④	⑤	⑥	⑦	⑧	⑨	35	①	②	③	④	⑤	⑥	⑦	⑧	⑨	48	①	②	③	④	⑤	⑥	⑦	⑧	⑨
10	①	②	③	④	⑤	⑥	⑦	⑧	⑨	23	①	②	③	④	⑤	⑥	⑦	⑧	⑨	36	①	②	③	④	⑤	⑥	⑦	⑧	⑨	49	①	②	③	④	⑤	⑥	⑦	⑧	⑨
11	①	②	③	④	⑤	⑥	⑦	⑧	⑨	24	①	②	③	④	⑤	⑥	⑦	⑧	⑨	37	①	②	③	④	⑤	⑥	⑦	⑧	⑨	50	①	②	③	④	⑤	⑥	⑦	⑧	⑨
12	①	②	③	④	⑤	⑥	⑦	⑧	⑨	25	①	②	③	④	⑤	⑥	⑦	⑧	⑨	38	①	②	③	④	⑤	⑥	⑦	⑧	⑨	51	①	②	③	④	⑤	⑥	⑦	⑧	⑨
13	①	②	③	④	⑤	⑥	⑦	⑧	⑨	26	①	②	③	④	⑤	⑥	⑦	⑧	⑨	39	①	②	③	④	⑤	⑥	⑦	⑧	⑨	52	①	②	③	④	⑤	⑥	⑦	⑧	⑨

国　語　解　答　用　紙

マーク例

良い例	悪い例
●	⊙ ⊗ ◓ ○

受験番号を記入し，その下のマーク欄にマークしなさい。

受験番号欄

千位	百位	十位	一位	英字	
—	⓪	⓪	⓪	Ⓐ	A
①	①	①	①	Ⓑ	B
②	②	②	②	Ⓒ	C
③	③	③	③	Ⓗ	H
④	④	④	④	Ⓚ	K
⑤	⑤	⑤	⑤	Ⓜ	M
⑥	⑥	⑥	⑥	Ⓡ	R
⑦	⑦	⑦	⑦	Ⓤ	U
⑧	⑧	⑧	⑧	Ⓧ	X
⑨	⑨	⑨	⑨	Ⓨ	Y
—	—	—	—	Ⓩ	Z

氏名・フリガナ，試験場コードを記入しなさい。

フリガナ						
氏　名						
試験場コード	十万位	万位	千位	百位	十位	一位

注意事項

1　訂正は，消しゴムできれいに消し，消しくずを残してはいけません。

2　所定欄以外にはマークしたり，記入したりしてはいけません。

3　汚したり，折りまげたりしてはいけません。

解答番号	解	答	欄						
	1	2	3	4	5	6	7	8	9
1	①	②	③	④	⑤	⑥	⑦	⑧	⑨
2	①	②	③	④	⑤	⑥	⑦	⑧	⑨
3	①	②	③	④	⑤	⑥	⑦	⑧	⑨
4	①	②	③	④	⑤	⑥	⑦	⑧	⑨
5	①	②	③	④	⑤	⑥	⑦	⑧	⑨
6	①	②	③	④	⑤	⑥	⑦	⑧	⑨
7	①	②	③	④	⑤	⑥	⑦	⑧	⑨
8	①	②	③	④	⑤	⑥	⑦	⑧	⑨
9	①	②	③	④	⑤	⑥	⑦	⑧	⑨
10	①	②	③	④	⑤	⑥	⑦	⑧	⑨
11	①	②	③	④	⑤	⑥	⑦	⑧	⑨
12	①	②	③	④	⑤	⑥	⑦	⑧	⑨
13	①	②	③	④	⑤	⑥	⑦	⑧	⑨

解答番号	解	答	欄						
	1	2	3	4	5	6	7	8	9
14	①	②	③	④	⑤	⑥	⑦	⑧	⑨
15	①	②	③	④	⑤	⑥	⑦	⑧	⑨
16	①	②	③	④	⑤	⑥	⑦	⑧	⑨
17	①	②	③	④	⑤	⑥	⑦	⑧	⑨
18	①	②	③	④	⑤	⑥	⑦	⑧	⑨
19	①	②	③	④	⑤	⑥	⑦	⑧	⑨
20	①	②	③	④	⑤	⑥	⑦	⑧	⑨
21	①	②	③	④	⑤	⑥	⑦	⑧	⑨
22	①	②	③	④	⑤	⑥	⑦	⑧	⑨
23	①	②	③	④	⑤	⑥	⑦	⑧	⑨
24	①	②	③	④	⑤	⑥	⑦	⑧	⑨
25	①	②	③	④	⑤	⑥	⑦	⑧	⑨
26	①	②	③	④	⑤	⑥	⑦	⑧	⑨

解答番号	解	答	欄						
	1	2	3	4	5	6	7	8	9
27	①	②	③	④	⑤	⑥	⑦	⑧	⑨
28	①	②	③	④	⑤	⑥	⑦	⑧	⑨
29	①	②	③	④	⑤	⑥	⑦	⑧	⑨
30	①	②	③	④	⑤	⑥	⑦	⑧	⑨
31	①	②	③	④	⑤	⑥	⑦	⑧	⑨
32	①	②	③	④	⑤	⑥	⑦	⑧	⑨
33	①	②	③	④	⑤	⑥	⑦	⑧	⑨
34	①	②	③	④	⑤	⑥	⑦	⑧	⑨
35	①	②	③	④	⑤	⑥	⑦	⑧	⑨
36	①	②	③	④	⑤	⑥	⑦	⑧	⑨
37	①	②	③	④	⑤	⑥	⑦	⑧	⑨
38	①	②	③	④	⑤	⑥	⑦	⑧	⑨
39	①	②	③	④	⑤	⑥	⑦	⑧	⑨

解答番号	解	答	欄						
	1	2	3	4	5	6	7	8	9
40	①	②	③	④	⑤	⑥	⑦	⑧	⑨
41	①	②	③	④	⑤	⑥	⑦	⑧	⑨
42	①	②	③	④	⑤	⑥	⑦	⑧	⑨
43	①	②	③	④	⑤	⑥	⑦	⑧	⑨
44	①	②	③	④	⑤	⑥	⑦	⑧	⑨
45	①	②	③	④	⑤	⑥	⑦	⑧	⑨
46	①	②	③	④	⑤	⑥	⑦	⑧	⑨
47	①	②	③	④	⑤	⑥	⑦	⑧	⑨
48	①	②	③	④	⑤	⑥	⑦	⑧	⑨
49	①	②	③	④	⑤	⑥	⑦	⑧	⑨
50	①	②	③	④	⑤	⑥	⑦	⑧	⑨
51	①	②	③	④	⑤	⑥	⑦	⑧	⑨
52	①	②	③	④	⑤	⑥	⑦	⑧	⑨

駿　台　文　庫

マーク例

良い例	悪い例
●	⊙ ⊗ ◕ ○

受験番号を記入し，その下のマーク欄にマークしなさい。

受験番号欄

千位	百位	十位	一位	英字	
—	⓪	⓪	⓪	Ⓐ	A
①	①	①	①	Ⓑ	B
②	②	②	②	Ⓒ	C
③	③	③	③	Ⓗ	H
④	④	④	④	Ⓚ	K
⑤	⑤	⑤	⑤	Ⓜ	M
⑥	⑥	⑥	⑥	Ⓡ	R
⑦	⑦	⑦	⑦	Ⓤ	U
⑧	⑧	⑧	⑧	Ⓧ	X
⑨	⑨	⑨	⑨	Ⓨ	Y
—	—	—	—	Ⓩ	Z

氏名・フリガナ，試験場コードを記入しなさい。

フリガナ						
氏　名						
試験場コード	十万位	万位	千位	百位	十位	一位

駿　台　文　庫

国　語　解　答　用　紙

注意事項

1　訂正は，消しゴムできれいに消し，消しくずを残してはいけません。
2　所定欄以外にはマークしたり，記入したりしてはいけません。
3　汚したり，折りまげたりしてはいけません。

解答番号	解答欄 1 2 3 4 5 6 7 8 9	解答番号	解答欄 1 2 3 4 5 6 7 8 9	解答番号	解答欄 1 2 3 4 5 6 7 8 9	解答番号	解答欄 1 2 3 4 5 6 7 8 9
1	①②③④⑤⑥⑦⑧⑨	14	①②③④⑤⑥⑦⑧⑨	27	①②③④⑤⑥⑦⑧⑨	40	①②③④⑤⑥⑦⑧⑨
2	①②③④⑤⑥⑦⑧⑨	15	①②③④⑤⑥⑦⑧⑨	28	①②③④⑤⑥⑦⑧⑨	41	①②③④⑤⑥⑦⑧⑨
3	①②③④⑤⑥⑦⑧⑨	16	①②③④⑤⑥⑦⑧⑨	29	①②③④⑤⑥⑦⑧⑨	42	①②③④⑤⑥⑦⑧⑨
4	①②③④⑤⑥⑦⑧⑨	17	①②③④⑤⑥⑦⑧⑨	30	①②③④⑤⑥⑦⑧⑨	43	①②③④⑤⑥⑦⑧⑨
5	①②③④⑤⑥⑦⑧⑨	18	①②③④⑤⑥⑦⑧⑨	31	①②③④⑤⑥⑦⑧⑨	44	①②③④⑤⑥⑦⑧⑨
6	①②③④⑤⑥⑦⑧⑨	19	①②③④⑤⑥⑦⑧⑨	32	①②③④⑤⑥⑦⑧⑨	45	①②③④⑤⑥⑦⑧⑨
7	①②③④⑤⑥⑦⑧⑨	20	①②③④⑤⑥⑦⑧⑨	33	①②③④⑤⑥⑦⑧⑨	46	①②③④⑤⑥⑦⑧⑨
8	①②③④⑤⑥⑦⑧⑨	21	①②③④⑤⑥⑦⑧⑨	34	①②③④⑤⑥⑦⑧⑨	47	①②③④⑤⑥⑦⑧⑨
9	①②③④⑤⑥⑦⑧⑨	22	①②③④⑤⑥⑦⑧⑨	35	①②③④⑤⑥⑦⑧⑨	48	①②③④⑤⑥⑦⑧⑨
10	①②③④⑤⑥⑦⑧⑨	23	①②③④⑤⑥⑦⑧⑨	36	①②③④⑤⑥⑦⑧⑨	49	①②③④⑤⑥⑦⑧⑨
11	①②③④⑤⑥⑦⑧⑨	24	①②③④⑤⑥⑦⑧⑨	37	①②③④⑤⑥⑦⑧⑨	50	①②③④⑤⑥⑦⑧⑨
12	①②③④⑤⑥⑦⑧⑨	25	①②③④⑤⑥⑦⑧⑨	38	①②③④⑤⑥⑦⑧⑨	51	①②③④⑤⑥⑦⑧⑨
13	①②③④⑤⑥⑦⑧⑨	26	①②③④⑤⑥⑦⑧⑨	39	①②③④⑤⑥⑦⑧⑨	52	①②③④⑤⑥⑦⑧⑨

マーク例

良い例	悪い例
●	⊙ ⊗ ◐ O

受験番号を記入し，その下のマーク欄にマークしなさい。

受験番号欄					
千位	百位	十位	一位	英字	
－	⓪	⓪	⓪	Ⓐ	A
①	①	①	①	Ⓑ	B
②	②	②	②	Ⓒ	C
③	③	③	③	Ⓗ	H
④	④	④	④	Ⓚ	K
⑤	⑤	⑤	⑤	Ⓜ	M
⑥	⑥	⑥	⑥	Ⓡ	R
⑦	⑦	⑦	⑦	Ⓤ	U
⑧	⑧	⑧	⑧	Ⓧ	X
⑨	⑨	⑨	⑨	Ⓨ	Y
－	－	－	－	Ⓩ	Z

氏名・フリガナ，試験場コードを記入しなさい。

フリガナ						
氏　名						
試験場コード	十万位	万位	千位	百位	十位	一位

駿　台　文　庫

国　語　解　答　用　紙

注意事項

1　訂正は，消しゴムできれいに消し，消しくずを残してはいけません。

2　所定欄以外にはマークしたり，記入したりしてはいけません。

3　汚したり，折りまげたりしてはいけません。

解答番号	解答欄									解答番号	解答欄									解答番号	解答欄									解答番号	解答欄								
	1	2	3	4	5	6	7	8	9		1	2	3	4	5	6	7	8	9		1	2	3	4	5	6	7	8	9		1	2	3	4	5	6	7	8	9
1	①	②	③	④	⑤	⑥	⑦	⑧	⑨	14	①	②	③	④	⑤	⑥	⑦	⑧	⑨	27	①	②	③	④	⑤	⑥	⑦	⑧	⑨	40	①	②	③	④	⑤	⑥	⑦	⑧	⑨
2	①	②	③	④	⑤	⑥	⑦	⑧	⑨	15	①	②	③	④	⑤	⑥	⑦	⑧	⑨	28	①	②	③	④	⑤	⑥	⑦	⑧	⑨	41	①	②	③	④	⑤	⑥	⑦	⑧	⑨
3	①	②	③	④	⑤	⑥	⑦	⑧	⑨	16	①	②	③	④	⑤	⑥	⑦	⑧	⑨	29	①	②	③	④	⑤	⑥	⑦	⑧	⑨	42	①	②	③	④	⑤	⑥	⑦	⑧	⑨
4	①	②	③	④	⑤	⑥	⑦	⑧	⑨	17	①	②	③	④	⑤	⑥	⑦	⑧	⑨	30	①	②	③	④	⑤	⑥	⑦	⑧	⑨	43	①	②	③	④	⑤	⑥	⑦	⑧	⑨
5	①	②	③	④	⑤	⑥	⑦	⑧	⑨	18	①	②	③	④	⑤	⑥	⑦	⑧	⑨	31	①	②	③	④	⑤	⑥	⑦	⑧	⑨	44	①	②	③	④	⑤	⑥	⑦	⑧	⑨
6	①	②	③	④	⑤	⑥	⑦	⑧	⑨	19	①	②	③	④	⑤	⑥	⑦	⑧	⑨	32	①	②	③	④	⑤	⑥	⑦	⑧	⑨	45	①	②	③	④	⑤	⑥	⑦	⑧	⑨
7	①	②	③	④	⑤	⑥	⑦	⑧	⑨	20	①	②	③	④	⑤	⑥	⑦	⑧	⑨	33	①	②	③	④	⑤	⑥	⑦	⑧	⑨	46	①	②	③	④	⑤	⑥	⑦	⑧	⑨
8	①	②	③	④	⑤	⑥	⑦	⑧	⑨	21	①	②	③	④	⑤	⑥	⑦	⑧	⑨	34	①	②	③	④	⑤	⑥	⑦	⑧	⑨	47	①	②	③	④	⑤	⑥	⑦	⑧	⑨
9	①	②	③	④	⑤	⑥	⑦	⑧	⑨	22	①	②	③	④	⑤	⑥	⑦	⑧	⑨	35	①	②	③	④	⑤	⑥	⑦	⑧	⑨	48	①	②	③	④	⑤	⑥	⑦	⑧	⑨
10	①	②	③	④	⑤	⑥	⑦	⑧	⑨	23	①	②	③	④	⑤	⑥	⑦	⑧	⑨	36	①	②	③	④	⑤	⑥	⑦	⑧	⑨	49	①	②	③	④	⑤	⑥	⑦	⑧	⑨
11	①	②	③	④	⑤	⑥	⑦	⑧	⑨	24	①	②	③	④	⑤	⑥	⑦	⑧	⑨	37	①	②	③	④	⑤	⑥	⑦	⑧	⑨	50	①	②	③	④	⑤	⑥	⑦	⑧	⑨
12	①	②	③	④	⑤	⑥	⑦	⑧	⑨	25	①	②	③	④	⑤	⑥	⑦	⑧	⑨	38	①	②	③	④	⑤	⑥	⑦	⑧	⑨	51	①	②	③	④	⑤	⑥	⑦	⑧	⑨
13	①	②	③	④	⑤	⑥	⑦	⑧	⑨	26	①	②	③	④	⑤	⑥	⑦	⑧	⑨	39	①	②	③	④	⑤	⑥	⑦	⑧	⑨	52	①	②	③	④	⑤	⑥	⑦	⑧	⑨

国　語　解　答　用　紙

マーク例

良い例	悪い例
●	⊙ ⊗ ◓ ○

受験番号を記入し，その下のマーク欄にマークしなさい。

受験番号欄

千位	百位	十位	一位	英字	
–	⓪	⓪	⓪	Ⓐ	A
①	①	①	①	Ⓑ	B
②	②	②	②	Ⓒ	C
③	③	③	③	Ⓗ	H
④	④	④	④	Ⓚ	K
⑤	⑤	⑤	⑤	Ⓜ	M
⑥	⑥	⑥	⑥	Ⓡ	R
⑦	⑦	⑦	⑦	Ⓤ	U
⑧	⑧	⑧	⑧	Ⓧ	X
⑨	⑨	⑨	⑨	Ⓨ	Y
–	–	–	–	Ⓩ	Z

氏名・フリガナ，試験場コードを記入しなさい。

フリガナ						
氏　名						
試験場コード	十万位	万位	千位	百位	十位	一位

注意事項

1　訂正は，消しゴムできれいに消し，消しくずを残してはいけません。
2　所定欄以外にはマークしたり，記入したりしてはいけません。
3　汚したり，折りまげたりしてはいけません。

解答番号	解答欄 1	2	3	4	5	6	7	8	9	解答番号	解答欄 1	2	3	4	5	6	7	8	9	解答番号	解答欄 1	2	3	4	5	6	7	8	9	解答番号	解答欄 1	2	3	4	5	6	7	8	9
1	①	②	③	④	⑤	⑥	⑦	⑧	⑨	14	①	②	③	④	⑤	⑥	⑦	⑧	⑨	27	①	②	③	④	⑤	⑥	⑦	⑧	⑨	40	①	②	③	④	⑤	⑥	⑦	⑧	⑨
2	①	②	③	④	⑤	⑥	⑦	⑧	⑨	15	①	②	③	④	⑤	⑥	⑦	⑧	⑨	28	①	②	③	④	⑤	⑥	⑦	⑧	⑨	41	①	②	③	④	⑤	⑥	⑦	⑧	⑨
3	①	②	③	④	⑤	⑥	⑦	⑧	⑨	16	①	②	③	④	⑤	⑥	⑦	⑧	⑨	29	①	②	③	④	⑤	⑥	⑦	⑧	⑨	42	①	②	③	④	⑤	⑥	⑦	⑧	⑨
4	①	②	③	④	⑤	⑥	⑦	⑧	⑨	17	①	②	③	④	⑤	⑥	⑦	⑧	⑨	30	①	②	③	④	⑤	⑥	⑦	⑧	⑨	43	①	②	③	④	⑤	⑥	⑦	⑧	⑨
5	①	②	③	④	⑤	⑥	⑦	⑧	⑨	18	①	②	③	④	⑤	⑥	⑦	⑧	⑨	31	①	②	③	④	⑤	⑥	⑦	⑧	⑨	44	①	②	③	④	⑤	⑥	⑦	⑧	⑨
6	①	②	③	④	⑤	⑥	⑦	⑧	⑨	19	①	②	③	④	⑤	⑥	⑦	⑧	⑨	32	①	②	③	④	⑤	⑥	⑦	⑧	⑨	45	①	②	③	④	⑤	⑥	⑦	⑧	⑨
7	①	②	③	④	⑤	⑥	⑦	⑧	⑨	20	①	②	③	④	⑤	⑥	⑦	⑧	⑨	33	①	②	③	④	⑤	⑥	⑦	⑧	⑨	46	①	②	③	④	⑤	⑥	⑦	⑧	⑨
8	①	②	③	④	⑤	⑥	⑦	⑧	⑨	21	①	②	③	④	⑤	⑥	⑦	⑧	⑨	34	①	②	③	④	⑤	⑥	⑦	⑧	⑨	47	①	②	③	④	⑤	⑥	⑦	⑧	⑨
9	①	②	③	④	⑤	⑥	⑦	⑧	⑨	22	①	②	③	④	⑤	⑥	⑦	⑧	⑨	35	①	②	③	④	⑤	⑥	⑦	⑧	⑨	48	①	②	③	④	⑤	⑥	⑦	⑧	⑨
10	①	②	③	④	⑤	⑥	⑦	⑧	⑨	23	①	②	③	④	⑤	⑥	⑦	⑧	⑨	36	①	②	③	④	⑤	⑥	⑦	⑧	⑨	49	①	②	③	④	⑤	⑥	⑦	⑧	⑨
11	①	②	③	④	⑤	⑥	⑦	⑧	⑨	24	①	②	③	④	⑤	⑥	⑦	⑧	⑨	37	①	②	③	④	⑤	⑥	⑦	⑧	⑨	50	①	②	③	④	⑤	⑥	⑦	⑧	⑨
12	①	②	③	④	⑤	⑥	⑦	⑧	⑨	25	①	②	③	④	⑤	⑥	⑦	⑧	⑨	38	①	②	③	④	⑤	⑥	⑦	⑧	⑨	51	①	②	③	④	⑤	⑥	⑦	⑧	⑨
13	①	②	③	④	⑤	⑥	⑦	⑧	⑨	26	①	②	③	④	⑤	⑥	⑦	⑧	⑨	39	①	②	③	④	⑤	⑥	⑦	⑧	⑨	52	①	②	③	④	⑤	⑥	⑦	⑧	⑨

マーク例

良い例	悪い例
●	⊙ ⊗ ◓ O

受験番号を記入し，その下のマーク欄にマークしなさい。

受験番号欄

千位	百位	十位	一位	英字	
—	⓪	⓪	⓪	Ⓐ	A
①	①	①	①	Ⓑ	B
②	②	②	②	Ⓒ	C
③	③	③	③	Ⓗ	H
④	④	④	④	Ⓚ	K
⑤	⑤	⑤	⑤	Ⓜ	M
⑥	⑥	⑥	⑥	Ⓡ	R
⑦	⑦	⑦	⑦	Ⓤ	U
⑧	⑧	⑧	⑧	Ⓧ	X
⑨	⑨	⑨	⑨	Ⓨ	Y
—	—	—	—	Ⓩ	Z

氏名・フリガナ，試験場コードを記入しなさい。

フリガナ						
氏　名						
試験場コード	十万位	万位	千位	百位	十位	一位

国　語　解　答　用　紙

注意事項

1　訂正は，消しゴムできれいに消し，消しくずを残してはいけません。
2　所定欄以外にはマークしたり，記入したりしてはいけません。
3　汚したり，折りまげたりしてはいけません。

解答番号	解答欄 1	2	3	4	5	6	7	8	9	解答番号	解答欄 1	2	3	4	5	6	7	8	9	解答番号	解答欄 1	2	3	4	5	6	7	8	9	解答番号	解答欄 1	2	3	4	5	6	7	8	9
1	①	②	③	④	⑤	⑥	⑦	⑧	⑨	14	①	②	③	④	⑤	⑥	⑦	⑧	⑨	27	①	②	③	④	⑤	⑥	⑦	⑧	⑨	40	①	②	③	④	⑤	⑥	⑦	⑧	⑨
2	①	②	③	④	⑤	⑥	⑦	⑧	⑨	15	①	②	③	④	⑤	⑥	⑦	⑧	⑨	28	①	②	③	④	⑤	⑥	⑦	⑧	⑨	41	①	②	③	④	⑤	⑥	⑦	⑧	⑨
3	①	②	③	④	⑤	⑥	⑦	⑧	⑨	16	①	②	③	④	⑤	⑥	⑦	⑧	⑨	29	①	②	③	④	⑤	⑥	⑦	⑧	⑨	42	①	②	③	④	⑤	⑥	⑦	⑧	⑨
4	①	②	③	④	⑤	⑥	⑦	⑧	⑨	17	①	②	③	④	⑤	⑥	⑦	⑧	⑨	30	①	②	③	④	⑤	⑥	⑦	⑧	⑨	43	①	②	③	④	⑤	⑥	⑦	⑧	⑨
5	①	②	③	④	⑤	⑥	⑦	⑧	⑨	18	①	②	③	④	⑤	⑥	⑦	⑧	⑨	31	①	②	③	④	⑤	⑥	⑦	⑧	⑨	44	①	②	③	④	⑤	⑥	⑦	⑧	⑨
6	①	②	③	④	⑤	⑥	⑦	⑧	⑨	19	①	②	③	④	⑤	⑥	⑦	⑧	⑨	32	①	②	③	④	⑤	⑥	⑦	⑧	⑨	45	①	②	③	④	⑤	⑥	⑦	⑧	⑨
7	①	②	③	④	⑤	⑥	⑦	⑧	⑨	20	①	②	③	④	⑤	⑥	⑦	⑧	⑨	33	①	②	③	④	⑤	⑥	⑦	⑧	⑨	46	①	②	③	④	⑤	⑥	⑦	⑧	⑨
8	①	②	③	④	⑤	⑥	⑦	⑧	⑨	21	①	②	③	④	⑤	⑥	⑦	⑧	⑨	34	①	②	③	④	⑤	⑥	⑦	⑧	⑨	47	①	②	③	④	⑤	⑥	⑦	⑧	⑨
9	①	②	③	④	⑤	⑥	⑦	⑧	⑨	22	①	②	③	④	⑤	⑥	⑦	⑧	⑨	35	①	②	③	④	⑤	⑥	⑦	⑧	⑨	48	①	②	③	④	⑤	⑥	⑦	⑧	⑨
10	①	②	③	④	⑤	⑥	⑦	⑧	⑨	23	①	②	③	④	⑤	⑥	⑦	⑧	⑨	36	①	②	③	④	⑤	⑥	⑦	⑧	⑨	49	①	②	③	④	⑤	⑥	⑦	⑧	⑨
11	①	②	③	④	⑤	⑥	⑦	⑧	⑨	24	①	②	③	④	⑤	⑥	⑦	⑧	⑨	37	①	②	③	④	⑤	⑥	⑦	⑧	⑨	50	①	②	③	④	⑤	⑥	⑦	⑧	⑨
12	①	②	③	④	⑤	⑥	⑦	⑧	⑨	25	①	②	③	④	⑤	⑥	⑦	⑧	⑨	38	①	②	③	④	⑤	⑥	⑦	⑧	⑨	51	①	②	③	④	⑤	⑥	⑦	⑧	⑨
13	①	②	③	④	⑤	⑥	⑦	⑧	⑨	26	①	②	③	④	⑤	⑥	⑦	⑧	⑨	39	①	②	③	④	⑤	⑥	⑦	⑧	⑨	52	①	②	③	④	⑤	⑥	⑦	⑧	⑨

国　語　解　答　用　紙

マーク例

良い例	悪い例
●	⊙ ⊗ ◕ ○

受験番号を記入し，その下のマーク欄にマークしなさい。

受験番号欄

千位	百位	十位	一位	英字	
—	⓪	⓪	⓪	Ⓐ	A
①	①	①	①	Ⓑ	B
②	②	②	②	Ⓒ	C
③	③	③	③	Ⓗ	H
④	④	④	④	Ⓚ	K
⑤	⑤	⑤	⑤	Ⓜ	M
⑥	⑥	⑥	⑥	Ⓡ	R
⑦	⑦	⑦	⑦	Ⓤ	U
⑧	⑧	⑧	⑧	Ⓧ	X
⑨	⑨	⑨	⑨	Ⓨ	Y
—	—	—	—	Ⓩ	Z

氏名・フリガナ，試験場コードを記入しなさい。

フリガナ						
氏　名						
試験場コード	十万位	万位	千位	百位	十位	一位

注意事項

1　訂正は，消しゴムできれいに消し，消しくずを残してはいけません。

2　所定欄以外にはマークしたり，記入したりしてはいけません。

3　汚したり，折りまげたりしてはいけません。

解答番号	解答欄 1	2	3	4	5	6	7	8	9	解答番号	解答欄 1	2	3	4	5	6	7	8	9	解答番号	解答欄 1	2	3	4	5	6	7	8	9	解答番号	解答欄 1	2	3	4	5	6	7	8	9
1	①	②	③	④	⑤	⑥	⑦	⑧	⑨	14	①	②	③	④	⑤	⑥	⑦	⑧	⑨	27	①	②	③	④	⑤	⑥	⑦	⑧	⑨	40	①	②	③	④	⑤	⑥	⑦	⑧	⑨
2	①	②	③	④	⑤	⑥	⑦	⑧	⑨	15	①	②	③	④	⑤	⑥	⑦	⑧	⑨	28	①	②	③	④	⑤	⑥	⑦	⑧	⑨	41	①	②	③	④	⑤	⑥	⑦	⑧	⑨
3	①	②	③	④	⑤	⑥	⑦	⑧	⑨	16	①	②	③	④	⑤	⑥	⑦	⑧	⑨	29	①	②	③	④	⑤	⑥	⑦	⑧	⑨	42	①	②	③	④	⑤	⑥	⑦	⑧	⑨
4	①	②	③	④	⑤	⑥	⑦	⑧	⑨	17	①	②	③	④	⑤	⑥	⑦	⑧	⑨	30	①	②	③	④	⑤	⑥	⑦	⑧	⑨	43	①	②	③	④	⑤	⑥	⑦	⑧	⑨
5	①	②	③	④	⑤	⑥	⑦	⑧	⑨	18	①	②	③	④	⑤	⑥	⑦	⑧	⑨	31	①	②	③	④	⑤	⑥	⑦	⑧	⑨	44	①	②	③	④	⑤	⑥	⑦	⑧	⑨
6	①	②	③	④	⑤	⑥	⑦	⑧	⑨	19	①	②	③	④	⑤	⑥	⑦	⑧	⑨	32	①	②	③	④	⑤	⑥	⑦	⑧	⑨	45	①	②	③	④	⑤	⑥	⑦	⑧	⑨
7	①	②	③	④	⑤	⑥	⑦	⑧	⑨	20	①	②	③	④	⑤	⑥	⑦	⑧	⑨	33	①	②	③	④	⑤	⑥	⑦	⑧	⑨	46	①	②	③	④	⑤	⑥	⑦	⑧	⑨
8	①	②	③	④	⑤	⑥	⑦	⑧	⑨	21	①	②	③	④	⑤	⑥	⑦	⑧	⑨	34	①	②	③	④	⑤	⑥	⑦	⑧	⑨	47	①	②	③	④	⑤	⑥	⑦	⑧	⑨
9	①	②	③	④	⑤	⑥	⑦	⑧	⑨	22	①	②	③	④	⑤	⑥	⑦	⑧	⑨	35	①	②	③	④	⑤	⑥	⑦	⑧	⑨	48	①	②	③	④	⑤	⑥	⑦	⑧	⑨
10	①	②	③	④	⑤	⑥	⑦	⑧	⑨	23	①	②	③	④	⑤	⑥	⑦	⑧	⑨	36	①	②	③	④	⑤	⑥	⑦	⑧	⑨	49	①	②	③	④	⑤	⑥	⑦	⑧	⑨
11	①	②	③	④	⑤	⑥	⑦	⑧	⑨	24	①	②	③	④	⑤	⑥	⑦	⑧	⑨	37	①	②	③	④	⑤	⑥	⑦	⑧	⑨	50	①	②	③	④	⑤	⑥	⑦	⑧	⑨
12	①	②	③	④	⑤	⑥	⑦	⑧	⑨	25	①	②	③	④	⑤	⑥	⑦	⑧	⑨	38	①	②	③	④	⑤	⑥	⑦	⑧	⑨	51	①	②	③	④	⑤	⑥	⑦	⑧	⑨
13	①	②	③	④	⑤	⑥	⑦	⑧	⑨	26	①	②	③	④	⑤	⑥	⑦	⑧	⑨	39	①	②	③	④	⑤	⑥	⑦	⑧	⑨	52	①	②	③	④	⑤	⑥	⑦	⑧	⑨

国　語　解　答　用　紙

マーク例

良い例	悪い例
●	⊙ ⊗ ◕ ○

受験番号を記入し，その下のマーク欄にマークしなさい。

受験番号欄					
千位	百位	十位	一位	英字	
ー	⓪	⓪	⓪	Ⓐ	A
①	①	①	①	Ⓑ	B
②	②	②	②	Ⓒ	C
③	③	③	③	Ⓗ	H
④	④	④	④	Ⓚ	K
⑤	⑤	⑤	⑤	Ⓜ	M
⑥	⑥	⑥	⑥	Ⓡ	R
⑦	⑦	⑦	⑦	Ⓤ	U
⑧	⑧	⑧	⑧	Ⓧ	X
⑨	⑨	⑨	⑨	Ⓨ	Y
ー	ー	ー	ー	Ⓩ	Z

氏名・フリガナ，試験場コードを記入しなさい。

フリガナ						
氏　名						
試験場コード	十万位	万位	千位	百位	十位	一位

駿　台　文　庫

注意事項

1　訂正は，消しゴムできれいに消し，消しくずを残してはいけません。
2　所定欄以外にはマークしたり，記入したりしてはいけません。
3　汚したり，折りまげたりしてはいけません。

解答番号	解答欄 1	2	3	4	5	6	7	8	9
1	①	②	③	④	⑤	⑥	⑦	⑧	⑨
2	①	②	③	④	⑤	⑥	⑦	⑧	⑨
3	①	②	③	④	⑤	⑥	⑦	⑧	⑨
4	①	②	③	④	⑤	⑥	⑦	⑧	⑨
5	①	②	③	④	⑤	⑥	⑦	⑧	⑨
6	①	②	③	④	⑤	⑥	⑦	⑧	⑨
7	①	②	③	④	⑤	⑥	⑦	⑧	⑨
8	①	②	③	④	⑤	⑥	⑦	⑧	⑨
9	①	②	③	④	⑤	⑥	⑦	⑧	⑨
10	①	②	③	④	⑤	⑥	⑦	⑧	⑨
11	①	②	③	④	⑤	⑥	⑦	⑧	⑨
12	①	②	③	④	⑤	⑥	⑦	⑧	⑨
13	①	②	③	④	⑤	⑥	⑦	⑧	⑨

解答番号	解答欄 1	2	3	4	5	6	7	8	9
14	①	②	③	④	⑤	⑥	⑦	⑧	⑨
15	①	②	③	④	⑤	⑥	⑦	⑧	⑨
16	①	②	③	④	⑤	⑥	⑦	⑧	⑨
17	①	②	③	④	⑤	⑥	⑦	⑧	⑨
18	①	②	③	④	⑤	⑥	⑦	⑧	⑨
19	①	②	③	④	⑤	⑥	⑦	⑧	⑨
20	①	②	③	④	⑤	⑥	⑦	⑧	⑨
21	①	②	③	④	⑤	⑥	⑦	⑧	⑨
22	①	②	③	④	⑤	⑥	⑦	⑧	⑨
23	①	②	③	④	⑤	⑥	⑦	⑧	⑨
24	①	②	③	④	⑤	⑥	⑦	⑧	⑨
25	①	②	③	④	⑤	⑥	⑦	⑧	⑨
26	①	②	③	④	⑤	⑥	⑦	⑧	⑨

解答番号	解答欄 1	2	3	4	5	6	7	8	9
27	①	②	③	④	⑤	⑥	⑦	⑧	⑨
28	①	②	③	④	⑤	⑥	⑦	⑧	⑨
29	①	②	③	④	⑤	⑥	⑦	⑧	⑨
30	①	②	③	④	⑤	⑥	⑦	⑧	⑨
31	①	②	③	④	⑤	⑥	⑦	⑧	⑨
32	①	②	③	④	⑤	⑥	⑦	⑧	⑨
33	①	②	③	④	⑤	⑥	⑦	⑧	⑨
34	①	②	③	④	⑤	⑥	⑦	⑧	⑨
35	①	②	③	④	⑤	⑥	⑦	⑧	⑨
36	①	②	③	④	⑤	⑥	⑦	⑧	⑨
37	①	②	③	④	⑤	⑥	⑦	⑧	⑨
38	①	②	③	④	⑤	⑥	⑦	⑧	⑨
39	①	②	③	④	⑤	⑥	⑦	⑧	⑨

解答番号	解答欄 1	2	3	4	5	6	7	8	9
40	①	②	③	④	⑤	⑥	⑦	⑧	⑨
41	①	②	③	④	⑤	⑥	⑦	⑧	⑨
42	①	②	③	④	⑤	⑥	⑦	⑧	⑨
43	①	②	③	④	⑤	⑥	⑦	⑧	⑨
44	①	②	③	④	⑤	⑥	⑦	⑧	⑨
45	①	②	③	④	⑤	⑥	⑦	⑧	⑨
46	①	②	③	④	⑤	⑥	⑦	⑧	⑨
47	①	②	③	④	⑤	⑥	⑦	⑧	⑨
48	①	②	③	④	⑤	⑥	⑦	⑧	⑨
49	①	②	③	④	⑤	⑥	⑦	⑧	⑨
50	①	②	③	④	⑤	⑥	⑦	⑧	⑨
51	①	②	③	④	⑤	⑥	⑦	⑧	⑨
52	①	②	③	④	⑤	⑥	⑦	⑧	⑨

国　語　解　答　用　紙

マーク例

良い例	悪い例
●	⊙ ⊗ ◐ ○

受験番号を記入し，その下のマーク欄にマークしなさい。

受験番号欄					
千位	百位	十位	一位	英字	
−	⓪	⓪	⓪	Ⓐ	A
①	①	①	①	Ⓑ	B
②	②	②	②	Ⓒ	C
③	③	③	③	Ⓗ	H
④	④	④	④	Ⓚ	K
⑤	⑤	⑤	⑤	Ⓜ	M
⑥	⑥	⑥	⑥	Ⓡ	R
⑦	⑦	⑦	⑦	Ⓤ	U
⑧	⑧	⑧	⑧	Ⓧ	X
⑨	⑨	⑨	⑨	Ⓨ	Y
−	−	−	−	Ⓩ	Z

氏名・フリガナ，試験場コードを記入しなさい。

フリガナ						
氏　名						
試験場コード	十万位	万位	千位	百位	十位	一位

注意事項

1　訂正は，消しゴムできれいに消し，消しくずを残してはいけません。
2　所定欄以外にはマークしたり，記入したりしてはいけません。
3　汚したり，折りまげたりしてはいけません。

解答番号	解答欄 1	2	3	4	5	6	7	8	9	解答番号	解答欄 1	2	3	4	5	6	7	8	9	解答番号	解答欄 1	2	3	4	5	6	7	8	9	解答番号	解答欄 1	2	3	4	5	6	7	8	9
1	①	②	③	④	⑤	⑥	⑦	⑧	⑨	14	①	②	③	④	⑤	⑥	⑦	⑧	⑨	27	①	②	③	④	⑤	⑥	⑦	⑧	⑨	40	①	②	③	④	⑤	⑥	⑦	⑧	⑨
2	①	②	③	④	⑤	⑥	⑦	⑧	⑨	15	①	②	③	④	⑤	⑥	⑦	⑧	⑨	28	①	②	③	④	⑤	⑥	⑦	⑧	⑨	41	①	②	③	④	⑤	⑥	⑦	⑧	⑨
3	①	②	③	④	⑤	⑥	⑦	⑧	⑨	16	①	②	③	④	⑤	⑥	⑦	⑧	⑨	29	①	②	③	④	⑤	⑥	⑦	⑧	⑨	42	①	②	③	④	⑤	⑥	⑦	⑧	⑨
4	①	②	③	④	⑤	⑥	⑦	⑧	⑨	17	①	②	③	④	⑤	⑥	⑦	⑧	⑨	30	①	②	③	④	⑤	⑥	⑦	⑧	⑨	43	①	②	③	④	⑤	⑥	⑦	⑧	⑨
5	①	②	③	④	⑤	⑥	⑦	⑧	⑨	18	①	②	③	④	⑤	⑥	⑦	⑧	⑨	31	①	②	③	④	⑤	⑥	⑦	⑧	⑨	44	①	②	③	④	⑤	⑥	⑦	⑧	⑨
6	①	②	③	④	⑤	⑥	⑦	⑧	⑨	19	①	②	③	④	⑤	⑥	⑦	⑧	⑨	32	①	②	③	④	⑤	⑥	⑦	⑧	⑨	45	①	②	③	④	⑤	⑥	⑦	⑧	⑨
7	①	②	③	④	⑤	⑥	⑦	⑧	⑨	20	①	②	③	④	⑤	⑥	⑦	⑧	⑨	33	①	②	③	④	⑤	⑥	⑦	⑧	⑨	46	①	②	③	④	⑤	⑥	⑦	⑧	⑨
8	①	②	③	④	⑤	⑥	⑦	⑧	⑨	21	①	②	③	④	⑤	⑥	⑦	⑧	⑨	34	①	②	③	④	⑤	⑥	⑦	⑧	⑨	47	①	②	③	④	⑤	⑥	⑦	⑧	⑨
9	①	②	③	④	⑤	⑥	⑦	⑧	⑨	22	①	②	③	④	⑤	⑥	⑦	⑧	⑨	35	①	②	③	④	⑤	⑥	⑦	⑧	⑨	48	①	②	③	④	⑤	⑥	⑦	⑧	⑨
10	①	②	③	④	⑤	⑥	⑦	⑧	⑨	23	①	②	③	④	⑤	⑥	⑦	⑧	⑨	36	①	②	③	④	⑤	⑥	⑦	⑧	⑨	49	①	②	③	④	⑤	⑥	⑦	⑧	⑨
11	①	②	③	④	⑤	⑥	⑦	⑧	⑨	24	①	②	③	④	⑤	⑥	⑦	⑧	⑨	37	①	②	③	④	⑤	⑥	⑦	⑧	⑨	50	①	②	③	④	⑤	⑥	⑦	⑧	⑨
12	①	②	③	④	⑤	⑥	⑦	⑧	⑨	25	①	②	③	④	⑤	⑥	⑦	⑧	⑨	38	①	②	③	④	⑤	⑥	⑦	⑧	⑨	51	①	②	③	④	⑤	⑥	⑦	⑧	⑨
13	①	②	③	④	⑤	⑥	⑦	⑧	⑨	26	①	②	③	④	⑤	⑥	⑦	⑧	⑨	39	①	②	③	④	⑤	⑥	⑦	⑧	⑨	52	①	②	③	④	⑤	⑥	⑦	⑧	⑨

国 語 解 答 用 紙

マーク例

良い例	悪い例
●	⊙ ⊗ ◐ O

受験番号を記入し，その下のマーク欄にマークしなさい。

注意事項

1　訂正は，消しゴムできれいに消し，消しくずを残してはいけません。
2　所定欄以外にはマークしたり，記入したりしてはいけません。
3　汚したり，折りまげたりしてはいけません。

受 験 番 号 欄

千位	百位	十位	一位	英字	
—	⓪	⓪	⓪	Ⓐ	A
①	①	①	①	Ⓑ	B
②	②	②	②	Ⓒ	C
③	③	③	③	Ⓗ	H
④	④	④	④	Ⓚ	K
⑤	⑤	⑤	⑤	Ⓜ	M
⑥	⑥	⑥	⑥	Ⓡ	R
⑦	⑦	⑦	⑦	Ⓤ	U
⑧	⑧	⑧	⑧	Ⓧ	X
⑨	⑨	⑨	⑨	Ⓨ	Y
—	—	—	—	Ⓩ	Z

氏名・フリガナ，試験場コードを記入しなさい。

フリガナ	
氏　名	

試験場コード	十万位	万位	千位	百位	十位	一位

解答番号	解答欄 1	2	3	4	5	6	7	8	9	解答番号	解答欄 1	2	3	4	5	6	7	8	9	解答番号	解答欄 1	2	3	4	5	6	7	8	9	解答番号	解答欄 1	2	3	4	5	6	7	8	9
1	①	②	③	④	⑤	⑥	⑦	⑧	⑨	14	①	②	③	④	⑤	⑥	⑦	⑧	⑨	27	①	②	③	④	⑤	⑥	⑦	⑧	⑨	40	①	②	③	④	⑤	⑥	⑦	⑧	⑨
2	①	②	③	④	⑤	⑥	⑦	⑧	⑨	15	①	②	③	④	⑤	⑥	⑦	⑧	⑨	28	①	②	③	④	⑤	⑥	⑦	⑧	⑨	41	①	②	③	④	⑤	⑥	⑦	⑧	⑨
3	①	②	③	④	⑤	⑥	⑦	⑧	⑨	16	①	②	③	④	⑤	⑥	⑦	⑧	⑨	29	①	②	③	④	⑤	⑥	⑦	⑧	⑨	42	①	②	③	④	⑤	⑥	⑦	⑧	⑨
4	①	②	③	④	⑤	⑥	⑦	⑧	⑨	17	①	②	③	④	⑤	⑥	⑦	⑧	⑨	30	①	②	③	④	⑤	⑥	⑦	⑧	⑨	43	①	②	③	④	⑤	⑥	⑦	⑧	⑨
5	①	②	③	④	⑤	⑥	⑦	⑧	⑨	18	①	②	③	④	⑤	⑥	⑦	⑧	⑨	31	①	②	③	④	⑤	⑥	⑦	⑧	⑨	44	①	②	③	④	⑤	⑥	⑦	⑧	⑨
6	①	②	③	④	⑤	⑥	⑦	⑧	⑨	19	①	②	③	④	⑤	⑥	⑦	⑧	⑨	32	①	②	③	④	⑤	⑥	⑦	⑧	⑨	45	①	②	③	④	⑤	⑥	⑦	⑧	⑨
7	①	②	③	④	⑤	⑥	⑦	⑧	⑨	20	①	②	③	④	⑤	⑥	⑦	⑧	⑨	33	①	②	③	④	⑤	⑥	⑦	⑧	⑨	46	①	②	③	④	⑤	⑥	⑦	⑧	⑨
8	①	②	③	④	⑤	⑥	⑦	⑧	⑨	21	①	②	③	④	⑤	⑥	⑦	⑧	⑨	34	①	②	③	④	⑤	⑥	⑦	⑧	⑨	47	①	②	③	④	⑤	⑥	⑦	⑧	⑨
9	①	②	③	④	⑤	⑥	⑦	⑧	⑨	22	①	②	③	④	⑤	⑥	⑦	⑧	⑨	35	①	②	③	④	⑤	⑥	⑦	⑧	⑨	48	①	②	③	④	⑤	⑥	⑦	⑧	⑨
10	①	②	③	④	⑤	⑥	⑦	⑧	⑨	23	①	②	③	④	⑤	⑥	⑦	⑧	⑨	36	①	②	③	④	⑤	⑥	⑦	⑧	⑨	49	①	②	③	④	⑤	⑥	⑦	⑧	⑨
11	①	②	③	④	⑤	⑥	⑦	⑧	⑨	24	①	②	③	④	⑤	⑥	⑦	⑧	⑨	37	①	②	③	④	⑤	⑥	⑦	⑧	⑨	50	①	②	③	④	⑤	⑥	⑦	⑧	⑨
12	①	②	③	④	⑤	⑥	⑦	⑧	⑨	25	①	②	③	④	⑤	⑥	⑦	⑧	⑨	38	①	②	③	④	⑤	⑥	⑦	⑧	⑨	51	①	②	③	④	⑤	⑥	⑦	⑧	⑨
13	①	②	③	④	⑤	⑥	⑦	⑧	⑨	26	①	②	③	④	⑤	⑥	⑦	⑧	⑨	39	①	②	③	④	⑤	⑥	⑦	⑧	⑨	52	①	②	③	④	⑤	⑥	⑦	⑧	⑨

駿 台 文 庫

国語解答用紙

マーク例

良い例	悪い例
●	⊙ ⊗ ◐ ○

受験番号を記入し，その下のマーク欄にマークしなさい。

注意事項
1　訂正は，消しゴムできれいに消し，消しくずを残してはいけません。
2　所定欄以外にはマークしたり，記入したりしてはいけません。
3　汚したり，折りまげたりしてはいけません。

受験番号欄

千位	百位	十位	一位	英字	
—	⓪	⓪	⓪	Ⓐ	A
①	①	①	①	Ⓑ	B
②	②	②	②	Ⓒ	C
③	③	③	③	Ⓗ	H
④	④	④	④	Ⓚ	K
⑤	⑤	⑤	⑤	Ⓜ	M
⑥	⑥	⑥	⑥	Ⓡ	R
⑦	⑦	⑦	⑦	Ⓤ	U
⑧	⑧	⑧	⑧	Ⓧ	X
⑨	⑨	⑨	⑨	Ⓨ	Y
—	—	—	—	Ⓩ	Z

氏名・フリガナ，試験場コードを記入しなさい。

フリガナ	
氏名	

試験場コード	十万位	万位	千位	百位	十位	一位

解答番号	解答欄 1	2	3	4	5	6	7	8	9
1	①	②	③	④	⑤	⑥	⑦	⑧	⑨
2	①	②	③	④	⑤	⑥	⑦	⑧	⑨
3	①	②	③	④	⑤	⑥	⑦	⑧	⑨
4	①	②	③	④	⑤	⑥	⑦	⑧	⑨
5	①	②	③	④	⑤	⑥	⑦	⑧	⑨
6	①	②	③	④	⑤	⑥	⑦	⑧	⑨
7	①	②	③	④	⑤	⑥	⑦	⑧	⑨
8	①	②	③	④	⑤	⑥	⑦	⑧	⑨
9	①	②	③	④	⑤	⑥	⑦	⑧	⑨
10	①	②	③	④	⑤	⑥	⑦	⑧	⑨
11	①	②	③	④	⑤	⑥	⑦	⑧	⑨
12	①	②	③	④	⑤	⑥	⑦	⑧	⑨
13	①	②	③	④	⑤	⑥	⑦	⑧	⑨

解答番号	解答欄 1	2	3	4	5	6	7	8	9
14	①	②	③	④	⑤	⑥	⑦	⑧	⑨
15	①	②	③	④	⑤	⑥	⑦	⑧	⑨
16	①	②	③	④	⑤	⑥	⑦	⑧	⑨
17	①	②	③	④	⑤	⑥	⑦	⑧	⑨
18	①	②	③	④	⑤	⑥	⑦	⑧	⑨
19	①	②	③	④	⑤	⑥	⑦	⑧	⑨
20	①	②	③	④	⑤	⑥	⑦	⑧	⑨
21	①	②	③	④	⑤	⑥	⑦	⑧	⑨
22	①	②	③	④	⑤	⑥	⑦	⑧	⑨
23	①	②	③	④	⑤	⑥	⑦	⑧	⑨
24	①	②	③	④	⑤	⑥	⑦	⑧	⑨
25	①	②	③	④	⑤	⑥	⑦	⑧	⑨
26	①	②	③	④	⑤	⑥	⑦	⑧	⑨

解答番号	解答欄 1	2	3	4	5	6	7	8	9
27	①	②	③	④	⑤	⑥	⑦	⑧	⑨
28	①	②	③	④	⑤	⑥	⑦	⑧	⑨
29	①	②	③	④	⑤	⑥	⑦	⑧	⑨
30	①	②	③	④	⑤	⑥	⑦	⑧	⑨
31	①	②	③	④	⑤	⑥	⑦	⑧	⑨
32	①	②	③	④	⑤	⑥	⑦	⑧	⑨
33	①	②	③	④	⑤	⑥	⑦	⑧	⑨
34	①	②	③	④	⑤	⑥	⑦	⑧	⑨
35	①	②	③	④	⑤	⑥	⑦	⑧	⑨
36	①	②	③	④	⑤	⑥	⑦	⑧	⑨
37	①	②	③	④	⑤	⑥	⑦	⑧	⑨
38	①	②	③	④	⑤	⑥	⑦	⑧	⑨
39	①	②	③	④	⑤	⑥	⑦	⑧	⑨

解答番号	解答欄 1	2	3	4	5	6	7	8	9
40	①	②	③	④	⑤	⑥	⑦	⑧	⑨
41	①	②	③	④	⑤	⑥	⑦	⑧	⑨
42	①	②	③	④	⑤	⑥	⑦	⑧	⑨
43	①	②	③	④	⑤	⑥	⑦	⑧	⑨
44	①	②	③	④	⑤	⑥	⑦	⑧	⑨
45	①	②	③	④	⑤	⑥	⑦	⑧	⑨
46	①	②	③	④	⑤	⑥	⑦	⑧	⑨
47	①	②	③	④	⑤	⑥	⑦	⑧	⑨
48	①	②	③	④	⑤	⑥	⑦	⑧	⑨
49	①	②	③	④	⑤	⑥	⑦	⑧	⑨
50	①	②	③	④	⑤	⑥	⑦	⑧	⑨
51	①	②	③	④	⑤	⑥	⑦	⑧	⑨
52	①	②	③	④	⑤	⑥	⑦	⑧	⑨

マーク例

良い例	悪い例
●	⊙ ⊗ ◓ O

受験番号を記入し，その下のマーク欄にマークしなさい。

受験番号欄

千位	百位	十位	一位	英字	
－	⓪	⓪	⓪	Ⓐ	A
①	①	①	①	Ⓑ	B
②	②	②	②	Ⓒ	C
③	③	③	③	Ⓗ	H
④	④	④	④	Ⓚ	K
⑤	⑤	⑤	⑤	Ⓜ	M
⑥	⑥	⑥	⑥	Ⓡ	R
⑦	⑦	⑦	⑦	Ⓤ	U
⑧	⑧	⑧	⑧	Ⓧ	X
⑨	⑨	⑨	⑨	Ⓨ	Y
－	－	－	－	Ⓩ	Z

氏名・フリガナ，試験場コードを記入しなさい。

フリガナ						
氏　名						
試験場コード	十万位	万位	千位	百位	十位	一位

国　語　解　答　用　紙

注意事項

1　訂正は，消しゴムできれいに消し，消しくずを残してはいけません。
2　所定欄以外にはマークしたり，記入したりしてはいけません。
3　汚したり，折りまげたりしてはいけません。

解答番号	解答欄 1	2	3	4	5	6	7	8	9
1	①	②	③	④	⑤	⑥	⑦	⑧	⑨
2	①	②	③	④	⑤	⑥	⑦	⑧	⑨
3	①	②	③	④	⑤	⑥	⑦	⑧	⑨
4	①	②	③	④	⑤	⑥	⑦	⑧	⑨
5	①	②	③	④	⑤	⑥	⑦	⑧	⑨
6	①	②	③	④	⑤	⑥	⑦	⑧	⑨
7	①	②	③	④	⑤	⑥	⑦	⑧	⑨
8	①	②	③	④	⑤	⑥	⑦	⑧	⑨
9	①	②	③	④	⑤	⑥	⑦	⑧	⑨
10	①	②	③	④	⑤	⑥	⑦	⑧	⑨
11	①	②	③	④	⑤	⑥	⑦	⑧	⑨
12	①	②	③	④	⑤	⑥	⑦	⑧	⑨
13	①	②	③	④	⑤	⑥	⑦	⑧	⑨

解答番号	解答欄 1	2	3	4	5	6	7	8	9
14	①	②	③	④	⑤	⑥	⑦	⑧	⑨
15	①	②	③	④	⑤	⑥	⑦	⑧	⑨
16	①	②	③	④	⑤	⑥	⑦	⑧	⑨
17	①	②	③	④	⑤	⑥	⑦	⑧	⑨
18	①	②	③	④	⑤	⑥	⑦	⑧	⑨
19	①	②	③	④	⑤	⑥	⑦	⑧	⑨
20	①	②	③	④	⑤	⑥	⑦	⑧	⑨
21	①	②	③	④	⑤	⑥	⑦	⑧	⑨
22	①	②	③	④	⑤	⑥	⑦	⑧	⑨
23	①	②	③	④	⑤	⑥	⑦	⑧	⑨
24	①	②	③	④	⑤	⑥	⑦	⑧	⑨
25	①	②	③	④	⑤	⑥	⑦	⑧	⑨
26	①	②	③	④	⑤	⑥	⑦	⑧	⑨

解答番号	解答欄 1	2	3	4	5	6	7	8	9
27	①	②	③	④	⑤	⑥	⑦	⑧	⑨
28	①	②	③	④	⑤	⑥	⑦	⑧	⑨
29	①	②	③	④	⑤	⑥	⑦	⑧	⑨
30	①	②	③	④	⑤	⑥	⑦	⑧	⑨
31	①	②	③	④	⑤	⑥	⑦	⑧	⑨
32	①	②	③	④	⑤	⑥	⑦	⑧	⑨
33	①	②	③	④	⑤	⑥	⑦	⑧	⑨
34	①	②	③	④	⑤	⑥	⑦	⑧	⑨
35	①	②	③	④	⑤	⑥	⑦	⑧	⑨
36	①	②	③	④	⑤	⑥	⑦	⑧	⑨
37	①	②	③	④	⑤	⑥	⑦	⑧	⑨
38	①	②	③	④	⑤	⑥	⑦	⑧	⑨
39	①	②	③	④	⑤	⑥	⑦	⑧	⑨

解答番号	解答欄 1	2	3	4	5	6	7	8	9
40	①	②	③	④	⑤	⑥	⑦	⑧	⑨
41	①	②	③	④	⑤	⑥	⑦	⑧	⑨
42	①	②	③	④	⑤	⑥	⑦	⑧	⑨
43	①	②	③	④	⑤	⑥	⑦	⑧	⑨
44	①	②	③	④	⑤	⑥	⑦	⑧	⑨
45	①	②	③	④	⑤	⑥	⑦	⑧	⑨
46	①	②	③	④	⑤	⑥	⑦	⑧	⑨
47	①	②	③	④	⑤	⑥	⑦	⑧	⑨
48	①	②	③	④	⑤	⑥	⑦	⑧	⑨
49	①	②	③	④	⑤	⑥	⑦	⑧	⑨
50	①	②	③	④	⑤	⑥	⑦	⑧	⑨
51	①	②	③	④	⑤	⑥	⑦	⑧	⑨
52	①	②	③	④	⑤	⑥	⑦	⑧	⑨

駿台

2024
大学入学共通テスト
実戦問題集

国語

【解答・解説編】

駿台文庫編

直前チェック総整理

■現代文■

◇共通テスト・センター試験 既出漢字問題（解答⇩p.5）

(i) 傍線部に相当する漢字を選択

〈二〇二三年 共通テスト本試〉

□**ボウ**トウ（①流行性のカンボウにかかる ②今朝はネボウしてしまった ③過去をボウキャクする ④経費がボウチョウする）

□**キン**セン（①ヒキンな例を挙げる ②食卓をフキンで拭く ③モッキンを演奏する ④財政をキンシュクする）

□**ウト**んじられる（①裁判所にテイソする ②地域がカソ化する ③ソシナを進呈する ④漢字のソヨウがある）

〈二〇二三年 共通テスト追試〉

□**ホン**ロウ（①ホンカイを遂げる ②君主へのムホンを企てる ③説得されてホンイする ④資金集めにホンソウする）

□タイ**ダ**（①ダサクと評価される ②ダセイで動く ③泣く泣くダキョウする ④客がチョウダの列をなす）

□テッ**テイ**（①コンテイからくつがえす ②タンテイに調査を依頼する ③テイサイを整える ④今後の方針をサクテイする）

〈二〇二二年 共通テスト本試〉

□カ**ジョウ**（①ジョウチョウな文章 ②予算のジョウヨ金 ③汚れをジョウカする ④ジョウキを逸する）

□**キズ**ついた（①入会をカンショウする ②音楽をカンショウする ③カンショウ的な気分になる ④箱にカンショウ材を詰める）

□**ト**げる（①過去の事例からルイスイする ②キッスイの江戸っ子 ③マスイをかける ④計画をカンスイする）

〈二〇二二年 共通テスト追試〉

□**ソウショク**（①調査をイショクする ②キョショクに満ちた生活 ③ゴショクを発見する ④フッショクできない不安）

□**カン**ゲン（①首位をダッカンする ②主張のコンカンを問う ③カンシュウに倣う ④カンサンとした町）

□**ソ**セン（①クウソな議論 ②ヘイソの努力 ③禅宗のカイソ ④原告のハイソ）

〈二〇二一年 共通テスト第1日程〉

□ミン**ゾク**（①楽団にショゾクする ②カイゾク版を根絶する ③公序リョウゾクに反する ④事業をケイゾクする）

□**カン**キ（①証人としてショウカンされる ②優勝旗をヘンカンする ③勝利のエイカンに輝く ④意見をコウカンする）

□**エン**ヨウ（①鉄道のエンセンに住む ②キュウエン活動を行う ③雨で試合がジュンエンする ④エンジュクした技を披露する）

□**ヘダ**てる（①敵をイカクする ②施設のカクジュウをはかる ③外界とカクゼツする ④海底のチカクが変動する）

□**トウ**エイ（①意気トウゴウする ②トウチ法を用いる ③電気ケイトウが故障する ④強敵を相手にフントウする）

〈二〇二一年 共通テスト第2日程〉

□**イダ**かせ（①複数の意味をホウガンする ②卒業後のホウフ ③港にホウダイを築く ④交通量がホウワ状態になる）

□セン**イ**（①現状をイジする ②アンイな道を選ぶ ③キョウイ的な回復力 ④条約にイキョする）

□**コ**ジ（①偉人のカイコ録 ②液体のギョウコ ③コチョウした表現 ④ココウの詩人）

□ミ**オト**り（①商品を棚にチンレツする ②モウレツに勉強する ③風船がハレツする ④ヒレツな策を用いる）

□ケイ**フ**（①フゴウしない証言 ②フメン通りの演奏 ③フリョの事故 ④家族をフヨウする）

〈二〇一八年 共通テスト試行調査〉

□ガッ**チ**（①チメイ的な失敗 ②火災ホウチ器 ③チセツな表現 ④チミツな頭脳 ⑤再考のヨチがある）

□**テキ**ゴウする（①プロにヒッテキする実力 ②テキドに運動する ③窓にスイテキがつく ④ケイテキを鳴らす ⑤脱税をテキハツする）

□リョウ**タン**（①タンセイして育てる ②負傷者をタンカで運ぶ ③経営がハタンする ④ラクタンする ⑤タンテキに示す）

□エツ**ラン**（①橋のランカンにもたれる ②シュツランの誉れ ③ランセの英雄 ④イチランに供する ⑤事態はルイランの危うきにある）

□カジョウ（①ジョウヨ金　②ジョウチョウな文章　③米からジョウゾウする製法　④金庫のセジョウ　⑤家庭のジョウビ薬）

〈二〇一七年 共通テスト試行調査〉

□ギョウギョウしく（①会社のギョウセキを掲載する　②クギョウに耐える　③思いをギョウシュクした言葉　④イギョウの鬼　⑤ギョウテンするニュース）

□トウライ（①孤軍フントウ　②本末テントウ　③トウイ即妙　④用意シュウトウ　⑤不偏フトウ）

□ショタイを持つ（①アクタイをつく　②新たな勢力のタイトウ　③タイマンなプレー　④家庭のアンタイを願う　⑤秘書をタイドウする）

〈二〇二〇年 センター本試〉

□ソクシン（①組織のケッソクを固める　②距離のモクソクを誤る　③消費の動向をホソクする　④自給ジソクの生活を送る　⑤返事をサイソクする）

□ケンコウ（①ショウコウ状態を保つ　②賞のコウホに挙げられる　③大臣をコウテツする　④コウオツつけがたい　⑤ギコウを凝らした細工）

□ケンゲン（①マラソンを途中でキケンする　②ケンゴな意志を持つ　③ケンギを晴らす　④実験の結果をケンショウする　⑤セイリョクケンを広げる）

□カタヨって（①雑誌をヘンシュウする　②世界の国々をヘンレキする　③図書をヘンキャクする　④国語のヘンサチが上がった　⑤体にヘンチョウをきたす）

□ガンケン（①タイガンまで泳ぐ　②環境保全にシュガンを置く　③ドリルでガンバンを掘る　④勝利をキガンする　⑤ガンキョウに主張する）

〈二〇二〇年 センター追試〉

□マカせて（①海外にフニンする　②ニンタイの限界に達する　③第一子をニンシンする　④占いでニンソウを見る　⑤資格をニンテイする）

□カクド（①教育制度をカイカクする　②トウカクを現す　③農作物をシュウカクする　④カクギで政策を決定する　⑤製品のキカクを統一する）

□フウボウ（①ムボウな計画を立てる　②将棋の王座をボウエイする　③都市の景観がヘンボウする　④裁判をボウチョウする　⑤資源がケツボウする）

□ケンチョ（①国民の期待をソウケンに担う　②ケンギョウ農家が増える　③鉄棒でケンスイをする　④自己ケンジ欲が強い　⑤ケンキョに反省する）

□モクヒョウ（①道路ヒョウシキを設置する　②シャツをヒョウハクする　③転んだヒョウシにけがをする　④サービスにテイヒョウがある　⑤ジヒョウを提出する）

〈二〇一九年 センター本試〉

□タンネン（①イッタン休止する　②タンレンを積む　③タンセイを込める　④タンカで運ぶ　⑤計画がハタンする）

□バクゼン（①バクガからビールが作られる　②サバクの景色を見る　③ジュバクから解き放たれる　④観客がバクショウする　⑤バクマツの歴史を学ぶ）

□ヒビく（①物資をキョウキュウする　②ギャッキョウに耐える　③他国とキョウテイを結ぶ　④エイキョウを受ける　⑤ホドウキョウを渡る）

□ヒンシュツ（①ヒンシツを管理する　②カイヒン公園で水遊びをする　③ヒンパンに訪れる　④ライヒンを迎える　⑤根拠がヒンジャクである）

□アットウ（①現実からトウヒする　②ジャズ音楽にケイトウする　③トウトツな発言をする　④シュウトウに準備する　⑤食事のトウブンを抑える）

〈二〇一九年 センター追試〉

□セイケツ（①シンケツを注ぐ　②ケッサクを発表する　③車両をレンケツする　④身のケッパクを主張する　⑤飛行機がケッコウする）

□タイテイ（①ホウテイで証言する　②空気テイコウを減らす　③誤りをテイセイする　④食堂でテイショクを食べる　⑤花束をゾウテイする）

□ショウジン（①事態をセイカンする　②日程をチョウセイする　③セイミツな機械を作る　④選手センセイをする　⑤セイエンを送る）

□リョウチ（①リョウヨウ生活を送る　②ドウリョウと話し合う　③仕事をヨウリョウよくこなす　④自動車をリョウサンする　⑤今月のキュウリョウを受け取る）

□ハイケイ（①業務をテイケイする　②伝統をケイショウする　③神社にサンケイする　④踊りのケイコをする　⑤日本のケイキが上向く）

〈二〇一八年 センター本試〉

□イショウ（①コウショウな趣味を持つ　②演劇界のキョショウに会う　③出演料のコウショウをする　④課長にショウカクする　⑤戸籍ショウホンを取り寄せる）

□フみ（①株価がキュウトウする　②役所で不動産をトウキする　③前例をトウシュウする　④ろくろでトウキをつくる　⑤飛行機にトウジョウする）

□カワいた（①渋滞をカンワする　②新入生をカンゲイする　③難題にカカンに挑む　④浅瀬をカンタクする　⑤カンデンチを買う）

□**セツ**リ（①電線をセツダンする　②予算のセッショウをする　③セットウの罪に問われる　④セツジョクをはたす　⑤栄養をセッシュする）

□**センレン**（①センリツにのせて歌う　②センジョウして汚れを落とす　③利益をドクセンする　④言葉のヘンセンを調べる　⑤センスイカンに乗る）

〈二〇一八年 センター追試〉

□**フン**シュツ（①ギフンにかられる　②国境でフンソウが起きる　③消毒液をフンムする　④コウフンして眠れない　⑤フンショク決算を指摘する）

□**キョウ**ジュ（①歯並びをキョウセイする　②国王にキョウジュンの意を示す　③キョウイ的な記録を残す　④キョウラク的な人生を送る　⑤敵のキョウイにさらされる）

□ショウ**チョウ**（①助走をつけてチョウヤクする　②税金をチョウシュウする　③時代をチョウエツする　④チョウカイ処分を受ける　⑤美術館でチョウコクを見る）

□**コウ**ニュウ（①雑誌を定期コウドクする　②売り上げにコウケンする　③コウキを粛正する　④ゲンコウ用紙を配る　⑤コウカを鋳造する）

□**カセ**ぐ（①責任をテンカする　②カクウの話をする　③機械がカドウする　④もめごとのカチュウに入る　⑤競争がカレツを極める）

〈二〇一七年 センター本試〉

□**バイ**ゾウ（①細菌バイヨウの実験　②印刷バイタイ　③裁判におけるバイシン制　④事故のバイショウ問題　⑤旧にバイしたご愛顧）

□ヨウ**イン**（①観客をドウインする　②ゴウインな勧誘に困惑する　③コンイン関係を結ぶ　④インボウに巻き込まれる　⑤不注意にキインした事故を防ぐ）

□**ヤッ**カイ（①ごリヤクがある　②ツウヤクの資格を取得する　③ヤクドシを乗り切る　④ヤッキになって反対する　⑤ヤッコウがある野草を探す）

□セン**コク**（①上級裁判所へのジョウコク　②コクメイな描写　③コクビャクのつけにくい議論　④コクソウ地帯　⑤筆跡がコクジした署名）

□**イ**やされる（①物資をクウユする　②ヒユを頻用する　③ユエツの心地を味わう　④ユチャクを断ち切る　⑤キョウユとして着任する）

〈二〇一七年 センター追試〉

□**サク**シュ（①牧場でサクニュウを手伝う　②実験でサクサンの溶液を用いる　③期待と不安がコウサクする　④クッサクの作業が終了する　⑤観光情報をケンサクする）

□**オチイ**る（①ケッカンを指摘する　②カンタン相照らす　③カンゲンにつられる　④カンドコロをおさえる　⑤問題点をカンカする）

□**セイ**ゴウセイ（①セイコウウドクの生活　②シセイの人びと　③メールのイッセイ送信　④運動会に向けたセイレツの練習　⑤一服のセイリョウザイ）

□**キン**イッセイ（①キンセンに触れる言葉　②勝負にキンサで競り勝つ　③小学校時代のカイキン賞　④キョウキンをひらいて語る　⑤試合のキンコウを破る得点）

□ヨウ**セイ**（①自然のイキオいに任せる　②花ザカりを迎える　③将来をチカい合う　④道路工事をウけおう　⑤我が身をカエリみる）

〈二〇一六年 センター本試〉

□**ツクロ**う（①収益のゼンゾウを期待する　②事件のゼンヨウを解明する　③建物のエイゼン係を任命する　④学生ゼンとしたよそおい　⑤ゼン問答のようなやりとり）

□シュウ**ソク**（①度重なるハンソクによる退場　②健康をソクシンする環境整備　③ヘイソクした空気の打破　④両者イッショクソクハツの状態　⑤ソクバクから逃れる手段）

□**カエリ**みても（①コイか過失かという争点　②コシキゆかしき伝統行事　③一同をコブする言葉　④コドクで華麗な生涯　⑤コリョの末の優しい言葉）

□**カイ**ヒ（①海外のタイカイに出場する　②タイカイに飛び込み泳ぐ　③方針を一八〇度テンカイする　④天使がゲカイに舞い降りる　⑤個人の考えをカイチンする）

□**シュク**ゲン（①前途をシュクして乾杯する　②シュクシュクと仕事を進めた　③シュクテキを倒す日が来た　④紳士シュクジョが集う　⑤キンシュク財政を守る）

〈二〇一六年 センター追試〉

□**ダ**トウ（①ダサンが働く　②ダキョウを排する　③チョウダの列に並ぶ　④ダガシをねだる　⑤ダミンをむさぼる）

□**コウ**ザイ（①暗闇でコウミョウを見いだす　②コウミョウな演出に感動した　③怪我《けが》のコウミョウとなった　④全員がコウゴに係を分担する　⑤コウゴと文語とを区別する）

□ドウ**ヨウ**（①木枯らしが木の葉をユらす　②卵をトいてご飯にかける　③能の台本を声に出してウタう　④白身魚を油でアげる　⑤喜びに胸をオドらせて）

帰宅する）

□レイ**テツ**（①大臣をコウテツして刷新をはかる　②テッペキの守りで勝利を手にする　③廊下の荷物がテッキョされる　④テツヤを続けて課題を完成させる　⑤テツガクを学んで政治家を志す）

□**ショウ**ライ（①夜道をテラす月明かり　②天にもノボる心地だ　③それはマサしく本物だ　④この場にマネかれた光栄　⑤親切でクワしい案内状）

〈二〇一五年 センター本試〉

□**タ**れる（①ベートーヴェンにシンスイする　②寝不足でスイマにおそわれる　③ブスイなふるまいに閉口する　④親元を離れてジスイする　⑤鉄棒でケンスイをする）

□タイ**ガイ**（①ガイハクな知識を持つ　②不正を行った者をダンガイする　③制度がケイガイと化す　④故郷を思いカンガイにふける　⑤会議のガイヨウをまとめる）

□**ジュン**タク（①水をジュンカンさせる装置　②温暖でシツジュンな気候　③ジュンキョウシャの碑　④夜間にジュンカイする警備員　⑤ジュンドの高い金属）

□**タン**テキ（①タンセイして育てた盆栽　②コタンの境地を描いた小説　③ダイタンな意見の表明　④一連の事件のホッタン　⑤真相のあくなきタンキュウ）

□**カナ**で（①事件のソウサが続く　②ソウガンキョウで鳥を観察する　③在庫をイッソウする　④国王に意見をソウジョウする　⑤工場がソウギョウを再開する）

〈二〇一五年 センター追試〉

□セッ**ダン**（①サイダンに花を供える　②カンダンなく雨が降る　③パーティーでカンダンする　④ダイダンエンを迎える　⑤カンダンの差が大きくなる）

□**ツラヌ**く（①注意をカンキする　②ハダカイッカンから再出発する　③集中することがカンジンである　④まことにイカンに思う　⑤ジャッカンの変更を行う）

□**ビ**ショウ（①ビカンをそこねる看板　②品評会でハクビと言われた器　③シュビよく進んだ交渉　④人情のキビをとらえた文章　⑤ケイビが厳重な空港）

□**シッ**ソウ（①繊細な細工が施されたシッキ　②卒業論文のシッピツ　③豊かな才能に対するシット　④重い症状を伴うシッカン　⑤親の厳しいシッセキ）

□**ナメ**らか（①イッカツして処理する　②国が事業をカンカツする　③登山者のカツラクを防ぐ　④領土をカツジョウする　⑤自由をカツボウする）

〈二〇一四年 センター本試〉

□**ボウ**ヨみする（①生活がキュウボウする　②お調子者にツウボウを食らわす　③人口のボウチョウを抑える政策　④ムボウな計画を批判する　⑤国家のソンボウにかかわる）

□社会に地位を**シ**める（①センパクな言動に閉口する　②新人選手がセンプウを巻き起こす　③建物が違法にセンキョされる　④法廷で刑がセンコクされる　⑤センザイ的な需要を掘り起こす）

□グン**コウ**を競う（①つまらないことにコウデイする　②彼の意見にはシュコウできない　③出来のコウセツは問わない　④コウザイ相半ばする　⑤ごつごつしてセイコウな文章）

□ヨウ**イ**になります（①事のケイイを説明する　②カンイな手続きで済ませる　③イサンを相続する　④イダイな人物の伝記　⑤イサイは面談で伝える）

□意識が生まれる**ケイ**キ（①ケイコウとなるも牛後となるなかれ　②リサイクル活動をケイハツする　③これまでのケイヤクを見直す　④豊かな自然のオンケイを受ける　⑤経済の動向にケイショウを鳴らす）

〈二〇一四年 センター追試〉

□**イド**んでいる（①世のフウチョウを憂える　②高原のセイチョウな空気　③チョウバツを加える　④不吉なことが起きるゼンチョウ　⑤対戦相手をチョウハツする）

□**ウナガ**さねばならない（①対応がセッソクに過ぎる　②スイソクの域を出ない　③原稿をサイソクされる　④体育でソクテンを練習する　⑤ショウソクを尋ねる）

□彼らをツイ**キュウ**し（①庭にキュウコンを植える　②においをキュウチャクさせる　③不安が全体にハキュウする　④フキュウの名作を読む　⑤会議がフンキュウする）

□夢のド**レイ**でしかない（①ヒレイな行為をとがめる　②レイミョウな響きに包まれる　③安全運転をレイコウする　④バレイを重ねる　⑤封建領主にレイゾクする）

□**テイ**センを決断した（①記念品をシンテイする　②条約をテイケツする　③梅雨前線がテイタイする　④国際平和をテイショウする　⑤敵の動向をテイサツする）

(ii) **傍線部とは異なる意味を持つものを選択**

〈二〇二二年 共通テスト本試〉

□**襲い**（①ヤ襲 ②セ襲 ③キ襲 ④ライ襲）

□**与える**（①キョウ与 ②ゾウ与 ③カン与 ④ジュ与）

(iii) **傍線部と同じ意味を持つものを選択**

〈二〇二三年 共通テスト本試〉

□**行った**（①行シン ②行レツ ③リョ行 ④リ行）

□**望む**（①ホン望 ②ショク望 ③テン望 ④ジン望）

〈二〇二三年 共通テスト追試〉

□**挙げて**（①挙シキ ②カイ挙 ③レッ挙 ④挙ドウ）

□**関わる**（①ナン関 ②関チ ③関モン ④ゼイ関）

◇共通テスト・センター試験 既出漢字問題 解答

(i)

〈二〇二三年 共テ本試〉①③②　〈二〇二三年 共テ追試〉③②①

〈二〇二二年 共テ本試〉②③④　〈二〇二二年 共テ追試〉②①③

〈二〇二一年 共テ第1日程〉③①②③①　〈二〇二一年 共テ第2日程〉②①③④②

〈二〇一八年 共テ試行調査〉①②⑤④①　〈二〇一七年 共テ試行調査〉⑤④⑤

〈二〇二〇年 センター本試〉⑤①①④⑤　〈二〇二〇年 センター追試〉①②③④①

〈二〇一九年 センター本試〉③②④③②　〈二〇一九年 センター追試〉④②③③⑤

〈二〇一八年 センター本試〉②③⑤⑤②　〈二〇一八年 センター追試〉③④②①③

〈二〇一七年 センター本試〉⑤⑤③①④　〈二〇一七年 センター追試〉①①④⑤④

〈二〇一六年 センター本試〉③⑤⑤③⑤　〈二〇一六年 センター追試〉②③③④④

〈二〇一五年 センター本試〉⑤⑤②④④　〈二〇一五年 センター追試〉②②④④③

〈二〇一四年 センター本試〉②③④②③　〈二〇一四年 センター追試〉⑤③③⑤③

(ii) 〈二〇二二年 共テ本試〉②③

(iii) 〈二〇二三年 共テ本試〉④③　〈二〇二三年 共テ追試〉③②

◇共通テスト・センター試験 既出語句問題 （解答⇩p.7）

〈二〇二三年 共通テスト追試〉

□**てんで**（①元来 ②所詮 ③依然 ④全然 ⑤格別）

□**あからさまに**（①故意に ②平易に ③露骨に ④端的に ⑤厳密に）

□**いたずらに**（①絶対に ②過剰に ③軽々に ④当然に ⑤無益に）

〈二〇二一年 共通テスト第1日程〉

□**術もなかった**（①理由もなかった ②手立てもなかった ③義理もなかった ④気持ちもなかった ⑤はずもなかった）

□**言いはぐれて**（①言う必要を感じないで ②言う機会を逃して ③言うのを忘れて ④言う気になれなくて ⑤言うべきでないと思って）

□**足が遠くなった**（①訪れることがなくなった ②時間がかかるようになった ③会う理由がなくなった ④行き来が不便になった ⑤思い出さなくなった）

〈二〇二一年 共通テスト第2日程〉

□**居心地の悪さを感じた**（①所在ない感じがした ②あじけない感じがした ③やるせない感じがした ④落ち着かない感じがした ⑤心細い感じがした）

□**危惧した**（①疑いを持った ②慎重になった ③気後れがした ④心配になった ⑤恐れをなした）

□**むしのいい**（①都合がよい ②手際がよい ③威勢がよい ④要領がよい ⑤気分がよい）

〈二〇一八年 共通テスト試行調査〉

□**いぶかる**（①うるさく感じる ②誇らしく感じる ③冷静に考える ④気の毒に思う ⑤疑わしく思う）

□**手すさび**（①思いがけず出てしまう無意識の癖 ②多くの労力を必要とする創作 ③いつ役に立つとも知れない訓練 ④必要に迫られたものではない遊び ⑤犠牲に見合うとは思えない見返り）

□**いじらしさ**（①不満を覚えず自足する様子 ②自ら蔑み萎縮している様子 ③けなげで同情を誘う様子 ④配慮を忘れない周到な様子 ⑤見るに堪えない悲痛な様子）

〈二〇二〇年 センター本試〉

□**興じ合っている**（①互いに面白がっている ②負けまいと競っている ③それぞれが興奮している ④わけもなくふざけている ⑤相手とともに練習して

いる）

□**重宝がられる**（①頼みやすく思われ使われる　②親しみを込めて扱われる　③一目置かれて尊ばれる　④思いのままに利用される　⑤価値が低いと見なされる）

□**晴れがましく**（①何の疑いもなく　②人目を気にしつつ　③心の底から喜んで　④誇らしく堂々と　⑤すがすがしい表情で）

〈二〇二〇年 センター追試〉

□**首をかしげる気分**（①話の詳細がわからずとまどう気持ち　②その行為に共感しにくいという気持ち　③本当かどうか疑わしいと思う気持ち　④嘘に違いないと否定する気持ち　⑤自慢気な話を不快に感じる気持ち）

□**のっぴきならない**（①放っておくとどうにもならない　②どうしても避けることのできない　③煩わしく思えてならない　④本人の思うとおりにならない　⑤人並みの生活を維持できない）

□**とりとめもなく**（①昼も夜もとどまることなく　②他人にはわからない理由で　③目的や方向性が定まらないまま　④自分の気持ちを抑えることなく　⑤平常心を失って見苦しく）

〈二〇一九年 センター本試〉

□**お手のもので**（①見通しをつけていて　②腕がよくて　③得意としていて　④ぬかりがなくて　⑤容易にできそうで）

□**肚《はら》を決めた**（①気持ちを固めた　②段取りを整えた　③勇気を出した　④覚悟を示した　⑤気力をふりしぼった）

□**目を見張っていた**（①間違いではないかと見つめていた　②感動して目を見開いていた　③動揺しつつも見入っていた　④集中して目を凝らしていた　⑤まわりを見わたしていた）

〈二〇一九年 センター追試〉

□**呑《の》みこめた**（①予見できた　②歓迎できた　③共感できた　④理解できた　⑤容認できた）

□**醒《さ》めた**（①状況を冷静に判断できる　②状況を正確に把握できる　③状況を正常に認識できる　④状況を冷淡に観察できる　⑤状況を平静に傍観できる）

□**雲を摑《つか》むような**（①不明瞭で、とらえどころのない　②不安定で、頼りにならない　③非常識で、気恥ずかしい　④非現実的で、ありそうにない　⑤非合理的で、ばかばかしい）

〈二〇一八年 センター本試〉

□**腹に据えかねた**（①本心を隠しきれなかった　②我慢ができなかった　③合点がいかなかった　④気配りが足りなかった　⑤気持ちが静まらなかった）

□**戦《おのの》きながら**（①勇んで奮い立ちながら　②驚いてうろたえながら　③慌てて取り繕いながら　④あきれて戸惑いながら　⑤ひるんでおびえながら）

□**枷《かせ》が外れる**（①問題が解決する　②苦しみが消える　③困難を乗り越える　④いらだちが収まる　⑤制約がなくなる）

〈二〇一八年 センター追試〉

□**すげなく**（①冷淡に　②なすすべなく　③一方的に　④思いがけなく　⑤嫌味っぽく）

□**うちひしがれた**（①不満が収まらず恨むような　②疲れ切ってしょぼくれた　③気が動転してうろたえた　④気力を失ってうつろな　⑤しょげ返って涙にうるんだ）

□**やみくもに**（①不意をついて　②敵意をあらわに　③やむにやまれず　④前後の見境なく　⑤目標を見据えて）

〈二〇一七年 センター本試〉

□**呆《あ》っけに取られた**（①驚いて目を奪われたような　②意外さにとまどったような　③真剣に意識を集中させたような　④急に眠気を覚まされたような　⑤突然のことにうれしそうな）

□**生《き》一本**（①短気　②純粋　③勝手　④活発　⑤強情）

□**あてつけがましい**（①いかにも皮肉を感じさせるような　②遠回しに敵意をほのめかすような　③暗にふざけてからかうような　④あたかも憎悪をにじませるような　⑤かえって失礼で慎みがないような）

〈二〇一七年 センター追試〉

□**凝然と**（①ぐったりと横たわって　②ひっそりと音もせず　③じっと動きもなく　④こんもりと生い茂り　⑤ぼんやりとおぼろげに）

□**霊性**（①精神の崇高さ　②気性の激しさ　③存在の不気味さ　④感覚の鋭敏さ　⑤心の清らかさ）

□**つつましく**（①本音を隠して丁寧に　②心ひかれてひたむきに　③気を引きしめて真剣に　④敬意をもって控えめに　⑤慈しみを込めて穏やかに）

〈二〇一六年 センター本試〉

□**目くばせした**（①目つきですごんだ　②目つきで制した　③目つきで頼み込ん

だ　④目つきで気遣った　⑤目つきで合図した）

□**無造作に**（①先の見通しを持たずに　②いらだたしげに荒っぽく　③慎重にやらず投げやりに　④先を越されないように素早く　⑤周囲の人たちを見下して）

□**見栄《みえ》もなく**（①相手に対して偉ぶることもなく　②自分を飾って見せようともせず　③はっきりした態度も取らず　④人前での礼儀も欠いて　⑤気後れすることもなく）

〈二〇一六年 センター追試〉

□**狼狽《ろうばい》**（①とまどい慌てること　②うるさく騒ぎ立てること　③驚き疑うこと　④圧倒されて気弱になること　⑤恐れてふるえること）

□**甘悲しい感情**（①喪失感　②望郷の念　③悔恨の情　④懐かしい思い　⑤感傷的な気持ち）

□**きまり悪げな顔**（①不満そうな顔　②困惑したような顔　③不愉快そうな顔　④納得できないような顔　⑤腹立たしそうな顔）

〈二〇一五年 センター本試〉

□**透明な**（①ぬくもりのない　②悪意のない　③まじり気のない　④形のない　⑤暗さのない）

□**とくとくと**（①意欲満々で　②充分満足して　③利害を考えながら　④始めから順番どおりに　⑤いかにも得意そうに）

□**追い討ちをかけて**（①無理に付きまとって　②強く責め立てて　③しつこく働きかけて　④時間の見境なく　⑤わざわざ調べて）

〈二〇一五年 センター追試〉

□**まつわられ**（①しきりに泣きつかれ　②勝手気ままに振る舞われ　③ひどくわがままを言われ　④うるさく付きまとわれ　⑤激しく動きまわられ）

□**余念がなく**（①ほかに気を配ることなく熱中し　②真剣さが感じられずいいかげんで　③細かいところまで丁寧に　④疑いを持たずに思い切って　⑤余裕がなくあわただしい様子で）

□**おずおずと**（①悲しみをこらえながら淡々と　②顔色をうかがいながら思い切って　③言葉を選びながら丁寧に　④うれしさを押し隠しながらそっと　⑤ためらいながら遠慮がちに）

〈二〇一四年 センター本試〉

□**刻々に**（①突然に　②あっという間に　③順番通りに　④ときどきに　⑤次第次第に）

□**腰を折られて**（①下手《したて》に出られて　②思わぬことに驚いて　③やる気を失って　④途中で妨げられて　⑤屈辱を感じて）

□**われ知らず**（①自分では意識しないで　②あれこれと迷うことなく　③人には気づかれないように　④本当の思いとは逆に　⑤他人の視線を意識して）

〈二〇一四年 センター追試〉

□**悦に入って**（①思い通りにいき得意になって　②我を忘れるくらい夢中になって　③我慢ができないほどおかしくて　④本心を見透かされ照れて　⑤感情を押し隠し素知らぬふりをして）

□**相好を崩していた**（①なれなれしく振る舞っていた　②緊張がほぐれ安心していた　③好ましい態度をとれずにいた　④顔をほころばせ喜んでいた　⑤親しみを感じくつろいでいた）

□**すげなさ**（①動揺し恥ずかしがる様子　②改まりかしこまった様子　③判断に迷い戸惑う様子　④物おじせず堂々とした様子　⑤関心がなくひややかな様子）

◇共通テスト・センター試験 既出語句問題 解答

〈二〇二三年 共テ追試〉④③⑤

〈二〇二一年 共テ第1日程〉②②①　〈二〇二一年 共テ第2日程〉④④①

〈二〇一八年 共テ試行調査〉⑤④③

〈二〇二〇年 センター本試〉①①④　〈二〇二〇年 センター追試〉③①③

〈二〇一九年 センター本試〉③①②　〈二〇一九年 センター追試〉④①①

〈二〇一八年 センター本試〉②⑤⑤　〈二〇一八年 センター追試〉①④④

〈二〇一七年 センター本試〉①②①　〈二〇一七年 センター追試〉③①④

〈二〇一六年 センター本試〉⑤③②　〈二〇一六年 センター追試〉①⑤②

〈二〇一五年 センター本試〉③⑤③　〈二〇一五年 センター追試〉④①⑤

〈二〇一四年 センター本試〉⑤④①　〈二〇一四年 センター追試〉①④⑤

古文

◇共通テスト・センター試験 既出語意問題

〈二〇二三年 共通テスト本試〉
○やうやうさしまはす程に…徐々に船を動かすうちに
○ことごとしく歩みよりて…もったいぶって船の方に近づいていって

〈二〇二三年 共通テスト追試〉
○かへすがへすも…どう考えても
○さらぬほどの所…たいして重要でない場所
○いつしかゆかしう…早く目にしたいと

〈二〇二二年 共通テスト本試〉
○おくれたるところなく…未熟なところがなく
○まどろまれ給はず…お眠りになることができない
○ねびととのひたる…成熟した

〈二〇二二年 共通テスト追試〉
○おほかたなるやうに…ありふれた挨拶で
○みなしはてつ…すべて済ませた
○さらにものおぼえず…全く何もわからないくらい

〈二〇二一年 共通テスト第1日程〉
○えまねびやらず…表現しつくすことはできない
○めやすくおはせしものを…感じのよい人でいらっしゃったのになあ
○里に出でなば…自邸に戻ったときには

〈二〇二一年 共通テスト第2日程〉
○かつはあやしく…一方では不思議で
○はかなくしなしたる…形ばかりしつらえてある

〈二〇一八年 共通テスト試行調査〉
○聞こし召せ…お食べなさい
○こちなし…気が利かない
○さかしら人…口出しする人

〈二〇二〇年 センター本試〉
○ゆかしくおぼしめして…知りたくお思いになって
○やをら…静かに
○重なれるあはひ…重なっている色合い

〈二〇二〇年 センター追試〉
○いとどうたく……いっそういとおしく
○あやなくおぼめき給ひけりな……理不尽にもとぼけなさったよ
○所置くやうもありなん……きっと遠慮することもあるだろう

〈二〇一九年 センター本試〉
○しづ心なく思ひ奉りけるこそあさましけれ……気持ちが静まらずお慕いしたのは驚きあきれたことだ
○いかにして……なんとかして
○この人の御おぼえのほど……この人の受けるご寵愛《ちょうあい》の深さ

〈二〇一九年 センター追試〉
○この心を聞きければ……言葉に託された真意を尋ねたところ
○やがてこしらへて……すぐに支度をして
○心に節な置かれそ……遠慮しないでください

〈二〇一八年 センター本試〉
○あながちにわりなく……ひたむきで抑えがたく
○いかにもあれ……どのようであっても
○さらになつかしからず……全く心ひかれない

〈二〇一八年 センター追試〉
○しるく言ひ出づることのかなはで……はっきり言い出すことができないで
○いとど心やましきに……いっそう気をもんでいるところに
○いかばかりかあへなしと思ひ給はむ……どんなにかあっけないとお思いでしょう

〈二〇一七年 センター本試〉
○にげなきまで……不釣り合いなほど
○聞こえまほしき……申し上げたい
○あやしう……不思議なことに

〈二〇一七年 センター追試〉
○あらまほしけれど……このままでいたいが
○さてあるべきかは……そのままにしておいてよいわけがない
○見え奉りても……お目にかかっても仕方がない

〈二〇一六年 センター本試〉
○念じて……我慢して

○いかでかこの迫《はさま》よりは入《い》らむ……この隙間からは入《はい》れないだろう
○いかにと言ふ人あへてなし……見とがめる人は誰もいない
〈二〇一六年 センター追試〉
○こよなく静まりて……格段に落ち着いて
○すこしも心のある折……少しでも意識がはっきりしている時に
○見知り顔に……事情をわかったような様子で
〈二〇一五年 センター本試〉
○あぢきなき嘆き……（女君への）どうにもならない（恋の）苦悩
○あきらめてしがな……真実をはっきりさせたい
○御こころざしのになきさまになりまさる……帝のご愛情がこの上なく深くなっていく
〈二〇一五年 センター追試〉
○夕さりならではよも行かじ……今宵以外はよもや行く気にならないだろう
○さてあるべき事ならねば……このまま一緒にいられるわけではないので
○跡を暗くして失せばや……行方をくらまして身を隠したい
〈二〇一四年 センター本試〉
○いかさまにしてこのなめげさを見じ……何としても（夫の）無礼なしうちを目にするまい
○らうたげに恋ひ聞こゆめりしを……いじらしい様子でお慕い申し上げているようだったが
○いざ、給へかし……さあ、こちらへおいでなさいな
〈二〇一四年 センター追試〉
○やみぬるものにもがな……死んでしまいたいものだ
○あらじとなむ覚ゆる……そういう人はいないだろうと思われる
○思し定めぬ時だにあるものを……お決めになる前だって仲介するのは難しいのに

◇まぎらわしい語の識別（名詞や活用語の一部であることが明確にわかるケースは除いてある）

1	し	①過去の助動詞「き」の連体形 ②過去の助動詞「き」の已然形「しか」の一部 ③副助詞「し」 ④サ変動詞の連用形 ⑤サ行四段動詞の連用形語尾 ⑥形容詞の終止形語尾 ⑦シク活用形容詞の活用語尾の一部
2	して	①格助詞「して」 ②接続助詞「して」 ③サ変動詞の連用形（語尾）「し」＋接続助詞「て」 ④サ変動詞の連用形（語尾）「し」＋完了の助動詞「つ」の未然形・連用形「て」
3	なむ	①完了の助動詞「ぬ」の未然形「な」＋推量の助動詞「む」 ②係助詞「なむ」 ③終助詞「なむ」 ④ナ変動詞「死ぬ・往ぬ」の未然形語尾「な」＋推量の助動詞「む」
4	なり（なら・なる・なれ）	①断定の助動詞「なり」 ②伝聞・推定の助動詞「なり」 ③推量の助動詞「べらなり」の一部 ④ラ行四段動詞「なる（成る）」 ⑤ナリ活用形容動詞の活用語尾
5	に	①完了の助動詞「ぬ」の連用形 ②断定の助動詞「なり」の連用形 ③格助詞「に」 ④接続助詞「に」 ⑤ナ変動詞「死ぬ・往ぬ」の連用形語尾 ⑥ナリ活用形容動詞の連用形語尾 ⑦副詞の一部の「に」（いかに・かたみに・げに・さらに・つひに・よに　ナド）

6	7	8	9	10	11
にて	ぬ	ね	らむ	る	れ
①断定の助動詞「なり」の連用形「に」＋接続助詞「て」 ②格助詞「にて」 ③ナリ活用形容動詞の連用形語尾「に」＋接続助詞「て」 ④ナ変動詞「死ぬ・往ぬ」の連用形語尾「に」＋接続助詞「て」	①完了の助動詞「ぬ」の終止形 ②打消の助動詞「ず」の連体形 ③ナ変動詞「死ぬ・往ぬ」の活用語尾およびその一部	①完了の助動詞「ぬ」の命令形 ②打消の助動詞「ず」の已然形 ③ナ変動詞「死ぬ・往ぬ」の命令形語尾	①現在推量の助動詞「らむ」 ②完了の助動詞「り」の未然形「ら」＋推量の助動詞「む」 ③連語「やらむ」の一部など	①自発・可能・受身・尊敬の助動詞「る」の終止形 ②自発・可能・受身・尊敬の助動詞「る」の連体形・已然形の一部 ③完了の助動詞「り」の連体形 ※右の他に、他の語の一部として多出するが、識別は難しくない。①と③に注意すること。	①自発・可能・受身・尊敬の助動詞「る」の未然形・連用形 ②自発・可能・受身・尊敬の助動詞「る」の已然形・命令形の一部 ③完了の助動詞「り」の已然形・命令形 ※右の他に、他の語の一部として多出するが、識別は難しくない。①と③に注意すること。

■漢文■

◇句形の複合形式 31のチェックポイント

反語の副詞「安～」（いづくんぞ～んや）や、可能の助動詞「能～」（よく～）は、それぞれ単独でも使いますが、それと同時に「安能～」という組み合わせた形でもしばしば使われます。このように組み合わせて使うものは案外多く、こうしたものは複合形式として暗記した方が得です。ここでは、否定の複合形式（二重否定はその典型的なものです）と、反語の複合形式の主なものを過去問から集めました。なお、「累加」はそれ自体独立した句形ですが、「限定」の「否定」（ただ～だけ・ではない）と考えれば、複合形式と考えることもできるので、これも幾つか挙げておきます。

また、稀にではありますが「豈～耶。抑～耶」（いったい～なのか。それとも～なのか）のような選択疑問の句形を含む文章が出題されることもありますので、最後にその例文を挙げることにします。

複合形式は、否定や可能・反語といった漢文では特に重要な基本表現が組み合わさったものです。ですから、こうした複合形式がすらすらと言えるようなら、漢文の基礎は十分に固まっていると言ってよいでしょう。

【否定】の複合形式

□未嘗～　いまだかつて～ず／これまで～したことはない

未㆓嘗称㆒㆑名。（未だ嘗て名を称せず。／これまで（一度も）自分の名前を言ったことがない。）〈一九八八年 試行〉

什囲五攻之道未㆓嘗忽㆒焉。（什囲五攻の道は未だ嘗て忽《ゆるが》せにせず。／こちらの兵力が十倍なら包囲し、五倍なら攻めるという原則をおろそかにしたことはない。）〈一九九八年 本試〉

□未必～　いまだかならずしも～ず／～とは限らない

未㆔必非㆓聖人之所㆒㆑不㆑能。（未だ必ずしも聖人の能くせざる所に非ずんばあらず。／聖人のできることであるとは限らない。）〈一九九三年 本試〉

□無不～（莫不～）　～ざる〔は〕なし／～しないものはない

無㆑不㆑死。（死せざる〔は〕無し。／死なないものはない。）〈一九九六年 本試〉

莫㆑不㆓悚動㆒。（悚動《しょうどう》せざる〔は〕莫し。／恐れてみな震えあがった。）〈二〇〇一年 本試〉

世莫レ不二貴取賤棄一也。（世に貴は取られ賤は棄てられざる〔は〕莫し。／世の中に貴重で取られないものはなく、卑賤で捨てられないものはない。）〈二〇一四年 本試〉

□非不～　～ざるにあらず／～でないのではない

富貴非レ不レ愛。（富貴は愛せざるに非ず。／富貴を愛さないというのではないのです。）〈一九八〇年 本試〉

人非レ不レ霊二於鼠一、（人鼠よりも霊ならざるに非ざるも、／人間は鼠よりも賢くすぐれているのだが…）〈二〇〇六年 本試〉

□不可不～　～ざるべからず／～しなければいけない

不レ可レ不レ読レ書。（書を読まざるべからず。／是非、本を読まねばならぬ。）〈一九八二年 追試〉

□不得不～　～ざるをえず／～せざるをえない

不レ得レ不レ求二佳境一。（佳境を求めざるを得ず。／よい境地を求めざるをえない。）〈一九七九年 本試〉

□不敢不～　あへて～ずんばあらず／～しないわけにはいかない

不二敢不一レ受。（敢へて受けずんばあらず。／受け取らぬわけにもまいりますまい。）〈一九八三年 本試〉

□未嘗不～　いまだかつて～ずんばあらず／これまで～しなかったことはない

未二嘗不一レ同。（未だ嘗て同じからずんばあらず。／これまで（一度も）違っていたためしがない。）〈一九八六年 本試〉

□不復～　また～ず／二度と～しない

不二復省一レ花。（復《ま》た花を省みず。／それきり〈海棠《かいどう》の〉花を見ることがなかった。）〈二〇一三年 本試〉

□不肯～　あへて～ず／～しようとは思わない

不二肯呼一レ之使レ醒。（肯へて之を呼びて醒《さ》めしめず。／声をかけて目覚めさせてやろうという気にならなかった。）〈二〇〇七年 本試〉

不二肯一過一レ目。（肯へて一たびも目を過《とほ》さず。／一度でも目を通そうという気にならない。）〈二〇一〇年 本試〉

□不必～　かならずしも～ず／～とは限らない・～する必要はない

不下必塑二謫仙一而画中少陵上也。（必ずしも謫仙《たくせん》を塑《そ》して少陵を画《ゑが》かざるなり。／李白を模倣して造型し、杜甫を模倣して描写する必要はない。）〈二〇一三年 追試〉

【反語】の複合形式

□安能～　いづくんぞよく～んや／～できはしない

安能愛レ君。（安くんぞ能く君を愛せんや。／自分の主君を愛せるわけがない。）〈韓非子〉

□安可～（寧可～）　いづくんぞ～べけんや／～できはしない

安可二復得一。（安くんぞ復《ま》た得《う》べけんや。／再度捕まえることなどできるはずがない。）〈一九八九年 本試〉

寧可レ有レ此。（寧くんぞ此《こ》れ有るべけんや。／そんな事があろうはずもございません。）〈一九八六年 追試〉

□安得～　いづくんぞ～をえんや（反語）／～できはしない

安得レ議乎。（安くんぞ議《ぎ》するを得んや。／とやかく言うことなどできはしない。）〈一九八〇年 追試〉

城中安得レ有二此獣一。（城中安くんぞ此の獣有るを得んや。／まちにそんな獣〈＝虎〉がいるはずがないではないか。）〈二〇〇四年 本試〉

□何能～　なんぞよく～ん（や）／～できはしない・なにをかよく～ん（や）／何も～できない

何能及レ君也。（何ぞ能く君に及ばんや。／お殿様にかなうわけがありません。）〈戦国策〉

西施一嬪嬙耳、何能為。（西施は一嬪嬙《ひんしょう》のみなれば、何をか能く為さん。／西施は一宮女にすぎないのだから、何もできはしない。）〈二〇〇九年 本試〉

□何可～　なんぞ～べけんや／～できはしない

何可レ得哉。（何ぞ得《う》べけんや。／できるわけがない。）〈一九七九年 追試〉

□何敢～　なんぞあへて～んや／～しようとは思わない

何敢与レ君友也。（何ぞ敢て君と友たらんや。／身分も弁《わきま》えず君主と友達付き合いするようなまねはしない。）〈孟子〉

□何不～　なんぞ～ざらんや／～でないことなどない

曷嘗不レ貴二於敏一乎。（曷ぞ嘗て敏を貴ばざらんや。／「敏」を貴ばなかったなどありはしなかった。「曷」は「何」と同じ。）〈二〇一一年 本試〉

何不～は「なんぞ～ざる」と読んだ場合は「どうして～しないのか、～しなさいよ」の意を表す。

何不下縄懸二此物一、以レ銃発二鉛丸一撃上レ之（何ぞ縄もて此の物を懸け、銃を以て鉛丸を発して之を撃たざる／どうしてこれを縄でつるし、銃弾でうたないのか、撃ちなさいよ）〈二〇〇三年 本試〉

□何必～　なんぞかならずしも～んや／～する必要はない

人子何必親生（人子何ぞ必ずしも親ら生まんや／子供は自分で生む必要はない）〈二〇一五年 本試〉

□豈能～　あによく～んや／～できはしない

豈能独楽哉。（豈に能く独り楽しまんや。／自分ひとりだけ楽しんでいられるはずがない。）〈孟子〉

豈区区片瓦所二能禦一。（豈に区区たる片瓦の能く禦《ふせ》ぐ所ならんや。／ちっぽけな焼き物のかけらで（鉄砲玉を）防ぐことなどできはしない。）〈二〇〇三年 本試〉

□豈可～　あに～べけんや／～できはしない

顧可レ棄レ之哉。（顧《あ》に之を棄つべけんや。／それを捨てるわけにはいかない。「顧」は「豈」と同じ。）〈一九九八年 追試〉

豈可レ造二此悪業之端一。（豈に此の悪業《あくごふ》の端を造《な》すべけんや。／このような悪業を開くきっかけを作ってよいはずがない。）〈二〇〇二年 追試〉

□豈得～（乎）　あに～をえんや／～できはしない

豈得レ非レ悪乎。（豈に悪に非ざるを得んや。／悪いしわざと言わざるを得ない。）〈二〇〇七年 追試〉

□豈非～　あに～にあらずや／～ではないだろうか

豈非二隠者一邪。（あに隠者にあらずや。／隠者なのでしょうね。）〈一九九七年 本試〉

□豈不～（哉）　あに～ずや／なんと～なことだ（詠嘆）・あに～ざらんや／～でないわけではない（反語）

豈不レ難哉。（豈に難《かた》からずや。／実に難しいことですよね。）〈呂氏春秋〉

豈不レ惑乎。（豈に惑《まど》ひならずや。／ひどい迷いだね。）〈二〇一七年 本試〉

豈不レ知二以レ少撃レ衆為レ利哉。（豈に少を以て衆を撃つの利為《た》るを知らざらんや。／少ない兵力で敵の大軍を撃破することができれば得であることが分からなかったはずはない。）〈一九九八年 本試〉

豈不レ能下用二黄金一装二肩輿一、乗以出入上。（豈に黄金を用ひて肩輿《けんよ》を装ひ、乗りて以て出入する能はざらんや。／黄金作りのおかごに乗って、宮中に出入りなさることもできぬはずはありますまい。）〈二〇〇二年 追試〉

豈真不レ敏者乎。（豈に真に敏ならざる者ならんや。／本当に「敏」でない者だったはずはない。）〈二〇一一年 本試〉

□不亦～乎　また～ずや／まったく～ではないか

不二亦宜一乎。（亦た宜《むべ》ならずや。／実にそのとおりではないか。）〈一九九三年 追試〉

【累加】

□不惟～（不但～・不啻～）　ただに～のみならず／～だけではない

不二惟収レ怨、（惟に怨《うら》みを収《をさ》むるのみならず、／ただ単に人の怨みを買うことになるだけでなく…）〈一九八四年 本試〉

不丁啻如二常人之愛レ宝、唯恐丙其埋没及傷乙損之甲～（啻だに常人の宝を愛するが如く、唯だ其の埋没及び之を傷損するを恐るるのみならず、～／ただ一般人が宝物を愛するように、〈素質に恵まれた子弟が〉その才能が埋没したり、あるいはその才能を傷つけたりしているのではないかと恐れるだけでなく…）〈二〇〇二年 本試〉

叔不二惟薦レ仲、（叔惟だに仲を薦《すす》むるのみならず、／鮑叔は管仲を宰相に推薦しただけでなく…）〈二〇〇五年 本試〉

□非唯～（非特～）　ただに～のみにあらず／～だけではない

非二特求レ過二於人一、（特に人に過ぐるを求むるのみに非ず、／普通の人より一段高い所に行こうとするだけでなく…）〈一九八五年 本試〉

□非独～　ひとり～のみにあらず／～だけではない

非二独見レ病、（独り病《くる》しめらるるのみに非ず、／ただ私が苦しめられるだけでなく…）〈一九八五年 追試〉

非下独如中孟子増二益其所レ不レ能之説上、（独り孟子の其の能はざる所を増益するの説の如きのみに非ずして、／単に孟子が言っているような当人の統治能力を増進させるためだけではなくて…）〈二〇〇五年 追試〉

□何唯～（何啻～）　なんぞただに～のみならんや／～だけではない

何啻反レ掌之易。（何ぞ啻に掌《たなごころ》を反《かへ》すの易《やす》きのみならんや。／てのひらを裏返すことよりもっと簡単だ。）〈一九八六年 本試〉

□豈徒～（豈特～）　あにただに～のみならんや／～だけではない

豈特形貌而已哉。（豈に特に形貌《けいばう》のみならんや。／ただ顔かたちだけではない。）〈一九八五年 本試〉

【選択疑問】

□豈〜耶。抑…耶　あに〜か。そもそも…か／〜だろうか、それとも…だろうか

豈此騾宿世有レ所レ負ニ於余一、而使三之償ニ宿逋一耶。抑其性貞烈、不レ肯レ易レ主而自斃耶。（豈に此の騾《ら》宿世《すくせ》余に負ふ所有りて、之をして宿逋《ほ》を償はしむるか。抑《そもそも》其の性貞烈にして、主を易《か》ふるを肯《がへん》ぜずして自ら斃《たふ》るるか。／いったいこのラバは前世で何か私に借りがあって、その償いをさせられていたのだろうか。それとも根があるじ思いのため、飼い主を替える気になれないで、自死したのだろうか。）

〈二〇〇四年 追試〉

第 1 回
実戦問題

解答・解説

第１回　解答・配点

（200点満点）

問題番号（配点）	設問	（配点）	解答番号	正解	自己採点欄
第１問（50）	1	(2)	1	④	
		(2)	2	①	
		(2)	3	②	
		(2)	4	①	
		(2)	5	③	
	2	(7)	6	③	
	3	(7)	7	⑤	
	4	(7)	8	②	
	5	(7)	9	⑤	
	6	(4)	10	①	
		(4)	11	④	
		(4)	12	①	
小計					
第２問（50）	1	（各4）	13 － 14	① － ⑤	
	2	(8)	15	④	
	3	(8)	16	③	
	4	(6)	17	④	
		(6)	18	②	
	5	(6)	19	②	
		(8)	20	③	
小計					
第３問（50）	1	(5)	21	②	
		(5)	22	②	
		(5)	23	③	
	2	(7)	24	④	
	3	(7)	25	③	
	4	(7)	26	④	
		(7)	27	③	
		(7)	28	②	
小計					
第４問（50）	1	(4)	29	④	
		(4)	30	②	
		(4)	31	①	
	2	(6)	32	③	
	3	(6)	33	⑤	
	4	(6)	34	②	
	5	(7)	35	③	
	6	(6)	36	①	
	7	(7)	37	④	
小計					
合計					

（注）－（ハイフン）でつながれた正解は，順序を問わない。

第１問

〈出典〉

【文章Ⅰ】

五十嵐太郎（いがらし　たろう）『モダニズム崩壊後の建築　１９６８年以降の転回と思想』（青土社　二〇一八年）の〈第２章　うちへのまなざし〉のうち〈４　それでも窓はなくならない〉の一節。出題に際しやむを得ない事情により省略・改変した箇所がある。

五十嵐太郎は一九六七年フランス、パリ生まれ。東京大学大学院博士課程修了（工学博士）、現在東北大学大学院教授。

専攻は建築史、都市、建築理論。二〇一四年、あいちトリエンナーレの功績により芸術選奨新人賞芸術振興部門を受賞。著書に、『新編　新宗教と巨大建築』『日本建築入門　近代と伝統』『ル・コルビュジエがめざしたもの　近代建築の理論と展開』『建築の東京』ほか多数。

【文章Ⅱ】

浜本隆志（はまもと　たかし）『「窓」の思想史　日本とヨーロッパの建築表象論』（筑摩書房　二〇一一年）の「まえがき」の一節。出題に際しやむを得ない事情により省略・改変した箇所がある。

浜本隆志は一九四四年香川県生まれ。関西大学大学院文学研究科修士課程修了。現在、関西大学名誉教授。専攻は、ドイツ文化論、比較文化論。著書に『鍵穴から見たヨーロッパ　個人主義を支えた技術』『モノが語るドイツ精神』『シンデレラの謎　なぜ時代を越えて世界中に拡がったのか』ほか多数。

今回の出題は二〇二三年度の大学入学共通テスト第１問（追・再試も含む）の出題形式を踏まえたものである。

窓の役割について、異なった角度から述べられた二つのテクストからの出題（本文）、および漢字の意味（問１の(i)）、二つの文を比較しつつ生徒同士が話し合いをするという設定のもとでの出題（問６）がそれである。これらの形式に習熟することも念頭に入れて、日頃から学習を続けて欲しい。

〈問題文の解説〉

【文章Ⅰ】

本文は八個の形式段落（1～8とする）から成る。全体を三つの意味段落（①～③とする）に分け、内容を概観していく。

①　イントロダクション　なぜ窓が大事なのか

1＊窓が必要な理由を考えるにあたり、窓の特性として以下のことが挙げられる。

(1)　目のように、前面から見た際の印象を決定づける。
(2)　鼻のように、通風の役割を果たす。
(3)　開口部として、光と風の出入口である。
(4)　時として人が出入りする場所として表象される。
(5)　そのことから、本来の機能を超えて、特別な空間的想像力を与える。

②　採光、換気（2）、眺望（3、4）、採暖（5）などの窓の役割

2＊十七世紀オランダに窓辺の絵画が多い理由が次の筋道で述べられている。
＊窓は当時、外光を入れたり（時には抑制したり）換気をしたりする役割を担っていた。
＊↓そのために窓辺で家事、読書、団欒が行われていた。
＊↓それらの光景が絵画のモチーフとされた。
▽これらは照明や空調のテクノロジーが発達する以前のことであり、テクノロジー発達以降は窓の機能が奪われていった。

3＊とすれば窓に残されているのは、眺望の役割である。
（だが映像技術によって、その役割すら取って代わられるかもしれない。）
＊窓は室内に別の風景を見せるという意味で、絵画と相同性を持つ。
▽窓は照明、空調、映像などのテクノロジーとの補完的な関係が意識される。

4＊有人宇宙船における眺望の例
＊真空という極限状況にある宇宙船は窓から光や風を入れることはない。
＊しかし宇宙船という狭い空間で生活する人間にとって、肉眼で地球を眺めることができる窓があったほうが、精神衛生上良い。

5＊光、風、熱などの自然環境の力を効果的に導入する窓の役割が、省エネルギーという観点から再評価されうる。
▽巨大な資本が投下された大規模なビルは窓に関するテクノロジーを発達させたが、個人住宅は過度にハイテク志向とならず、居住者が窓と触れ合うものとなっている。

③ 物語の装置としての窓
6＊研究室の調査（1）による結果
＊情報化やデジタル化が進んでも、生き物としての人間は変わらないし、数値や機能性が全てではない、それぞれの地域の場所性や習慣に根ざした個別の窓のあり方が創造されうる。
7＊研究室の調査（2）による結果
＊諸々の視覚メディアにおいて窓の表象のされ方をリサーチしたところ、8のような仮説が導かれた。
8＊窓という開口部において出来事が生じ、内部と外部が関係するコミュニケーションや人とモノの出入りが生じる。
＊そのことから窓が物語を駆動させる重要な装置となる。
＊インターネットやスマートフォンの普及により、それらの画面が新しい窓として台頭している。若者の引きこもり傾向がみられるが、窓は様々な生活の場面をリアルにつくりだす。

＊以上、窓の主要な役割を整理すると
1 通風、換気（1(2)(3)、2、5）
2 採光（1(3)、2、5）
3 眺望（3、4）
（4 採暖（5））
5 想像力、物語（1(5)、8）
＊しかしテクノロジーの発展によって
1は空調、2は照明、3ですら映像技術によって代替されるかもしれないが3は精神衛生のために必要とされ、
5はいかなるテクノロジーによっても代替不可能である。

【文章Ⅱ】

本文は七個の形式段落（1〜7とする）から成る。

1＊現代は窓の時代である。
＊高層建築の全面を覆い尽くすように窓面積は増殖を続ける。
2＊東京のスカイツリー、ドバイのブルジュ・カリファなど、世界各地で高層化が進んでいる。

3＊このような建築の垂直志向は太古より存在する。
＊中世のゴシック建築はキリスト教徒が天上の神を目指すかのように天高く設計された。
4＊それが近代を経て現代へと受けつがれ、今日の資本主義による高層建築へと連鎖している。
＊それはエアコン等の技術の発達によって可能になり、窓の増殖を生んだ。
5＊9・11テロによって、資本主義のシンボルであるアメリカの世界貿易センタービルが破壊された。
＊巨大な窓の顔を持つ現代高層建築が憎悪の対象とされた。
＊その背景に根深い怨恨と対立があることが浮き彫りにされた。
6＊このように高層建築の窓は、陰の部分をも映し出している。

7＊現代の超高層ビルの窓は、ヨーロッパの歴史的背景を基盤にした上昇志向とそのグローバルな世界的広がり、および、大量生産、大量消費という資本の論理を映し出している。

〈**【文章Ⅰ】**と**【文章Ⅱ】**の共通点〉
1 両方とも「窓」について論じた文章である。
2 資本主義とテクノロジー（技術）に触れた次の箇所が、（いわば裏返しの）接点となっている。
「巨大な資本が投下される近代以降のオフィスビルは、間違いなくガラスや設備など窓に関連するテクノロジーの発展を牽引してきた。」（**【文章Ⅰ】**5）
「現代のガラス、鉄、コンクリートでつくられた超高層ビルは、エアコンの完備、エレベーターという、技術の発達によって可能となった。」（**【文章Ⅱ】**4）

〈【文章Ⅰ】と【文章Ⅱ】の相違点〉

1 【文章Ⅰ】では、換気、採光、眺望、あるいは想像力と物語を生み出す装置という、テクノロジーがいくら発達しても「生き物としての人間」が必要とする「暮らすための住空間」における、窓に固有のあり方が探られている。

2 【文章Ⅱ】では現代の資本主義の象徴である超高層ビルの全面を覆う「はめ殺し（開閉できない）」（【文章Ⅰ】5）のガラス窓が、大量生産、大量消費、グローバル化という資本主義の論理を体現するかのごとくひたすら増殖を続け、それが否定的な結果を生み出しかねないことが述べられている。

〈設問解説〉

問1 漢字の問題

二〇二三年度の共通テスト（追・再試）の出題にならい、問1(i)は漢字の意味を問う設問、(ii)はカタカナを漢字になおさせる設問である。(i)のタイプはもちろん、(ii)のタイプで頻出する音と訓の書き換えにおいても、漢字二字の熟語の読み書きと意味を覚えるのみならず、それを構成する漢字の各々の文字が持つ意味を認識しておくことが必要である。

(i)

(ア) 空「調」（〈空気調節〉の略）および④「調」味の「調」は、〈ととのえる〉の意味。④が正解。

①格「調」の「調」は〈おもむき、ようす〉の意味。②「調」書の「調」は、〈詳しく取り調べる〉の意味。③長「調」の「調」は、〈音楽における音階〉の意味。

(オ) 「発」したおよび①勃「発」の「発」は、〈始まる、起きる〉の意味。①が正解。

②摘「発」の「発」は、〈あばく〉の意味。③「発」露の「発」は、〈あらわす、表に出す〉の意味。④「発」育の「発」は、〈のびる〉の意味。

(ii)

(イ) 「貢」献 ①兆「候」 ②朝「貢」 ③聴「講」 ④長「考」（長時間にわたって考えること）②が正解。

(ウ) 「撤」廃 ①「撤」退 ②「徹」夜 ③「哲」学 ④更「迭」①が正解。

(エ) 飛「散」 ①「惨」め ②「産」む ③「散」る ④「酸」っぱく ③が正解。

問2 【文章Ⅰ】の要点を問う問題1 採光と換気

傍線部A「十七世紀のオランダは窓辺の絵画が多い」ことの理由説明を通じて問われているのは、【文章Ⅰ】の要点の一つであった採光と換気という（テクノロジーにとって代わられる前の）窓の役割、すなわち2の内容である。〈問題文の解説〉でも述べた通り、2では「十七世紀のオランダは窓辺の絵画が多い」理由として、「当時は人工照明や空調設備が発達する以前の段階」だったため、「窓は暗い室内に外の光を入れたり」（それが強い場合は抑制したり）「新鮮な空気を入れ」たりする役割を果たしていたため、窓辺で「家事」「読書」「団欒」が行われ、フェルメールなどの十七世紀のオランダの画家がそれらを絵画のモチーフにしたのであった。したがって正解は、「採光」「換気」という窓の役割と、窓辺での（家事、読書、団欒などの）「日常の諸々の営み」について正しくふれている、③となる。

①は窓が「外部世界への入り口」であることから「単調な日常生活を忘れさせ非日常の世界へと誘うような絵画が」描かれた、としているが、窓辺で営まれる家事、読書、団欒などの日常生活こそが強調されているこの部分の論旨とは正反対であるため、

④もまた、テクノロジー発達以前の窓の採光、換気という役割には触れているが、窓辺で行われる家事、読書、団欒などの日常生活には何ら触れておらず、「外光が差し込まず換気も悪く空気がこもりがち」という窓辺以外の環境のみに焦点を当てているため、

②は窓が、「照明や空調」のような「本来の機能以外」の「特別な空間的想像力」を与えていたとしているが、この内容は1末のものであり、そこでは「窓から人が出入りするモチーフ」がもたらすものだとされている

ことから、「採光」「換気」という役割に焦点を当てて述べられている2の内容とは異なるため、

⑤も同様に、「プロポーション」「大きさ」「数」というのは1にある内容であるが、そこではそれらが「ルネサンスの時代における建築論」が注意を払うものとされており、「十七世紀のオランダ」についての傍線部とは異なるため、それぞれ不適切であると言える。

問3 【文章Ⅰ】の要点を問う問題2　眺望

問3では傍線部B「アメリカ初の有人飛行に成功した宇宙船」という具体例を通じて筆者が述べようとしていることが問われているが、これは**【文章Ⅰ】**の要点の一つである眺望という窓の役割、すなわち3、4の内容である。**〈問題文の解説〉**でも述べた通り、3、4では「照明や空調のテクノロジーが二十世紀に発達」し、「相対的に窓の機能が奪われ」（2）た後に「窓に残された」（3）「眺望の役割」（3）について述べられている。その具体例が4にある傍線部の「宇宙船」である。そこでは、「真空」（4）状態に置かれた宇宙船が「光や風」（4）を窓から入れることはなく、基本的に窓がなくても困ることはないが、「狭い空間で生存する人間に配慮すると、視界すら遮蔽した密閉空間にするよりも」（4）「肉眼で地球を眺めることができる」（4）窓があったほうが「精神衛生上」（4）良いため、「宇宙飛行士の強いリクエストによって、小さな丸窓を設けた」ことが述べられている。したがって正解は、テクノロジーの進歩によって空調や採光といった面では窓の必要性がなくなったとしても、「人間が健やかに生きていくために」「外部世界へと開かれた視界」を可能にするために窓が必要とされることを述べている、⑤となる。

先に見た通り、筆者がこの部分で主張したいことは、「照明や空調」（2）などの「テクノロジーが進化すると……窓は不要なのか……そうではない（必要である）」（4）という「窓」についての見解であり、その必要性がどのようなものであるかを宇宙船という一事例を通して説明しているのである。つまり、筆者が述べたいのは宇宙船そのものについてではなく、それに如実に現れている「窓」一般の性質についてであり、したがって設問文「『……宇宙船』は、筆者がどのようなことを述べるために用いた具体例か」に対する答えはもちろん、〈宇宙船のことを述べるため（に宇宙船の具体例を用いている）〉のではなく、〈窓一般についての主張を述べるため（に宇宙船の具体例を用いている）〉というものになる。

①は窓によって「常に外部の状況を確認できるようにした方が安心感を与えられる」としている点が、窓から「肉眼で地球を眺めること」（4）が「精神衛生上」（4）良いとしている本文とは食い違うため、

②は、「窓が外部への視覚」のみならず、「そもそも視覚を可能にする光を導入するもの」としている点が、「宇宙船は機能だけを重視すれば、光や風を入れる必要はなく」としている本文と食い違うばかりか、そもそも宇宙船の窓から採光をするという点が、あまりに不適切であるため、

③は、「宇宙船」についての記述のみに終始している点が先に述べたように設問文の要求に合わず、また「窓から肉眼で地球を眺めることによって」「想像力が生き生きと喚起され」としているが、「想像力」とは（問2の解説でも触れたとおり）1の「窓から人が出入りする」モチーフについて述べられている内容であるため、宇宙船の場合には当てはまらないことから、

④の「映像や絵画におけるフレーミングのように」は一見すると3にある表現のようだが、そこでは「風景のフレーミング」としての窓の役割も「映像技術」によって「置き換え可能」だとされているのみならず、直接は4の宇宙船の例には当てはまらないものであるため、それぞれ不適切である。

問4 【文章Ⅰ】の要点を問う問題3　物語の装置

傍線部C「窓こそが物語を駆動させる重要な装置であることだ」を通じて問われているのは、**【文章Ⅰ】**の要点の一つである物語の装置としての窓の役割、すなわち8の内容である。**〈問題文の解説〉**でも述べた通り、8では7にある「絵画、広告、マンガ、映画など」のリサーチによって明らかにされた、諸々の視覚メディアに共通する窓の表象のされ方、すなわち（それこそが傍線部であるが）窓が物語を駆動させる仕掛けとして表象

されていることの意味が述べられる。傍線部の直後では、窓が「出来事」（[8]）を発生させる「開口部」（[8]）であり、そこにおいて「内部と外部が関係するコミュニケーション、もしくは人やモノの出入りが生じる」（[8]）とされているが、ここで思い出して欲しいのは〈問題文の解説〉にもあるように）この内容が[1]で既に触れられていた「窓から人が出入りするモチーフ」（[1]）とも重なるということである。そこでもグリム童話や現代アート、マンガなどをふまえ、「ジャンルを超えて、窓が本来の機能を超えて、特別な空間的想像力をわれわれに与えている」（[1]）と述べられている。これらの内容を総合すると、正解は、窓は人やモノが出入りする開口部であり、そこにコミュニケーションや出来事が生じることから、特別な空間的想像力を与える、ということを述べている②となる。

①は「窓が絵画のフレームや映画のスクリーンの機能を果たすことが多い」としているが、この内容は[3]のものであり、そこでは窓の眺望の役割について述べられていて、人やモノの出入り口としての窓の役割には全く触れておらず、傍線部とはずれた内容であるために、

③は「密閉された空間に光と風とが生き生きともたらされることで」という箇所が意味する採光と通風の役割が、[8]では全く触れられておらず、傍線部からずれた内容であるため、

④は「窓を通じて」「インターネットやスマートフォンの普及によって引きこもり傾向にある若者がリアルな生活へと一歩を踏み出していく」と述べているが、確かに類似した表現として傍線部と同じ段落に「インターネットやスマートフォンが普及したこと」による「若者の引きこもり傾向」とあり、「さまざまな生活の場面をリアルにつくりだすのも、窓の役割」とあるが、これは「パソコンや携帯電話の画面」が「窓」の役割を果たしているということを述べているのであって、そのような「窓を通じて」「一歩を踏み出していくという物語が、今日の映画やマンガなどにしばしば登場する」とは述べられていないために、

⑤は傍線部が、「採光、換気、眺望という旧来の役割をテクノロジーに奪われた今日の窓の唯一の存在意義だ」としているが、それが「唯一の存在意義」とまで言えるかどうかは判然としないために、それぞれ不適切である。

問5　【文章Ⅱ】の要点を問う問題　世界資本主義の象徴としての窓

今回の第1問は二〇二三年度共通テスト第1問に準拠し二つのテクストから出題されており、【文章Ⅰ】から出題された問2から問4とは異なり、問5は【文章Ⅱ】からの出題となっている。〈問題文の解説〉にもあるように、採光、換気、眺望、物語という、「生き物としての人間」（【文章Ⅰ】[6]）が必要とする窓の諸々の役割について述べられていた【文章Ⅰ】とは異なり、【文章Ⅱ】は全文を通じてまさに傍線部が表すように「巨大な『ガラスの箱』のような『窓の増殖現象』」を論じており、その内容は〈問題文の解説〉にあるように、高層ビルの垂直志向が、大量生産、大量消費、グローバル化などの資本主義の論理を体現し、その全面に増殖する窓はそれらを象徴している、という内容であった。したがって傍線部を通じて筆者の言おうとしていることを問う本問の正解は、「垂直志向」「資本主義」の「大量生産」「大量消費」「グローバル化」「高層ビルと全面に増殖するガラス窓」などに正確に触れている、⑤となる。

①は「神の座を現代の独占資本主義が奪取し」という箇所や、「資本主義こそが現代の宗教」「全面を覆うガラス窓は全世界を上から見下ろす神の視線そのもの」という箇所が、（確かに本文にもキリスト教からの「連鎖」（[4]）、「歴史的な原点」（[7]）という表現も見られはするが）キリスト教と資本主義を安直に同一視しすぎているために、

②は「自らに対する憎悪やテロ行為及び南北問題や宗教間の対立などにも向き合うものだ」という箇所が、確かに本文にも「憎悪の対象と化して…根深い問題が含まれている」（[5]）とはあるが、それらに窓がきちんと向き合っているとは本文では述べられていないために、

③は「高層ビルの全面を覆うガラス窓」が「制限のない広範で多角的な視点」の象徴だとして、肯定的に捉えている点が、

④は「現代の資本主義は」「神の高みと全知全能の権能を」「模倣するために超高層ビルを増殖させた」という箇所が、①同様にキリスト教と関連づけすぎているため、また、後半が一事例のみについての言及で、筆者が「言おうとしている」ことの説明としては不十分であるため、さらに、「ガラス窓の残骸」が「逆説的にその弱さと脆さを象徴するもの」と

いう箇所が（確かに本文中に「陰の部分」[6]「砂上の楼閣」[6]という表現はあるが）本文ではそこまでは述べられておらず、不適切であるため、それぞれ誤りである。

問6　【文章Ⅰ】と【文章Ⅱ】とを関連づける問題

問6は二〇二三年度の共通テストにならい、出題された二つのテクストを読んだ後に両者を関連づけながら、生徒同士で話し合いをする、という設定の形式で出題した。

＊話し合いは生徒A、B、Cの間で以下のように進行する。

1　まず二つのテクストに共通する話題が「窓」であることを確認する。

2　次に二つのテクストの相違についての発言が出る。→ X

3　さらに二つのテクスト両方において触れられている、テクノロジーと資本主義という観点が指摘され、とりわけ前者の観点から【文章Ⅰ】が検討される。→ Y

4　それらを踏まえて両者の比較がなされ、【文章Ⅰ】との関係において【文章Ⅱ】の読解が試みられる。→ Z

＊この場合重要になるのは、二つのテクストの共通点と相違点を踏まえることである。そもそも共通点がなければ、相違点など見出しようもないのだから。

＊〈問題文の解説〉でも見た通り、共通の話題である窓へのアプローチが二つのテクストにおいてどのように異なっているか、そしてさらに焦点を絞り込んで、テクノロジー（技術）や資本主義が二つのテクストにおいてどのように扱われているか、の相違について正確に読みとるよう心がけたい。

(i)

まずXの内容が問われている(i)であるが、【文章Ⅰ】と【文章Ⅱ】の窓の捉え方の相違を正確に言い表したものが、正解である。

①は【文章Ⅰ】が「テクノロジーが発達する以前」（すなわち問2で問われた十七世紀オランダ絵画における光と風）、およびテクノロジーの「発達後においてすら」（問3で問われた宇宙船における眺望）「人間にとって不可欠な窓本来の役割」（問4で問われた物語の装置としての役割など）について論じていることを正確に把握しており、【文章Ⅱ】では（問5で問われた）「テクノロジーの発達を促進した資本主義を象徴するものとしての高層建築の窓について論じられている」ことが正確に把握されていることから、これが正解となる。

②は【文章Ⅰ】において、「テクノロジーが発達したことで、それまで窓が果たしていた人間にとって不可欠な役割が奪われていく経緯が論じられている」としているが、〈問題文の解説〉でもみたように、換気、採光、眺望の役割が仮に取って代わられても、物語や想像力を喚起する装置としての窓の役割はテクノロジーによっては代替されない、というのがその要旨であったために不適切である。また【文章Ⅱ】は「資本主義とテクノロジーの勝利を象徴するもの」としているが、資本主義やテクノロジーについてそこまで肯定的には論じられていないことから、不適切であると言える。

③は【文章Ⅰ】が「それぞれの地域の場所性や習慣において最も適した方角に窓が設けられる」と述べているとしているが、確かに「それぞれの地域の場所性や習慣を踏まえながら」という表現は[6]に見られるが、後半の「最も適した方角に窓が設けられる」という内容が本文中には見られないことから不適切であるといえ、また【文章Ⅱ】でも「全方位に窓が設けられている」と述べられているとしており、【文章Ⅰ】と【文章Ⅱ】の相違が最も適した方角か、全方位かのそれであるかのように理解されている点が不適切である。

④は【文章Ⅰ】に関しては問題ないが、【文章Ⅱ】が「テクノロジーと資本主義の発達のためにそれら（人間にとって不可欠な光と風、人とモノとの出入り口としての窓の役割）を一切必要としない」としている点が、「一切必要としない」とまで断言できない（少なくとも「光」は通すであろう）うえに、「資本主義の発達のためにそれらを……必要としない」という因果関係ではないことから、不適切である。

(ii)

次に二つの文章の接点の一つである「テクノロジー」を軸にして、【文章Ⅰ】を正しく読解した生徒の発言を選択する問題である。

＊〈問題文の解説〉でも見た通り、【文章Ⅰ】においてテクノロジーは、そ

の要旨である窓本来の役割と対比される要素であった。

＊すなわち、テクノロジーVS.窓、という対比においてテクノロジーが窓に取って代わる場合と、テクノロジーには代替され得ない窓の役割とについて論じられていたのであった。

①は、テクノロジーの進歩による「十七世紀の人間と現代の宇宙船の乗組員」の「生活様式や価値観」の変化を「窓の機能と役割の変遷」が表している、としているが、宇宙船の例は問3でも問われたように、仮にテクノロジーが進歩して窓に取って代わっても、人間が生きる上で不可欠なものとしての「眺望の役割」を表しているものであるため、不適切である。

②の「テクノロジーの発達以降も窓が視覚芸術の諸々のジャンルが発展するための必要条件だ」というのは、問4でも問われたように、確かに諸々の視覚メディアにおいて窓が物語を駆動させる装置であるとは述べられていたが、視覚芸術一般の「必要条件」とまでは述べられていないため、不適切である。

③は「宇宙船の乗組員にとっても、換気と採光という窓本来の役割が必要である」という箇所が、本文からも常識からも大きく異なることから不適切である。

④は、〈問題文の解説〉でも見たように、通風、採光、眺望という窓の役割がたとえテクノロジーによって取って代わられても、「人やモノの出入りを通じて人々の想像力を駆り立て[1]、詩的な生活[6]や物語[8]を生み出すという機能」はそうではない、という本文の主張と合致するために、これが正解であると言える。

(iii) 最後に【文章Ⅰ】の要旨および【文章Ⅰ】と【文章Ⅱ】の相違を踏まえた上で、【文章Ⅱ】を正確に理解している生徒の発言を選択する問題である。

＊〈問題文の解説〉およびこれまでの設問解説でも見た通り、【文章Ⅰ】は「生き物としての人間」が心身ともに健やかに暮らすために必要とする、窓の役割について述べたものであり、それは巨大資本やテクノロジーの産物である高層建築における「はめ殺し」の窓のあり様とは対照的なものであった。

＊このような【文章Ⅰ】の内容と比較すると、【文章Ⅱ】における、超高層ビルにおいてひたすら増殖を続ける無機的な窓が象徴する世界資本主義が、ときに恐ろしい憎悪と敵意を生み、苛酷な戦争や対立を背景としているという指摘が、際立ってくるのではなかろうか。

①は「モノも人も風もそこから出入り」しない「出来事や物語を生み出す」ことのない「無機質な窓がただひたすらに増殖を続ける」「不気味で非人称的な性格」という点に正確に触れているため、正解である。

②は「高層建築」の「全面に設けられた窓を開閉すれば高所の清々しい空気と光とを室内に導入」するという点が、本文とも常識とも大きく食い違い、「高みから四方八方をくまなく見渡すことが出来るという可能性」というように、高層ビルの窓を肯定的に性格づけている点が本文とは食い違うため、

③は「高層建築の全面を覆う窓」が「南北問題やテロや戦争を引き起こす危険性」を持つとしているが、窓がそれらを引き起こす原因だとするのは飛躍があり過ぎるため、また、【文章Ⅱ】の内容に終始しており、「【文章Ⅰ】と合わせて……読む」ことで見えてくるものという趣旨になっていないため、

④は「今日の高層ビルの窓が」「グローバル化した現代の人間的交流の豊かさをテーマとした作品を生むことが期待できる」というふうに肯定的に捉えている点が本文とは異なるため、それぞれ不適切であると言える。

第2問

〈出典〉　葛西善蔵（かさい　ぜんぞう）「遊動円木」の全文。『葛西善蔵全集』（改造社　一九二九年）所収の本文を底本とした。問5の「広津和郎氏の印象（1）」「広津和郎氏の印象（2）」も同様である。なお、すべてのテクストにおいて、旧仮名遣い・旧漢字は新仮名遣い・当用漢字に直し、また若干の表記の変更を行った。

葛西善蔵は、一八八七（明治二〇）年生まれの小説家。青森県中津軽郡弘前松森町（現・弘前市）に生まれる。哲学館大学（後の東洋大学）に入学するが途中退学し、本格的に小説家を目指して徳田秋声に師事する。その間、家庭を持つ。また、坪内逍遙に学ぶため、聴講生として早稲田大学英文科の講義を受講し、その折、広津和郎らと知り合って、同人雑誌「奇蹟」のメンバーとして迎えられる。その創刊号に代表作の一つ『哀しき父』を発表する。作家活動を続けるものの生活は困窮をきわめ、家庭も破綻し、酒に溺れて肺病が重篤化するなか、一九二八（昭和三）年、四十一才で没した。代表作に『子をつれて』などがある。

〈問題文の解説〉

本文を内容によって、Ⅰ〔冒頭～「こんな風で」で始まる段落〕、Ⅱ〔「『浪子さんと言っちゃいけないだろうか？』」～「私たちは毎日打連れて」で始まる段落〕、Ⅲ〔「あしたお別れという晩は」～末尾〕の三つの部分に分け、各部分の話の要点と主人公の心情の動きを確認していくことにする。

Ⅰ　〔「私」と「T」〕＝〔冒頭～「こんな風で」で始まる段落〕

「私」は「T新夫婦」を訪ねて、奈良に一週間ほど遊ぶ。

その「T新夫婦」は奈良の公園の中にある亭を借りて「ままごとのような理想的な新婚の楽しみに耽って」おり、「互いに恋し合った間柄だけに、他所目にも羨ましいほどの新婚ぶりであ」る。また「T」は「新夫人の前では、一切女に関する話をすることすら避けてい」る。

「私」は同じ奈良の公園の別の亭を借りて、朝と昼は「T」夫婦のところでご馳走になり、晩だけは「茶屋から運んで来るお膳でひとり淋しく酒を飲」む。一般的に考えると、晩餐にこそ招かれてご馳走になりそうなものを、なぜ晩だけはそうしないのか。理由は直後に書いてある。

一つには、酒飲みにとって晩餐に酒は付きものだが、「Tは酒を飲まな」いから逆に晩餐は遠慮するというわけである。（↓問1）

もう一つは「Tのところで飲むと、その若い美しい新夫人の前で、私はTからいろいろな説法を聴かされるのが、少しうるさかったから」である。

この後者の点については、具体的に以下のようなことがあった。

「私」はかなり前「サーニン主義者」（＝快楽主義者）的な主人公の小説を書いたが、「T」はそれは自分のことを書いたのだろうと解して、大いに憤慨しており、奈良でのある晩、それについて「血相を変えて私に喰ってかかっ」てきたのである。

「T」にしてみれば、最初に確認したような新婚の状況にあり、愛する新夫人の前で、自らの身の潔白を証そうと一所懸命だったのでもあろう（↓問2）が、「私」は「突然な詰問に会って、大いに狼狽した」。

「私」はそこで「一々事実を挙げて弁解」するのだが、それをきっかけに「晩のお膳を彼のところへ運びこむのを止しにした」のである。

それはなにもこのとき「若い新夫人の前で叱られ」たからというだけではない。

このときの詰問に限らず「すべての点で彼が非常に卓越した人間であるということを、気が弱くてついおべっかを言う癖のある私は、酒でも飲むとつい誇張してしまって、あとでは顔を赤くするようなことがある」からである。つまり、「T」の前に出ると何であれ自分の方が分が悪く感じて、卑屈になってしまい、後で自分で恥ずかしくなる、そういう一種の自己嫌悪を、このときの「T」の激しい詰問でひとしお感じ「淋しくても我慢してひとりで飲む気にな」ったのである。（↓問1）

Ⅱ〔T夫婦〕＝〔「『浪子さんと言っちゃいけないだろうか？』」〜「私たちは毎日打連れて」で始まる段落〕

とはいえ、「私」の「T」に対する友情が揺らぐことはない。「私」に新夫人を「奥さんと言ってやってくれ」という言葉にも「T」の「優しい心づかいが見られて、私はこの年下の友達を愛せずにいられな」い。「私」は「T」新夫婦と奈良での楽しい日々を送り、「彼らの幸福そうな生活」を「ほんとに」「羨まし」く思い、「彼等の美しい恋のロマンスに聴き入って、……しばしば涙を誘われ」るなど、仲睦まじい「T」夫婦といると自分までもが幸せに包まれる気がして「いつまでもいつまでも彼等のそばで暮したいと思」う。

Ⅲ〔遊動円木〕＝〔「あしたお別れという晩は」〜末尾〕

しかし、そうもしていられず、「あしたお別れという晩」のことである。この晩はさすがに「T」のところで酒を飲み、来合わせた「F氏」も共に深夜、町に汁粉を食べに出る。

「F氏」と別れて「T」夫婦と三人での帰りがけに「ブランコや遊動円木などのあるところ」へ出ると、「浪子夫人」がその遊動円木に乗ってみようと言い出す。

「T」は「『あぶないあぶない！　それにお前なんかは乗れやしないよ』」ととめるが、「浪子夫人」は構わずに飛び乗って揺らし始め、こなれた所作で巧みに揺れを大きくしてゆくと「ギイギイと鎖の軋る音してさながら大濤の揺れるように揺れているその上を、彼女は自在に、ツツツ、ツツツとすり足して、腰と両手に調子を取りながら、何のあぶな気もなく微笑しながら乗り廻してい」く。それは「単にそれが女学校などで遊戯として習得した以上に、何か特別に習練を積んだものではないかと思われたほどに、それほど見事なもの」である。

「T」もしばらくは「呆気に取られたさまで、ぼんやり見やっていたが、敗けん気を出して浪子夫人のあとから鎖につかまって乗り出してみ」る。が、「一足と先きへは進め」ず「たちまち振り飛ばされる」。それでも「T」は「躍起となって、その大きな身体を泳ぐような恰好して、飛びついては振り飛ばされ、飛びついては振り飛ばされながらも、勝ち誇った態度の浪子夫人に敗けまいと意気込」む。

その無様さを見ていた「私」は、最初は「T」を冷やかすような気分で「笑いをこらえていた」が、「ふっと笑えないようなある感じがはいって来て」「心が暗くな」る。

そこで今度は冗談めかしつつも「ほめそやすよう」な気持ちで声援を送る。しかし、それでも「私の心はやはり明るくならな」い。それは「恋人にも妻にも理解さすることのできないような」「私たちみたいな人間に共通したある淋しい姿を見せられた気がし」たからである。

「T」のそんな「淋しい姿」を引き出した「浪子夫人」はそんなことには思いも及ばないまま「ますます揚々とした態度で、大濤のように揺れる上を自在に行ったり来たり」している。夫人の生き生きとした鮮やかな身のこなしが生み出す「鎖の軋る音が、ギイギイ深夜の闇に鳴っ」ている。それは「私」の感じた「淋し」さに念を押すかのように響いている。（→問3）

〈設問解説〉

問1　主人公の心情を読み解く設問。

〈問題文の解説〉Ⅰの部分で解説した通りである。

傍線部直後の二つの文がその理由を語っているわけだが、一文目は端的に〈「T」が酒を飲まないから〉というものである。それに対応する選択肢は①である。

二文目の「それに、Tのところで飲むと、その若い美しい新夫人の前で、私はTからいろいろな説法を聴かされるのが、少しうるさかったからでもある」という事情は、さらに「サーニン主義者」問題に対する「T」の詰問へと具体化され、その「T」の「説法」に対する「私」の心情の本質は「すべての点で彼が非常に卓越した人間であるということを、気が弱くてついおべっかを言う癖のある私は、酒でも飲むとつい誇張してしまって、あとでは顔を赤くするようなことがある」と明かされる。つまり〈「T」の前に出ると何であれ自分の方が分が悪く感じて、卑屈になってしまい、後で自分で恥ずかしくなる〉というわけである。対応する選択肢は

⑤である。

以下、他の選択肢の誤りを指摘しておく。

②　たとえば本文中に「彼の若い新夫人の前で叱られてからは、晩のお膳を彼のところへ運びこむのを止しにした」とあるが、これは「新夫人」の前で叱られるのは面目がないということであって、「若く美しい夫人が羨ましくて、自分をいかにもみじめだと感じてしまう」ということではない。また、「彼等の幸福そうな生活が、羨ましかった」とはあるが、それは「美しい夫人」がいる「T」への嫉妬で「みじめ」になるといったものではなく、むしろ「私はいつまでもいつまでも彼等のそばで暮したいと思った」のである。

③　「うっかりするとけんか腰になりそうな気がする」は、先に二文目の理由として説明した心理とは正反対のあり方であり、このように読む根拠となる箇所もどこにも見当たらない。傍線部B前後の箇所も、Tは理由があって怒っているのであって、「執拗な攻撃性」ということではないし、「私」の方は「狼狽」し「弁解」しているのであって、「けんか腰」になってはいない。

④　「新婚生活の邪魔をするようなことはしたくない」と読む根拠も何どこにも見当たらない。②で言及したように、むしろ「私はいつまでもいつまでも彼等のそばで暮したいと思っ」ているのである。また、②④ではそもそも「朝と昼とは彼等のところで御馳走にな」っていることとのつじつまが合わない。

⑥　「新夫人の前では女の話をしたくてもできないTが気の毒で」ということは、「私」は「T」と「女の話」をしようとし、「T」も実はそういう話がしたいということになるが、そう読めるところはない。むしろ「T」はその「優し」さによって自ら「新夫人の前では、一切女に関する話をすることすら避けてい」るのであり、その仲睦まじさを見ても、「T」に女の話をしたいという気があるようには読めない。

問2　登場人物の心情を読み解く設問。

〈問題文の解説〉Ⅰでも解説したように、「T」新夫婦は「ままごとのような理想的な新婚の楽しみに耽って」おり、「互いに恋し合った間柄だけに、他所目にも羨ましいほどの新婚ぶりであ」る。また「T」は「新夫人の前では、一切女に関する話をすることすら避けてい」る。こういう「T」にとって自分をよく知る者から自分が「サーニン主義者」（快楽主義者）のように書かれているとなると、いよいよ放っておくわけにはいかない気になるのも当然であろう。そういう噂は新夫人をも傷つけることになるからである。それが根も葉もないものであってみればなおさらである。「ゆえなき誹謗に憤りつつ、愛する夫人を前に自分の身の潔白を証さずにはおくまいと懸命になっている」とした④が正解である。

以下、他の選択肢の誤りを指摘しておく。

①　「自分の疚しい点を暴露された」というと「サーニン主義者」は本当だということになるが、そう読む根拠はない。したがって「ひどく怒ってみせることで自分は潔白だとアピールしようとしている」という作為性を読む根拠もない。

②　端的に「何とかかつての友情を取り戻そうと必死になっている」が誤り。それが目的で「喰ってかかっ」ているわけではない。

③　「自分の卓越さを確固たるものにしようとしている」も「T」の目的として読むことはできない。「私」が主観的に「T」が「卓越し」ていると感じるのである。

⑤　①で述べたように「サーニン主義者」は本当だと読む根拠はない以上、「自分の決して認めたくない一面を突きつけられ」とは言えない。したがって「それを何よりまず自分自身に対して必死で打ち消そうとしている」というのも成り立たない。

問3　主人公の心情を読み解く設問。

〈問題文の解説〉のⅢでたどった流れを再確認すると、まず「浪子夫人」が「遊動円木」を非常に巧みに見事に乗りこなす。すると、それを見た「T」が敗けん気を起こして自分も乗ってみるが、浪子夫人の自在さとはまったく対照的にたちまち振り飛ばされる。それでも「T」は「躍起となって、その大きな身体を泳ぐような恰好して、飛びついては振り飛ばされ、飛びついては振り飛ばされながらも、勝ち誇った態度の浪子夫人に敗けまいと意気込」む。

この様子を見ていた「私」は、最初はその無様さを滑稽に思って「笑いをこらえていた」が、「ふっと笑えないようなある感じがはいって来て」「心が暗くな」る。

そこで今度は「ほめそやすよう」な気持ちで声援を送るが、それでも「私の心はやはり明るくならな」い。それは「私たちみたいな人間に共通したある淋しい姿を見せられた気がし」たからである。

つまり、「私」は、「T」の無様な一所懸命さに自分と共通のものを見、それは「淋しい姿」であると感じたのである。

この感じは直接には「T」の姿から来るものであるが、それが単に「笑いをこらえ」るような滑稽さや「ほめそや」したくなるような懸命さにとどまらず、「淋しい姿」となるのは、「浪子夫人」の鮮やかで生き生きとした身のこなしとの対照によるものである。

したがって、浪子夫人の身のこなしが生み出す「遊動円木」の音は、それが「ますます揚々とした態度で、大濤のように揺れる上を自在に行ったり来たり」することによるものであればあるほど、「淋しい」ものに感じられることになる。正解は③である。

右にたどった流れからして、①「愛らしさと同時に哀切さのようなものを覚える」、②「なぜかおさえがたい嫌悪の感情を覚える」、④「夫人の心の底に流れる不安が感じられる」、⑤「淋しい気持ちを跳ね返す力を感じる」といった読みはいずれも成立しない。

問4 主人公の心情および性格を読み解く設問。

(i) 選択肢を順に検討していこう。

① 「博愛」とは〈ひろく平等に愛すること〉を意味するが、「何という優しいTであろう」は「浪子夫人」への愛情を示すものであり、他の箇所を見ても「T」に関して「博愛」に該当する感情を見出すことはできない。

② 「私」が「T」を「非常に卓越した人間である」というのは「皮肉」ではないし、「ついおべっかを言う」のも「気が弱」いからであって「皮肉」としてではない。

③ 「私はこの年下の友達を愛せずにいられなかった」というのは「T」の「浪子夫人」に示すような「優しい心」ゆえであり、「年下ゆえの愛らしさ」ということではない。また、「私」に対する「少々厳しすぎる言動」に対しては「狼狽」は感じても「愛らしさ」を感じてなどいない。

④ 「勝ち誇った態度の浪子夫人に敗けまいと意気込んだ」という「T」の様子について、「つまらないことに浪子夫人に意地を張りがちな『T』の性格に単につまらぬとばかりは言えないものを『私』は感じている」というのは、問3で読み取った心理と合致していると言える。正解である。

(ii) 選択肢を順に検討していこう。

① 「感動しやすく」までは問題ないが、「その気分の高揚にまかせてつい軽率な判断をするといった傾向がある」はそう読み取る根拠がどこにもない。

② 「あとでは顔を赤くするようなことがある」というのは「気が弱くてついおべっかを言う癖のある私は、酒でも飲むとつい誇張してしまって」に続く心情である。つまり「その場に合わせて心にもない振る舞いをしては含羞に駆られ、自分ひとりでいたたまれない気分に陥る」と解釈できる。また、こういったありようは「癖」であるから「繰り返すところがある」と言える。正解である。

③ 「私には、美しくて若い彼の恋人を奥さんと呼ぶのは何となくふさわしくないような気がされて、とうとう口にすることはできなかった」は文字通りの意味と見てよく、ここから「女性とどう接していいのかわからない」という性格を読み取るのは無理がある。また、全文を通して特に「私」が「浪子夫人」に「何かと遠慮気味になってしま」っているような様子は見られない。

④ 「私はいつまでもいつまでも彼等のそばで暮したいと思った」のは、「T」夫婦がその愛においていかにも幸福そうであり、一緒にいると自分までその幸福に染まれるようであるからであって、「ひどい淋しがり屋」だからではない。また、「私」は一人で酒を飲むことについて「淋しく」と形容したり、「T」が遊動円木に挑むのを見てその姿を淋しいと思

うということはあるが、その感情を「無理に強がって」「決して素直に表に出さずにいる」といったところは見られないし、「意地っ張り」という性格も見いだせない。

問5　主人公の心情を資料テクストを参照して読み解く設問。

まず**【人物評】**の内容を確認してみよう。

初めの「広津和郎氏の印象（1）」の内容を簡単にまとめると〈広津和郎は「人生の観照家、解剖家である」ためにはあまりにも「情熱的」すぎ、「頭脳」で芸術が作れれば「もっと幸福になれるか知れない」のに、その「情熱的」な性格のためにそうはなり得なかった。その点で広津和郎の作品は「人生の苦悩から生れた芸術」だ。〉というものである。

次の「広津和郎氏の印象（2）」をまとめると〈広津和郎とは十五年来の付き合いで、お互いの出来事も心持ちも、わかり過ぎてしまっているような気がする。その道のりは二人とも、境遇からしても性格からしても当たり前に平坦にというわけにはいかず、崖にもぶつかり、河にもはまりといった具合で、決して器用な生きざまとは言えず、その度毎に互いに心配し合ったり、ときには、その悶掻きぶりに、同情を通り越して滑稽を感じ合ったりしたほどである。この頃は少しは落ち着いてきたような気もするが、それでもまだ人生は長く続くと思うと、これまでの試練にやつれた顔を見合わせて、互いに手を握りしめて、こいつ、やり切れんぞと笑い合いたいような気がしないでもない。〉というものである。

(i)　Sさんの**【ノート】**は、まず「遊動円木」に乗る「浪子夫人」の巧みで鮮やかな姿と「敗けん気を出して」挑んでは無様に「振り飛ばされ」続ける「T」の姿との対照に注目している。空欄**X**はこの「T」の姿を受けて**【人物評】**の中の「広津和郎」の精神性に結びつけようとしたものである。「敗けん気を出して」挑む点は「情熱的」という性格に通じ、そのために無様に「振り飛ばされ」続ける点は「人生の苦悩」になぞらえることができる。(i)の正解は「とても情熱的であるが、それがかえって苦悩へとつながってしまう」とした②と言えよう。

以下、他の選択肢の誤りを指摘しておく。

①　**【人物評】**は〈「人生の観照家、解剖家である」ためにはあまりにも「情熱的」すぎる〉、つまり「観照家、解剖家である」ことを「情熱」が少々阻害していると言っているのであり、「人生の観照家、解剖家たろうとして、余りに情熱的になってしまう」ということではない。また①では②に比べ、「振り飛ばされ」るという内容への対応が足りない。

③　**【人物評】**が言っているのは〈「頭脳」だけで芸術を為すには「情熱的」すぎた〉ということであって、『頭脳を使うことを怠ってしまう』などとは言っていない。

④　**【人物評】**は〈「情熱」が「苦悩」を生んだ〉と言っているのであって、「情熱」を「苦悩の方に振り向けてしまう」と言っているのではない。

(ii)　続けてSさんの**【ノート】**は、「T」の無様な頑張りように対する「私」の反応を捉え、それが二重傍線部「ふっと笑えないようなある感じがはいって来て、私の心が暗くなった」に至る過程を**【人物評】**と符合させながら整理している。

それは「T」の「躍起となって、その大きな身体を泳ぐような恰好して、飛びついては振り飛ばされ、飛びついては振り飛ばされ」るといったありようを、「広津和郎」や「僕」の「崖にもぶつかり、河にもはまり」といった「悶掻きぶり」に重ね、小説における「笑いをこらえ」るような感じを、**【人物評】**の「同情を通り越した滑稽？　な感じ」に重ねるというものである。

この滑稽とも思われていた無様さがふと笑えないものに感じられてきたとき「私たちみたいな人間に共通したある淋しい姿を見せられた気がして「心が暗くなった」」わけだが、それは**【人物評】**における「広津和郎」や「僕」の「崖にもぶつかり、河にもはまり」といった「悶掻きぶり」に笑えない自分たちの生きざまを見ることと重なるであろう。

空欄**Y**にはその姿が入るわけだが、それは「力に余るような苦難に遭遇しても、それを器用にやりすごすといった生き方ができない性格ゆえに、自分に無理をして真っ正面からぶつかっていき、もがいて生きることを常とする」とした③で言いとめられていると言える。(ii)の正解は③である。

以下、他の選択肢の誤りを指摘しておく。

①【人物評】では「その度毎にヒヤヒヤした不安を与え合ったり」とあり、「不安をやせ我慢して押さえつけるという性格」は適当でない。また「お互いに知り合い過ぎ」「わかり過ぎてしまってる」のであるし、さまざまな感情を「与え合っ」てきたわけで、「ひとりで孤独に頑張らなくてはならなくなり」もまったく当たらない。

②「多少のことなら大丈夫だとたかをくくって」が適当でない。それなら【人物評】が言うほど「悶掻き」はしない。また②「苦悩を分かち合える」はそもそも、出発点である「遊動円木」末尾の内容を踏まえたものになっていない。

④ときに自分の無様な姿に「滑稽さ」を感じることはあったとしても、ここで問われているのはその「滑稽さ」から転じて「ふっと笑えないようなある感じがはいって来て、私の心が暗くなった」という心情であり、その核心である「私たちみたいな人間に共通したある淋しい姿」である。「無理をする自分を顧みて滑稽さを感じるに至るまで、もがいて生きる」は適当でない。

第3問

〈出典〉

【文章Ⅰ】『十訓抄』

鎌倉時代中期成立の世俗説話集。編者は六波羅《ろくはら》二臈《にろう》左衛門《さえもん》入道と推定する説があるが、未詳。序文から、年少者に処世の道を示すために作られたことがわかり、十条の徳目を掲げて、各徳目ごとに例話として多くの説話を集めている。

本文は、「才芸を庶幾《しょき》すべき事（＝才芸を身につけようと願うべきこと）」に収録されており、藤原雅材《まさき》が自らの詩文をきっかけに蔵人に任じられた逸話である。

【文章Ⅱ】『今鏡』

平安時代後期成立の歴史物語。作者は藤原為経《ためつね》（寂超）という説が有力だが、未詳。『大鏡』の後を継ぐ書として、一〇二五年から一一七〇年までの歴史を、紀伝体で叙述している。叙述は『大鏡』の語り手である大宅世継《おおやけのよつぎ》の孫で、かつては「あやめ」という名で紫式部に仕えた一五〇歳をこえる老女が、長谷寺参りの途中で語るという体裁をとっている。内容は、後一条天皇から高倉天皇までの朝廷、藤原氏、村上源氏の歴史を主として記している。抒情的な文章で、文学・芸術など貴族生活の華麗な側面を詳述している一方、政治的・社会的変動にはあまり触れられていない。

本文は、【文章Ⅰ】の『十訓抄』と同じく、村上天皇の時代に藤原雅材が自らの詩文をきっかけに蔵人に任じられた際の逸話であるが、天皇の使者である小舎人が雅材の居場所を探し出して任官を伝える場面が『十訓抄』よりも詳述されている。

〈現代語訳〉

【文章Ⅰ】

（村上天皇の）天暦の御代、源延光卿は、蔵人頭であって、帝のご信任も格別でいらっしゃった。（延光卿は）少しも帝のご不興を買うこともなくて年月を過ごしていらっしゃったが、ある時、（帝の）ご機嫌がうるわしからぬように見えたので、恐れをなして（お屋敷に）閉じこもっていらっしゃったが、（帝から）お召しがあったので、（延光卿は）急いでご参内なさったところ、「長年は（お前を）並々でなく頼りにして年月を送ってきたのだが、残念に思われることは、藤原雅材という学生《がくしょう》が作った詩文で、目をかけてやるべきだったものを、（お前が）奏上しなかったのは、まったく信頼した甲斐がない」とおっしゃったので、（延光卿は）弁解申し上げる機会がない。すぐに（雅材を）蔵人に任じる勅旨を下されたので、蔵人所の小舎人に命じて知らせにお遣わしになったところ、（使者は）雅材の家を捜しあぐねて、（雅材が）通っている女の家を聞き出して、（蔵人任官の件を）伝えたのだった。

雅材は、（衣服も満足に持っていないために）出仕できそうな様子もなかったのを、帝はお聞きになって、宮中の内蔵寮にお命じになって、（雅材に）衣装をお下しになった。

その雅材が作った漢詩は、「鶴、九皐に鳴く」の序文である。（その意味は以下の通りである。）

仙人を乗せて蓬莱山を飛び回ろうと望むが、まだ出会わない。

うまく乗りこなしてくれる仙人が茅山にいてほしいと願うが、白い羽毛は虚《むな》しく老けるばかりである。

（＝帝にお目にかかって任官することを望むものの、世に用いられないまま過ごし無為に老いていくことだ。）

【文章Ⅱ】

村上天皇の御代、枇杷の大納言源延光は、蔵人頭であって、帝のご信任もおありだった時に、（延光は）少しも帝のご不興を買うこともおありにならないで過ごしていらっしゃったが、（帝の）ご機嫌がうるわしからぬ様子が見えたので、たいそう恐ろしくお思いになって（お屋敷に）閉じこもっていらっしゃっていたうちに、（帝から）お召しがあったので、（延光は）急ぎご参内なさると、「長年は（お前を）並々でなく頼りにして年月を送ってきたのだが、残念に思われることは、藤原雅材という学生が作った詩文で、目をかけてやるべきだったものを、どうして蔵人任官にふさわしいと（お前が）奏上しなかったのか。まったく信頼した甲斐がなく（残念に思われる）」とおっしゃったので、弁解申し上げる機会がなくて、すぐに（雅材を蔵人に任じる）勅旨を下されたが、（使者である）蔵人所の小舎人は（雅材の）家を捜しあぐねて、（雅材が）通っている女の家があると聞いて、その女の家に行って、（雅材が）蔵人に任命されたということを告げたところ、その家の主人の娘の婿で、蔵人所の雑色であった者が、蔵人（任官）に期待をかけていた時であって、「自分が（蔵人に）なったのだ」と喜んで、任官内祝のふるまいなどをするために、取り急ぎ親しい縁者たちを呼び集めて、準備していたところ、小舎人が「（任命されたのは）雑色殿ではございません。秀才殿がおなりになったのです」と言ったので、（雑色は）変に思って、家主が「どういうことか」と尋ねたところ、雑色の妻の姉か妹かである女が食事の支度などの仕事をしていたが、この秀才（＝雅材）がこっそりと通いながら、（女の）部屋に住み着いていたのを、「このような人がいらっしゃいます」と家の女たちが言ったので、（家主や雑色は）「まさかその男は蔵人になれるような者ではないだろう。間違いであろう」と言ったところ、小舎人は、「その人です」と言ったので、雑色も家主も恥ずかしくなって、「このような者が通っているから、このようなことがおこるのだ」と言って、夜のうちに、その女の部屋の隠し夫（＝雅材）を追い出してしまった。

そのことを、どうして帝までもがお聞きつけになったのだろうか、「気の毒なことだよ。それでは出仕するような時に、装束で（初出仕に）ふさわしいものも思い通りにならないだろうか」とおっしゃって、内蔵寮に命ぜられて、内蔵頭が用意して、いろいろな蔵人の装束をいただいて出仕した。

その（雅材が）作った詩は、釈奠などの際に、「鶴九つの皐に鳴く」という題の（漢詩の）序を書いたということだ。（その詩の）詞は記憶にない。その内容は、

仙人を乗せて蓬莱山を飛び回ろうと望むが、まだ出会わない。

うまく乗りこなしてくれる仙人が茅山にいてほしいと願うが、白い羽毛は虚しく老けるばかりである。

（＝帝にお目にかかって任官することを望むものの、世に用いられないまま過ごし無為に老いていくことだ。）

という内容である。

〈設問の解説〉

問1　傍線部解釈問題

傍線部の解釈問題は、まずは逐語訳を考えることが重要で、傍線部内の重要単語・文法・敬語などに着目して逐語訳をする。その後、必要に応じて文脈に沿った補いなどについて考えて、選択肢を検討するとよい。

(ア)「おぼえ」と「ことに」がポイント。名詞「おぼえ」は、「記憶」「自信」「寵愛、目上の人からよく思われること」「世間からの評判」などの意味をもつ。②③⑤はそれぞれ「帝のお気に入り」、「世間から……認められ」、「能力に自信」と解釈しているので認められる。副詞「ことに」は「特に」「とりわけ」などの意味。②は「格別に」と解釈しているので認められる。他にも、「おはし」(「おはす」の連用形)が尊敬語であることなども注意しておこう。正解は②の「格別に帝のお気に入りでいらっしゃった」となる。

(イ)「まかなひ」がポイント。「まかなひ」は、「食事の支度や給仕をすること・人」などの意味をもつ。また、「ける」は過去の助動詞「けり」の連体形であり、「を」は接続助詞で「～が」と訳せばよい。正解は、②の「食事の支度などの仕事をしていたが」となる。

(ウ)「いかで」、「聞こし召しつけ」、「けむ」がポイント。「いかで」は「どうして」「どのようにして」「なんとかして」などと解釈する。文中に意志や願望の表現があれば「なんとかして(～よう・～たい)」となるが、この文には、意志や願望の表現はない。助動詞「けむ」は過去推量・過去の原因推量などの意味をもつ助動詞で、「～た(の)だろう」などと訳す。「聞こし召しつけ」は、「聞こし召し」が尊敬語なので「お聞きつけになる」とでも訳せば良い。以上から、それらが全て訳出されている、③の「どうして帝までもがお聞きつけになったのだろうか」が正解になる。

問2　要素分解型問題

共通テストでは、長めの傍線部に含まれる文法、敬語、文脈に即した語句の意味など、様々な角度から出題されることが多い。幅広い知識が必要であることはもちろん、文脈把握の力も問われる。選択肢ごとに見ていこう。

①「おろかなり」は「いい加減だ」「不十分だ」などの意味をもつ形容動詞で、「おろかならず」(「ず」は打消の助動詞の連用形)は「頼み」を修飾している。そのため、「おろかならず頼みて」は、村上天皇が延光のことを「並々でなく頼りにして」いたことを表している。「賢明な人物であるために頼りにしていた」の意味ではない。

②「つる」(助動詞「つ」の連体形)は確かに完了の意味であるが、「過ぐし」(「過ぐす」の連用形)の解釈が誤っている。「過ぐす」は「年月を送る」「終わらせる」「そのままにしておく」「年をとる」「度をこす」などの意味があり、ここでは「年月を送る」の意味である。

③「くちをしき」(「くちをし」の連体形)は「残念だ」「不本意だ」などの意味をもつ形容詞で、「言い表せない」と解釈するのは適切ではない。

④「いとほしみあるべかりける」の「いとほしみ」は、「気の毒に思う」「かわいらしく思う」などの意味をもつ動詞「いとほしむ」が転成した名詞で、「いとほしみあるべかりける」とは、村上天皇が藤原雅材の詩の内容に心を動かされて、雅材を蔵人に登用するべきだと判断したことを示している。これが正解。

⑤「奏せ」(「奏す」の未然形)はたしかに絶対敬語であるが、「奏す」は謙譲語(＝客体への敬語)であって、客体である村上天皇への敬意を表している。なお、この傍線部は村上天皇が発言者であるので、村上天皇自身への敬意を表す自敬表現となることにも注意しておこう。

問3　内容説明問題

共通テストでは、傍線部の直前・前後だけでなく、段落全体など幅広い範囲の内容を問う問題が出題される可能性が高い。特に本文中に登場する人物の行動・発言を軸に選択肢が構成されることが多いので、登場人物の行動・発言内容に注意して本文を再確認しながら選択肢を検討することが重要である。**【文章Ⅱ】**の傍線部分に関わる本文内容を検討してみよう。

村上天皇が藤原雅材を蔵人に任じる勅旨を発したため、使者である小舎人は雅材に知らせるために雅材の家を捜したものの、捜し当てることができなかった。ようやく小舎人は雅材が通っている女の家があると聞いて、その女の家に行って、雅材が蔵人に任命されたということを告げた。ちょうどその時、その家の主人の娘婿で蔵人所の雑色であった者が、蔵人任官に期待をかけていた時だったので、自分が任命されたと勘違いをしてしまい、親類縁者たちを呼び集めて祝宴をしようとした。しかし、任命されたのは雑色ではなく、よりによってこの家の給仕役の女の元に通う男であることがわかったため、家主や雑色は恥をかいて、「このような者が通っているから、このような間違いがおこるのだ」と言って、雅材を追い出してしまったのである。以上のことを踏まえて選択肢を検討してみよう。

①は「雅材のことを取るに足りない存在だと見下している」がおかしい。そもそも雅材の存在に、主人も雑色も気がついていなかったのである。

②は、「雑色の妻と密通する男」がおかしい。雅材はこの家の給仕役の女のもとに通っていたのである。「雑色の蔵人任官が」以降も本文に合致しない。

③は、「雅材のせいで親類縁者などに恥をさらす格好となり」など、文脈に即した説明文となっている。主人や雑色の早とちりが原因であるため、「雅材のせいで」というのは、いささか言い過ぎの感もあるが、少なくとも主人や雑色はそう感じているからこそ雅材を追放したのである。

④は、「新しく蔵人に任じられた人物は自分の妻と密通している」というのがおかしい。そのような事実はない。

⑤は、「雅材と蔵人の地位を争っていた雑色が蔵人の有力候補」というのがおかしい。蔵人に任命されたのは雅材である。

問4　対話文問題

共通テストではどういう形になるかはともかく複数テクストの形式で出題される可能性が高い。本文を見比べて相違点などを検討する問題が出題される可能性が高い。十分な対策が必要である。

(i)

【文章Ⅰ】と**【文章Ⅱ】**の話の展開の仕方を比較している。両者の違いとしては、**【文章Ⅱ】**の方が、使者である小舎人が雅材の居場所（＝雅材が通っている女の家）を捜し出して伝える経緯を詳しく記しており、雅材がその家から追放されてしまう顛末まで細かく記している。正解は④である。

①は、村上天皇の延光に対する心情について両者で大きく異なる記述は特にないので誤り。

②は、雅材の漢詩が詠まれた際の出来事等については両者とも特に書かれていないので誤り。

③は、使者である小舎人が訪ねた場所は両者とも雅材の通う女の家に設定されているので誤り。

(ii)

雅材が詠んだ漢詩の内容についての問題。注を参照しながら、文脈から雅材が自己の不遇を嘆く内容であることも読み取って考える必要がある。また、対話文中の「教師」が述べているように比喩表現に注意しなくてはいけない。詩題にある「九皐」（＝奥深い沢）で鳴く「鶴」とは、活躍する場がなく不遇の身である雅材自身をたとえていることに注意する。③が正解である。

①は、村上天皇を「長寿の象徴」である鶴にたとえているというのが誤り。

②は、「女性を鶴にたとえて」いるというのが誤り。

④は、「蔵人任官に際して賜った装束を鶴の羽毛にたとえて」が誤り。この詩が詠まれたのは、蔵人任官が決まる以前である。

(iii)

【文章Ⅰ】と**【文章Ⅱ】**の表現に違いが生じた理由について、文学史の知識を使いながら考える問題。対話文中にあるように、**【文章Ⅱ】**の『今鏡』は歴史物語であり、**【文章Ⅰ】**は説話集の『十訓抄』である。『十訓抄』は、年少者への啓蒙を目的に、二百八十余の説話を十の教訓に分類して収録しており、この本文は、「才芸を庶幾《しょき》すべき事（＝才芸を身につけようと願うべきこと）」という章に収録されている。作品の性質上、主題はあくまでも詩作などの才芸を磨く必要性についてであり、そのために

【文章Ⅱ】の『今鏡』で描かれているような、雅材を捜し出す時の経緯が省略されていると考えることができるだろう。❷が正解である。

❶は、「仏教の教えを説くことが主眼」というのが誤り。『十訓抄』は世俗説話集なので、仏教の教えを説くことが目的ではない。

❸は、「説話では一話の長さを短めにしなくてはならない」というのが誤り。長編に及ぶ説話も実際にはあり、ジャンルが説話であるということだけをもって【文章Ⅰ】が簡略化された内容であると説明づけるのは無理がある。

❹は、「武士の世の中になったことで……滑稽な展開の部分は省略された」というのが誤り。たとえ武士の世の中では朴訥とした気風が好まれていたとしても、それを理由に滑稽な内容が作品から排除されたとする説明はやはり無理があるだろう。

第4問

〈出典〉

【問題文Ⅰ】　梅堯臣《ばいぎょうしん》『宛陵集《えんりょうしゅう》』

梅堯臣（一〇〇二〜六〇）は北宋の文人。字《あざな》は聖兪《せいゆ》。古体詩に優れた。『宛陵集』はその詩文集である。問題文は「范饒州《はんじょうしゅう》坐中客語食河豚魚（范饒州の坐中に客河豚魚を食らふを語る）」と題された詩で、政治家・文人として著名な范仲淹《はんちゅうえん》の宴席でフグについて座客と語り合ったことを詠じている。なお、設問の都合で一部を省略した。

【問題文Ⅱ】　欧陽脩《おうようしゅう》『六一詩話《りくいつしわ》』

欧陽脩（一〇〇七〜七二）は北宋の政治家・文人。秦漢以前に範を取った「古文」と呼ばれる散文の文体を提唱し、唐宋八大家の一人に数えられる。『六一詩話』は詩の論評や詩にまつわる逸話を集めた書。問題文は親友であった梅堯臣の【問題文Ⅰ】の詩についての論評である。

〈問題文の解説〉

【問題文Ⅰ】

フグを好む南方の人に対して、美味ではあるが有毒なので食べるべきではないと主張したが、相手にされなかったことを詠じた詩である。

【問題文Ⅱ】

【問題文Ⅰ】の詩について、描写が極めて的確であることと、考えに考えて詩を作るのが常であった梅堯臣が、宴席において即興で作った詩だが、かえって雄渾な傑作となったと論評した文章である。

※共通テストの漢文では、いずれも複数の素材によって問題文が構成されている。複数のテクストを合わせて読解する練習をしよう。

〈読み方〉（漢字の振り仮名は、音はカタカナ・現代仮名遣いで、訓は平仮名・歴史的仮名遣いで示してある。）

【問題文Ⅰ】

春洲《シュンシュウ》に荻芽《テキガ》生《ショウ》じ　春岸《シュンガン》に楊花《ヨウカ》飛《と》ぶ
河豚《カトン》は是《こ》の時《とき》に当《あ》たりて　貴《たつと》きこと魚鰕《ギョカ》に数《かぞ》へず
其《そ》の状《ジョウ》は已《すで》に怪《あや》しむべく　其《そ》の毒《ドク》も亦《ま》た加《くは》ふる莫《な》し
忿《フン》する腹《はら》は封豕《ホウシ》のごとく　怒《いか》る目《め》は猶《な》ほ呉蛙《ゴア》のごとし
庖煎《ホウセン》苟《いや》しくも所《ところ》を失《うしな》はば　喉《のど》に入《い》りて鏌鎁《バクヤ》と為《な》る
此《か》くのごとく軀体《クタイ》を喪《うしな》へば　何《なん》ぞ歯牙《シガ》に資《シ》するを須《もち》ひん
持《ジ》して南方《ナンポウ》の人《ひと》に問《と》ふに　党護《トウゴ》し復《ま》た矜誇《キョウカ》す
皆《みな》言《い》ふ美《ビ》なること度《ド》無《な》しと　誰《たれ》か謂《い》はん死《シ》すること麻《あさ》のごとしと
我《わ》が語《ゴ》屈《クツ》せしむる能《あた》はず　自《みづか》ら思《おも》ひ空《むな》しく咄嗟《トッサ》す
斯《こ》の味《あぢ》は曽《かつ》て比《ひ》せざるも　中《うち》に蔵《ゾウ》す禍《わざはひ》の涯《はて》無《な》きを
甚《はなは》だ美《ビ》なるは悪《アク》も亦《ま》た称《かな》ふ　此《こ》の言《ゲン》誠《まこと》に嘉《よみ》すべし

【問題文Ⅱ】

河豚《カトン》は常《つね》に春暮《シュンボ》に出《い》で、水上《スイジョウ》に羣遊《グンユウ》し、絮《ジョ》を食《く》らひて肥《こ》ゆ。南人《ナンジン》多《おほ》く荻《テキ》芽《ガ》と羹《あつもの》と為《な》し、最《もつと》も美《ビ》なりと云《い》ふ。故《ゆゑ》に詩《シ》を知《し》る者《もの》は謂《おも》はん、秖《た》だ破題《ハダイ》の両句《リョウク》のみにして、已《すで》に河豚《カトン》の好処《コウショ》を道《い》ひ尽《つ》くすと。聖兪《セイユ》は平生《ヘイゼイ》吟詠《ギンエイ》に苦《くる》しみ、間遠古淡《カンエンコタン》を以《もつ》て意《イ》と為《な》す。故《ゆゑ》に其《そ》の構思《コウシ》艱《カン》を極《きは》む。此《こ》の詩《シ》は罇俎《ソンソ》の間《カン》に作《つく》りて、筆力雄贍《ヒツリョクユウセン》。頃刻《ケイコク》にして成《な》るも、遂《つひ》に絶唱《ゼッショウ》と為《な》る。

〈現代語訳〉

【問題文Ⅰ】

春の中州に荻の芽が生え
春の岸辺に柳の花の綿毛が飛ぶ
河豚はこの時期に
魚介類には数えられないほど高価になる
その姿は奇怪な上に
その毒はこの上ない
怒って膨らませた腹は太った豚のよう
怒らせた目は呉の蝦蟇《がま》のよう（※）
調理がもしも適切でなければ
食べればたちまち命を奪う
このように身体を損なうのであれば
食べる必要などありはしない
この持論を南方の人に問うてみると
（河豚を食べることの）かたを持ち、また自慢する
誰もが言う、限りなく美味だと
誰も言わない、大勢が命を落とすと
私の言葉は彼らを屈服させることができず
一人思ってただため息をついた
その味わいはたとえようもなくても
その中に果てしない災いを隠している
非常に美であるものは悪もそれに釣り合っている（と言うが）
この言葉はまったく正しいのだ

※越王勾践《こうせん》が呉を攻める際、武勇を貴ぶことを示すために、自分を威嚇した蝦蟇に敬礼したという故事を踏まえる。

【問題文Ⅱ】

河豚は例年晩春に現れ、水面に群を成して泳ぎ、柳の花の綿毛を食べて太る。南方の人は荻の芽とともに汁物にすることが多く、これが最も美味だと言っている。だから詩を解する人はただ冒頭の二句だけで、すでに河豚の美味なところを言い尽くしていると思うであろう。聖兪は日頃は吟詠に苦心して、しずかで奥深く素朴な雅味があることを意図した。そのため彼は精根を尽くして考えを練った。この詩は宴席で（即興的に）作ったものであるが、その筆致は雄渾で、わずかの時間で作ったものだが、そのまま傑作となった。

〈設問解説〉

問1　語句の文脈における意味の設問

(ア)　「**若(如)**ㇾ**此(是)**」は「**かくのごとし**」と読み、「このようだ」の意を表す慣用的表現である。選択肢④が正解。

(イ)　「**度**」は「ほど（限度・程度）」「さだめ・きまり（制度・法度）」「おしはかる（忖度）」「ようす（態度）」「すくう（済度）」などの意味を表す。波線部では前後と合わせて「河豚の美味が限りない」の意を表していると考えられるので、「限度」とある選択肢②が正解。

(ウ)　「**比**」は「くらべる（比較）」「たとえる（比喩）」「ならべる（比肩）」などの意を表す。波線部では、「河豚の味わいが他の食物とはくらべものにならない・他にたとえようもない」の意だと考えられるので、「くらべようもない」とある選択肢①が正解である。

問2　詩の規則の設問

漢詩の規則としては、以下のことをおぼえておけばよい。

形式

出題された詩が

四句　＝**絶句**

八句　＝**律詩**

それ以外　＝**古詩**

韻＝末尾の母音が共通する文字

いずれの詩も**偶数句末に韻字**を置く

七言詩は第一句末にも韻字を置くのが原則だが、省略されることも多い

対句

律詩の第三句と第四句、第五句と第六句は必ず対句

【問題文Ⅰ】の詩は五言古詩であり、空欄［X］は第六句の末なので韻字であることがわかる。前後の韻字を確認すると、第四句の末は「鰕《カ》」、第八句の末は「蛙《ア》」で、母音は「ア」であることがわかる。よって、選択肢③「加《カ》」、⑤「多《タ》」が正解の候補となり、続く記述と考えあわせて、ここでは河豚の毒がひどいことを述べていると考えられるので、「河豚の毒はこれ以上ないほど強力だ」とある③が正解だと判断できる。

※センター試験では漢詩は必ずしも頻出ではなかったが、共通テストでは二〇二一年第一日程、二〇二二年本試験と連続して出題されており、今後も積極的に出題される可能性がある。漢詩の規則を確実にしておこう。

問3　解釈の設問

傍線部は「喉に入って剣となる」ということだが、傍線部の直前に「庖煎苟失ㇾ所」とあることに注意。「**苟～**」は「**いやしくも～ば**」と読み、「もしも～ならば」の意を表す。全体として「調理がもしも適切でなければ」の意であることがわかる。河豚の調理が不適切ならば、もちろん中毒することになるから、「食べればたちまち命を落とすということ」とある選択肢⑤が正解である。傍線部の前後に目を配ろう。

問4　心情説明の設問

心情は前後の状況と結びついているので、傍線部の前後を確認する。ここでは傍線部に至る筆者の考えや行動を追えばよい。すると、第十一・十二句に「若ㇾ此喪㆓軀体㆒　何須ㇾ資㆓歯牙㆒」とある。「**須**」は「**すべからく～べし**」と読んで「～する必要がある」の意を表す再読文字だが、否定文や反語文では「もちふ」「まつ」と読み、やはり「必要だ」の意を表す。「何ぞ～ん（や）」は反語の表現。漢文の反語は原則として打ち消しを強調するためのもので、「何ぞ須ひん（や）」は「必要ない」の意を表すことになる。「河豚を食べて身体を損なうなら、食べる必要などない」と述べていることがわかる。続く第十三・十四句では、その持論を南方の人にぶつけたところ、彼らが河豚を食べることのかたを持ち、それを誇ったことが述べられている。傍線部の直前「我語不ㇾ能ㇾ屈」からは、自分の言葉が彼らを屈服させられなかった、つまり河豚を食べるべきではないという筆者の意見が南方の人を説得できなかったことが読み取れる。そのため筆者は傍線部のようにため息をついたわけで、「南方の人たちが、河豚など食べるべきではないという筆者の意見に耳を貸そうとしないことに困惑と失

望を感じている」とある選択肢②が正解である。

問5　書き下しの設問

まずは傍線部に重要語や慣用的表現が含まれていないか確認する。すると「与」が存在する。「**与**」は次のような働きをする重要語である。

①接続詞

Aト与レB　**AとBと**（AとB）

②前置詞（日本語には前置詞は存在しないので、他の品詞に置き換えて読む）

与レC述語　**Cと述語**（Cと～する）

与ニ述語　**ともに述語**（一緒に～する）

③動詞

与フ　**あたふ**（与える）

与ル　**あづかる**（関わる）

与ス　**くみす**（仲間になる・賛同する）

これら以外に「より」と読んで比較を表現する場合や、文末に置かれ、「か」と読んで疑問を表現する場合があるが、まずは右の三つの働きをおぼえよう。傍線部では以下に述語「為（なす・なる）」がある（「為」は「ため（～のために）」の働きをすることがあるが、その場合は「与」と同様、直後に「ため」が掛かる述語があるのが原則である）ので、「～と」の働きだと考えられる。よって選択肢③と⑤が正解の候補となる。それぞれを確認すると、「多」を③は「多く～」、⑤は「～多し」と読んでいるが、いずれの読みも可能で、「～が多い」の意を表す。③⑤とも前半は「南方の人は荻芽と羹にすることが多く」の意である。後半の解釈を確認すると、③は「最も美味だと言う」、⑤は「最もと言うのが美味である」となって、意味が通るのは③の方。こちらが正解である。書き下しの設問ではしばしば解釈によって正解を決定する必要があることをおぼえておこう。

問6　解釈の設問

傍線部が**【問題文Ⅰ】**の内容なのか**【問題文Ⅱ】**の内容なのか、あるいは双方なのかがまず問題になるが、傍線部の前を確認すると「知レ詩者謂（詩がわかる人は思うであろう）」とあるので、**【問題文Ⅰ】**の詩の内容だと判断できる。よって選択肢①②が正解の候補。さらに確認すると、傍線部に見える「道」は「みち（道・やり方・道理・道義）」以外に、動詞として「いふ（言う・伝える）」の働きをする。「報道」という言葉を思い出せばよい。傍線部では以下から返読しているので動詞としての働きで、「言い尽くしている」とある選択肢①が正解である。**【問題文Ⅰ】**の詩の冒頭の二句に見える「荻芽」「楊花」という表現が、前者は河豚料理の材料、後者は河豚を肥えさせるもので、河豚の美味さを言い尽くしたものだと称賛していることがわかる。二つの問題文の関わりに注意を払って読解しよう。

問7　解釈の設問

【問題文Ⅱ】の内容を確認すると、傍線部Eまでは問6で確認したように、**【問題文Ⅰ】**の詩が河豚の美味を語り尽くしたものだと称賛し、続く「聖兪平生～極レ艱」は梅堯臣が日頃非常に苦心して詩作し、考えを練りに練ったことを述べている。末尾の「此詩～為二絶唱一」は、この詩は日頃とは違って宴会でわずかの間に作ったが、力強く雄大で絶唱、すなわち傑作となったと述べている。以上を正しく要約しているのは選択肢④である。その他の選択肢を確認すると、①は「宴席で考え抜いて作った詩」が誤り。「作為を感じさせない即興的な味わい」もおかしい。②は「無念の思いを詠じた詩」が誤り。「魂の絶叫を雄々しく表現」も誤っている。③は「普段の詩以上に深みや雅味を感じさせる」が誤り。⑤は「彼の短い生涯での最後の作品」が誤りである。

第 2 回
実戦問題

解答・解説

第2回　解答・配点

（200点満点）

問題番号(配点)	設問	(配点)	解答番号	正解	自己採点欄
第1問 (50)	1	(2)	1	③	
		(2)	2	④	
		(2)	3	②	
		(2)	4	②	
		(2)	5	④	
	2	(7)	6	③	
	3	(6)	7	④	
	4	(6)	8	⑤	
	5	(7)	9	③	
	6	(4)	10	④	
		(5)	11	②	
		(5)	12	③	
小計					
第2問 (50)	1	(7)	13	④	
	2	(7)	14	③	
	3	(7)	15	②	
	4	(8)	16	④	
	5	(各4)	17 - 18	① - ④	
	6	(4)	19	①	
		(4)	20	③	
		(5)	21	②	
小計					

問題番号(配点)	設問	(配点)	解答番号	正解	自己採点欄
第3問 (50)	1	(5)	22	①	
		(5)	23	④	
		(5)	24	②	
	2	(7)	25	⑤	
	3	(7)	26	③	
	4	(7)	27	②	
		(7)	28	④	
		(7)	29	①	
小計					
第4問 (50)	1	(3)	30	④	
		(3)	31	②	
		(3)	32	⑤	
	2	(5)	33	③	
		(5)	34	⑤	
	3	(6)	35	③	
	4	(6)	36	④	
	5	(6)	37	②	
	6	(6)	38	③	
	7	(7)	39	②	
小計					
合計					

（注）－（ハイフン）でつながれた正解は，順序を問わない。

第1問

〈出典〉

【文章Ⅰ】　宇野邦一（うの　くにいち）『反歴史論』〈第４章　流れと螺旋　４　フーコーの歴史批判〉（講談社学術文庫　二〇一五年刊）の一節。出題に際しやむを得ない事情により、省略した箇所がある。

宇野邦一は、一九四八年島根県生まれ。京都大学文学部仏文科卒業。パリ第８大学哲学博士。立教大学教授。専攻は、現代思想、映像身体論。著書に、『意味の果てへの旅』『アルトー——思考と身体』『ジャン・ジュネ——身振りと内在平面』『破局と渦の考察』『ドゥルーズ——群れと結晶』『吉本隆明——煉獄の作法』などがある。

【文章Ⅱ】　藤原辰史（ふじはら　たつし）『歴史の屑拾い』〈プロローグ　ぎくしゃくした身振りで〉（講談社　二〇二二年刊）の一節。

藤原辰史は、一九七六年北海道生まれ。京都大学総合人間学部国際文化学科卒、同大学院人間・環境学研究科博士課程中途退学。京都大学人文科学研究所准教授。専攻は農業史。著書に『ナチスのキッチン』『食べること考えること』『戦争と農業』『トラクターの世界史』『給食の歴史』『分解の哲学』『植物考』などがある。

〈問題文の解説〉

【文章Ⅰ】

フーコーの思索をたどりながら、筆者のいう「反歴史的」という概念を展開している文章である。

フーコーの著作の一節を独立した引用文としてではなく、カギカッコでくくり地の文の中に埋め込むようにして論じているので、読みにくい点もあったと思われるが、それらを引用することで筆者は何を言いたかったのか、どう話を進めようとしているのか、その点に留意して読み取っていこう。

以下、全体を次のように〔前半〕〔後半〕とに分けて論旨を確認しておく。なお、解説中の1～8は形式段落の番号を示す。

〔前半〕　フーコーの歴史批判についての概要

筆者はまず、1冒頭で「歴史は、連続的なものに関する言説として構成される」（a）と歴史についての常識的な見解を提示し、その「連続性は、歴史家という主体の意識から生み出されるしかない」（b）と述べて、それをフーコーからの引用で確認した後に、それを受けて、「歴史における連続性（a）と意識的主体性（b）」を批判することにおいてフーコーは徹底的で、「根本的で容赦がなかった」としている。2と3は、その批判の内実を説明している部分であり、2で引用を交えながら具体的に述べられたことが、「要するに」と3でまとめられている。批判の対象を整理すれば、次のようになる。

・「暗黙のうちに安心して前提としている連続性（a）や意識性（b）……あるいは人間学的思考（a＋b）」3

・「さらには史料となる言説という自明なもの（c←a＋b）」3

歴史が連続的なものとして語られるとき、歴史は「起源を探し求めること……進化の展開を辿ること、目的論を企図すること、絶えず生の隠喩に訴えること」2といった形で構成され（a）、そこには歴史を語る主体という「人間学的カテゴリーに準拠するほとんど無反省な統一性」2がある（b）。さらには、「資料」や「モニュメント」といったものも「書いた作者や人間の意識的な統一性」2を前提として自明な歴史的史料として扱われている（c）。こうした歴史や歴史学をフーコーは、そのようなものが「前提できるはずがない」と、徹底的に批判したというのである。

そう確認した筆者は、では「フーコーは一体何をめざしたのだろうか」と提起してその答えを求めていく。

〔後半〕　歴史批判　「考古学的」姿勢

前段での問いかけに対するひとつ目の答えについて述べている部分である。まず、フーコーにとっては「言説をそれに固有の複雑さにおいて出現させる」こと、つまり歴史的言説を「言説実践」という位相において取り扱うことが問題だったのだという（4）。それは「あらゆる連続性から、意識的統一性から、歴史の言葉（言説）を解き放つ」（5）ことであり、フーコーはそうした「考古学者」として『狂気の歴史』を書いたのだという。一般的な歴史であれば、歴史的言説を人間学的に解釈し史料として連続的な統一性のもとに歴史を構成するが、フーコーは言説を「分散」したままにその「分散」を通じてある規則性、「形成のシステム」を見いだそうとした⑹。「歴史に対する人間学的前提をふりきって、ただ『言説』そのものを……『言説』を形成する『言表』そのものを注視」したというのである。それが「考古学的」姿勢だとされている⑺。一般的な考古学を考えた場合、資料そのものを検討しはするものの、それを人間学的な視点に基づいて歴史の連続性のもとに意味づけてしまうかもしれないが、フーコーはあくまでも資料を資料として「分散」させたままに固有のものとして扱い、その「形成のシステム」を検討した。「言説実践」を「あくまでそれ自体の固有のレベルで考察」したということ、「『分散した』もろもろの対象を通じて『システム』を発見」しようとしたというのである⑻。

歴史家という「主体」の視点によって何らかの一貫性や連続性を持つものとして描かれ、また各々の時代の様相は、人間の「意識」によって「主体」的に形づくられたと考えがちだが、フーコーは、各時代の「言説」をそれ自体として捉え、それらが人間の「意識」というより、むしろ各時代の「システム」によって形成されたのだということを見据えようとした、というのである。

【文章Ⅱ】

『パサージュ論』における、歴史に関するベンヤミンの考え方を確認しつつ、筆者の考えを述べている文章である。〔前半〕と〔後半〕とに分けて、その内容を確認しておく。

〔前半〕 ベンヤミンの考え方に即して

筆者はヴァルター・ベンヤミン『パサージュ論』の一節を引用して、それが、自身が「歴史の屑拾い」というテーマで文章を書こうとしたことの動機になったと明かしている。ただここでは引用に対する解説はなく、続けてもう一つの動機があったことが明かされる。それは、ベンヤミンがボードレールの詩「屑拾いの酒」について註釈した、やはり『パサージュ論』の中の一節である。その引用についても詳説されていないが、これらのことをまとめる形で、「ベンヤミンが考えたことは、おそらく、屑拾いが、歴史叙述の対象としてばかりではなく、歴史叙述のモデルとしても魅力的であるということだろう」と述べている。まとめれば、筆者はベンヤミンの言説を通して、「歴史叙述の対象」、「歴史叙述のモデル」という観点に啓発され、「歴史の屑拾い」というテーマで自身の文章を書いてみたいと思うようになったということである。

〔後半〕 歴史について筆者の考えていること

筆者は、〔前半〕で述べたことを言い換えていく。一般に、「歴史は、危機の時代の勝者や生存者によって……描かれ」、「敗者や死者は、歴史を語る口を封じられる」とされるが、そうした通俗的な見解と自身の見解は異なるのだという。打ち捨てられた人間や未遂の試みは歴史の泥沼に深く沈んでいて、再利用可能なものを探すのはおろか、「正当な位置」を与えることも困難になっている。筆者自身の見解としてはそのように考えていくということであろう。そして、ベンヤミンの言辞を再度引用する。

ベンヤミンは、「正当な位置」を与えることの難しさについて、「歴史学の構成は軍隊の秩序になぞらえられる。つまりそこでは真の生が苛まれ兵舎に入れられる」、「歴史学は『一切を抽象化してしまう『感情移入』を要求する』」と述べている。つまり、史料収集によって歴史の断片を一つ一つ拾い上げ、目録を作ることはできるが、それらを大きな構成の部分に埋め直し秩序立てて整理することで、断片の生を窒息させてしまう、というのである。筆者自身、「そうやって歴史を書いてきた」のだった。ヒトラーの演説にまつわる新たな史料（絵葉書）を発見しておきながら、「収穫感謝祭での聴衆の興奮が伝わる史料であるが実は興奮していない人たちもいた、という文脈で……史料を紹介」してしまった（＝埋め込んでしまった）のである。「論理の流れに埋め込まなければ、整理されず、読者の頭に入りにくい」と考えてしまったからだった。つまり、生の息遣いが聞き取れる断片としての史料（絵葉書）を、歴史の「大きな構成」や「論理の流れ」の中の部分として埋め込んで整理してしまったというのである。

しかし筆者は、「もっと……それらの断片的な史料を読者の頭の中で律動させることはできないだろうか」、史料を「もっと深掘り」できないかと考える。**【文章Ⅱ】**冒頭のベンヤミンからの引用には、「私のほうから語ることはなにもない。ただ見せるだけだ。価値のあるものを抜き取ることはいっさいしないし、気のきいた表現を手に入れて自分のものにすることもしない。だが、ボロ、くず……それらに正当な位置を与えたい……そのやり方とはそれらを用いることなのだ」とある。つまりベンヤミンは、史料を歴史の「大きな構成」や「論理の流れ」の中の部分として埋め込み整理するということをせずに、**【文章Ⅰ】**の言葉で言えば、歴史の「連続性」や歴史家の「主体の意識」によって「統一性」をもって構成された既成の歴史にくみするのではなく、新たな歴史の可能性を志向していたということである。その意味で、ベンヤミンは歴史叙述者を挑発しているのだと言う。そして筆者は、史料との向き合い方について話を進める。

ベンヤミンはボードレールの詩中の屑拾いの「ぎくしゃくした歩き方」に注目しているが、「ぎくしゃくした歩き方」が、なぜ「歴史学」のふるまいと対峙できるのか。大事なのは身振りだ。目線を下に向け、いちいち立ち止まる。目線が下では先を見通せないし、都市の全体像を知ることも困難である。だが、屑拾いは下を向いて歩くことで捨てられたものをじっと観察し、屑の性質を見極め、再生可能なものが出やすい場所を熟知していく。捨てる人間の性質や季節ごとの物と人の流れと性質を誰よりも知っている。そのように、ベンヤミンの言う「自分のなすべき仕事」について確認した筆者は、自らも「地べたに捨てられたものの知からぎくしゃくした身振りで歴史を組み立て直すことを……やってみたい」のだと述べる。

〈設問解説〉

問1　漢字を問う設問。

(i)　漢字の音だけではなく訓も問われることもあるので、日頃から、熟語であっても一字ずつ訓読みつまりは意味も意識して理解していくようにしよう。

(ア)「準拠」で〈あるものを規準にしてそれに従うこと〉の意。①「利潤」②「批准」③「準備」④「順調」で、正解は③。

(イ)「抑制」。①「落成」②「財政」③「威勢」④「制定」で、正解は④。

(ウ)「ソウコウの寄せ集め」であるから、〈下書き〉の意の「草稿」。①「一掃」②「草原」③「創刊」④「妄想」で、正解は②。

(ii)　一つの漢字に含まれる意味の違いについて問う、新傾向の問題。「異なる意味を持つもの」が問われていることに注意。

(エ)の「封じる」には〈閉ざす。閉じる〉の他に、②「封建」のように〈諸侯の領地〉といった意味がある。①「封印」③「密封」④「封鎖」はいずれも〈閉ざす。閉じる〉の意で、②「封建」のみが異なっている。

(オ)は、①「裏庭」②「表裏」③「裏門」の「裏」が〈表からは隠れていて見えないところ〉を意味するのに対し、④「脳裏」の「裏」のみは、見えないということの類推から〈内側〉の意を持つ。正解は④。

問2　**【文章Ⅰ】**の**〔前半〕**の趣旨を問う設問。

従来の歴史のあり方をフーコーがどのように批判したのかが問われている。「その批判」とあるので、直前の「歴史における連続性と意識的主体性を、徹底的に批判」したということになるが、フーコーの批判についての説明は[2]・[3]まで続いているので、そこまでを視野に入れて考える。批判の徹底ぶりは、[2]で説明されているが、[3]の「要するに」によって、「歴史家も、歴史を読み、語る人々も、ほとんど暗黙のうちに安心して前提としている連続性や意識性を、あるいは人間学的思考を、さらには史料となる言説という自明なものを、ことごとく解体し、不安に突き落すかのように……反歴史的な批判を進めている」とまとめられている。要は、歴史が連続的なものとして語られるとき、歴史は「起源を探し求めること……進化の展開を辿ること、目的論を企図すること、絶えず生の隠喩に訴えること」といった形で構成され、そこには歴史を語る主体という「人間学的カテゴリーに準拠するほとんど無反省な統一性」([2])がうかがえ、「資料」や「モニュメント」といったものも「書いた作者や人間の意識的な統一性」（[2]）を前提にして自明な歴史的史料として扱われてしまう。フーコーはそうした歴史や歴史学を徹底的に批判したというのである。正解はこれらの事情に触れている③「歴史の連続性が実は歴史家により構成されたものであり、人間の意志的主体性を無反省に前提としたものであることを指摘するとともに、史料そのものも人間学的な解釈によって意味づけられていることを批判した」。

①は「…のに」という逆接では前部の内容を認めてしまうことになり、本文の趣旨とは逆の内容になる。したがって、「…のに」以下もずれたものになっている。「歴史が人間的生の次元から遊離したことを批判」というのではなく、「人間的生の次元」に即したものになっていることをフーコーは批判している。

②は「歴史が連続的な言説として構成されることを前提にしつつ」が×。フーコーは「連続的な言説として構成されること」を批判している。また、「歴史記述から客観性が見失われていることを批判」とあるが、そもそも歴史の「客観性」ということは本文では問題にされていない。

④も①同様に「…のに」という逆接では前部の内容を認めてしまうことになり、本文の趣旨とは逆の内容になる。また、「意識的主体」の自明視を批判しているのだから、「言説の主体が意識的な統一性を確立できていないために、歴史が形骸化してしまっていることを批判」ということにもならない。

⑤は後半は正しいが、「歴史は物的証拠に基づき事実をありのままに伝えるものでなければならないはず」が、本文の論旨とは関わりのないことであり、後半につながる説明とはならないので×。

問３　【文章Ⅰ】の**〔後半〕**の趣旨を問う設問。

フーコーの「考古学者」的な姿勢の内実が問われている。「歴史」と「考古学」は密接なものであろうという先入観にとらわれず、本文の叙述に従って理解したい。

「考古学」という言葉はすでに[2]に登場しており、そこからも「意識的な統一性」を前提にできないものという趣旨は読み取れるが、傍線部に関わる文脈では、[5]に「あらゆる連続性から、意識的統一性から、歴史の言葉（言説）を解き放つという考古学者の課題」とあり、傍線部の後ろでも、従来の歴史学者と違って、フーコーは言説を「分散」したままにその「分散」を通じてある規則性、「形成のシステム」を見いだそうとした（[6]）と述べられている**〈問題文の解説〉〔後半〕**の項、参照）。[7]には「歴史に対する人間学的前提をふりきって、ただ『言説』そのものを……『言説』を形成する『言表』そのものを注視」したとあり、それが「考古学的」姿勢だとされている。（一般的な考古学を考えると、資料を人間学的な視点に基づいて歴史の連続性のもとに意味づけているようにも思えるが）フーコーはあくまでも資料を資料として「分散」させたまま固有のものとして扱い、その「形成のシステム」を検討したということである。「言説実践」を「あくまでそれ自体の固有のレベルで考察」し、「『分散した』もろもろの対象を通じて『システム』を発見」しようとしたということである（[8]）。正解は、これらの趣旨に触れている④「歴史的な言説を連続性や統一性のもとに把握するのではなく、分散された固有の資料そのものとして考察し、それぞれの言説が形成された具体的側面において、それらが形成された過程を明らかにしようとしたということ」。

①は「新たな連続性を見いだし歴史を構成し直そうとした」というのでは、「あらゆる連続性から……解き放つ」（[5]）フーコーの考え方に反したものとなってしまう。

②は「それぞれの資料が歴史上のどの出来事に対応するかを、言説に即して精細に見極めて」が間違い。「資料」と「出来事」を対応させるという話は本文ではなされていない。

③は「自らの主体性において」というのでは逆の視点になる。そもそもフーコーは「主体性」において語られる歴史そのものを批判している。

⑤は、精神医学の言説のあり方を「考古学」的に探究したのが『狂気の歴史』なのであって、歴史的言説が「精神医学とどう関連するかを考察」したということではない。したがって、「両者の差異を通して新しい歴史の言説の可能性を探ろうとしていった」も間違い。

問4　【文章Ⅱ】の傍線部の具体的な内容を問う設問。

　傍線部中の「そうやって」の指示内容に着目して、筆者がどうやって歴史を書いてきたのかをとらえる。直後の具体例もヒントにする。

「そうやって」は、直前の「史料収集によって、歴史の泥沼に落とされた断片を一つ一つ拾い上げ……それらを軍隊的な秩序のもと、大きな構成の部分に埋め直して、断片の生を窒息させてしまう」ということを受けている。そして、そのことが傍線部後ろの事例で説明されている。筆者は、ヒトラーの演説にまつわる新たな史料（絵葉書）を発見しながらも、「収穫感謝祭での聴衆の興奮が伝わる史料であるが実は興奮していない人たちもいた、という文脈で……史料を紹介」してしまったのだと述べている。つまり、「論理の流れに埋め込まなければ、整理されず、読者の頭に入りにくい」と考えて、生の息遣いが聞き取れる断片としての史料（絵葉書）を、歴史の「大きな構成」や「論理の流れ」の中の部分として埋め込み秩序づけてしまったということである。正解は⑤「歴史の構成や展開を重んじることで、今まで取り上げられてこなかった史料を発見しても、それを歴史の中の一側面として埋め込む形で記述してきたということ」。

　①「伝統的なやり方を踏襲して記述」が不適当。単に「伝統的なやり方を踏襲」したというのではなく、一見それに反するように「歴史の泥沼に落とされた断片」を「拾い上げ」ておきながら、結局は「論理の流れに埋め込」んでしまったというのである。

　②「敗者や死者に寄り添い、彼らに光を当てる形で記述してきた」③「歴史から打ち捨てられてきた人間に注目し、既存の歴史観を覆すべく記述してきた」も不適当。これも「論理の流れに埋め込」んだという点がおさえられていない。

　④「忘れ去られていた断片的な史料を一つ一つ拾い上げ、それらが読者の頭の中で律動するように記述してきた」が逆。筆者はそうしてこなかったことを悔いている。

問5　【文章Ⅱ】の趣旨を問う設問。

【文章Ⅱ】は、〔前半〕で、ベンヤミンを援用して「歴史叙述の対象」、「歴史叙述のモデル」という観点に言及し、〔後半〕でそのことを具体的に説明していくという構成になっている。傍線部は「ベンヤミンは歴史叙述者を挑発している」というのだから、ベンヤミンがどのように歴史と関わろうとしているのかを把握し、それがなぜ「挑発」（相手を刺激して何か事を起こすようにしむけること）になるのかを考えていかなければならない。

　ベンヤミンも筆者も、勝者や生存者のみによって描かれる歴史に異議を唱えていると言える。敗者も死者も含めて、屑拾いのように断片の生を一つ一つ拾い上げていくことが重要だと考えている。そして、それらを取り上げるときも、歴史の「大きな構成」や「論理の流れ」の中に埋め込んではならないとも考えている。そのことをベンヤミンは、「私のほうから語ることはなにもない。ただ見せるだけだ。価値のあるものを抜き取ることはいっさいしないし、気のきいた表現を手に入れて自分のものにすることもしない。だが、ボロ、くず……それらに正当な位置を与えたい……そのやり方とはそれらを用いることなのだ」と述べていたのであり、筆者はそれに啓発されて「歴史の屑拾い」というテーマで書こうと考えるようになったというのだから、ベンヤミンの言葉に「挑発」されたのだとも言える。傍線部直前の「それらの断片的な史料を読者の頭の中で律動させることはできないだろうか。……」も踏まえると、正解として、③「歴史叙述は歴史の中で打ち捨てられた人や出来事にも言い及ぶようになされるべきであり、叙述のあり方においても、論理的な整合性に基づいて抽象化するのではなく、一つ一つの事象の性質を見極め生き生きとよみがえらせることに徹しなければならない」が選べる。

　①「歴史叙述は勝者や生存者の営為よりも敗者や死者の事績を中心に書き記されるべき」と、選択の問題として捉えていることが不適当。また、「公平性を十分に考慮」することに意味を見いだしているわけでもない。

　②「未遂の試み……が企図していたことや結果的に成功しなかった原因などを分析」が不適当。「未遂の試み」だけでは限定的だし、「原因などを分析」も狭い。また、「歴史の流れの中で……見定めていく」というのでは既存の歴史記述のあり方と同じものになってしまう。

④「生の断片が歴史の流れの中で持ちえたはずの意味を明らかにし」というのでは、既存の歴史に取りこまれることになり、不適当。また、「読者の心を動かす物語として提示すること」も、「物語」として提示するのでは、「秩序」化を批判するベンヤミンの考え方に反する。

⑤「勝者や生存者の事績を称賛するだけにとどまらず」というのでは「称賛」していることになり、「挑発」の趣旨に反する。

問6 複数のテクストを比較し発展的な理解を問う設問。

【文章Ⅰ】と**【文章Ⅱ】**とを照らし合わせて、まず取り上げられているフーコーとベンヤミンとの共通点（空欄X）と相違点（空欄Y）が問われ、ついでそれらを統合する形での歴史に対する考え方（空欄Z）が問われている。**〈問題文の解説〉**の項、参照。

(i) フーコーとベンヤミンとの歴史に対する考え方の「共通点」が問われている。

【文章Ⅰ】の1に「フーコーは、歴史における連続性と意識的主体性を、徹底的に批判することになる」、5に「あらゆる連続性から、意識的統一性から、歴史の言葉（言説）を解き放つ」とある。一方**【文章Ⅱ】**のベンヤミンも「私のほうから語ることはなにもない。ただ見せるだけだ。価値のあるものを抜き取ることはいっさいしないし、気のきいた表現を手に入れて自分のものにすることもしない。だが、ボロ、くず……それらに正当な位置を与えたい……そのやり方とはそれらを用いることなのだ」（最初の引用文）と述べている。フーコーの「歴史における連続性と意識的主体性を、徹底的に批判する」というやり方と重なるものであろう。正解は④「連続性や歴史家の主体性を基盤に成りたってきた歴史は根底から考え直されるべきである」。

①は「信頼するに足りない」が**【文章Ⅰ】【文章Ⅱ】**では言われていないことであり、不適当。②は「価値観や視点が不偏不党なものかどうか不断に検討すべき」が、**【文章Ⅰ】【文章Ⅱ】**では述べられていないこと。③も「事実の歪曲や誤った解釈を一つひとつ発見して正していく」が、**【文章Ⅰ】【文章Ⅱ】**の論旨とは無関係なものになっている。

(ii) フーコーとベンヤミンとの歴史に対する考え方の「相違点」が問われている。

ベンヤミンは(i)でも見たように、「私のほうから語ることはなにもない。ただ見せるだけだ。価値のあるものを抜き取ることはいっさいしないし、気のきいた表現を手に入れて自分のものにすることもしない。だが、ボロ、くず……それらに正当な位置を与えたい……そのやり方とはそれらを用いることなのだ」（**【文章Ⅰ】**最初の引用文）と述べている。対してフーコーについては、3に「史料となる言説という自明なものを、ことごとく解体し、不安に突き落とすかのようにフーコーは反歴史的な批判を進めている」、6に「フーコーは『そうした分散そのもの』を記述しようとした。それだけではなく『分散』を通じてある規則性を、つまりは『形成のシステム』を認めようとした」、7に「フーコーは、歴史に対する人間学的前提をふりきって、ただ『言説』そのものを、そして『言説』を形成する『言表』そのものを注視する」とある。ベンヤミンも屑拾いのように一つ一つの事象、史料を見極めていくことを主張して既存の歴史に異を唱えたが、フーコーは、そうした事象や言表を通して言説の「形成システム」、仕組みを見いだそうとしている。正解は②「ベンヤミンは個々の事象に注目し取り上げることで既存の歴史に異を唱えているが、フーコーは個々の事象に関する言説のシステムそのものまで見とおすことが必要だと考える」。

①は「ベンヤミンは個々の事象を併記……フーコーは事象を併記することそれ自体に歴史家の主体的意識が関わっているという立場」が不適当。史料に対する姿勢の違いであって、「併記」という話題に限定されるものではない。

③は「ベンヤミンは史料収集それ自体には歴史家の価値観の介入する余地はないとしている」が本文では述べられていないことであり、不適当。従来型の「史料収集」の「目録を作る」やり方にベンヤミンは否定的である。

④は「権力を有する者」、「権力から見放された人々」という観点に単純化しているのが不適当だし、フーコーは「あらゆる歴史叙述は権力を有

する者によって……」と述べているわけではない。

(iii)「結局のところ、歴史とはどのようなものと考えるのがよいのだろうか」と、歴史とどう向き合うべきかが問われている。

(i)・(ii)を踏まえた上での、私たち一般の人々にも可能であろう歴史に対する姿勢、考え方が求められている。正解は、(i)（問2・4）で見たような既成の歴史のあり方への注意を促し、(ii)（問3・5）で見たような歴史への見方の必要性を述べた③「歴史叙述が示す連続性は歴史家の主体や特定の視点が反映されたものなので、読み手はそれを承知した上で、排除された要素や別様の歴史の可能性があることも念頭に置いて接していく必要がある」。

①　歴史はたしかにフィクションとも言えるものではあるが、「文芸作品と同じような一種のフィクションだ」とまで言ってしまう根拠は【文章Ⅰ】でも【文章Ⅱ】でも述べられておらず、本文と論点が合致していない。

②　「自らの歴史観を構築していかなければならない」というのでは、「歴史観」という全体像を組み立てることにつながってしまい、【文章Ⅰ】【文章Ⅱ】の趣旨とは食い違ってしまう。

④　「歴史家の数だけ異なった歴史が存在するので……様々な歴史の中から最も客観的と思われる歴史を選ぶ眼力を養わなければならない」は【文章Ⅰ】【文章Ⅱ】の趣旨から導かれることではないので、不適当。また、【文章Ⅰ】【文章Ⅱ】の趣旨からすれば「客観的」な歴史は存在しないということになる。

第2問

〈出典〉　有島武郎（ありしま　たけお）「生れ出《いづ》る悩み」の一節。出題にあたってやむを得ぬ事情により省略、改変した箇所がある。

有島武郎は、東京生まれの小説家。一八七八（明治一一）年～一九二三（大正一二）年。学習院初等科・中等科に学び、農業革新の夢を抱いて札幌農学校に入学した。卒業後はアメリカに留学、ハーバード大学の大学院に進み、帰国してから札幌農科大学で英文学を講じた。一九一〇（明治四三）年、文芸同人誌『白樺』の創刊に参加、次第に本格的な作家活動に入った。小説に、『カインの末裔』『クララの出家』『或る女』『一房の葡萄』、評論に、『惜みなく愛は奪ふ』『宣言一つ』などがある。現実生活では農場解放や財産放棄などを実行して世人を驚かせ、一九二三（大正一二）年に心中によって生涯を閉じた。

〈問題文の解説〉

「君」という主人公の設定に戸惑った人もいるかもしれない。しかし、小説は自由な表現形式であり、二人称の人物を主人公にした小説はもちろん他にもある。作者は、「君」という二人称の主人公を設定して、その内面に寄り添うようにしながらも、「私」という一人称の主人公のときとは違った独特の突き放し方、距離感を保って、「君」の言動や心の動きを追っている。全文のテーマに肉薄しようとする意識を念頭に、場面ごとの心情とその変化を押さえたい。以下に、内容を整理しておく。

場面Ⅰ　スケッチに夢中になる「君」

・スケッチに夢中になる「君」。だが、どうしても満足のいくものが描けない。山は「生きた塊的《マッス》」としてあるのに、スケッチ帖に描かれたものは自然の影絵、何の表情も持たない線と面との集まりにしか見えない。「君」は躍起になって、自然に対するいっそうの謙遜と執着をもって粘り強く、山の生きた姿をとらえようとする。一心不乱に昼食をとることも忘れて打ち込む。自然は絶えず美しく、朝には朝の、昼には昼の、夕方には夕方の山の命がある。夕方が近づくにつれ、山は粛然として聳え、汲んでも汲んでも尽きない平明な神秘を感じさせる。しかし、「君」がスケッチに夢中になっていた間に、夕暮の色は増して、夕靄が「君」と自然との間を隔てはじめる。「君」は思わず溜息をつく。言葉では説明し難い暗愁が「君」をとらえる。それは、恋人を思う時に、その恋が幸福であるにもかかわらず、胸の奥に感じられるような暗愁だった。

・帰り支度をはじめる「君」。半日立ち尽くして痺れた脚をやっとのことで雪の中から抜いて、「君」は帰途につく。しかし、心はまだ夢心地で、芸術の世界と現実の世界との境界線を辿っているようだった。

ポイント1

まずは、「君」の、芸術の世界への気持ちの入れ込みようを読み取りたい。弁当を食うことも忘れ、雪の中に半日も立ち尽くして、汲んでも汲んでも尽きない自然の不思議な神秘を生きた姿のままに写し取ろうとしていたわけである。しかし、夕靄とともに山の姿は見えなくなっていく。その時にもれ出る溜息。それは、「若い人が恋人を思う時に、その恋が幸福であるにもかかわらず、胸の奥に感ぜられるような」とあるように、幸福感のなかにも自然と感じられてしまう「暗愁」を覚えたせいである。「君の心はまだ夢心地で」とあることとも関係づければ、自然の神秘を味わうことができて、幸福で「夢心地」ではあるのだが、まだまだ味わい尽くせていないという不満からくる愁いを覚えたということである。若い人が恋人を思う時に、その恋は十分に幸せだと感じられるのに、それでももっと会いたい、そばにいたいと思ってしまい、しかしそれもかなわないというような時に感じる、愁いだということである。

場面Ⅱ　「君」とKとの関係

・友人のKは、「君」のスケッチ帖を興奮した目付きで見返して、「今日のは皆んな非常に僕の気に入った」と言うが、「君」は、「実際の山の形に較べて見たまえ。……僕は親父にも兄貴にもすまない」と「言いわけ」をする。漁夫の家には一日として安閑としていていい日はなく、今日も「君が一日を画に暮らしていた間に、君の家では家中で忙しく働いていたのに違いない」のだった。

・「君」にとって画に親しむことは道楽どころか、生活よりもさらに厳粛な仕事だったが、「君」の住む所では「君」一人の喜びであり悲しみでしかなかった。他の人たちは、ただ「不思議な子供じみた戯れ」としか見ていなかった。

・「君」は理屈では芸術の神聖を信じ、芸術が実生活よりも上位に属するものとして疑うことはなかった。しかし、それが自分に関係してくると足許がぐらついてくるのだった。芸術家であり得る自信さえあれば生活を踏みにじってでも親しいものを犠牲にしてでも芸術の道に歩み出せるのに、家の者の実生活に対する真剣さを見ていると、自分の才能をやすやすと信じることができなくなってしまう。自分の描いているものを見ると、芸術家顔することが恐ろしいだけではなく僭越なことだと思えてしまうというのである。そのために自分だけが暗い心でいなければならない苦しさ、淋しさ。いつもこのことが頭から離れないので、「君」は、「親父にも兄貴にもすまない」と言ってしまったのだった。

・二人の間に落ちるしばしの沈黙。黙っていてもKには「君」の心はよく解っていたし、「君」は「君」で、自分では芸術を綺麗に諦めながら「君」を芸術の捧誓（芸術に身をささげ、誓う）者にさせたいと熱望しているKの、「淋しい、自己を滅した、温い心の働き」を受け止めていたのだった。「悒鬱な熱」を帯びた沈黙のなか、「君」はたまらないほど淋しくなってきて、「自分を憐れむともKを憐れむとも知れない哀情」にとらわれるが、ぐっとこらえようとする。そのとき電球がともるが、埃と手垢にまみれた電球は殊更に暗く、部屋の中は悒鬱の色を増すのだった。

ポイント2

この部分で、この小説のテーマが、芸術と実生活との相克、両者の間での葛藤だということが見えてきたはずである。**場面Ⅰ**の最後のところにも「芸術の世界と現実の世界との……境界線」とあったように、この小説は、芸術の世界と現実の世界との間で苦しむ「君」の思いを描いたものである。芸術の世界の神聖さを信じてその世界に飛び込んでいきたいと考えながらも、家の者の実生活での真剣さを見ていると、自分の才能がいかにももの足りないものに思えて、芸術家顔をしていることが僭越なことだとしか考えられなくなるという、「君」の葛藤の内実をしっかりと読み取りたい。

そして、KもまたKで同じような問題に直面したであろうことが、「自分は綺麗に諦めながら何処までも君を芸術の捧誓者たらしめたいと熱望する、Kの淋しい、自己を滅した、温い心の働き」という表現から読み取れる。**場面Ⅲ**を先取りして言えば、Kは調剤所の一人息子であり、父親は「君」が行くと一度としていい顔を見せたことがない、とある。そうした表現から推し量ると、〈Kもかつては芸術の道を目指していたが、調剤所の一人息子として跡を継がねばならず、父親の言うままに家の跡を継いで、自分でもきれいさっぱり芸術の道を諦めた。しかし、それだけに友人である「君」には何とか芸術の道へと進んでいってほしいと思っている〉というのがKの気持ちだと読める。

場面Ⅲ　Kに対する「君」の思いと、屈託

・「飯だぞ」というKの父の荒々しい癇走った突慳貪な声が聞こえる。その父は、「君」のことを一人息子の悪友（もちろん、芸術方面にうつつを抜かす悪友だということである）だと思って、一度も機嫌のいい顔を見せたことがなかったのだった。Kはちょっと反抗するような顔つきをしたが、暗い表情をしただけで盾をつく様子もなく、声のする方と「君」の方とを等分に見た。「君」は長居をしたと思って座を立とうとする。するとKは、「君」をそういう気持ちにさせたことが物足りなかったらしく、しきりに「君」を夕食に誘う。「君」とすれば、自分はここで昼の弁当を食うから遠慮なく食べてきてくれと言うしかなかった。夕食を勧めながらも両親に言い出すことを苦にしていたらしく、かといってまずい気持ちのまま「君」を帰すこともできないと悩んでいたらしいKは、「君」の言葉に救われたように少し顔を晴れ晴れとさせて部屋を出ていったのだった。「君」は、Kがそのように振る舞うのも一家の貧窮のせいだと考え、心が暗くなってしまう。

・それでも「君」は、夕飯という声や焼き魚の匂いに誘われて空腹を感じ、昼の弁当の包みを開く。しかし、「へぎ」で包んだ握り飯はすっかり凍てついていた。飯粒はぽろぽろに固くなって零れ落ち、口にすると無味な繊維のかたまりのような触覚が冷たく感じられるだけだった。

・そのとき、思いもかけない熱い涙があふれ出てきた。「君」は、じっと座ったままではいられないような寂寥の念に襲われる。そして、そっと席を立ち、こそこそと入口に行って長靴をはく。長靴は夕方の寒さに凍って、鉄板のように堅く冷たくなっていた。

ポイント3

Kの父親の声が突慳貪で、「君」に機嫌のいい顔を見せたことがないのは、一人息子を芸術家志望の「君」とはかかわらせたくないからであろう。**場面Ⅱ**でみたように、そんな父親のもとでKは芸術の世界を「綺麗に諦め」、「淋しい、自己を滅した」様子で生活しているのである。父への反抗心をあらわにすることもできず、かといって友人である「君」をないがしろにするわけにもいかない。そんな板挟み状態のなかで、「君」が口にしたここで弁当を食べるという言葉に、救われたような晴れ晴れとした表情を見せてしまうK。そんなKを見て、「君」は実生活の貧窮がKをそうさせているのだと思って暗くなってしまう。「君」は芸術と実生活との葛藤のさなかにいるのだが、実生活の側に行かざるを得なかったKは、その中でただ「悒欝な熱」を抱え込んだままにじっとこらえて生きていくしかないのである。

そんな思いにとらわれながらも弁当の包みを開くと、飯粒は固く冷え切っていた。そのとき、「君」の目から思いがけず涙があふれ出し、寂寥の念に胸がふさがってしまう。このときの涙は、芸術と実生活のはざまで苦しむ自分自身への涙であるとともに、Kの境遇に対するものでもあるだろう。だが、さらにうがった見かたをすれば握り飯は家族が用意してくれたものとも考えられ、そうした現実の世界を忘れてまで、あるいはないがしろにしてまで、自分は自分の才能を信じきれないままにいったい何をしているのだろうかと、いたたまれないほどの「寂寥の念」にとらわれて涙があふれ出たということになるであろう。

そうした思いにとらわれて、「君」はこっそりと帰ろうとするわけである。しかし、長靴は寒さに凍って鉄板のように堅く冷たくなっており、それは「君」の置かれた状況、立場の厳しさを象徴するものでもあろう。

〈設問解説〉

問1　「君」の心情を問う設問。**〈問題文の解説〉の場面Ⅰ**の項を参照。

スケッチに夢中になる「君」だが、スケッチ帖に描かれたものは何の表情も持たない線と面との集まりにしか見えない。「君」は躍起になって、山の生きた姿をとらえようとして、さらに一心不乱に昼食をとることも忘れてスケッチに取り組む。そして、そうしているうちに日がだいぶ傾いてしまうのである。自然は絶えず美しく、朝には朝の、昼には昼の、夕方には夕方の山の命があり、夕方の山は粛然として聳え、汲んでも汲んでも尽きない平明な神秘を感じさせるのだが、夕暮の色はだんだんと増してくる。そうして次第に夕靄が「君」と自然との間を隔てはじめ、そのときに「君」は思わず溜息をついてしまうという場面である。本文ではそれを「暗愁」としているが、直後で「それは若い人が恋人を思う時に、その恋が幸福であるにもかかわらず、胸の奥に感ぜられるような」と説明されていることに着目する。幸福感のなかにも自然と感じられてしまう「暗愁」ということである。段落末の「君の心はまだ夢心地で」も加味すれば、自然の神秘を味わうことができ、幸福で「夢心地」の状態ではあるが、あたりが暗くなって山と隔てられ、自分も帰らなければならず、まだまだ自然を味わい尽くせていないという不満からくる「暗愁」だということになる。恋人の比喩で言えば、若い人が恋人を思う時に、その恋は十分に幸せだと感じられるのに、それでももっと見ていたい、そばにいたいと思ってしまい、しかしそれもかなわないというような時に感じる「暗愁」だということである。正解は④。

①は、夕暮れが迫ってきて絵が描けなくなったというだけで、肝心の「君」の心情の説明にはなっておらず不十分である。②は、「君」は自然に魅せられて描き出したいと思っているのであって、その「謎を解明したい」と思っているのではないので、不適当。③は、自然はその神秘を目の前に展開しているのだから間違い。⑤は、自然に対比させて自分を卑小だという形で説明している点が、②同様に文脈がズレている。自然を思い通りに描くことができずにいる「君」のことを考えれば、自然に対する自分の卑小さということも読み取れないわけではないが、傍線部の「溜息」はそれを表したものではなく、あくまでも「恋が幸福であるにもかかわらず」、あるいは「夢心地」の気分であるにもかかわらず感じてしまう物足りなさにつながるものである。

問2　「君」の心情を問う設問。**〈問題文の解説〉の場面Ⅱ**の項を参照。

「……僕は親父にも兄貴にもすまない」という表現は、「君」とKが黙り込んでしまう場面の前で、もう一度「平常のこの考えがKと向かい合っても頭から離れないので、君は思わず『親父にも兄貴にもすまない』と云ってしまったのだ」と繰り返されている。したがって、「この考え」の内容を探ることになる。ひとつは、漁夫の家には一日として安閑としていていい日はないのに、家族が忙しく働いている間に「君」が絵を描きに出かけていること、それに対する後ろめたさである。もうひとつは、「君」にとって絵に親しむことは生活よりも厳粛な仕事であり、理屈では芸術の神聖を信じてはいたが、それが自分に関係してくると自信がぐらついてくるということ。芸術家であり得る自信さえあれば生活を踏みにじり親しいものを犠牲にしてでも芸術の道に歩み出せるのに、実生活に対する家族の真剣さを見ていると、自分の才能を信じることができなくなってしまうということである。そのためにいつでも暗い心を抱えていなければならず、このことがいつも頭から離れないので、「親父にも兄貴にもすまない」と言ってしまったのである。正解は③。

①は、「君」は絵に親しむことを「道楽だとは思っていない」のだから、「道楽にふけっていることを」が間違い。②は、「子供じみた戯れ」と思っているのは周りの人であり、「君」自身がそう思っているわけではないのだから、×。④は、「君」はまだ家族の生活を「踏みにじって」という段階にまで芸術の世界に踏み込んでいるわけではないので間違い。⑤は、「家族への思いを断ち切れず」が×。家族への未練があるから芸術の世界に踏み出せないというわけではなく、自分の才能に確信がもてないからである。

問3　友人Kの人物像にかかわる設問。**〈問題文の解説〉の場面Ⅱ**の項を参照。

黙っていてもKには「君」の心はよく解ったし、「君」自身も、自分では芸術を綺麗に諦めながらも「君」を芸術の捧誓者にさせたいと熱望しているKの、「淋しい、自己を滅した、温い心の働きをしっくりと感じていた」とあるように、二人は互いに気持ちを通じ合わせているような仲であるが、それはKもまたKで、「君」と同じような芸術と実生活の問題に直面したことがあったことが関係している。Kは調剤所の一人息子であり、父親は「君」が行くといい顔を見せたことがない、とある。そのことと「自分は綺麗に諦めながら何処までも君を芸術の捧誓者たらしめたいと熱望する、Kの淋しい、自己を滅した、温い心の働き」という表現とを重ね合わせれば、かつてはKも芸術の道を目指していたが、調剤所の一人息子として父親の言うままに跡を継がなければならず、芸術の道を諦めざるを得なかった、自分ができなかった道だからこそ（＝「自己を滅した」）、友人である「君」には何とか芸術の道へと進んでほしい（＝「温い心」）、というのがKの気持ちだと読める。

しかし、父親は「君」の訪問を喜んでいないのだから、Kは父親の手前、遠慮せざるを得ない。芸術への道を断念したKは、さらに「君」の訪問にさえ気を使わなくてはならない立場にいる。「君」はそのことを貧窮のためだととらえているが、KはKでその板挟みの状態に苦しんでいると読むことができる。したがって、正解は②。

①は、芸術家への「望みを断ち切れないでいる」「父親に……おとなしく従うしかないと諦めている」が未練の表現になっており、本文の「綺麗に諦めながら」と矛盾する。③は、「審美眼は……自負」が本文からは読み取れないこと。また、「君」の助けになれないことを悲しんでいるという把握も、間違い。話し相手になっているだけでも助けになっているとは読めるし、助けを具体的なものとしてとらえるならば、本文だけからは判断できないことである。④は、「再度取り組もう」が明らかな間違い。また、「君」に距離を置こうとしていると取る根拠もない。⑤は、「あこがれはまだ捨てきれないでいる」が未練の表現になっており、①同様に本文に反する。また、「君」と父親とを比較して父親側についたというのも、そう受け取る根拠がない。

問4　「君」の心情を問う設問。

Kの境遇に接して暗い心にとらわれてしまったが、それでも夕飯という声や焼き魚の匂いに誘われて「君」は空腹を感じ、昼の弁当の包みを開く。すると、「へぎ」で包んだ握り飯はすっかり凍てついていた。飯粒はぼろぼろに固くなって零れ落ち、米の甘味は失われて無味な繊維のかたまりのような触覚が冷たく感じられるだけだった。そのとき、思いがけず熱い涙があふれ出てきて、「君」はじっと座ったままではいられないような寂寥の念に襲われる。そして、そっと席を立ち、こそこそと入口に行って長靴をはく、という場面である。本文全体を視野に入れると、このときの涙は、芸術と実生活の間で苦しむ自分自身への涙であるとともに、Kの境遇に対するものでもあると読める。

だが、固く凍てついて味のなくなった握り飯の描写が直前にあることにも着目しなければならない。握り飯が涙につながったことを考えると、握り飯は食事という実生活の側に属するものであり、さらにうがった見かたをすれば握り飯は家族が用意してくれたもの、「家の者共の実生活の真剣さ」を象徴するものとしてとらえることもできる。「君」は、そうした現実の世界を忘れるほどに芸術の世界に打ち込んでいながらも、かといって自分の才能を信じきることもできず、ある意味中途半端な状態で、いったい自分は何をしているのだろうかと、いたたまれないほどの「寂寥の念」に涙があふれ出たということになるであろう。そうした思いにとらわれて、「君」はこっそりと帰ろうとするわけである。「じっと坐ったままではいられないような寂寥の念」を右の文脈に即して説明している④が正解である。

①は、「早く家に帰ってやらなければと焦る」が×。いたたまれない思いの中身が間違っている。②は、「一家の団欒」に焦点化している点が間違い。③は、Kとのかかわりの側で説明している点がズレる。Kとはこれ以上かかわれないということではなく、自分自身のあり様にいたたまれなくなっているのである。⑤は、Kに対して、実生活の貧しさが芸術的才能を失わせるとしている点が根拠のないことであるし、だからそこを早く立ち去りたいという把握も「君」の心情を取りそこねている。

問5　表現の特徴について問う設問。本文全体のテーマを視野に入れつつ、表現のあり方の説明としてより妥当といえるものを選ばなければならない。

①　適当。本文は「君」という二人称の主人公を立てて、一般の小説とは異なった語りのアプローチをしている。表現は「君」の内面に寄り添うようにしてなされてはいるが、「私」ではなく「君」と語ることで、「君」という存在を対象と見てその心理を説明していくという微妙な距離感が生まれている。後半の、「芸術と実生活のはざまで苦悩する青年の心」というのは、まさに本文のテーマである。

②　不適当。山の生きた姿をとらえきれないことには自然に対する無力さはうかがえるが、この小説では「君」の無力さであって、「人間」一般の無力さに直結できるものではない。また、「薄い膜が君と自然との間を隔てはじめた」は、無力さにつながる表現ではなく、問1でみたように、幸福だが感じてしまう「暗愁」につながるものである。

③　不適当。「大人たちの無理解に苦しむ若者たちの姿」が短絡的にとらえ過ぎている。大人と若者という対比が基軸ということではない。あくまでも、芸術の世界と現実の世界、その対立ということである。

④　適当。この小説は北海道が舞台であり、そのことが作中世界では大きな意味をもっている。自然のもつ神秘、雪の中に半日立ち尽くすほどの「君」の熱中、鰊漁という漁師生活がもつ実生活の真剣さ、竹ではなく木から作った包みであるために水分が吸われてよりぱさぱさに凍てついてしまったであろう握り飯、鉄板のように堅く凍りついた長靴など、それらの設定が「君」の置かれている状況や立場を映し出しているといえる。

⑤　不適当。「生活的な基盤が必要である」が×。「君」は葛藤のさなかにいて苦しんでいるのであり、実生活の世界の必要性をまだ感じてはいないので、言い過ぎである。

⑥　不適当。「日常的な感覚では近づくことのできない芸術世界の神秘」ということではない。芸術世界の神妙さはうかがえるが、それと現実の世界が対立するということであり、むしろ日常の中に存在しているからこそ芸術との葛藤が生じるということである。

問6　複数テクストの形で本文の発展的な理解を問う設問。**〈問題文の解説〉**参照のこと。

設問では、教師が作中の「君」のモデルとされている木田金次郎が描いた「残雪の岩内山」を提示した後の、生徒たちの**【話し合いの様子】**の中に設けられた空欄に、「最も適当な」「発言」を補うことが求められている。**【話し合いの様子】**中の生徒相互間の話の連携の整合性、および本文内容との整合性をとらえられたか否かがポイントである。

ちなみに、木田金次郎は、一八九三年北海道岩内町の生まれで、一九六二年に没している。中学時代から絵を描き始め、家業の漁業に携わる中、展覧会で見た有島武郎の絵画に感銘し、有島のところに作品を持ち込み、以降親交を結んだ。有島武郎の死後は岩内町に留まり画業に専念し、精力的に活動した画家である。

小説作品はむろんフィクションとして自立したものではあるが、「生れ出る悩み」の「君」のモデルが木田金次郎であることは広く知られており、ここではあえて実際の木田の絵を見た生徒たちが作品について考えるという設定をとることとした。掲載した絵は木田が（「生れ出る悩み」が発表されて十数年後の）一九三三年に郷里の岩内山を描いた絵で、生徒たちの会話は、ここに描かれた「山」のような姿が作中で「君」が魅せられつつ描き切れずに苦悩していた自然のありようなのではないかと考え、それをきっかけに作品についての考察を展開していくという形になっている。

【話し合いの様子】は、木田金次郎の「残雪の岩内山」を提示した教師の、「この絵を見て、本文の読後感がより深まるということはありますか」という問いかけから始まっている。

生徒Aは絵に対して「力強い、迫力のある絵」だと反応し、「でも、どこか癒されるというか、包み込んでくれるような、自然の持つ度量の深さみたいなものも感じられます」と付言している。生徒Bの「たしかに」という応答は、生徒Aの発言を肯定したものである。そして、「それって本文の『君』が山に対して［X］と感じ取っていることと、何か関係があるのかもしれない」と言うのだから、空欄Xには生徒Aの言う、「力強い、迫力のある絵」であるけれども「どこか癒されるというか、包み込んでくれるような、自然の持つ度量の深さみたいなものも感じられ」る「山」の様子に触れた本文の叙述が入らなければならないのだと判断できる。また、生徒Cが「そんな山の姿をあるがままにとらえたかったんですね。それがなかなかできずに苦しんでいる」と述べているのは、本文第一・二段落をうけたものである。

(i)は、「力強い、迫力のある」様子でありながら「癒される……包み込んでくれるような、自然の持つ度量の深さみたいなもの」という発言と合致する叙述として、①「寛大と希望とを象徴するような一つの生きた塊的である」を正解として選ぶことができる。「癒される……包み込んでくれるような、自然の持つ度量の深さみたいなもの」が「寛大と希望」に、「力強い、迫力のある」が「一つの生きた塊的」に該当している。②「自然は絶えず美しく蘇って行く」は本文第三段落の時間の中で移り変わっていく山の様子を示したもの、③「素晴らしい魔術のような不思議を現した」も夕方の山の様子を表したもの、④「汲んでも汲んでも尽きない平明な神秘が宿っている」も同様であり、生徒Aの発言とも、生徒Cの発言ともずれたものである。

ついで生徒Dが、話の視点を変えるような形で、「『自分の心持ちを一際謙遜な』ものにさせたという描写に魅力を感じ」たと、切り出している。生徒Aはそれを受けて、「その思いって、『君』の実生活との関係にも表れているのかもしれない」と述べ、「芸術を目指している『君』は、［Y］という思いをいつも抱いているようだ」と、話を「君」の「実生活との関係」にもっていき、確認しようとしている。生徒Dの、「『自分の心持ちを一際謙遜な』ものにさせた」という発言を、生徒Aは「その思いって、『君』の実生活との関係にも表れているのかもしれない」と受け止めているのだから、空欄Yには「実生活との関係」においても「謙遜」な思いを抱いていることを言い表したものが入るのだと判断できる。

(ii)の正解として、「謙遜」の思いを説明している③「家業を放り出している後ろめたさに耐えてまで芸術の世界に入り込んでいるのに、自分の力量がまだまだ足りていない」が選べる。単に①「芸術の世界は実生活よりも価値のあるものだと思いながらも、家族のことを考えると思い切った決断もできない」というのでは、「謙遜」とは無関係である。②「芸術の世界よりも汗水を垂らして働く実生活の方が価値あるものだと思う」には「謙遜」の意味あいが読み取れるが、「自分のしていることにはどんな意味があるのだろう」は「謙遜」ではなく不安の表明だと言える。④「家業では飽き足りないので芸術の世界に没入しよう」というのでは「謙遜」につながらない。「芸術の世界でも満足のいく結果を出しきれない」も「謙遜」というよりは現状への不満といった方向性である。また、生徒Cは、空欄Yの発言を受けて「つねに葛藤を抱えて生きているということ」だと確認している。本文での「葛藤」を正しくとらえているのは③であり、他はこの点でも不適切である。

前部の話を受けて、生徒Dは「それは友人のKに対する態度にも表れているように思います」と話を進めている。生徒Bは、それを肯定する形で「［Z］ところとかに、ですね」と受けている。したがって、空欄Zには、友人Kに対しても「謙遜な」態度であってかつ「葛藤を抱えて」いる様子が表れているものが入るのだと判断できる。

(iii)の正解として、②「友人Kに芸術の道を断念させた苦しい境遇とその心情が思いやられるだけに、無責任な同情の言葉はかけられないと感じている」が選べる。傍線部Cの前後などからわかるように、Kの事情や心中が察せられるだけに何か言ってはあげたいが、Kのことを考えると何を言っても無責任なことになるのではないかとKのことを慮って何も言えずにいた「君」なのである。①「代わりに自分が活躍しなければならない」というだけでは、「謙遜」も「葛藤」も感じられない。③「自分を応援してくれている……期待を裏切らないようにしたい」も同様。「謙遜」も「葛藤」も感じられない。④「今以上にKが不遇な立場に立たされないようにしよう」には友人を思いやる気持ちは表れているが、「謙遜」の思いは読み取ることができない。

第3問

〈出典〉『小島の口ずさみ』

『小島の口ずさみ』は、関白の二条良基が著した日記・紀行文。作者が仕えた北朝の後光厳天皇は、南朝の軍勢が都を占領したため、足利義詮《よしあきら》（足利尊氏の子で、後の室町幕府二代将軍）とともに美濃国の小島へと避難した。鎌倉から上ってきた尊氏を迎えた後、天皇は行宮《あんぐう》（天皇の仮の御座所）を垂《たる》井《い》へと移したが、義詮が都を奪還したため、還御《かんぎょ》した。この作品は、作者が、後光厳天皇を追って病をおして小島へ向かい、後光厳天皇にともなって都へ帰還するまでの、約二か月間にわたる出来事を記したものである。素材文としたのは、この作品の前半部の、作者が小島へ向かう旅を記した箇所の一部であるが、和歌や連歌の世界で名高い作者らしく、歌枕や故事への言及がきわめて多い。

作者の二条良基は二条家の当主で、南北朝時代の摂政・関白として政界でも活躍した人物だが、文化人としての側面もよく知られている。特に、連歌式目（ルールをまとめたもの）である『応安《おうあん》新式』を定めたり、連歌集『菟《つ》玖《く》波《ば》集』を編纂《さん》したりと、連歌を大成した人物として著名である。

〈現代語訳〉

伊吹の岳とかいった所は、遠く離れていながらも、間近にあるように感じられ、麓を通るように見渡すことができる。小野とかいう所で、三宝院僧正に出会う。（僧正は）近江の方へ急用があって出かけますということを申しましたので、森の陰にある堂のそばに輿を置いて対面する。（私の）このような苦労（＝病の苦しみ）に加え、都から離れた場所へ向かう長旅でやつれている様子を、（僧正は）特段驚いている様子である。（僧正は）そのまま都の方へ行ってしまった。この場所（＝小野）の同じ地名は古歌などにも多くございますけれど、（今私のいる小野は比叡山の麓の小野ではなく、）惟喬親王の住みかではないので、（古歌にもよく詠まれる比叡山の麓の小野について）思いを馳《は》せるのも軽薄な感じがした。

こうして行く間に、松の陰が高くできている大きな岩から湧き出る水の流れが、じつにきれいで澄んでいて、本当に比べるものがないほど素晴らしい所と見える。ここは醒が井であるにちがいない。すぐにまた棧があって、小さい堂がきれいであるが、ここも大きな岩から流れ出る水が、他と比べられないくらいすばらしい。ひさごというものを取り出して、手洗いなどをして通り過ぎる。じつに美しい水の流れである。

　今よりや…今後はつらかった夢もさめ、（醒が井の水が流れていく下流（＝「末」）ではないが、）将来を期待しようか。

不破の関屋は、（古歌にあるように昔でさえ荒れてしまっていたので、）形ばかりの板廂や、竹の編戸だけが残っていた。なるほど本当に秋風を耐えることができそうにもなく見えた。

　昔だに…昔でさえ荒れてしまっていた不破の関なので、今はまったく名ばかりであったなあ。

関の藤河は、（「ふち（＝淵）河」と言うからにはどんなにか深いであろうと）その名も心引かれるので、（その場所を）ことさらに尋ねました。名は仰々しいけれど、大したこともない小川であって、（古歌に詠まれたようないつまでも続く流れとも判断がつかない。けれども、絶えることがないと詠まれている先例はじつに頼もしくて、

　さてもなほ…そんな状態であっても、なお消えることのない名を残すことだろうか。（「ふち（＝淵）」とは名ばかりで、）このように小さく浅い関の藤河は。

こうして、二三日の道中を五六日かけているうちに、ようやくなんとか小島に到着した。見慣れもしない場所の景色は、左も右も峻険な山に雲がとても深くかかって、まったく晴れ間がない。なるほど、（『源氏物語』ではないが、）一つとなくしみじみ悲しいのは、このような場所であったよ。折も折、秋の深山の様子は、ただもう自分の心の中に秘めて、どのように和歌に詠めばよいかわからないしみじみとした情趣は、言いようもないくらいである。鹿の鳴き声も、虫の声も、あの松陰で聞いた秋は大したことがないと思われたのは、単に場所柄による思い込みであろうか。姨捨山ではないけれども、まったく慰めることができそうにない旅の道中も、あまりにも万事普段と違って落ち着かなかったので、二条中納言が立ち寄っている所へ（行き）、

とりあえずは落ち着いた。

問4

『新古今和歌集』

和歌所の歌合に、関路の秋風ということを　摂政太政大臣

人住まぬ…人が住まない不破の関の関屋の板廂よ。荒れ果ててしまった後は、ただ秋風だけが吹くことだ。

『覧富士記』

不破の関を通り過ぎましたところ、守るというわけでもない関所の扉が、苔ばかりが深く生い茂っていて、それがかえって見所があります。

戸鎖しをば…関所の門を閉め、守りを固めることをどれだけの時間忘れて、こんなにも苔だけが閉ざしている不破の関屋であるのか。

〈設問解説〉

問1　解釈の問題。

解釈の問題では、まず原文に忠実に現代語訳することが大切である。現代語訳は、複数の単語が含まれている場合、単語に分解した上で、一語ずつ正確に現代語に置き換えていくこと（＝逐語訳）を心がけるようにしていこう。

(ア)　単語に分解すると、〈なつかしけれ（形容詞）・ば（助詞）〉となる。形容詞「なつかし」は「心引かれる」「親しみやすい」などと訳す。また、「なつかしけれ」は「なつかし」の已然形であるので、「けれ」は過去の助動詞の已然形ではないことにも注意すること（「なつかし」に過去の助動詞の已然形が接続した場合、「なつかしかりけれ」となる）。已然形に接続する「ば」は順接確定条件を表す接続助詞で、ここでは「〜ので」と訳すとよい。以上から、「心引かれるので」などと訳せばよいことがわかり、①が正解となる。

(イ)　副詞「げに」の訳として適当なものを選択する。「げに」は「なるほどその通り」などと訳す。ここでは、作者が体験した秋の風情が、念頭にある『源氏物語』の記述（注9参照）に納得・共感されるものであることを表している。よって、④が正解である。

(ウ)　単語に分解すると、〈物の数（名詞）・なら（助動詞）・ず（助動詞）〉となる。「物の数」は「数え上げるに値するもの」という意味で、この箇所のように、多く打消表現を伴い、全体で「数え上げるほどではない」「大したことがない」などと訳すことが多い。よって、②が正解である。

問2　語句や表現の問題。

語句や表現の問題では、問1で説明した、解釈をする上での基本的な手続きを常に念頭に置きながら、それぞれの選択肢に対応する部分について考える。場合によっては傍線部以外の内容を踏まえなければならないこともあるので、常に全体の内容をも参照しながら解答するようにしよう。

①は、「過ぎぬ」に関する説明である。「ぬ」は、打消の助動詞「ず」の連体形と完了の助動詞「ぬ」の終止形とがあるので注意すること。ここに含まれる「ぬ」は、文末で用いられており、この文においては係り結びも起こってはいないため、終止形であると考えることができる。終止形で「ぬ」という語形をとるのは完了の助動詞である。よって、この「ぬ」を打消の助動詞とするこの選択肢は誤りである。

②は、「多く侍れど」に関する説明である。ここに含まれる「侍れ（侍り）」は、丁寧語の本動詞である。丁寧語は、主に会話文・手紙文に現れ、話し手が聞き手に対して敬意を払うために用いる敬語である。この箇所のように地の文に現れている場合は、作者が読者に対して敬意を払っていると考える。よって、三宝院僧正への敬意とするこの選択肢は誤りである。

③は、「湧き出づる」に関する説明である。まずは「湧き出づ」と「る」とで分解することができるかを検討しよう。ここで用いられている複合動詞「湧き出づ」の活用の種類やここでの活用形をきちんと確認すること。複合動詞の活用の種類は、下にある要素（ここでは「出づ」）の活用の種類と同じである。「出づ」はダ行下二段活用であるので、「湧き出づ」も同様に考えることができる。下二段活用であることを踏まえて「湧き出づ」を活用させてみると、連体形で「湧き出づる」という語形になることがわかる。ここは直後にある「水」という名詞を修飾するために連体形「湧き

出づる」になっていると考えることができ、「る」を自発の助動詞とするこの選択肢は誤りであることがわかる。

④は、「小さき堂清げなるに」に関する説明である。「清げなる」の「なる」は、形容動詞「清げなり」の連体形活用語尾である。形容動詞は終止形が「なり」（または「たり」）であり、状態や性質を表す語で、「清げなり」も「きれいだ」という状態を表す語であることから形容動詞であると考える。よって、「なる」を伝聞の助動詞とするこの選択肢の記述は誤りである。なお、選択肢にある伝聞の助動詞「なる（なり）」は終止形またはラ行変格活用動詞の連体形に接続するので、この点からもこの選択肢が誤りであることが確認できる。

⑤は、「参り着きぬ」に関する説明である。「参り着き」の「参り」は、選択肢の通り、「行き」の謙譲語である。謙譲語は動作の客体（「参り（参る）」であれば、行き先にいる人物）に対して敬意を払う敬語である。作者が向かった先は小島であるが、前書きにあるように、この時小島には後光厳天皇がおり、作者は後光厳天皇に対して敬意を払っていると考えることができるだろう。よって、この選択肢が正解である。

問3　内容に合致するものを選択する問題。

本文全体や、ある範囲の内容に合致するものを選択する問題では、それぞれの選択肢が本文のどこに対応するかをまず確認した上で、選択肢と該当箇所を丹念に照合する、というのが基本である。

①は、1段落の2行目「近江の方へ…申ししかば」に対応する選択肢である。ここには動詞「申す」が用いられており、作者から三宝院僧正に対する敬意を表す謙譲語であると考えたくなるが、この部分の直前の「三宝院僧正に行き会ふ」や、後文の、三宝院僧正が主体となっている「やがて都の方へ過ぎぬ」などで、作者は三宝院僧正に敬意を払っていないことに注意してほしい。この「申す」は、三宝院僧正に対する敬意を表す謙譲語ではなく、話し手が聞き手に（地の文であれば作者が読者に）対してかしこまる気持ちを表す敬語である。前書き部分や本文の内容から「近江国の方」へ向かっているのは作者ではなく三宝院僧正であることは明らかなので、ここは、「（三宝院僧正が私に）近江の方へ急用があって出かけますということを申しましたので」という意味であり、主体を作者とするこの選択肢は誤りである。

②は、1段落3行目の「この所の同じ名は…もの浅き心地ぞせし」に対応する選択肢である。作者は、この部分で、「小野」という地名は古歌などにも多く詠まれているが、それは、惟喬親王が隠棲した、比叡山の麓の小野であり、今作者がいる小野は同じ名であるだけの全く違う土地であるので、惟喬親王が隠棲した比叡山の麓の小野に思いを馳せるのは軽薄である気がした、と述べている。よって、小野を訪れ、「同じ地名であることに深い感慨を覚えた」とするこの選択肢は誤りである。

③は、2段落の「今よりや…」の和歌の内容に対応する選択肢である。「憂かりし夢もさめが井の」に含まれる「さめ」は、（夢から）「覚める」意と地名「醒が井」とが掛詞になっている。このように、地名は掛詞になりやすいことを知っておくとよい。作者は、醒が井の水で手を洗った今後は、戦乱や病に苦しむつらい状況が、夢から覚めるように解消し、醒が井の水が流れるように、将来に期待しようか、と詠んでいるのである。よって、この選択肢が正解である。

④は、4段落の内容全体に対応する選択肢である。「関の藤河が古歌に詠まれているのとは異なり小さな川であった」とあるが、注8に示された古歌では、「絶えずして」とは詠まれているものの、大きな川であるとは詠まれていない。また、作者は、関の藤河について「さしもなき小川」（大したことがない小川）といっているが、「絶えせぬ例はいと頼もしくて」（絶えることがないと古歌に詠まれた例はとても頼もしくて）ともいっている。よって、「頼りなく思い、落胆しながらも和歌を詠んだ」も不適。よって、この選択肢は誤りである。

⑤は、5段落の内容全体に対応する選択肢である。選択肢では、「叔父のもとを訪ねるまで周囲の風景に感動することもなかった」としているが、本文では、「げに、またなうあはれなるものは、かかる所なりけり」と、『源氏物語』の表現を念頭に置きつつ、秋の風情に感動しているほか、「秋の深山の有様」について「言ひ知らぬもののあはれ、言はん方なし」

ともいっているように、小島での逗留を始めた作者は、自分の周囲の風景に深い感動を覚えている。よって、この選択肢は誤りである。

問4　複数の文章を比較・統合する問題。

複数の文章を比較・統合する問題であっても、それぞれの文章が正しく読めているかが何よりも大切である。資料や対話が設定されている場合はそれらを参考にしながら、それぞれの文章の丹念な読解を通じて、共通点や相違点などを整理していく。

(i)　助詞「だに」に注意しつつ、3段落の「昔だに…」の和歌の意味を考える。「だに」は副助詞で、「せめて〜だけでも」と訳す場合と、「〜さえ」と訳す場合とがある。原則として、「せめて〜だけでも」と訳すのは、後の部分に意志・願望・命令・仮定のいずれかを含む場合である。ここはそうなっていないため、「〜さえ」と訳す「だに」であると考えることができる。「さえ」と訳す「だに」は類推といわれ、程度の軽いものごとを挙げ、程度の重いものごとを想像させる表現で、この和歌では、程度の軽いものごととして「昔」を挙げ、程度の重いものごととして「今」を対比的に引き合いに出している。このことに注意して「昔だに…」の和歌を現代語訳すると、「昔でさえ荒れてしまっていた不破の関なので、今はまったく名ばかりであったなあ」などとなる。「名のみなりけり」というのは、「不破」という名からイメージされるような堅固な関所ではなく、すっかり荒れ果てている、ということである。以上に合致する②が正解である。

(ii)　「不破の関」という歌枕がどのように詠まれているか、ということを中心に、本文の和歌と良経の和歌とを比較しながらそれぞれの選択肢を見ていくとよい。①は、「名のみなりけり」という表現を根拠に作者は「藤原良経が名所として詠んだほどの感慨を抱いていない」とするが、(i)で見た通り、「名のみなりけり」とは「有名だが実際には大したことがない」ということではないので、この選択肢は誤りである。②は、本文の和歌については、作者が実際に不破の関を目にして詠んでいるので合致すると考えることができそうに思われるが、良経の和歌は、詞書にあるように、歌合において、「関路秋風」という題で詠まれた和歌であり、実景を観察して詠んだものではないため、誤りである。③は、「人住まぬ」を根拠に、不破の関は良経の時代の方が荒廃していたとしているが、本文の和歌の直前にも「形のやうなる板庇、竹の編戸ばかりぞ残りける」とあり、「人住まぬ」という表現のみを根拠にして良経の時代の方が荒廃していたと考えることはできない。よってこの選択肢は誤りである。正解は④で、本文の和歌の直前でわざわざ「板庇」や「秋風」について触れているのは、良経の和歌を念頭に置いていると考えることができるし、「荒れにし」という表現が共通していることから、本文の和歌の「昔」というのは、具体的には良経の時代のことを指していると考えることができる。以上から、本文の和歌は、良経が不破の関の荒廃したイメージを詠んだことを念頭に置いて詠まれたものであると判断することができる。

(iii)　『覧富士記』の「戸鎖しをば…」の和歌について、本文の和歌や良経の和歌と比較する。本文の和歌や良経の和歌では、すっかり荒廃してしまった関所として不破の関が詠まれており、この「(不破という名を持ちながらも)荒廃している」というのが、「不破の関」の歌枕としてのイメージである。一方で、『覧富士記』の「戸鎖しをば…」の和歌は、荒廃している様子が詠まれているという点では本文の和歌や良経の和歌と同様であるが、直前に「苔のみ深くて、なかなか見所あり」(苔ばかりが深くて、かえって見所がある)と記されている。このことから、『覧富士記』の和歌について、「不破の関の荒廃した様が詠まれている」一方で、「新たな情趣が見出されている」とする①が正解である。

②は、「苔のせいで不破の関が台無しとなってしまっている」が、③は、「不破の関が苔に覆われているのだけが残念ではある」がそれぞれ誤り。④は、「望まぬ旅に出立したことによる塞ぎ込んだ心情」が誤り。和歌の直前部などから、『覧富士記』の尭孝の旅が「望まぬ旅」であったことを読み取ることはできず、したがって、「苔のみ閉づる」にも、「塞ぎ込んだ心情」を重ね合わせることはできない。

第4問

〈出典〉

【本文】 原念斎《はらねんさい》『先哲叢談《せんてつそうだん》』

原念斎（一七七四〜一八二〇）は江戸後期の学者。下級の旗本として幕府に仕えつつ、主に歴史学を研究した。『先哲叢談』は江戸時代の学者たちの逸話を集めた書である。

【資料】 黄宗羲《こうそうぎ》『明儒学案《みんじゅがくあん》』

黄宗羲（一六一〇〜九五）は明末清初の思想家。義勇兵を募って清に抵抗し、日本に援軍を依頼するために長崎を訪れている。明の滅亡後は故郷に隠棲して著述に専念した。『明儒学案』は明代の学者の思想・事績を体系的に記述した書で、問題文は陽明学で知られる王陽明の思想を解説した部分から採録した。

〈問題文の解説〉

【本文】

江戸初期の儒学者・中江藤樹（一六〇八〜四八）の逸話。盗賊から身ぐるみ脱いで置いていくよう脅された藤樹は、たとえ勝ち目はなくても理不尽な要求には屈することはできないと判断し、名乗りを上げて戦いを挑もうとした。藤樹が聖人であると聞いていた盗賊たちは驚いて降参し、藤樹に諭されて良民となった。

【資料】

中江藤樹が信奉した明代の思想家・王陽明の主張の一つである「知行合一」について解説した文章。誰もが持つ良心による判断が「知」、その「知」に従うことが「行」で、両者は一体のものであることを述べている。

〈読み方〉（漢字の振り仮名は、音はカタカナ・現代仮名遣いで、訓は平仮名・歴史的仮名遣いで示してある。）

【本文】

嘗《かつ》て夜郊外《よるコウガイ》より帰《かへ》るに、賊数人《ゾクスウニン》有《あ》り、突《トツ》として林中《リンチュウ》より出《い》で、路《みち》を遮《さへぎ》りて曰《い》はく、「客嚢《カクタク》を解《と》きて以《もつ》て我《わ》が飲酒《インシュ》に供《キョウ》せよ」と。藤樹《トウジュ》乃《すなは》ち熟視《ジュクシ》し、銭《ぜに》二百《ニヒャク》を挙《あ》げて之《これ》を授《さづ》く。賊抜刀《ゾクバットウ》し、叱《シッ》して曰《い》はく、「客《カク》に求《もと》むる所以《ゆゑん》の者《もの》は、豈《あ》に止《た》だに是《これ》のみならんや。速《すみ》やかに衣裳及《イショウおよ》び佩刀《ハイトウ》を卸《おろ》せ。否《しか》らずんば則《すなは》ち多言《タゲン》を須《ま》たず」と。藤樹神色変《トウジュシンショクヘン》ぜずして曰《い》はく、「姑《しばら》く之《これ》を緩《ゆる》うせよ。吾其《われそ》の授《さづ》くると不《しか》らざると孰《いづ》れか是《ぜ》なるを慮《おもんぱか》らん」と。乃《すなは》ち瞑目叉手《メイモクサシュ》すること少頃《しばらく》にして曰《い》はく、「吾之《われこれ》を慮《おもんぱか》りたり。仮《たと》ひ戦《たたか》ふこと利《り》あらずとも、軽《かろがろ》しく卸《おろ》して以《もつ》て汝《なんぢ》に与《あた》ふるの理無《リな》し」と。即《すなは》ち刀《かたな》を撫《ブ》して起《た》ち、且《か》つ曰《い》はく、「戦《たたか》ふ者《もの》は必《かなら》ず先《ま》づ姓名《セイメイ》を以《もつ》て告《つ》ぐ。我《われ》は近江《あふみ》の人《ひと》、中江与右衛門《なかえよゑもん》なり」と。是《ここ》に於《おい》て賊大《ゾクおほ》いに驚《おどろ》きて刀《トウ》を投《とう》じ、羅拝《ラハイ》して曰《い》はく、「敝郷《ヘイキョウ》五尺《ゴセキ》の童子《ドウジ》と雖《いへど》も、藤樹先生《トウジュセンセイ》の聖人《セイジン》たるを知《し》らざる者莫《ものな》し。吾《わ》が党《トウ》は攘攫《ジョウカク》を活《たづき》と為《な》すと雖《いへど》も、豈《あ》に之《これ》を聖人《セイジン》に施《ほどこ》すを得《え》んや。願《ねが》はくは先生《センセイ》其《そ》の知《し》らざるを矜《あは》れみて之《これ》を宥《ゆる》せ」と。藤樹《トウジュ》曰《い》はく、「人誰《ひとたれ》か過《あやま》ち無《な》からん。過《あやま》ちて能《よ》く改《あらた》むるは、善孰《ゼンいづ》れか焉《これ》より大《ダイ》ならん」と。乃《すなは》ち之《これ》に説《と》くに知行合一《チコウゴウイツ》の理《り》を以《もつ》てすれば、則《すなは》ち賊咸感泣《ゾクみなカンキュウ》し、遂《つひ》に其《そ》の党《トウ》を率《ひき》ゐて良民《リョウミン》と為《な》れり。

【資料】

良知《リョウチ》は感応《カンノウ》すること神速《シンソク》にして、等待《トウタイ》すること有《あ》る無《な》し。本心《ホンシン》の明《メイ》は即《すなは》ち知《チ》、本心《ホンシン》の明《メイ》を欺《あざむ》かざるは即《すなは》ち行《コウ》なり。知行合一《チコウゴウイツ》と言《い》はざるを得《え》ず。

〈現代語訳〉

【本文】

ある時、夜郊外から帰るおり、盗賊が数人現れ、突然林の中から出てきて、道を遮り、「旅人よ、財布を出して我々の酒代に提供しろ」と言った。藤樹はそこで彼らを熟視し、二百文の銭を取り出して渡した。盗賊たちは刀を抜き、大声を上げて、「お前に求めているものは、たったそれっぽっちではない。すぐに衣裳と持っている刀を解け。さもなければつべこべ言うことはないぞ」と言った。藤樹は顔色一つ変えず、「ひとまず待て。私はお前たちに渡すのと渡さないのとどちらが正しいか考えよう」と言った。そこでしばし、目を閉じ腕組みをして（考え）、「私は考えた。たとえ戦いに勝ち目がなくても、軽々しく衣裳や刀を解いてお前たちに与える道理はない」と言い、さっそく刀の柄に手を掛けて立ち上がり、さらに、「戦う者は必ずまず姓名を名乗るものだ。私は近江の人、中江与右衛門だ」と言った。そこで盗賊たちは大いに驚いて刀を投げ捨て、列をなして拝礼して、「我々の村ではたとえ小さな子供でも、藤樹先生が聖人であることを知らない者はおりません。我々の一味は追い剝ぎを生業としておりますが、聖人に対してそんなことはできません。どうぞ先生は我々が先生だとは知らなかったことを憐れんでお許しください」と言った。藤樹は、「人は誰もが過ちを犯す。過ちを犯しても改められること、これより大きな善行はないのだ」と言い、そこで彼らに知行合一の道理を説き聞かせたところ、盗賊たちは感泣して、そのまま一味を引き連れて良民となった。

【資料】

良知（誰もが生まれつき持つ良心）はたちまちの内に感応して働くもので、出現を待つことなどありえない。（良知に基づく）本心の判断がとりもなおさず「知」であり、本心の判断に背くことがないのがとりもなおさず「行」である。「知」と「行」は一体のものと言わざるを得ない。

〈設問解説〉

問1　語句の意味に関する設問

(ア)　「**自**」は副詞「みづから（自分で）」「おのづから（自然に）」の働きをすることが多いが、直下に名詞が置かれると一種の前置詞として働き、名詞から返読して「**〜より**」と読み、「〜から」の意を表す。波線部はこの働きで、選択肢④が正解。

(イ)　「**神**」は「神様」の意と「精神」の意を表す。「**色**」は漢文では「顔色」「表情」「色香」の意を表すことが多い。波線部では以下に「不レ変」とあるので、精神も顔色も変わらなかったという意味だと判断できる。正解は選択肢②である。

(ウ)　「**於レ是**」は「**ここにおいて**」と読み、「そこで」「その時に」の意を表す慣用的表現である。選択肢⑤が正解。

問2　書き下しと解釈の設問

「**所二以［動詞］一**」は、「**［動詞］ゆゑん**」と読み、「〜する方法」「〜する理由」「〜すること・もの」の意を表す。書き下しを確認すると、正しく読んでいるのは、選択肢①③⑤である。さらに確認すると、「**豈止（唯・惟・但）〜哉（乎・耶・邪）**」は、「**あにただに〜のみならんや**」と読み、「〜だけではない」の意を表す。また、「**而已**」は「**のみ**」と読み「〜だけ」「〜なのだ」の意を表す。「豈止是而已哉」は、「あにただにこれのみならんや」と読むことがわかる。以上から(i)の正解は③。続いて解釈を確認すると、「所以」を正しく訳しているのは⑤で、(ii)の正解は⑤である。まずは句形や重要語に着目して書き下し文と解釈を絞り、最後に両者を突き合わせて、矛盾が生じないかどうか確認するようにしよう。なお、傍線部の「者」は、「所以」によって作られた名詞節を強調する働きをしている。漢文では、「者」が必ずしも「人」の意を表さないことを憶《おぼ》えておこう。

問3　解釈の設問

まずは句形や慣用的表現に着目する。「**慮**」は「おもんぱかる」と読み、「考える」の意。「**A与レB**」は「**AとBと**」と読み、文字通り「AとB」の意を表す。傍線部では「授けることとそうしないこと」の意であることがわかる。「**孰**」は「孰《たれ》か（だれが）」「孰《いづ》れか（どれが）」の二つの働きがある。送りがなに注意。傍線部では送りがなから「いづれか」であることがわかる。「授けることとそうしないことのどちらが」という文脈から判断することもできるだろう。「**是**」には「**これ**（このこと）」と「**ぜ**（正しいこと）」の二つの用法があるが、「どちらがこのことか」では文意が通らないので、「どちらが正しいことか」の意である。以上から、全体として「私は授けることとそうしないことのどちらが正しいか考えよう」の意を表すことがわかる。「授ける」ものは、もちろん現在要求されている衣服と刀である。よって「私は、衣服や刀をお前たちに与えることと与えないことのどちらが正しいかを考えてみよう」とある選択肢③が正解。なお、傍線部の「其」は「孰」による比較・選択を強調する働きをしている。特に訳す必要はない。

問4　心情説明の設問

心情や状況に関する設問は、傍線部はもちろんだが、その前後を確認して解答を見いだしてゆく。傍線部の前を確認すると、藤樹は「仮戦不㆑利、無㆓軽卸以与㆑汝之理㆒」と述べている。たとえ戦いが不利であっても、お前たちに与える道理はないというのである。続いて傍線部の後を確認すると、藤樹は「戦者必先以㆓姓名㆒告（戦う者は必ずまず姓名を告げる）」と述べ、名を名乗っている。正式に戦いを始めようとしたことがわかる。以上から、「戦えば勝ち目はなさそうだが、道理に合わない要求には屈せないので、正々堂々と戦おうと決意している」とある選択肢④が正解。

問5　理由説明の設問

理由は傍線部の前後にあり、会話文があればそれが理由であることが普通である。そこで傍線部の後にある盗賊の言葉を確認すると、「雖㆓五尺童子㆒、莫㆘不㆑知㆔藤樹先生為㆓聖人㆒者㆖」と述べている。「**雖㆓～㆒**」は「**～といへども**」と読み、「たとえ～でも」「～ではあるが」の意を表す。「**莫㆑不㆓～㆒**」は「**～ざる（は）なし**」と読み、「～しないものはない」、つまり「だれもが～する」「すべてを～する」の意を表す。小さな子供でも、みんな藤樹が聖人だと知っていると述べていることがわかる。さらに盗賊は、「豈得㆑施㆓之聖人㆒哉」と述べている。「**豈～哉（乎・耶・邪）**」は、「**あに～んや**」と読み、反語を作る。漢文の反語は、原則として強い否定を表現する。聖人にこれを施す（盗みを働く）ことなどできないと述べているのである。以上から、「藤樹が聖人であることは誰もが知っており、そのような人に手出しはできないと思ったから。」とある選択肢②が正解。

問6　解釈の設問

傍線部に「**誰**」と「**孰**」という二つの疑問詞が含まれていることに着目。「誰」は「たれ」と読んで、「だれ」の意を表す。「孰」は問3で解説したように二つの働きがあるが、傍線部では「いづれか」であることがわかる。疑問詞は疑問文を作る場合と反語文を作る場合とがあるが、疑問詞によって作られる疑問文は文末を「**連体形**。」もしくは「**連体形**や。」と結び、反語文は文末を「**未然形**ん。」もしくは「**未然形**んや。」と結ぶ。傍線部では送りがなからいずれも反語であることがわかる。問5の解説で述べたように反語は否定の強調であり、「誰無㆑過」は「誰も過ちが無いものはいない」、つまり「誰もが過ちを犯す」の意を表し、「孰大㆑焉」は「どれもこれより大きくない」、つまり「これより大きいものはない」の意を表す。「過而能改」は、「過ちを改められること」の意。「能」は可能の表現である。全体として、「人は誰もが過ちを犯す。過ちを改められること、これより大きな善行はない」の意であることがわかる。藤樹が盗賊たちに対して、過ちは誰にもあることで、それを改めることこそが大きな善行なのだと説き、彼らを正しい方向に導こうとしていることがわかる。よって正解は選択肢③である。

問7　二つの文章の内容に関する設問

【資料】の内容は、誰もが持つ良心による判断が「知」、その「知」に従う行動が「行」であり、だから「知」と「行」は合致すると言わざるを得ないということ。さらに、「知行合一」の道理を聞いた盗賊たちの反応を確認すると、「咸感泣」とあり、「為㆓良民㆒」とある。彼らがこの教えに感動し、正しい人間になったことがわかる。以上に矛盾無く合致するのは、「良心に基づく判断が「知」であり、その判断に従うのが「行」である。「知」と「行」は一体であり、これに従うことで誰もが正しい人間になれる」とある選択肢②である。他の選択肢を確認すると、①は「まず「知」の出現を待てば、やがて「行」が追いついてきて」が誤り。「知」と「行」は一体のものである。同様に「まず「行」の出現を待てば、やがて「知」が追いついてきて」とある③も誤り。④は「「知」もしくは「行」のいずれかに従う」が誤り。⑤は「「知」と「行」を一体化させることができるごく一部の人」が誤り。「良知」は誰もが持つものであり、したがって「知行合一」も誰でもできるはずだと中江藤樹は説いたのである。

第３回
実戦問題

解答・解説

第3回　解答・配点

(200点満点)

問題番号(配点)	設問	(配点)	解答番号	正解	自己採点欄
第1問 (50)	1	(2)	1	③	
		(2)	2	①	
		(2)	3	②	
		(2)	4	②	
		(2)	5	④	
	2	(6)	6	③	
	3	(7)	7	⑤	
	4	(7)	8	②	
	5	(7)	9	②	
	6	(4)	10	④	
		(4)	11	③	
		(5)	12	④	
小　計					
第2問 (50)	1	(9)	13	⑤	
	2	(9)	14	②	
	3	(9)	15	④	
	4	(5)	16	②	
		(5)	17	⑥	
	5	(5)	18	②	
		(4)	19	③	
		(4)	20	②	
小　計					
第3問 (50)	1	(5)	21	②	
		(5)	22	④	
		(5)	23	①	
	2	(5)	24	③	
	3	(7)	25	⑤	
	4	(8)	26	④	
	5	(7)	27	③	
	6	(8)	28	②	
小　計					
第4問 (50)	1	(5)	29	④	
		(5)	30	②	
	2	(6)	31	④	
	3	(6)	32	③	
	4	(6)	33	②	
	5	(7)	34	①	
	6	(7)	35	⑤	
	7	(8)	36	④	
小　計					
合　計					

第1問

〈出典〉

【文章Ⅰ】　鷲田清一（わしだ　きよかず）『〈ひと〉の現象学』（二〇一三年筑摩書房刊）〈10　死　自然と非自然、あるいは死の人称〉の一節。

　鷲田清一は、一九四九年京都府生まれ。京都大学大学院文学研究科博士課程修了。大阪大学教授、大阪大学総長、京都市立芸術大学理事長・学長を経て、現在は同大学および大阪大学名誉教授。専攻は、哲学、倫理学。人が生きて存在していることの意味を生の現場に即して考察し続けている。著書に、『モードの迷宮』『顔の現象学』『「聴く」ことの力』『感覚の幽《くら》い風景』『「ぐずぐず」の理由』などがある。入試頻出著者の一人である。

【文章Ⅱ】　内田隆三（うちだ　りゅうぞう）『消費社会と権力』（一九八七年岩波書店刊）〈第三章　権力のオフ・シーン〉の一節。

　内田隆三は一九四九年大阪府生まれ。京都大学文学部哲学科卒、東京大学大学院社会学研究科博士課程単位取得退学。東京大学教授を経て、現在は東京大学名誉教授。専攻は、社会理論、現代社会論。著書に『ミシェル・フーコー』『生きられる社会』『国土論』『社会学を学ぶ』などがある。

〈問題文の解説〉

【文章Ⅰ】

　現代社会では、死という現象すら含めて生の基礎的過程がシステマティックに覆い隠され、人々の生きている現場から遠ざけられているということを論じた文章。

　以下に、本文の論旨を確認しておく。各形式段落を1～10で示す。

1～6　**死および生命の基礎的過程が隠されてあることについて**

・筆者はまず、わたしたちの社会では「〈死〉という出来事」が「システマティック（＝組織的、体系的、系統的）に覆い隠されている」、「出来事として一貫して視野から外されている」と指摘し、例を挙げて説明している（1）。現代では、わたしたちのほとんどが病院で死に、家族のメンバーであっても「死んでゆくその過程をぜんぶ」知ることはできない。死の瞬間は医療装置やそれを読む医療機関の専門家によって知らされ、「〈死〉は**じかに人体において知覚されるものではなくなっている**」。亡くなった後も、白布に包まれた遺体と面接することになり、「死体処理の**過程をつぶさに**見たひとなど」一般人にはまずいないであろうというのである。そうした意味で、現代では死が知覚不能になっているのだと筆者は指摘している（1）。

・そして、そのことと関連して、生命の基礎的過程そのものも視野から遠ざけられているのだと確認している（2～4）。病に関しても自己治療や相互治療の習慣は遠い昔のことで、わたしたちはその理解や処置を医師にゆだねている。出産の場面でも家で産婆さんに取り上げてもらうことがなくなり、出産時の母親の呻きや赤子の泣き声を聴くこともなく、ひとの誕生がどういう事態なのかをじかに知覚することがなくなった（2）。さらに、栄養摂取の前提となる調理の過程と排泄物処理の過程も、わたしたちの眼から遠ざけられているのだという（3）。

・4ではここまでの内容を総括する形で、「このように、生命の基礎的過程そのものが、……視野から、経験知から、すっかり遠ざけられて」おり、「どういう作業をへて、肉や食材や新生児や遺体がいまここに在るのか」ということへの想像力自体が萎えつつあるのだと指摘し、とりわけ「死が不可視の出来事になりつつある」ことを再確認している。ボードリヤールの言葉は、右に述べたような筆者の状況理解を補強するための言説として引用されている。

・では、こうした事態はなにをもたらすのか。誕生や病や死は、人間が有限でかつ無力な存在であることを思い知らせてくれた。調理や排泄物処理の仕事も、人間が自然の一メンバーであること、生きものであることを思い知らせてくれた（5）。ひとは生きるために他の生命をくりかえし破壊しているということ。生存のために一つの作業を分かちあい支えあっているということ。わたしたちの存在はまぎれもない物質体であり壊れもすれば消滅もするということ。そうした「**現実性の感覚そのもの**」が、現代においては、死や生命の基礎的過程が覆い隠されることで、根底から変容しつつあるのではないかというのである。わたしたちの感覚はそれに耐えられるのか、筆者はそう疑念を提出している（[6]）。

▼わたしたちは一つの生命体としてこの世に存在しているが、筆者は、その〈生存している〉という事態の本質について問いかけ、現代社会ではそれが見えない状態になりつつあることに警鐘を鳴らしている。生命の基礎的な営みばかりか人の一生において決定的な出来事である死までもが人々の眼から、経験から遠ざけられることで、何が生じるのか。筆者は本文においてそこまでは論じていないが、現実に起きている様々な出来事や事件の背景に、生命の基礎的な営みや死に対する想像力の欠如を見ていることは確かであろう。

[7]～[10]　医療テクノロジーと身体、および死との関係について

・わたしたちの身体は、そもそも内臓はおろか、顔や背中でさえ（鏡がなければ）自身では知覚不能であり、身体はそれ自身、身体観念や身体像によって解釈することでしかじぶんのものにならない。しかも、その解釈の様式は社会的、共同的に設定されており、〈わたし〉はわたしの身体の擬似所有者でしかないのだという。そして、現代では医療テクノロジーの装置と制度を経由してしかじぶんの身体、存在を意識できなくなっているのだと述べる。――たとえば、人が自分の身体について語るとき、血圧の数値や血糖値、あるいは肝臓機能などを引き合いに出したりすることを考えてみれば納得がいくであろう。その意味で、身体の内部は、（医療テクノロジーによる照明、分析によって）純粋な外部へと転換したかのようであり、「わたしの身体」という観念そのものが、「〈わたし〉とわたしの身体との**あらかじめ失われた**関係」（＝人はそもそも自身の身体のすべてを知覚できるわけではないということ）を代行する（＝自身では完全には知覚しきれない身体を、医療テクノロジーが自分に代わって明らかにしてくれること）一つの制度（＝社会的、共同体的な解釈の様式）にすぎないのかもしれないと述べている（[7]）。

▼人は自分の身体を完全には知覚することはできず、つねに解釈された身体像としてしか自身の身体を意識化できないが、現代では「わたしの身体」というとき、その身体像が医療テクノロジーを抜きにしては成り立たず、医療テクノロジーによって独占されているというのである。

・病院でひとの身体は匿名の「病体」として、人称的にニュートラルな医療空間で取り扱われる。医療技術の装置のなかに身体は深く挿入され、医療テクノロジーはひとの生死に深く介入してくる。筆者はそう述べて、[7]で指摘したことを医療の現場に即して確認している（[8]）。

・では、どう考えていけばよいのか。問題なのは、医療技術を抑止することでも、その限界を倫理的に設定することでもないのだという。技術に関する当否の判断は「相対的であり、人間についての支配的な言説の秩序に依存する」（内田隆三）からである。その意味で、医療技術は「人間についての支配的な言説の秩序」のもとに「生体としての人間のあり方そのものの定義や意味づけを変えようと試みる」ものであり、したがって、単に『人間的でない』という反論は反論になりえない」のだと述べる（[9]）。――つまりは、技術の進展に伴いそのつど人間存在を定義づけてくる医療技術については、従来の価値観や倫理観をもとに「人間的でない」と批判しても意味をなさず、もっと根本的に何をもって「人間的」とみなすかについて考えなければならないということである（直後「ファシズム」〈全体主義〉のたとえでいえば、〈全体のために個人がある〉社会体制が「人間的」なのか、〈個人の尊厳が何物にも優越する〉社会体制が「人間的」なのか、という「定義」のすれ違いを掘り下げぬまま、単に「反人間的」だと述べても、有効な批判にはなりえない、ということである）。

・[10]では、現代の医療空間で人称的な死がどう現れているかについて述べられている。人称的に無記（ニュートラル）である医療空間でも、病院関係者との人称的な関係が生じるときもある。しかし、それはあくまでも死の周縁で起こることであり、だれかの死そのものは人称的にニュートラルな空間で処置され、亡くなった後、死の後にまた人称的ないとなみが始まるのだという。

▼医療テクノロジーは人間の生命を救うものとして十分に機能しているが、そのもとで人間がどう存在しうるのかということについて論じている。身体像が医療テクノロジーを抜きにしては成り立たず、人間的な定義も医療技術によってもたらされる（たとえば、脳死は人間の死であるなど）とき、

人間存在の本質的な意味をどう考えていけばよいのか。筆者はそう問いかけているわけである。

【文章Ⅱ】

【文章Ⅰ】の9で引用されている一節を含む文章で、臓器移植などの医療技術の発展が既成の「人間の形象」を書き換えていくことについて述べた文章。以下に、本文の論旨を確認しておく。1〜4で各形式段落を示す。

1〜3 新しい医療技術が「技術の過剰な戯れ」とみなされることについて

・1はまず、「今日の医療技術」が、脳の機能が停止し「回復不可能」な状態になった、「両眼の瞳孔が開いて対光反射もなく、血圧が低下し、自発呼吸もストップした身体」を、「脳死」として〈その人は死んだ〉とみなした上で、「人工呼吸器を取り付け」るなどの処置によって「何日間あるいは何週間も」「(まだ生きている)一般の病人と変わらない入院管理を行なうことができる」と述べる。2初めに「脳死を個体の死の基準とすることによって、『生きた臓器』を他の重篤な患者に提供し、移植するという可能性が開ける」とあるように、これは「脳死」という概念によって「臓器移植」(3)に必要な「生ける遺体」(1)を作り出している状態である。――例えば重篤な心臓疾患の患者を救うために他者の心臓を移植する場合、その人が生きている状態で心臓を取り出せば(その人は死ぬので)殺人であるが、その人が死ぬのを待って取り出せば心臓も〈死んだ〉状態になるので、移植しても役に立たない。そこで、心臓を含む身体は生きているが〈その人は死んでいる〉(からその人から心臓を取り出しても殺人にならない)〉という状態が必要になるのだが、そのための概念が「脳死」(脳の機能が停止し「回復不可能」な状態になれば心臓は動いていてもその人は死んでいるとみなす)なのである。したがって、1末「脳死を死の基準にすることは、身体の上で演じられる医療技術の過剰な戯れを抑止する、人間学的な限界設定という意義をもちうる」とは、〈医療技術がもし〝生きた人間の心臓を取り出す〟なら、それは既成の人間観が許す範囲を超えた「過剰な戯れ」ということになるだろうが、「脳死を死の基準とする」ことで、〝死んだ人間から心臓を取り出すのだから問題ない〟というふうに、かろうじて「人間学的な限界」を超えることを「抑止」しているのだ〉という趣旨であることになる。

・以上をうけて筆者は2で、「臓器移植」が「人格の領域にまで及び、人間の形象を本質的に混乱させるとすれば、そこでは純粋な技術の戯れは再び批判的な言説にさらされることになろう」と述べる。現在、〈他者の心臓を移植して生き続けること〉は〈人間のあり方〉をそこなうものと考えられてはいないが、さらに移植技術が進み〈他者の脳(記憶・人格)を持って生き続けること〉が可能になったとしたら、その存在を〈それ以前のその人と同じ人間と呼べるのか〉といった形で、議論が巻き起こることになるだろう。逆に言えば、脳以外の臓器移植技術によって〈脳が変わらなければそれ以外の臓器が他者のものと入れ替わっても〝元の人間のまま〟だと認めてよい〉という形で「人格の場所を……脳に局在させる」ことになったのだが、それは脳以外の「身体空間の大部分が技術的な戯れの場として属領化されること」すなわち〈身体の(脳以外の)大部分を医療技術によって〝交換可能〟なものとすること〉につながっているのである。

・3は2の「純粋な技術の戯れ」が「批判的な言説にさらされる」事態を、「技術の過剰な戯れ＝ゲームと見なす批判的言説の声が高まる」と繰り返し述べた上で、そうした議論を伴いながらも、「ロボトミー」(注2参照)や「人工授精」、さらには「遺伝子組み替え技術」から「脳の電気的な操作」といった生命・身体のあり方を操作する技術について、それら「技術の過剰な戯れと見えるもの」は、今後も「増加していくことになる」と述べる。

▼臓器移植や脳死、さらには遺伝子組み替えから脳の電気的な操作などに至る新たな技術・概念が、従来の「人間の形象」(2)をおびやかすものとして議論を巻き起こすことが述べられている。医療技術は人間の生命を守りたいという「人間学的目的」(2)によるものには違いないが、脳死概念に基づく臓器移植をはじめとして、今後も増加していくだろう新しい技術は、〈生命・身体をそこまで人工的に操作された人間は「人間」と呼べるのか〉、それは「技術の過剰な戯れ」(3)なのではないかといった形で「批判的な言説」にさらされ、議論を呼ぶことになる、というのである。

4 技術が「人間の形象」を書き換えていくことについて

・4の最終文は【文章Ⅰ】の9で引用されているものであり、ここからは【文章Ⅰ】の8・9の「医療技術」の発展に関する論との関連を考えながら説明していこう。【文章Ⅰ】8で述べられているような「医療技術が人格の領域や生殖の領域に及」ぶケースに関し、【文章Ⅱ】ではそうした「技術を過剰な戯れ＝ゲームと見なす批判的言説」(3)について、4では「技術の戯れと呼んで非難するのは、人間の形象が技術から独立に存在し、技術が人間に従属するという考え方を前提としている」、「だが、身体空間における技術の戯れが増大し、必要な操作をはるかに上回るほど過剰になれば、人間の形象は新しい形に書き換えられ」ると述べている。つまり、その種の「技術」と「人間の形象」は相互に「独立」したものではない＝「人間の形象」は「技術」の進展に伴って変わる、というのである（たとえば、【文章Ⅰ】の8「人工臓器」について、それが実現される以前の時代においては、〈生身の身体に機械のようなものを入れた存在〉は〈サイボーグ〉〈人間とはいえない存在〉のように想像されていたであろうが、それが当たり前になった現在では、そうした存在が「人間」であることを疑う者はいない、といったことである）。これを【文章Ⅱ】では、「一つの技術が過剰な戯れであるか、人間の形象に適合する操作であるかを判断する基準は相対的であり、人間についての支配的な言説の秩序に依存する」（4、【文章Ⅰ】9で引用されている一節）と述べているのである。

▼「相対的」とは、「絶対的」の対義語で〈あるものが他との関係において存在する〉意。つまり、ある技術が「人間の形象に適合する」人間らしいものだとみなされるか否かは、時代・社会を超えた絶対的なものではなく、その時代・社会ごとの「人間についての支配的な言説の秩序」つまり〈〝何を人間らしさと考えるか〟についての、その時代・社会における主流をなす考え方〉との関係において決まる、ということである（【文章Ⅱ】4の「身体空間における技術の戯れが増大し、必要な操作をはるかに上回るほど過剰になれば、人間の形象は新しい形に書き換えられねばなるまい」とは、たとえば〈ある生殖技術が、食用動物の繁殖など社会に「必要な」レベルを超えて、人間の生殖にまで適用されることになれば、〝人間とはどういうものか〟についての定義を「書き換え」るか否かを考えるよう迫られることになる〉といったことである）。

〈設問解説〉

共通テストの二〇二一年度第一日程、二〇二二・二〇二三年度本試験の第1問は、センター試験型のオーソドックスな読解設問を中心としつつ、最後の設問で、〈生徒のノート・メモ・文章〉や〈生徒の会話〉といった学習場面を想定し、複数の文章・資料を比較・統合しつつ、本文を基にした応用的・発展的思考を問う、という形式であった。これを踏まえ本問は、本文で引用された本文以外の文章を取り上げ、生徒のノートおよび会話という形式で、応用的・発展的思考を問う設問とした。

問1 漢字、語彙力に関する設問。

(i) 文中の字と同じ字を含む語を選ぶ設問。文脈に見合った意味を考え、同音異義語にも注意して、適切な漢字を当てよう。

(ア) 「食材」を〈取りそろえる〉という意味の「調達」。①「徴収」〈人を集める場合は〈徴集〉と書く〉②「挑発」③「調節」④「超然」で、正解は③。

(イ) 「経由」で、〈ある場所や点を経ること、通ること〉という意味。①「経歴」②「契約」③「系列」④「径行」（「直情径行」で〈思うことや感情をそのまま表すこと〉の意）で、正解は①。

(ウ) 「派生」で、〈もとになるものから分かれて生じること〉という意味。①「波紋」②「派遣」③「打破」④「制覇」で、正解は②。

(ii) 二〇二二・二〇二三年度本試験の第1問の問1では、従来型の〈本問の(i)のような〉漢字設問に加えて新傾向の設問が出題され、また二〇二二年度追・再試験の第1問の問1では、漢字設問が三つに減り、最後の設問で副詞的な表現の適否に関わる設問が出題された。第2問でセンター試験時代からの恒例だった語意設問が出題されないケースが多くなっていることも考え合わせると、今後は語意・知識設問について様々な形の出題がなされる可能性がある。本問はそうした分析を踏まえ、また、共通テストの

〈試行調査〉第2問で漢字設問が出題された例があることなども考慮して、今後出題されうる形式として〈第1問で語意設問を出題する形〉を試みたものである。

(甲)「(御)託宣」は〈神のお告げ〉のことで、ここはそれを〈現代人が自分の身体についての医師の言葉を〝神のお告げ〟でもあるかのようにただ「受け容れる」〉さまを表す比喩として用いている。②が正解。「御託宣」は①③④のような意味では用いず、先に見たここでの文脈上の意味にも②以外は該当しない。

(乙)「根幹」はもともとは〈木の根と幹〉のことで、転じて〈物事のおおもとになる最も重要なところ・中心になる部分〉を表す比喩として用いられたものであろうが、現在では比喩性はほぼ意識されず通常の用語として後者の意味で用いられる。正解は④。①②③は「根幹」の語意からズレている。また内容上も、「遺伝子」「生殖」などについての新技術によって「人間のあり方そのものの定義や意味づけ」が変えられようとしている、すなわち、それらに関わる人間存在の「根幹」が従来のあり方を揺るがされている、という文脈であり、①③はこの文脈からもズレており、②はむしろ逆方向である。

問2　【文章Ⅰ】の導入部の話題を問う設問。

傍線部の直前に「このように」とあり、前で述べた事柄が「生命の基礎的過程そのものが、わたしたちの視野から、経験知から、すっかり遠ざけられてしまった」と、まとめられている文脈である。したがって、(「適当でないもの」を選べという指示に従い)前の部分では述べられていないことを答える。

①については、2の前半で、②については3で述べられている。

③の「赤ん坊の出産が間近になると母親は入院してその時期を待つようになり」ということについては2の後半で述べられているが、そこでの論点は出産が医療技術に依存しているというものであり、「医療技術の発達にともなって乳幼児の死亡率が格段に減少した」ということではないので、「適当でないもの」として、これが正解。

④については3で、⑤については1で触れられている。傍線部には「生命の基礎的過程そのものが」とあるが、死=生命の停止ももちろんその一環である。

問3　【文章Ⅰ】の筆者が危惧している事柄を読み取る設問。

傍線部の「死が不可視の出来事になりつつある。」は、1〜4で指摘した事象の中心を一言でまとめたものである。では、そのことで「どのような問題が生じるというのか」。5・6の内容を押さえつつ、6終わりの「そういうことの、からだごとの体験がことごとく削除されるとしたら、わたしたちの現実性の感覚そのものも根底から変容するにちがいない。……わたしたちの感覚ははたして耐えうるのだろうか」という表現に着目しよう。「そういうこと」がなくなるので、「現実性の感覚そのものも根底から変容する」「はたして耐えうるのだろうか」という「問題」だということになる。したがって、「そういうこと」の内容を本文に探ればいいわけだが、当該段落だけではなく、5からの話のつながりも視野に入れたい。つまり、人間が有限で無力な存在であること、自然の一メンバーであること、人間が生きものであること、生きるために他の生命を破壊していること、たがいに支えあうものであること、まぎれもない物質体であり壊れもすれば消滅もするということなど、視野を大きくとって考えたいということである。正解は、これらのことを無理なく説明している⑤。

①は、「死という出来事が人々の眼から隠されることで、病や出産、栄養摂取や排泄物処理の過程までもが人々の眼から遠ざけられるようになっており」が、前後の因果関係が本文からは読み取れないことで間違い。

②は、「自身が有限で無力な存在であることに対し見て見ない振りをしていくようになる」が、一つの問題に集約させて説明している点でも間違いだが、「見て見ない振りをしていくようになる」も、不適当。「見て見ない振り」というのでは、実際には見ているのに見ていないようにふるまっている、ということになるが、本文の文脈では実際に見えなくなっているということでなければならない。

③、「他の生命を犠牲にして生きるようになっており、今後もその状態

が続けば自らも一介の生き物でしかないという謙虚な姿勢を見失いがちになる」ということではない。人間はそもそも他の生命を犠牲にして生きているのであり、それは今に始まったことではないし、今後も変えられないことである。

④は、「人間が生きるために必要なさまざまな過程が見えない場所で処理されるようになり」→「身体とともに生きているという感覚が見失われることで」→「自然界の生命の一員であるという感覚が失われ」と、順を追って最終的に、「自然界の生命の一員であるという感覚が失われ」ということに集約している点が限定的でずれた説明になっている。したがって、「そのことに耐えられなくなるであろう」という説明も限定的すぎる。

問4　**【文章Ⅰ】**の7段落の趣旨を問う設問。

筆者は、わたしたちの身体は、内臓はおろか、表面でさえ（鏡がなければ顔や背中でさえ見えないのだから）自身では知覚不能なものであり、身体は身体観念や身体像を通してしか、つまりは解釈することでしかじぶんのものにならないのだと述べている。しかも、その解釈の様式は社会的、共同体的に設定されており（たとえば、身体のどこが大切な部分で、どこが不浄な部分かなどといったことは、時代や社会ごとに異なる）、〈わたし〉はわたしの身体の擬似所有者でしかないのだという。そして、そのことを受けて、現代では医療テクノロジーの装置と制度を通してしかじぶんの身体、存在を意識できなくなっているのだと話を進めている。身体は（医療テクノロジーによる照明、分析によって）純粋な外部へと転換したかのようだというのである。傍線部はこれらの流れを受けたものである。したがって、「〈わたし〉とわたしの身体とのあらかじめ失われた関係」とは、〈そもそもの根本において身体は自分にとって解釈された像としての身体としてしか立ち現れ得ない〉ということを指しているのだと判断できる。そして、「『わたしの身体』という観念そのもの」が、それを「代行する一つの制度」だというのだから、「『わたしの身体』という観念そのもの」が「制度」になっているのだということになる。つまりは、「『わたしの身体』という観念そのもの」が、「〈わたし〉とわたしの身体とのあらかじめ失われた関係」（＝人はそもそも自身の身体のすべてを知覚できるわけではないということ）を代行する（＝自身では完全には知覚しきれない身体を、医療テクノロジーが自分に代わって明らかにしてくれること）一つの制度（＝社会的、共同体的な解釈の様式）になっているということである。傍線部直前に「身体の内部はもはや『内なる外部』ですらなく、純粋な外部へと転換したかのようである」とあることが、傍線部に「『わたしの身体』という観念そのものがすでに……一つの制度にすぎない」とあることと対応している。つまり、〈かつては、自らの身体を「外部」の共同的身体像を通して解釈するにせよ、その「解釈をおこなう」のは「このわたし」だった（7初め）〉が、〈現在ではもはや、「解釈をおこなう」のも「外部」のテクノロジー（＝「制度」）となっており、「わたし」の介在する部分はまったくなくなっている〉ということである。正解は、選択肢前半で7初めの論旨を説明した上で、「現代では『わたしの身体』という観念それ自体が……テクノロジー……を介さずには思い描けなくなっている」とした②。

①は、「現代では『わたしの身体』という観念それ自体が成り立たなくなっている」ということではない。身体イメージは持てるが、医療技術に独占されているということである。

③は、「『わたしの身体』は観念ではなく物質として意識されるようになった」というのではない。相変わらず観念ではあるが、医療技術がもたらす観念になっているということである。

④は、「擬似所有物」から「『わたしの身体』として強く意識されるようになってきた」ということではない。「擬似所有物」であることには変わりがないのである。

⑤は、「存続」の問題になっている点がおかしい。「照明」「分析」による「解釈」の問題である。

問5　**【文章Ⅱ】**の論旨のうち、〈従来の見解〉について問う設問。これに対する〈筆者の見解〉は問6(i)で問う形になっている。

傍線部Dの「技術の過剰な戯れ」は、直前に挙げられているような、生命・身体を「操作」する新しい技術についての評であり、2「移植技術が……過剰な戯れにならないよう、人間学的目的に適合しうるかどうか」（＝移植技術が人間学的目的に適合しなくなった場合は「過剰な戯れ」になる）「移植技術が……人間の形象を本質的に混乱させるとすれば……純粋な技術の戯れは……批判的な言説にさらされることになる」、[4]「技術が人間の形象から遊離して実践され、展開されることを、技術の戯れと呼んで非難する」「既定の人間学的目的から逸脱することが戯れであり、過剰であると批判される」などと説明されている。以上をまとめれば、それらの技術が「技術の過剰な戯れ」と呼ばれるのは〈医療技術が、既定の人間学的目的から逸脱し、人間の形象（姿・あり方）を混乱させるようなやり方で、人間の生命・身体を操作する技術だから〉だと理解できよう。これに最も近いのは②「既存の価値観からすると、人間の生命や存在のあり方をもてあそび毀損しているように感じられる技術だから」で、これが正解である。**〈問題文の解説〉**の[1]～[3]の箇所で述べたように、それらの技術は、〈生命・身体をそこまで人工的に操作された人間は「人間」と呼べるのか〉、すなわち、技術によって従来の「人間」のあり方をそこまで変えてしまうのはやりすぎ（過剰）なのではないか、といった批判、議論を呼び起こす、ということである。

他の選択肢はいずれも、右に見たような「技術の過剰な戯れ」とはどういうことかについての本文における説明からズレており、誤りである。さらに言えば、

①「リスクが大きく成功の可能性はきわめて薄い賭けのように思われる」は、本文で述べられていないこと。

傍線部D「技術の過剰な戯れ」は、医療技術者に対して医療技術者以外の人々が述べる「批判的言説」だから、③「医学の側からみれば」⑤「医療技術者たちにとって」は、傍線部Dの主体（誰がそのように言うのか）自体を取り違えている。さらに、ここで挙げられている例は「臓器移植」や「人工授精」や「胎児診断」[3]といった〈診断や治療のための行為〉なのだから、③「診断や治療のための行為ではなく」も×。また「人間のクローン化」などは別として、ここで挙げられている技術は「受精卵移植」「胎児診断」「人工臓器」など「現時点で可能な技術」も少なくないのだから、⑤「現時点で可能な技術のレベルを凌駕する」もおかしいし、それらが「危険だが魅力的な試みだ」ということも本文で焦点を当てられていることではない。

④も、「臓器移植」「受精卵移植」などは「求めている」人がいるから行われている技術であり、④「社会一般の人々には、自分たちが求めている水準を超えて過剰な医療が……」はおかしい。

問6　共通テスト型の応用的思考を問う設問。二〇二一～二〇二三年度の（追・再試験等も含めた）出題を踏まえ、**【文章Ⅰ】【文章Ⅱ】**および〈生徒のノート〉の組み合わせによる〈複数テクスト型設問〉と、〈会話文形式による応用的思考設問〉とを組み合わせて、今後出題され得る形を想定した設問とした。(i)で**【文章Ⅱ】**の内容を理解し、それに基づいて**【文章Ⅰ】**の理解を深め、(ii)でその理解をもとに**【文章Ⅰ】**の叙述を解釈するという形で、〈生徒の学習の過程〉を追って解く出題も踏まえた設問としてある。

(i)　**〈問題文の解説〉**の**【文章Ⅱ】**の項（特に[3]・[4]の箇所）を参照。そこで説明したことを基に設問を考えてみよう。**【ノート】**は、その第一文にあるように、先に見た「一つの技術が過剰な戯れであるか、人間の形象に適合する操作であるかを判断する基準は相対的」という内田氏の考えについて解釈したものである。

空欄Xは「例えば、私たちは『人間のクローン化』すなわちある個体の体細胞を未受精卵に移植することでまったく同じ遺伝情報を持つ別の個体を作る技術を、人間の生殖に関する『過剰な』技術の介入だと考え、あってはならないことだと批判する」をうけて、「［X］」と述べ、さらにそれを「そのように考えると」とうけて「何をもって生命への『過剰な』介入だと考えるかは、時代・社会によって変わりうる『相対的』なものだ」と続く箇所である。つまり、

a　現在の私たちは、「人間のクローン化」を「過剰な」技術だと批判する

b　［X］

⇩　そのように考えると、

c　何が生命への「過剰な」介入だと考えるかは、時代・社会によって変わりうる「相対的」なものだ

というつながりなので、〈abをもとにするとcという結論が導き出される〉という関係が成り立つように、空欄Xに入るものを考えるということである。

Xの選択肢を見てみよう。①は〈「遺伝子組み替え技術」に関する言説としてそもそもおかしな内容だが、それを別にしても〉、「遺伝情報が同じになる」ことが現在「批判」される「問題」だとして、それが「解消」されれば問題ではなくなる（遺伝情報が違う人間ならばよい、と考える）、というのでは、結局〈クローンによって遺伝情報が同じ人間を作り出すのはおかしい〉という「考え」自体は変わらないのだから、先のcに合わない（「人間の形象」についての考え自体が変わらないのなら、「一つの技術が……人間の形象に適合する操作であるかを判断する基準は相対的」だということにならない）。

②は、空欄Xの前の〈現在の私たちが「クローン化」を批判する〉理由を述べているだけで、空欄Xの後の「時代・社会によって変わりうる『相対的』なものだ」という結論を導くものにならない。空欄補充設問では、前後一方のみでなく、両方にきちんとつながる選択肢を選ぶよう注意したい。

③「誤解」というより、〈現在の時代においては批判の対象となるのももっともだ（が、時代が変わればそうでなくなるかもしれない）〉という話である。③のように「誤解」だというのなら、逆にいえば〈正しい考え方は一つに定まっている〉ということなのであって、「時代・社会によって変わりうる『相対的』なものだ」ということにならない。また、そもそも③「専門的な知識」の有無を問題にする視点は、本文とは無関係である。

④ならば、〈現在では当たり前のものになっている「人工授精」も、かつては批判されたのではないか〉ということだから、「時代・社会によって変わりうる『相対的』なものだ」につながる（④前半は【文章Ⅱ】の[3]の「人工受精は既に広く普及している」に基づくものであり、④後半は「時代・社会によって変わりうる」から推定しうるものである）。Xの正解は④である。

空欄Yは、「そのように考えると、……内田氏の考えも理解できるし【文章Ⅰ】で鷲田氏が述べていることが、新しい技術は、[Y]ということだと理解することもできる」と並列されているところだから、X同様先のabを「そのように考えると」とうけて導き出される内容であり、かつ「【文章Ⅰ】で鷲田氏が述べていること」から導き出せる内容が入ることになる。

①は「【文章Ⅰ】で鷲田氏が述べている」内容ではある（[8]後半）が、先のabをうけるものにならない。aとb（Xの④）は〈ある時代において批判されるものは別の時代においては受けいれられる可能性がある〉という話だが、①は〈現代の医療技術がどのようなものになっているか〉という指摘のみである。

②は逆に、先のabをうけるものとしては成立しうるかもしれないが、「【文章Ⅰ】で鷲田氏が述べている」内容とは認められない。【文章Ⅰ】冒頭からの筆者の論を振りかえればわかる通り、筆者は生命に関する現代の風潮に対して〈危うさ〉を感じている（ただ、単に旧来の価値観をもとに「人間的でない」と批判するだけでは有効でない（[9]半ば）、ということを理解してもらうために、内田氏の考えを引用しているのである）。

④の前半は、【文章Ⅰ】[9]半ばに合致するが、「医療技術の過剰な戯れを抑止することが必要だ」が【文章Ⅰ】[9]初め「ここで問題なのは……医療技術の過剰な戯れを抑止すること……ではない」に反するし、先のabをうけるものにもならない。

残る③はどうか。【文章Ⅰ】[9]初めに「ここで問題なのは……医療技術の過剰な戯れ……の限界を『倫理的』に設定することではない」とあり、「医療技術はそれぞれの時点で生体としての人間のあり方そのものの定義や意味づけを変えようと試みる」とある。「人間のあり方」の「定義」自体が変われば、それに伴って〈人間はどうあるべきか〉という「倫理」の基準自体も変わらざるを得ない。つまり、新しい技術を前にして、「倫理」の基準は変えないまま〈この基準によればここまでしか許されない〉と

いうふうに「限界を……設定」しようとするのでは有効な批判とならず、〈「人間」的な技術はこうあるべきだ〉という「定義」「基準」自体を考え直すかどうかを迫られていることを理解しなければならない、ということである（【文章Ⅰ】冒頭からの叙述でわかるように、筆者は現代の状況について危惧を表明しているのであるが、それは、右のように問題のありどころをきちんと把握したうえでのことでなければならない、と述べているのである）。――③は以上のように「【文章Ⅰ】で鷲田氏が述べていることと」の理解として成立しうるものであり、かつ、先のａｂをうけるものともなっている。③が正解である。

応用的思考の設問は、右のように、本文および設問で与えられた文章や資料などから〈正解の条件〉をつかみ、それらをすべて満たしているかどうか、という考え方で解いていくことになる。

(ii) 設問文に「Ｊさんを含む五人の生徒が交わした議論の一部……Ｊさんは(i)で考えたことを基に発言しているが、その発言はどれだと考えられるか」とあるので、ここまで解説してきた(i)の理解を基に、【文章Ⅰ】の二重傍線部「『人間的でない』という反論は反論になりえない」についての解釈として適切なものを選べばよい。

〈問題文の解説〉の【文章Ⅰ】9の箇所も参照。二重傍線部「『人間的でない』という反論は反論になりえない」に関連する【文章Ⅰ】の筆者の論旨を前後から把握しよう。

【文章Ⅰ】の筆者は、「医療技術の過剰な戯れ」について、問題なのは、医療技術を抑止することでも、その限界を倫理的に設定することでもないとし、その理由を、内田隆三氏の言説を引用して、技術に関する当否の判断は「相対的であり、人間についての支配的な言説の秩序に依存する」からだと述べ、医療技術は「それぞれの時点で生体としての人間のあり方そのものの定義や意味づけを変えようと試みる」ものであるとしている。つまり、医療技術は「それぞれの時点」において「支配的な言説の秩序」のもとに人間についての「定義」を変えていくということである。したがって、単に「『人間的でない』という反論」をしてみたところで「反論になりえない」というのである。言い換えれば、技術の進展に伴いそのつど人間存在を定義づけてくる医療技術については、従来の価値観や倫理観による「人間」の定義に基づいて「人間的でない」と批判しても意味をなさず、もっと根本的に、何をもって「人間的」とみなすかについて考えなければならないということである。先に見た通り、たとえば、【文章Ⅰ】9半ばの「生殖技術」で、〈クローン人間〉を生み出すことが可能になったとき、「人間」の定義を変更するか否かの議論が必要になる、といったことである。したがって、正解は④。

①はまず「人間が技術に支配されてしまう……」が、【文章Ⅰ】の「支配」の意味を取り違えている。本文では「人間についての支配的な言説の秩序」とあり、〈人間をどのような存在とみるかについて、社会の中で支配的な（力をもっている）言説〉という文脈で用いられている。また、「個々のケースごとに具体的に批判していかなくちゃ」が、【文章Ⅰ】の「人間のあり方そのものの定義や意味づけ」という問題を考えるべきだ〈「人間」の概念そのものという本質的・原理的なところから考えるべきだ〉という方向性とは逆である。

②は「技術（は）……全体として考えれば人間に利益をもたらしてくれている面の方が大きい（から認めるべきだ）」が、【文章Ⅰ】（全体）の論旨とくい違っている。

③は「技術自体は中立的なもので、使い方しだいで良いものにも悪いものにもなる」が今回の文章と無関係な内容（他の文章ではしばしば言われていることだが、この文章の論旨とは違う）というタイプの引っかけ選択肢である）。また「人間がそれを良い方向に導いて、『人間的』なものとして利用していくことが大切」が、先に見た〈何が「人間的」なのかということ自体が問題だ〉という論旨に届いていない。著者の論旨からすれば、〈何が「良い方向」なのかということ自体が問われているのだから、それを議論する必要がある〉ということになる。

⑤は「技術の進歩がもたらした変化に対して……新しい『人間』のあり方として受け入れていくべきだ」と単純に言い切ってしまっているのが、【文章Ⅰ】全体の論旨に反する。【文章Ⅰ】はそうした「変化」の〈危うさ〉を指摘するところに重点を置く文章である。

第2問

〈出典〉

【文章Ⅰ】　芥川龍之介（あくたがわ　りゅうのすけ）「芋粥」（一九一六年九月刊『新小説』掲載、岩波書店一九九五年刊『芥川龍之介全集　第一巻』所収）の一節。

芥川龍之介は、一八九二年生まれの小説家。一九一六年、東京帝国大学文科大学英文学科卒。大学在学中の一九一四年に菊池寛や久米正雄らとともに第三次『新思潮』を発刊する。一九一六年に発表した「鼻」が夏目漱石に激賞され、一躍文壇の寵児となる。その後、「芋粥」「手巾」「蜘蛛の糸」「地獄変」「杜子春」「藪の中」など数々の傑作短編小説を発表したが、一九二七年三五歳で死去。東西の文献資料に材を仰いだ作品を数多く残し、近代日本文学を代表する作家のひとりとして数えられる。他の主な作品に「羅生門」「トロッコ」「河童」などがある。

【文章Ⅱ】　武石彰夫（たけいし　あきお）訳『今昔物語集　本朝世俗篇　全現代語訳』（講談社学術文庫二〇一六年刊）〈巻第二十六第十七〉「利仁将軍、若き時京より敦賀に五位を将て行く語」の一節。

武石彰夫は、一九二九年生まれの仏教文学研究者。一九五八年法政大学文学部日本文学科卒。大東文化大学助教授、高知大学教授、聖徳大学教授、仏教文化研究所所長などを歴任。二〇一一年、死去。他の主な著作に『仏教歌謡の研究』『仏教文学論考』『和讃　仏教のポエジー』などがある。

【文章Ⅰ】【文章Ⅱ】ともに出題に際しやむを得ない事情によりルビを改変した箇所がある。

〈問題文の解説〉

【文章Ⅰ】

現代文の問題として小説の一部が出題される場合、〈前書き〉という形で物語の状況が説明される。ここには本文読解を行ううえで、欠くことのできない大切な情報が提示されている。今回は、〈風采のあがらぬ侍である「五位」が芋粥を満足するまで食べたいというささやかな願望を抱いていること〉、そして〈「利仁」がその願いをかなえようと、ある日五位を京都から自分の屋敷がある敦賀へと連れ出し、芋粥をふるまおうとすること〉が書かれていた。これらをしっかりとおさえたうえで本文の読解に入っていくことにしよう。以下、物語の展開から本文を三つの場面に分けて説明していく。

第一の場面（翌朝、眼がさめると～してしまったのである。）

物語は朝眼をさました五位が庭に積み上げられた大量の山の芋を目にするところから始まる。庭には四、五枚の長筵が敷かれ、その上に丸太のように大きな山の芋がおよそ二、三千本も積み上げられていたのである。

五位は驚愕しながら呆然と周囲を見渡すが、そこでは何十人もの若い下司女たちが忙しく立ち働いて、五、六個の五斛納釜（約九〇〇リットル入る巨大な釜）に大量の芋粥をつくる準備を進めていた。五位は信じられないほど大量の芋粥が用意されること、そして、その芋粥を食べるために京都からはるばる越前の敦賀まで旅をしてきたことを考えて、情けない思いにとらわれる。自らのつまらぬ願望のために、これほどまでに大げさなことが行われていることに気おくれし、人々に対して申し訳なさを感じたのであろう。結果としてこのとき五位の芋粥に対する食欲は半減してしまったのである。

第二の場面（それから、一時間の後～十分でござる。」）

それから一時間の後、いよいよ朝飯の時間がやって来た。五位の前にあるのは一斗（約一八リットル）ほども入る銀の提になみなみと盛られた芋粥である。五位は先刻からたくさんの人々の手によって大量の芋粥が準備されていく様子を見てきていた。そして、できあがった芋粥が目の前に用意された今、すっかり食欲を失ってしまっていたのである。とはいえこの芋粥は五位の願いをかなえようと用意されたものである。当然食べないわけにはいかない。弱った五位は提を前にして、間の悪そうに額の汗を拭くのである。

そんな五位にまず利仁の舅である有仁が芋粥をすすめてくる。あろうことか童児たちにいいつけ、さらにいくつかの提を膳の上に並べさせることまでしている。もちろん五位はもはや芋粥を食べる気など起こらないのではあるが、それでもそのすすめに応じて提の半分ばかりの芋粥をなんとか飲み干す。

ところが今度は利仁が意地悪く笑いながら新たな提をすすめてくる（利仁は五位をからかって楽しんでいるのであろう）。五位はこれ以上芋粥を飲むことなどできないと思いながらも、利仁や有仁の厚意を無にするわけにもいかないと考え、提に残った半分の芋粥のうち三分の一ほどを飲み干した。いよいよ限界をむかえた五位は顔中に大量の汗をかきながら、利仁たちに礼を言い、もう芋粥は十分であることを伝える。しかし有仁は五位のこの言葉をも遠慮であると見なして、童児たちになおも追加の芋粥を用意させようとする。五位はうろたえながら必死になってその芋粥を辞退しようとする。

第三の場面（もし、この時、利仁が～大きな嚔をした。）

このとき唐突に五位に救いが訪れる。利仁が向こうの家の軒に現れた一匹の獣を発見して声をあげたのである。利仁の声は皆の注意をその軒の方へ持っていった。そこにはまばゆい朝日を受けて毛を輝かせている一匹の狐が座っていたのである。そしてそれは利仁が前々日に捕え、敦賀の自邸へ使いとして送っていた狐（注5参照）であった。利仁は周りの者に命じて、その狐に芋粥を与えた。結果として、五位は利仁や有仁からそれ以上芋粥をすすめられることもなくなり、なんとか難局を逃れることができたのである。

芋粥を飲んでいる狐を眺めながら、五位はこの敦賀へ来る前の自分をなつかしく思い起こす。それは人々に愚弄されるうだつのあがらない孤独な自分ではあったが、芋粥を満足するまで食べたいという願いを胸に抱く幸福な自分でもあった。芋粥を食べたいという思いを失ってしまった今、五位はあのささやかな願いを大切に抱えながら暮らしていた日常を幸せなものとして思い浮かべたのである。たしかに願いはかなえられ、五位は芋粥を食べるのは「もう、十分」だという思いを抱かされた。しかしながらそれは五位の小さな願いとともに生きる日常の喜びをすっかり奪い去ってしまったのである。

もはや芋粥を食べなくてすむという安心とともに、五位は満面の汗が次第に乾いていくのを感じる。五位は（かつての「幸福」さを見失った）どこか空虚な気持ちを抱えながら、朝の冷たい風を受けて、芋粥の盛られた銀の提に向かって大きなくしゃみをする。

【文章Ⅱ】

【文章Ⅱ】も**【文章Ⅰ】**と同様、庭に大量の芋粥が用意される光景を五位が目にする場面から始まる。やはり五位は信じられない量の芋粥が準備されている様子に圧倒され、食欲を失って、うんざりしてしまう。五位は芋粥を一ぱいさえ食べきることができずに満腹になってしまうが、ここでは**【文章Ⅰ】**と異なり、利仁や有仁からそれ以上芋粥をすすめられることもなく、皆が和気藹々《わきあいあい》と冗談を言いあうなかで、穏やかに物語は進んでいく。その後狐が登場し、利仁がこの狐に芋粥をふるまう展開も**【文章Ⅰ】**と変わらないが、最後の場面には**【文章Ⅰ】**との大きな違いが見られる。五位は一カ月ほど敦賀にとどまったのだが、ここでの滞在は五位にとってなにもかもが最高に楽しかった。そして都に戻る際、五位は様々なものを与えられ、すっかり物持ちになっていく。物語は長年実直に働き周囲から一目置かれている者には、当然の道理としてこのような幸運が訪れるという話として閉じていくのである。

〈設問解説〉

問1　登場人物の心情をとらえる設問。

傍線部**A**は「五位」の「食慾」が「一半を減却してしまった」（＝半減してしまった）ことを述べているが、この理由を考える。**〈問題文の解説〉【文章Ⅰ】**の第一の場面の項も参照してもらいたい。

敦賀の利仁邸に連れてこられた五位は朝眼をさまし、庭で大量の芋粥の準備が行われている光景を目にする。信じられないほど大量の山の芋と忙しく立ち働く何十人もの人々を見ながら五位はその光景にすっかり圧倒されてしまう。そして、巨大な五斛納釜の中にできあがる芋粥を思い浮かべながら、京都からわざわざ敦賀まで旅をしてきたことを考え、情けない思いを抱える。自分のためにあまりにも大げさなことが行われている様子を目にして、かえって自らの願望のつまらなさが意識され、五位は恐縮し、みじめな思いにさいなまれたということであろう。そして、このような思いのなかで、五位の食欲は減退していくこととなったのである。したがって、以上の内容をとらえた⑤が正解。

①は「すでに十分なほどの達成感を得てしまった」が誤りである。大量の芋粥を見ているうちにすっかり満腹になってしまったということはあろうが、これだけでは傍線部直前の「何一つ、情なくならないものはない」という心情を説明できない。

②は「芋粥を腹いっぱい食べるためにこのようなことを望んだ」が誤りである。五位は「芋粥を腹いっぱい食べる」ことを望んだのであって、「このようなこと」が指しているような大量の芋粥が多くの人々の手によってつくられることを望んだわけではない。また「自らの身勝手さ」に対する「自己嫌悪」という把握も、自らのささやかな願いがあまりにも大げさにあつかわれてしまっていることからくる情けなさとはズレる。

③は「すべてを人まかせにしている自分のふがいなさ」が誤りである。五位が自分で芋粥を作れば食欲も減退しなかったということではないのだから、「人まかせにしている」ことを情けなく思ったわけではない。

④は「自分を困らせようとしている利仁の意図に気づき、耐えがたい怒りがわきあがってきた」が誤りである。この後の場面で五位が「利仁や有仁の厚意」を感じている箇所がある。したがって、五位が利仁について「自分を困らせようとしている」と考えたり、「耐えがたい怒り」を感じたりしているとは言えない。

問2　登場人物の心情をとらえる設問。

傍線部B「五位は、提を前にして、間の悪そうに、額の汗を拭いた」と表現される五位のありようをとらえる。〈**問題文の解説**〉【**文章Ⅰ**】の第二の場面の項も参照してもらいたい。

傍線部の「間の悪そうに」とは、ここでは〈きまりが悪そうに〉といった意味を表す。いま五位は目の前に用意された芋粥を見ながら、この芋粥が多くの人々の手によって大量に作られていた光景を思い起こしつつ、満腹を感じている。一方で五位には、自分の願いをかなえようと手を尽くしてくれている利仁や有仁の厚意をありがたく思う気持ち（29行目）もある。五位は、人々の厚意に応えなければならないと思いながらも、芋粥を食べる気にはなれないというジレンマのなかできまりの悪さを感じ、困惑しているのである。以上の内容をとらえた②が正解である。

①は「感謝の気持ちで、胸がいっぱいになっている」が誤りである。これでは傍線部の「間の悪そうに、額の汗を拭いた」に見られるうろたえ困惑する五位の様子を説明するものとはなっていない。

③は「すべて食べきることができるか不安に感じている」が誤りである。そもそも五位はすでに満腹を感じているのであり、すべて食べきれないことは明白である。ここでは食べきれないことというよりは、そのことで人々の厚意を無にしてしまうことにきまりの悪い思いをしているのである。

④は「食べられるだけの芋粥は食べようと覚悟を決めている」が誤りである。このような決意を傍線部の「間の悪そうに、額の汗を拭いた」という表現から読み取ることはできない。

⑤は「思慮を欠いた人々のふるまいに怒りをおさえられずにいる」が誤りである。五位はここで芋粥を用意してくれた人々の厚意を感じているのであって、腹を立てているわけではない。

問3　複数のテクストを比較してとらえる設問。

共通テストの特徴の一つである、複数の文章・資料（テクスト）を関連させて考える設問である。ここでは【**文章Ⅰ**】と【**文章Ⅱ**】の関係性をとらえる。〈**問題文の解説**〉の【**文章Ⅰ**】および【**文章Ⅱ**】の項も参照してもらいたい。

【**文章Ⅰ**】と【**文章Ⅱ**】は、利仁により大量の芋粥がふるまわれることで、五位の願いがかなえられるという筋立てにおいて共通している。一方で【**文章Ⅰ**】がささやかな願いを胸に抱きながら生きる日常の幸せを失った五位が一抹の空しさをおぼえる結末となっているのに対し、【**文章Ⅱ**】は長年真面目に働き続け周囲からも一目置かれている五位が思わぬ幸運を手にする結末となっている。これらの共通点と相違点を正しくとらえた④が正解。

①は【**文章Ⅰ**】について「うだつのあがらない侍として最後まで周囲の人々から虚仮にされ続けて深い絶望にとらわれる五位の姿が描き出されている」としている点が誤りである。【**文章Ⅰ**】の最後の場面における五位は、小さな望みを胸に抱きながら生きる日常の幸せを失ったことに空し

さを感じているのであり、周囲の人々から虚仮にされることに絶望を感じたわけではない。

②は【文章Ⅰ】について「新たな日常の幸福を求め始める五位の姿が描き出されている」としている点が誤りである。【文章Ⅰ】の最後の場面において、朝の冷たい風をうけてくしゃみをする五位の姿からこのような前向きな思いを読み取ることはできない。

③は【文章Ⅱ】について「五位が次第に強欲になっていく筋立てとなっている」としている点が誤りである。【文章Ⅱ】では、五位が様々な贈り物を与えられて物持ちになっていく姿が描かれているが、これは「ながねん、つとめあげて、人から一目おかれているようなもの」に訪れた僥《ぎょう》倖《こう》としてとらえられており、五位が「強欲」になっていったこととして描かれているものではない。

⑤は【文章Ⅱ】について「願いの実現を素直に喜ぶ五位がその後も幸せになっていく」としている点が誤りである。【文章Ⅰ】と同様に【文章Ⅱ】でも五位は大量の芋粥にうんざりしてしまっており、「素直に喜ぶ」様子は見られない。また、【文章Ⅰ】について「利仁たちの悪意ある振る舞いを許せなかった五位が陰鬱な気分を抱え続ける姿が描き出されている」としている点も誤りである。五位は利仁たちが芋粥をふるまってくれたことを「悪意ある振る舞い」ではなく厚意にもとづくものと考えている。したがって「許せなかった」と言われるような怒りをおぼえていたとは言えない。

問4　表現の特徴をとらえる設問。

共通テスト文学的文章問題では、表現に関する設問が多様な形式で出題されている。これまでになかった形を含め、様々な形態の設問を練習しておきたい。今回は二〇一七年試行調査の形式をアレンジした形で出題した。

aについて。「あわただしく立ち働く人々の様子を描き出している」とあることから、解答は②と③に絞られる（①は山の芋が庭に置かれている様子をとらえたものであり、「人々の様子」を描いたものとは言えない）。このうち「直喩表現や対句的な表現」を用いているものは②のみであるため、これが正解。「戦場か火事場へでも行ったような騒ぎ」が「直喩表現」であり、「釜の下から上る煙と、釜の中から湧く湯気」や「眼に見るもの、耳に聞くもの」が「対句的な表現」である。③には「直喩表現」はあるが、「対句的な表現」は見られない。

bについて。「困惑し狼狽する五位の様子を表現している」とあることから、④と⑤と⑥に絞られる。このうち「身体動作の視覚的な描写」を行っているものは「両手を蝿でも逐うように動かして」とある⑥のみであるため、これが正解。④には「身体動作」の「描写」は見られず、⑤は「口髭」や「鼻の先」に「汗が玉になって、垂れている」ことを描いているが、これも「身体動作」の「描写」とは言えない。

問5　複数のテクストを比較してとらえ、発展的思考を展開する設問。

問3と同様に複数のテクストを関連させる設問であり、さらに〈【鑑賞文】を書く〉という形で特定の現実の場面を設定し、本文を基にした発展的思考を行うことをも求めた問いである。共通テストではこの種の問いも出題されうるので、心にとめておきたい。

まず【資料甲】と【資料乙】の内容をとらえておこう。【資料甲】は、芋粥を腹いっぱい食べたいという願望を口にする五位に対し、利仁がなんとかその願いをかなえてあげたいと述べるくだりが描かれている。ここでの利仁はささやかな願いを抱く五位を思いやり、力になってあげたいと考える優しさを見せているように思われる。一方【資料乙】は、【資料甲】と同じやりとりを描きながらも、芋粥を心ゆくまで食べたいと願う五位に「軽蔑と憐憫」を感じ、あなたが望むならその願いをかなえてあげようと述べる傲慢な態度を見せながら、周りの者と一緒になって五位を嘲笑する利仁の姿がとらえられている。

そして【鑑賞文】では、このような違いを受けながら、特に【資料乙】における利仁の「人物像」が問題にされている。

(i)

空欄Xについては、【資料乙】の「五位に芋粥をご馳走すると申し出る」箇所にあらわれた利仁の人物像を考えればよい。ここでの利仁は【資料甲】に見られるような思いやりから五位の願いをかなえようとしているのではない。「軽蔑と憐憫とを一つにしたような声」で「お望みなら、利仁がお飽かせ申そう」と言い、周りの者と一緒になって五位を嘲笑う利仁からは、皆からあなどられる人物を自らもともに蔑みながら、その願いをかなえてやることで自身の力の大きさを誇示しようとする傲慢さが読み取れるだろう。したがって、正解は②である。①は全体的に【資料甲】に見られる利仁の人物像をとらえており、ここで問題になっている【資料乙】の人物像とは正反対のものである。③は「その場の雰囲気に追随し」が不適切である。五位を侮蔑しながらその願いを自分がかなえてやると述べる利仁は、むしろこの場の雰囲気を主導していると言える。したがって、「周囲の人々を自分の味方にしよう」という意図も読み取れない。④は「好意を伝えようとしながら」が誤りである。【資料乙】の利仁から五位への「好意」は感じられない。また利仁は終始傲慢な態度を示しており、「態度を急変させる」様子もうかがえない。

(ii)　空欄Yについては、【文章Ⅰ】で狐の登場により利仁が五位に芋粥をすすめなくなった理由を考える。【資料乙】に見られる利仁の人物像から考えると、利仁にとって芋粥をふるまうことは自らの権威を誇示することを意味する。ここではそのための対象が五位から狐に移ったのだと考えられる（狐ですら従わせる自らの威勢を誇っているのである）。したがって正解は③。①は「五位の心中を思いやり」が誤りである。【資料乙】の利仁の人物像からは出てこない解釈である。②は五位の「気持ちを尊重しようとした」という解釈が誤り。やはり【資料乙】から読み取れる利仁の人物像からズレている。④は「厚意を無にするような五位の態度を不快に感じ」が誤りである。そもそも利仁は「厚意」から五位に芋粥をすすめているわけではない。【文章Ⅰ】のなかでも「意地悪く笑いながら」五位に芋粥をすすめていたように、食べきれないほどの芋粥を用意することで五位をからかって楽しんでいるのである（問2で見たように、それを「厚意」だと解釈しているのは五位の方である）。

(iii)　空欄Zについては、空欄Yを含む前の部分を「つまり」と言い換えた箇所であることを踏まえて、五位が感じた「この上芋粥を飲まずにすむという安心」について考える。【資料乙】に見られる利仁の人物像に基づいた解釈では、芋粥を食べるということはすなわち利仁が誇示する力にさらされることを意味する。したがって、五位が芋粥を飲まずにすむようになったことで得た安心感は、こうした利仁の力から（その対象が狐に移ったことによって）逃れたことがもたらす安心感だとも言える。よって正解は②である（問2や問3①⑤の解説で見たように、五位自身は必ずしもこのことを明確に意識しているわけではない。空欄Zの後に「象徴的に示すものであるようにも思える」とあるように、②はこの物語をX・Yのような方向で解釈していった際に、最後の場面の五位の姿に対する読む側の解釈として見えて来るものである）。

他の選択肢はそもそも、前の〈利仁の支配欲の対象が五位から狐に移った〉という内容を「つまり」と言い換えたもの、という条件に沿うものとなっていない。その上で個々に見ていけば、①は「利仁のおかげで、これからは他の侍たちに愚弄されずにすむ」が誤りである。「芋粥を飲まずにすむ」ようになったからといって「他の侍たちに愚弄されずにすむ」ようになるわけではないし、「利仁のおかげ」だと言えるようなことも生じていない。③は芋粥を食べたいという望みを抱きながら送る幸せな日常が変化してしまったことを「五位が受け入れようとしている」という解釈が誤りである。そもそも五位が幸せだった日常の喪失を「受け入れようとしている」かは不明であるし、仮にそうだとしても、ここでの芋粥から解放された安心感と直接かかわるものとは言えない。④は五位が「利仁の気遣いを感じ」て、「深甚な感謝の念を抱いている」が誤りである。利仁のために芋粥を食べねばならぬという思いから解放されたのは、たまたま狐が現れたおかげなのであって、利仁の「気遣い」によるものではなく、したがってそのことに五位が「感謝の念」をもつということもない。

問2・問3と問5は、同じ物語を五位の側と利仁の側という異なる視点から捉えた際の見え方の違いを問うたものである。この種の設問も念頭に置いておきたい。

第3問

〈出典〉『源平盛衰記《げんぺいじょうすいき》』（巻第三十七「一谷落城並重衡卿虜《いけど》り附守長主を捨つ並秀歌の事」）

『源平盛衰記』は、四十八巻から成る軍記物語で、作者、成立年ともに未詳。『平家物語』の異本の一つで、読み本系統（琵琶《びわ》法師が語り伝えた「語り本系統」に対して、読み物として増補された系統のもの）に属するとされる。平安時代末期の源平の合戦を中心として、源平二氏の興亡盛衰を精細に叙述するが、特に源頼朝の挙兵関連の記事に詳しいなど、源氏寄りの姿勢がうかがえる。宣旨などの歴史資料的な素材が豊富に載せられ、時には本筋を逸脱する多量の挿話（歴史余話、和漢の故事、先例・由来談、寺社縁起など）が盛り込まれる一方、文章には装飾的技巧が凝らされ、情景描写にも劇的効果を狙った工夫がなされているが、冗長で流麗さに欠け、文学的価値は『平家物語』に及ばないとされる。しかし、その説話の豊富さから、後世の文芸へ与えた影響は大きい。

出題箇所は、一ノ谷の合戦（一一八四年）で、長年仕えた主君である平重衡を見捨てて敗走した後藤兵衛尉守長の、和歌についての逸話を記した部分である。なお、平重衡は一ノ谷の合戦で捕虜となって鎌倉に護送され、平家滅亡後、南都焼き打ち（一一八一年）の責めを負って斬首された。

〈現代語訳〉

この守長（＝後藤兵衛尉守長）は、歌道においては殊勝な者であって、（守長の歌才については）帝までもが知っていらっしゃることである。

先年、一院（＝後白河法皇）が、鳥羽の御所にお出かけになって、詩歌管絃の催しをなさった。頃は五月二十日過ぎのことである。公卿・殿上人が連れ立って参上する。重衡卿（＝平重衡）も出仕しようとして身支度をなさったが、卯の花に時鳥を書いてある扇紙を取り出して、「すぐに扇（の骨）に張って（私に）献上いたせ」と言って、守長にお与えになる。守長は、ご命令をお引き受けして、急いで扇に張ったが、分廻しを当てそこなって、時鳥を途中から切り、僅かに尾と羽先だけを残した。（守長は）しくじりをしてしまったと思うけれども、取り替えられそうな扇もないので、そのままこれを（重衡卿に）献上する。

重衡卿が、こんなこととも知らずにご出仕なさって、（一院の）御前で（扇を）開いてお使いになったのを、一院がご覧になって、重衡の扇をお取り寄せになった。三位中将（＝平重衡）は、初めてこれをご覧になって、恐縮してお控え申し上げた。（扇を差し出すようにとの一院の）ご命令が度々になったので、（平重衡は）（一院の）御前にこれをお置きになった。一院が、開いてご覧になって、「残念なことに、名高い鳥に疵をお付けになったものだなあ。何者のしわざなのか」と言って、お笑いになったところ、その場にいた公卿たちも、本当に滑稽なことだと思い合わせなさった。三位中将も、苦々しく思い、恥じて恐れ入りなさっている様子である。（重衡卿は）退出して後、守長をお呼び付けになって、強くお咎《とが》めになった。守長は、たいそう嘆き恐れて、一首の和歌を書いて差し上げる。

五月闇…五月闇で暗いころ、倉橋山の時鳥が人に姿を見せるものか、いや、見せるものではない。

と。三位中将が、この和歌をささげ持って（一院の）御前に参上し、こうこうと奏上しなさったところ、君（＝一院）は、「さては、守長がこの和歌を詠もうと思って、故意にしたことであろうか」とご感心なさった。

先例がないわけではない。能因入道が、

都をば…都を霞が立つのと同時に（春に）出発したけれども、（道のりが遠くて）秋風が吹く白河の関（を見ることとなったよ）。

と詠んでいたが、自分の身は都にいながら、どうして何の考えもなくこの歌を披露することができようか、いや、できないだろうと思って、東国の修行に出てしまったと（人々に）知らせて、人知れず家に籠もって、日光に身をさらしては、色を黒く日焼けさせて後に、陸奥国の方での修行の際に詠んだと言い広めた。

また、待賢門院（＝藤原璋子）の女房に、加賀という歌人がいた。

かねてより…かねてから予想していたことなのになあ。（あなたが冷淡になって）懲《こ》り懲りするほどの嘆きをすることになるだろうとは。

という歌を詠んで、何年もの間（発表しないまま）持っていたが、どうせなら、立派な人と深い仲になって、（その後）忘れられたような時に詠んだならば、勅撰和歌集などに入集したような時の体面もすばらしいにちがいないと思った。そうして、どのようにしたのだろうか、（加賀は）花園大臣（＝源有仁）と契りを結び始め申し上げて、時間が経って（花園大臣との関係が）途絶えがちになってしまった。加賀が、（花園大臣が冷淡になるのは）期待していたとおりであったのだろうか、この和歌を差し上げたところ、大臣は並々でなく感慨深いことだとお思いになった。世間の人は、（加賀のことを）「伏し柴の加賀」と称し（て称賛し）た。そうして、（「かねてより…」の和歌は）思いどおり『千載和歌集』に入集してしまった。

守長もこう（＝能因入道や加賀と同様）でもあろうかと気にかかる。秀歌だったので、鳥羽の御所の御念誦堂の杉の障子に彫り付けられて、今まで残っている。というわけで、高貴な者も卑しい者も、誉めるのもけなすのもさまざまであるにちがいないと（ある人が）申しました。

〈設問解説〉

問1 解釈の問題。

解釈型の問題は、古文を読解する上でその基本となる現代語訳の力を問うのが狙いである。安易に文脈から傍線部の内容を推測して選択肢を選ぶのではなく、傍線部の訳がどうなるかを考えた上で、それに合うような選択肢を選んでいかなければならない。

(ア) 傍線部を単語に分けると、「きと（副詞）＋張り（動詞）＋て（助詞）＋参らせよ（動詞）」となる。

第一のポイントは「きと」の訳である。「きと」は、動作の俊敏なさま、確実なさまを表す副詞で、「すぐに・さっと・ちょっと・確かに・必ず」などと訳す。重衡のこの傍線部の発言に応じて、次の守長の「仰せ承つて、急ぎ張りけるほどに」という行動が導かれているが、「きと張りて」と「急ぎ張りける」が対応しているのは明らかであるから、この「きと」は「すぐに」などと訳す用法である。この段階で、正解は②、③に絞られる。

第二のポイントは「参らせよ」の訳である。敬語の訳は解釈のポイントになりやすいので、普段からきちんと調べて訳す習慣をつけること。「参らす」は、

a、参らす（謙譲語の本動詞）
＝差し上げる・献上する
b、参らす（謙譲語の補助動詞）
＝お～申し上げる・～差し上げる
c、参ら（謙譲語の本動詞）＋す（使役の助動詞）
＝参上させる・うかがわせる
d、参ら（謙譲語の本動詞）＋す（尊敬の補助動詞）
＝（「参らせ給ふ」などの形で）参上しなさる

などの可能性があるが、いずれにしても謙譲語を含んでおり、謙譲の意が表れていない③の「持って来てください」は不適切である（この場合は、「参らす」で一語の謙譲語の本動詞＝右の**a**である）。よって、②が正解である。尊大なもの言いである。

(イ) 傍線部を単語に分けると、「いかに（副詞）＋無念に（形容動詞）＋こ（代名詞）＋の（助詞）＋歌（名詞）＋を（助詞）＋出ださ（動詞）＋ん（助動詞）」となる。

第一のポイントは、「出ださん」の「ん」である。解釈型の問題では付属語の細かい訳が問題になっている場合もあるので、助動詞などの訳はしっかり点検するようにしたい。「ん（む）」は、主に未来の事柄に対して、それを不確実であるとする判断を表す助動詞で、用いられる文脈に応じて、推量〈～だろう〉、意志・希望〈～よう・～たい〉、適当・勧誘〈～のがよい・～てくれ〉、婉曲・仮定〈～ような・～としたら〉などを表すが、いずれにせよ、これを「～たのだろう」「～てしまった」「～たことにしよう」などと訳すことはできない。したがって、②・③・⑤は消去することができる。

第二のポイントは、「いかに」の解釈である。「いかに」は形容動詞「いかなり」の連用形で、状態・性質・方法・理由などを疑い問う意を表し、「どのように（～か）・どうして（～か）」などと訳す。副詞化して「さぞかし（～だろう）」「なんとも（～だなあ）」「どんなに（～ても）」などと訳したり、感動詞化して呼びかけに用いたりする用法も派生するが、「い

かで」のように意志・願望表現と呼応して「なんとかして〜よう・たい」と訳す用法はないので、①も消去できる（この場合は、「どうして」と訳す用法で、反語文を作るのに用いられている）。よって④が正解である。

一応文脈を確認しておくと、④の解釈は、東国の修行に出かけたと見せかけて、その途中で詠んだものと偽って「都をば…」の歌を発表したという、後に続く能因入道の行動を導く判断（＝都にいたまま、何の考えもなく「都をば…」の歌を披露することはできないとする）の一部としてもふさわしいので、正解は④で問題ない。

(ウ) 傍線部を単語に分けると、「さるべき（連語）＋人（名詞）＋に（助詞）＋言ひむつび（動詞）＋て（助詞）」となる。

最大のポイントは連語「さるべき」の解釈である。「さるべき」は、「さ（副詞）＋あり（ラ変動詞）」が変化した「さり」の連体形「さる」に、助動詞「べし」の連体形が付いてできた語で、

①「そうするのがふさわしい・適当な」

②「そうなるはずの」（下に「宿世、契り」などの名詞が来ることが多い）

③「相当な・立派な」（下に「人」などの名詞が来ることが多い）

などと訳す用法がある。この場合、下に「人」が来ているから、③の用法と考えられ、正解は①と見当をつけることができる。

文脈を確認すると、加賀は、長年発表しないでおいた秀歌＝「かねてより…」を持ち出す機会をうかがっていたが、勅撰和歌集などに入集した時の体面を考慮して、「さるべき人に言ひむつびて」、その人からかえりみられなくなった時に詠み出そうと考え、交際する相手として選ばれたのが一流の貴公子である花園大臣（注参照）であったという。「さるべき人」＝「立派な人」という解釈は、勅撰和歌集などに入集した時の体面（立派な人と交際があったということで歌人として箔《はく》がつくし、相手が冷淡になることを予想していたという和歌の内容にも真実味が増す）という点からも、交際相手として実際に選ばれたのが一流の貴公子であったという点からも、文脈と矛盾しない。したがって、正解は①である。

なお、③・⑤は「言ひむつぶ」（「（男女が）深い仲になる」という意味）の解釈を誤っている。また、②・④は「さるべき」の「さる」を動詞「去る・避る」と取っているが、その解釈では今分析した文脈に合わないので誤りである。

問2 文法識別の問題。

文法識別の問題を解く時には、まず接続を確認し、必要に応じて活用や意味などを考慮していく。付属語で「に」の語形となるものを整理しておくと、

①完了の助動詞「ぬ」の連用形

→活用語の連用形に接続する。下に過去・完了系の助動詞を伴って、「にき・にけり・にけむ・にたり」の形で用いることが多い。

②断定の助動詞「なり」の連用形

→体言や体言相当語句（活用語の連体形など）に接続する。「に＋（助詞）＋あり（おはす・おはします・侍り・候ふ）」「に＋係助詞（結びの省略）。」「にて・にして」などの形で用いられることが多い。

③格助詞「に」

→体言や体言相当語句（活用語の連体形など）に接続する。動作の行われる時・場所、動作の対象、原因・理由、目的などを表す。

④接続助詞「に」

→活用語の連体形に接続する。順接、逆接、偶然条件を表す。

の四つがある。その他にも、ナリ活用の形容動詞の連用形活用語尾、ナ変動詞の連用形活用語尾など、種々の語の一部として「に」が出てくるので、注意しなければならない。

aは、体言＝「しわざ」に接続しており、「に＋（助詞）＋あり」の形になっているので、断定の助動詞「なり」の連用形である。**b**は、「大いに」で下の「嘆き恐れ」という動作の程度が甚だしい意を表していると考えられるから、物事の性状を表す形容動詞（活用の種類はナリ活用）の連用形活用語尾である。**c**は、連用形に接続しており（上接する「なり」はラ行四段活用の動詞「なる」の連用形である）、下に過去の助動詞「けり」（活用形は終止形）を伴っているので、完了の助動詞「ぬ」の連用形である。**d**は、体言＝「今」に接続しており、「に＋（助詞）＋あり」の形に

はなっているが、「〜である」と訳すことはできず、動作の行われる時を表していると考えられるから、格助詞の「に」である。以上の分析から、正解は③とわかる。

問3　理由説明型の問題。

理由説明型の問題は、文中に理由を具体化した箇所があり、その解釈にもとづいて正解の選択肢が作られることが多いので、問題となる箇所を解釈した上でその理由にふさわしい箇所を探し、その部分の解釈と選択肢を照合してみる、という方向で考えていく。

まず傍線部Aを解釈すると、「重衡は恐縮して後白河法皇の御前にお控え申し上げた」などとなる。③の「(守長への)感謝の念に堪えなかった」、④の「守長に憤りを感じ、口をきく気にならなかった」というのは、傍線部の重衡の行動に結びつくものではないので、この時点で③・④は消去することができる。

次に、傍線部の理由を具体化した箇所を探すことになるが、直前の「重衡卿、かくとも知らず出仕し給ひて、…初めてこれを見給ひつつ」の部分が傍線部の行動の直接の契機となっているのは明らかなので、この部分を解釈してみると、「重衡が、こんなこととも知らずにご出仕なさって、後白河法皇の御前で扇を開いてお使いになったのを、後白河法皇がご覧になって、重衡の扇をお取り寄せになった。重衡は、初めてこれをご覧になって」などとなる。「かく」は、前の段落の内容＝守長が切りそこなった絵をそのまま張った扇を重衡に黙って渡したことを指す。また、傍線部の後を見ると、問題の扇を取り寄せて見た後白河法皇が、「無念にも、名鳥に疵をば付けられたるものかな」と言って笑い、重衡が、苦々しく思って恥じ入ったことが述べられており、切りそこなった絵を張ったその扇は、人前で使うのがはばかられる恥ずかしいものであったことがわかる。したがって、傍線部の理由は、「重衡は、守長から渡された扇の絵柄が不自然なのを知らずにそれを後白河法皇たちの前で使い、それに気づいて恥ずかしくなったから」ぐらいになる。これに近い⑤が正解である。

なお、重衡がその場で和歌を詠もうとしたことや、守長が後白河法皇と結託していたことは文中からうかがえないから、①は、「後白河法皇から和歌を詠むように命じられるのではないかと考え」の部分が、②は、「守長が後白河法皇と結託して」の部分がそれぞれ誤りである。

問4　和歌の内容、修辞を問う問題。

和歌関連の設問は、受験生にとっては難しいものもあるが、内容の読み取り方、修辞についての考え方の基本が身についていれば、明らかに正しい、または誤っている選択肢は見つけ出せるように作ってある。見かけの難しさに惑わされないで、しっかり基本に沿って考えるようにしてほしい。

先に設問の答えを出しておく。和歌の内容をつかむ場合にまずすべきなのは、5／7／5／7／7と、句に分け、その切れ目のいずれかに「。」が打てないか(→句切れ)を探すことである。句切れの直前が和歌全体の内容の中心になっていることが多いので、そこをきちんと訳しておくと和歌の内容が理解しやすくなる。

Zの和歌を5／7／5／7／7に分けると「かねてより／思ひしことを／伏し柴の／こるばかりなる／なげきせんとは」となるが、「。」が打てるのは第二句の後だけである(「を」は間投助詞を文末で終助詞的に用いたもので、逆接の意を含んだ詠嘆〈〜のになあ〉を表す)。こころみに、その直前の「かねてより思ひしことを」の部分だけ訳してみると、「かねてから予想していたことなのになあ」などとなる。以上のように分析しただけでも、④の「予想に反して恋人にかえりみられなくなった嘆き」の部分が誤りであることが容易にわかる。正解は④である。

なお、途中に句切れがあり、結句で切れていない場合は、倒置になっていることが多い。Zの和歌を本来の語順に直すと、「伏し柴の／こるばかりなる／なげきせんとは／かねてより／思ひしことを」となる。この和歌は、男性にかえりみられなくなった危機的な状況の中で女性が詠みかける歌の典型(通常女性が自分から積極的に男性に歌を詠みかけることはない)で、全体を解釈すると、「いずれかえりみられなくなって、懲り懲りするほどの嘆きをするだろうとは、かねてから予想していたことなのになあ。こんな恋などするのではなかった…」などとなる。また、Zの和歌に含まれる「伏し柴」は「柴」（＝薪などにする雑木）に同じで、和歌の内容とは直接関係がないが、このように、和歌の内容とは直接関係がない物象が含まれている場合、主題となる人事・心情の文脈とは別に物象の文脈ができることが多い。「こる」は人事・心情の文脈では「懲る」だが、物象の文脈では「樵《こ》る」（＝木を切る）、「なげき」は人事・心情の文脈では「嘆き」だが、物象の文脈では「投げ木」ととることができ（→掛詞）、「伏し柴」「樵る」「投げ木」の語が物象の世界を形作っている（→縁語）のである。和歌の修辞の説明では、掛詞は人事・心情の世界に関わる語と、物象の世界に関わる語が掛けられているという形の説明に、縁語は物象の世界に関わる語が脈絡を持っているという形の説明になりやすいことを知っておくとよい。以上の分析から、Zの和歌に関わる選択肢④の前半部分、⑤には他には誤った説明は含まれていないことがわかる。

Xの和歌は、守長が、扇紙を切りそこなうという自分の失態を言いわけし、状況を逆転しようとして持ち出した歌である。時鳥は夏の到来を告げる鳥（陰暦四月頃に南方から渡ってくる）で、夜に鳴く声が珍重された。「五月闇」は、注に示したとおり五月雨《さみだれ》のころの月が出ていない闇夜のこと。この語が、「ころは五月二十日余りのことなり」という時の提示と対応していることに注意する。和歌の世界では、「折《をり》」（＝節目となる時のことで、行動を起こしたりするタイミングとなる）が重んじられる。守長は、その「折」を捉えて「五月闇」の語を持ち出し、闇夜なのだから時鳥が「姿を人に見するものかは」（＝姿を見せないのは当然だ）と、「わづかに尾と羽先ばかり」しか見えない扇の絵を、むしろ季節感に合ったものだと言いわけしたのである。「くらはし山」は大和国の歌枕（＝和歌によく詠み込まれる諸国の名所）「倉橋山」で、「五月闇」とのつながりで「暗《くら》」が掛けられているが、「五月闇くらはし山の時鳥おぼつかなくも鳴きわたるかな」（『拾遺和歌集』夏・藤原実方）という歌があり、「時鳥」とも関連を持っている。Xの和歌について説明した①・②の選択肢に誤った点は認められない。

Yの和歌を含む記述は、能因入道の「すき（好き・数奇）」（＝風流の道に徹する態度）についての有名な逸話である。Yの和歌に含まれる「白河の関」は陸奥国の歌枕（現在の福島県白河市にあった関所）で、都人にとっては僻遠の地、「霞」は春の景物、「秋風」は秋の景物であるが、春から秋という半年間の時間の流れ、僻遠の地までの旅の苦労を直接に表現せず、読み手の想像にゆだねたところが表現の眼目である。古典和歌では、直接的な表現よりも、間接的で、屈折した表現が好まれることを知っておくこと。③の選択肢にも誤った点は見られない。なお、この和歌は、『後拾遺和歌集』では「都をば霞とともに立ちしかど秋風ぞ吹く白河の関」の形で載せられており、その場合には、「立ち」が「霞」の縁語で、「霞が立つ」と「旅に立つ」の掛詞ということになる。

問5　内容説明の問題。

内容説明の問題は、傍線部を解釈した上で、不明確な部分（動作の主体・客体、指示語・省略など）を明確化していくというのが基本的な解き方であるが、この設問は、内容説明の問題を解くときの途中経過を選択肢化したものである。このタイプの問題は二〇二二年の共通テスト本試験の問3、第二日程の問2（語句・表現説明）でも出題されていたので注意しておいてほしい。

ポイントとなるのは、「思ひのごとくにやありけん」という挿入句の分析である。挿入句とは、話者（書き手・読み手）の補足的なコメントを文中に挟み込んだものである。完結した文が「、」に挟まれて文中に割り込む形になるので、「、」の上に切れる形（＝「。」が打てる形）が来ている場合に挿入句を疑うとよい（「―や・か―む・けむ」や「―にや・にか」の形が挿入句となりやすいことを知っておくと見つけやすい）。なお、挿入句は後続の部分に対するコメントとなるので、後続の部分との関わりに注意してどういうコメントなのかを考えなければならないことに注意する。

まず、「思ひのごとくにやありけん」を訳してみると、「期待していたとおりであったのだろうか」などとなる。それが、後続の「この歌を奉らせたりければ（加賀が源有仁にこの和歌を差し上げたところ）」の部分に対するコメントとなるわけであるから、「思ひ」は加賀の「思ひ」ととらなければうまく後続の部分とつながらない。この時点で、「源有仁の…予想」「周囲の心配」としている①・②は消去できる。次に、この挿入句が、直前の「程経つつかれがれになりにけり（時間が経って源有仁との関係が途絶えがちになってしまった）」という状況を受けたものであり、その状況が、加賀の「さるべき人に言ひむつびて、忘れられたらん時詠みたらば（立派な人と深い仲になって、忘れられたような時に詠んだならば）」という思惑どおりであることに注意する。挿入句と後続の部分は、（状況が加賀の期待通りだった（理由）→加賀は源有仁に和歌を詠みかけた（結果））という関係になるだろう。だとすれば、挿入句の末尾の「けん」（過去推量の助動詞の連体形）は、加賀の行動の理由についての作者の推量を表していると考えてよい。③には誤った点は含まれず、これが正解である。

一応残りの選択肢を検討しておくと、④は「奉らせ」の「せ」を使役ととって解釈している点が誤っている。加賀が源有仁に問題の和歌を詠みかけたことに、有仁の意志は介在していない。この「せ」は敬語動詞「奉らす」（「奉る」より敬意が高い謙譲語）の一部である。⑤は「思し」の動作の主体を加賀としている点が誤っている。「思し」は尊敬語なので、動作の主体は敬意対象者である源有仁と考えなければならない。④・⑤ともに正解とはならない。

問6 複数テクストの統合・評価の問題。

素材となっている文章は一つだが、文中に含まれる能因入道、加賀についての逸話はさまざまな作品に載せられており、独立した説話と見なすことができる。この設問は、能因入道、加賀についての逸話と比較しながら、主筋となる守長の話を評価させることを狙ったものである。

能因入道と加賀の逸話の内容を整理しておくと、能因入道は、先に思い付いていた「都をば…」の秀歌を効果的に持ち出すために、東国の修行に出かけたと見せかけて故意に状況を整えた上で、陸奥国で詠んだ歌として「都をば…」の歌を披露した。加賀は、先に思い付いていた「かねてより…」の秀歌を効果的に持ち出すために、立派な人物と見込んだ源有仁と故意に交際し、源有仁から冷淡にされた時に詠んだ歌として「かねてより…」の歌を披露した。どちらの例も、先に思い付いていた秀歌を効果的に持ち出すために、それを持ち出すにふさわしい状況を故意に整え、その上で問題の和歌を発表している。

「守長もかくしもやあらんとおぼつかなし」（守長もこう（＝能因入道や加賀と同様）でもあろうかと気にかかる）といわれているとおり、最終的な判断は保留されているが、守長の逸話もこれらと同様だとすれば、守長も「五月闇…」の秀歌を先に思い付いており、それを効果的に持ち出すにふさわしい状況を故意に作ったのだということになる。

以上の分析の上に立って選択肢を吟味すると、②は分析したとおりの内容となっており、これが正解である。「当意即妙」とは、状況に応じてとっさに巧みな対応をするさまを表し、秀歌を評価するときによく用いられる言葉である。問4の選択肢からも、守長の歌は当意即妙の歌と評価してよいだろう。

① 「能因入道も加賀も、それぞれ日に焼けたり失恋したりしたことをごまかそうとしている」「後白河法皇にとりなしてもらった」という内容がそれぞれ文中になく、誤りである。

③ 「後白河法皇は…『新古今和歌集』の編纂を命じた人物」が誤りである。後白河法皇はむしろ今様《いまよう》（平安時代中期以降に流行した歌謡）の名手として名高く、今様を収集した『梁塵秘抄《りょうじんひしょう》』の撰者として有名である。晩年には和歌にも興味を持ち、勅撰和歌集の編纂を藤原俊成《しゅんぜい》に命じたが、それは『千載和歌集』のことである。「守長は主人の重衡や扇職人の協力を得て」というのも事実に反している。

④ 「功をあせってあまりにも演出にこりすぎ、それが能因入道や加賀のまねであることを英明な後白河法皇に見抜かれてしまった」というのも拡大解釈のしすぎであるが、「守長もかくしもやあらんとおぼつかなし」に含まれる形容詞「おぼつかなし」はここは「はっきりしない」ぐらいの意味で、筆者の判断を表しているので、「『守長もかくしもやあらんとおぼつかなし』というのは、主人を犠牲にしてまで和歌の演出にこだわった守長の将来についての後白河法皇の心配を表している」というのは誤りである。

⑤ 「さては、守長がこの歌詠まんとて、わざとのしわざにや」（さては、守長がこの和歌を詠もうと思って、故意にしたことであろうか）という発言から、後白河法皇のこの出来事への関与を読み取ることはできない。

第４問

〈出典〉

【問題文Ⅰ】　杜甫「飲中八仙歌」

杜甫（七一二〜七七〇）は盛唐の詩人。「飲中八仙歌」は八人の酒豪のありさまを詠じた詩である。

【問題文Ⅱ】　葉夢得《しょうぼうとく》『避暑録話』

葉夢得（一〇七七〜一一四八）は北宋末から南宋初の学者。詩文と宋代に流行した詞（長短の句を織り交ぜる詩の形式）に優れた。『避暑録話』はその随筆集である。なお、出題に当たって、本文の一部を省略した。

〈問題文の解説〉

唐の大詩人・杜甫の詩と、その詩に詠じられた李適之《りてきし》が政敵に迫害され、宰相の地位をみずから捨てて、超俗の思いを詩に詠じたが、結局は死に追い込まれたように、ひとたび高官につけば自由を得ようとしてもままならないことを述べた随筆との組み合わせである。【問題文Ⅱ】の後半の部分では、杜甫が詠じた八人の中で唯一無名の人である焦遂《しょうすい》と、宰相であった李適之が対比されていることを理解しよう。

※漢詩と、それを読んでの別の筆者の感慨の組み合わせとなっている。これまでの共通テストでは、いずれも複数のテクストを読み合わせて理解することが求められており、共通テストの重要な傾向だと考えられる。

センター試験においては漢詩の出題は少なかったが、二〇二一年の共通テスト（第一日程）、二〇二二年の共通テスト本試験では漢詩が出題されており、共通テストでは積極的に漢詩が出題される可能性がある。漢詩の規則を確認しておこう。

〈読み方〉（漢字の振り仮名は、音はカタカナ・現代仮名遣いで、訓は平仮名・歴史的仮名遣いで示してある。）

【問題文Ⅰ】

左相《サシヨウ》は日興《ニッキョウ》万銭《バンセン》を費《つひ》やし
飲《の》むこと長鯨《チョウゲイ》の百川《ヒャクセン》を吸《す》ふがごとし
杯《ハイ》を銜《ふく》み聖《セイ》を楽《たの》しみ賢《ケン》を避《さ》くと称《ショウ》す

焦遂《ショウスイ》は五斗《ゴト》にして方《はじ》めて卓然《タクゼン》たり
高談雄弁《コウダンユウベン》四筵《シエン》を驚《おどろ》かす

【問題文Ⅱ】

適之《テキシ》は李林甫《リリンポ》の譖《シン》に坐《ザ》し、散職《サンショク》と為《な》らんことを求《もと》め、乃《すなは》ち太子少保《タイシショウホ》を以《もつ》て政事《セイジ》を罷《や》めんとす。命下《メイくだ》るに、親戚故人《シンセキコジン》と歓飲《カンイン》し、詩《シ》を賦《フ》して曰《い》はく、

賢《ケン》を避《さ》けて初《はじ》めて相《ショウ》を罷《や》め
聖《セイ》を楽《たの》しみて且《しばら》く杯《ハイ》を銜《ふく》む
為《ため》に問《と》ふ門前《モンゼン》の客《カク》
今朝《コンチョウ》は幾箇《いくばく》か来《きた》る

以《もつ》て其《そ》の超然《チョウゼン》として芥蔕《カイタイ》する所無《ところな》きの意《イ》を見《み》るべし。適之《テキシ》は天宝五載《テンポウゴサイ》を以《もつ》て相《ショウ》を罷《や》め、即《すなは》ち貶《ヘン》せられて袁州《エンシュウ》に死《シ》す。而《しか》して子美《シビ》は十載《ジッサイ》にして方《はじ》めて賦《フ》を献《ケン》ずるを以《もつ》て官《カン》を得《え》たれば、疑《うたが》ふらくは相与《あひとも》に周旋《シュウセン》する者《もの》に非《あら》ず。蓋《けだ》し但《た》だ能《よ》く飲《の》む者《もの》を記《しる》すのみ。惟《た》だ焦遂《ショウスイ》のみは名跡《メイセキ》他書《タショ》に見《み》えず。適之《テキシ》の去《さ》るは、自《みづか》ら計《ケイ》を得《え》たりと為《な》すも、終《つひ》に死《シ》を免《まぬか》れず、其《そ》の詩《シ》の意《イ》を遂《と》ぐる能《あた》はず。乃《すなは》ち知《し》る、宰相《サイショウ》の重《ジュウ》を棄《す》てて一杯《イッパイ》の楽《ラク》を求《もと》めんとするも、自《みづか》ら謀《はか》る能《あた》はざる者有《ものあ》るを。碌碌《ロクロク》として焦遂《ショウスイ》と為《な》るを求《もと》めんと欲《ほっ》するも、其《そ》れ得《う》べけんや。

〈現代語訳〉

【問題文Ⅱ】

李適之は李林甫の讒言に関わり、（宰相をやめて）閑職につくことを求め、そこで太子少保となって政治の実務に関わらないようにした。（少保となる）

命が下った時、親戚や旧友たちと喜びの宴を開き、詩を作って次のように言った、

　賢人に官位を譲って宰相を辞職したばかり
　聖人の教えを楽しんで　ひとまず杯を口にしよう

　※濁り酒を「賢」、澄んだ酒を「聖」と呼んだ故事を利用し、「濁り酒は避けて、澄んだ酒を楽しむ」の意を兼ねている。杜甫の詩はこれを踏まえたもの。

　そこで尋ねてみる　門前の来客は
　今日は何人来るだろう（宰相をやめたので、来る人も稀《まれ》であるに違いない）と

　彼の（世俗の地位や名誉に）超然として少しも拘《こだわ》ることのない気持ちを見て取ることができる。適之は天宝五年に宰相を辞職し、まもなく左遷されて袁州で亡くなった。一方、杜甫は（天宝）十年になってはじめて、賦を献上したことで官職を得ているのだから、恐らく（二人は）ともに付き合いがあったのではあるまい。思うに、（杜甫は）ただ優れた酒豪（として適之のこと）を詩に記したのであろう。（「飲中八仙歌」の中で）ただ焦遂だけはその名や事跡が他の書物に見えない。適之が宰相の地位を去ったのは、自分では良い計画だと考えたのだが、結局死を逃れることはできず、その詩に詠じた（超然とした）心を実現することはできなかった。そこでわかるのだが、宰相の重職を棄てて、一杯の酒を飲む楽しみを求めたいと思っても、自分ではどうにもできないことがあるのだ。平凡に焦遂のようになりたいと思っても、できはしないのである。

〈設問解説〉

問1　熟語を選ぶ設問

(1)　「命」は、漢文では主に「命令」「運命」の意に用いられ、また、「なづける」の意を表す。単独で「いのち」の意に用いることは少ない。傍線部では直前に太子少保の職を求めたことが述べられているので、その職に就く命令が下ったことがわかる。選択肢を確認すると、①「寿命」③「生命」の「命」は「いのち」の意、②「薄命」の「命」は「運命」もしくは「生命」の意、⑤「命名」の「命」は「なづける」の意で、④「任命」の「命」が「命令」の意を表している。これが正解。

(2)　「計」は「かぞえる」「(分量を)はかる」「計画する」「はかりごと」などの意を表す。傍線部では李適之が政敵の追及を逃れようと宰相の職を去り、「計」を得たと考えたことが述べられているから、「はかりごと」の意である。ここで選択肢を確認すると、①「計量」④「計器」の「計」は「(分量を)はかる」の意、③「統計」⑤「会計」の「計」は「かぞえる」の意で、②「良計」の「計」が「はかりごと」の意を表している。これが正解。

問2　漢詩の規則と文学史の設問

　選択肢の前半を確認すると、詩の形式に関する規則が問われている。共通テストにおいて問われる詩の形式は次の三種類であり、その見分け方は次のように考えてよい。

　絶句 → 四句で構成
　律詩 → 八句で構成
　古詩 → 四、八句以外（実際は四句・八句の古詩も存在するが共通テストでは問われない）

したがって、「四句からなる絶句」とある①、「八句からなる律詩」とある④が、まずは正解の候補となる。

　さらに選択肢の後半を確認すると、①は「『詩仙』と称された」とあるが、その超俗的な性格から詩仙と称されたのは李白で、杜甫はその鋭い社会批判から「詩聖」と称された。よって正解は④。

※二〇一七年の共通テスト試行調査では日本における漢詩文の受容史が問われており、共通テストでは文学史に関する設問が出題される可能性がある。日中の文学史の基礎を確認しておこう。

問3　白文の書き下しの設問

　ポイントは「**与**」。次のように複数の品詞として働く。

　接続詞　名詞ト **与**レ 名詞　**～と…と**（～と…）

前置詞　与レ[名詞][動詞]　～と［動詞］（～と）
　　　　与ニレ[名詞]　［名詞］とともに（いっしょに）
動詞　与フ　あたふ（与える）
　　　与ル　あづかる（関わる）
　　　与ス　くみす（仲間になる、賛成する）

他に比較を表す働き、文末に置かれて疑問を表現する働きがある。ここで注意したいのは、「与[名詞]」の後に動詞が存在する場合は、原則として「～と」として働くことである。傍線部では「与親戚故人」の下に動詞「歓飲」があるから、「～と」でなければならない。ここで選択肢を確認すると、①と④は「与へて」、②は「与りて」と読んでいるからいずれも誤り。⑤は「親戚と故人と」と読んでいるが、これは接続詞として「親戚与故人」となっている場合の読みで誤り。③が正解である。

※解釈を意識する必要のある書き下しの設問はセンター試験で頻出であったが、共通テストでも同様の設問が出題されており、傾向が踏襲されていることがわかる。書き下しの設問でも解釈を意識しよう。

問4　漢詩の押韻の設問

前述のように、試験に出題される漢詩には絶句・律詩・古詩の形式があるが、いずれも偶数句末に韻字を置く。なお、七言絶句と七言律詩は第一句末にも韻字を置くが、省略されることも多い。空欄[X]は第四句の末なので、韻字であることがわかる。韻字は末尾の母音が共通する文字である。ここで問題文の詩を確認すると、もう一つの韻字である第二句の末は「杯」で、音読みをローマ字表記すると「hai」であるから、空欄[X]の文字も「ai」で終わることがわかる。漢字の本来の発音には二重母音があるので、例外はあるが母音が重なるときは重なりで考えることに注意。

選択肢を確認すると、①「客(kyaku,kaku)」、②「来(rai)」、③「飲(in)」、④「宴(en)」、⑤「害(gai)」で、②と⑤が正解の候補となる。そこで最終的に傍線部の解釈から決定する。傍線部の「幾箇」は「幾」「幾何」と同じ。「どのくらい」の意を表し、反語化すると「わずか」の意を表す。ここで選択肢を確認すると、②は「いくたりの人が」と、「幾箇」を正しく解釈している。一方⑤は「なんと大勢の」と解釈していて誤り。②が正解である。

問5　理由説明の設問

理由は傍線部の前後にある。ここでは直前の「適之以二天宝五載一～非二相与周旋者一」が理由。「適之以二天宝五載一罷レ相」と「子美十載方以レ献レ賦得レ官」が対比的な表現になっていることに注意しよう。李適之は天宝五年に宰相をやめ、一方、杜甫は天宝十年に初めて官職を得たというのである。そのため、「非二相与周旋者一」すなわち、両者に直接の付き合いはなかったはずだというのだ。以上を正しく表現しているのは、①である。

②は「杜甫は李適之の宴席で詩を披露しており」が誤り。「杜甫自身も酒豪として記憶されている」もおかしい。③は「杜甫は宰相であった李適之よりも無名の焦遂の方を高く評価している」が誤り。そのような表現は文中に見えない。④は「杜甫は自作の賦を李適之に献上」が誤り。両者に直接の接点はない。⑤は「焦遂にだけは酒豪だったという記録がない」が誤り。そのような表現は文中に見えない。

問6　詩の解釈の設問

詩の内容に関する設問が出題された場合は、詩の前後の文章にその内容や主題に関する言及があり、それが正しく読解できれば正解が導けるのが普通である。そこで詩の前後を確認すると、詩の直前からこの詩は李適之が宴席で作った詩であることがわかり、詩の直後の「可下以見中其超然無レ所二芥蔕一之意上」という表現から、この詩が李適之の世俗に超然としてこだわらない心を詠じたものであることがわかる。したがって、「李適之が自作の詩に詠じた、世俗的なこだわりのない境地」とある⑤が正解。①は「賢人や聖人を尊重する政治的抱負」が誤り。②は「李適之が『飲中八仙歌』から学んだ」が誤り。③は「ひたすら酒を楽しむ享楽主義」が誤り。④は「李適之が焦遂の詩から学んだ」が誤り。

問7　複数テクストの全体要旨の設問

【問題文Ⅰ】を確認すると、李適之は「如三長鯨吸二百川一」とあり、焦遂は「五斗方卓然」とあって、いずれも世間離れした酒豪であったことが詠じられている。ただし二人は酒を飲んで乱れたわけではなく、「楽レ聖称レ避レ賢」とあり、「高談雄弁」とあるように、聖人の道を慕い、高級な談論を語る高尚さを持っていたことがわかる。よって「豪快で高尚なさまを詠じた」とある選択肢②④⑤が正解の候補だと考えられる。①③には「贅沢で乱脈なさま」とあるが、李適之について「費二万銭一」とあるのは贅沢と考えることができるものの、焦遂が贅沢をしたとは読み取れないので、やはり誤りだと判断できる。②④⑤の後半を確認すると、②には「李適之がその地位に固執した」とあるが、宰相の地位を捨てようとしたのだから誤り。④は「李適之が脱俗の思いを抱きながら政争による死を免れなかった」とあって、**【問題文Ⅱ】**の内容に合致する。⑤には「李適之が脱俗の思いと宰相の地位を両立していた」とあるが、政敵から逃れるために宰相の地位を捨てようとしたのだから誤り。④をさらに確認すると、「ひとたび地位を得れば、焦遂のように無名でありたくても、もはやできない」という表現が、**【問題文Ⅱ】**の末尾の「欲二碌碌求一レ為二焦遂一、其可レ得乎」に合致する。よって④が正解。

※前述のように複数テクストを読み合わせて理解するのは共通テストの重要な傾向だと考えられる。意識して練習しよう。

第 4 回
実戦問題

解答・解説

第４回　解答・配点

（200点満点）

問題番号（配点）	設問	（配点）	解答番号	正解	自己採点欄
第１問（50）	1	(2)	1	①	
		(2)	2	③	
		(2)	3	③	
		(2)	4	①	
		(2)	5	③	
	2	(8)	6	④	
	3	(8)	7	③	
	4	(8)	8	②	
	5	(4)	9	②	
		(4)	10	②	
		(8)	11	④	
小　計					
第２問（50）	1	(8)	12	②	
	2	(9)	13	④	
	3	(9)	14	⑤	
	4	(6)	15	②	
		(6)	16	①	
	5	(各6)	17 － 18	③ － ⑤	
小　計					

問題番号（配点）	設問	（配点）	解答番号	正解	自己採点欄
第３問（50）	1	(5)	19	②	
		(5)	20	⑤	
		(5)	21	③	
	2	(7)	22	④	
	3	(7)	23	①	
	4	(7)	24	②	
	5	(各7)	25 － 26	① － ⑤	
小　計					
第４問（50）	1	(4)	27	⑤	
		(4)	28	②	
	2	(7)	29	①	
	3	(7)	30	③	
	4	(7)	31	②	
	5	(7)	32	④	
	6	(7)	33	②	
	7	(7)	34	④	
小　計					
合　計					

（注）－（ハイフン）でつながれた正解は，順序を問わない。

第1問

〈出典〉 江原由美子（えはら　ゆみこ）「からかいの政治学」（『女性解放という思想』（勁草書房一九八五年／二〇一一年に再版）に所収）の一節。出題に際し、やむをえない事情により、省略やルビの追加等を施した箇所がある。

江原由美子は一九五二年生まれ。社会学者、フェミニストであり、東京都立大学名誉教授、横浜国立大学教授。専門は女性学、ジェンダー論、理論社会学。主な著書に『フェミニズムと権力作用』（勁草書房）、『フェミニズムのパラドックス――定着による拡散』（勁草書房）、『自己決定権とジェンダー』（岩波書店）などがある。

なお、問5の文章は、瀬地山角（せちやま　かく）「解題：セクシュアル・ハラスメント」（『フェミニズム・コレクションⅡ』（勁草書房一九九三年）に所収）の一節。出題に際し、やむをえない事情により、省略やルビの追加等を施した箇所がある。

瀬地山角は一九六三年生まれ。社会学者であり、東京大学教授。専門は、家族社会学、ジェンダー論、女性学。主な著書に『東アジアの家父長制――ジェンダーの比較社会学』（勁草書房）、『お笑いジェンダー論』（勁草書房）、『炎上ＣＭでよみとくジェンダー論』（光文社新書）などがある。

問題文は、理論社会学者であり、フェミニストである江原由美子氏によって一九八一年に研究会報に書かれ、一九八五年に出版された本に収められた論文の一部である。この論文全体は、フェミニズム運動に対する雑誌などからの「からかい」を論じているが、今回、問題文としてとりあげた第2節は、女性に対しての「からかい」のみならず、「からかい」全体の構造を分析している。（「からかい」に「」がついているのは、本文中にあるように「からかい」が共謀者との共謀によってはじめて成立するからである。つまり「からかう側」がからかおうと思っても、「からかわれる側」を含めたオーディエンスがその文脈に与しない場合には「からかい」は成立しないのだ。「からかう側」の「からかい」は、ときに「からかい」になることに失敗するのである。そこに留保をつけるために「からかい」には「」がついている。）

「ノート」中で引用されていた文章は、江原氏の論文が最初に出版されてから12年後に、この論文を解説するために瀬地山角氏によって発表された文章であり、セクシュアル・ハラスメントの構造と「からかい」の構造に似た部分があるということを指摘している。

〈問題文の解説〉

問題文は16の形式段落から成る。1段落から11段落までを大きく第一意味段落、12段落から16段落までを第二意味段落と見なすこともできるが、各段落は全体に関係し合っており、一つの意味段落と考えることができる。段落に沿って見ていこう。

第1段落　「からかい」は（ある個人が単独で行って意味をなす、通常の行為とは異なり）相互行為である。この論文では「からかい」の言葉について分析していく。

第2段落　言葉には、言葉が指している事物や事態の表す意味と、その言葉が実際に発されたときの文脈や状況に照らして受けとる意味の二つがある。（前者の「内容それ自体の意味」をいわゆる「辞書的意味」と考えたくなるところであるが、本文全体（とくに第12段落）から判断してそうではない。）

第3段落　文脈や状況に照らして受けとる意味から「からかい」について考えると、「からかい」の言葉は「遊び」の文脈で受けとることが通常となっていて、言葉が表すそれ自体の意味どおりに受けとって、「からかい」の発言をした者を責めるということはできない。

第4段落　「からかい」は遊びであり、その言葉は言葉どおりに受けとるべきではないとされるので、何が「からかい」であり何は「からかい」ではないのかは、言葉だけではわからない。したがって、「からかい」にはその言葉が「からかい」であることを表す印（「標識」）がある。「からかう側」が示すその標識を「からかわれる側」もしくは第三者が気づけば、それは「からかい」であることが宣言される。

第5段落　「からかい」は遊びであり真面目なことではないとされるので、その発言を実際にした者の責任を問わないことになっている。そのため、その発言は、発言の主の思想や意志によるのではなく、誰かがすでに発言していた内容であるかのように、また人々にとってあたりまえのことであるかのように表明される。

第⑥段落　つまり「からかい」の言葉は、あたかも誰もが知っている事実であるかのように〈「普遍化」〉、また発言の主が明らかではないかのように〈「匿名化」〉見なされるのである。

第⑦段落　雑誌などに「からかい」の言葉が使われるときには、文章の調子〈遊びであることを示すようなふざけた調子〉や言葉使いや文体などでそれが「からかい」であることが示されるが、文の主体をはっきりさせないこともまた「からかい」の標識となる。

第⑧段落　「からかい」は遊びであるため、集団内で「からかい」が起これば、その場にいる全員にその共謀者になることが求められる。そして「遊び」である以上、ルール破りは最大の冒瀆となるため、それに本気で異議を唱えたりすることには勇気と皆を納得させるような理由が必要である。

第⑨段落　「からかい」を提起した者は、まわりの人々を共謀者にしていくことで、自分の発言を「からかい」として成立させ、〈〈私だけが言っているのではない〉といった形で〉誰の発言であるかわからなくもさせる〈匿名化〉。

第⑩段落　以上のように「からかい」は、その言葉が「遊び」で発されているのであり、誰もがそう思っているかのように、文脈が指定される。この時、「からかう側」は「からかわれる側」には匿名性を、この言葉を聞くオーディエンスに向けては「遊び」であることを主張するが、「からかわれる側」も「からかう側」もオーディエンスの能力も持っており、オーディエンスがどのように文脈を受けとるかを想定できるため、オーディエンスが不在でも「からかい」は成立する〈その場にオーディエンスがいるときに、「からかわれる側」が「からかい」に怒ったとすれば、「からかう側」は、たとえば〈冗談なのに本気で怒っている〉などと言ってみせたりしうる。そこから、その場に誰もいなくても、「からかわれた」側は〈冗談として受け止めるべきで、本気で怒ってはおかしいのだろう〉と考えて、怒りを表明するのを抑える、といったことになるということである〉。

第⑪段落　この、発された言葉をどのように受けとるべきであるかの指定が二重であることが「からかい」の構造である。

第⑫段落　次に、「からかい」の内容自体について考察すると、「からかい」に特徴的であるのは、「からかわれる側」がなした行為の意図や動機を「からかう側」が異なる文脈におきかえてしまうということである。

第⑬段落　たとえば、「からかわれる側」が夢中になり、熱心に集中していることは、「からかい」の一形態である「冷やかし」に遭いやすい、といったことである。

第⑭段落　また、「からかう側」が、「からかわれる側」の行為の意図を、「からかわれる側」が公的に表明しているものではない、より通俗的な動機に読みかえるということもある。その場合、「からかう側」は、「からかわれる側」が本当の意図を隠しているのは本当の意図が〈誰でも持ってはいるが公的に出すには恥ずかしい〉ものであるから隠しているのだという主張をする。

第⑮段落　このような構造を持つ「からかい」の言葉は、内容において「からかわれる側」の行為やその人の属性について何らかのことを述べながら、その発言は「遊び」に過ぎないかのように振るまえるのである。

第⑯段落　以上から、「からかい」という社会的な相互行為には、三つの特徴があると指摘できる。第一に「遊び」の文脈に位置づけられるために、真面目に受けとってはならず、その発言の責任を問われないという特徴があり、第二に、その言葉は、「からかわれる側」に、あたかも特定の人間が指摘せずとも誰もが知っているあたりまえのこと〈「匿名的・普遍的・自明的」〉として示され、第三に、それでいながら、その発言は「からかわれる側」の行為や属性について何ごとかを主張をすることができるのである。

〈設問解説〉

設問は、問1の漢字問題、問2から問4の傍線部に対する内容読解問題と、共通テスト第1問の出題形式を反映した形としている。問5は本文に対する学習者の「ノート」を提示し、それを完成させる形式にした。これも、本文に対して多角的に分析する力を求める共通テストの出題に倣った形式である。「ノート」には本文と関係しながら、やや異なる論点からの論が提示されている。よって、本文全体の主旨を理解した上で引用された文章の提示する新たな論点と関係させる必要がある。設問の選択肢と対応する文言を文章中に探すのみに留まらない学習が必要である。

問1　漢字・語彙設問。

(i)　文中のカタカナを漢字に置き換え、同じ字を用いる語を選ぶ設問。傍線箇所だけでなく、前後の文脈から判断して解いていこう。

(ア)「からかい」の場にいる人はからかいの共謀者になることがルールであるということの段落の文脈から、「要請」を推定する。①請願書②誠実③育成④制定。答えは①。

(イ)「からかい」の二重の意味指定について「原則」を述べた後で、それ以外の場合も〈ありうる〉と述べている文脈から、「妨げ」ない（＝そうであっても構わない）だと推定する。①忘我（＝あることに心を奪われて我を忘れる）②堤防③妨害④渇望。答えは③。

(オ)「からかう側」が「からかわれる側」の行為のうち、「からかい」の種になりそうなことを見つけだすことから「徴候」を推定する。「兆候」とも書く。①勾配②功名③候補④硬貨。答えは③。

(ii)　文中の漢字の意味と同じものを選ぶ設問。

(ウ)　①究明（糾明）②賢明③明日④明滅で、〈明らかにする・はっきりさせる〉意の「明」である①が答えとなる。他の選択肢の「明」は、②は〈かしこい〉、③は〈あける・あくる〉、④は〈明るい〉の意。

(エ)　①楽勝（楽章・楽匠）②楽隊③行楽（後楽）④千秋楽で、〈楽しむ〉意の「楽」である③が答えとなる。他の選択肢の「楽」は、①は〈楽である・困難ではない〉意（〈楽章・楽匠〉ととった場合は〈音楽〉）、②は〈音楽〉、④は「千秋楽」（芝居・相撲などの興行の最終日）という語の一部で、〈楽しむ〉意ではない。

問2　「からかい」が「からかう側」と第三者のあいだでどのように相互行為として成立するかを問う設問。

[1]（第[1]段落。以下、各形式段落を[1]～[16]で示す）では「からかい」が相互行為であると述べられる。「相互行為」とは、ある個人の意図や企みだけでは成立せず、ほかの人物の関与を得てはじめて成立する行為のことを言う。「からかい」は「遊び」としてなされる。よってその言葉はこの文脈では「真面目」に受けとるべきではないということになる（[3]）。そこで、ある発言があったときにそれが「真面目」に受けとられるべきであるのか、「遊び」で受けとられるべきであるのかを第三者にわからせるための「標識」が必要になる。それはたとえば「ニヤニヤ笑い」や「声の調子」、「身ぶり」などの「遊び」の調子である（[4]）。以上から、答えは④。

①「からかい」には二重の意味（[2]「内容それ自体」「文脈」）はあるが、「ニヤニヤ笑い」といった「標識」がその構造に気づかせる手がかりだとは書かれていない（「内容それ自体」についての論は[12]以降である。また、[10]の「二重の意味指定」に関してなら、「普遍的……」の面は「標識」が示すものではない）。また少なくとも、①は〈「遊び」として受けとらねばならない〉ことを示す「標識」だということを明示していないので、説明として不十分である。

②「からかう側」が示す「標識」が明らかにするのは「遊び」だということであって「役割分担」ではないし、「標識」は「からかわれる側」には必ずしも示されない（[4]）。「からかい」の「役割分担」に「からかわれる側」は常に納得しているとも言えない。「真面目」に受けとるべきではないという「ルール」に従っているだけである場合もある。

③「からかい」の言葉の意味には実際は「からかう側」の主張が反映されているが、「からかう側」はその事を明確にしない。また「したがって」（理由を示す接続語）が傍線部**A**直前にあるが、その前の三段落には「からかい」の言葉の意味を誰が決定するのかについての言及はない。

⑤「からかい」には第三者が関与する場合があるが、そのことは傍線部**A**の後に述べられる。傍線部**A**の直前の「したがって」は前段落の「遊び」と「真面目」の文脈のどちらで受けとられるべきかという内容を受けているので、「したがって」とつながらない。「標識」が示すのは「遊び」だということであって、⑤のようなことではない。

問3　「からかい」の言葉が〈自明的〉に呈示されるということを理解しているかを問う設問。

傍線部直前にあるように、「からかい」の言葉を特定の「からかう」者が発していることは、その発言を聞いた者には明らかであるが、直後にあるように、その言葉がその特定の誰かの思想や意志を表明していると受けとると、「真面目」な発言であると受けとることになり、「責任の所在」が「明瞭」になってしまう。そのようにして発言者が「責任」を問われることを避けるために、その言葉はある特定の者（「からかう側」）によって発言されながら、あたかもその者の考えではなく、〈他の誰かが述べていたり〉もはや誰もが知っている事実（設問要求「自明の事実」）として述べられる（6「普遍化」）のである。答えは③。

①「からかい」は「からかう側」の意志では発言されていないような形式をとるが、それは形式に過ぎない。①では本当に「自らの意志で発言しているのではない」ことになってしまうため、誤りである。また、誰が「からかい」の発言をしたのか自体は、対面状況においては「からかわれる側」にも明らかである。「からかわれる側」が「からかう側」を追及できないのは、発言主体が「隠」されているからではなく、〈特定の主体だけの考えではなく、皆がそう思っている〉かのようにされているため、「からかい」が「遊び」の構造をとるためである。

②「からかい」という相互行為において、共謀者となるオーディエンスに求められるのは、その発言を「遊び」として受けとったり、容認することであって、「からかう側」とともにその発言の主体になることではない。オーディエンスは自分が発言していなくても、それを容認するのであれば、その「遊び」の共謀者となるのである。したがって、傍線部Bのような「表明」のしかたは、②「オーディエンス側」への「配慮」ではなく、発言した者の「責任」の回避のためのものである。

④「からかい」において、オーディエンスにはその言葉を「遊び」の文脈で受けとることが求められているが、自分の主張であるかのように装うことは求められない。ひとりであれ、複数であれ、特定の者の発言のようには主張されないのである。6「普遍化」「匿名化」であるから、その場にいる「オーディエンス」だけでなく「誰もがそう思っていることであるかのように」である。

⑤「からかい」においては、「からかわれる側」にも共謀者となることが求められ、その言葉は「遊び」の文脈で受けとらなくてはならなくなるが、そうであるから「からかわれる側」がその言葉を「真面目」に受けとらなくていいと（本当に冗談なのだから気にしなくていいのだ、と）分かるわけではない。このような発言は、「遊び」の成立が脅かされたときに「からかう側」や共謀者がしばしば発するものである。

問4　「からかい」に対する「からかう側」の論理を理解しているかを問う設問。

「からかい」においては、「からかわれる側」がなした行為について、「からかう側」が、「からかわれる側」本人が明らかにしているのとは異なる動機を付与することがある（14始め）が、なぜ当の本人でない「からかう側」が「からかわれる側」の動機を、本人よりも知っていると言えるのであろうか。「からかう側」の論理では、傍線部の後にあるように、人間の本性に沿っていながらも、一般に〈恥ずかしく、はしたない〉ことであるために隠される本当の動機を「からかう側」が表に出しているだけなのだということになる。答えは②。ここではあくまでも「からかう側」の主張が問われていることに注意しよう。

①「からかう側」の「からかい」が成立しているときには、「からかう側」はオーディエンスをまきこんではいる。しかしこの選択肢は「からかわれる側」の状況を主張の根拠にしていない。「からかう側」は「からかわれる側」が自分の動機を「隠して」いると主張しているのであり、「周りの人々をまきこ」んでいる、つまり自分の方が多数派だから「一般的」「事情に通じている」と主張しているのではない。

③「からかう側」の主張を「からかわれる側」の意図についてのものとして説明している点は良いが、「からかう側」は、「からかわれる側」が自分の行為の意図だと表明しているものは本当の意図ではないと主張しているのであり、「からかわれる側」が行為を意図的なものではない〈知らず知らずやってしまったものだ〉としていると主張しているのではない。

④「からかわれる側」はオーディエンスの能力も身につけており、二

重の意味指定を理解するのであって、「それに気づかぬ」は誤りである。またそもそも、「からかう側」は「からかわれる側」が動機や意図を「隠して」いると主張しているのであり、「二重の意味指定」に気づいているかどうかを問題にしているのではない。

⑤「からかう側」の論理としては、「からかわれる側」は本当は通俗的な動機や意図を持っているのだが「隠して」いると主張しているのであって、「事情をよく分かっていない」と主張しているのではない。

問5 〈生徒の学習場面〉の想定で、本文の論旨の理解や応用的・発展的思考力を問う設問。

(i) 本文に関する考察を深める「ノート」を完成させる設問。

二〇二一・二〇二二年度の共通テスト本試験で出題された〈生徒のノート・メモ〉の形式の問題に倣っている。設問を通して本文について理解を深めるとともに、本文の内容を自分の中でまとめていく力をつけることを促すという出題意図がある。

本文では、相互行為である「からかい」に関係する行為者のそれぞれがどのように関係して「からかい」を成立させているかについて論じられている。【ノート1】は、「『からかい』の言葉の持つ意味」が「人……によって異なる」ということを述べている。本文においては、［10］で「からかい」の言葉が持つ二重の意味指定（「遊び」の文脈で受けとられるべきであることと、その言葉が「普遍的・匿名的・自明的な主張」であると受けとられるべきであること）がそれぞれ異なる相手に向けられたものであると書かれており、前者はオーディエンスに向けられ、後者はからかわれる側に向けられている、と述べられている。そうでありながら、［10］後半にあるように、からかわれる側はオーディエンスがその言葉をどのような意味の下で受けとるかを理解する能力も身につけている（【ノート1】「Ⅰが同時にⅡの受けとる意味を理解することもありうる」）ため、その場にオーディエンスが不在でも、「からかい」は成立しうる。以上から、空欄Ⅰに「からかわれる側」、空欄Ⅱに「オーディエンス」が入ることになり、答えは②。

「からかう側」（①③④⑥）は「からかい」の言葉を発する人だから、「読みとく人」とある空欄ⅠⅡには入らない。「オーディエンス」が「共謀者」になるのだから、共謀者が同時にオーディエンスの受けとる意味を理解することもありうる」となる⑤はおかしい。

(ii) 本文に関係する別の文章を読んで、「ノート」を完成させる設問。

本文と参考資料に書かれていることを総合的に理解し、文章外の情報と考え合わせて判断することが求められる設問。複数の文章・資料を読み合わせて考える、共通テスト頻出の形式である。

Ⅲ 空欄Ⅲに入る語句を推定するには、本文に書かれている「からかい」の特徴を参考にしながら、【ノート2】で引用されている文章を読解した上で、文章外の情報と合わせて考える必要がある。

本文［3］、［4］では、「からかい」が「遊び」の文脈に位置づけられることを示すための標識があるとされている。「ニヤニヤ笑い」や「声の調子」、「身ぶり」などの標識である。選択肢の語句は本文中のものではないから、これらの標識があるかについては自分で判断する必要がある。より広い文脈によっては、すべての語句が「からかい」の言葉になりうるが、本文の前の節である第1節に書かれていたという【ノート2】内の情報や【ノート2】に引用されている文章中の「この論文はもともとリブをめぐる世間の扱いを『からかい』として問題化したものであり」という部分も参考にして、「最も適当なもの」を選択することになる。

また、［5］から［7］では、「からかい」がその発言の出所である主体が特定されない構造であることが指摘されている。よって、選択肢から、主体が特定されない構造になっている語句を選ぶ必要がある。

［13］では「からかわれる側」が「熱心に」行っていることを「からかう側」が「からかい」の種にしていることが述べられる。［14］では「からかわれる側」は「恥ずかし」がって「隠して」いるとされることが「からかい」の対象になることが、述べられている。それらを［8］「遊び」「冗談」であるという形で指摘するのが「からかい」である。以上より、答えは②。

「大会に馳せ参じた猛女たちの『かわいい部分』」という言葉の初出は『週刊サンケイ』昭和四七年五月一九日号。「馳せ参じた」という戦いのために集合したかのような動詞の選択や、「猛女たち」というややおおげさな表現が、「遊び」「冗談」の形をとった「からかい」であることを知らせる「標識」になる。「猛女」でありながら、より通俗的で本人たちは「恥ずかし」がって「隠して」いるに違いない「かわいい部分」を持っていると、「からか」っているのである。

①「ウーマンリブへの違和感」を感じる主体が「本誌記者」と明確にされている。また「遊び」「冗談」の調子では書かれておらず「真面目」に違和感を表明している。

③「泣き寝入り」という言葉使いは、これまでに女性が苦しんできた暴力や差別、格差などに異議申し立てがしにくかった歴史を反映しており、「立ち上がった」ともども「真面目」な言いまわしである。

④「フェミニズム運動」の「問題点」を指摘しているので、「フェミニズム運動」を全面的に支持する言い方ではないが、「遊び」の標識は無く、「真面目」な指摘である。

⑤この選択肢の語句全体は女性やフェミニズム運動を焦点としているのではなく、「大臣」について述べているのだということに注意しよう。②の選択肢が「猛女」を対象としているのに対して、この語句は「大臣」について述べている。「女には任せられない」は女性への批判になっているとしても、⑤の語句全体は、ウーマンリブ運動やフェミニズム運動に対する「からかい」ではない。また、「遊び」「冗談」の形をとったものともいえない。

Ⅳ 「からかい」の構造を解きあかす本文がなぜ「セクシュアル・ハラスメント」に関係するのだろうか。本文で論じられる「からかい」の構造と引用された文章の「お酒の席のことなんだからめくじらたてるなんて大人げないよ」という言葉を手がかりに、セクシュアル・ハラスメントの構造を考え、解答しよう。

引用された文章では、「セクシュアル・ハラスメントが隠蔽されてきた」こと、本文がセクシュアル・ハラスメントの構造と「からかい」の構造が同型であることを指摘していることを論じている。したがって「からかい」についてそれが「からかい」であることを指摘すること自体が難しいと分析している段落が大きな手がかりとなる。[8]がそれにあたる。「遊び」とされる「からかい」に異議申し立てをするという「ルール破り」をあえて行うには、かなりの勇気と皆を納得させる正当な理由が必要だとある。セクシュアル・ハラスメントの構造も、性的な暴力を「お酒の席のこと」である「遊び」の文脈に位置づけるなどし、異議申し立てを難しくして、セクシュアル・ハラスメントの存在自体を隠蔽してきたのである。答えは④。引用された文章と本文との重なる点を探ることで、直接書かれていないことを推定して答える、共通テスト型の設問である。

①引用された文章では「からかい」の構造とセクシュアル・ハラスメントの構造が同型であると述べられている。①では「からかい」とセクシュアル・ハラスメントが異なる文脈にあると言っているので、該当しない。また、セクシュアル・ハラスメントは④「『遊び』……として実行される」のであって、①のように実際に「たんなる『遊び』である」とするのは適切でない。

②セクシュアル・ハラスメントが隠蔽されるにあたって、「恥ずかしい」という心理を利用されてきた面はあるかもしれないが、セクシュアル・ハラスメントや「からかい」を隠蔽してきたのは異議申し立てを難しくしている構造自体であり、「からかわれる側」ではない。

③「匿名化」されるのは、「からかう側」の発言であると本文では述べられており、「その場にいる人々」の「存在」ではない。またセクシュアル・ハラスメントや「からかい」を「遊び」の文脈に位置づけてしまうことが問題であると指摘されており、「争いごとにまきこまれたくない」ということではない。

⑤セクシュアル・ハラスメントと「からかい」が構造的に同じであるのは、引用された文章中の「お酒の席のことなんだから」という言葉からわかるように、セクシュアル・ハラスメントも「からかい」も「遊び」の文脈に位置づけられてしまうということにある。また、この選択肢の論理は「からかう側」は実際に「本当の意図を指摘」しているという「からかう側」の自己正当化の論理であり、それを批判する本文ならびに引用された文章の主張していることではない。

第2問

〈出典〉　遠藤周作（えんどう　しゅうさく）「異郷の友」（『中央公論』一九五九年十月臨時増刊号発表、『遠藤周作文学全集6』（一九七五年刊、一九九九年再刊　新潮社）所収）の一節。本文中の表現には現在一般に用いられなくなっているものもあるが、できるかぎり作品を尊重し発表当時のままとしている。ただし出題に際しルビを追加した箇所がある。

遠藤周作は一九二三年東京市（現在の東京二十三区）生まれ。一九二六年父の転勤に従い満州の大連（中国遼寧省遼東半島、当時は日本の統治下にあった）に移り、一九三三年父母の離婚により母に連れられて日本に戻る。帰国後、母が教会に通うようになり洗礼を受けたことにともない、遠藤も洗礼を受けた。洗礼名はポール。一九五〇年、フランスの現代カトリック文学研究のために戦後最初の留学生として渡仏、リヨンにて二年半暮らした。本文はこの時の経験や自身の思いを題材にして書かれたものである。小説の代表作品としては、『白い人』『海と毒薬』『沈黙』『深い河』などがあり、文芸批評やエッセイ、戯曲も手掛けている。

なお、問5の【資料】の文章は、三雲夏生（みくも　なつみ）「ポール遠藤」（『遠藤周作文学全集12』（一九七五年刊、二〇〇〇年再刊　新潮社）の月報掲載）の一節。出題に際し省略等を施した箇所がある。

〈問題文の解説〉

リード文にあるように、この文章は一九五九年に発表されたものであり、本文冒頭によれば、朝鮮事変（朝鮮戦争）がはじまった一九五〇年、すなわち第二次世界大戦が終わって五年後、主人公が留学生としてフランスのリヨンを訪れた際のことについて書かれたものである。共通テストの二〇二一年度第一日程で出題された作品は大正時代、二〇二三年度本試で出題された作品は昭和二〇年代のものであったが、このような現代とは状況の異なる古い時代の小説では、内容理解のためにまず正確なシチュエーションの把握が必要である。以下に箇条書きで状況を整理してみる。

- 一九五〇年　朝鮮事変勃発の年
- 日本はまだ戦犯国で大使館も日仏の間には設置されていない（36行目）
- 「私」と四国邦夫は、秋の新学期から同じ大学に入学するためリヨンにきた留学生である
- 「私」と四国邦夫は、リヨンでただ二人の日本人、ただ二人の日本人留学生である

　→「私」にとって未知の国、都市で四国以外にお互い頼りあう日本人はいない

- 四国は「私」より一カ月はやくリヨンに到着していた

このような状況下で二人はリヨンで会い、始めのうちは、それなりに順調に親交を深めていく。また、「私」がリヨンに着いた時に関して、「四国の肥った体が嬉しそうにちかづいてきたのを私は今日も憶えているのだ」とあることから、この文章は、今日の「私」が当時を回想する形式で書かれているとわかる。センター試験から続く傾向として、小説の出題では単に内容だけでなく、視点や表現について問われることも多いので注意しよう。

二人が駅で会い、タクシーで四国の下宿にむかう始まりの場面では、一か月早く到着している四国が「私」にフランスの事情や注意点を教え、フランス語に不安をもつ「私」の前でタクシーの運転手とフランス語で会話をしてみせている（**問1**）。本文を最後まで読むとよりはっきりするが、この時点ですでに、四国は私に対して示威的な態度をとっているのである。このように小説では、伏線と呼ばれる、本文後半の、特にクライマックスと関わるようなことが、本文前半部であらかじめ描かれていることがある。ただし、それが伏線であることは、本文を最後まで読むことによってしか理解できない。小説の出題では、このような本文全体の流れの理解を問われることもあるので、くれぐれも本文を最後まで読んでから設問にとりかかるようにしよう。

下宿に到着した「私」と四国は、一緒にコーヒーを飲んだり、「私」が日本から持ってきた土産を四国にさしだしたりし、「私」は四国に対して連帯感を抱き、四国の姿が「可愛く見えた」とまで述べている。その後も、大学が始まるまでの数週間、「私」と四国は毎日顔を合わせ、「私」は四国に友

情めいた気持ちさえ持ち始めたことを自覚する（**問2**）。ところが、今日の「私」の視点から客観的に見れば、それは錯覚であり、実際は慣れない異郷での不安な生活には一人よりも二人で当たる方が便利であり、それに同郷同学の親しみが加わっただけのことだった。本当のところ二人は気質も物の考え方も似通っていなかったが、そのようなことを検討する前に互いに互いを仲間としてしまったのである。

「私」がそのことに気付いたのは、新学期が始まる直前、二人が入学する文学部の学生補導課長の教授の事務室を訪ねた時だった。教授の部屋には十字架や聖画があり、教授が敬虔なキリスト教信者であることが見て取れた。そこで、これから哲学を学ぶにあたりどんな哲学に興味があるのかと教授に尋ねられた四国は、自分はキリスト教徒なのでキリスト教哲学だと答え、それを聞いた「私」は驚いた。というのも、四国が洗礼を受けていたことは聞いていたが、すでに信仰などはなく、現在のキリスト教には疑問しかない、と四国は言っていたからである。教授は、四国の返答を聞いて好奇心と好意を示し、その後「私」もキリスト教徒かと訊ねた。それに対しては「私」ではなく四国が、「私」はキリスト教徒ではなく無神論者だと返答した。「私」がリヨンに到着した際、四国は、リヨンは保守的な町なので保守的言動をする方が得だと言っていたにもかかわらず、教授に「私」は「無神論者」であると言ったのであり、そのことは「私」が反保守的、反キリスト教的人間だと教授に伝え、「私」に損害を与えるということを意味していた。そこで「私」はリヨンに来てはじめて、四国に対して不愉快な気持ちになり（**問3**）、四国に挑むために、わざと大学では反キリスト教的な文学を勉強すると教授に言った。

教授の部屋を出た後、二人でつれだって歩きながら、四国は「私」に、本当に反キリスト教的文学を勉強するのかと尋ね、「私」はそれを肯定した。逆に「私」が四国に本当にキリスト教哲学を専攻するのかと皮肉に聞くと、四国も意地になってそのつもりだと答えた。現在の「私」から見ると馬鹿馬鹿しい争いだったが、当時は些細なつまらぬことでたがいに傷ついていたのである。

下宿に戻った「私」は自身が非常に神経質になっていることを恥じ、今後の留学生活でつまらぬ心理的反発を繰り返すことは耐えられないと思った。また、徐々に冷静になって自分が素直ではなかったことを理解した。これは、「私」が冷静になって反省したということだと考えられるだろう。

〈設問解説〉

問1　心情を説明する設問。

センター試験でも出題があり、共通テストでも頻出する、主人公の心情を問うオーソドックスな設問である。傍線部のときの心情が問われているが、そもそも傍線部自体が、私のしぐさであり心情を表しているので、「弱々し」い気持ちと、「首をふった」気持ちについて述べている選択肢を選ばなければならない。

「弱々し」い気持ちに関しては、「不安」（①・③・④）、「恐れ弱気」（②）、「怯え」（④）、「無理だと思って絶望」（⑤）と、すべての選択肢で述べられている。「首をふった」は、直前の四国の発言「運転手の言うこと、君わかりますか」に対してであり、傍線部直後に「仏蘭西語に上達するとは思えなかった」とあるように、首を横に振って、運転手の話すフランス語の内容がわからないということを示している。このことについて明確に言及している選択肢は、②「運転手の話の内容を聞き取れない」と、④「フランス語を聞き取れるはずもない「私」にタクシーの運転手の言うことが理解できたかどうか……尋ねて」のみである。

さらに、傍線部前後のこのときの心情を確認すると、傍線部の前には、四国が「運転手に突然話しかけ」、「仏蘭西人のごとく」身ぶりや「大袈裟な感嘆詞」を交えて話す様子に「私」は「びっくり」したとあり、また傍線部の後には「私には僅か一カ月の生活でこれほど仏蘭西語に上達するとは思えなかった。私は不安とかすかな怯えとで黙っていた。」とある。以上の内容を正しく説明した②が正解である。④は「怯え」や「不安」が、「私」の今後のフランス語の上達に対してではなく、「真意」の読めない四国に対してである点が不適切である。35行目〜などへのつながりからもわかるように、この時点での「私」は四国への不信や疑念を意識しているわけではない。

その他の誤答について、①は「馴れ馴れしく話す様子」に驚いているとしている点、「四国と良好な人間関係を築いていけるだろうかと不安」だとした点が不適切。「私」が「びっくり」したのは四国が「僅か一カ月の生活でこれほど仏蘭西語に上達」していたことに対してである。③は「底意地の悪さを感じ、今後の留学生活を思って憂鬱な気持ち」が誤り。この時点ではまだ「私」は四国の「底意地の悪さ」には気づいていない。⑤は「洗練された都会人のようなフランス語の会話力を身につけ」「絶望している」が誤り。本文では、運転手と会話する四国を見た「私」のことを「都会人の洗練された態度に気圧された田舎者のように」と表現しているのであって、四国のフランス語が「洗練された都会人のよう」なのではない。また「絶望」は「不安とかすかな怯え」ではない。

問2　傍線部における心情を含めた登場人物の説明をする設問。

傍線部のときの「私」について説明する設問。傍線箇所は当時リヨンにいた「私」の心境について書かれているが、傍線部の直後に、今の視点から見た当時の「私」についての客観的な説明があるので、これもふまえて「このときの『私』について」（設問文）解答する。

まず、傍線部の指示語「それ」は、直前の「この分ならばリヨンでのながい生活で二人の性格がそれほど噛《か》みあわないことはないと考えはじめた」を指し、傍線部では「それ以上に」「なにか彼にたいして友情めいた気持」が生じたことを自覚したと述べられている。「この分ならば」とあるように、この「友情めいた気持」は、「私」と四国が「幾週間」「顔を毎日あわせ」、ともに時間を過ごしたことから生じている。

ところが、傍線部直後ではこの「友情めいた気持」が端的に「錯覚」だと書かれ、それに続けて実際のところ四国との関係がどのようなものであったのかが説明されている。すなわち、本当は「はじめて異郷の街に放りだされた私と四国とはあたらしい不安な生活に一人、一人で当るよりは二人でぶつかる方がはるかに便利だったにすぎない」のであり、それに「同じ国からきた同じ学校の入学者だという親しみ」が加わり、「相手の気質や物の考え方が似通っているか似通っていないかを検討する前に、私たちは手を握りあってしまった」ということだったのである。

したがって、以上の内容を「（実際は）……だったのに、……ということ。」という形で適切に説明している④が正解となる。

誤答について、①は「これからリヨンで長く接していくうちには四国と性格が噛みあわないようなこともなくなっていく」が誤り。今後「噛みあわないようなこともなくなっていく」のではなく、すでに「幾週間」毎日ともに過ごしたことで「噛みあわないことはない」と判断しているのである。また、「錯覚」であることについても全く触れていない。②は、「四国の気質や物の考え方への理解が深まり」が誤り。先にも述べた通り「四国の気質や物の考え方」について「私」は「検討」をしていない。さらに、「意見が噛みあわなくなるようなことはしないでおこう」も不適切であり、「友人としてのつきあいを……求め」も「友情めいた気持さえ持ち」の説明として誤りである。③は「否応なく……一緒に行動しなければならない」が事実と異なり、「日本にいたときと同じような友情がよみがえってきた」も誤り。本文には「日本では……ほとんど話しあう機会もなかった」とある。⑤は、二人が幾週間毎日一緒にいたことにまったく触れておらず、また「当初抱いていた違和感」の「解消」というだけでは「それ以上に……友情めいた気持」を持つことにはならない。つまり、傍線部自体の説明にまで届いていない。

問3　心情の理由を説明する設問。

理由説明の形式で傍線部に至る心情過程を説明する設問。「不愉快な気持」になった経緯とそれに伴う「私」の心の動きを順に追っていく。

直接的に「私」を「不愉快」にさせたのは、直前の、「君も基督教徒かね」という教授の質問に対して四国が「いいえ」「彼は無神論者でしょう」と答えたことである。では、なぜこのことによって「私」が「四国にたいして不愉快な気持」をもつことになったかというと、**〈問題文の解説〉**でも述べたように、キリスト教徒ではなく「無神論者」であるというのは、反キリスト教徒的考えを持っているということであり、それは敬虔なキリスト教徒である教授が「私」に対する心証を悪くすることにつながるからである。この後「私」が「四国に挑むために、わざと、最も醜悪な肉慾を描き反基督教的な考えをもったある近代作家の名を思わず口に出してしまった」とあることからもそれは理解できる。また、その前で「私」が、リヨンは保守的な街なので「言動に注意した方がトクだ」と四国が言ったことを思い出しているように、「無神論者」であることは、「保守」性に反することでもあり、損をすることである。

さらに、四国は、洗礼こそ受けているもののすでに信仰はなく、現在のキリスト教には疑問しかないと以前言っていたにもかかわらず、教授には自分はキリスト教徒であるからキリスト教哲学に興味があると言っている。これらのことから、四国は、自分は教授に気に入られようと信仰してもいないのにキリスト教徒であると言い、逆に「私」には損をさせるような発言をしていることがわかる。

また、傍線部の心情を抱きながら四国の顔を見あげた「私」について、「まるい大きな無表情な顔がかえってこちらの気分をいらいらとさせる」と書かれているが、これも四国の顔自体が「私」をいらだたせているというよりは、この場面での四国にたいする総合的な「私」の心情として理解できるだろう。以上を踏まえた⑤が正解である。

誤答について、①は「反キリスト教的な作家の研究をしようとする『私』にたいして批判的な言い方をする」が誤り。たしかに、四国はそのような言い方をしている（90行目）が、それは「私」が「不愉快」になった後のことであり、傍線部の理由にはならない。また、そもそも「私」がそうした作家の研究をすると口に出したのも、傍線部より後で、しかも四国に対する反発からのことである。ちなみに「欺瞞」は、人をあざむき、だますことであり、誤りとまでは言えない。②は「疎外感を抱いた」「四国が返事をしてしまったことで『私』は憤りを感じた」が誤り。「疎外感」自体はあったかもしれないが、「不愉快」になった理由ではない。「私」が「不愉快」になったのは、四国が返事をしたことにたいしてではなく、四国の返事の内容にたいしてである。③は「彼が『私』に不信感を抱いていることがわかり」が誤り。「不信感」ではなくむしろ悪意といったようなものである。また、「保守的な物の言い方をするほうがトク」であることについても言及していない。④は「嘘まで重ねたので『私』はあきれ果て、見慣れた眼鏡のまるい大きな顔にまでいらいらとした」が誤り。四国が「嘘」をついたことで「不愉快」になったというよりも（66・67行目）、四国の発言内容に「不愉快」になったのであるし、「顔」にいらいらしたから「不愉快」になったわけでもない。

問4　会話文形式で空所を補入する設問。

二〇二一年度第二日程・二〇二二年度追・再試験の第2問や、二〇二三年度本試験の第1問で出題された、会話形式の設問である。本文から読み取れる四国邦夫の人物像と、四国が「私」に及ぼした影響を会話文の空所補入の形式で解答する。

まず設問文に注目する。設問文には「四国邦夫について各グループで話し合うことになった」とあるので、本文中で四国邦夫の言動について書かれていることを広く見渡すようにする。次に、会話のやりとりにも注意しよう。話し合いという、複数の学生がたがいにさまざまな意見を出し合い、一定の結論に至るアクティブ・ラーニングの学習法のひとつでは、相手の意見を聞き、それを受けて自己の意見を言うという流れを正しく把握することが大切である。

(i)

空欄Ⅰには、直前の「そう考えると」という条件を受けた、この人＝四国の人物像が入る。そこで、「そう」が指示しているCさんの発言を確認すると、「それだけじゃなく」と、その前のDさんの意見に添加する形で、四国がリヨンの人たちを軽蔑し、侮った発言をしていることに言及している。また、Dさんは、四国がリヨンに着いたばかりの「私」に自分のフランス語の会話力を誇示するエピソードを取り上げている。このDさんの意見は、直前のCさんの発言、すなわち問3で解答した「私」を不愉快にするような四国の言動とその後の「私」を非難するようなことを言っていることに、「そうだね」と同意した上で述べられたものである。以上の内容から、四国は悪意的に他者を攻撃したり、侮り下に見て自己の優位を誇ったりするような人物であると言えるだろう。ただし、四国を一面的に悪い人物とばかり言うこともできない。なぜなら、Cさんの最初の発言が「それなのに」と始まっているように、その前でAさんとBさんは、四国が「私」に友情を抱き、「私」と会えることが嬉しく、さらに「可愛く見える側面があることを述べているからである。実際、最初に二人がリヨンで会った際、四国が「私」の鞄を持とうとしたり、「私」にフランスでの生活について教えたり、自分の下宿に「私」を連れて来たりしているのは、四国が「私」に好意を抱いていることを示していると言えるだろう。したがって、このような二面性を正しく説明している②が正解となる。選択肢はいずれも「友情」「親切心」といったことを取り上げているので、「教授」のような人に対してでなく、本来自分と同列にあるはずの人に対する心理についてであるが、そうした人々に対して「自己の優位を保持し、誇りたい気持ちが強い」ということである。

誤答について、①は「うわべだけのもの」「他者をかえりみることがない」が先のAさんとBさんの発言に反するので誤り。③は「絶えず揺れ動いている」が誤り。友情と自己顕示とのいずれかの選択で「揺れ動いている」のではなく、両者の二面をあわせ持っているのであり、空欄Ⅰの前の会話では後者に重点が置かれている。④は「故郷をなつかしむような素直さ」では、「友情」や好意の説明として不適切であるし、「他人を利用する冷徹さ」も、自分のフランス語の進歩を誇示したり、リヨンの人たちを軽蔑したりすることの説明にはならない。

(ii) 空欄Ⅱには、「四国との争い」が「私」に与えたのは何の「きっかけ」なのかを考え、補入する。Bさんのこの発言は「そうか」とAさんの発言を受けている。Aさんは、「私」が自分や四国のことを「日本人留学生」と一般化して表現し、「些細なこと、つまらぬことでたがいに傷つく」と述べている箇所を引用したうえで、四国が「私」にたいして故意に不利益になるような言動をしたことが発端となった二人の争いを、「私」は「恥じた」、「私自身も素直ではなかった」と述懐している部分を取り上げている。このことから、「私」は、少なくとも自己反省をしていること、また、「日本人留学生」という自分の状況を客観的に見ていることがわかる。したがって、正解は①である。

誤答について、②は「人間の根源的な孤独」が右の内容からずれており、誤り。③は「自己反省することの重要さを学ぶ」が不適切。たしかに「自己反省」をしているが、その「重要さを学ぶ」というよりは、客観的に自分を見て分析するきっかけを得ているのである。③では「他者と争いが起きた時」の解決策を学んだ、といった内容になってしまう。④は「生活する過酷さを再確認」が誤り。ここでは「生活」全般ではなく、四国との人間関係が問題となっている。

問5 **【資料】**を踏まえた本文理解を問う設問。

本文全体の内容や表現の理解に加え、本文と関連した**【資料】**も踏まえて解答する、共通テストの傾向に即した設問である。

本文と**【資料】**はともに、戦後まもなく日本人留学生としてリヨンに滞在していたことについて書かれたもので、エピソードの具体性の程度こそ異なるが、その時体験した事柄や、それにたいする内面的な経験は非常に似通ったものである。このことから、正解のひとつは⑤となる。

しかし、そもそも本文は小説であるが、**【資料】**はエッセイ的に自己の体験を綴ったものであり、文章ジャンル自体が異なる。小説はあくまでもフィクションとしてひとつの物語世界を作り上げ、登場人物の個性も明瞭に形成されている（語りの視点は「私」に置かれている（③「『私』の主観に即しながら」）が、問4で見たように、「四国」の人物像も、印象的に描き出されている）。一方**【資料】**は自身の留学体験を心情的に回顧して書かれたものである（引用箇所は「われわれは…」という描き方で心情を記すことに終始しており、他者や状況を対象化して描く姿勢にはなっていない）。このことから、もうひとつの正解は③となる。

選択肢は、①〜④が両者の相違点を述べているもので、①・②は表現面について、③・④が内容面について主に説明している。また、⑤・⑥は両者の共通点についての説明となっている。内容面だけでなく、表現面についても正確に把握する必要がある。

誤答について、①は「**【資料】**は……修辞法は用いず簡潔に述べている」が誤り。本文では「ポツ、ポツ」という擬態語や、「仏蘭西人のごとく」「象のように」などの比喩表現が用いられているが、**【資料】**でも「『泥沼』

の中で……生温い仲間意識」「透明……な絶対の裁断」「深層心理や醜さを写す鏡」といった比喩表現などが用いられている。修辞法については、正誤の判断に知識が必要である。本番までにしっかりと学習しておきたい。

②は「フランス人へのコンプレックスを、具体例によって生き生きと描いている」が誤り。【資料】では（中略）の後に「極東の勇しい……隔絶など」という具体例が挙げられているが、それは、当時筆者が絶えず苛まれていた「自分の存在や意識の分裂、喪失」の具体例であって、「フランス人へのコンプレックス」の具体例ではない。また「言葉の不自由さによるコンプレックス」については、【資料】の中では「具体例」は挙げられていない。④は「異国情緒を生んでいる」が誤り。「リヨンについてしか述べられて」いないことで「異国情緒」が生まれるということにはならない。⑥は「青春時代への感傷的な気持ちが文章全体を貫いている」が誤り。「感傷的」は、感情を動かされやすく、何かにつけて同情心を抱き涙を流してしまうようなさま、という意味なので、本文にも【資料】にも内容として当てはまらない。

第3問

〈出典〉『蜻蛉《かげろう》日記』

『蜻蛉日記』は平安時代に成立した女流日記文学である。作者は藤原道綱母。天暦八（九五四）年から天延二（九七四）年までの出来事が記されており、成立は天延二（九七四）年頃とされている。『源氏物語』に先立つ女流文学として文学史問題にも頻出する作品である。

内容は、夫である藤原兼家とのままならぬ夫婦関係を軸に、兼家の正妻である時姫に対する感情、息子道綱の成長・結婚などが記されている。また、石山寺や長谷寺への参詣についても記されており、出題箇所も作者が鳴滝の山寺に参籠していた折の記事である。

〈現代語訳〉

（私が）釣をする海人《あま》の浮き（が激しく動く）ほどに、これからのことを決めかねて思い乱れていると、威勢よく誰かがやって来た。夫の兼家であるようだと思うと、気も動転してしまう。夫は、今回は何はばかることなく歩み寄ってずかずかと入ってくるので、私は困り果てて、ただ几帳《きちょう》だけを引き寄せて少し隠れたけれど、何の役にもたたない。香を盛って据え、数珠《じゅず》を手にさげ、お経《きょう》を置いたりしている私を見て、「ああ恐ろしい。まったくこんな状況とは思ってもいなかった。ひどく近づきがたい様子でいらっしゃったことよ。もしや寺をお出になる気になっているかと思い参上したけれど、（連れ帰っては）かえって罪を得てしまいそうにも思える。どうだ、道綱、母上がこのようにしているのをどう思うかね」と問うと、「たいへん辛うございますが、致し方ございません」と、うつむいてじっとしているので、「ああ、かわいそうに」と言い、「それでは、とにもかくにもお前の気持ち次第だ。母上が寺をお出になるおつもりだと思うならば、部屋の脇に車を寄せさせなさい」と夫が言い終わらぬうちに、道綱は立ち上がって走り寄り、散らばっている物を、次々と取って、包み、袋に入れるべき物は入れて、車にみな積み込ませ、立て廻らせている引き幕などをもはずし、立ててある（几帳や屏風などの）物も、みしみしと取り払うので、私はただあっけにとられて、茫然《ぼうぜん》自失の状態でいると、あの人（兼家）は私にちらちら目配《めくば》せをしつつ、にっこりと笑って片付けを見守っているようだ。「片付けをこのように済ませたからには、寺をお出にならなければならないようだな。仏に下山する旨を申し上げなさい。それが常の作法だよ」などと、まったく大仰な冗談を大声でさんざんに言わずにはいられないようだが、私はまったく言葉を口にすることもできず、涙ばかりがあふれるけれど、じっと我慢していると、車を寄せてからずいぶん時間が経ってしまった。申《さる》の時頃（＝午後四時頃）にやって来たのだが、もう灯《あか》りをともすほどになってしまった。私が平然として動かないでいると、「では仕方ない。私はさきに出てしまおう。後はお前（＝道綱）に任せる」と言って夫が出て行ってしまうと、「はやく、はやく」と、道綱は私の手を取って、泣き出しそうな様子で言うので、仕方なさから、そこを出て行く気持ちは、まったく茫然自失の状態である。

大門から車を引き出すと、夫も乗り加わって、道々、吹き出してしまいそうな冗談をたくさん言うけれど、これは夢路をたどっているのかという思いで、私は何も言うことができない。あの一緒だった妹も、暗いからかまわないだろうということで、同じ車に乗っていたので、その妹が時々返事などをする。はるばるとやって来て家に帰り着くと、亥《い》の時（＝午後十時頃）になってしまった。京の家では、昼間に兼家の迎えがあるという事情を知らせてくれた人々が、心遣いして塵をかき払い、門も開けてあったので、茫然とした気持ちながら、車を降りた。

気分もすぐれなかったので、夫とは几帳を隔てて横になっているところに、家にいた侍女が、ひょいと近寄って来て言うには、「撫子の種を取ろうとしましたが、（枯れて）根もなくなってしまいました。呉竹も、一本倒れておりました。それは手入れさせましたが」などと言う。今言わなくてもよさそうなことだなあと思うので、返事もしないでいると、眠っているかと思った人（兼家）が、耳ざとく聞きつけて、この同じ車で帰ってきた妹が障子を隔てている、それに向かって「お聞きですか。大事件があります。この世を捨てて出家して菩提を求めている人に、今ここの侍女たちが言うのを聞くと、撫子は撫《な》でるように大切に育てたとか、呉竹は立ててあるとか、そんなことを話題にするとはね」と語ると、聞いた妹はひどく笑う。私もあまりのことにおかしく思ったけれど、つゆほども笑う様子は見せない。こうしているうちに、夜もだんだんと更けて夜中ほどになった頃に、「方角はどちらが塞がっているかね」などと言うので、日を数えてみると、案《あん》の定《じょう》、私の家の方角が塞がっていた。「どうしたものだろう。ほんとうに困ったことだな。さあ、一緒にどこか近いところへ（方違えに行こう）」などと言うので、返事もしないで、なんとまあ常軌を逸したことを、この状況に全くそぐわないとんでもない提案であるはずだと聞こえると思って、横になったまま、いっこうに動こうともしないでいると、「方違《かたたが》えは無理にでもしなければならないようだ。方角が開いたらまた参るのがよいようだと思うのだが、いつものように六日の物忌《ものい》みになってしまいそうだなあ」など、大儀《たいぎ》そうに言いつつ出て行ってしまった。

問5の『枕草子』訳

（正反対で）比較のしようがないもの。夏と冬と。夜と昼と。雨が降る日と晴れた日と。人が笑っているのと腹立っているのと。年老いているのと若いのと。白いのと黒いのと。大切に想っている人と憎む人と。

同じ人であっても、私を思ってくれている折と心変わりした折とは、まったく別人のように思われる。

火と水と。太っている人と痩せている人。髪が長い人と短い人と。

夜烏どもが木にとまって、真夜中頃に寝ながら騒ぐ時。枝から落ちて慌てたり、木を伝って、寝ぼけた声で鳴いているのは、昼間に見るのとはまるで違っていて興味深い。

〈設問解説〉

問1　解釈の問題。

比較的短い傍線部の解釈を問う設問である。基本的な古語や文法・語法の知識が重要となるが、前後の文脈の中で正しく傍線箇所を把握する能力も求められる。

(ア)　文脈の理解という点では、傍線部が会話部分の中にあることを確認するところから始めよう。その会話部は、「…したるを見て、」によって導かれているので、その直前に記されている状況を見ての発言であることがわかる。そして直前に記されているのは、「香盛り据ゑ、数珠ひきさげ、経うち置きなど」している作者の状況であり、そこからは①・⑤あたりが適当とも見えるのだが、直前の会話で、「ああ恐ろしい。まったくこんな状況とは思ってもいなかった」と、否定的に捉えられていることにも注意を向けておきたい。会話主は場面と発話内容から作者の夫兼家であると判断できる。

その上で、基本古語の点では、形容詞「けうとし」の意味を理解していることが重要となる。「けうとし」は形容詞「うとし」に接頭語「け」が付いたもので、「疎ましい・よそよそしい・親しみにくい」といった意味が基本となる。「気疎し」と表記されることもある。以上のように文脈と「けうとし」の語義を押さえると、まるで出家した僧侶のような様子で参籠している作者を見て、俗世間の人とはかけ離れた、近寄り難い様子に呆れている部分と判断できよう。「けうとし」には「人気《ひとけ》がない。寂しい」という意味もあるが、選択肢④は「おはし」の持つ尊敬の意――「おはす」はラ変動詞「あり」の尊敬語――が訳出されておらず――選択肢③も同じ――、文脈的にも人がいるかいないかが話題とされていないので、不適当である。「いみじく」は形容詞「いみじ」の連用形であり、ここでは形容詞を修飾して程度の甚だしい意味を表している。正解は②。

(イ)　形容詞「つれなし」についての知識が決め手となる設問である。「つれなし」は、「連れ無し」の意で、周囲のものと関連がないさま、無縁なさまを原義として、他者からの働きかけに対して無反応なさまや、見かけ上は何事もないように見える様子を意味する語である。内心に様々な感情を抱きながらも、それを表にあらわさないでいることを言う、「つれなし顔(＝平気な顔)」「つれなしづくる(＝平気なふりをする)」といった表現もある。「つれなくて」の「て」は、単純接続の接続助詞であるが、形容詞・形容動詞の連用形に接続した場合、「……様子で・……状態で」という意味となる。

「つれなし」の語義から見て、正解はほぼ⑤に定まるのであるが、文脈も確認しておこう。道綱に部屋を片付けられ、兼家に帰宅を促された作者は、複雑な思いを抱いたと推測されるが、「涙のみ浮けれど、念じ返してあるに」と記されていることに注意しよう。「念ず」は我慢する意であり、感情を押し隠して表に出さないでいるのである。やがて時が経ち、夕刻(申の時・午後四時頃)となる。それでも作者は寺を退出するそぶりも見せず、平然として動かないでいるのである。傍線部の係ってゆく先も確認しておきたい。兼家が先に退出した後の、「『とくとく』と、手を取りて、泣きぬばかりに言へば、」は、作者の息子である道綱が動こうとしない作者の手を取って「早く早く」と退出を促している箇所である。以上の文脈からも、傍線部は作者が平然として動こうとしないことを言う箇所であることが確認できる。正解は⑤。

(ウ)　「我にもあらず」という連語表現と、「さらに……打消」の語法についての知識を問う設問である。「我にもあらず」は、自分ながら自分の心地がしないで意識がぼんやりしている状態、すなわち茫然自失の状態を言う連語表現である。「我かにもあらず」という形で出てくることもある。また類似する表現として、自分なのか他人なのかわからないほど混乱していることを表す「我か人か」という表現もある。「さらに」は、通常の用法では「その上に・重ねて・改めて」など、現代語の用法に近い意味合いで用いられるが、下に打消の表現を伴って呼応の副詞として用いられた場合は、「少しも・決して・まったく」など、打消を強調する意味となる。ここでは「我にもあらぬ」の「ぬ」が打消の助動詞「ず」の連体形(係助詞「ぞ」の結び)であるので、呼応の副詞としての用法であると判断できる。よって正解は③となる。「我にもあらず」は中世になると「自分の本心ではない」という意味合いでも用いられるようになるが、問題文は平安朝の文章なので、右のように捉えておくべきである。また、「我にもあらぬ」を「自分の意志にも反している」と訳出する選択肢①は、「さらに」を「その上」と訳出しており、不適当である。正解は③。

問2　語句や表現に関する問題。

傍線部の各所に関して、さまざまに角度を変えて説明した選択肢の中から正しいものを選ばせる形式の設問。傍線部を正確に把握して選択肢を吟味することが大原則であるが、選択肢ごとに、指示語の指示対象、文法事項、具体的内容の把握など、問われていることが異なるので、選択肢ごとに何が問われているのかを読み取り、問題文・傍線部に返って吟味する必要がある。

本設問において傍線部を読解し、選択肢の吟味を行うにあたって、その前提として押さえておくべきことは、傍線部が兼家の発話箇所の中にあることである。それは発話の後に、「……とて、天下の猿楽言を言ひののしらるめれど」と続くことによって知られる。

選択肢①の「このこと、かくすれば」には、「この」「かく」という指示語が含まれており、その指示対象を正しく把握できているかを問う選択肢であるとわかる。ただ、「すれば」という条件句が係ってゆく先の理解も重要なので、選択肢②とともに検討してみよう。選択肢②では、「出で給ひぬ」の動作主体が主に問われているのだが、兼家の発話において尊敬（主体尊敬）の補助動詞「給ふ」が用いられていることに注目すると、「出で」の主体は作者であると判断できる。問1(ア)にも見られるように、兼家は会話中で作者に敬意を表しているが、道綱には敬意を示していない。よって「出で給ひぬ」の主体を兼家と道綱とする選択肢②は誤りである。「あなた（作者）は寺をお出になるのが当然だ」と言っているのである。そこに係ってゆくのが「このこと、かくすれば」であることを踏まえて、何をどのようにしたので寺を出るのが当然だと言っているのかを考えると、傍線部の前の部分で、兼家に促されるように道綱が作者の周辺の片付けや帰り支度をしてしまった記述が目にとまるだろう。部屋の片付けや帰り支度をしてしまったからには、もう寺をお出になるほかなかろう、と言っている部分なのである。したがって「兼家が……迎えに来たことを指している」とする選択肢①も誤りとなる。

選択肢③では、指示箇所「出で給ひぬべきにこそはあめれ」に用いられている助動詞が正しく把握できるかどうかが問われている。比較的容易に判別できるのは「ぬべき」の部分である。「ぬ」は動詞の連用形（「給ひ」）に接続しているので、完了の助動詞「ぬ」の終止形。「べき」は推量の助動詞「べし」の連体形である。次に文末の「あめれ」の部分に目を向ける。「あめれ」はラ変動詞「あり」の連体形（「めり」の接続に注意）に推定の助動詞「めり」の已然形（係助詞「こそ」の結び）が接続した「あるめれ」の撥音《はつ》便形「あんめれ」の「ん」が無表記となった形である。ここにラ変動詞「あり」が存在することが、上の「に」について考える上で重要となる。「に」の識別の問題は、入試問題に直接・間接に頻出するが、1．格助詞、2．接続助詞、3．完了の助動詞「ぬ」の連用形、4．断定の助動詞「なり」の連用形、5．ナ変動詞の連用形活用語尾、6．ナリ活用形容動詞の連用形活用語尾、7．副詞の一部、などの識別が必要となる。ここでその全体を解説することは控えるが、右のうち4．断定の助動詞「なり」の連用形の判別において、下に「あり」の要素が存することが重要となる。「べきにこそはあめれ」において、「に」は連体形に接続しており（断定の助動詞「なり」は体言・連体形に接続する）、「こそは」をはさんで「あり」の要素が存在しており、「に」は断定の助動詞「なり」の連用形と判断できるのである。以上まとめると、指示箇所には、完了の助動詞「ぬ」、推量の助動詞「べし」、断定の助動詞「なり」、推定の助動詞「めり」と、四つの助動詞が用いられていることとなる。よって選択肢③は誤りである。

選択肢④の「事のよし」の「よし」は、理由、事情、由緒、手段・方法、趣旨など、様々な意味合いを持つ語であるが、ここは「事のよし」で「事情」の意味で用いられている。それを仏に申し上げなさい、というのである。選択肢②、③で検討した箇所をふまえて、その直後にあることを考慮すると、「仏に事のよし申し給へ」は作者が参籠を終えて寺を退出する旨を仏に申し上げなさいという内容であることがわかるだろう。よって選択肢④は正しい。選択肢⑤の「例の作法」の「例の」は、「作法」という体言を修飾して「いつもの・通常の」といった意味となる――「例の」には、連用修飾語となって「いつものように」の意となる場合もあるので注意――。選択肢⑤の内容だけを見るともっともらしく見えるが、直前の、仏に寺を退出する旨を申し上げなさい、という内容を受けるものとして見ると、参籠を終えて寺を退出する折には、その旨を仏に申し上げるのが通常の作法だと言っているものと理解できるだろう。よって選択肢⑤は誤りである。以上より正解は④となる。

問3　理由説明の問題。

理由説明の設問であるが、古文の理由説明の場合、傍線部やその前後、特に直前の部分が正しく読解できているかが問われている場合が多い。本設問の場合は、傍線部が「と語れば」を受ける形となっており、その語った内容に、作者の妹が笑った直接の理由が示されているのだが、その内容を正しく理解するためには、もう少しさかのぼって読み解いていく必要がある。直前の兼家の発言は、仏道を志し、菩提を求めている作者に対して、侍女たちが撫子や呉竹のことを報告したことに触れているが、少しさかのぼってその箇所を見てみると、侍女たちの報告を受けて作者自身が「ただ今言はでもありぬべきことかな（＝今言わなくてもよさそうなことだなあ）」と感じていることがわかる。仏道を志して参籠しながら、無理やり連れ戻された作者にとっては、撫子や呉竹のことなど、取るに足りない不必要な報告であったわけである。その作者の置かれている深刻な状況と、侍女の報告の些末さとの齟齬を指摘したのが兼家の発話である。さらにその撫子や呉竹のことを「ここに事あり」つまり「大事件だ」と言っている点には、状況をわきまえない侍女の報告を茶化す（からかう）語気を感じることができる。傍線部までの文脈を以上のように把握できれば、選択肢①が正解であるとわかるだろう。選択肢②は妹が笑った理由に間接的には関係してくるが、妹は侍女が報告を行ったのを聞いて笑ったのではなく、あくまで兼家の発話を聞いて笑ったのであるから、「最も適当」ではない。選択肢③の「兼家のことをまったく相手にせず、じっと沈黙している作者を、なんとか笑わせようと冗談ばかり言っている兼家」という内容は、本文における兼家の行動についての説明としては正しいが、それは寺にいる時や帰りの車の中以来のことである。傍線部Bが「…と語れば」を受けていることを考慮すれば、妹が笑った理由は、直前の兼家の発話内容によるものと見なければならない。兼家の姿を滑稽に思って笑ったとする③は誤りである。選択肢④の「その場を取り繕」うという事柄は問題文中にまったく触れられていない。憶測を巡らせれば、そのような心理があった可能性もまったく排除はできないが、古文問題の設問は、あくまで問題文から明確に読み取れるレベルにおいて作成されていると見なければならない。選択肢⑤は、前述したような文脈に照らして、まったく的外れな内容である。正解は①。

問4　登場人物に関する問題。

単なる合致問題ではなく、「登場人物について」というテーマを設定して正誤を判断させる設問であるが、それぞれの選択肢の内容に相当する問題文の箇所を見つけ出し、その部分を正しく読解することによって選択肢の正誤を判断するという手続きは変わらない。ただし、選択肢の内容によっては、問題文全体と関わる場合もある。

選択肢①は第一段落における作者の状況を述べた内容であるが、「兼家に手を引かれて」の部分が明らかに誤りである。第一段落の末尾で「とく（＝早く早く）」と言って作者の手を取ったのは息子の道綱である。選択肢②は第一段落の半ばあたりに対応している。作者の様子について兼家が道綱にどう思うか尋ねると、道綱は「いと苦しう侍れど、いかがは（＝たいへん辛うございますが、致し方ございません）」と言ってうつむいていたが、兼家に「ともかくも汝が心（＝とにもかくにもお前の気持ち次第だ）」と言われると、急に走り出て散らかっている物を包んだり袋に入れたりして車に乗せ、幕やついたてを取り払ってしまった、とある。よって選択肢②は正しい。選択肢③は第三段落の冒頭部分と対応するが、「作者が参籠中に心配していた撫子と呉竹」の箇所が誤りである。侍女の報告を聞いた作者は、「ただ今言はでもありぬべきことかな」と思って返事もしなかった。その折の作者にとっては撫子や呉竹のことなどどうでもよかったのである。その作者の反応からすると、侍女は作者の状況を正しく理解して心を慰めようとしたのではなく、自分たちの役目のことだけに心をとらわれて、場にそぐわない報告をしてしまったと解するべきであろう。選択肢④は第三段落における兼家に関する記述と対応している。作者の家に着いた兼家について、作者は「眠るかと思ひし人」と記しており、兼家が作者の家でくつろいでいた様子がうかがえ、その後、問3でも検討した冗談を言ったりしている。夜も半ばとなった頃、「方はいづかたか塞がる」と方角のことに思い至り、その時点で兼家の家から作者の家の方角が塞がることに気づくのである。したがって、選択肢④の「その日は兼家の家から作者の家の方角が塞がっていることを知っていたので、すぐに」は誤りである。選択肢⑤は作者とともに参籠していた妹についての説明であるが、「作者とともに参籠することに疲れていた」ことはどこにも記されておらず、また兼家の迎えに感謝していたことも全く記されていない。以上により正解は②となる。

問5　思考力を問う要素を加味した問題。

試行調査以来模索されていた、思考力を問う要素を加味した設問である。本設問では、傍線部に見られる「たとしへなし」という形容詞に関して、『枕草子』の「たとしへなきもの」という章段を提示し、その読解から「たとしへなし」の語義を捉えた上で、傍線部の内容理解を導くという形式で出題した。今後、共通テストにおける設問形式がどのような具体的バリエーションを見せるかを予想することは難しいが、何らかの情報に基づいて思考する力を問う設問が出されることは間違いないだろう。

本設問や「引き歌」を提示する設問形式の場合、選択肢の作成には一定の形が予想される。選択肢の数が六つである場合、提示した歌や文章の理解についての選択肢が二つ、その二つの理解のそれぞれを前提とする選択肢が二つずつ作成される形となる。本設問の場合は、提示された『枕草子』の章段から導かれる「たとしへなし」という語の意味についての選択肢が①と③で、①を前提とする選択肢が②と⑤、③を前提とする選択肢が④と⑥となっている。生徒の議論の文体をとっているが、それに惑わされることなく以上のように選択肢を把握することが求められる。その上で、①と③のいずれが正当な主張かを吟味し、次に正当な主張の上に立つ二つの主張のいずれが正しいかを吟味するという手順となる。誤った主張の上に展開されている二つの選択肢は、内容の如何に関わらず誤りとなる。

さて、提示された『枕草子』「たとしへなきもの」に関して、①生徒Aは、「たとしへなし」は二つの物や事柄があまりにも違っていて、比べようもないことを意味すると主張し、③生徒Cは、一対の物や事柄がそろっていなければならないことを意味するのだと主張している。夏と冬、夜と昼、雨降る日と照る日などは、生徒Cの主張にも当てはまるかも知れないが、同じ人であっても自分を思ってくれている時と心変わりした時とでは別人かと思われるといった内容を詳しく見てゆくと、生徒Cの主張は当たらず、生徒Aが言っていることが正当であるとわかる。とすれば、次に検討すべきは、生徒Aの主張を前提とした②生徒Bと⑤生徒Eの主張である。

ここで、文法が解釈のための武器となることを少し述べておきたい。傍線部には「あべかなるかな」という表現が見られるが、これは「あるべかるなるかな」の二つの「る」が撥音便化して無表記となった（問2参照）形である。重要となるのは、このような撥音便無表記に接続している「なり」は聴覚による推定の助動詞「なり」だということである。つまり、「たとしへなきさまにもあべかなる」は、「たとしへなき」さまであるにちがいないように聞こえる、という意味となる。すなわち、作者は耳で聞いたことをもとに傍線部のような感慨を述べているということである。とすれば、上の「あなものぐるほし」も含めて、直前に見られる兼家の提案、「いかにせむ。いと辛きわざかな。いざもろともに近きところへ」という発話に関連して傍線部があるということになる。そのことを加味して選択肢を吟味すると、先に検討した「たとしへなし」の語義も勘案して、兼家の「いざもろともに近きところへ」という提案が、方角が塞がっている折の常識的な対応とまったく異なっていることにあきれているとする⑤生徒Eの主張が適切であると判断できるだろう。②生徒Bの主張の「冗談ばかり言っている」には若干聴覚的な要素が含まれているが、様子が対照的というのは視覚的な要素が中心となっている。加えて「かえって興味深く感じている」は、傍線部の「ものぐるほし」の意味や、後の「さらに動くまじければ（＝いっこうに動こうともしないでいると）」に表れている作者の心情から見て明らかに誤りである。したがって、⑤生徒Eの主張が適切であると判断できる。正解は①と⑤である。

第4問

〈出典〉

【文章Ⅰ】『貞観政要《じょうがんせいよう》』巻三、六篇、「君臣鑑戒《くんしんかんかい》」による。

唐の呉兢《ごきょう》撰。全十巻、四十篇。呉兢は史官として中宗・玄宗に仕えた唐代有数の歴史家。玄宗の天宝八年（七四九）に八十余歳で没したとされる。

貞観とは唐の第二代皇帝であった太宗の年号（六二七～六四九年）。太宗は唐の基礎を築き、その治世は「貞観の治」と呼ばれ、理想的な政治が行われた時代とされる。『貞観政要』には、臣下達とのやり取りを中心に太宗の政治姿勢が記されている。もともとは中宗・玄宗の時代に太宗の政治を模範とすることを意図して編纂《へんさん》されたものだが、政治の教科書として広く東アジア全域に受け入れられた。日本ではとくに北条政子や徳川家康が重視したことが知られている。

【文章Ⅱ】『孔子家語《こうしけご》』巻三、十三篇、「賢君《けんくん》」による。

著者不明、魏の王粛《おうしゅく》序。全十巻、四十四篇。王粛は魏の学者で、儒学の経典の注釈書を作った。

『孔子家語』は、孔子とその弟子の言行や事跡を記したものである。『論語』に載らなかったものをまとめた書という説もあるが、真偽は不明で、前漢時代に古文献から集めた材料を編集したものではないかと言われている。現在に伝わるものは、漢代とは別のものであり、王粛が自説に都合の良いように、それまであった『孔子家語』に手を加えたか、自ら全てを編纂したものであると考えられている。

〈問題文の解説〉

【文章Ⅰ】

唐の太宗が、長命だった周と短命だった秦との違い、自らの国を滅ぼした桀・紂への評価を述べて、後世、笑われることのないような君主になるための心構えを示したのに対し、魏徴は、魯の哀公と孔子のやり取りを引き合いに出し、君主にとって「自分自身のことを忘れない」ことが大切であるという点を補った。

【文章Ⅱ】

先の文章に引用された魯の哀公と孔子とのやり取りにおける孔子の結論部分で、桀が自分自身のことを忘れた結果、誅殺されることになったことを述べ、君主にとって「自分自身のことを忘れる」ということがどういうことかを具体的に示すものである。

〈読み方〉（漢字の振り仮名は、音はカタカナ・現代仮名遣いで、訓は平仮名・歴史的仮名遣いで示してある。）

【文章Ⅰ】

貞観六年《ジョウガンロクネン》、太宗《タイソウ》侍臣《ジシン》に謂《い》ひて曰《い》はく、「朕聞《チンキ》く、『周《シュウ》・秦初《シンはじ》めて天下《テンカ》を得《う》るは、其《そ》の事異《ことこと》ならず。然《しか》るに周《シュウ》は則《すなは》ち惟《た》だ善《ゼン》をのみ是《こ》れ務《つと》め、功《コウ》を積《つ》み徳《トク》を累《かさ》ぬるは、能《よ》く八百《ハッピャク》の基《キ》を保《たも》つ所以《ゆゑん》なり。秦《シン》は乃《すなは》ち其《そ》の奢淫《シャイン》を恣《ほしいまま》にし、刑罰《ケイバツ》を行《おこな》ふを好《この》めば、二世《ニセイ》を過《す》ぎずして滅《ほろ》ぶ』と。豈《あ》に善《ゼン》を為《な》す者《もの》は福祚延《フクソエン》長《チョウ》にして、悪《アク》を為《な》す者《もの》は降年《コウネン》永《なが》からざるに非《あら》ずや。朕又聞《チンまたき》く、『桀《ケツ》・紂《チュウ》は、帝王《テイオウ》なり。匹夫《ヒップ》を以《もつ》て之《これ》に比《ヒ》すれば、則《すなは》ち以《もつ》て辱《ジョク》と為《な》す。顔《ガン》・閔《ビン》は、匹夫《ヒップ》なり。帝王《テイオウ》を以《もつ》て之《これ》に比《ヒ》すれば、則《すなは》ち以《もつ》て栄《エイ》と為《な》す』と。此《こ》れ亦《ま》た帝王《テイオウ》の深耻《シンチ》なり。朕毎《チンつね》に此《こ》の事《こと》を将《もつ》て以《もつ》て鑑戒《カンカイ》と為《な》す。常《つね》に逮《およ》ばずして、人《ひと》の笑《わら》ふ所《ところ》と為《な》るを恐《おそ》る」と。魏徴対《ギチョウこた》へて曰《い》はく、「臣聞《シンき》く、魯《ロ》の哀公孔子《アイコウコウシ》に謂《い》ひて曰《い》はく、『人好《ひとよ》く忘《わす》るる者有《ものあ》り。宅《タク》を移《うつ》して乃《すなは》ち其《そ》の妻《つま》を忘《わす》る』と。孔子《コウシ》曰《い》はく、『又好《またよ》く忘《わす》ること此《これ》より甚《はなは》だしき者有《ものあ》り。丘桀《キュウケツ》・紂《チュウ》の君《きみ》を見《み》るに、乃《すなは》ち其《そ》の身《み》を忘《わす》る』と。願《ねが》はくは陛下《ヘイカ》毎《つね》に此《これ》を以《もつ》て慮《リョ》を為《な》せば、後人《コウジン》の笑《わら》ひを免《まぬか》るるに庶《ちか》きのみ」と。

【文章Ⅱ】

孔子《コウシ》曰《い》はく、「昔者《むかし》夏《カ》の桀《ケツ》、貴《たつと》きこと天子《テンシ》為《た》りて、富《とみ》は四海《シカイ》を有《たも》つも、其《そ》の聖祖《セイソ》の道《みち》を忘《わす》れ、其《そ》の典法《テンホウ》を壊《やぶ》り、其《そ》の世祀《セイシ》を廃《ハイ》し、淫楽《インラク》に荒《すさ》み、酒《さけ》に耽湎《タンメン》す。佞臣諂諛《ネイシンテンユ》して、其《そ》の心《こころ》を窺導《キドウ》し、忠士《チュウシ》口《くち》を折《ふさ》ぎ、罪《つみ》を逃《のが》れて言《い》はず、天下《テンカ》桀《ケツ》を誅《チュウ》して其《そ》の国《くに》を有《たも》つ。此《こ》れ其《そ》の身《み》を忘《わす》るることの甚《はなは》だしきものと謂《い》ふ」と。

〈現代語訳〉

【文章Ⅰ】

貞観六年、太宗は近侍の臣下に次のように言った。「私は『周も秦も王朝の初めにおいて天下を統一したということ、その事自体に違いはない。しかし、周は善行を為し、功と徳行を積み重ねていったことが、周が八百年も続く王朝の基礎を保てた要因となったのである。秦は自らの欲求のままに奢《おご》り乱れたことを行い、刑罰を用いることを好んでいたため、二代を過ぎることなく滅亡してしまった』と聞いている。なんと、善行を為す王朝の寿命は長く、悪行を為す王朝の寿命は短いではないか。私はまた『桀・紂は、帝王である。しかし、庶民を（王朝を滅ぼした暴君であった）桀・紂になぞらえると、その庶民は恥ずかしく思うものだ。顔回、閔子騫は庶民である。しかし、帝王を（優れた徳行で知られる）顔回、閔子騫になぞらえると、その帝王は光栄なことだと思うものだ』と聞いている。このこともまた帝王として深く恥ずべきことである。私はいつもこのことを、自分の手本、戒めとしている。いつも（徳の高い偉大な帝王たちに）及ばず、世の人に笑われることになるのではないかと心配している。」魏徴が答えて、次のように申し上げた。「私が聞き及ぶところでは、魯の哀公が孔子に、『物忘れのひどい人がいる。その人は引っ越した時に自分の妻を忘れてしまう』という話をしました。そうしたところ、孔子は、『ところで、それより物忘れがひどい人がいます。私が思うに、桀・紂といった君主は、なんと自分自身のことすら忘れております』と言いました。願いますれば、陛下におかれましては、常にこのことをご考慮にお入れいただければ、おそらく後の世の人たちから笑われることを避けられるというものです。」

【文章Ⅱ】

孔子は次のように言った。「昔、夏王朝の桀は、天子という高貴な地位におり、その富は天下を保有するほどであったが、偉大な祖先の残した道を忘れ、定められた決まりを守らず、代々伝えるべき祭祀をとりやめ、乱れた楽しみのために荒んだ生活を送り、酒にふけり溺れた。邪《よこしま》な臣下が媚《こ》びへつらって、天子の心を窺って自分の都合の良いように導き、忠誠心のある臣下は口を塞《ふさ》ぎ、罪を被らないように何も言わなくなり、天下（の諸侯）は桀を誅殺し、自分たちの国を守ることになりました。これこそが自分自身のことを忘れた者のなかでも甚だしいものと言えます。」

〈設問解説〉

問1　重要語の意味の設問。

(1)「恣」という字については、「恣意」という熟語があるが、「恣意」とは「好き放題にする」という意味であり、「意を『恣』にする」という構造をしている熟語であるから、「恣」そのものに「好き放題にする」という動詞としての働きがあることが分かる。この場合、漢文では「ほしいままニス」と読むことになっている。次に、選択肢に挙げられている漢字のなかから「好き放題にする」という意味を持つ漢字を見つけ出すことになるが、一つ一つの漢字についての知識が十分でなかった場合、最も有効な方法は、やはり熟語から考えることである。①～⑤の漢字を眺めて、「放縦」という熟語の存在を思いつきたい。「放縦」もまた「好き放題にする」という意味の熟語であり、「放」も「縦」も「ほしいままニス」という訓を有する漢字である。よって、正解は⑤の「縦」になる。なお、「縦」については、逆接仮定を表現する「たとヒ～（トモ）」として用いられることが多いので、こちらもあわせて覚えておきたい。

(2)「爾」という字の主な読みと意味は、以下のように整理される。

爾　代名詞　①「なんぢ」あなた（二人称）　＊「汝」と同じ。
　　　　　　②「しかり」そのようだ　＊「然」と同じ。
　　助詞「のみ」（限定・断定の文末助字）　＊「耳」と同じ。
　　接尾辞　副詞や形容詞につき、「然」と同じ働きをする。
　　　　＊「卒爾」

傍線部(2)は文末にあり、最後に読まれることになっているから、文末助字の「のみ」と考えられる。よって、②「耳」が正解になる。なお、「のみ」と読まれる字には、「耳」「爾」のほかに「已」「而已」「而已矣」「耳矣」などがある。また、意味としては、①「～だけだ」（限定）、②「～なのだ」（断定）の二つがある。

問2　返り点・訓読の設問。

まず、「所以〜」は、「〜する所以《ゆゑん》」（「する」は連体形）と読み、①「〜する理由・原因」、②「〜する手段・方法」という意味の語である。これにより、解答は❶、❷に絞られる。なお、返り点の付け方は、「所㆓以〜㆒」となるので注意しておきたい。次に、「能＋V」の形で「能」は可能の助動詞として機能するが、その読み方は、否定の助動詞「ず」によって否定する場合は「Vする能《あた》はず」（「する」は連体形）と読むが、それ以外の場合は「能《よ》くVす」と読むことになっている。よって、正解は❶となる。

問3　具体的内容の設問。

傍線部Bを含む「豈非為善者福祚延長、為悪者降年不永。」という太宗の言葉は、太宗が述べた一つ目の伝聞を受けてのものであるが、その内容は「周」と「秦」の二つの王朝の違いについてである。よって、傍線部Bもこの「周」「秦」という王朝の評価に関わるものと考えられる。次に傍線部Bを含む箇所については、「為善者福祚延長」と「為悪者降年不永」とが対になっていることが分かるが、前者のうち「福祚延長」は注に「王朝が長く続くということ」とあるから、「為善者」は八百年も続いた「周」のことと考えられる。このことは、太宗の言葉のなかに「周は則ち惟だ善を是れ務め、功を積み徳を累ぬ」と述べられていることからも分かる。一方、「為悪者降年不永」は、これに対置されるものであるから、「降年不永」は「王朝が長く続かないこと」という意味であると考えられる（「降年」は「天から降し授けられた寿命」のことである）。よって、「為悪者」は「実質的に二代にして滅亡」した「秦」のことと考えられる。よって、正解は❸となる。なお、秦については、太宗の言葉のなかに「其の奢淫を恣にし、刑罰を行ふを好む」とある。前者が「悪」であることは分かりやすいと思うが、後者の「刑罰を行ふを好む」については、「悪」とされる理由が分かりにくいかもしれない。これは、「刑罰」ではなく「徳」をもって治めることを理想としている儒学の立場からすると、刑罰が増えることは「悪」という評価をなされることになるからである。こういった知識も、漢文を読む際には大切なものであるので、注意しておきたい。

問4　解釈の設問。

まずは傍線部C後半の「為人所笑」という部分に注目したい。これは「為A所V」という受身の句形で、「AのVする所と為る」（「する」は連体形）と読まれ、「AにVされる」という意味になる。よって、「為人所笑」は「人に笑われる」という意味になるので、解答は❷と❹に絞られる。この両者の違いは「恐」（恐れる、心配する）がどこまでかかるかであるが、太宗が今現在において笑われているという記述は本文にないため、❹は不適切で、「世の人に笑われることになるのではないかと心配している」とする❷の方が適切である。よって、正解は❷となる。

問5　内容説明の設問。

【文章Ⅰ】において魏徴は孔子の言葉を引用し、そこで悪い君主の事例として桀・紂に触れているが、そこでは二人についての具体的な説明はなされていない。これは「桀・紂」と言えば、誰でも分かるくらい悪い君主の象徴だったからである。その内容は、注と【文章Ⅱ】から理解してもらいたいが、注には、「桀は夏王朝の第十七代にして最後の王、紂は殷王朝の第三十代にして最後の王」とあるから、いずれも長い伝統を持つ王朝の最後の王であることが分かる。次に【文章Ⅱ】には、「淫楽に荒み、酒に耽湎し」とあるから、桀が快楽に溺れることで為政を怠り、夏王朝を滅ぼしたものと理解できる。よって、正解は❹となる。

問6　内容説明の設問。

まず、【文章Ⅰ】で太宗が述べている二つ目の伝聞に注目したい。そこには、「顔・閔、匹夫也。以帝王比之、則以為栄。」（顔回、閔子騫は庶民である。しかし、帝王を（優れた徳行で知られる）顔回、閔子騫になぞらえると、その帝王は光栄なことだと思うものだ。）とあるが、高貴な存在である帝王が、庶民に過ぎない顔回、閔子騫になぞらえられて光栄に感じるのは、顔回、閔子騫の二人が優れた徳行で知られているからにほかならない。一方、高貴ではあるが行いが優れなかった桀・紂になぞらえられることは、庶民であっても屈辱と感じたとある。以上から、「優れた徳行」が評価の基準として大切であったことが分かる。これに関しては、一つ目の伝聞のなかでも、周が「善行を為し、功と徳行を積み重ねていった」結果、八百年も続く王朝たりえたと述べられており、「徳行」こそが偉大な王朝を作る上での大切な要素であると考えられていたことが分かる。よって、太宗の述べる心がけとしては、❷の「君主としては、優れた徳行を重ねるようにすることが大切だ。」が正解となる。なお、①、③、④、⑤については、太宗の言葉のなかでは述べられておらず、不適切である。

問7　内容説明の設問。

魏徴は太宗への忠告に際し、孔子の「桀・紂之君、乃忘其身。」という言葉を引き、これを教訓とすべきだと述べている。「桀・紂之君、乃忘其身。」の内容については、**【文章Ⅱ】**において、桀の事例に基づいて論じられている。それは、①祖先から引き継いできた正しい道や決まり、祭祀を疎《おろそ》かにしたこと、②快楽に溺れたこと、③媚びへつらう悪い臣下の言葉ばかり聞き、忠誠心のある臣下が意見を述べなくなってしまったこと、以上の三点にまとめられる。これが「忘其身」（自分自身のことを忘れる）ということなのであるが、その結果、桀は殺害され、夏王朝は滅亡してしまったのである。逆に言えば、王朝の安泰をもたらすには、桀とは逆の行いをすることが大切で、それは、①祖先から引き継いできたものを大切に守ること、②快楽に溺れず、勤勉に為政に務めること、③悪い臣下の言葉ではなく、忠誠心のある臣下の意見をきちんと聞くようにすることであるが、これらは言うまでもなく、「君主としての正しい姿勢」にほかならない。このような姿勢を維持できるように自分を常に律していくことが、「自分自身のことを忘れない」ということに当たるのである。こういう理解に基づいて選択肢を見ると、④の「皇帝としての自分の振るまいが適切か否かに気を配り、常に自らを律する」が、最も適当な解答と言える。よって、正解は④になる。なお、①、③、⑤については全く本文中に述べられておらず、②については「全ての臣下の意見を公平にとりいれていく」となると、悪い臣下の意見もとりいれていくことになるため、本文の文意に照らし合わせると、最も適当とは言えない。

第 5 回
実戦問題

解答・解説

第５回　解答・配点

(200点満点)

問題番号(配点)	設問	(配点)	解答番号	正解	自己採点欄
第1問 (50)	1	(2)	1	③	
		(2)	2	④	
		(2)	3	②	
		(2)	4	①	
		(2)	5	②	
	2	(8)	6	②	
	3	(8)	7	⑤	
	4	(8)	8	③	
	5	(6)	9	②	
	6	(5)	10	②	
		(5)	11	④	
小計					
第2問 (50)	1	(3)	12	③	
		(3)	13	②	
		(3)	14	①	
	2	(8)	15	⑤	
	3	(8)	16	①	
	4	(7)	17	④	
	5	(8)	18	④	
	6	(各5)	19 - 20	③ - ④	
小計					

問題番号(配点)	設問	(配点)	解答番号	正解	自己採点欄
第3問 (50)	1	(5)	21	④	
		(5)	22	①	
		(5)	23	③	
	2	(7)	24	⑤	
	3	(各7)	25 - 26	② - ⑥	
	4	(7)	27	④	
	5	(7)	28	⑤	
小計					
第4問 (50)	1	(4)	29	②	
		(4)	30	④	
	2	(4)	31	③	
		(4)	32	①	
		(4)	33	⑤	
	3	(7)	34	③	
	4	(7)	35	⑤	
	5	(7)	36	③	
	6	(9)	37	④	
小計					
合計					

(注) −（ハイフン）でつながれた正解は，順序を問わない。

第1問

〈出典〉 伊藤亜紗（いとう　あさ）『手の倫理』（講談社、二〇二〇年一〇月刊）の第3章「信頼」の「安心と信頼は違う」、「結果的には信頼の方が合理的」、「リスクが人を生き生きさせる」の節。

伊藤亜紗は一九七九年生まれの美学者。専門は美学、現代アート。東京大学大学院人文社会系研究科単位取得退学。博士（文学）。東京工業大学科学技術創成研究院未来の人類研究センター長、同大学リベラルアーツ研究教育院教授。主な著書に、『ヴァレリーの芸術哲学、あるいは身体の解剖』、『目の見えない人は世界をどう見ているのか』、『どもる体』、『記憶する体』などがある。

〈問題文の解説〉

問題文は、「安心」と「信頼」について論じた文章。全体は19の形式段落（1～19）から成り、大きく三つのまとまり（意味段落）にわけて考えることができる。

第Ⅰ意味段落（1～8）

筆者はまず、社会心理学が専門の山岸俊男の議論を参照しながら、「安心」と「信頼」の違いを論じる。

山岸は「針千本マシン」という架空の機械を使ってその違いを説明する。「針千本マシン」とは、喉に埋め込むタイプの機械で、その人が嘘をついたり約束を破ったりすると、自動的に千本の針が喉に送り込まれる、という仕組みになっている。ここで重要なのは、このマシンがあることによって、まわりの人が、この人間は嘘をつかないはずだという確信をもつということにある。その人物の人格の高潔さや、自分たちとの関係を考えてそう思うのではない。嘘をつくと彼／彼女は不利益をこうむるのだから、合理的に考えて、彼／彼女は嘘をつかないはずだ、と判断するのである。（以上1～3）

これに対して筆者は、「果たしてこれは『信頼』でしょうか。それとも『安心』でしょうか」と問い、「ここには『安心』はあるが『信頼』はない」との山岸の考えを示し、それがどういうことかをさらに説明していく。ここで重要なのは「彼／彼女は嘘をつかないだろう」という判断に、確信が伴うことである。嘘をつくことによって、彼／彼女は確実に不利益をこうむり、まわりの人からすればそれは確実だから「安心」なのだ。想定外のことが起こる可能性がほとんどゼロであり、「安心」という感情は、状況をコントロールできている想定と関係している。他方で、「信頼」が生まれるのは、そこに「社会的不確実性」があるときだ、と山岸は言う。社会的不確実性がある状況とは、「相手が自分の思いとは違う行動をする可能性がある、つまり自分を裏切るかもしれないような状況」のことであり、信頼とは、「相手の行動いかんによっては自分がひどい目にあってしまう状況」で、「相手の（自分に対する感情までも含めた意味での）人間性のゆえに、相手が自分に対してひどい行動はとらないだろう」と考える（期待する）ことなのである。要するに、安心とは、「相手のせいで自分がひどい目にあう」可能性を意識しないこと、信頼は「相手のせいで自分がひどい目にあう」可能性を自覚したうえでひどい目にあわない方に賭けることなのである。ポイントは、社会的不確実性がある「にもかかわらず」信じる、という逆説であり、この逆説を埋めるのが信頼なのだと筆者は述べる。（以上4～8）

本文の最初の部分（第Ⅰ意味段落）では、山岸俊男の議論を参照しながら、「安心」と「信頼」の違いが論じられている。「安心」とは、「相手が自分の思いとは違う行動をする可能性」すなわち「社会的不確実性」がなく、状況がコントロールできていると思われ、「相手のせいで自分がひどい目にあう」可能性が意識されないことである。それに対して、「信頼」とは、「社会的不確実性」があるにもかかわらず、相手の人間性のゆえに「相手がひどいことをしないだろうと期待」し、その方に賭けることだと説明されている。

第Ⅱ意味段落（9～12）

第9段落は、社会的不確実性がある「にもかかわらず」信じるのが信頼だ、という前段落でのまとめを受けて、「なんて不合理な」と思うかもしれないが実際の機能としてはむしろ逆であり、「信頼はものごとを合理化する」と主張する。信頼は複雑なプロセスを短縮し、コストを削減する効果を持っているのだと言うのである。（以上9）

「たとえば」と第10段落ははじまり、以降の部分で、9で述べたことを例をあげて説明し、根拠づけていく。筆者の勤務する大学では、教員が信頼されていないために、出張に行ったことを証明するのに膨大な書類を作らされていた。写真の加工などが容易な昨今においてそもそも穴のある不条理なシステムであったにもかかわらず、教員や事務支援員の膨大な労働力が割かれていたのである。結局、出張に関するこの複雑な経理システムは「効率化」を理由とした文科省からの「お達し」によって簡素化されることになる。この事例をあげたうえで筆者は、現実には社会的不確実性をゼロにするのは不可能、つまり一〇〇パーセントの安心などありえず、（社会的不確実性をゼロにしようとして、あるいは一〇〇パーセントの安心を求めて）どこまでもシステムを複雑化してしまう無限後退に終止符を打ってくれるのが信頼なのだと言う。「信頼はものごとを合理化する」（9）ということである。（以上10～12）

本文中盤の部分（第Ⅱ意味段落）では、ここまでの議論を踏まえたうえで、「信頼はものごとを合理化する」ということを具体的な事例をあげて論じている。「安心」と「信頼」を対比しつつ、「安心」よりも、一見不合理に見える「信頼」を肯定的に論じている。

第Ⅲ意味段落（13～19）

第13段落では「認知症の介護の世界でも、信頼と安心の違いが問題になることがあります」と述べ、以下の段落でそのことが介護福祉士の和田行男の事例に即して具体的に論じられていく。和田は認知症の高齢者がともに生活を営むグループホームを営んでいる。和田は安全対策はきちんと行いながらも、夜間以外は施設に鍵をかけないなど、お年寄りたちがふつうの家に近い状態で生活ができるようにしている。「ふつうの生活」にはさまざまなリスクがともない、実際、入居者が長時間行方不明になるといったケースもあったという。それでも、和田は認知症のお年寄りを信じようとした。確かに、鍵をかけ、行動を制限すれば事故などのリスクは減るが、それでは生きていることにならないのではないかと考えたからである。行動を制限するなどすれば家族等が一番望む「安全な生活」は担保できたとしても、自分の意思を行動に移すという人としての素敵な姿は消え失せ、「生き生きとした姿」を失うことにつながりかねない、と和田は述べる。安心が前提にする、社会的不確実性がゼロの状況とは、確実にコントロールできているということを意味し、相手の行動が予測可能なものになっていて、こちらからするとリスクがないが、自分と相手の関係が、制御し、支配する関係として固定されていることになる。けれども和田は、どこまでもお年寄りを制御したり支配したりしないようにする。なぜなら、生きることはそもそもリスクをともなうことだからである。もちろん、リスクを最小化することは重要であり、和田もその点に細心の注意を払っているが、相手が意思を行動に移すとき、必ず想定外のことは起こる。だからこそ和田は、「お年寄りの力を信じ、『想定外』がゆるされるような生活の場を整えようとする」。（以上13～19）

本文の最後の部分（第Ⅲ意味段落）では、認知症の介護の世界における信頼と安心の違いの問題を、和田行男の事例に即して論じている。そこでは、「安心」を求めて「社会的不確実性」をなくすべく相手を完全にコントロールしようとすれば、相手の生きる力を奪いかねないこと、それゆえ相手が生き生きと生きられるように、相手を信頼し、相手が自分の意思を行動に移すときに必ず生じる想定外のことがゆるされるような環境を整える重要性が述べられている。

最後に全体を確認しよう。本文は、まず第Ⅰ意味段落で「安心」と「信頼」の違いを確認し、それにもとづいて、第Ⅱ意味段落と第Ⅲ意味段落では、「安心」を求めようとしすぎず、「社会的不確実性」を受け入れ、他者を「信頼」することの重要性を、それぞれ具体的な事例にもとづき異なる観点から論じている（第Ⅱ意味段落は「合理化（効率化）」。第Ⅲ意味段落は「（生き生きと）生きる」）。今回問題文として採用した本文は、全体として「安心」を否定的に、「信頼」を肯定的に論じている。

〈設問解説〉

設問は読解（内容理解）を問うためにある。それゆえ、重要な内容を過不足なく問うために、本文の構造（議論・内容のまとまり）に沿って作られるのが基本である。今回はおおよそ次のような構成になっている。

問1　漢字・語彙力

問2　第Ⅰ意味段落の理解
問3　第Ⅱ意味段落の理解
問4　第Ⅲ意味段落の理解
問5　構成の理解
問6　全体・主張を踏まえたうえでの発展的な理解（複数テクスト）
本文の構造に沿って読み、解答するというのが基本となる。

問1　漢字・語彙力。
(i)　文中のカタカナに相当する漢字を考える設問。
(ア)　〈おさえつけてやめさせること〉という意味の「抑止」。①日光浴②貪欲③抑揚④一翼で、答えは③。
(イ)　〈てっとりばやく要点だけをとらえるさま〉という意味の「端的」。①淡泊（白）②短絡③簡単④端緒で、答えは④。
(オ)　〈勢いや活力が衰え弱まること〉という意味の「衰退（頽）」。①垂②衰③酔④炊で、答えは②。
(ii)　文中の漢字の字義との異同を考える設問。
(ウ)　①帰属②帰国③帰途④帰省。「帰属」のみ「よる・身を寄せる」意の「帰」で、答えは①。他は傍線部と同じ「帰る」意の「帰」。
(エ)　①境界②境遇③国境④越境。「境遇」のみ「めぐりあわせ・地位」の意の「境」で、答えは②。他は傍線部と同じ「さかい・くぎり目」の「境」。
なお、「境界」を「報いとして得られる境遇」「その人の置かれた状況」の意で用いる場合、読みは「キョウガイ」であるので、①には該当しない。

問2　第Ⅰ意味段落の理解。
傍線部の「ここには」は、「針千本マシン」の議論、すなわちおおよそ第1～3段落の内容を指している。そして、傍線部の「『安心』はあるが『信頼』はない」ということは、さらに第5～8段落で説明されていく。つまり、この設問は、「安心」と「信頼」の違いについて論じた第Ⅰ意味段落の理解を問うものだということである。設問は、傍線部の前後・あたりという発想ではなく、議論の構造（まとまり）に沿って考えるようにしたい。

第Ⅰ意味段落では、「安心」と「信頼」の違いについて、山岸俊男の議論（「針千本マシン」）を参照しつつ論じている。相手が想定外のことをする可能性、すなわち「社会的不確実性」がなく、「相手のせいで自分がひどい目にあう」可能性を意識しないことが「安心」であり、「社会的不確実性」がある、すなわち「相手のせいで自分がひどい目にあう」可能性があるにもかかわらず、相手の人間性のゆえに、相手が自分にひどいことをしない方に賭け相手を信じることが「信頼」である。「針千本マシン」が相手の喉に埋め込まれている状況では、相手の人格の高潔さや自分たちとの関係などとは関係なく、相手が嘘をつかないと確信できる。ここでは、「相手が自分の思いとは違う行動をする可能性」すなわち「社会的不確実性」がなく、「相手のせいで自分がひどい目にあう」可能性を意識することがない。そこでは、相手が自分にひどいことをしない方に賭け相手を信じる（「信頼」する）必要がない。それゆえ、「ここには『安心』はあるが『信頼』はない」と言われるのである。答えは、②。
なお、第5段落に「想定外のことが起こる可能性がほとんどゼロ」という表現があるが、これはその前の部分の「（もっとも、少ない確率で利益をこうむる可能性もゼロではありませんが）」という記述をうけている。この部分は「嘘をつくことによって、彼／彼女は確実に不利益をこうむります（もっとも、少ない確率で利益をこうむる可能性もゼロではありませんが、少なくとも山岸は「確信」という言葉を使っています）」とあるように、山岸の議論に筆者が「少ない確率で利益をこうむる可能性もゼロではありません」といちおうのただし書きを付けた上で、山岸の議論ではそのような可能性は考慮されていないということを言ったものである（筆者は「少ない確率で利益をこうむる可能性もゼロではありませんが」という表現によって、そういう可能性があると主張したいのではない。ここでの議論の重点は、想定外のことが起こる可能性がない（「社会的不確実性がない」）場合とある場合を対比する、という点にある）。②はこれを踏まえ、山岸の議論に沿って「相手が嘘をつくと本人が確実に不利益をこうむる状況では」とした上で、その状況においては「相手が自分の想定外の行動をする可能性はないため」「相手が嘘をつくことは絶対にないと思える」

としたものである。

①は、「人間はそのような状況ですら、相手は自分を裏切るのではないかと思ってしまう」が×。「そのような状況」では「社会的不確実性」がなく、「相手は自分を裏切るのではないか」という思いは生まれない、というのが本文の趣旨である。

③は、「相手が嘘をつかないのは」以下が本文の内容とズレている。「針千本マシン」の場合は、「罰を恐れ」るはずだと思うことで「安心」するのである。

④は、「相手が合理的でありさえすれば」が本文の論じ方からズレている。3の「合理的に考えて」は「針千本マシン」が埋め込まれている側の話ではなく、その相手と向き合っている側の話である。また、「社会的不確実性」の内容が弱く、ふじゅうぶんな選択肢である。

⑤は、「自覚的にその意識を抱く必要がある」がおかしい。「安心」の場合は「相手の行動によって自分がひどい目にあう可能性」について、「自覚的にその意識を抱く」余地がそもそもないのだし、「信頼」は、その可能性を「自覚」するだけでなく、そのうえで「ひどい目にあわない方に賭ける」という点に中心がある。

問3　第Ⅱ意味段落の理解。

傍線部「信頼はものごとを合理化する」の直後に、「信頼は複雑なプロセスを短縮し、コストを削減する効果を持っています」と主張され、さらに「たとえば」と第10～12段落で、このことが具体例に即して説明されていく。第Ⅱ意味段落の理解を問う設問だとわかる。傍線部の前後だけを見るのではなく、ここまでの議論を踏まえつつ、第Ⅱ意味段落全体を視野に入れて考えたい。

（「針千本マシン」のような「架空の思考実験」ならともかく）現実には「社会的不確実性をゼロにするのは不可能」(12)、すなわち「一〇〇パーセントの安心」(12)などありえない。それなのに、そのようなものを求めてしまえばどこまでもシステムが複雑化していく。そのような「どこまでもシステムを複雑化してしまう無限後退に終止符を打ってくれるのが信頼」(12)なのである。相手がひどいことをしないだろうと信頼することで、システムの複雑化にストップをかけ、ものごとを合理化（効率化）できるというのである。答えは、⑤。

①は、「教員が提出した書類の真正さを信じる」が×。「膨大な書類」を「提出」させること自体が「信頼」とは逆方向だという論旨である。また、具体例（一例）にすぎないのでその点でも解答にふさわしくない。本文の性質や設問の条件にもよるが、一例にすぎないものは答えにならないのが基本である（傍線部自体が例のなかにあったり、ほかの選択肢のなかにふさわしいものがなかったりすれば別である。今回は⑤があるので、⑤を選びたい）。

②は、「諸々の書類よりも人間を信じるほうがまだしも理にかなっている」が×。システムの複雑化の回避、という趣旨が出ていないし、本文は書類と人間のどちらが「信頼」できるかという論旨でもない（書類によって「安心」を求めるか、人間を「信頼」するか、という論旨である）。また、一例にすぎない。

③は、「単純なシステムの有効性を信じる」が、本文における「信頼」とはちがう。

④は、「人から信頼される人間になることで」が、本文の論旨からズレている。

問4　第Ⅲ意味段落の理解。

傍線部の表現は第Ⅲ意味段落のまとめに相当すると言える。第Ⅲ意味段落の理解を問う設問。第Ⅲ意味段落では、認知症の介護の世界における信頼と安心の違いの問題を、和田行男の事例に即して論じている。そこでは、「安心」を求めて「社会的不確実性」をなくして相手を完全にコントロールしようとすれば、相手の生きる力を奪いかねないこと(17)、それゆえ相手が生き生きと生きられるように、相手を信頼し、相手が自分の意思を行動に移すときに必ず生じる想定外のことがゆるされるような環境を整える(19)重要性が述べられている。答えは、③。

①は、「リスクを最小化し、家族等が一番望む『安全な生活』を実現す

る」と「本人の意思を行動に移すときに必ず生じる想定外のことを受け入れる余地をあらかじめ作っておく必要がある」とのつながりがおかしい。これらは本文においては対立する内容である。

②は、和田が「『想定外』がゆるされるような生活の場を整えようとする」理由としてふじゅうぶん。彼は、たんに②のような理由でこうしているのではない。行動を制限しすぎれば、お年寄りが「生きていることにならないのではないか」⑰と考え、お年寄りが「生き生きと」⑰生きられるようにするために、このようにするのである。傍線部の近くだけでなく、第Ⅲ意味段落全体の議論の展開（つながり）をおさえて考えたい。

④は、②と同様に、和田が「『想定外』がゆるされるような生活の場を整えようとする」理由としてふじゅうぶん。②・④ともに、本当は相手を（状況を）完全にコントロールしたいのだが、それは不可能だから、といった方向の理由説明となっており、和田の考えとは異なるものになっている。

⑤は、「決して悪意でしているのではない」以下が×。

問5 構成の理解。

「構成と内容」に関する設問。本文全体の論理構造や議論の展開がとらえられているかを問う設問である。文章を部分ごとにばらばらに読むのではなく、大きくつながりをとらえて読む力が問われている。

本文は、まず第Ⅰ意味段落で山岸俊男の議論を参照しつつ「安心」と「信頼」の違いを確認し、それにもとづいて、第Ⅱ意味段落と第Ⅲ意味段落では、「安心」を求めようとしすぎず、「社会的不確実性」を受け入れ、他者を「信頼」することの重要性を、それぞれ具体的な事例にもとづき異なる観点から論じている（第Ⅱ意味段落は「合理化（効率化）」。第Ⅲ意味段落は「（生き生きと）生きる」）。

①は、「9段落以降では、山岸とは対照的な筆者独自の考えを示している」が×。筆者の考えは基本的に、山岸の考えを踏まえた同方向のものである。

②は、第Ⅱ意味段落の構成・内容として適当である。正解。

③は、「19段落で、それが問題のある考え方であることを指摘」が×。筆者は、和田の考えを肯定的に論じている。

④は、このように言うのは無理がある。「引用」はその内容について論じるために行われているのであって、「議論のリズム」を作るためのものとは言えない。

問6 全体・主張を踏まえたうえでの発展的な理解（複数テクスト）。

本文を読んだ生徒が後日の授業でおこなった発表という形式の設問。本文理解を踏まえたうえでの発展的な理解が問われている。とはいえ、どのような設問も読解（内容理解）から考えていくことがたいせつである。とくに、内容理解を問う最後の設問は、全体・主張の理解が問われる（関わる）ことが多い。今回の設問もそうである。

発表はまずつぎのように始まる。

> 私はこの文章を読んで、まずある友人のことを思いました。その友人は、子どもがどこにいるか親がいつでもわかるようにと、親にGPS機能付きの携帯電話をもつように言われていて、そのことをとてもいやがっています。親からすれば子どもの安全のことを考えてそういうことをしているのだと思いますが、それは、［ X ］からかなと思いました。

本文理解を踏まえれば、まずこれが「安心」に関わる内容だとわかる。つまり、親の行動は「安心」を求めてのことだと考えられる。それをどうして子どもがいやがるかを、本文の理解を踏まえて考える。「生き生きと」生きられなくなるから、といった解答が考えられるが選択肢になく、選択肢はすべて「安心」と「信頼」について触れている。となれば、本文の「安心」と「信頼」の内容・関係に沿って考える。そうすれば、正解として②を選べるだろう。親が「安心」を求めて状況をコントロールし、「社会的不確実性」を排除しようとすることは、子どもの側からすれば、「相手がひどいことをしないだろう」と信じるという「信頼」の欠如を意味するのである。なお、この設問は、本文の内容理解を、具体的な事例に適用できるかを問うものと言える。

①は、「信頼」の意味が本文の意味からズレている。

③は、「『信頼』関係にもとづく真の『安心』」という内容が、両者を対比的にとらえている本文の趣旨からズレている。

④は、「機械を『信頼』することで親は『安心』」が×。「信頼」の意味も「信頼」と「安心」の関係も本文からズレている。

発表はさらにつぎのように続く。

また、私はこの文章を読んで、「鶴の恩返し」という民話を思い出しました。このような民話には細部に違いのあるいくつものバリエーションがあるようですが、話のあらすじはおおよそ次のようなものです。

ある日老人（若者の場合もある）が、罠にかかった鶴をかわいそうに思い逃がしてやる。雪の降るその夜、一人の女性が彼の家にやって来て、道に迷ったので一晩泊めてほしいと言うので、家に入れてあげる。雪はなかなかやまず、女性はしばらく彼の家に留まることになる。ある日、彼女が「布を織りたいので糸を買ってきてほしい」というので糸を買ってくると「絶対になかを覗かないでください」と言い渡して部屋にこもる。彼女が織った布はすばらしく、町で高く売れた。そのことがしばらく続くが、どうやってあのような布を織っているのだろうということが気になり、約束を破って部屋を覗いてしまう。すると、そこには一羽の鶴がいた。助けた鶴が人間に姿を変えて、恩返しのために羽を織り込んで美しい布を作っていたのである。正体を見られたので去らねばならないと言い、鶴は去っていく。老人は嘆き、自らの行為を悔いた。

この話は、「動物報恩譚」と呼ばれるタイプの民話の一つであり、また一般的には「見るなのタブー」や約束は守らなければいけないという話として解されているようですが、［Y］という含意を読み取ることもできるのかなと思いました。

「鶴の恩返し（のあらすじ）」という本文とは異なる文章とむすびつけて考えることが求められている。複数テクスト（文章）の問題である。それぞれの文章をばらばらに考えるのではなく、両者をむすびつけて考えたい。本文理解を踏まえて「鶴の恩返し」のあらすじを読めば、相手のことが気になり、覗くなと言われた部屋を覗いてしまうという行為は、「社会的不確実性」に耐えられず、状況をコントロールしようとする、すなわち「安心」を求めてのものと考えられる。そして、本文は「一〇〇パーセントの安心」を求めようとするのではなく、「社会的不確実性」を受け入れ、相手を「信頼」することの大切さを論じていた。この論旨（本文全体における筆者の主張と言える）を踏まえれば、正解として④を選べただろう。この設問は、複数テクストの問題であるが、同時に本文全体における筆者の主張の理解を問うものだと言える。

①は、「約束」だけでは「安心」は得られないという内容が、本文の論旨（主張）にそぐわないし、「鶴の恩返し」の内容ともズレている。①では鶴が「安心」を求めて「約束」をしたかのような話になっているし、また、老人は、どちらかと言えば「安心」を得ようとしてしまった自分の行為を「嘆き」「悔いた」のである。

②は、人間関係を維持するためには相手に「安心」を与えることが必要だという内容が、本文の論旨（主張）とは異なる。

③は、「『信頼』することが大事」という点は本文の論旨（主張）に合致するが、「人に何かよいことをしてもらったらありがたく受け入れ、むやみに人を疑わず」というのは、本文の内容を踏まえたときには適当と言いがたい。③は「よいこと」の裏には何か（下心のようなものが）あるのではないかと疑うのはいけない、といった話になっており、本文の趣旨とも「鶴の恩返し」の内容とも異なる。また、本文では「針千本マシン」のようなものがある場合、すなわち「社会的不確実性」がない場合には、相手の「人格の高潔さ」[3]や相手と「自分たちとの関係」[3]を考えることなく「安心」できると言われているが、一方、「信頼は、社会的不確実性が存在しているにもかかわらず、相手の（自分に対する感情までも含めた意味での）人間性のゆえに、相手が自分に対してひどい行動はとらないだろうと考える

ことです」（6）とある。つまり、「社会的不確実性」がある場合に相手を「信頼」する際には、相手の「人格の高潔さ」や相手と「自分たちとの関係」がどうでもいいとは言えないだろう。たんに「人に何かよいことをしてもらったらありがたく受け入れ、むやみに人を疑わず」と言うのはくるしい。

第2問

〈出典〉　佐伯一麦（さえき　かずみ）「栗の木」（『すばる』集英社一九九五年一月号　初出、『日和山　佐伯一麦自選短篇集』講談社文芸文庫二〇一四年刊　所収）の一節。出題に際しやむを得ない事情によりルビを加えた箇所がある。

　佐伯一麦は、一九五九年生まれの小説家。宮城県仙台第一高等学校卒業後、雑誌記者や電気工など様々な職業を経験する。一九八四年「木を接ぐ」で海《かい》燕《えん》新人文学賞を受賞し作家デビュー。その後一九九〇年「ショート・サーキット」で野間文芸新人賞、一九九一年「ア・ルース・ボーイ」で三島由紀夫賞、一九九七年「遠き山に日は落ちて」で木山捷平《しょうへい》文学賞、二〇〇四年「鉄塔家族」で大佛《おさらぎ》次郎賞、二〇〇七年「ノルゲ　Norge」で野間文芸賞、二〇一四年『還《かえ》れぬ家』で毎日芸術賞、『渡良瀬《わたらせ》』で伊藤整文学賞、二〇二〇年『山海記』で芸術選奨文部科学大臣賞をそれぞれ受賞。私小説作家として知られ、多くの作品を発表している。その他の主な著書に『雛《ひな》の棲《すみ》家《か》』『一輪』『草の輝き』『誰かがそれを』などがある。

　問6の【資料】の筆者である阿部公彦（あべ　まさひこ）は、一九六六年生まれの英文学者、文芸評論家。東京大学文学部卒、同大学院人文科学研究科英語英米文学専攻修士課程修了、ケンブリッジ大学大学院英語英米文学専攻博士課程修了。現在、東京大学大学院人文社会系研究科教授。著書に『モダンの近似値』『文学を〈凝視する〉』『詩的思考のめざめ』『幼さという戦略』などがある。

〈問題文の解説〉

　現代文の問題として小説の一部が出題される場合、〈前書き〉という形で物語の状況が説明される。ここには本文読解を行ううえで、欠くことのできない大切な情報が提示されている。今回は、〈小説家の斎木と染色家の奈穂が二人で一緒に暮らすため、七ヶ月前東北の田舎町にある古家へと引っ越してきたこと〉、そして〈この家の庭には大きな栗の木があること〉が書かれていた。これらをしっかりとおさえたうえで本文の読解に入っていくことにしよう。本文は二箇所の空行で三つの部分に分けられている。以下、物語の展開に沿って場面ごとに内容を確認していく。

第一の場面（彼等は毎日のように～ホクホクしてうまかった。）

　ここでは新居に移り住んだ斎木と奈穂の生活が具体的に描き出されている。前書きにもあったように家の庭には大きな栗の木があり、二人は毎日のように栗拾いを楽しんでいた。二人はその実を茹《ゆ》でたり焼いたり栗ご飯にしたりして食べ（その際、二人は自分が親の食べ方を受け継いでいることを思い出したり、斎木の実家に電話して作り方を教わったりしている）、残った毬《いが》は奈穂の染め物の染めくさとして使っていた。栗の木とともにある暮らしのなかで、彼等はそれぞれの仕事を行い、近隣の住民たちと温かな交流をもちながら、穏やかな日々を過ごしている。

第二の場面（彼等が初めて～奈穂は頷いた。）

　話は斎木と奈穂が二人で暮らすための家を探していたころへと遡る。彼等が不動産屋に連れられて現在暮らす古家を初めて訪れたのは、去年の十二月であった。家の周囲はどこもかしこも杉の枯葉がうずたかく積もっており、家の外側の羽目板も所々剝がれていた。建物も恐ろしく古びているという印象で、それはただ朽ち果てるのを待っている荒《あば》ら家《や》そのものといった佇《たたず》まいであった。ともかく家の中を見ようと足を踏み入れてはみたものの、とたんに黴《かび》の臭いに襲われ喘息《ぜんそく》の持病を持つ斎木は立て続けに咳《せ》き込んでしまった。一方、便所の扉を開けた奈穂は、便槽から這《は》い昇ってきたらしい蛆虫《うじむし》たちの死骸が湿り気を帯びた床に腐乱している様を目にして、小さな悲鳴をあげた。結局、彼等はこの家を「とても住めない」と見限り早々に退散することになったのである。

　その後二人は方々の土地の不動産屋を回り、染色の工房を開けそうな安い貸家を探したが、彼等の希望に合った物件はまったく見つけることができなかった。貯《たくわ》えのまるでない二人の新居としては貸家以外考えられなかったが、その貸家が一向に見つからず、彼等は自分たちの考えの甘さを思い知らされることとなった。斎木が居酒屋で得た情報をもとに、別の物件を訪ねてみたりもしたが、それは件《くだん》の古家も比にならないほどの荒れようで、家の中に木が生えているような始末であった。そして年が明けてすぐ、彼等は再びあの古家を訪れることとなったのである。二度目にその家の前に立ったとき、二人の心構えは最初とはだいぶ違ったものになっていた。このときも流し台の下の排水管の継ぎ目が外れており、その床がすっかり腐りきっていることに気づくのだが、彼等はめげなかった。斎木はかつて自分が電気工だった頃の経験を語りながら、流し台は直せると奈穂に言う。そして彼はやはりこの家を借りて少しずつ手を加えていくしかないと奈穂を説得するのだった。奈穂も依然として不安はあったが斎木の考えに同意し、この家に住むことを受けいれた。

第三の場面（ひとたびそう決心すると～方が、少し大きい。）

　ひとたびこの家に住むことを決心してしまうと、不思議なことに斎木の気持ちは前向きなものになっていく。彼は家のそれぞれの部屋の使い道に思いを巡らせてみたり、また、家の西側にある物置小屋を奈穂の染め場に改造することを考えてみたりと、その家での生活を思い描くようになっていたのだ。また、奈穂はその物置小屋を見た後、冬枯れた雑草地に落ちていた栗の毬を見付けたことで、庭の栗の木の存在に気付く。不動産屋に向けて、栗の毬が染めくさになることを語る奈穂の声は、自然と弾んだものになっていた。こうしていまだ不安を完全には拭えずにいた奈穂も、この古家との不思議な縁のようなものを感じたのか、ここに暮らす決心を固めていったのである。

　彼等は二月に引っ越しを行った。山形から奈穂の荷物を、仙台から斎木の荷物を、ちょうど中間にあたるこの土地に持ち寄った。荷物は奈穂の軽自動車で何度も往復して運んだのだが、最後の荷物を山形から運ぶときにひやりとする出来事があった。蔵王《ざおう》を貫通している笹谷トンネルに入る直前、彼等の車のアクセルワイヤーが突然切れたのである。急停止した彼等の車の後ろには大型のダンプカーがクラクションを鳴らしながら迫っていた。すんでのところでダンプカーがハンドルを切ったことで、なんとか追突は免れたものの、あわや大事故になるところだった。ダンプカーの運転手は怒りもあらわに車を降りてきたが、事情を知ると親切になって、軽自動車を道の脇まで押して動かすのを手伝ってくれた。それから二人はレッカー車で故障車ごと山形市内の自動車販売店まで運んでもらい、そこで借りた代車に荷物を積み直した。奈穂の軽自動車の中に蒲団が積んであったので、その日は山形の奈穂のアパートで最後の夜を過ごすことにした。二人ともその日のうちにまたトンネルを越える気にはなれなかったのである。翌朝早く、新たな気持ちで彼等は出発した。

ここで物語の時間は現在に戻り、時は九月の末である。裏庭に立ちながら斎木はあれからあっという間に時間が過ぎたことを思う。家の修理や整備は思いのほか進んでおらず、排水パイプの修理や便所の掃除は済ませてあったが、羽目板のペンキ塗りはまだ途中であり、裏の物置を染め場にする計画も手付かずであった。それでも斎木は、慌てることはないと自分に言い聞かせ、家に戻りはじめる。斎木も奈穂もそれぞれの仕事が忙しく、この町で穏やかで充実した生活を作り上げていた。家に入る前、斎木は玄関口に立ち、引き戸の上にかけてある二枚の表札を見る。「斎木」「河原」と書かれたその二枚の表札はそれぞれに自立したものでありながら、互いに手を取り合いひとつの生活を作り上げていく斎木と奈穂の姿を象徴するように並んでいるのである。

〈設問解説〉

問1　語彙力を問う設問。

語彙設問は、二〇二二・二〇二三年度本試験には出題されなかったが、二〇二三年度追・再試験には出題されており、またそもそも読解の基本として語彙力は必須のものなので、日頃から強化に努めておきたい。

(ア)　「邪険にして」は〈冷たくあしらって。意地悪くむごい扱いをして〉といった意味を表し、ここでは奈穂が染め物をしていて手が離せず、みきにつれない態度をとってしまったことに対して用いられている。正解は③「ぞんざいに扱って」である。「ぞんざい」は〈いいかげんにすること〉を意味する。①、②、⑤は辞書的な語義から外れており不適切である。④は本来の語義から外れているとまでは言えないが、奈穂はみきを「無視して」はいないため間違いである。

(イ)　「手を尽くして」は〈あらゆる手段・方法を試みて〉といった意味を表し、本文では斎木と奈穂が家を探して方々の土地の不動産屋を巡ったことを指して使われている。正解は②「できる限りのことを試みて」である。他の選択肢はいずれも辞書的な語義から外れたものとなっているため誤りである。

(ウ)　「辛うじて」は〈余裕のないところで、なんとか〉といった意味を表し、ここでは追突しそうになった大型のダンプカーがぎりぎりのところでハンドルを切って事故を避けられた様子に用いられている。正解は①「どうにか」である。他の選択肢はいずれも辞書的な語義から外れたものとなっており、誤りである。

語意設問の正解は、原則的に〈辞書的意味〉を踏まえたものとなる。辞書的意味からは外れるが、文脈上当てはめてみると通じるだけの選択肢を選ばないようにしたい。設問文にある「本文中における意味」とは、〈辞書的意味〉のなかで〈文脈上の意味〉としてもふさわしいものを言ったものである。

問2　第一の場面全体について、その内容をとらえる設問。

第一の場面についての理解を問う設問である。**〈問題文の解説〉**の第一の場面の項も参照してもらいたい。

この場面では、斎木と奈穂の現在の生活が描き出されている。物語冒頭の「彼等は毎日のように栗拾いを楽しんだ」にも表れているように、二人の生活は庭の大きな栗の木とともにある。彼等は拾った栗の実を食べ、その毬を染めくさとして使っている。

またこの栗の木は彼等と近所の住民をつなぐものにもなっている。隣の子供で保育園に行っている大森みきと一緒に栗拾いをしたり、隣の丹野さんに栗をお裾分けしてお返しに糯米《もちごめ》を頂いたりする（注4参照）など、栗の木の存在を介した周囲の人々との温かな交流が生じている。

さらに斎木は栗の実の食べ方をあれこれ考えたことをきっかけにして、自分の両親や奈穂の家族のことなどを思い出し、また実家に電話して栗ご飯の作り方を教わるなどしている。ここで栗の木はいまは離れて暮らす身内と自分たちとのつながりを斎木に意識させるように働いている。

このようにこの場面では、斎木と奈穂が栗の木の存在に支えられながら、近隣の人々と温かな交流を持ち、離れて暮らす身内との絆《きずな》に支えられつつ、穏やかな田舎町での日常を送っている様子が描かれていると言える。したがって、以上の内容をとらえた⑤が正解である。

①は「田舎町の退屈な生活をかこち（嘆き）つつ」や「栗拾いを唯一の楽しみにしながら」が誤りである。斎木と奈穂が田舎町での生活の退屈さに不満を持っているといった様子は本文から読み取れない。「栗拾い」が「唯一の楽しみ」といったこともないだろう。

②は「いくぶん自堕落な生活を満喫している」が誤りである。この場面においても斎木が「書き物の仕事」をし、奈穂が「染め物」をしている様子は描かれている。二人の「自堕落な生活」が描かれているとは言えない。

③は「新しい土地……にまだ馴染《なじ》めないものを感じながらも、周囲に対して徐々に心を開くようになっている」が誤りである。この場面の冒頭から斎木と奈穂は近隣の住人とすでに仲良く交流しており、「徐々に心を開くようになっている」わけではない。

④は「世俗を離れ超然とした生活を送っている」が誤りである。この場面で描かれている栗の木とともにある斎木と奈穂の日常は、近隣の住民と交流しながら、それぞれの仕事に励む通常の生活であり、「世俗を離れ超然とした生活を送っている」とは言えない。

問3　第二の場面の理解をもとに、登場人物の心情をとらえる設問。

傍線部**A**「今度は彼等はめげなかった」についてその理由をとらえる。

〈問題文の解説〉の第二の場面の項も参照してもらいたい。

最初に古家を見た去年の十二月、斎木と奈穂はあまりにも荒れ果てたその家の状態に愕然《がくぜん》とし、「とても住めない」と早々にあきらめて退散していた。ところが、その後方々の土地の不動産屋を巡り希望する「安い貸家で染色の工房を開けそうな物件」を探してみたものの、それは一向に見つからず、二人は自分たちの考えの甘さに直面させられることとなった。斎木が居酒屋で得た情報をもとに、また別の物件を訪ねてみたりもしたが、それは例の古家も比べものにならないほどの荒れようで、家の中に木が生えているありさまであった。こうして彼等は再びあの古家を訪れることとなったのである。

二度目にその家の前に立ったとき、彼等の心構えは最初とはだいぶ違ったものになっていた。希望の物件が見つからず自分たちの考えの甘さを自覚させられたうえに、その家以上にひどく荒れた物件を見たことで、彼等は他に住む家は見つからないのだから自分たちの希望を叶えるためにはこの家を修理して暮らすほかないのではないかと考えるようになっていたのである。だからこそ、このとき流し台の床が腐りきっているのを見ても、彼等は「めげなかった」のである。以上の内容をとらえた①が正解である。

②は「十分に二人で暮らしていくことができるようになるという確信を得た」が誤りである。斎木と奈穂は、自分たちの希望にあった物件を他に見つけられないなかで、もはやこの古家に住むしかないと感じているのであって、修理すれば暮らせると「確信」しているわけではない。少なくとも奈穂については「不安の色は消せない」と言われている。

③は全体的に斎木の心情を説明したものとなっており、「彼等」が「めげなかった」ことの理由になっていない。

④は「この古家が素晴らしいもののように思えてきて」が誤りである。古家は（家の中に木が生えているような）他の物件に比べればまだましだと感じられただけであって、「素晴らしいもの」に思えたわけではない。また「それまでの不安がすべて解消されていた」も「不安の色は消せない」と言われている奈穂の様子と矛盾している。

⑤は「物置小屋や栗の木の存在というそれまで見逃していた美点に気づくことができ」が誤りである。「物置小屋や栗の木の存在」を見いだすのは、この古家に暮らすことを決めた後のことであって、傍線部の時点ではまだ気付いていていない。

問4　第三の場面前半の理解をもとに、登場人物の心情をとらえる設問。

傍線部**B**「彼女も、すっかりこの古家に住む決心がついたようであった。」についてその理由を説明する。**〈問題文の解説〉**の第三の場面前半の項も参照してもらいたい。

斎木がこの古家に暮らすしかないと腹をくくったとき、奈穂はその考えに同意しながらも「不安の色は消せない」でいた。まだ完全には古家に住む決心を固められないでいたのである。

しかし、その後二人は家の西側にある物置小屋を見て、染め場に改造することができそうだと考える。さらにその小屋を見た後、奈穂は冬枯れた雑草地に落ちていた栗の毬を見つけ、庭の木が栗の木であることに気付く。こうしたなかで奈穂の様子に変化が見られるようになる。奈穂は不動産屋に「弾んだ声で」栗の毬が染め物に使えることを語るのである。偶然ではあるが、家のすぐ脇に染め場にできそうな物置小屋があり、庭では染めくさに使える栗の毬を拾うことができる。こうしたことから染色を仕事とする自分とこの古家に奇縁のようなものを見いだし、奈穂はこの家に住むことに明るく前向きな気持ちを持てたのであろう。それゆえに彼女は「すっかりこの古家に住む決心がついた」のである。以上の内容をとらえた④が正解である。

①は「古家の思いもよらぬ美点」として「おいしい栗」が挙げられている点で誤りである。確かに不動産屋はそのように言っているが、奈穂の方は染め物に使える「栗の毬」に気付いて声を弾ませているのであり、栗の実に目が向いているわけではない。

②は「これまで通り自分の仕事を続けることができると安心した」が正しくない。もともと斎木と奈穂は「安い貸家で染色の工房を開けそうな物件」を探していたのだから、奈穂が古家で染め物の仕事が行えなくなることを心配していたということはないだろう（もし染色の仕事が行えないのならこの古家に住むことを考えなかったはずである）。したがって、ここで奈穂は「仕事を続けることができると安心した」わけではない。そもそも、染色の材料は栗の毬だけではないのだから、栗の毬は〈それがあったから仕事が続けられる（なければ続けられない）〉というものではなく、何かしら象徴的な意味のようなものを感じさせたと解するのが妥当である。

③は「かつて電気工であった斎木が自分たちの手で修繕すれば十分暮らしていけると勇気づけてくれた」ことを理由としている点が誤りである。斎木がこの古家を修繕して住むことを提案してきたとき、奈穂はそれを受けいれてはいるがまだ「不安の色は消せない」状態であり、その時点ではまだ「決心」までは行き着いていない。

⑤は「不動産屋が建物に手を入れることを許可してくれた」ため自分の「染め場」を作れると安心したことのみを理由としている点が誤りである。ここで奈穂は染め物に使える「栗の毬」を見つけたことで声を弾ませている。単に「染め場」が作れるというだけで、この古家に住む決心がついたわけではない。

問5　第三の場面後半の理解をもとに本文全体も踏まえつつ、登場人物の心情をとらえる設問。

傍線部C「『まあ慌てることはないか』と斎木は自分に言い聞かせて、家に戻りはじめる。」の箇所における斎木の心情をとらえる。**〈問題文の解説〉**の第三の場面の項後半も参照してもらいたい。

傍線部の「まあ慌てることはないか」という言葉は、古家の修繕や整備を急ぐ必要はないと考える斎木の心情を表している。家の裏庭に立つ斎木は、この家に住むことを決めたころのことを回想し、あっという間に時間は過ぎたが、家の修繕や整備がさほど進んでいないことを意識する。早く修繕・整備を進めなければならないとは思いつつも、ここで斎木は「慌てることはない」と自分に言い聞かせる。なぜだろう。

傍線部の直後で言われているように、いま斎木は物を書く仕事に、奈穂は工芸展の作品制作に追われている。二人はそれぞれ自分の仕事に打ち込みながら満たされた日々を送っているのである。そしてそれは二人がこの古家を手に入れることによって実現しようとした生活そのものであろう。だからこそ斎木は家の修繕・整備を急いで進めることもないと考えたのである。田舎町に暮らして近隣の人々と温かな交流を持ちながら（時制のうえで本文最初の場面の時点に戻っていることを意識し、本文全体を踏まえて考えられるとよい）、二人がそれぞれの仕事に打ち込むような日々をもてているのならば、慌てることなくゆっくりと二人の生活を作り上げていけばいい。ここでの斎木はそのような思いを抱いているのだと言えよう。したがって以上の内容をとらえた④が正解である。

①は「余計なことにかまけることなく懸命に働かなければならないと自己を律している」が誤りである。斎木にとって家の修繕や整備はこの古家に暮らす以上いずれはやらなければならないことであり、「余計なこと」だとは言えない。家の修繕や整備を行ったとして自己を律することができていないとはならないだろう。

②は「交通事故を起こしそうになった直後でもあり」が誤りである。交通事故を起こしそうになったのは、この古家への引っ越しを行った二月のことである。傍線部の時間は九月の末であるため「交通事故を起こしそうになった直後」とは言えない。また、仕事をはじめ現在の生活への充実感を覚えている場面であって、「生きていられるだけでもありがたい」といったことでもない。

③は「自分たちの仕事の忙しさにことよせて、家の修繕作業は後回しにするしかないと面倒な問題から目を背けている」が誤りである。「仕事の忙しさ」を口実にして「面倒な問題から目を背けている」という後ろ向きな気持ちではなく、仕事が充実しているのだから仕事をしっかり行うべきだという前向きな気持ちから、家の修繕・整備に関しては無理に急ぐ必要はないと「自分に言い聞かせて」いるのである。

⑤は「その後大きな交通事故を起こしそうになったことで」が誤りである。これも②同様、出来事の時間を正しく把握できていない。先述したように「交通事故を起こしそうになった」のは二月の引っ越しの時であり、今の家に住むと決めたときのことを思い出しているのは「いま（九月の末）」であって、事故の前ではない。

問6　本文に関する解説文を読み、複数のテクストの間の連関をとらえる設問。

【資料】では、まず本文の作者である佐伯一麦がアスベストによる健康被害を受け、「呼吸器の症状に苦しめられてきた」ことが述べられ、それが「一方では病を生んだ大きな社会構造を見据える目へ、また他方では病を介した他者との接点の模索へとつながっている」ことが言われる。また、佐伯においては「病の意味を問うことが、そのまま生きることの奥にあるものを見据えることにつながって」おり、「病むことが内在的に持っている生かすための力にも敏感に反応してきた」のだと述べられる。

そして佐伯にとってはその「生かすための力」の中心に「呼吸」があるのだとされる。佐伯は「いかに呼吸するかに細心の注意をはら」わざるを得なかった。「栗の木」では「いかにも喘息に悪そうな荒れ果てた廃屋を、紆余曲折をへて何とか住むことのできる環境に整えていくプロセスが描かれるが、そこには呼吸を求めて努力をつづける作家の懸命な生き様が重なる」のである。「ときおりのぞく不吉な運命」（＝「死の影」「不意の影」）におびやかされつつも「決して生きることを諦めない」人間の姿が描かれているのである。

今回の設問においては、以上のような**【資料】**の内容と本文の内容のつながりを考え、各選択肢の内容を吟味していく。

各選択肢の内容を具体的に検討していこう。「適当でないもの」を選ぶ設問であることに注意。

①について。斎木の持病である喘息は本文ではアスベストによるものとは言われていないが、「呼吸器の疾患」であることには違いなく、斎木が「立て続けに咳き込んだ」ことに「アスベスト禍による呼吸器の疾患」が「反映」されていると言うことはできる。適当である。

②について。「喘息を患う斎木が……生活を新たに築き上げていこうとする姿」は病のなかでなんとか生きていこうとする生のありようを示すものである。これは**【資料】**中で言及されている「病むことのなかに立ち上がってくる『生かすための力』の存在」と対応するものだとも言えるだろう。適当である。

③について。**【資料】**中の「個人の閉じた不運や悲劇」は、個人の問題としてとらえられた病の困難について言ったものである。斎木と奈穂の「表札が二枚かけてある」ことは単に、二人が結婚しているわけでもなく、ともに暮らしながらも、それぞれに自立して自らの仕事を行う存在であるからである。病の困難とはまったく関係のないことであり、適当でない。

これがひとつ目の正解である。

④について。斎木の近隣の住民との交流は「病を介した」ものではないため、適当でない。これがふたつ目の正解である。

⑤について。【資料】において「不意の影」とは「ときおりのぞく不吉な運命」「死の影」のことと説明されている。斎木と奈穂が「大型のダンプカーと事故を起こしそうになる出来事」はこれにあたると言えるため、適当である。

⑥について。【資料】中の「いかにも喘息に悪そうな荒れ果てた廃屋を……何とか住むことのできる環境に整えていくプロセス……には呼吸を求めて努力をつづける作家の懸命な生き様が重なる」を参照すれば、本文65行目「ここを借りて少しずつ手を加えるしかないよ」といった表現が示す廃屋を修理しながら暮らす姿には「病を得ながら何とか生をつなごうとする人生のあり方が重ねられている」と言える。適当である。

第3問

〈出典〉『狭衣物語』

『狭衣《さごろも》物語』は、平安時代後期の十一世紀後半に成立した物語で、作者は未詳だが、後朱雀《ごすざく》天皇の皇女の禖子《ばいし》内親王に仕えていた「宣旨《せんじ》」という呼び名の女房ではないかという説が有力である。『源氏物語』の影響を強く受けて書かれた平安時代後期の物語を「源氏亜流物語」と言うが、この『狭衣物語』は、『夜半の寝覚《よわのねざめ》』(『夜の寝覚』ともいう)(作者未詳)や『浜松中納言物語《はままつちゅうなごんものがたり》』(作者未詳)などと並ぶ、「源氏亜流物語」の代表的な作品の一つで、主人公の狭衣の、従姉妹《いとこ》の源氏の宮に対する満たされぬ恋の話を中心に、狭衣とその他の何人かの女性との恋愛のなりゆきもからませての物語が描かれている。

本文は、全四巻から構成されている『狭衣物語』の巻三の一節である。

〈現代語訳〉

いつもの冬よりも、雪や霰の降ることが多くて、晴れ間のない空の様子も、いっそう場所柄しんみりとして何となく心細い気持ちで、(狭衣大将が)源氏の宮のもとに)参上しなさったところ、また何事にもまして、狭衣大将の心は、源氏の宮を思ってますます乱れてしまいそうである。(狭衣大将が)源氏の宮の)おそばをのぞき込んでいらっしゃると、小さい御几帳の脇を通して、(宮の)お着物の袖口や裾などは、隠れることなくよく見える。蘇芳色のお着物が美しい色合いに見えている上に、文様を浮き出させた織物で白い様子である着物は、(文様として描かれた)籬の菊(の図柄)が枝をはじめとして色変わりしている、その色がはっきりと見えているが、(その着物は)普通の人が着ているようでもなく、「ああすばらしい」と(狭衣大将の目には)見えなさる。(宮の)髪は肩のあたりからこぼれ、額のあたりの髪が袖口から弱々しく引かれて出ているのは、様子が普通と異なって見える。(髪が)お着物の裾に溜まるようにまとまって入っている様子は、(その髪は)どれほどの長さなのかと見えるが、「(髪の)先の方が、(着物の)裾の白さで(髪の黒い色が際立って)、ああかわいいと、いつも以上に(美しく)

見えるのは、すべてがたいそう残念な（一品の宮と比べての、源氏の宮に対する自分の）目移りが、いっそうひどい状態であるように思える」と、我ながらたいそう落ち込んでしまった（狭衣大将の）心もしみじみと気の毒であることだよ。（狭衣大将は）お仕えする人（＝お仕えする女房）といっても、見た目がよい人だけを見慣れていらっしゃるので、この（源氏の宮の）ご様子がたいそうこのように（美しく）見えなさるのも、ただ、「ああつらい運命だよ。『このようでない（美しくないような）人は見たくない』と思ったのに、心残りなく（宮と）さし向かいになってお過ごし申し上げたような時に、（私は）何事を思ったのだろうか（もっとその幸せを思っておくべきだった）。（私にとっては）思い通りの女性と結婚できる運の良さまでも尽きてしまったことだよ」とお思いになる時には、胸もせき上げる（ほど）まで（悲しく）お思いにならずにいられなくて、（源氏の宮と）話して過ごした昔は、やはりたいそう恋しかった。

（源氏の宮の）おそばで寝入っている猫が鳴き出して、端の方へ出る時に、猫をつないでいる綱に（引っかかって）御几帳の帷子が引き上げられて、（源氏の宮と狭衣大将とが顔を）見合わせなさると、（源氏の宮は）お顔がたいそう赤くなりながら、ことさらに引っ込みなどはしなさらず、（顔を）扇で隠して、少し（顔を）傾け（てうつむき）なさる、その目もとや顔つきや髪の様子や髪の下がり具合が、「なるほど光とはこれを言うのであろうか」と（狭衣大将の目に）見えていらっしゃるにつけても、「ああ、つらい我が身の様子だよ。全くこれほどの（源氏の宮と結婚するというような）事はかなわないだろうけれど、『少しでも（源氏の宮との結婚に）なぞらえることのできる結婚は（もはや）することはできないだろう』とおのずと思い知った時から、『この人（＝源氏の宮）に劣っているような人は見るつもりも（そんな人のうわさは）聞くつもりもない』と思い始めてしまったことであったのだ。いやもう、我が心がすべてにおいてふがいなくて、親にもひたすらに従わせられ申し上げて、自分の心のせいで（私は）たいそうつらい世に生き長らえることだよ」と思うにつけても、自分の身以外にうらめしい人はいなくて、涙だけは理屈通りにならなかったので流れてやむことがなかった。

猫に対して「こっちだよ」と（狭衣大将が）おっしゃると、（猫は）かわいらしい様子の声で鳴いて、近くに寄って来る。（猫にしみついた、源氏の宮の）お着物の移り香がうらやましくて、（狭衣大将が猫を）引き寄せなさると、（猫が狭衣大将の）お袖から（袖の中へ）入ろうとじゃれつくのが、たいそうかわいい。（狭衣大将は、一品の宮との結婚生活が）非常に堪え難くて、「ねじけたようにつらい目をずっと見たままで過ごすのよりは、このように（猫と戯れて）いるのがよいなあ」とお思いにならずにいられなくて、「このお猫を、（私に）しばらく預けてくださいよ。人肌に接することのできる機会を求めるよりは（猫と遊んでいた方がましです）」とおっしゃるのを、宣旨という人が笑って、「今さらなぜ（そんなことをおっしゃるのですか）。（「人肌に接する」という、その）「人」は誰（＝どんな人）をお探しになるのでしょうか、いや、誰もお探しになることはないでしょう。（あなたは奥方の一品の宮に対して）たいそう思慮に富んだしっかりとしたお世話までもなさっているとか聞いていますから（今さらほかの人を探す必要などないでしょう）。（猫と遊んでいたいとはおっしゃっていても、あなたにとって）猫はわずらわしくお思いにならずにいられないでしょう」と申し上げると、「言うまでもないことですよ。（私たちの夫婦仲は）岩の間を流れる水さえも漏れるはずもないのだから（＝私たちの夫婦仲は水も漏らさぬほど仲がよいのですよ）」と（狭衣大将は）言って、お笑いになるけれども、「（源氏の宮は）全くこのような（私の源氏の宮に対する）心の中も、今は知っていらっしゃらないので、『（出家したいという）思いが改まって、いつの間にか親族の女性（である一品の宮）に対する思いまで持つようになって、（一品の宮を妻として）世話しているのだろう』と（源氏の宮は私のことを）お聞きになっているだろうよ。（私は）せめて同じ姿（＝出家していないままの在俗の姿）のままで（源氏の宮に）お会い申し上げないようにしたいのに」と（狭衣大将には）恥ずかしく思われなさるので、（源氏の宮の）前にいる人々（＝女房たち）が絵を描き散らした筆が散らかっているのをお取りになって、紙の端に、

（自分には一品の宮という妻がいるが）その一方で（あなたに）会う時も、生きているのは生きているとも言えない（生きがいのない）我が身を、あなたは、世間一般の幸せな人だとことさらに思っているのだろう

か。

いたずら書きのように片仮名で書いて、（その書いた紙を）この猫の首に結びつけて、「ああ、ぐっすり寝込んでいることだ。もう起きて（源氏の宮のもとに）参上しなさい」と（猫を）押し出しなさったところ、（猫はその狭衣大将の言葉を）聞いてわかっているような顔で、ほかの所にも行かず、（源氏の宮のところに）参上して（宮に）じゃれかかり申し上げることがうらやましいことだよ。

〈設問解説〉

問1 傍線部解釈の問題。

(ア) 傍線部(ア)「涙のみぞことわり知らぬものなりければ」を単語に区切ると、「涙／のみ／ぞ／ことわり／知ら／ぬ／もの／なり／けれ／ば」となるが、この中の「ことわり」は最重要単語の一つ。「ことわり」は「事割り」が語源で、「ものごとの道理・筋道・理屈、理由・わけ」などの意味。なお、「ことわりなり」という形容動詞として「当然だ・もっともだ」という意味で用いられることも多い。また、その動詞形は「ことわる」で「判断する・説明する」の意。

さて、「ことわり」の意味から考えて、「ことわり知らぬ」の解釈としては、④「理屈通りにならなかった」か、⑤「特別の理由もなかった」があてはまり、正解は④か⑤かまぎらわしい感じがするが、見落としてはならないのは「なりければ」の「ば」である。この「ば」は、直前に助動詞「けり」の已然形の「けれ」が付いており、〈已然形＋ば〉の順接確定条件の用法。従って、「理屈通りにならなかったので」と記す④が正解。⑤は「特別の理由もなかったのに」というのが逆接の意になっており、不適当である。

(イ) 傍線部(イ)「さらなりや」を単語に区切ると、「さらなり／や」となる。「さらなり」は「言ふも」または「言へば」を上に付けた「言ふも（言へば）さらなり」の形で「言うのも今さらのようでおかしく感じられる・今さら言うまでもない」の意で用いられるが、「言ふも・言へば」を付けず「さらなり」だけでも、全く同じ「今さら言うまでもない」という意になる。従って正解は①。なお、「や」はここでは詠嘆の意の助詞で、「…ことよ・…よ」の意を表している。

(ウ) 傍線部(ウ)「あな、いぎたな」を単語に区切ると、「あな、／いぎたな」となる。「あな」は「ああ」という意の感動詞。「いぎたな」は「いぎたなし」というク活用の形容詞の語幹である。「いぎたなし」は漢字で表記すると「寝汚《いぎたな》し」となり「眠りをむさぼって見苦しい・寝坊だ」の意。なお、「寝《い》」は「眠り」という意の名詞で、他にも「寝《い》を寝《ぬ》」「寝《い》も寝《ね》ず」などの連語の中で用いられる。さて、右に記したように「いぎたな」は「いぎたなし」という形容詞の語幹だが、ク活用の形容詞は語幹のみで詠嘆の意を表す場合がある。この傍線部(ウ)の場合もそれで、「あな、いぎたな」は「ああ、寝坊だなあ」の意で、正解は③「ああ、ぐっすり寝込んでいることだ」になる。

問2 語句や表現に関する説明問題。

①は「あなうつくし」という表現についての説明だが、この「あなうつくし」は「末の方、裾の白きに」に続けて記されており、「末の方」とは源氏の宮の髪の「先端部分」のことで、「あなうつくし」が源氏の宮の髪について言われていることがわかる。また、「あなうつくし」の直後に「と常よりも見ゆる」とあり、それは「ふだん以上に『あなうつくし』と見える」ということ。「うつくし」は小さいものに対する慈愛の気持ちを表す語で、ここは「かわいい」という意であり、以上のことから、この①の説明には特に不適当な部分は見あたらない。

②は「いと口惜しき目移し」という表現についての説明で、この「いと口惜しき目移し」を現代語訳すると「たいそう残念な目移り」となる。この箇所は非常に表現が舌足らずで意味が取りにくいが、「たいそう残念な目移り」とは「たいそう残念に感じられる一品の宮と比べての、源氏の宮に対する狭衣大将の目移り」ということであり、その点、この②の説明は正しいと判断できる。

③は形容詞「いとどし」についての説明だが、「いとどし」は、「以前にもまして・いっそう・ますます」という意の副詞「いとど」から派生し

た形容詞で、「いっそうはなはだしい・いっそう激しい」という状態を表す。以前の様子のうかがえる形容詞でもある。従って、「いと口惜しき目移しのいとどしき」の説明として、「『口惜しき目移し』がいっそうひどい状態である」とする、この③の説明には特に不適当な点はない。

④は「いと屈じにける心」という表現についての説明だが、「屈じにける」の箇所を単語に区切ると「屈じ／に／ける」となり、「屈じ」は「気持ちがふさぐ・気が滅入る・気分が落ち込む」という意の動詞「屈《くん》ず」の連用形。従って、「屈じにける心」を、狭衣大将の「落ち込んだ心情を表している」とする説明は正しいし、その心情が「源氏の宮に対する思いが遂げられない」ことによるものだという説明も特に誤りはない。

⑤が、「適当でない」説明として選ぶべき正解になる。「あはれなりや」という語句は、狭衣大将の「屈じにける心」に対する「しみじみ気の毒だなあ」という同情の気持ちを述べており、それは決して狭衣大将に対する「否定的な評価」を述べているわけではない。「あはれなりや」の「や」も、反語の意ではなく、ここでは詠嘆の意を表している。

問3　登場人物の行動や心境の説明問題。

狭衣大将の行動や心境の説明を答えさせる設問だが、本文中の狭衣大将にかかわる記述を丁寧に読み取って、選択肢一つ一つの内容を検討するようにしたい。

①は、「その衣装は普通の人が身につけているのとは全く違ったものだと思い」の箇所が、本文中の「蘇芳《すはう》の御衣どもにほひたるに、浮線綾《ふせんりよう》の白きやうなる、籬《まがき》の菊の、枝よりはじめて移ろひたる、色のけざやかに見えたる、例の人の着たるにもあらず、『あなめでた』と見え給ふ」の部分に対応しているが、「源氏の宮自身もその衣装に満足しているに違いないと思った」という内容は本文中には全く記されていない。従って、①は狭衣大将の行動や心境の説明としては適当ではない。

②は、「源氏の宮と結婚できなくても源氏の宮に劣らない美しい相手とは結婚したいと願っていた」という箇所は、本文中の「『これに劣りたらん人をば見じ聞かじ』と思ひ初《そ》めにしこそ」の部分に対応しており、また、「その通りにならなかった自分の運命を情けないものだと感じた」という箇所も、本文中の「あな、心憂の身のさまや」や「心づからいと憂き世にも長らふることぞかし」などの記述に対応している。従って、②は狭衣大将の行動や心境の説明として適当だと判断でき、まずこの②が正解の一つになる。

③は、一品の宮との結婚が親から言われたことだったのは、本文中の「親にもひとへに任《まか》せられ奉りて」の箇所から読み取れるが、ただし、「我が心のよろづに言ふかひなくて」の部分や、右の②の解説の中で引いた「心づからいと憂き世にも長らふることぞかし」の部分を見ると、一品の宮と結婚したことを、狭衣大将は、あくまで自分がふがいない心を持っていたからだと認識していたことがわかる。従って、「自分には全く責任はないと自らを慰めた」というのは、狭衣大将の行動や心境の説明としては不適当である。

④は、「源氏の宮と隔てなく話をしていた昔のことを思い出し」の箇所は、本文中の「残りなくさし向かひて過ぐし聞こえけん折、何事思ひけん」や「言ひて過ぐししいにしへは、なほいと恋しかりけり」の部分に対応している。だが、「今後も自分の態度次第で源氏の宮と昔のままの隔てのないつきあいができるに違いないと楽観的に考えた」の箇所は、対応する部分は本文中には全く見あたらない。むしろ、「残りなくさし向かひて過ぐし聞こえけん折、何事思ひけん」の「何事思ひけん」の部分からは、「あのように源氏の宮と隔てなくさし向かいで過ごすことは二度とできないだろう」といった心情が読み取れる。従って、④も狭衣大将の行動や心境の説明としては不適当である。

⑤は、「狭衣大将と一品の宮との夫婦仲の良さを疑っていない宣旨」の箇所は、本文中の「今さらはなどてか。人は誰をかは求めさせ給はん。いとおとなしき御扱ひをさへせさせ給ふなるに」の部分に対応している。だが、狭衣大将が「実際には岩間の水が冷たいように一品の宮との夫婦仲はすっかり冷えきっていると愚痴を言った」の箇所は本文の記述には対応していない。本文中の「岩間を潜《くぐ》る水だにも漏るまじければ」の部分は「私たち二人の夫婦仲は水も漏らさぬほどの仲の良さです」という、本心を

偽った狭衣大将の言葉であり、そう言った狭衣大将が「うち笑ひ給ふ」と記されていることからも、それが「愚痴」というものではないことは明らかである。従って、⑤も狭衣大将の行動や心境の説明としては不適当である。

⑥は、狭衣大将の詠んだ和歌についての説明になっているが、「生きているかどうかもわからぬほど生きがいのない私」という箇所は、和歌の中の「あるにもあらぬ身」の部分に対応しており、また「あなたは世間一般の幸せな人だと思っているのだろうか」の箇所は「人は人とや思ひなすらん」(「人は」の「人」は源氏の宮のことを指し、「人と」の「人」は世間一般の人という意を表している)の部分に対応している。この⑥がもう一つの正解となる。

問4 文章中の場面に関する説明問題。

問3と同じ要領で、本文中の猫の登場する場面をしっかりと読み取って、選択肢それぞれの内容を検討するようにしたい。

①は、「猫をつないでいる綱が几帳の帷子《かたびら》に引っかかった」ということは、本文中の「綱に御几帳の帷子の引き上げられて」の部分に記されているが、帷子が「引き上げられて」、その結果、狭衣大将と源氏の宮の二人が顔を「見合はせ給へば」というのだから、「狭衣大将の視界から源氏の宮の姿がさえぎられた」ということではない。従って、この①は説明としては適当ではない。

②は「猫を呼び寄せてもなかなか自分の近くに来ない」と記されているが、本文では、「猫を『こちや』とのたまへば、らうたげなる声にうち鳴きて、近く寄り来たる」と記されており、むしろ猫が「近く寄り来たる」というのだから、説明としては適当ではない。「狭衣大将は強引に猫を自分の着物の袖の中に招き寄せた」というのも、本文中には「かき寄せ給へれば、御袖より入らんと睦《むつ》るる」とあり、むしろ猫の方からなつくように狭衣大将の袖の中に入っていったことがわかる。その点でも、やはり説明としては不適当。

③は、「猫がその身を自分にすり寄せてきたことを、狭衣大将はまるで源氏の宮が自分にすり寄ってくるかのように感じた」とあるが、本文中に「御衣の移り香うらやましうて」とあるように、猫がすり寄ってきた際、狭衣大将は、猫にしみついた、源氏の宮の着物の移り香をうらやましく思ったというのだから、狭衣大将にとって猫は源氏の宮の移り香を運んでくる存在ではあっても、その猫を源氏の宮その人のように感じたということはない。従って、説明としては不適当である。

④は、「狭衣大将は、一品の宮との結婚生活を意に添わないまま送るよりは、猫と気楽に過ごす方が望ましいと考えた」というのは、本文中の「くねくねしうわびしき目を見つつ長らふるよりはかくこそあるべかりけれ」と記されているのに内容的に合致する。この④は、説明として適当であり、正解である。

⑤は、「狭衣大将は、源氏の宮のもとに運ばせるために歌を猫の首に結びつけた」の箇所は、本文中の「手すさみのやうに片仮名に書きて、この猫の首に結びつけて」の部分に合致しているが、「猫は見当違いの方向に歩き出した」の箇所は、本文中の「ほかざまにも行かず、参りて睦れ参らする」とあるのに合致しておらず、説明としては不適当である。

問5 表現に関する問題。

最初に、「Y」として記された部分の現代語訳を示しておくと、次の通りである。

その上、今はどのような人肌をお探しになるのか。(奥方の一品の宮に対して、あなたは)たいそう思慮に富んだしっかりとしたお扱いまでもしなさっているとかいうのだから(今さらほかの人を探す必要などないでしょう)。(あなたが猫と遊んでいたいとおっしゃっても)猫は気づまりに感じるでしょう。

①は、「などて」も「なでふ」(「なにといふ」が変化してできた語)も「どうして」という意の副詞だというのは誤りのない説明だが、「Xでは『などて』の後に係助詞『か』を加えてそこで文を切ってその後を省略することで、話し手の宣旨のそそっかしい性格が効果的に表現されている」という説明は明らかにおかしい。係助詞で文を言い切りにしてその後の記

述を省略するのは古文にはしばしば見られる書き方だが、それが特に話し手なり書き手の「そそっかしい性格」を表現しているなどということはない。この①の記述内容は適当とは言えない。

②は、「副助詞『さへ』が用いられることで、『まして今後はもっと人肌を恋しくお思いにならずにはいられないだろう』という話し手の宣旨の疑いの心情が暗示されている」と記されているが、「さへ」という副助詞は「その上…でさえも」という添加の意を表しており、この「さへ」に続けて「まして」という副詞が用いられることはない。「まして」という副詞は、類推の意の「だに」（「…でさえも」という意）が用いられたのに続けて用いられることが多いが、古語の副助詞の「さへ」は添加の意を表しており、「…でさえも」という意にはならないことをしっかりと認識してほしい（ただし、鎌倉時代以降に古語の「さへ」がそのまま「さえ」という意になることもあるが、あくまでそれは例外的な場合である）。従って、「さへ」に続けて「まして今後はもっと人肌を恋しくお思いにならずにはいられないだろう」という心情が暗示されている、という説明は適当ではない。また、そもそも、宣旨の狭衣大将に対する心情が「もっと人肌を恋しくお思いにならずにはいられないだろう」というものであるというのもおかしい。宣旨は、狭衣大将と一品の宮との夫婦仲を円満なものだと信じ切っていて、狭衣大将が、一品の宮以外の「人肌」を恋しく思うなどとは全く考えていないのである。

③は、「Xの『人は誰をかは求めさせ給はん』の箇所には反語表現が用いられているが、Yには反語表現は用いられておらず」と記されているが、Yに反語表現が用いられていないとは言えない。Yの「なでふ人肌をば尋ねさせ給ふ」の部分は、文脈上、「どのような人肌をお探しになるのか、いやどのような人肌をお探しになる必要もない」という反語の意味でないと内容的に通らないところである。また、反語表現が用いられていないことで「XよりもYには話し手の宣旨のおっとりした性格がいっそうはっきりと表現されている」という説明も適当とは言えない。反語表現を用いないことで、その反語表現を用いない者の「おっとりした性格」が表現されている、などということはない。

④は、Yの「いとおとなしき御扱ひをさへこそせさせ給ふなるに」の箇所に係助詞「こそ」が加えられているからと言って、「『せさせ給ふなるに』の後にさらに語句の省略のあることがわかる」などということはなく、説明としては不適当である。Yの「せさせ給ふなるに」の後に語句の省略があるのは間違いないことだが、それは「こそ」があるからわかることなどではなく、もともと「せさせ給ふなるに」の箇所が助詞「に」で文を言い切っていることから、この後に語句が省略されていることになるのである。

正解は⑤である。XとYとの違いとして注目してほしいのは、Xでは「猫は所狭う思されめ」というふうに尊敬語「思す」が用いられているのに、Yの「猫は所狭うこそおぼえ侍らめ」の部分には尊敬語が用いられていない、ということである。これはどういうことかと言うと、尊敬語は動作の主体に対する敬意を表すのだから、Xの「思されめ」の主体は敬意を表すべき存在である狭衣大将であるが、Yには尊敬語がないのだから、「おぼえ侍らめ」の主体は狭衣大将ではなく猫である、ということである。すなわち、Xでは「狭衣大将は、猫を『所狭う』お思いにならずにいられないだろう」ということが述べられており、Yでは「猫にとっては『所狭う』思われるだろう」ということが述べられている。

「所狭う」は形容詞「所狭し」の連用形「所狭く」がウ音便化したものだが、「所狭し」には、①「場所が狭い・窮屈だ」という意味のほかに、②「窮屈な気持ちだ・気づまりだ」という意味や、③「うっとうしい・わずらわしい」などの意味がある。Xの「猫は所狭う思されめ」の本文での「所狭う」は、狭衣大将の猫に対する気持ちとして③の意で解釈することができ、Yの「猫は所狭うこそおぼえ侍らめ」の本文での「所狭う」は、猫の狭衣大将に対する心情として②の意味で解釈することができる。そのことの説明がこの⑤では述べられているわけである。

第4問

〈出典〉

【文章Ⅰ】邵雍《しょうよう》「漁樵対問《ぎょしょうたいもん》」

邵雍（一〇一一〜七七）は北宋の思想家。康節先生と諡《おくりな》されたため、邵康節と称する。「漁樵対問」は漁師ときこりの問答によって人生訓を語った文章である。

【文章Ⅱ】劉祁《りゅうき》『帰潜志《きせんし》』

劉祁（一二〇三〜五九）は金末から元の人。『帰潜志』はその見聞や感慨を記した随筆集で、金の滅亡に際しての記述を多く含み、歴史的史料としても重視される。

〈問題文の解説〉

【文章Ⅰ】

漁師ときこりの問答によって、天は善行に福を、悪行に災いを与えるものであり、善行をして困窮したり悪行をして栄達したりするのは幸不幸によるにすぎず、君子はひたすら善行を積んでいくものであることを述べた文章である。

【文章Ⅱ】

善行をして困窮したり悪行をして栄達したりするのは運命であり、善行をして栄達し悪行をして困窮するのは自分のあり方によるのであって、見識ある者はこの道理をわきまえるべきことを述べた文章である。

※大学入学共通テストではいずれも複数の素材によって問題が構成されている。複数のテクストを合わせて読解する練習をしよう。

〈読み方〉（漢字の振り仮名は、音はカタカナ・現代仮名遣いで、訓は平仮名・歴史的仮名遣いで示してある。）

【文章Ⅰ】

樵者《ショウシャ》曰《い》はく、「人《ひと》に鬼神《キシン》に禱《いの》りて福《フク》を求《もと》むる者有《ものあ》り。福禱《フクいの》りて求《もと》むべきか。之《これ》を求《もと》めて得《う》べきか。敢《あ》へて其《そ》の所以《ゆゑん》を問《と》ふ」と。漁者《ギョシャ》曰《い》はく、「語《ゴ》に『善《ゼン》悪《アク》する者《もの》は人《ひと》なり、禍福《カフク》する者《もの》は天《テン》なり』と。天道《テンドウ》は善《ゼン》に福《さいは》ひし淫《イン》に禍《わざは》ひす。鬼神《キシン》其《そ》れ能《よ》く天《テン》に違《たが》はんや。自《みづか》ら之《これ》が咎《とが》を作《な》さば固《もと》より逃《のが》れ難《がた》く、已《すで》に天之《テンこれ》が災《わざは》ひを降《くだ》さば、之《これ》を禳《はら》ふも奚《なん》の益《エキ》かあらん。徳《トク》を修《をさ》め善《ゼン》を積《つ》むは、君子《クンシ》の常分《ジョウブン》なり。安《いづ》くんぞ余事《ヨジ》其《そ》の間《カン》に有《あ》らんや」と。樵者《ショウシャ》曰《い》はく、「善《ゼン》を為《な》して禍《わざは》ひに遇《あ》ふこと有《あ》り、悪《アク》を為《な》して福《フク》を獲《う》ること有《あ》るは、何《なん》ぞや」と。漁者《ギョシャ》曰《い》はく、「幸《コウ》と不幸《フコウ》と有《あ》ればなり。幸不幸《コウフコウ》は命《メイ》なり、当不当《トウフトウ》は分《ブン》なり。一命《イチメイ》一分《イチブン》、人《ひと》其《そ》れ逃《のが》れんや」と。

【文章Ⅱ】

善《ゼン》を為《な》して災屯困窘《サイチュンコンキン》に遇《あ》ふ者《もの》は命《メイ》なり、分《ブン》に非《あら》ざるなり。悪《アク》を為《な》して災《サイ》屯困窘《チュンコンキン》に遇《あ》ふ者《もの》は分《ブン》なり、命《メイ》に非《あら》ざるなり。善《ゼン》を為《な》して富貴亨達《フウキコウタツ》を得《う》る者《もの》は命《メイ》なり、分《ブン》に非《あら》ざるなり。悪《アク》を為《な》して富貴亨達《フウキコウタツ》を得《う》る者《もの》は分《ブン》なり、命《メイ》に非《あら》ざるなり。命分《メイブン》の理《リ》は、惟《た》だ識者《シキシャ》のみ能《よ》く之《これ》を弁《ベン》ずと為《な》す。

〈現代語訳〉

【文章Ⅰ】

きこりがたずねた。「人に鬼神に祈禱をして福を求める者がいます。福は祈禱で求めることができるのでしょうか。これを求めて得ることができるのでしょうか。恐れ入りますがそんなことをする理由をお尋ねします」。漁師が答えた。「ことわざに『善悪を行うのは人であり、禍福を授けるのは天である』と言う。天道は善に福を与え邪悪に災いをくだす。鬼神は天に逆らって福を授けることなどできはしない。自分から罪を犯したならば当然逃れることはできず、すでに天がその災いをくだしたならば、祈禱でお祓いをしたところで何の利益もない。徳を修め善行を積むのが、君子の本分だ。それ以外のことなどありはしない」。きこりがたずねた。「善行をしても災いに遭うことがあり、悪行をしても福を得ることがあるのは、なぜでしょうか」。漁師が答えた。「幸と不幸があるからだ。幸なのか不幸なのかは運命によるのだ。（福を受けるのに）相当するのか相当しないのかは自分のあり方によるのだ。運命と自分のあり方から、人は逃れることなどできはしないのだ」。

【文章Ⅱ】

善行を行って災難や困窮に遭うのは運命であり、自分のあり方によるのではない。悪行を行って災難や困窮に遭うのは自分のあり方によるのであり、運命ではない。善行を行って富と栄達を得るのは自分のあり方によるのであり、運命ではない。悪行を行って富と栄達を得るのは運命によるのであり、自分のあり方によるのではない。運命と自分のあり方の道理は、ただ見識ある者だけがこれを弁別できるのである。

〈設問解説〉

問1　重要語の意味の設問

(ア)　「自」は副詞として「みづから（自分で）」「おのづから（自然に）」の働きをし、また、以下の名詞から返読して「～より（～から）」の働きをする。波線部(ア)では以下の動詞「作（なす）」に掛かる副詞だと判断でき、「自分で行う」の意だと考えられるので、「みづから」の読みをすることがわかる。選択肢を確認すると、②「親」に、「おや（両親・肉親）」以外に「みづから（自分で）」の働きがあるのでこれが正解。

(イ)　「已」は「すでに（もうすでに）」「やむ（やむ・やめる）」などの働きをする。波線部(イ)では「すでに天が災いをくだした」の意だと考えられる。選択肢を確認すると④「既」が「すでに」で、これが正解。

問2　語句の解釈の設問

(1)　傍線部(1)「禍福者天也」は直前の「善悪者人也」と同形が繰り返される対句的表現になっている。「善悪者人也」は「善悪を行うのは人だ」の意だと考えられるので、傍線部(1)も「禍福を行うのは天だ」の意だと判断できる。よって「災いと福とを授けるのは天である」とある選択肢③が正解。

※対比や対句をなしている部分を設問にするのは従来の大学入試センター試験で頻出であったが、大学入学共通テストでも出題されており、傾向が変化していないことがわかる。常に傍線部やその前後が対比・対句をなしていないか注意を払おう。

(2)　「何也」は「なんぞや」と読み、「なぜか」の意を表す慣用的表現。正解は「なぜだろうか」とある選択肢①である。

(3)　「能」は「よく～」と読み、「～できる」の意を表す。「弁」は「区別する（弁別）」、「述べる（弁論）」などの意を表す。本来は「区別」は「辨」、「述べる」は「辯」の文字で表現されたが、第二次大戦後の漢字改革によって、もともとは「かんむり」の意を表す文字であった「弁」に統合されてしまった。おかげで現代の我々は余計な苦労をしなければならなくなったわけだが、傍線部(3)の前を確認すると「命分之理、惟識者（命と分の道理は、ただ見識ある者が）」とあるので、「区別」するの意だと判断できる。よって、「弁別することができる」とある選択肢⑤が正解である。

問3　内容説明の設問

「奚」は「何」と同じく、疑問詞として「なんぞ（なぜ）」「なにをか（何を）」「なんの（何の・どんな）」などの意を表す。疑問詞は疑問文を作る場合と反語文を作る場合があるが、反語は文末を「ん。」「んや。」で結ぶのが原則なので、送り仮名から傍線部Aは反語であると判断できる。漢文の反語は打ち消しを強調する働きをし、「～ではない」の意を表すので、「奚益」は「何の利益があるだろうか、ありはしない」の意を表すことがわかる。この意味を表現しているのは「全く意味がない」とある選択肢①と③である。傍線部に先行して「自作二之咎一（自分から罪を犯したならば）」とあるので、「天が罰をくだすような悪事を行ったのならば」とある③が正解。

問4　返り点と書き下し文の設問

選択型の書き下しの設問では、まず読みが決まっている句形や重要語に着目する。すると、傍線部**B**の「安～哉（乎・耶・邪）」は「いづくんぞ

〜んや」と読んで反語を作る基本的な句形。よってこの読みに従っている選択肢②と⑤が正解の候補となる。②は「安くんぞ余の其の間を事とする有らんやと」、⑤は「安くんぞ余事其の間に有らんやと」と読んでいるが、「安有余事於其間哉」の読みとしていずれも不可能ではないので、それぞれの選択肢の解釈が文脈に当てはまるものを正解とする。「余」には「あまり」「それ以外」「わたし」などの意味があるが、②は「どうしてわたしがその間を仕事とすることがあろうか、ありはしない」、⑤は「それ以外の事がその間にあるだろうか、ありはしない」くらいの意味になって、もちろん⑤が正解だと判断できる。書き下しの設問において、しばしば解釈から正解を決定する必要があることをおぼえておこう。

問5　空欄補充の設問

空欄は対比や対句をなした部分に作られることが多い。ここでも、

幸不幸[X]也

当不当[Y]也

という対句をなしている。続く部分に「一命」「一分」という対比的表現があるので、「命」と「分」が入りそうだと見当を付けることができる。ここで**【文章Ⅱ】**を確認すると「為レ善而遇二災屯困窘一者命也、非レ分也」「為レ悪而遇二災屯困窘一者分也、非命也」と、やはり対句表現によって、善行をして災難に遭うのが「命」で、悪行をして災難に遭うのが「分」だと述べているので、「命」は運命の善し悪し、「分」は自分の行為への当然の報いであることがわかる。よって[X]を「命」、[Y]を「分」とした選択肢③が正解。

問6　全体要旨の設問

問5で確認したように、**【文章Ⅰ】**の「漁者」と**【文章Ⅱ】**の筆者はいずれも、人の幸不幸には、「命」すなわち運命によるものと、「分」すなわち自分の行為によるものとがあると考えている。そして、**【文章Ⅰ】**の「漁者」は「修レ徳積レ善、君子常分」、すなわち君子は（仮に不運に見舞われても）ひたすら徳を修め善行を積んでゆくと述べ、**【文章Ⅱ】**の筆者は、「命分之理、惟識者為二能弁一レ之」、すなわち見識ある者は命と分との道理をわきまえると述べている。以上を正しく要約したのは「福と災いとには、運命によるものと自分の行為によるものがあり、見識ある君子はそれをわきまえて正しい行為を重ねてゆく」とある選択肢④である。

その他の選択肢を確認すると、①は「見識ある君子は行為を正すとともに運命を好転させる祈禱も怠らない」が誤り。②は「福と災いとは自分の行為によるのであり」が誤り。③は「福と災いとは運命によるのであり」が誤り。⑤は「福と災いとは運命によるのではあるが」が誤りである。

2023年度

大学入学共通テスト 本試験

解答・解説

■ 2023 年度大学入学共通テスト本試験「国語」得点別偏差値表
下記の表は大学入試センター公表の平均点と標準偏差をもとに作成したものです。

平均点 105.74 標準偏差 34.10 受験者数 445,358

得 点	偏差値	得 点	偏差値	得 点	偏差値	得 点	偏差値
200	77.6	150	63.0	100	48.3	50	33.7
199	77.3	149	62.7	99	48.0	49	33.4
198	77.1	148	62.4	98	47.7	48	33.1
197	76.8	147	62.1	97	47.4	47	32.8
196	76.5	146	61.8	96	47.1	46	32.5
195	76.2	145	61.5	95	46.9	45	32.2
194	75.9	144	61.2	94	46.6	44	31.9
193	75.6	143	60.9	93	46.3	43	31.6
192	75.3	142	60.6	92	46.0	42	31.3
191	75.0	141	60.3	91	45.7	41	31.0
190	74.7	140	60.0	90	45.4	40	30.7
189	74.4	139	59.8	89	45.1	39	30.4
188	74.1	138	59.5	88	44.8	38	30.1
187	73.8	137	59.2	87	44.5	37	29.8
186	73.5	136	58.9	86	44.2	36	29.5
185	73.2	135	58.6	85	43.9	35	29.3
184	73.0	134	58.3	84	43.6	34	29.0
183	72.7	133	58.0	83	43.3	33	28.7
182	72.4	132	57.7	82	43.0	32	28.4
181	72.1	131	57.4	81	42.7	31	28.1
180	71.8	130	57.1	80	42.5	30	27.8
179	71.5	129	56.8	79	42.2	29	27.5
178	71.2	128	56.5	78	41.9	28	27.2
177	70.9	127	56.2	77	41.6	27	26.9
176	70.6	126	55.9	76	41.3	26	26.6
175	70.3	125	55.6	75	41.0	25	26.3
174	70.0	124	55.4	74	40.7	24	26.0
173	69.7	123	55.1	73	40.4	23	25.7
172	69.4	122	54.8	72	40.1	22	25.4
171	69.1	121	54.5	71	39.8	21	25.1
170	68.8	120	54.2	70	39.5	20	24.9
169	68.6	119	53.9	69	39.2	19	24.6
168	68.3	118	53.6	68	38.9	18	24.3
167	68.0	117	53.3	67	38.6	17	24.0
166	67.7	116	53.0	66	38.3	16	23.7
165	67.4	115	52.7	65	38.1	15	23.4
164	67.1	114	52.4	64	37.8	14	23.1
163	66.8	113	52.1	63	37.5	13	22.8
162	66.5	112	51.8	62	37.2	12	22.5
161	66.2	111	51.5	61	36.9	11	22.2
160	65.9	110	51.2	60	36.6	10	21.9
159	65.6	109	51.0	59	36.3	9	21.6
158	65.3	108	50.7	58	36.0	8	21.3
157	65.0	107	50.4	57	35.7	7	21.0
156	64.7	106	50.1	56	35.4	6	20.8
155	64.4	105	49.8	55	35.1	5	20.5
154	64.2	104	49.5	54	34.8	4	20.2
153	63.9	103	49.2	53	34.5	3	19.9
152	63.6	102	48.9	52	34.2	2	19.6
151	63.3	101	48.6	51	33.9	1	19.3
						0	19.0

2023年度 本試験　解答・配点

（200点満点）

問題番号（配点）	設問	（配点）	解答番号	正解	自己採点欄
第1問（50）	1	(2)	1	①	
		(2)	2	③	
		(2)	3	②	
		(2)	4	④	
		(2)	5	③	
	2	(7)	6	③	
	3	(7)	7	②	
	4	(7)	8	⑤	
	5	(7)	9	③	
	6	(4)	10	④	
		(4)	11	②	
		(4)	12	③	
小計					
第2問（50）	1	(5)	13	①	
	2	(6)	14	⑤	
	3	(6)	15	⑤	
	4	(6)	16	①	
	5	(7)	17	①	
	6	(7)	18	④	
	7	(6)	19	③	
		(7)	20	②	
小計					

問題番号（配点）	設問	（配点）	解答番号	正解	自己採点欄
第3問（50）	1	(5)	21	③	
		(5)	22	④	
		(5)	23	②	
	2	(7)	24	③	
	3	(7)	25	⑤	
	4	(7)	26	④	
		(7)	27	①	
		(7)	28	③	
小計					
第4問（50）	1	(4)	29	①	
		(4)	30	①	
		(4)	31	⑤	
	2	(6)	32	③	
	3	(7)	33	⑤	
	4	(6)	34	①	
	5	(5)	35	③	
	6	(6)	36	④	
	7	(8)	37	④	
小計					
合計					

第1問

〈出典〉

【文章Ⅰ】　柏木博（かしわぎ　ひろし）『視覚の生命力――イメージの復権』（二〇一七年岩波書店刊）〈Ⅱ／見るための装置〉の〈視覚装置Ⅱ〉の〈窓あるいはフレーム〉の一節。

【文章Ⅱ】　呉谷充利（くれたに　みつとし）『ル・コルビュジエと近代絵画――二〇世紀モダニズムの道程』（二〇一九年中央公論美術出版刊）〈第三部　ヴィオレ＝ル＝デュクとピューリスムの展開〉の〈第一一章　ル・コルビュジエの世界〉の〈ル・コルビュジエの壁〉の全文。文中に挿入されている「サヴォア邸」の写真は同書の〈第二部　身体の表現〉の〈第三章　身体の表現の展開〉中のもの。

なお、【文章Ⅰ】【文章Ⅱ】ともに、ル・コルビュジエの『小さな家』の引用文中に柏木および呉谷の著作中での引用文と異なる表記の箇所がある（『小さな家』の原典（森田一敏訳　一九八〇年集文社刊）に沿ったものとなっている）など、若干の表記の改変がある。

柏木博は一九四六年生まれ。武蔵野美術大学デザイン学科卒。編集者などを経て、東京造形大学助教授、武蔵野美術大学教授、同大学名誉教授。二〇二一年没。専攻は近代デザイン史。著書に『デザインの20世紀』『日用品の文化誌』『モダンデザイン批判』『「しきり」の文化論』など。

呉谷充利は一九四九年生まれ。関西大学大学院修士課程建築学専攻修了。相愛大学教授を経て、同大学名誉教授。専攻は建築史。著書に『近代、あるいは建築のゆくえ』『町人都市の誕生』など。

〈問題文の解説〉

【文章Ⅰ】は約二三〇〇字の評論、【文章Ⅱ】は約一一〇〇字の評論で、合わせて約三四〇〇字。昨年度も二つの文章の組合せで合計三五〇〇字程度だったので分量的にはほぼ同じということになるが、【文章Ⅰ】【文章Ⅱ】ともに昨年度に比べれば硬質な評論文であり、問題文の難易度は昨年度よりは難ということになろう。とはいえ、二〇二一年度や追・再試験なども考慮すると、共通テストとしては標準的な分量・難易度であり、今年度よりも手ごわい文章が出題される可能性も念頭に置いておく必要がある。

形式的には、二〇二一年度が〈メインの文章＋設問部分にサブの文章〉という形式だったのに対し、昨年度および今年度は【文章Ⅰ】【文章Ⅱ】という形で二つの文章が最初に掲げられる形が続いた。いずれにせよ、**複数の文章を読ませ、その間の関連を問う、という形での出題は続く**ものと思われる。

内容的には昨年同様、〈共通のテーマ（ル・コルビュジエの建築の特質）について別の角度から論じた二つの文章〉を取り上げ、各文章の論旨について順に問うた上で、両文章の関連性を最後の設問で問う、という設問構成がとられている（設問に関しては後の〈設問〉の項で詳述する）。**対比関係や同内容関係をつかんで論旨を整理しながら読み進め、各文章の論の中心点を把握しつつ、両文章の内容的連関を考える**、という読解姿勢が求められている。

昨年度は【文章Ⅰ】【文章Ⅱ】それぞれにリード文（前書き）が付されていたが、今年度は最初に両文章を総括する形のリード文が付されている。そこには、

・【文章Ⅰ】は、正岡子規の書斎にあったガラス障子と建築家ル・コルビュジエの建築物における窓について考察したもの
・【文章Ⅱ】は、ル・コルビュジエの窓について【文章Ⅰ】とは別の観点から考察したもの
・どちらの文章にもル・コルビュジエ著『小さな家』からの引用が含まれている
・引用文中の（中略）は原文のまま（＝出題者が省略したのではなく、【文章Ⅱ】の筆者が『ル・コルビュジエと近代絵画』の中で引用する際に省略したものである）

ということが書かれている。これらはしっかりと頭に入れておくことが望ましい（今年度は特に、設問（特に問6）に大きく関わる情報となっている）。

なお、正岡子規（一八六七―一九〇二）は明治期の俳句・短歌の革新運動の主導者として知られる俳人・歌人。ル・コルビュジエ（一八八七―

一九六五）はスイスに生まれフランスで活躍した、機能主義的なモダニズム建築の代表者として知られる建築家である。

【文章Ⅰ】

展開に沿ってみていこう。各形式段落を①～⑩で示す（④および⑨の後の引用文はそれぞれ④・⑨に含める）。

①～③は「**正岡子規**」について、「ほとんど寝たきりで身体を動かすことができなくなり」（③）「寝返りさえ自らままならなかった」（①）彼が、「障子の紙をガラスに入れ替えることで」「**ガラス障子**のむこうに**見える**庭の植物や空」を通じて「季節や日々の移り変わりを楽しむことができ」るようになった（①）ことを述べ、「彼の書斎（病室）は、**ガラス障子**によって……『**見るための装置**（**室内**）』へと変容した」（③）とまとめる。

④・⑤はこれをうけて、「アン・フリードバーグ」の「『**窓**』は『**フレーム**』であり『**スクリーン**』でもある」（④）という見解につなげる。④の引用文は、「窓の縁（エッジ）」が、**風景を切り取る**」「**視界を制限するフレーム**」となる、および「窓は外界を**二次元の平面**へと変える。つまり、窓は**スクリーン**となる」と述べており、⑤ではその見解が再び子規の話題に接続されて、「子規の書斎」の「ガラス障子」は「外界を二次元に変える**スクリーン**であり**フレーム**となった」「ガラス障子は『**視覚装置**』だといえる」とまとめられる。

⑥～⑩はこれらをうけて「**ル・コルビュジエ**」の建築についての論が展開される。⑥で前段落までの子規の話題を「建築・住宅」一般において「『窓』は、視覚装置として……もっとも重要な要素としてある」と敷衍《ふえん》した上で、⑦で、ル・コルビュジエは「**視覚装置**としての『**窓**』をきわめて重視し」、その点においては「子規の……ガラス障子と……かわることはない」が、「子規のガラス障子は……**操作されたフレーム**ではない。他方、ル・コルビュジエの窓は、**確信を持ってつくられたフレーム**であった」（⑦）と述べる。つまり、**ル・コルビュジエは、窓によってどのように視界を制限するかを**、「**確信を持って**」「**操作**」**するような建築デザインを行った**というのである。⑧～⑩ではこのことが、ル・コルビュジエ自身の発言・文章やアン・フリードバーグの指摘を引きつつ詳述される。ル・コルビュジエは、「建築の歴史を窓の各時代の推移で示」しうると考えるほど窓のあり方を重視しており、「窓は採光のためにあり、換気のためではない」と、「**窓**に換気ではなく『**視界と採光**』を優先した」。彼は「窓を、**外界を切り取るフレーム**だと捉えており」「その結果」として「窓の形（や）……長辺と短辺の比」が「変化した」のだという。つまり、**窓の形や大きさなどによって、どのように**「**視界を制限**」**して風景を**「**切り取**」**るかを意識的にコントロールした**、というのである。

⑨・⑩はこのことについて、ル・コルビュジエが「両親のためにレマン湖のほとりに建てた家」（注5）について書いた文章を引いてさらに説明する。彼は「**四方八方に蔓延する景色**……は……**焦点をかき**……〝私たち〟は風景を〝眺める〟ことができない」ので、「塀（壁）」「囲い壁」によって家からの「**視界**」を「**限定**」し、**見える景色を**「**選別**」しなければならないと考え、「まず壁を建てることによって視界を遮ぎり、つぎに連らなる壁面を要所要所取り払い、そこに水平線の広がりを求める」ようにした（⑨）というのである。これは家の「塀（壁）」の話であるが、筆者はこれについて「**風景を見る**『**視覚装置**』**としての窓**（**開口部**）と壁をいかに構成するかが、ル・コルビュジエにとって課題であったことがわかる」と述べ、建物の「窓」にも通じる論であることを示している（実際に「レマン湖のほとりに建てた家」には塀に設けられた窓状の開口部から景色を眺める仕掛けが作られている）。

以上のように【**文章Ⅰ**】は、①～③で〈**正岡子規のガラス障子は彼の部屋を**「**見るための装置**」**とした**〉と述べ、これを④・⑤でアン・フリードバーグの〈**窓は外界を二次元に変え視界を制限して風景を切り取るスクリーン／フレームである**〉という論につなげて、⑥～⑩で〈**そうした視覚装置としての窓の機能を意識的に建築デザインに組み込んでいったのがル・コルビュジエであった**〉と論じる、という展開・構成になっている。

【文章Ⅱ】

こちらも展開に沿って見ていこう。各形式段落を①～⑥で示す。

①はル・コルビュジエの設計した「サヴォア邸」について、その「横長の**窓**」は「内側から見ると……四周を遮る**壁体となる**」「『**横長の窓**』は、『**横長の壁**』となって現われる」と述べる。続いて、その後の彼の建築に「全面

ガラスの壁面」が見られることを述べた上で「しかしながらスイス館の屋上庭園の四周は、強固な壁で囲われている。大気は壁で仕切られているのである」と述べる。**【文章Ⅰ】**と比べると**【文章Ⅱ】**は、ル・コルビュジエの建築について**「窓」よりも「壁」に重点を置いて捉えている**ことがつかめる。

[2]・[3]はル・コルビュジエが、**「自らを消耗する〈仕事の時間〉」**（[2]）**「外的な世界に関わっている」「光の溢れる世界」**（[3]）と「自らをひき上げて、**心の琴線に耳を傾ける〈瞑想の時間〉」**（[2]）**「内面的な世界に……関わっている」「光の疎んじられる世界」**（[3]）とを対比し、**「住宅」**は後者に関わる**「沈思黙考の場」**（[2]）だと考えていたことが述べられる。やはり、「内面」に沈潜し「沈思黙考」するために、**「光」を避ける（壁で遮る）**という方向性に重点を置いた論となっている。[4]はこれに関するル・コルビュジエ自身の文章の引用である。**「囲い壁**の存在理由は……**視界を閉ざす**ためである。四方八方に蔓延する景色というものは……焦点をかき、長い間にはかえって退屈なものになってしまう……景色を望むには、むしろそれを**限定**しなければならない。（中略）北側の**壁**と、そして東側と南側の**壁**とが〝**囲われた庭**〟を形成すること、これがここでの方針である」。

[5]・[6]はこれを「ここに語られる『風景』は」とうけて「**動かぬ視点**をもっている」と述べ、以下これについて論じる。「**『動かぬ視点』**は風景を切り取る……風景は**一点から**見られ、眺められる」「壁がもつ意味は、風景の**観照**の空間的構造化である」「この**動かぬ視点** theōria《テオリア》 の存在は……」（[5]）。「観照」とは〈主観を交えず、**冷静な観察と思索を通じて物事の本質をとらえようとすること**〉の意であり、これが[6]で「かれは、住宅は、**沈思黙考**……に関わると述べている」と[2]・[3]の論旨に接続され、彼の「初期」の「この思想は……**動かぬ視点**をもっている」と[5]の論旨が繰り返される。[6]後半は、彼の思想においていったん「影をひそめた」この住宅論が、「**沈思黙考、瞑想の場**」としての「宗教建築」を手がけた後期の彼において「再度主題化され、深く追求され」たことを述べて、「**動かぬ視点**」を設定することで住宅を「沈思黙考の場」とするル・コルビュジエの建築思想が、「かれにおいて即興的なものではない（＝その場だけのことではなく、持続的な思考に基づくものである）」（[5]）ことを述べている。

以上のように**【文章Ⅱ】**は、ル・コルビュジエが、「**動かぬ視点**」により住宅を「**沈思黙考、瞑想の場**」とすることを重視する住宅論をもっていたことを繰り返し指摘しており、それに関連して、彼の建築における〈**外界を壁で遮る**〉ことへの志向に焦点を置いた論となっている。――やや乱暴にまとめると、〈**窓の枠（壁）によって視界を制限する**〉ことについて、**【文章Ⅰ】**では〈**それを視覚装置として風景を味わう**〉ことに焦点を当てているのに対し、**【文章Ⅱ】**では〈それによって自らを「**動かぬ視点**」とし、また**光や外的な世界との関わりを制限して**（内的な）**沈思黙考にふける**〉ことに焦点を当てて論じている、ということになる。このように、**【文章Ⅰ】**と**【文章Ⅱ】**の論旨がどのような関係になっているのかを大づかみに把握しておいて、設問に入るとよい。

> **二つの文章を組みあわせた出題**の場合、**同内容の繰返しや対比の軸などに注意しつつ論旨を整理し、一方の論旨を頭に置きつつもう一方の文章を読み進め、どの点が重なりどの点が異なるのか、といったことを考えるようにする。**

〈設問解説〉

設問構成は、**問1**が漢字・語彙、**問2**〜**問5**は傍線部設問で**【文章Ⅰ】【文章Ⅱ】**の趣旨を順に問うもの、**問6**は会話形式の〈生徒の学習場面〉設問で、**【文章Ⅰ】【文章Ⅱ】**の表現・構成や両文章の内容を重ね合わせることで発展的な考えを導き出すもの、という形。〈漢字・語彙設問→本文の各部分の読解設問→何らかの設定（生徒の学習場面など）のもとに複数の文章の関連を問う共通テスト特有の設問〉という流れは二〇二一年度以降の三年間に共通しており、また、昨年度出題された表現設問は今年度は出題されなかったように見えるが、**問6**の(i)・(ii)は実質的には表現および構成を問う設問である。来年度も〈**漢字・語彙**／**部分の読解**／**全体の読解**／**表現・構成**／**複数の文章の統合**／**応用的・発展的思考**〉といった〈**問う内容**〉**は一貫させつつ、形式面においては様々な出題がなされる**、という設問構成になるのではないかと思われる。

問1　漢字に関する設問。

　昨年度本試に続き、〈カタカナを漢字に置き換える〉もの3問、〈文中の漢字の意味を問う〉もの2問という形の出題（ちなみに、今年度は追・再試験も同様の形式）であった。

(i)　カタカナを漢字に置き換え、同じ漢字を用いる語を選ぶ設問。

(ア)「冒頭」。①感冒②寝坊③忘却④膨張（膨脹）で、正解は①。

(エ)「琴線」（心の奥の、物事に触れて感動し共鳴する心情）。①卑近②布巾③木琴④緊縮で、正解は③。

(オ)「疎（んじられる）」。①提訴②過疎③粗品④素養で、正解は②。

(ii)　文中の語（字）について、「同じ意味」で用いられているものを選ぶ設問。昨年度は「異なる意味」のものを選ぶ形であったが、字義を問う設問である点では変わりない。

(イ)　傍線部の「行」は〈おこなう〉意。正解は④「履行」（約束や契約などを実際に行うこと）。①「行進」の「行」は〈行く・歩く・進む〉意。②「行列」の「行」は〈ならび・列〉の意。③「旅行」の「行」は〈旅〉の意。

(ウ)　傍線部の「望」は「景色を望む」とあるので〈ながめる・遠くを見る・見わたす〉意。正解は③「展望」。①「本望」（本来の望み・望みを達成して満足している状態）および②「嘱望」（人の将来に望みをかけること）の「望」は〈ねがう・待ち望む〉意。④「人望」の「望」は〈ほまれ・名声・人気〉の意の「望」。

問2　傍線部の具体的内容を説明する設問。

〈**問題文の解説**〉の【**文章Ⅰ**】の[1]〜[3]の箇所を参照。「障子の紙をガラスに入れ替えることで、子規は季節や日々の移り変わりを楽しむことができた」とある。それ以前の子規がなぜそれらを楽しめなかったのかといえば、病気で外出できなかった[3]「**ほとんど寝たきりで身体を動かすことができなくなり**」[1]「**寝返りさえ自らままならなかった**」からであり（**a**）、「障子の紙をガラスに」することで「季節や日々の移り変わりを楽しむことができ」るようになったのは、室内にいたままでも「**ガラス障子のむこうに見える庭の植物や空を見る**」ことができるようになった[1]からである（**b**）。それは子規にとって心の「慰め」であり、「**自身の存在を確認する感覚**」を得ることだった[1]（**c**）。以上**a**〜**c**に合致する③が正解である。

　病気で寝返りも満足に打てなかった子規にとって（**a**）、ガラス障子を通して多様な景色を見ることが（**b**）生を実感する契機となっていた（**c**）ということ。

　②で迷うかもしれないが、③と見比べてみると、②「外界の出来事」と③「多様な景色」ならば③の方が傍線部A「日々の移り変わり」のニュアンスを反映しており、また②「自己の救済」と③「生を実感する」ならば③の方が「自身の存在を確認する」により近い。さらに、②は「見る」という表現が明確に示されておらず、〔子規は、視覚の人だったともいえる〕[1]とあるような「視覚」というこの文章の中心的話題が踏まえられていない。

　①は、「現状を忘れる」が③「生を実感する」に比べれば本文の内容からズレている（単に〈つらい現状から逃れる〉というだけでなく「自身の存在を確認する」という、より積極的な意義があったと述べられている）。

　④は「外の世界への**想像**をかき立て」が、外の世界を「**見る**」ことを楽しんだとする本文の内容からズレている。

　⑤は「内と外が視覚的につながったことが作風に転機をもたらした」が、本文において述べられていない内容である。

問3　傍線部の理由を説明する設問。

〈**問題文の解説**〉の【**文章Ⅰ**】の[4]・[5]の箇所を参照。傍線部B「**ガラス障子**は『**視覚装置**』だといえる」に関する記述は、まず[3]末尾に「彼の書斎（病室）は、**ガラス障子**によって『**見ることのできる装置**（室内）』あるいは『**見るための装置**（室内）』へと変容した」とあり、これをうけた[4]で「アン・フリードバーグは……『窓』は『フレーム』（**a**）であり『スクリーン』（**b**）でもあるといっている」に続けて「**窓は外界を二次元の平面へと変える**。つまり、窓はスクリーンとなる（**b**）。窓と同様に、スクリーンは平面であると同時にフレーム――映像〔イメージ〕が投影される反射面であり、**視界を制限する**フレーム――でもある（a）」とするフリードバーグの文章が引用される。以上の（a）（b）をうけたのが「子規の書斎」の「ガラス障子」は「外界を二次元に変えるスクリーン（b）でありフレーム（a）となった」[5]という文であり、これをうけて傍線部Bは「ガラス障子は『視覚装置』だといえる」と述べているのである。右のa・bをおさえた②が正解である。

　ガラス障子は、室外に広がる風景の範囲を定める（a）ことで、外の世界を平面化されたイメージとして映し出す（b）仕掛けだと考えられるから。

①にはbはあるがaの「視界を制限する」の要素がない。また、①「ガラスに映」るものは「季節の移ろい」だけではない（「空」の様子をはじめとする「日々の移り変わり」[1]などもある）。

③は「制御」をaと見たとしてもbの〈二次元・平面にする〉の要素がない。また、本文における「視界」の〈制御〉は〈見える範囲を制限することで〉行われるものであって、③「外の世界と室内とを切り離したり接続したりすることで」ではない（これでは〈障子を閉めたり開けたりすることによる制御〉になってしまう）。

④にはaはあるがbがなく、また④「新たな風景の解釈」がここでは述べられていないことである。

⑤は「区切って」をaとみたとしても、⑤「絵画に見立てる」が本文の内容からズレている。〈平面〉へと変える、「二次元に変える」とはあるが、「絵画に見立てる」とは述べられていない。かりに「絵画」を「二次元に変える」ことの比喩とみたとしても、「額縁」「絵画」という比喩的な表現でしか説明していない⑤よりはそれらの意味を説明し直している②の方が「最も適当な」解答だということになる。

問4　傍線部に関する本文の論旨を把握する設問。

〈問題文の解説〉の**【文章Ⅰ】**の[6]～[10]の箇所を参照。設問文「『ル・コルビュジエの窓』の特徴と効果」については、まず[7]に「ル・コルビュジエは、住まいを徹底した視覚装置、まるでカメラのように考えていた」「子規のガラス障子は、フレームではあっても、操作されたフレームではない。他方、cル・コルビュジエの窓は、確信を持ってつくられたフレームであった」とあり、[8]には彼自身の「『窓は**採光**のためにあり、換気のためではない』」という言葉（a）、およびアン・フリードバーグの指摘を引く形で、「ル・コルビュジエは、窓に換気ではなく『**視界と採光**』を優先した」（a）、「窓を、**外界を切り取るフレーム**だと捉えており（b）、その結果、窓の形、そして『アスペクト比』（ディスプレイの長辺と短辺の比）が変化した」などと述べられている。[9]では、ル・コルビュジエの「囲い壁の存在理由は……視界を閉ざすためである。**四方八方に蔓延する景色**というものは……**焦点をかき**（c）、長い間にはかえって退屈なものになってしまう。……景色を望むには、むしろそれを**限定**しなければならない。思い切った判断によって**選別**しなければならないのだ（b）。すなわち、まず壁を建てることによって**視界を遮ぎり**（b）、つぎに連らなる壁面を要所要所取り払い、そこに水平線の**広がりを求める**（d）」という文章が引用される。これは「家」の周りの「塀（壁）」とそこに開けられた開口部についての記述だが、[10]でそれは「風景を見る『視覚装置』としての窓（開口部）と壁をいかに構成するかが、ル・コルビュジエにとって課題であったことがわかる」と、建築物の「窓」についての考えに通ずるものであることが指摘されている。以上（a）～（d）に合致する⑤が正解である。

　ル・コルビュジエの窓は、換気よりも視覚を優先したものであり（a）、視点が定まりにくい風景に（c）限定を施すことで（b）かえって広がりが認識される（d）ようになる。

　風景の「広がり」が窓の「効果」（設問文）だとするのは、**〈問題文の解説〉**で見たように**【文章Ⅱ】**が〈壁で視界を遮り沈思黙考する〉ことに焦点を置いていることとの対比を意識すれば、**【文章Ⅰ】**の論点としてより自信を持って選べるものではある。ただし、「限定を施すことでかえって広がりが認識される」という関係が本文で明示されているかはやや曖昧なので、他の選択肢との比較を慎重に行う必要があるだろう。

①は、①「風景がより美しく」と⑤の「広がり」との比較になる。【文章Ⅰ】では①「より美しく見える」とは述べられておらず、先のdから⑤「広がり」を採ることになる。

②「採光を重視」は本文の内容と異なるものではないが、そのポイントは「風景」「視覚」にあるのであって、②「居住性を向上」「生活環境が快適なものになる」という点に焦点を置くのは本文の論旨から明らかにズレている。

③は「アスペクト比の変更を目的としたもの」が×。先に見たように、本文には、「窓を、外界を切り取るフレームだと捉え」〈風景を眺める〉ための窓を設計することが目的であり「その結果……『アスペクト比』……が変化した」とある。**〈最初からそれを目的としていた〉ことと〈結果としてそうなった〉ことを取り違える引っかけ選択肢**はしばしば見られるものなので、注意しよう。

④は「囲い壁」(塀)という表現のままであるのが、建築物の「窓」の話題である傍線部Cの説明としては不適切であるし、④には先のb(フレーム)による「限定」「選別」が出ていない。また、④「効率よく配置」「風景への没入」も本文の内容からズレている。

問5　傍線部に関する本文の論旨を把握する設問。

〈問題文の解説〉の**【文章Ⅱ】**の箇所を参照。設問文は「傍線部D『壁がもつ意味は、風景の観照の空間的構造化である。』とあるが、これによって住宅はどのような空間になるのか」である。――傍線部Dは直後で「この**動かぬ視点**《テオリア》theōria」とうけられている。これは、**【文章Ⅱ】**[4]のル・コルビュジエの文章の引用(「四方八方に蔓延する景色というものは……焦点をかき」「景色を望むには、むしろそれを」「壁」で「囲われた」ものにする(a)ことで「限定しなければならない」(b))を[5]で「ここに語られる『風景』は**動かぬ視点**をもっている」とうけた箇所で、「この『動かぬ視点』は**風景を切り取る**」(b)「風景は**一点から**見られ、眺められる」(c)と説明されているように〈風景を(あちこち動かずに)一点から眺める視点〉である。これにより、住宅はどのような「風景の**観照**(＝主観を交えず、冷静な観察と思索を通じて物事の本質をとらえようとすること)」(傍線部D)の場となるのかといえば、[6]に「**沈思黙考の場**」となる(d)とあり、そうしたル・コルビュジエの考えは、「礼拝堂」「修道院」などにおける「**沈思黙考**、**瞑想の場**」の追求につながっている、とある。これは[2]・[3]の「外的な世界」[3]において「自らを消耗する〈仕事の時間〉」[2]に対し、「内面的な世界」[3]に「自らをひき上げて、心の琴線に耳を傾ける〈瞑想の時間〉」を持つための「**沈思黙考の場**」としての「住宅」[2]というル・コルビュジエの考えを述べたものである。以上(a)〜(d)に合致する③が正解である。

四周の大部分を壁で囲いながら開口部を設けることによって(a)、固定された視点から(c)風景を眺めることが可能になる。このように視界を制限する(b)構造により、住宅は内部の人間が静かに思索をめぐらす(d)空間になる。

傍線部Dに即していえば、住宅を「風景の観照(d)」の場とするために、それにふさわしいa・b・cのような「空間」「構造」にする、といったことである。

①「外光」を「制限」する「外部の光を調整する構造」ではなく、「風景」に対し「動かぬ視点」で向き合うための空間構造、という話である。

②④は単に②「人間が風景と向き合う空間になる」④「風景を鑑賞するための空間になる」とあるだけで、dの「沈思黙考」に当たる内容がないので、傍線部D「風景の観照」につながる説明になっていない。また、②は「自由が失われる」とマイナス方向にとらえている点も本文とは異なる。

⑤は「省察」を「観照」に当たる内容とみたとしても、「**自己**」に対する「省察」としたのみでは「**風景の観照**」という傍線部Dの説明として適切なものとはいえない。また⑤には「動かぬ視点」に当たる説明も足りない。

②③④⑤で迷った人は、傍線部Dの「風景の観照」の意味につながるかどうか(**設問要求に対応する答えになっているかどうか**)という視点で吟味するとよかっただろう。②④には「観照」の意味が足りず、⑤には「風景の」の意味が足りない。「風景の」「観照」という両要素の十分な説明になっているのは③のみだ、ということである。

単に〈本文に書かれているかどうか〉だけでなく、〈**本文に書かれていて、かつ設問で問われていることの十分な答えになっているかどうか**〉という視点で選択肢を吟味するよう心がけよう。

問6　〈生徒の会話〉という設定で、**【文章Ⅰ】【文章Ⅱ】**の比較、**【文章Ⅰ】**の構成、**【文章Ⅰ】【文章Ⅱ】**から導きうる発展的な考えを答える設問。①〈**生徒の学習場面**〉**を想定し**、②**複数の文章を比較・統合し**、③**応用的・発展的思考を行う**　という**共通テストの特徴が表れた設問**である。

(i)　二つの文章の〈引用文の扱い方〉を比較する設問。

　空欄Xは、生徒Aの「**【文章Ⅰ】**と**【文章Ⅱ】**は、両方とも**ル・コルビュジエの建築における窓について論じられていたね**」、生徒Bの「**【文章Ⅰ】**にも**【文章Ⅱ】**にも**同じル・コルビュジエからの引用文があった**けれど、少し違っていたよ」という発言に続く、生徒Cの発言中にあるものである。右の会話の内容は、本文の〈前書き〉に、

【文章Ⅱ】は、**ル・コルビュジエの窓**について**【文章Ⅰ】**とは別の観点から考察したものである。**どちらの文章にもル・コルビュジエ著『小さな家』からの引用が含まれている**（引用文中の（中略）は原文のままである）。

とあることと対応している。生徒Cは「よく読み比べると、［X］」と述べており、これをうけて生徒Bは「そうか、同じ文献でもどのように引用するかによって随分印象が変わるんだね」と発言している。以上から、空欄Xには、**【文章Ⅰ】【文章Ⅱ】**を「読み比べ」たときにわかる〈少しの違い〉についての発言が入り、それは**【文章Ⅰ】【文章Ⅱ】**がル・コルビュジエについて「別の観点から考察」していることと関連する「どのように引用するか」の違いであることがつかめる。このことを念頭において選択肢を見てみよう。

　②は「**【文章Ⅱ】**の引用文では……壁によってどの方角を遮るかが重要視されている」とある。これは「引用文」では「北から東にかけて、さらに部分的に南から西にかけて視界を閉ざす」に当たるが、この部分は**【文章Ⅰ】【文章Ⅱ】**のどちらの引用文にも含まれており、両者の「違ってい」る部分ではない。また、論旨上は、続く文にあるように〈四方八方すべてが開けているのではなく、視界を限定しなければいけない〉という点に重点のある論であって、②「どの方角を遮るかが重要視されている」ということではない（どんな建築でもこの方角を「遮る」べきだというような主張なのではない）。

　③「壁の外に広がる圧倒的な景色とそれを限定する窓」は同じ引用文中の「四方八方に蔓延する景色というものは圧倒的で……それを限定しなければならない」に当たり、やはり**【文章Ⅰ】【文章Ⅱ】**のどちらの引用文にも含まれているものであって、両者の「違ってい」る部分ではない。

　①と④はいずれも**【文章Ⅱ】**における「省略」について言及している。**【文章Ⅱ】**の引用文中の「（中略）」の箇所は、**【文章Ⅰ】**では「思い切った判断によって選別しなければならないのだ。すなわち、まず壁を建てることによって視界を遮ぎり、つぎに連らなる壁面を要所要所取り払い、そこに水平線の広がりを求めるのである。」（a）となっている。**【文章Ⅱ】**ではaを「（中略）」とした後に、**【文章Ⅰ】**にはない「北側の壁と、そして東側と南側の壁とが〝囲われた庭〟を形成する」という文（b）が付されている。以上について適切に説明しているのは①と④のどちらだろうか。

　aの「壁を建てることによって視界を遮り」は前の「視界を閉ざす」とほぼ同じ内容であり、この「視界を閉ざす」は**【文章Ⅱ】**に残っているから、**【文章Ⅱ】**の筆者が「省略」したかった内容の中核はここではないと考えることができる。aの「連らなる**壁面**を要所要所**取り払い**、そこに水平線の広がりを**求める**」が、**【文章Ⅰ】**にはあり**【文章Ⅱ】**にはないものなので、ここが**【文章Ⅱ】**において「省略」された内容の中核である。この点をおさえているのは、**【文章Ⅱ】**の説明を「壁の圧迫感について記された部分が省略されて」とした①ではなく、「**壁に窓を設けることの意図**が省略されて」とした④であり、こちらが正解となる。

　また、**【文章Ⅱ】**は、そもそも[1]から「**窓**」**についてよりも**〈**壁で囲う**〉**ことに着目する論**となっており（〈**問題文の解説**〉の**【文章Ⅱ】**の項の最初の部分を参照）、引用文も、ル・コルビュジエが「住宅は**沈思黙考**の場

である」とし、「**心の琴線に耳を傾ける**〈**瞑想の時間**〉」「**内面的な世界**に……関わっている」場だとするような「空間論」を唱えたこと（2・3）を述べるための引用である。〈**問題文の解説**〉の項の最後の部分に示したように、全体として、**【文章Ⅰ】**はル・コルビュジエの建築思想を〈住宅を窓を通して風景を味わうための**視覚装置**とした〉という方向で捉えた論であり、**【文章Ⅱ】**は彼の建築思想を〈**光や外的な世界との関わりを制限**して、住宅を（内的な）**沈思黙考**にふける場とした〉という方向でとらえた論である。〈**引用文**〉**はそれぞれの筆者が自らの論と関連性を持つものとして引用する文章**だから、右のように各文章の筆者自身の論との関連を考えても、**【文章Ⅰ】**を「**窓の効果**」に重点を置いた引用、**【文章Ⅱ】**を「**壁で囲う効果**」に重点を置いた引用（その論点から外れる箇所を**【文章Ⅱ】**の筆者は「（中略）」とした、ということである）とした④が最も適当だと判断できる。

この設問は、〈二つの文章を比較して違いをとらえる〉ものであり、二〇二二年度本試第1問の**問6**(i)と似た設問だということができるが、さらにいえば、右に見た通り、

> 引用文は、〈筆者の論と同方向の論を自論の根拠として引用する〉〈筆者の論と対立する論を批判することで自論の正しさの根拠とする〉など、〈**本文の筆者が何らかの意図をもって引用したもの**〉なのだから、引用文単独で捉えるのではなく、〈**筆者の論とどのように関連しているか**〉**という観点で理解する**

という、引用文の働きに関する基本的な姿勢が身についているかどうかを問うものでもある。こうした設問自体はセンター試験時代にも多く出題されており、ここではそれが〈二つの文章の組合せ〉の形で出題されているということなのである。このように、**共通テストでも**、**問われている力の多くは現代文の基本的な読解・解答の姿勢であるから**、**まずそうした力をしっかりと養い**、**その上でそれを共通テスト型の出題形式に応用できるように練習する**、という学習法が望ましいといえる。

(ii)

論旨を踏まえて本文の構成を問う設問。

空欄**Y**は、生徒Cの「**【文章Ⅰ】**は正岡子規の部屋にあったガラス障子をふまえて、ル・コルビュジエの話題に移っていた」という発言、生徒Bの「なぜわざわざ子規のことを取り上げたのかな」という発言に続く生徒Aの発言の中にある。つまり、**【文章Ⅰ】**の中心的な話題は〈前書き〉にもあるように「ル・コルビュジエ」であるが、それに先立って子規の話題を取り上げたことにはどのような意図があるか、という問いへの答えに当たるのが空欄Yである。

①「ル・コルビュジエの建築論が現代の窓の設計に大きな影響を与えた」は、該当箇所があるとすれば**【文章Ⅰ】**の8末『窓のフレームと窓の形……の変更を引き起こした』」であろうが、それはル・コルビュジエの〈窓を、視界を「限定」し見える範囲を「選別」するためのフレームとする〉という目的のために「結果」として生じたことであって（**問4**の解説参照）、**【文章Ⅰ】**の論の焦点は〈窓の設計への影響〉そのものではなく、**住居を「視覚装置」と考えた**というル・コルビュジエの思想の方にある。同様に、③「採光によって美しい空間を演出」④「換気と採光についての考察が住み心地の追求であった」も本文の論旨から焦点がズレている（これも**問4**の解説参照）。また③「子規の**芸術**に対してガラス障子が及ぼした効果」も、〈子規の「ガラス障子」は子規がそれを通して「**季節や日々の移り変わりを楽しむことができた**」もの（1、すなわち〝子規の日常生活において心を慰めるもの〟であった〉という**【文章Ⅰ】**の論旨から焦点がズレている（**問2**解説参照）。

②「ル・コルビュジエの設計が**居住者と風景の関係**を考慮したものであった」は〈窓によって視界を限定することで住居を（そこから風景を見る人にとっての）視覚装置とした〉という**【文章Ⅰ】**後半の論の中心点に沿ったものであり、②「子規の**日常**においてガラス障子が果たした役割」も、ガラス障子によって子規が「季節や日々の移り変わりを楽し」んだという**【文章Ⅰ】**前半の趣旨に合致する。正解は②である。

(iii)

二つの文章を重ね合わせて発展的な考えを導き出す設問。

空欄**Z**は、空欄Yの発言を「なるほど」とうけた生徒Bが「でも、子規

の話題は**【文章Ⅱ】**の内容ともつながるような気がした」と述べ、これに続けて生徒Cが「そうだね。**【文章Ⅱ】**と関連づけて**【文章Ⅰ】**を読むと、[Z]と解釈できるね」と述べたところ。つまり空欄Zには、**【文章Ⅰ】**の「子規の話題」を**【文章Ⅱ】**と「関連づけて」読んだ「解釈」が入る、ということになる。

問5で見た通り、**【文章Ⅱ】**の論の焦点は、ル・コルビュジエの〈「外的な世界」[3]において「自らを消耗する〈仕事の時間〉」[2]に対し、「内面的な世界」[3]に「自らをひき上げて、心の琴線に耳を傾ける〈瞑想の時間〉」を持つための「**沈思黙考の場**」としての「住宅」[2]〉という考え方であり、また、そのために彼が「動かぬ視点」で「風景を切り取る」ことを重視した[5]ことである。これと**【文章Ⅰ】**の「子規の話題」を「関連づけて」読んだ「解釈」として妥当性のあるものは、「ほとんど寝たきりで体を動かすことができなくな」っていた子規のあり方[3]を「病で自由に動くことができずにいた子規は、書斎にガラス障子を取り入れることで動かぬ視点を獲得したと言える」と説明し、そこから「そう考えると、子規の書斎もル・コルビュジエの言う**沈思黙考の場**として機能していた」という考えを導いている③だといえる。しかし、本文に直接述べられていないことを答える設問ではあるので、他の選択肢を慎重に検討し消去する必要がある。

①「宗教建築」は**【文章Ⅱ】**[6]に出てくるが、これは、ル・コルビュジエがその活動の「初期」に主張した「住宅論」を、後期において『礼拝堂』や『修道院』において再度主題化」し「深く追求」したとあるもの。つまり、「宗教建築」は彼の初期の「住宅論」と共通の「主題」を持つものであるというだけで、「住宅」がそのまま「宗教建築」であるわけではないので、子規の書斎を「宗教建築」だとしている①は×。

②「光の溢れる世界」「仕事の空間」は、先に見た通り**【文章Ⅱ】**の[2]・[3]において述べられている**【文章Ⅱ】**の論の焦点「〈瞑想の時間〉」「沈思黙考の場」「光の疎んじられる世界」とは反対側に位置づけられているもの。また、本文では「仕事の空間」は（象徴的な意味で）「光の溢れる世界」の側だ、と述べられているのであって、②のように「光の溢れる世界」だから「仕事の空間」だと言えるものではない。

④は「見るための機械」が**【文章Ⅰ】**の[8]、「視覚装置として機能」が**【文章Ⅰ】**の[5]〜[7]の内容だから、④は最初から最後まで**【文章Ⅰ】**の内容にしか触れていない。これでは「**【文章Ⅱ】**と関連づけて**【文章Ⅰ】**を読むと」という条件を満たさないので、×。

正解③の内容は、**【文章Ⅰ】**には**直接には書かれていない**ことであり、**【文章Ⅱ】**の内容を**【文章Ⅰ】**に重ねて読むことで得た**【文章Ⅰ】**に関する〈**新たな解釈**〉とでもいうべきものである。二〇二二年度本試第1問の**問6**でも同様の〈**本文の内容から導き出せる新たな考え**〉を答えさせる**設問**が出題されており、共通テストではこの種の設問を出題する方針がとられていると考えることができる。こうした設問では、

> **本文と設問要求**を的確におさえ、**それらから導き出せる考えとして妥当性の高い**〈**正解**〉と、**本文と合致しない・方向性として本文からズレている・設問要求を満たさないといった**〈**誤答**〉とを見分ける判断力をつちかう

ことが必要になる。そうした意識をもって練習を重ねてほしい。

また、(i)の解答は〈リード文〉の記述および**問6**の〈会話〉の文脈が、(iii)の④の消去のためにはやはり〈会話〉における「**【文章Ⅱ】**と関連づけて**【文章Ⅰ】**を読むと」という条件が、大きなヒントになっていた。この種の〈応用的・発展的思考〉の設問では、

> 本文それ自体の内容に加え、〈リード文〉〈注〉〈設問文〉をはじめとする〈**出題者の作成した文**〉が〈**どのように答えさせようとしているか**〉**を示す重要なヒントになる**

場合が少なくない。この点にも注意を払っておきたい。

第2問

〈出典〉 梅崎春生（うめざき　はるお）「飢えの季節」（『文壇』一九四八年一月号掲載）の一節。

梅崎春生は一九一五年生まれの小説家。東京帝国大学国文科卒。一九四四年、海軍に召集され暗号特技兵などを務める。四六年、海軍体験を踏まえた「桜島」を発表し、この作品の成功で一躍戦後派文学の代表的作家となった。五四年には「ボロ家の春秋」で直木賞を、五五年には「砂時計」で新潮社文学賞を、六四年には「狂ひ凧」で芸術選奨文部大臣賞をそれぞれ受賞する。六五年逝去。他の主な著作に『日の果て』『つむじ風』などがある

〈問題文の解説〉

物語の展開から本文は三つの場面に分けてとらえられる。それぞれをⅠ、Ⅱ、Ⅲとし、展開に即して物語の内容を確認していく。

前書き（リード文）

前書きでは、物語の舞台および「私」の状況について説明がなされている。物語の舞台は「第二次世界大戦の終結直後、食糧難の東京」である。主人公の「私」は「いつも空腹の状態」にあったが、広告会社に採用され「大東京の将来」をテーマに看板広告の構想を練るよう命じられた。「私」は自身の構想をまとめ上げ会議に提出する。

以上が前書きから確認できる情報であるが、終戦直後の東京という舞台も極端な貧困という主人公の状況も、大多数の受験生にとって身近なものではないはずである。こうした自らの日常とは隔たった物語世界を想像的に体験するために、本文の叙述を丁寧に追って場面状況や人物の心理を的確に把握する必要がある。

Ⅰ（私が無理矢理に拵え上げた～腹を立てていたのであった。）

「私」は都民のひとりひとりが楽しく胸をはって生きてゆけるような都市を構想したつもりでいた。自らが念願する理想の食物都市とまではいかなくとも、その精神は少なからず加味できているように思えた。そこには「私」自身のさまざまな夢がこめられており、その夢は飢えたる都市の人々の共感を得て好意的に受けとめられるはずであった。「私」はこれを提出するにあたって、いくぶん晴れがましい気持ちでさえあったのである。

ところが、会長も臨席した編輯会議の場において「私」の構想の下書きはまったくと言っていいほど問題にされなかった。下書きを見た会長は「私」にこれが何のためになるのだとその趣意について説明を求めた。「私」は現在の厳しい食糧事情のなかで意気が衰え夢を失っている人々にせめてたのしい夢を見せたいと考えたことをあわてて説明するが、それを聞いた会長は不機嫌な顔で「私」の下書きを卓の上にほうりだし、自らの考えを語り始める。会長の考えとは、要は「大東京の将来」を構想することで広告会社としていかに利益を上げていくかということだった。見当違いの下書きを提出して会長に叱責される自分に対する他の編輯員たちの冷ややかな視線を感じながら、「私」は恥ずかしさで顔を赤くしてうつむいていた。「私」は自分の誤解をだんだんと理解し始めていた。考えてみれば、戦時中から情報局と手を組んで儲け仕事をしていた会社が、戦争が終わったからといって、掌をかえしたように文化国家建設の啓蒙を慈善事業として行うはずなどなかったのだ。

会長の声を受けとめながら、私はただただ自分の間抜けさ加減に腹を立てていた。この会社の本質に気づかず、無邪気に自分の夢をこめた都市を構想し、会議に下書きを提出した自分の愚鈍さに憤りを感じていたのである。

Ⅱ（その夕方、私は憂欝な顔をして～経っているわけであった。）

夕方、憂欝な顔で勤め先の焼けビルを出た「私」は、うすぐらい街を行きつけの食堂がある昌平橋の方にあるいて行った。あの後「私」は構想のたてなおしを命ぜられたのだが、給料さえもらえれば何でもやるつもりでいたため、それ自体は一向に気にならなかった。憂欝な顔をしていたのは、ただ腹がへっていたからであった。そして、空腹に膝を震わせながら昌平橋のたもとまで来たとき、「私」は変わった老人に呼びとめられたのだった。

声をぜいぜいふるわせながら「旦那」と話しかけてきたその老人は、昨日から何も食べていない、一食でいいからめぐんでください、と「私」に手を

差し出してきたのである。老人は外套も着ず、顔はくろくよごれ、上衣の袖から出た手はぎょっとするほど細かった。身体は小刻みに動いていて、立っていることも精いっぱいであるようだった。老人は骨ばったその指を「私」の外套にかけて懇願するが、「私」はある苦痛をしのびながらそれを振りはらった。老人の状況には胸が痛んだが、援助をしてあげられるほどの余裕は「私」にもなかったのである。「私」は自分も日に一食ずつしか食べておらず、お金を分けてあげられるような状況ではないことを老人に伝える。それでも老人は上衣を抵当に入れてもいいから一食分だけめぐんでくださいと食い下がる。「私」はいたたまれない思いを抱え、むしろ老人に対してこれ以上自分を苦しめないでくれと許しを請いたいような気持ちにさえなっていた。しかし、「私」はそのような自分の思いとは裏腹に、その直後、自分でもおどろくほど邪険な口調で、「駄目だよ。無いといったら無いよ。誰か他の人にでも頼みな」と老人の願いを拒否し彼を追い払う言葉を口にしていた。

「私」は食堂で粗末な食事をとりながら、しきりに自分の胸を熱くして来るものを感じていた。飢えた人々が楽しく胸をはって生きてゆけるようにと自らの夢をこめた都市を構想した「私」は、間違いなく自分と同じように（あるいは自分よりも）飢えたあの老人を救いたいと願ったはずである。ところが「私」には彼を助けてあげるだけの余裕がなかった。このどうにもならない状況へのやるせない思いが、今「私」の胸に迫ってくるものであろう。それから「私」は自身をとりまく社会の構図へと思いを巡らす。戦後の厳しい社会状況のなかでも、それなりに裕福な暮らしを送る者たちがいて、またその一方で一食の物乞いに上衣を脱ごうとする老人のような貧しい者たちがいる。朝起きたときから食物のことばかり妄想し、こそ泥のように芋や柿をかすめている「私」自身の姿もそこにある。「私」はこんな日常が続いていくことで、自分に一体どんなおそろしい結末が待っているのか、それを考え身ぶるいをするのであった。

Ⅲ（私の給料が月給でなく～そそり立っていたのである。）

月末の給料日に、「私」は鼠のような風貌の庶務課長から自分の給料が月給ではなく一日三円の日給であることを言いわたされ、大きな衝撃を受ける。課長は、しばらくの間は見習社員であるが、実力次第で昇給が望めるから落胆せずしっかりやるようにと「私」に話し、それから「私」の仕事ぶりを評価しており期待していると声をひそめて付け加えた。

「私」は課長の声を聞きながら、自身の一日の給料が一枚の外食券の闇価と同じであることをぼんやり考えていた。一日分の給料でかろうじて一食分がまかなえるということであり、当然のことながらそれはとても食べていけるような額ではなかった。給料について聞かされたときの衝撃はすぐに消え、今「私」の体にゆるやかに広がっていく感情は、水のように静かな怒りであった。「私」はその日の飢えをしのぐことすらできない薄給で働かされていることを受け入れることなど到底できなかったのである。すでに「私」は会社を辞める決心をかためていた。課長の言葉がとぎれるのを待ち「私」は低い声で「私はここを辞めさせて頂きたいとおもいます」と課長に告げる。ずるい視線を向け理由を問う課長に「私」は「一日三円では食えないのです。食えないことは、やはり良くないことだと思うんです」と話した。会社を辞めたらどうなるかという危惧はあったが、それはもはやどうにもならないことであり、自分で自分の道を切りひらいていくほかないことを「私」は意識した。ふつうのつとめをしていて満足に食べて行けないなら、他に新しい生き方を求めるしかないのであった。「私」はあの食堂でみる人々のことを思い浮かべた。彼らは鞄の中にいろんな物を詰めこんで、それを売買しながら生きている。それも一つの生きる途であった。あの老爺にならって外套を抵当にして食を乞う方法も残っている。「私」は何としてでも生きていくつもりであったのである。

君には期待していたと言う庶務課長の言葉を聞きながら、「私」は本当に期待していたのはむしろ自分の方だと思う。「私」は人並みの暮らしができる給料を心から期待していたのであり、盗みをする必要もない静かな生活を強く求めていたのである。しかし、それが叶わぬことだとわかったこの瞬間、「私」はむしろある勇気がほのぼのと胸にのぼってくるのを感じていた。自分の手で何とか生き抜いてやろうという気力が湧いていきていたのである。

その日働いた分の給料を受け取った「私」は、職場の焼けビルに永久の別れをつげた。少し離れたところから振り返った灰色の焼けビルは、曇り空の下で自らの飢えの季節の象徴のようにかなしくそそり立って見えた。

〈設問解説〉

問1　傍線部における「私」の様子を説明する設問。

傍線部**A**は、会長から自身の構想についてその趣意の説明を求められた際の「私」の反応を表している。

「私」は会議に提出した自分の構想に自信をもっていた。そこには自身のさまざまな夢がこめられており、その夢は飢えたる都市の人々の共感を得るに違いないと考えていたのである（a）。

ところが会議の場において「私」の構想は受け入れてもらえないどころか、まったく問題にもされなかった。「私」の構想の下書きを見た会長は、いらだたしげな様子で「これは一体どういうつもりなのかね」「こんなものを街頭展に出して、一体何のためになると思うんだね」と、「私」に構想の趣意を問いただしてきたのであった（b）。

「私」はこの会長の詰問にうろたえながら、それでも理解を得るために必死で自らの構想について説明しようとしている（c）。

したがって、傍線部に見られる「私」の「様子」としては、〈自信をもって提出した自らの構想（a）がまったく評価されず、会長から厳しく構想の趣意を問われた（b）ことで「私」はうろたえてしまうが、なんとか理解を得ようと必死に自らの構想について説明しようとしている（c）〉といったものになる。以上より正解は①「都民が夢をもてるような都市構想なら広く受け入れられると自信をもって提出した（a）だけに、構想の主旨を会長から問いただされた（b）ことに戸惑い、理解を得ようとしている（c）。」である。

②は、「成果をあげて認められよう」が誤りである。「私」は自らの「理想」や「夢」をこめた都市構想が「飢えたる都市の人々の共感」を得ることを願っていたのであり、必ずしも仕事の場で「成果をあげて認められよう」としていたわけではない。したがって、この線での説明となっている「名誉を回復しようと」もずれている。

③は、「街頭展に出す目的を明確にイメージできていなかったことを悟り」が誤りである。「私」は看板広告の構想についてその「目的を明確にイメージできていなかった」わけではない。「私」のイメージが会長のイメージと食い違ってしまったのである。また、その食い違いに気づくのも、会長が看板広告の目的を語り出してからであり、傍線部の段階で自らのイメージの誤りを悟ったと言うことはできない。したがって、「自分の未熟さにあきれ」以下もずれている。

④は、「都民の現実を見誤っていた」が誤りである。「私」が「見誤っていた」のは「都民の現実」ではなく、会長が看板広告の構想に求めていた目的である。また、「気まずさを解消」ということでもない。

⑤は、「会長からテーマとの関連不足を指摘されて」が誤りである。「私」の構想は「テーマ」には関連したものとなっている。問題は会長が求める会社の利益に関わらないものとなっていたことである。また、会長から構想の問題点を「指摘され」るのは、傍線部より後の話であり、傍線部の時点では単に構想の趣意を問われただけである。

問2　傍線部の理由となる「私」の心情を説明する設問。

傍線部**B**「私はだんだん腹が立ってきたのである」は、その先で「ただただ私は自分の間抜けさ加減に腹を立てていた」とやや具体化されたかたちで繰り返されている。

傍線部の前に「私」が会社について「飛んでもない誤解」をしていたことが説明されている。「私」がつとめる広告会社は戦争中情報局と手を組んで仕事をしていたわけだが、それが「憂国の至情にあふれてからの所業」などではなく「たんなる儲け仕事」であったことは少し考えればわかるはずであった。そして、そのような会社が戦後情報局と手が切れて、掌をかえしたように文化国家の建設の啓蒙をやろうというのも、私費を投じた慈善事業であるわけがなかった。すべては「儲け仕事」だったのである。ところが「私」は容易に気づけるはずのそのような会社の本質を見抜くことができなかった（a）。そして、自らの夢をこめた看板広告の構想を練り、自信をもってそれを会議に提出したのであった（b）。「飛んでもない誤解」とは以上のような「私」の勘違いを表しているのであり、このような勘違いを犯す自らのうかつさや愚かしさ（＝「自分の間抜けさ」）を自覚した（c）ことで、「私」は「腹が立ってきた」のである。

以上より傍線部の理由は〈戦争中に情報局と手を組んで儲け仕事をしていた会社が戦後慈善事業で文化国家建設の啓蒙をやろうなどと考えるはずもないのに、そのような会社の本質に気付かず（a）、無邪気に自らの夢をこめた看板広告の構想を練り、自信をもってそれを会議に提出した（b）自分自身のうかつさや愚かしさを自覚した（c）から〉といったものになる。

したがって、以上の内容をとらえた⑤「戦時中に情報局と提携していた会社が純粋な慈善事業を行うはずもないことに思い至らず（a）、自分の理想や夢だけを詰め込んだ構想を誇りをもって提案した（b）自分の愚かさにようやく気づき始めた（c）から。」が正解である。

①は「給料をもらって飢えをしのぎたいという自らの欲望を優先させた」が誤りである。「私」は「飢えたる都市の人々」が「楽しく胸をはって生きてゆけるよう」にとの思いから構想を練ったのであって、「自らの欲望を優先させた」わけではない。したがって、「浅ましさが……嘆かわしく思えてきた」という後半の記述も適切ではない。

②は「会社が戦後に方針転換した」が誤りである。「私」がつとめる会社は戦中も戦後も一貫して「儲け仕事」を行っており、「方針転換」などしていない。また、「私」は「暴利をむさぼるような経営に……加担させられている」ことに腹を立てているのではなく、利益ばかりを追求する会社の本質に気づかなかった自分自身の愚かさに腹を立てているのである。

③は「会社が社員相互の啓発による競争を重視している」が誤りである。そのような内容を本文から読み取ることはできない。また、「戦後に営利を追求するようになった会社」という把握も正しくない。先にも確認したが、「私」がつとめる会社は戦中も「営利を追求」していた。さらに、「会長が……」以下もここでの「私」の心理からずれている。

④は「自分の安直な姿勢」が適切ではない。「安直」は〈深く考えずいい加減であるさま〉を意味するが、看板広告の構想を練った「私」はいい加減であったわけではない。少し考えればわかるような会社の本質に気づけないほどうかつだったのである。

問3　傍線部に至るまでの「私」の心情の動きを説明する設問。

傍線部C「自分でもおどろくほど邪険な口調で、老爺にこたえていた」に至るまでの「私」の心情の推移をとらえる。

編輯会議の日の夕方、職場の焼けビルを出た「私」は、腹を空かせ膝をふるわせながら行きつけの食堂に向かう途中で一人の老人から声をかけられる。老人は手を差し出し、声をぜいぜいふるわせながら、一食でいいからめぐんでくれと「私」に懇願してきたのであった。外套も着ておらず、顔はくろくよごれ、上衣の袖から出た手はぎょっとするほど細いその老人は、立っているのも精いっぱいといった様子であったが、彼の骨ばった指が「私」の外套の袖に絡んだとき、「私」は「ある苦痛」をしのびながらそれを振りはらった。明らかに飢えている老人を助けてあげられないことは心苦しいが、自らもまた満足に食べられているわけではなく、老人に食事をめぐんであげられる余裕など「私」にはなかったのである（a）。

ところが老人はなおも「私」にすがりつき上衣を抵当に入れてもかまわないから一食だけめぐんでくれと懇願し続ける（b）。頭を下げ続けるこの老人を前にするのは、「あたりに人眼がなければ……これ以上自分を苦しめて呉れるなと、老爺にむかって頭をさげ」たかもしれないと思うほどの〈良心にかかわる〉〈苦しみ〉であった。この苦しみに耐えかね、そこから逃れることを願った「私」はとうとう「駄目だよ。無いといったら無いよ。誰か他の人にでも頼みな」と厳しい口調で老人の願いを拒否し彼を追い払ってしまったのである（c）。

以上より傍線部に至るまでの「私」の「心の動き」をまとめると、〈明らかに飢えている老爺を助けてあげられない心苦しさを感じながらも、自らの余裕のなさから老爺の懇願を断った（a）が、なおも「私」にすがりつき執拗に懇願しつづける老爺を前にして（b）、この状況に向き合う苦しみに耐えられなくなり、思わず老爺につらく当たってしまっている（c）〉といったものになる。

したがって⑤「かろうじて立っている様子の老爺の懇願に応じること

のできない「私」は、苦痛を感じながら耐えていた（ａ）が、なおもすがりつく老爺の必死の態度に接し（ｂ）、彼に向き合うことから逃れたい衝動に駆られた（ｃ）。」が正解である。

①は、「老爺にいら立った」が誤りである。「私」は老人に対して「いら立った」から「邪険な口調」になったのではなく、（「苦痛をしのびながら」「頭を下げて願いたかった」などとあるように）老人と向き合う苦しみに耐えかね、この状況から逃れたいという思いから図らずも強い口調になってしまったのである。

②は、「自分へのいらだちを募らせた」が誤りである。後の「しきりに胸を熱くして来るものがあって……」以下で述べられているように、ここで「私」の胸に去来しているものは社会的なものまで含めた状況全体に対するやりきれなさであり、そうした思いから老人と向き合う苦しみに耐えられなくなり思わず「邪険な口調」で彼を追い払ったのであって、単に、「周りの視線を気にして」老人に「頭を下げ許しを乞」えない「自分へのいら立ちを募らせた」わけではない。

③は、「老爺に自分にはない厚かましさも感じた」が誤りである。これも「邪険な口調」の理由を老人へのいらだちや嫌悪感といったものに求めている点が本文と食い違っている。

④は、「老爺のしつこさに嫌悪感を覚えた」が誤りである。老人はたしかに執拗に懇願をつづけているが、「私」がそのことに「嫌悪感」を覚えている様子は読み取れない。繰り返しになるが、冷淡な口調で老人を追い払ったのは、「私」自身が助けてあげられない老人と向き合いつづけることの心苦しさに耐えられなくなったからである。

問４　傍線部における「私」の状況と心理を説明する設問。

傍線部**Ｄ**に「それを考えるだけで」とあるが、このとき「私」が考えていたのは「私をとりまくさまざまの構図」についてである。戦後の厳しい社会状況のなかでも、それなりに満たされた暮らしを送る者たちがいて、その一方で一食の物乞いに上衣を脱ごうとする老人のような貧しい者たちがいる。「私」はそのような社会の構図について考えていたのである（ａ）。

それから「私」は、その構図のなかで、朝から食物のことばかり妄想し、芋や柿をかすめている自分自身の姿について思う。紛れもなく貧しい者たちの側にあり、食物を得ることに汲々としている自らの惨めな姿を、「私」は意識するのである（ｂ）。

さらに、「私」はそのような日常がこのまま続いていくことで訪れるであろうおそろしい結末について考える。それは現在の生活の先に待ち受けている自身の将来であり、貧困と飢えが極まるなかで「私」が最終的に陥るであろう暗い未来である（ｃ）。

以上より「私」が「身ぶるいした」ときの「状況と心理」としては〈満たされた者がいる一方で極めて貧しい者が生み出されている社会の状況のなかで（ａ）、日々食物のことばかりにとらわれている貧しく惨めな自分の姿が意識され（ｂ）、現在の日常の先に待ち受けている自身の暗い未来を思い浮かべている（ｃ）〉といったものになる。

したがって、正解は①「貧富の差が如実に現れる周囲の人々の姿（ａ）から自らの貧しく惨めな姿も浮かび、食物への思いにとらわれていることを自覚した「私」（ｂ）は、農作物を盗むような生活の先にある自身の将来に思い至った（ｃ）。」となる。

②は、「自分は厳しい現実を直視できていないと認識した」が誤りである。むしろ「私」は自身の「厳しい現実を直視」したからこそ「身ぶるいした」のである。

③は、「老爺のように、その場しのぎの不器用な生き方しかできない我が身」が誤りである。ここでの「私」は食物のことばかり考えて盗みまではたらく自らの貧しさと惨めさを思い、将来に絶望しているのであって、自分自身を「老爺」に重ね「その場しのぎの不器用な生き方しかできない」と考えているわけではない。

④は、「会社に勤め始めて二十日以上経ってもその構造から抜け出せない自分」が誤りである。会社に勤め始めてからの日数を考えるのは傍線部の後であり、傍線部の時点でこのような思いがあったとは言えない。また、（やや細かい言い回しの問題になるが）「その構造」は富める者と貧しい者がいる社会の構造を指しており、「私」はここから抜け出すことを考えて

いるのではなく、その構造における貧しい人のなかから抜け出すことを考えているのである。

⑤は、「社会の動向を広く認識できていなかった自分」が誤りである。「私」がここで問題にしているのは「社会の動向を広く認識できていなかった」ことではなく、貧しさと飢えのなかで自分が迎える将来のおそろしさである。

問5 傍線部の「私」の発言について説明する設問。

傍線部**E**「食えないことは、やはり良くないことだと思うんです」という発言は、自身の給料が一日三円の日給であることを課長から告げられた「私」が、会社を辞める意思を伝える言葉に続けて口にしたものである。

自身の給料が月給ではなく日給であり、しかも一日三円の割りであるという事実を伝えられたとき「私」は大きな衝撃を受けた。課長は実力次第で昇給が望めること、「私」自身の働きは評価しており期待もしていることなどをささやいてきたが、「私」自身はこの三円が一枚の外食券の闇価と同じ、つまりたった一食分の金額であり、とても食っていくことのできない承服しがたい薄給であることなどをぼんやりと考えていた（**a**）。

そして、次第に身体中へと広がっていく「水のように静かな怒り」を感じながら「私」は会社を辞める決心をかため、「低い声で」、辞職の意思と傍線部に見られる食えないことへの思いを課長に向けて口にしたのである（**b**）。

「私」は給料さえもらえれば何でもやるつもりでいた。だからこそ自らの夢をこめた都市の構想を会長から批判され、その書き直しを命ぜられても、「私」はそれを引き受けたのである（傍線部**B**の次段落）（**c**）。しかし、その給料が現在の飢えをしのぐことのできないほどの薄給であるならば、もはや会社にとどまり働く意味はないということになる。食べていくことが何よりも大切なことであり、会社での仕事はそれを可能にするための手段なのだから。

以上より傍線部の発言の説明は〈「私」は食べていくための給料がもらえれば何でも引き受けて働いていくつもりでいた（**c**）が、自身の給料がそれさえ不可能な薄給であることを知らされて、自分が評価されており昇給を望めると言われても受け入れることができず（**a**）、静かな怒りを感じながら会社を辞めることと食べていくことへの思いを伝えている（**b**）〉といったものになる。

したがって①「満足に食べていくため不本意な業務も受け入れていた（**c**）が、あまりにも薄給であることに承服できず、将来的な待遇改善や今までの評価が問題ではなく（**a**）、現在の飢えを解消できないことが決め手となって退職することを淡々と伝えた（**b**）」が正解となる。

②は、「つい感情的に反論した」が誤りである。傍線部の言葉は「水のように静かな怒り」から「低い声で」発せられたものであり、「感情的に」述べられたものとは言えない。

③は、「ぞんざいな言い方しかできなかった」が誤りである。「ぞんざい」とは〈言動が乱暴であるさま、不躾なさま〉を意味するが、「低い声で」述べられた傍線部の発言はその言葉のあり方から見ても「ぞんざい」とは言えない。

④は、「課長に何を言っても正当な評価は得られないと感じて」が正しくない。傍線部の言葉はこのような思いからではなく、「食えない」ことへの思いから発せられている。また「ぶっきらぼうに述べた」も傍線部の言葉が発せられている様子に合わない。

⑤は、「有効な議論を展開するだけの余裕もないので」が正しくない。これも傍線部の言葉が「食えない」ことへの思いから発せられていることをとらえられていない。また「負け惜しみのような主張を絞り出す」も適切ではない。「食えないこと」は「良くないことだ」という傍線部の主張は「私」の素直な思いから発せられたものである。

問6 傍線部における「私」の心情を説明する設問。

傍線部**F**は、人並みの暮らしができる給料を得て、盗みをする必要もない静かな生活を送るという自らの望みが決して叶わぬ夢であることを悟ったことにより（**a**）、「私」の内部にほんのりとたちあがってきた感覚を表現している。

自身の薄給に絶望し、会社を辞めることを課長に告げた「私」は、辞職することで自分の将来がどうなるかとの危惧を抱いてはいる（b）。しかし、それはもはやどうにもならないことであり、自分の道は自分で切り開いてゆくほかなかった。会社勤めとは別の形で新しい生き方を作り出していかなければならないと考えた「私」は、食堂でみるきわめて貧しい人々の姿を思い起こす。彼らの生き方もまたこの貧困を生き抜くための一つの途であり、「私」自身も彼らのように何をしてでも生き抜いていかねばならなかった。傍線部において「私」の胸に「ほのぼのと」「のぼって」きた「ある勇気」とは、この新しい生き方を求めていくことへの強い意志といったものであろう（c）。

したがって④「人並みの暮らしができる給料を期待していたが、その願いが断たれたことで（a）現在の会社勤めを辞める決意をし、将来の生活に対する懸念はあるものの（b）新たな生き方を模索しようとする気力が湧き起こってきている（c）。」が正解である。

①は、「自由に生きよう」が誤りである。「私」は自分の道は自分で切りひらき、会社勤めとは異なる新しい生き方を作り出そうと考えている。このとき「私」が食堂でみる人々を思い浮かべていることを考えれば、その生き方とは必ずしも「自由」なものではない。

②は、「課長に言われた言葉を思い出すことにより、自分がすべきことをイメージできるようになり」が誤りである。「新しい生き方」のイメージは、「課長に言われた言葉」ではなく、食堂でみる人々を思い浮かべたことから得られたものである。また、「ある勇気」とは新しい生き方へと向かう強い気持ちといったものであり、これは「自信」とは異なる。

③は、「昇給の可能性もあるとの上司の言葉はありがたかった」が誤りである。課長からそのように言われたときの「私」は、自身の日給が一枚の外食券の闇価と同じであることをぼんやりと考えており、その言葉を「ありがた」いと感じている様子はうかがえない。

⑤は、「課長が自分に期待していた事実があることに自信を得て」が誤りである。傍線部の前に「私」が課長の「君にはほんとに期待していたのだがなあ」という言葉をまったく問題にしていない様子が描かれている。課長からの「期待」に「自信を得て」いたということはない。

問7〈生徒の学習の場面〉を想定し、「私」の「飢え」について考察し、**【構想メモ】**を作り、**【文章】**を書くという〈設定〉で、本文から導きうる発展的な考えを答える設問。

(i) **【資料】**の「マツダランプの広告」と本文の「焼けビル」に見られる共通点をとらえる設問。

直前の記述から空欄Ⅰには**【資料】**の「マツダランプの広告」と「飢えの季節」本文の最後にある「焼けビル」との共通点が入ると判断できる。また、空欄Ⅰの直後で言われているように、この共通点は「本文の会長の仕事のやり方」にも重なるものである。

【資料】の「マツダランプの広告」は「電球を大切に！」と訴えており、**【文章】**でも言われているように「戦後も物資が不足している社会状況を表している」。**【資料】**の「補足」の箇所でも、これが戦時中の広告を、「戦後も物が不足していたため」、若干の改変を加えたうえで使用し続けたものであることが言われている。また、「飢えの季節」本文の最後にある「焼けビル」は、注3で言われているように「戦災で焼け残ったビル」である。両者の共通点としては、戦時中に存在したものが戦後になってもなお残っていることが挙げられる。これは表向きの態度とは裏腹に戦中も戦後もたんなる儲け仕事を行なっている「会長の仕事のやり方」にも重なるものである。

したがって、正解はこの点をとらえた③ということになる。

①は、「軍事的圧力の影響が……残っている」と述べている点が誤りである。少なくとも「焼けビル」や戦後の「会長の仕事のやり方」に「軍事的圧力の影響」を見ることはできない。

②は、「倹約の精神が……保たれている」が誤りである。これも「マツダランプの広告」にはあっても「焼けビル」には見いだすことはできない性質である。また、儲け仕事をし続けていた「会長の仕事のやり方」として「倹約の精神」を持ち出すこともおかしい。

④は、「国家貢献を重視する方針が……支持されている」が誤りである。

「焼けビル」の存在にそのようなものを見いだすことはできないし、何よりも「会長の仕事のやり方」はこれとは正反対のものである。戦時下において会長は「国家貢献」を装いながら、儲け仕事をしていたのである。

(ii) **【資料】**を参考に本文の「焼けビル」が象徴するものをとらえる設問。

空欄Ⅱには、「かなしくそそり立っていた」「焼けビル」が、「私」の「飢え」についてどのような象徴となっているかを示す表現が入る。

(i)でも確認したように「焼けビル」は戦中から戦後にかけて変わらず存在し続けるものとして描かれている。「焼けビル」の中にある「私」が勤めていた会社は「私」の「飢え」を解消することのできないものであったのだから、このビルが「かなしくそそり立っていた」ことは「私」の「飢え」が解消されず続いていることの象徴であると言える。したがって、正解はこの点をとらえた②ということになる。

①は、「会社の象徴」が適切ではない。この**【文章】**は**【資料】**を参考にまとめられたものであるが、「焼けビル」をたんに「会社の象徴」と見てしまうと、戦中から戦後まで継続して存在しているものという(i)でとらえた**【資料】**との共通点を無視することになり、**【資料】**を参考にして考えたことにならない。

③は、「飢えた生活や不本意な仕事との決別の象徴」が誤りである。「焼けビル」を「決別の象徴」と見てしまっては、(i)でとらえた戦中から戦後までの継続という内容と矛盾することになる。

④は、「飢えから脱却する」が誤りである。これも③と同様、戦中から戦後までの継続という内容に矛盾することになる。

第3問

〈出典〉

【本文】『俊頼髄脳』歌と故事

『俊頼髄脳』『散木奇歌集』の作者は、共に源俊頼《としより》（一〇五五〜一一二九）である。俊頼は、平安時代後期の活躍した歌人の一人で、当時の革新派の中心人物として名を馳せた。五番目の勅撰和歌集である『金葉和歌集』の撰者である。

『俊頼髄脳』は、関白藤原忠実（当時、中納言）の依頼で、その娘の勲子（後に鳥羽上皇の皇后宮として入内するに際して泰子と改名した）の和歌の教育のために書かれた歌論。天永二年（一一一一）〜永久三年（一一一五）の頃に成立。作歌のための実用的な手引き書として、和歌の効用・秀歌の例・和歌の技法・歌語とその表現についての記述・和歌にまつわる説話・伝承からなる。本文の皇后寛子の船遊びの話は、最後の和歌にまつわる説話・伝承に載せられている。

【引用文】『散木奇歌集』巻十

『散木奇歌集』は、源俊頼の私家集。十巻。俊頼晩年の一一二八年に成立した。『金葉和歌集』撰進の後に、自身の歌のうち一六二二首を集大成した。

〈現代語訳〉

【本文】

宮司（皇后に仕える役人）たちが集まって、船はどうするのがよいか（と相談し）、紅葉をたくさん取りに行かせて、船の屋根に飾って、船を操作する人は（警護の）侍の若い人を指名したので、（指名された侍は）狩袴を染めたりして急いで華やかに（準備）した。その日になって、人々は、みな参上し集まった。「御船は準備はしているか」とお尋ねになったところ、（宮司は）「みな用意ができております」と申し上げて、その時間になって、庭の池の築島の陰から船が漕ぎ出してきたのを見ると、全てにわたって、照り輝く（ように磨きに磨いた）船を二艘、飾り立てて出てきた様子は、非常にすばらしかった。

人々（宴に参加する公卿・殿上人）は、みな船に分乗して、管絃の楽器などを、皇后宮からお借りして、楽器の演奏をする人々を、（船の）前の方に座らせて、徐々に船を動かすうちに、南の普賢堂で、宇治の僧正が、僧都の君と申しあげていた時に、御修法をしていらっしゃったけれども、このようなことがあると言って、たくさんの僧たち、長老格の僧も、若い僧も集まって、庭に並んで座っていた。童やお供の法師に至るまで、花模様の刺繍をした装束を着て、後ろに控えつつ、群がって座っていた。

その中に、良暹といった歌詠みがいたのを、殿上人たちが、顔見知りなので、「良暹はいますか」とお尋ねになると、良暹は、目を細めて笑って、平伏して控えていたので、その側に若い僧がいましたが、（その僧が良暹がいるのを）知り、「その通りでございます」と申し上げたので、（殿上人たちは）「あの者を、船に呼んで乗せて連歌などをさせるようなことがあれば、（それは）どうだろうか」と、もう一艘の船の人々に相談したところ、（もう一艘の殿上人たちは）「どうだろうか。あってはならない。後世の人が、『そのようなことをしなくても（＝良暹のような身分の低い者をこの船に乗せなくても）きっと十分なはずであったことだなあ』と申すだろうか」などと言うので、それもそうだと、乗せないで、ただその場で連歌などをさせたらよいなどと決めて、（良暹の）近くに（船を）漕ぎ寄せて、「良暹よ、（この場にふさわしいような連歌などを作って献上せよ」と、人々が申されたところ、（良暹は）気の利いた者で、もしかするとそういう事もあるかと思って準備していたのだろうか、（良暹は）聞くやいなや側にいた僧に何か言ったので、その僧は、もったいぶって船の方に近づいていって、

「もみぢ葉の……紅葉が燃えるように色づく中を、（人々に）漕ぎ進められているのが、見える（美しい）御船だなあ

と申しております」と申しあげて（もとの場所に）戻った。

人々は、これを聞いて、船の人々に聞かせて、句を付けようとしたが（付句ができず）遅かったので、船を漕ぐともなくて、ゆっくりと築島をまわって、一回りする間に、句を付けて言おうとしたけれども、付けることができなかったので、むなしく時が過ぎてしまった。「どうした」「遅い」と、互いに船同士で争って、（築島を）二回りになってしまった。やはり、付けることができなかったので、（殿上人たちは）、船を漕がないで、築島の陰で、「どう考えてもよくないことだ。この付句を今まで付けないのは。日はすっかり暮れてしまった。どうしたらよいだろうか」と、今は、句を付けようという気持ちはなくて、句を付けないまま終わってしまうようなことを嘆く間に、何も分からなくなってしまった。

大げさに管絃の楽器をお借りして降ろして船に乗せたのも、少しも、かき鳴らす人もなくそのままになってしまった。あれこれ言っている間に、普賢堂の前にたくさん集まっていた人々も、みな立ち去ってしまった。人々は、船からおりて、皇后宮の御前で管弦の遊びをしようなどと思っていたけれど、このことが（予定と）違ってしまったので、みな逃げてそれぞれ立ち去ってしまった。宮司は、準備を整えていたけれども、無駄になって終わってしまった。

【引用文】

人々がたくさん石清水八幡宮の御神楽に参上していた時に、行事が終わった次の日、石清水八幡宮の長官の法印光清の御堂の池の釣殿に人々が並んで座って演奏していたところ、「私光清は、連歌を作ることを習得したと思われる。ただ今連歌を付けてみたい」などと申して座っていたときに、型どおりにと言って申し上げた（俊重の歌は）、

釣殿の……釣殿の下には魚は住まないだろうか　俊重

光清はしきりに考えたけれど、句を付けることができずそのまま終わってしまったことなどを、（俊重が）帰ってきて（私に）語ったので、試みにと言って（私が作った歌は）、

うつばりの……釣殿の屋根の重みを支えるための梁ではないが、釣針の姿が水底には見えているよ　俊頼

〈設問解説〉

問1　語句を解釈する問題。

(ア)　正解は③。「やうやう」は、物事が少しずつ移り変わる様子を表し、「しだいに」「だんだん」などと訳す。「やうやう」の意味と合致する選択肢は、③「徐々に」、④「次第に」、⑤「段々と」の三つである。「さしまはす」は、小型の辞書には載っていない単語だが、似ている言葉である

「棹《さお》さす」（船を進めるために、棹で水底を突く）という言葉が浮かべば、正解は③「徐々に船を動かすうちに」であることが分かる。「棹さす」が浮かばなくても、（注）２の「船さし」に「船を操作する人」とあるのがヒントになる。誤答としては⑤が多かったようだが、「さしまはす」に「演奏」するという意味はない。

(イ)　正解は④。「ことごとし」は基本単語。「ことごとし」は、他と比較して特に強く印象付けられる様子を表し、「大げさだ」「ものものしい」などと訳す。選択肢の中で「ことごとし」の意味と合致するのは、④の「もったいぶって」のみである。

(ウ)　正解は②。現代語の知識を利用しつつ広げる問題。二〇二一年度第一日程・二〇二二年度本試験でもこのタイプの問題は一問ずつ出題されている。「かへすがへす」には、同じ行動を何度も行う様子を表して「繰り返し繰り返し」と訳す時と、何度考えても同じ結果になる様子を表して「どう考えても」と訳す時がある。この「かへすがへす」の意味と合致する選択肢は①「繰り返すのも」と②「どう考えても」であるが、「わろきことなり、これを今まで付けぬは（＝よくないことだ。この付句を、今まで付けないのは）」につなげて文意が通るのは②である。つまり、即座に連歌の付句を返せなかったのは、「何度考えてもよくないことだ」と言っているのである。ちなみに①を当てはめると、「繰り返すのもよくないことだ」となり、これでは何を繰り返すのかが不明瞭であるから、不適切である。誤答としては①が多かった。

問２　語句や表現に関する説明の問題

二〇二三年度の語句・表現に関する問題と二〇二一年度第一日程・二〇二二年度本試験の語句・表現に関する問題とを比較すると、二〇二二年度までは、単に文法の内容を問うのではなく、登場人物の人物関係・心情などに踏み込んだ難度の高い問題であったのに対して、二〇二三年度の問題は、問題の趣旨としては同じであるが、選択肢の内容は文法中心となっており、難度は易化した。

正解は③。波線部ｃは「……にや」というかたちになっている。「……にや」「……にか」「…や…けむ」「…か…けむ」というかたちで疑問の係助詞「や」「か」が用いられた句が文中に挿入された場合（これを「挿入句」や「はさみこみ」と言う）、「……だろうか」「……ただろうか」と訳して、この句の下の部分の原因・理由についての、作者の疑問・推測が示される。波線部ｃの場合、「まうけたりけるにや」は、良暹が「聞きけるままに程もなくかたはらの僧にものを言ひければ（聞くやいなや隣にいた僧に連歌の前の句を言ったので）」とあることに対して、その原因・理由についての作者の推測を「準備していたのだろうか」というかたちで示しているのである。③の選択肢を見ると、「や」が疑問の係助詞であるという説明は正しいし、「文中に作者の想像を挟み込んだ表現になっている」という説明も正しい。

その他の選択肢を見ていく。①「若からむ」は、これを品詞に分けると、「若から・む」となり、「若か・らむ」ではない。「若から」は形容詞の未然形であり、「む」は未然形接続の助動詞である。「現在推量」は「らむ」の用法であり、「む」には「現在推量」の用法はない。ここの「む」の用法は婉曲である。

②「侍り」が丁寧語であることは合っているが、敬意の方向が間違っている。会話文の中の丁寧語は、話し手から聞き手に対する敬意を表すので、ここの「侍り」の敬意の方向は、若き僧から返事をした相手である殿上人となる。

④「ぬ」が強意の助動詞であるとしているのが誤り。「これを今まで付けぬは」は、前の「かへすがへすわろきことなり」と倒置になっており、「これを今まで付けぬは」は「かへすがへすわろきことなり」の主語（主部）となっている。つまり、「この付句を今まで付けないのは、どう考えてもよくないことだ」という続き方が本来の語順であり、それが強調のために倒置になっている。倒置であることを考慮すると、「今まで付けぬは」の「ぬ」と「は」との間に「こと」「の」などの語を補って、体言と同じ役割を持つものとして解釈しなければならないことが分かる。このような活用語の連体形は体言と同じ役割を持つ場合があり、それは準体法と呼ばれる。助動詞で「ぬ」という活用形を持つ語は、打消の助動詞

「ず」の連体形と完了・強意の助動詞「ぬ」の終止形の二つである。ここの「ぬ」は連体形であるので、打消であると理解される。

⑤「なり」が推定の助動詞であるとしているのが誤り。伝聞推定の助動詞「なり」は終止形接続であるが、打消の助動詞「ず」の終止形と接続して「ずなり」というかたちでは現れない。伝聞推定「なり」は、形容詞ならば「白かるなり」、「ず」ならば「ざるなり」というように、補助活用に接続する。補助活用は「く＋あり」「ず＋あり」から成立したラ変型の活用で、形容詞の「から／かり／○／かる／○／かれ」、打消の助動詞「ず」の「ざら／ざり／○／ざる／ざれ／ざれ」がある。補助活用は助動詞と直接つなぐために発達した活用なので、形容詞や打消の助動詞「ず」が伝聞推定の助動詞「なり」のような終止形接続の助動詞と接続する場合（終止形接続の助動詞は、ラ変型の語の場合、連体形に接続する）、ラ変型の補助活用の連体形と接続することになる。では、「ずなり」の「なり」は何かというと、「ず」は終止形ではなく連用形であり、「なり」は連用形につながるので用言ということになる。つまり、「なり」はラ行四段活用の動詞「成る」の連用形であり、波線部e「覚えずなりぬ」の現代語訳は「分からなくなってしまった」となる。

問3 部分を読んで正誤を確認する問題

段落に番号を付けて範囲を限定し、その範囲の内容の正誤を判断させる型式の問題は、二〇二二年度の追試験でも出題されている。いままでの古文の正誤問題は全体を通して読ませるものが多かったが、範囲を限定することによって解きやすくなった。

正解は⑤。以下、選択肢の順番に従って、正誤を確認する。

①は「当日になってようやく」が誤り。本文の第1段落二行目の「その日になりて」は「船遊びの当日になって」の意味であるから、一行目～二行目の船の準備の記述は当日より前の出来事ということになる。

②は「船遊びの時間が迫ってきたので、祈禱を中止し、供の法師たちを庭に呼び集めた」が誤り。本文の第2段落二行目～三行目の「南の普賢堂に、宇治の僧正、僧都の君と申しける時、御修法しておはしけるに、かかること（船遊び）ありとて、もろもろの僧たち、大人、若き、集まりて、庭にゐなみたり」が対応箇所となるが、「船遊びの時間が迫ってきたので、祈禱を中止し」た訳でもないし、「供の法師たちを庭に呼び集め」た訳でもない。宇治の僧正が祈禱を中止したとは本文の記述に見えないし、「もろもろの僧たち、大人、若き」は「集まりて」とあるのみで、僧正に呼び集められたわけではない。

③は、「良暹は、身分が低いため船に乗ることを辞退したが」が誤り。本文の第3段落の二行目～四行目の「『あれ、船に召して乗せて連歌などせさせむは、いかがあるべき』と、いま一つの船の人々に申しあはせければ、『いかが。あるべからず。…（略）…』などありければ、さもあることとて、乗せずして」が対応箇所となるが、この内容をまとめると、殿上人たちが良暹を船に乗せるか協議して、そこまでする必要はないとして、良暹を船に乗せなかったというものである。良暹は自ら辞退したのではなく、殿上人たちに船に乗るのを拒否されたのである。

④は、「管弦や和歌の催しだけでは後で批判されるだろう」が誤り。対応箇所は③の解説で（略）とした「後の人や、さらでもありぬべかりけることかなとや申さむ」である。この部分を理解するには、「さらでも」の指示内容を正確に把握する必要がある。「さらでもありぬべかりけることかな」の直訳は、「そのようなことをしなくてもきっと十分なはずであったことだなあ」となる。「さらでも」の指示内容は、「あれ、船に召して連歌などせさせむは、いかがあるべき（あの者を、船に呼んで乗せて連歌などをさせるようなことがあれば、どうだろうか）」という質問に対する答えであることを考えると、「良暹のような身分の低い者をこの船に乗せなくても」という内容となることが分かる。殿上人たちが後で批判されるだろうと考えた理由は「管弦や和歌の催しだけでは」ではない。

⑤の対応箇所は、本文の第3段落の一行目～二行目の「殿上人、見知りてあれば、『良暹がさぶらふか』と問ひければ、良暹、目もなく笑みて、平がりてさぶらひければ、かたはらに若き僧の侍りけるが知り、『さに侍り』と申しければ」である。「良暹のそばにいた若い僧」は「かたはらに若き僧の侍りける」に対応する。「殿上人たちが声をかけてきた際」は

「殿上人、見知りてあれば、『良暹がさぶらふか』と問ひければ」に対応する。「かしこまる良暹」は「良暹、目もなく笑みて、平がりてさぶらひければ」に対応する。「かたはらに若き僧の侍りけるが知り、『さに侍り』と申しければ、」とあるように、「代わって答えた」のは若い僧である。以上のことから、⑤が本文と合致する選択肢であると判断できる。

問4　複数のテクストを比較・評価する問題

　二〇二二年度の本試験の問4と同じく、三つの枝問に分かれている。枝問を出題するに当たり、教師と生徒との対話をヒントとして提示しているのも、二〇二二年度と同じ。さらに、問4の選択肢がいずれも四択となっているのも、二〇二二年度と同じである。複数のテクストを提示しつつさらに教師と生徒との対話を提示することにより、読まなければならない字数が増えて、受験生の負担が大きくなることを考慮して、選択肢は四択となったのだろう。

(i)

　正解は④。引用文中の連歌の解釈について考えさせる問題。俊重の「釣殿の下には魚やすまざらむ」の句についての各選択肢の訳を見てみると、①「皆が釣りすぎたせいで釣殿から魚の姿が消えてしまった」、②「釣殿の下にいる魚は心を休めることもできないだろうか」、③「『すむ』に『澄む』を掛けて、水は澄みきっているのに魚の姿は見えない」、④「釣殿の下には魚が住んでいないのだろうか」というように、①③が平叙文、②④が疑問文となっていることに気付く。「魚やすまざらむ」の「や」は疑問・反語の係助詞なので、文末は「……か」とあるのがふさわしい。よって、まず選択肢は②④のいずれかに絞られる。ここで俊重の句に戻ると、その直訳は「釣殿の下には魚は住まないだろうか」となり、正解は④であることが分かる。俊重は、「釣殿」という言葉に注目して、釣殿で魚は皆釣られてしまうのだから、その下には魚は住めないだろうと光清に向かっておどけた調子で歌いかけたのである。

　光清が俊重の句に付けられなかったので、俊頼が試みに付けたのが「うつばりの影そこに見えつつ」である。すでに正解は④であることは明らかであるが、正解であることを確認するために俊頼の句の内容を見ていく。「うつばり」は注に「屋根の重みを支えるための梁」とあるように、釣殿の建物の一部であるが、俊重の句が「釣」「魚」に言及していることに答えるため、「釣針」と掛詞になっている。「そこ」は底で、水底の意で用いられている。つまり、ここでは「釣殿の屋根の重みを支えるための梁ではないが、釣針の姿が水底には見えているよ」というように、釣針が映っているから魚は怖がって住めないだろうと答えている。この内容は、④の「釣殿の『うつばり』に『針』の意味を掛けて、池の水底には釣殿の梁ならぬ釣針が映って見えるからね」と合致している。

(ii)

　正解は①。(i)を踏まえて、今度は本文の良暹の句の解釈について考えさせる問題。ここでは、教師と生徒との対話の空欄 X の二行前の教師の発言「前に授業で取り上げた『掛詞』に注目してみると良いですよ」がヒントになる。設問(i)の『散木奇歌集』の連歌も掛詞が解釈のポイントになっていた。(ii)で問われている「もみぢ葉のこがれて見ゆる御船かな」の句の解釈もポイントは掛詞となる。(ii)で掛詞に言及している選択肢は、①の「『こがれて』には、葉が色づくという意味の『焦がれて』と船が漕がれるという意味の『漕がれて』が掛けられていて」以外にない。「焦がれて」「漕がれて」の掛詞の説明も正しい。「焦がれて」に葉が色づくという意味が掛けられているというのを難しく感じた受験生もいたかも知れないが、教師の発言をヒントとして、掛詞が解釈のポイントであることに気付けば難しくないだろう。

(iii)

　第4・第5段落の内容を考えさせる問題。部分を読んで正誤を確認する問題という点では問3と同じ主旨の問題であるが、問4(iii)は本文全体のまとめとなっている。正解は③。以下、選択肢の順番に従って、正誤を確認する。

　①は、「良暹を指名した責任について殿上人たちの間で言い争いが始まり」が誤り。第4段落の二行目～三行目の「『いかに』『遅し』と、たがひに船々あらそひて、二めぐりになりにけり」が対応箇所である。殿上人たちが言い争っていた理由は、「いかに」「遅し」とあることから、誰もよい句を付けられなかったからであって、良暹を指名した責任について言い争っていたわけではない。

②は、「自身の無能さを自覚させられ、これでは寛子のための催しを取り仕切ることも不可能だと悟り」が誤り。第4段落の四行目～五行目の「付けでやみなむことを嘆く程に、何事も覚えずなりぬ」が対応箇所である。殿上人たちはよい句が思いつかないことを嘆く間に、「何事も覚えずなりぬ」という状態となったのであるが、これは呆然としてどうしたらよいか分からなくなったことを言っている。「自身の無能さを自覚させられ」ではない。また、「これでは寛子のための催しを取り仕切ることも不可能だと悟り」については、本文に記述はない。

③の対応箇所は、「良暹の句にその場ですぐに句を付けることができず、時間が経っても池の周りを廻るばかりで」は、第4段落の一行目～三行目の「付けむとしけるが遅かりければ」「一めぐりの程に、付けて言はむとしけるに、え付けざりければ、むなしく過ぎにけり」「二めぐりになりにけり。なほ、え付けざりければ」である。連歌の付句や贈答歌の返事は即座に返すのが礼儀であり、例えどんなにいい句・歌であっても、返事が遅れれば台無しなのである。「ついにはこの催しの雰囲気をしらけさせたまま帰り、宴を台無しにしてしまった」は、第5段落の二行目～三行目の「人々、船よりおりて、御前にて遊ばむなど思ひければ、このことにたがひて、皆逃げておのおの失せにけり」と合致している。以上のことから、③が本文と合致する選択肢であると判断できる。

④は、「殿上人たちは念入りに船遊びの準備をしていた」「連歌を始めたせいで予定の時間を大幅に超過し」「せっかくの宴も殿上人たちの反省の場となった」がいずれも誤り。第1段落の冒頭にあるように、船遊びの準備をしたのは「宮司」たちである。また、③の選択肢の解説で述べたように、時間が超過したのは殿上人たちが良暹の句に対してうまく句を付けられなかったからであり、連歌を始めたからではない。最後に、宴が殿上人たちの反省の場となったという点については、そもそも本文にはそのような内容の記述はない。

第4問

〈出典〉 白居易『白氏文集』

白居易（七七二～八四六）は中唐の詩人。字《あざな》の楽天でも知られる。平易でのびのびとした詩風で広く愛唱され、日本の平安朝文学にも影響を与えた。『白氏文集』はその詩文集で、問題文は科挙（高級官僚の登用試験）において想定される皇帝の下問とそれに対する回答を七十五条にわたって自作した、「策林」と題される文章の一条である。

※二〇一七年・二〇一八年の共通テスト試行調査（プレテスト）以来、二〇二一年度・二〇二二年度、いずれも、複数の素材の組合せによって問題文が構成されており、今後も共通テストの漢文においてはこの形での出題が頻出することが予想できる。二つの素材の関連を意識して読解する練習をしよう。

〈問題文の解説〉

科挙（高級官僚の登用試験）受験のために白居易が自作した**【予想問題】**とその**【模擬答案】**の組合せ。君主と賢者が巡り会えないのはなぜで、その対策はどうすればよいかという問いに対して、朝廷と賢者の間が隔たっているのが原因であり、賢者同士の繋がりを利用して登用すればよいと答えている。

〈読み方〉（音読みはカタカナ・現代仮名遣いで、訓読みはひらがな・歴史的仮名遣いで示す）

【予想問題】

問《と》ふ、古《いにしへ》より以来《イライ》、君《きみ》たる者《もの》其《そ》の賢《ケン》を求《もと》むるを思《おも》はざるは無《な》く、賢《ケン》なる者《もの》其《そ》の用《ヨウ》を効《いた》すを思《おも》はざるは罔《な》し。然《しか》れども両《ふた》つながら相遇《あひあ》はざるは、其《そ》の故《ゆゑ》は何《なん》ぞや。今之《いまこれ》を求《もと》めんと欲《ほっ》するに、其《そ》の術《ジュツ》は安《いづ》くに在《あ》りや。

【模擬答案】

臣《シン》聞《き》く、人君《ジンクン》たる者《もの》其《そ》の賢《ケン》を求《もと》むるを思《おも》はざるは無《な》く、人臣《ジンシン》たる者《もの》其《そ》の用《ヨウ》を効《いた》すを思《おも》はざるは無《な》しと。然《しか》り而《しか》して君《きみ》は賢《ケン》を求《もと》めんとして得《え》ず、臣《シン》は用《ヨウ》を効《いた》さんとして由無《よしな》きは、豈《あ》に貴賤《キセン》相懸《あひへだ》たり、朝野《チョウヤ》相隔《あひへだ》たり、堂《ドウ》は千里《センリ》よりも遠《とほ》く、門《モン》は九重《キュウチョウ》よりも深《ふか》きを以《もっ》てならずや。
臣《シン》以為《おも》へらく、賢《ケン》を求《もと》むるに術《ジュツ》有《あ》り、賢《ケン》を弁《ベン》ずるに方《ホウ》有《あ》り。方術《ホウジュツ》は、各《おのおの》其《そ》の族類《ゾクルイ》を審《つまび》らかにし、之《これ》をして推薦《スイセン》せしむるのみ。近《ちか》く諸《これ》を喩《たと》へに取《と》れば、其《そ》れ猶《な》ほ線《いと》と矢《や》とのごときなり。線《いと》は針《はり》に因《よ》りて入《い》り、矢《や》は弦《ゲン》を待《ま》ちて発《ハッ》す。線矢《センシ》有《あ》りと雖《いへど》も、苟《いやし》くも針弦《シンゲン》無《な》くんば、自《みづか》ら致《いた》すを求《もと》むるも、得《う》べからざるなり。夫《そ》れ必《かなら》ず族類《ゾクルイ》を以《もっ》てするは、蓋《けだ》し賢愚《ケング》貫《つらぬ》くこと有《あ》り、善悪《ゼンアク》倫《ともがら》有《あ》り、若《も》し類《ルイ》を以《もっ》て求《もと》むれば、必《かなら》ず類《ルイ》を以《もっ》て至《いた》ればなり。此《こ》れ亦《ま》た猶《な》ほ水《みづ》の湿《シツ》に流《なが》れ、火《ひ》の燥《ソウ》に就《つ》くがごとく、自然《シゼン》の理《リ》なり。

〈現代語訳〉

【予想問題】

問う、いにしえ以来、君主にその（助けとなる）賢者を求めることを考えない者はおらず、賢者にその力を尽くすことを考えない者はいない。ところが両者が巡り会えないのは、その理由は何か。今賢者を求めようとするなら、その方法はどこにあるのか。

【模擬答案】

わたくしは、君主にその賢者を求めることを考えない者はおらず、臣下にその力を尽くすことを考えない者はいないと聞いております。しかしながら君主は賢者を求めても得られず、臣下は力を尽くそうとしてもすべがないというのは、（君主と賢者の）貴賤が隔たり、朝廷と民間とが隔たり、朝廷は千里の彼方より遠く、王城の門は九重の奥より深いからではありますまいか。

わたくしが考えますに、賢者を求めるのには手段があり、賢者を弁別するのには方法があります。その方法と手段はそれぞれその同類を明らかにして、彼らに推薦させることです。卑近なものにたとえれば、糸と矢のようなものです。糸は針によって布に入り、矢は弓弦があって発射されます。たとえ糸と矢があっても、もし針と弓弦がなかったならば、みずから力を尽くしたいと思っても、できはしないのです。そもそも必ず同類によって（求めたり弁別したり）するというのは、思うに賢者と愚者とに（それぞれ）繋がりがあり、善人と悪人とに（それぞれ）同類があり、同類によって求めたならば必ず同類によってやってくるからです。これまた水は湿ったところに流れ、火は乾燥したところにつくようなもので、自然の道理なのです。

〈設問解説〉

問1 語句と文字の意味の設問

(ア) 「**無レ由**」は以下から返読して「〜によしなし」と読み、「〜するすべがない」の意を表す。

(イ) 「**以為**」は以下から返読して「もって〜となす」と読むことが多く、「〜にする」「〜だと思う」の意を表す。「〜だと思う」の意である場合には返読せず「おもへらく〜と」と読む場合がある。波線部はこの働きで、「考えるに」とある選択肢①が正解。

(ウ) 「弁」は動詞として「区別する（弁別）」「述べる（弁論）」などの意を表す。波線部では「賢者を弁別する」の意だと判断できる。設問に「ここでの意味」とあるように文字の文脈における意味が問われている。波線部の前後に目を配ろう。

なお、常用漢字の「弁」は、第二次大戦後の文字改革において、いずれも「ベン」と音読みする「弁（かんむり）」「辨（区別する）」「辯（述べる）」「瓣（花びら）」がまとめられたものである。

問2 解釈の設問

傍線部の「君者無レ不レ思レ求二其賢一」と「賢者罔レ不レ思レ効二其用一」は同形が繰り返される対句的表現。「無（莫・罔）不〜」は「〜ざるはなし」と読み、「〜しないものはいない」「みんな〜する」の意を表す慣用表現で、「君主はみな賢者を求めることを思う」「賢者はみな自分の用途を尽くすことを思う」の意であることがわかる。よって、「君主は賢者を登用しようと思っており、賢者は君主の役に立ちたいと思っている」とある選択肢③が正解。

※近年のセンター試験以来、対句や対比をなす部分が好んで設問に使われている。傍線部やその前後の対句・対比に注意しよう。

問3　書き下しの設問

「**豈不～**」は「**あに～ざらんや**」と読み、「～でないことなどない」の意を表し、「**あに～ずや**」と読み、「なんと～ではないか」「～ではなかろうか」の意を表す。「あに～ざらんや」と読んでいる選択肢はないので、「あに～ずや」と読んでいる選択肢④⑤が正解の候補となる。さらに傍線部を確認すると、ここにも「貴賤相懸」と「朝野相隔」、「堂遠於千里」と「門深於九重」という二つの対句的表現が含まれていることに気付く。対句は一つの塊をなし、上から文字が掛かる場合にはその双方に掛かる。よって「堂は千里よりも遠きを以て」と対句の途中で「以」に返読している、つまりここまでしか「以」が掛かっていない④は誤り。「門は九重よりも深きを以て」と最後まで「以」が掛かっている⑤が正解だと判断できる。念のために選択肢を解釈すると、「(君主と賢者の)貴賤が隔たり、朝廷と民間とが隔たり、朝廷は千里の彼方より遠く、王城の門は九重の奥より深いからではありますまいか」となって、文脈上意味が通ることを確認しておこう。

問4　比喩の設問

傍線部の後を確認すると、「線因レ針而入、矢待レ弦而発。雖レ有二線矢一、苟無二針弦一求二自致一焉、不レ可レ得也」と、糸と矢の働きには針と弓弦が不可欠であることを述べている。よって、「単独では力を発揮しようとしても発揮できない」とある選択肢①が正解。

問5　空欄充塡の設問

傍線部の前を確認すると、「賢愚有レ貫、善悪有レ倫」と、ここでも対句的な表現によって、賢者と愚者・善人と悪人、それぞれ仲間がいることが述べられ、傍線部の直前には「若以レ類求(もしも同類によって求めたならば)」とある。傍線部「X以類至」は同形がくり返されており、「同類によってやってくる」という大意であると判断できるので、「必」とある選択肢③が正解だと判断できる。

問6　解釈の設問

傍線部の直前に「猶二水流レ湿、火就レ燥」とあって、ここでも比喩が使われている。「まるで水が湿気に流れ、火が乾燥に近づくようだ」ということだから、傍線部は「同類が引きつけ合うのが自然の道理だ」という意味であることがわかる。選択肢④が正解である。

問7　二つの問題文の内容に関する設問

【予想問題】で問われているのは、「両不二相遇一、其故何哉。今欲レ求レ之、其術安在」とあって、君主と賢者が出会えない理由と賢者を求める方法であることがわかる。これに対する**【模擬答案】**の答えは、君主と賢者が出会えないことについて、**問3**の解説で確認したように、両者が遠く隔てられているからであると述べ、賢者を求めるには、**問5・6**の解説で確認したように、同類は引きつけ合うものなので、賢者の同類同士の繋がりを利用すればよいと述べている。これらを正しく表現しているのは選択肢④である。

他の選択肢を確認すると、①は「君主が賢者を採用する機会が少ない」が誤り。「採用試験をより多く実施」も誤り。②は「君主と賢者の心が離れている」が誤り。「君主の考えを広く伝え」も誤り。③は「君主が人材を見分けられない」が誤り。「賢者が党派に加わらず、自分の信念を貫いて」も誤り。⑤は「君主が賢者を受け入れない」が誤り。「王城の門を開放」云々も誤り。

2022年度

大学入学共通テスト 本試験

解答・解説

■ 2022 年度大学入学共通テスト本試験「国語」得点別偏差値表
下記の表は大学入試センター公表の平均点と標準偏差をもとに作成したものです。

平均点 110.26　標準偏差 31.94　受験者数 460,967

得　点	偏差値	得　点	偏差値	得　点	偏差値	得　点	偏差値
200	78.1	150	62.4	100	46.8	50	31.1
199	77.8	149	62.1	99	46.5	49	30.8
198	77.5	148	61.8	98	46.2	48	30.5
197	77.2	147	61.5	97	45.8	47	30.2
196	76.8	146	61.2	96	45.5	46	29.9
195	76.5	145	60.9	95	45.2	45	29.6
194	76.2	144	60.6	94	44.9	44	29.3
193	75.9	143	60.3	93	44.6	43	28.9
192	75.6	142	59.9	92	44.3	42	28.6
191	75.3	141	59.6	91	44.0	41	28.3
190	75.0	140	59.3	90	43.7	40	28.0
189	74.7	139	59.0	89	43.3	39	27.7
188	74.3	138	58.7	88	43.0	38	27.4
187	74.0	137	58.4	87	42.7	37	27.1
186	73.7	136	58.1	86	42.4	36	26.8
185	73.4	135	57.7	85	42.1	35	26.4
184	73.1	134	57.4	84	41.8	34	26.1
183	72.8	133	57.1	83	41.5	33	25.8
182	72.5	132	56.8	82	41.2	32	25.5
181	72.1	131	56.5	81	40.8	31	25.2
180	71.8	130	56.2	80	40.5	30	24.9
179	71.5	129	55.9	79	40.2	29	24.6
178	71.2	128	55.6	78	39.9	28	24.2
177	70.9	127	55.2	77	39.6	27	23.9
176	70.6	126	54.9	76	39.3	26	23.6
175	70.3	125	54.6	75	39.0	25	23.3
174	70.0	124	54.3	74	38.6	24	23.0
173	69.6	123	54.0	73	38.3	23	22.7
172	69.3	122	53.7	72	38.0	22	22.4
171	69.0	121	53.4	71	37.7	21	22.1
170	68.7	120	53.0	70	37.4	20	21.7
169	68.4	119	52.7	69	37.1	19	21.4
168	68.1	118	52.4	68	36.8	18	21.1
167	67.8	117	52.1	67	36.5	17	20.8
166	67.5	116	51.8	66	36.1	16	20.5
165	67.1	115	51.5	65	35.8	15	20.2
164	66.8	114	51.2	64	35.5	14	19.9
163	66.5	113	50.9	63	35.2	13	19.5
162	66.2	112	50.5	62	34.9	12	19.2
161	65.9	111	50.2	61	34.6	11	18.9
160	65.6	110	49.9	60	34.3	10	18.6
159	65.3	109	49.6	59	34.0	9	18.3
158	64.9	108	49.3	58	33.6	8	18.0
157	64.6	107	49.0	57	33.3	7	17.7
156	64.3	106	48.7	56	33.0	6	17.4
155	64.0	105	48.4	55	32.7	5	17.0
154	63.7	104	48.0	54	32.4	4	16.7
153	63.4	103	47.7	53	32.1	3	16.4
152	63.1	102	47.4	52	31.8	2	16.1
151	62.8	101	47.1	51	31.4	1	15.8
						0	15.5

2022年度 本試験　解答・配点

（200点満点）

問題番号（配点）	設問	（配点）	解答番号	正解	自己採点欄
第1問（50）	1	(2)	1	②	
		(2)	2	③	
		(2)	3	④	
		(2)	4	②	
		(2)	5	③	
	2	(7)	6	①	
	3	(7)	7	②	
	4	(7)	8	②	
	5	(7)	9	④	
	6	(6)	10	②	
		(6)	11	③	
	小　計				
第2問（50）	1	(各4)	12 － 13	② － ⑥	
	2	(8)	14	①	
	3	(8)	15	③	
	4	(6)	16	②	
		(6)	17	①	
	5	(6)	18	①	
		(8)	19	⑤	
	小　計				

問題番号（配点）	設問	（配点）	解答番号	正解	自己採点欄
第3問（50）	1	(5)	20	②	
		(5)	21	②	
		(5)	22	③	
	2	(7)	23	③	
	3	(7)	24	④	
	4	(7)	25	①	
		(7)	26	①	
		(7)	27	④	
	小　計				
第4問（50）	1	(4)	28	④	
		(4)	29	②	
		(4)	30	④	
	2	(7)	31	④	
	3	(7)	32	⑤	
	4	(5)	33	③	
	5	(5)	34	⑤	
	6	(6)	35	⑤	
	7	(8)	36	⑤	
	小　計				
合　計					

（注）－（ハイフン）でつながれた正解は，順序を問わない。

第１問

〈出典〉

【文章Ⅰ】　檜垣立哉（ひがき　たつや）『食べることの哲学』〈第三章　時空を超える宮澤賢治〉の〈「よだかの星」の過剰な擬人化〉の冒頭と末尾を除くほぼ全文（なお、文中の引用は宮沢賢治「よだかの星」〈『宮沢賢治全集5』他所収〉の一節。若干の表記の改変がある）。

【文章Ⅱ】　藤原辰史（ふじはら　たつし）『食べるとはどういうことか　世界の見方が変わる三つの質問』〈第二の質問〉【第二の質問】「食べる」とはどこまで「食べる」なのか?〉の〈【解説】２　フジハラから、第二の質問について　食べられる側の気持ちになってみること〉の末尾近くの一節。

檜垣立哉は一九六四年生まれ。東京大学文学部哲学科卒、同大学院人文科学研究科博士課程中途退学。現在、大阪大学大学院人間科学研究科教授。博士（学術）。専攻は哲学。著書に『ドゥルーズ』『生と権力の哲学』『賭博／偶然の哲学』『ヴィータ・テクニカ』『日本哲学原論序説』など。

藤原辰史は一九七六年生まれ。京都大学総合人間学部国際文化学科卒、同大学院人間・環境学研究科博士課程中途退学。現在、京都大学人文科学研究所准教授。専攻は農業史。著書に『ナチスのキッチン』『食べること考えること』『戦争と農業』『トラクターの世界史』『給食の歴史』など。

〈問題文の解説〉

【文章Ⅰ】は約二二〇〇字の評論、【文章Ⅱ】は約一三〇〇字の評論で、合わせて約三五〇〇字。昨年度は本文が約三三〇〇字の評論で、最後の設問に五〇〇字超の文章が付され、合計で三八〇〇字超、という形だったので、今年度は昨年度よりは減、ということになるが、（前身であるセンター試験の出題を含め）第一問として標準的な分量である。ただし、昨年度が〈メインの文章＋設問部分にサブの文章〉という形式だったのに対し、今年度は【文章Ⅰ】【文章Ⅱ】という形で二つの文章が最初に（設問の前に）掲げられる形であった。今後も、複数の文章を読ませ、その間の関連を問う、という出題方針は維持しつつ、形式面では多様な出題がありうるものと考えられる。

内容的には、〈共通のテーマ（「食べる」）について別の角度から論じた二つの文章〉というものであり、それぞれの論旨について順に問うた上で、二つの文章の共通点と相違点を最後の設問で問う、という設問構成がとられている。**それぞれの文章において、対比関係や同内容関係をつかみ、論の中心点を把握した上で、両文章の内容的連関を考える**、という読解姿勢が求められたといえる。

【文章Ⅰ】

リード文（前書き）にあるように「宮沢賢治の『よだかの星』を参照して『食べる』ことについて考察した文章」である。展開に沿ってみていこう。各形式段落を1～9で示す（3および4の後の引用文はそれぞれ3・4に含める）。

1は、冒頭で「**『食べる』ことと『生』にまつわる議論**」と本文の論点を提示した上で、そこでは（「食べる」ことは人間と動物に共通の問題だから）「**動物が主題にな**」る、「**人間とはもともと動物である**」と述べる。これをうけて、2以降で「**擬人化**が過剰になされている」「よだかの星」について論じる、という流れである。

2～6は「よだかの星」の内容の説明。まずよだかの置かれた状況と心理が「よだかは、みなからいじめられ……**さげすまれ**」「いつも自分の醜い容姿を気にかけ」ており、「いじめっ子の鷹」に「名前を変えろと迫」られるなどして、「**なぜ自分は生きているのかとおもう**」「**自分の存在そのものを否定されたかのように感じる**」（2）と述べられる。しかし一方で「よだかは……**いかに自分の存在を低くみようとも**、空を飛び移動するなかで……**羽虫をむさぼり喰ってしまう**」。そして「なぜ自分のような存在が、劣等感をもちながらも、**他の生き物を食べて生きていくのか**、**それがよいことかどうかがわからない**」、（作品の引用）「一疋の甲虫……よだかはすぐそれを呑みこみましたが、その時何だかせなかがぞっとしたやうに思ひました」（3）という心理が示される。――繰り返し述べられていることをつかんで整理すれば〈**よだかは、つらい状況の中で「なぜ自分は生きているのか」と思いつつ、そんな自分が他の生き物を「食べて生きていく」ことに、疑問を感じて**

いる〉ということになる。

そこで、よだかは「つぎのように思考を展開していく」。（作品の引用）「たくさんの**羽虫が**、毎晩**僕に殺される**……僕がこんどは鷹に殺される。それがこんなにつらいのだ……**僕はもう虫をたべないで餓ゑて死なう**……**僕は遠くの遠くの空の向ふに行ってしまはう**」④。

筆者はこの状況を「食物連鎖上のこととしてやむをえないこと」だとした上で、「もともとはよだかが**自分の生のどこかに困難を抱えていて**（②「**なぜ自分は生きているのかとおもう**」ような状況）……それが次第に、**他の生き物を殺して食べているという事実の問いに転化され**……自分も鷹にいずれ食べられる……自分は何も食べず絶食し、**空の彼方へ消えてしまおう**というはなしにさらに転変していく」⑤、「よだかは……**自らが燃え尽きること**により、自己の行為を昇華する」⑥と述べる。――繰り返し述べられていることをつかめば、この部分の趣旨は〈**先のような疑問を抱いたよだかは“何も食べずに餓えて死のう”“空の彼方へ消えてしまおう”と考えた**〉ということになる。

⑦～⑨は、以上をうけた筆者の考察である。――まず⑦で、よだかが「どうして自分のような惨めな存在が生きつづけなければならないのか」と「自分の惨めさを感じつつ」、「無意識にそれ（＝羽虫や甲虫）を咀嚼してしまっている自分に対し『せなかがぞっとした』『思ひ』を感じる」と、②・③で見た内容が確認される。⑧ではこれについて「確かに表面的にはそう（＝食**物連鎖の議論**のように）読めるだろう。だが……むしろ、主題としていえば、まずは**食べないことの選択**、つまりは**断食**につながるテーマである。そして、そうであるがゆえに、**最終的な星への昇華**……がひらかれる」と、（虫を食べたよだかもやがて鷹に食べられる、という）「**食物連鎖**」という観点よりも、**自分が他の生き物を食べて**（**その命を奪って**）**生きていくことへの耐え難い思いから絶食する**（**自分の生を否定する**）という**観点の方に重点がある**、と述べられる。⑨もこのことを「**食物連鎖**からの解放……だけをとりだすのではない。むしろ……心が傷ついたよだかが、それでもなお**羽虫を食べる**という行為を無意識のうちになしていることに気がつき『**せなかがぞっとした**』『**思ひ**』をもつという一点だけにある」「この思いを**昇華させる**ためには……**星に**、**自らを変容させていく**ことしか解決策はない」と繰り返し述べる。そして、これらは「**人間である**（ひょっとしたら同時によだかでもある）**われわれすべてが共有するもの**」だと、①および②初めをうける形で〈**よだかの苦悩は人間のものである**〉と述べている。これは、②「多かれ少なかれ**普通の人間の誰もが**、**一度は心のなかに抱いたことのある感情だ**」、⑤「**それはわれわれすべての鏡だ**」などでも述べられていることである。

以上、全体をまとめれば、〈**われわれはしばしば**、**自分が生きるために他の生き物を食べる**（**他の命を犠牲にする**）**ことに苦悩するが**、**それを避けようとすれば自らの生を否定するほかない**〉というのが**【文章Ⅰ】**の趣旨だということになる。

【文章Ⅱ】

リード文にあるように、「あなた」を「人間に食べられた豚肉」になぞらえ、その「視点から『食べる』ことについて考察した文章」である。展開に沿ってみていこう。各形式段落を①～⑦で示す。

①・②は、「豚肉」が「**人間の口のなかに入**」ってから、「**食道を通って胃袋に入り**」、「**十二指腸**」「**小腸**」「**大腸**」**を経て**「**便になって肛門からトイレの中へとダイビング**」**するまでを**、リード文にあったように豚肉を擬人化した視点から記述している。

③はこの過程について「**どこまでが食べものであり**、**どこからが食べものでないのか**」と問いを立て、④でそれについての「二つの極端な見方を示」すと述べて、⑤・⑥でそれぞれについて説明する。一つ目は、「**人間は**、**生命の循環の通過点にすぎないのであって**、**地球全体の生命活動がうまく回転するように食べさせられている**」という見方。すなわち〈**先の過程のどの時点においても**、**個としての人間の**「**食べもの**」**などは存在しない**〉、つまり「**人間は**『**食べて**』**などいない**」という見方である⑤。二つ目は、①・②の過程は「微生物……それを魚や虫が食べ……植物が成長し、その植物や魚をまた動物や人間が食べる、という循環のプロセス」の一部である、すなわち〈**人間の体の内でも外でも**、**それぞれの場でそれぞれの生きものが食べる**（**栄養にする**）**という意味で**「**ずっと食べものである**」〉という見方。「食べもの

は、**生きものの死によって、つぎの生きものに生を与えるバトンリレー……誰の口に入るかは別として、人間を通過しているにすぎない**」という見方である[6]。

二つの見方は、「**『食べて』などいない**」「**ずっと食べものである**」と、表現としては対照的だが、「**生命の循環**」「**地球全体**の生命活動」[5]、「**生きものの死によって、つぎの生きものに生を与える**」[6]と、「**食べる」ことと「生」の関係を、個の視点からではなく生命全体の連関の中で捉えている**点では共通しており、筆者は[7]でこのことを「二つとも似ているところさえあります」と述べている。――つまり、**【文章Ⅱ】**は、「食べること」と「生」の関係を、**【文章Ⅰ】**が重点を置かなかった「食物連鎖」[8]の側に焦点を当てる形で論じている、ということになる。このように、**【文章Ⅰ】**と**【文章Ⅱ】**の論旨がどのような関係になっているのかを大づかみにつかんでおいて、設問に入ろう。

> **二つの文章を読み合わせる出題**の場合、**一方の論旨をつかんだ上で、それを頭に置いてもう一つの文章を読み、どの点が重なりどの点が異なるのか、といったことを考えながら**読み進めていくようにする。

〈設問解説〉

設問構成は、**問1**が漢字・語彙、**問2**～**問4**は傍線部設問で**【文章Ⅰ】【文章Ⅱ】**の主旨を順に問うもの、**問5**は**【文章Ⅱ】**の表現の特徴と働きを問うもの、**問6**は〈生徒の学習場面〉を想定したメモ形式の設問で、**【文章Ⅰ】【文章Ⅱ】**の内容を整理しそれを基に新たな考えを導き出すもの、という形である。表現設問は昨年度は出題されなかったが、**〈漢字・語彙設問→本文の各部分の読解設問→何らかの設定（生徒の学習場面など）のもとに複数の文章の関連を問う共通テスト特有の設問〉という流れ**は昨年度・今年度に共通しており、今後は、こうした基本方針を維持しつつ形式面においては様々な出題がなされる、という可能性が高いのではないかと思われる。また、昨年度・今年度とも、最後の設問は〈生徒の学習場面〉という〈実用的場面〉を想定した出題であり、さらに、生徒のノート・メモという形で〈図〉を扱う設問となっている。大学入試センターが公表している共通テストの〈問題作成方針〉には、「近代以降の文章（論理的な文章、文学的な文章、実用的な文章）、古典（古文、漢文）といった題材を対象とし」とあり、今後、共通テスト〈試行調査〉で取り上げられたような実用的場面に関わる出題がなされる可能性もあるとは思われる。

問1　漢字に関する設問。

二〇二一年度はセンター試験から続く〈カタカナを漢字に置き換える問い〉5問の形式であったが、二〇二二年度はその形が3問、〈文中の字義と「異なる意味」のものを答える問い〉2問という形になった。

(i) **カタカナを漢字に置き換え、同じ漢字を用いる語を選ぶ設問。**

(ア)「過剰」。①冗長②剰余③浄化④常軌で、正解は②。

(イ)「傷（つく）」。①勧奨②鑑賞③感傷④緩衝で、正解は③。同音異義語を複数並べる形はセンター試験にも出題歴があるが、今回は全選択肢が同音異義語という出題となった。

(エ)「遂（げる）」。①類推②生粋③麻酔④完遂で、正解は④。

(ii) **文中の語（字）について、「異なる意味」で用いられているものを選ぶ設問。**センター試験・共通テストの現代文としては新傾向の設問である。

(ウ) 傍線部の「襲（う）」は〈不意に攻めかかる・襲撃する〉意。①夜襲③奇襲④来襲の「襲」はこの意味だが、②「世襲」（＝その家の地位・職業・財産などを子孫が代々受けつぐこと）の「襲」は〈受け継ぐ〉意である。「異なる意味を持つもの」つまり正解は②。

(オ) 傍線部は「与える」。①「供与」②「贈与」④「授与」の「与」はこの意味だが、③「関与」の「与」は〈あずかる・かかわる〉意である。正解は③。

問2　傍線部に関する論旨を把握する設問。

傍線部**A**「ここからよだかが、つぎのように思考を展開していく」とあるので、「ここ」の指す前部の内容と、「つぎのように」が指す後部の内容をまずつかむ。**〈問題文の解説〉**の**【文章Ⅰ】**の[2]～[6]の箇所を参照。

そこに示したように、傍線部A前部の内容は、

①よだかは、みなからいじめられている・醜い容姿を気にかけている
②自分の存在を低くみており、なぜ自分は生きているのかとおもう
③にもかかわらず、よだかは、飛びながら口にはいった虫を食べてしまい、「せなかがぞっとしたやうに思」う
④よだかは「なぜ自分のような存在が、劣等感をもちながらも、他の生き物を食べて生きていくのか、それがよいことかどうかがわからない」

また、傍線部A後部の内容は、

⑤よだかは、たくさんの虫が自分に殺され、その自分はやがて鷹に殺される、「それがこんなにつらいのだ」と思う
⑥よだかは、もう虫を食べずに餓えて死のう、「遠くの遠くの空の向ふに行ってしまはう」と思う

といったものである。そして、これらは[5]で、よだかが**自分の生のどこかに困難を抱えていて**（①②）……それが次第に、**他の生き物を殺して食べているという**事実の問いに転化され（③④⑤）、そのなかで自分も鷹にいずれ食べられるだろう（⑤）、それならば**自分は何も食べず絶食し、空の彼方へ消えてしまおう**（⑥）というはなしにさらに転変していくとまとめられている。以上を頭に入れて、選択肢を見ていこう。

まず、❹「新しい世界を目指そうと考える」❺「遠くの世界で再生しようと考える」は、先の⑥に合わない。「遠くの遠くの空の向ふに行ってしま」う、とは❹❺のようなことではなく、「何も食べず絶食し、空の彼方へ消えてしま」うこと、つまり〈他の生き物の命を奪って生きるくらいなら、自分の生を否定しよう〉と考えることである。――[4]「遠くの遠くの空の向ふに行ってしまはう」だけを見て[5]（や[6]の「自らが燃え尽きる」）まできちんと追いかけなかった人が早とちりして選ぶ、といった誤答であろう。

残る❶❷❸はどうか。大筋としては、❶は先の②→③→⑥に合致、❷は先の①→⑤→⑥に合致、❸は先の③→⑤→⑥に合致するといえるだろう。さて、どのように勝負をつければいいのか。

〈問題文の解説〉の**【文章Ⅰ】**の[7]〜[9]の箇所を参照してほしい。そこから「筆者はよだかの思考の展開をどのように捉えているか」（**問2**設問文）を確認してみると、筆者は❷「鷹に殺されてしまう」❸「羽虫や甲虫を殺した自分が鷹に殺されるという弱肉強食の関係」すなわち「食物連鎖」（[8]・[9]）の方向ではなく、[8]「まずは食べないことの選択、つまりは断食につながるテーマ」[9]「よだかが……**羽虫を食べるという行為を無意識のうちになしていることに気がつき**『**せなかがぞっとした**』……という一点だけ」に焦点を当てていることがわかる。したがって、「（自分が）羽虫や甲虫を殺して食べていることに苦悩」していることに焦点を当てた❶が、**【文章Ⅰ】**の筆者の捉え方を最も的確に踏まえたものだということになり、これが正解となる。――単に**〈本文に書かれてあるかいないか〉という観点だけだと〈どれも書いてある〉というぐあいに迷ってしまった**かもしれない。右のように選択肢同士を見比べて最適のものを選ぶことになるが、その前提として**〈筆者の論の中心点はどこにあるか〉をつかんでおくことが必要**だった。

正解の選択肢を選ぶ際に〈論の中心点をおさえているかどうか〉が問われる場合がある→設問解答の前提として、本文の論旨を的確に把握しておく必要がある。

なお、❷は「生きる」「食べる」という要素がまったく出ていない点で、❸はそもそも**【文章Ⅰ】**の筆者の論点をまったく踏まえていないので×、❸は「不条理な世界を拒絶」というよりは〈自分の存在を否定する〉ことに重点があるのだから×、ともいえる。また❺は「鷹におびやかされながらも羽虫や甲虫を食べ続けているという矛盾」ではなく〈生きる意味がないと思いながら（他の生きものを食べて）自分は生きている〉という「矛盾」であるから×、ともいえる。これらも結局は〈筆者の中心的論点がどこにあるか〉に基づく判断である。

問3　傍線部の具体的内容を説明する設問。

傍線部B「人間である（ひょっとしたら同時によだかでもある）われわれすべてが共有するものではないか」は、[2]「**なぜ自分は生きているのかとおもう**（a）。ある意味では、多かれ少なかれ普通の人間の誰もが、一度は心のなかに抱いたことのある感情だ」と重なる表現であり、また、傍線部B直前「それ」は前の「心が傷ついたよだかが、それでもなお**羽虫を食べるという行為を無意識のうちになしていることに気がつき**（b）『**せなかがぞっとした**』『**思ひ**』**をもつ**（c）」を指している。これは、**問2**で見た**【文章Ⅰ】**前半の内容をうけたものなので、それも念頭に置きつつ選択肢を見ていく。

①「自分が、動物の弱肉強食の世界でいつか犠牲になるかもしれないと気づき」は、**問2**解説で見た通り「食物連鎖」の方に焦点を当てており、先のb（自分が他の生き物（を食べて、そ）の命を奪って生きている）の要素が不足している。

②「生きることに疑念を抱いていた自分（a）が、意図せずに他者の生命を奪って生きていることに気づき（b）、自己に対する強烈な違和感を覚える（c）」は、先のa～cをすべておさえている。これが正解である。

③は「他者の生命に依存していた」が②に比べbとして弱いし、③「自己を変えようと覚悟する」が本文の趣旨に合わない。**問2**で見たように、よだかの「覚悟」は「何も食べず絶食し、空の彼方へ消えてしまおう」[5]とすること、つまり〈他の生き物の命をとって生きるくらいなら、自分の生を否定しよう〉と考えることである。

④は「自己の罪深さに動揺」がややズレるようではあるが、「何も食べず絶食し、空の彼方へ消えてしまおう」、という思いの強烈さに見合うものだといえばいえるので、ここでは消去しきれないだろう。――②「**生きることに疑念を抱いていた自分**が、意図せずに**他者の生命を奪って生きていることに気づき**」が〈自分は生きていなくてもいいのではないか、と思っていたはずなのに、その自分が他者の生命を奪って生きていた〉という話であるのに対し、④「**理不尽な扱い**に打ちのめされていた自分が、**他者の生命**を無自覚に**奪っていたこと**に気づき」では、〈自分が生きるか生きないか〉という要素が消えており、全体として〈自分は**ひどい目にあわされて**つらい気持ちになっていたのに、その自分が**他者にひどいことをしていた**〉という話になっている。②「他者の生命を奪って（自分が）生きている」という言い方だからこそ「食べる」ことがはらむ本質的な問題という本文の論の中心点をおさえた説明になるのであって、④「他者の生命を無自覚に奪っていた」だけでは単に〈殺す〉ことについてしかいっていない、ということである。また、④は先のa「なぜ自分は生きているのかとおもう」に当たる要素がないから、傍線部B「人間である……われわれすべてが共有するもの」として本文で述べられている要素がない、すなわち傍線部Bの説明として内容不足だということになる。さらに、〈**生きるためには**食べなければならない＝他の生命を奪わねばならない〉から、それを止めるためには「数億年数兆年彼方の星に、自らを変容させていく（つまり、**生き物として生きることを否定する**）ことしか解決策はない」と傍線部B直後に続くことになるのであって、④ではここにもつながらない。――**問2**に続いて、〈**本文に書かれてあるかいないか**〉**という観点だけでなく**〈**筆者の論の中心点はどこにあるか**〉**をつかんでおくことが必要**な設問だったといえる。

⑤はaがない点で④同様に正解としての資格をもたないし、よだかは「惨めさを感じ」てはいる（[2]・[3]・[7]など）が、⑤「惨めさから逃れたいともがいていた」とは述べられていない。

問4　傍線部の具体的内容を説明する設問。

【文章Ⅱ】の[4]「二つの極端な見方」、すなわち[5]「一つ目」の見方と[6]「二つ目」の見方との「似ているところ」（傍線部C）を考える設問。〈**問題文の解説**〉の**【文章Ⅱ】**の[3]～[7]の箇所を参照してほしい。そこに示したように、「人間は『食べて』などいない」（a）、「生命の**循環**の通過点」「**地球全体**の生命活動がうまく回転するように食べさせられている」（b）（以上[5]）、「微生物……魚や虫……植物……動物や人間……という（a）**循環のプロセス**（b）」「**生きものの死**によって、**つぎの生きもの**に生を与える」（b）（以上[6]）と、「**食べる**」ことと「**生**」の関係を、**個としての**

人間の視点からではなく（a）**生命全体の連関の中で捉える**（b）見方が5・6いずれにも見られるものであり、これに合致する②「人間の生命維持を中心とする見方ではなく（a）、別の生きものへの命の受け渡しとして食べる行為を捉えている点（b）」が正解である。

④「地球環境の保護」は海洋や大気といったものまで含んでしまうので、「**食べること**」による「**生命の循環**」に焦点を当てた先のbを的確に説明したものとはいえない。

①「微生物の活動と生物の排泄行為から……」は6の方のみで5をカバーしないから、両者の「似ているところ」には当たらない。③「消化と排泄」⑤「多様な微生物の働き」も同様である。また、③・⑤にはそもそも先のbがない。

例えば〈二つの見方の共通点は……である〉のように、筆者自身がまとめ直してくれているような箇所は本文中にないので、解く側が5・6を見比べて〈共通点を抽出する〉ことが必要だった。つまりこの設問は、（問6のように複数の文章を比較する問いではないが、一つの文章の中で）**〈複数のものを見比べて共通点や違いをとらえる思考力〉を試す設問**である。このように、

> 共通テストでは、**〈複数のものを見比べて共通点や違いをとらえる思考力〉を試す設問**が出題される

ので、ふだんからそのようなものの見方・文章の読み方をするよう心がけたい。

問5　論旨を踏まえて文中の表現の働きを問う設問。

食べられた「豚肉（あなた）」が人間の体内を通過していくさまを記述した**【文章Ⅱ】**1・2の**表現の特徴と働き**について問う設問であると同時に、**問2～4**同様**〈論の中心点〉をおさえる読解ができているかどうかが前提となる設問**でもある。

まず、リード文にあるように、この箇所は全体として「豚肉」を「あなた」（人間）にたとえた〈擬人法〉になっている。擬人法は〈人間以外のものを人間になぞらえて表現する技法〉で、比喩の一種であるから、④「比喩を多用して」は適切な説明である。それ以外にも、「小腸」という「六メートルに及ぶチューブ」を「旅します」という表現や、「微生物の集合住宅」「便になって肛門からトイレの中へとダイビング」「下水の旅」などの比喩表現が見られる。

また、**〈問題文の解説〉**で示したように、**【文章Ⅱ】**の後半は、**食べることが「生命の循環」**（5）・「生きものの死によって、**つぎの生きものに生を与えるバトンリレー**」（6）に関わることを述べているから、1・2の記述は**これを述べるための例として書かれたもの**だと理解できる。④「生きものが**他の生物の栄養になる**までの流れを軽妙に説明している」（「下水」に流れた便は6にあるような形で「他の生物の栄養になる」のである）がこれを踏まえた説明になっている。さらに、④「軽妙に」は「便になって肛門からトイレの中へとダイビング」などを言い取ったものとして適当である。正解は④。

先に見たような〈擬人化〉はあるが、①「食べられる生きものの側の心情を……表現」しているとはいえない（本文の「まったく抵抗できぬままに口に運ばれ……分身に別れを告げ……くねくね旅し……便になって肛門からトイレの中へとダイビングします」などで表現されているのは「心情」ではなく〈状態〉や〈動き〉である）。

②「消化器官の働きを**厳密に描**」いたり、③「食べることの特殊な仕組みを**筋道立てて**説明」しようとしているならば、②「比喩」や③「擬態語」ではなく（例えば）学術的に精密な表現などをとるのがふさわしい。また、②③では先に見たような**【文章Ⅱ】**の主旨をおさえていない。文章の筆者はその部分で読者に伝えたいことを効果的に伝えるために表現の工夫をするのだから、表現の働きを問う設問では、〈筆者がその部分で伝えようとしていること（主旨）〉を踏まえて考える必要がある。

⑤「誇張」（おおげさに言う）表現は特に見られないし、⑤「消化の複雑な過程を鮮明に描いている」も先に見たような**【文章Ⅱ】**の主旨をおさえたものとはいえない。

表現の特徴・働きを問う設問は、
①どのように表現されているか（表現の特徴・表現技法など）
②何を述べるための表現か（その部分で筆者が伝えたいことは何か）
に注意して考える。

問6 〈生徒の学習の場面〉を想定し、「自分の考えを整理するため」の〈メモ〉という〈設定〉で、【文章Ⅰ】の要旨と【文章Ⅰ】【文章Ⅱ】から導きうる発展的な考えを答える設問。昨年度に続き、①**学習や仕事などの実用的場面を想定した出題** ②**複数の文章や資料の関連をつかむ出題** ③**応用的・発展的思考力を問う出題** といった**共通テストの特徴が表れた設問**である。

(i) **与えられた図の構成に沿って【文章Ⅰ】の論旨をまとめる設問。**

本文の内容を整理した図の構成に沿って空欄を埋める内容を答えるという形で、【文章Ⅰ】の論旨をまとめる設問である。

設問文および【メモ】の構成から、空欄 X に入る内容の条件をピックアップしてみると、

①「『食べる』ことについて自分の考えを整理する」ためのメモ
②【メモ】の「〈1〉（「『**食べる』ことと生命の関係**について論じている」）を踏まえて」書かれたもの
③【文章Ⅰ】の論旨に合致するもの
④「【文章Ⅱ】『食べる』ことは、生物を**地球全体の生命活動**に組み込むものである。」」との「**捉え方の違い**」が明確であるもの（対比的な内容になるもの）

ということになる。これを頭に置いて、選択肢を見てみよう。右の①②については①～④すべてがクリアしているといえるので、ポイントは③④である。

③については、まず③「**意図的に**他者の生命を奪う」が【文章Ⅰ】［7］「**無意識に**口にしていた羽虫や甲虫……**無意識に**それを咀嚼」に反する（この設問を解く際に**問3**の解答内容を思い出せるとよい）。また④「『食べる』ことは、食物連鎖から生命を解放する」も【文章Ⅰ】の内容に反する（**問2・3**で見た通り、「食べる」ことを〈自分が生きるためには他の生き物を食べてその生命を奪わねばならない〉という方向で捉えた文章である）。【文章Ⅰ】［9］の「ここで……食物連鎖からの解放」は、「ここ」すなわち直前の「食べないことの選択……最終的な星への昇華」を指すのだから、〈**食べることをやめ、自らの生を否定することで**、食物連鎖から解放される〉といっているのであって、④「『食べる』ことは……解放」では逆である。

残る①②のうち、右の③に最もふさわしいもの（つまり、【文章Ⅰ】の**論の中心点**をおさえているもの）は②である（**問3**の解説を参照）。【文章Ⅰ】の論点は、①「『食べる』ことは、弱者の生命の尊さを意識させる」というよりは、〈自分が生きるためには弱者の生命を奪わねばならない〉ということの動かしがたさに対する苦悩、というものである。――しかし〈よだかは「弱者の生命の尊さを意識」したがゆえに、食べること＝生きることをやめようとしたのだ〉といえなくはない。そこで、さらに右の④を考えてみると、「【文章Ⅱ】『食べる』ことは、生物を**地球全体の**生命活動に組み込むものである。」」との「捉え方の違い」が際立つものは、やはり②「『食べる』ことは、**自己の**生命を否応なく存続させる行為である」（〈全体↔個〉という対比）である（①「**弱者の生命**」と対比になるのは〈強者の生命〉であって「地球全体」ではないだろう）。なお、②「自己の生命を**否応なく存続**」は、例えばよだかが「なぜ自分は生きているのか」（【文章Ⅰ】［2］）と思っても「羽虫をむさぼり喰ってしまう……甲虫を食べてしまう」（［3］）といったことに該当する。正解は②である。

(ii) **与えられた図の構成に沿って、【文章Ⅰ】【文章Ⅱ】の論旨を踏まえ新たな考えを導き出す設問。**

空欄 Y は設問文で「〈1〉〈2〉を踏まえ」た「『〈3〉まとめ』」とされているもの。正解の条件としては、(i)で見た①②に加え、

⑤【文章Ⅰ】【文章Ⅱ】の論旨に合致するもの
⑥【メモ】の「〈2〉」の「【文章Ⅰ】『食べる』ことは、**自己の生命**を否応なく存続させる行為である。」（空欄 X に入る(i)の正解

❷〉」と「【文章Ⅱ】「『食べる』ことは、生物を**地球全体の生命活動**に組み込むものである。」」とを「**まとめ**」たものということになる。選択肢を見ていこう。右の①②については❶〜❹すべてがクリアしているので、ポイントは⑤⑥である。

⑤については、まず❶の「昇華」の意味内容が**【文章Ⅰ】**に合致しない。**【文章Ⅰ】**6「自らが燃え尽きることにより、自己の行為を昇華する」・8「食べないこと……断食……最終的な星への昇華」とあるように、**【文章Ⅰ】**の「昇華」（＝より高度な状態に高めること）は〈自らが「食べる」ことをやめ、自らの生を否定する＝生きるために他の生命を犠牲にしなければならないという次元から抜け出す〉ことを指しているのであって、❶「自他の生を昇華させる」のではないし、「食物連鎖」から離脱するのだから❶「地球全体の生命活動を円滑に動かす」という方向とはむしろ逆である。

また❷は「生命が本質的には食べてなどいない」の意味内容が**【文章Ⅱ】**に合致しない。**【文章Ⅱ】**5「人間は『食べて』などいない」とは、その後の「食べものは……人間を通過しているにすぎない（＝「食べて」いるのではない）」「人間は、生命の循環の通過点にすぎない……地球全体の生命活動がうまく回転するように食べさせられている」、すなわち〈個としての人間が食べているのではない〉といった意味であって、❷「苦悩から解放されるためによだかが飢えて死のうとすること」すなわち〈実際に食べないこと〉ではない。

❹「命のバトンリレー」は「食物連鎖」そのものだから、❹「食物連鎖の関係は、命のバトンリレーのなかで解消される」はおかしい、とまずはいえる。——が、❹を「よだかが支配者となりうる……関係は、命のバトンリレーのなかで解消される」と読めば、〈虫に対しては「支配者」だったよだかが、「命のバトンリレーのなかで」鷹に食べられる＝被支配者となる〉という形で成立する、ともいえる。

そこで、❸❹の決着は、先の⑥の観点から考えてみる。❸は「一つ一つの生命」と「地球全体の生命活動」との相互作用を述べたもので、**【メモ】**「〈2〉」の「**【文章Ⅰ】**……**自己の生命**（a）」(i)の正解❷と「**【文章Ⅱ】**……**地球全体の生命活動**（b）」とを「まとめ」たものとして成立する。一方、❹の「支配者……序列」の話は**【メモ】**「〈2〉」には見られないものだし、❹は「食物連鎖」「地球全体の生命活動」の話しかしておらず、「自己の生命（個の生命）」の話がないから、先の（a）が足りず「〈まとめ〉」にならないことになる。❹は×である。

❸「無意識によだかが羽虫や甲虫を食べてしまう行為（a）には、地球全体の生命活動を循環させる（b）重要な意味がある」は、**【文章Ⅰ】**の内容を**【文章Ⅰ】**の論の中心点ではなかった〈「**食物連鎖**」＝**【文章Ⅱ】**の「**生命の循環**」〉**の方に重点をおいて捉え直した**ものであり、先のa・bの〈まとめ〉になっているといえる。また❸「**一つ一つの生命**（a）がもっている**生きることへの衝動**」は**【メモ】**の空欄 X に入る(i)の正解❷「**自己の生命を否応なく存続させる**」に対応するものであり、これが❸「循環のプロセス（b）を成り立たせている」というのも、〈個々の生命（a）が生きようとして「食べ」続ける→食物連鎖〉という過程が**【文章Ⅰ】**に合致し、〈食物連鎖＝生命の循環（b）が保たれる〉が**【文章Ⅱ】**に合致するから、先のa・bの〈まとめ〉になっているといえる。正解は❸である。

❸の「一つ一つの生命がもっている生きることへの衝動こそが、循環のプロセスを成り立たせている」という関係は、**【文章Ⅰ】【文章Ⅱ】**いずれにも**直接には書かれていないこと**であって、〈**両者を合わせ読むことから導き出された新たな考え**〉といえるものである。共通テストでは、実施に先立ち行われた〈試行調査〉で、この種の〈**本文の内容から導き出せる新たな考え**〉**を答えさせる設問**が出題されており、問6(ii)はその種のねらいをもった設問だといえる。この種の設問では、

> **本文と設問要求を**的確におさえ、**それらから導き出せる考えとして妥当性の高い**〈**正解**〉と、**本文と合致しない・方向性として本文からズレている・設問要求を満たさないといった**〈**誤答**〉とを見分ける判断力をつちかう

ことが必要になる。そうした意識をもって練習を重ねてほしい。

また、(ii)の解答の導出には、**【メモ】**の〈2〉→〈3〉という流れを意識することが一つの大きなヒントになっていた。大学入試センターが公表している共通テストの〈問題作成方針〉には「言語活動の**過程を重視する**」と述べられており、先のような出題はこれを踏まえたものと考えることができる。

> **〈ノート・メモ〉**や**〈複数の生徒の会話〉**といった設定の設問では、そこで示される**〈思考が展開していく過程〉**の**順序**や**相互連関**などもヒントになる。

第2問

〈出典〉 黒井千次（くろい　せんじ）「庭の男」（『新潮』一九九一年十二月号掲載、『石の話』二〇〇七年刊講談社文芸文庫所収）の一節。

黒井千次は一九三二年生まれの小説家。東京大学経済学部卒。大学卒業後、富士重工業に入社し、会社員生活を送りながら創作を行う。一九七〇年富士重工業を退社し、執筆に専念する。同年『時間』で芸術選奨新人賞を受賞する。以後も旺盛な作家活動を続け、八四年『群棲』で谷崎潤一郎賞を、九四年『カーテンコール』で読売文学賞を、二〇〇一年『羽根と翼』で毎日芸術賞を、二〇〇六年『一日　夢の柵』で野間文芸賞をそれぞれ受賞する。他の主な著作に『時の鎖』『五月巡歴』『春の道標』『たまらん坂』『高く手を振る日』などがある。

〈問題文の解説〉

物語の展開から本文は三つの場面に分けてとらえられる。それぞれをⅠ、Ⅱ、Ⅲとし、展開に即して物語の内容を確認していく。

前書き（リード文）

前書きでは、語り手である「私」が直面している状況について説明がなされる。「私」は会社勤めを終え、自宅で過ごすことが多くなっていた。隣の大野家の庭に息子のためのプレハブが建ち、そこに看板が立てかけられた。看板には男が描かれており、その姿が「私」の自宅のダイニングキチンから見える。その存在が徐々に気になりはじめた「私」は、看板のことを妻に相談するなかで、自分が案山子をどけてくれと頼んでいる雀のようだと感じていた。

Ⅰ（立看板をなんとかするよう〜立てられるのは恐ろしかった。）

問題文冒頭の場面では、看板の存在を気に病む「私」の思いや考えが語られる。

看板について「私」の妻は、裏の家の息子になんとかするよう頼んでみたらどうかと提案してくれていた。もちろん「案山子」の存在を恐れる「雀」のように自分は看板に描かれた男の存在を気にしているのだなどという話が中学生かそこらの少年に通用するとは思えなかったため、「私」自身は妻の言葉に従って少年と話すつもりなどなかった。それでも妻が自分の側に立ってくれたことに救われた思いがし、看板に描かれた男に対して「なんだ、お前は案山子ではないか」「裏返されればそれまでだぞ」と毒突くくらいの僅かなゆとりを持つことができるようになっていた。

とはいえ、実際に看板を裏返す手立てを持たぬ以上、いくら毒突いたところで所詮それは空威張りに過ぎない。「私」は以前にもまして看板の男の視線を気にするようになってしまう。流しの窓の前にいないときでさえも、看板の男の視線の気配を感じては、わざわざダイニングキチンまで出向き、男がいつもと同じ場所に立っているのを確かめなければ落着けないようになっていたのであった。

隣の家に電話をかけ、親に事情を話して看板をどうにかしてもらうことも考えたが、「私」には少年の頭越しのそんな手段はフェアではないと感じられた。またそもそも親を納得させる自信もなかった。「私」の思いに納得しないまま、ただいざこざを避けるために看板を除去した場合、相手方は「私」に対してある種の疑惑を持つことになるだろう。あの家にはただの絵でしかない看板に描かれた男の視線を気にするような頭のおかしな人間が住んでいる。そんな噂を立てられることに「私」は恐ろしさを感じていた。

Ⅱ（ある夕暮れ、それは妻が～やはり耐え難かった。）

ある日の夕暮れ、散歩に出た「私」は家を離れて少し歩いたところでひとつの人影に気づく。それが隣の少年であることを認識した「私」は、その瞬間ほとんど無意識で彼の前に飛び出し声を掛けてしまう。突然のことに少年は怯えた表情を浮かべ立ち止ったものの、相手が誰であるかわかると小さく頭を下げ通り過ぎようとした。そこで「私」は「庭のプレハブは君の部屋だろう」「あそこに立てかけてあるのは、映画の看板かい」と件の看板の話を「私」は少年に持ち出す。少年は目を細くして警戒の色を顔に浮かべるが、それでも少年に看板が置かれたところが台所の窓の真正面に当たるため、看板を動かしてもらいたいと頼もうとする。ところが「私」がすべてを言い終わらないうちに、少年は肩を聳やかすような不遜な態度で歩き去ろうとしたのである。「私」は少年を呼び止めて話を続けようとするが、少年は一度無表情に振り返るだけで「私」を無視して離れていき、最後に「ジジイ——」と吐き捨て去っていった。少年の罵言を聞いた「私」はその場に立ち尽くし、少年が隣家の門に入っていく姿をただ見送ったのであった。

この出来事を「私」は妻に知られたくないと思った。一応は礼を尽して頼んだつもりだったため、中学生の少年にそれを無視されて罵られた屈辱は「私」の身にひどく応えていたのであった。「身体の底を殴られたような厭な痛み」を少しでも和らげようと、自分の申し入れが理不尽なものであり、相手の反応は無理もなかったと考えようともした。しかしそれならば少年は面をあげて自分の申し入れを拒絶すればよかったのだという思いが湧いてきて、気持ちは一向におさまらなかった。少年の無視と捨台詞にも似た罵言は、彼が自分の息子よりも遥かに歳若い少年であっただけに、「私」には耐え難いものであった。

Ⅲ（夜が更けてクーラーを～気分がよぎった。）

夜が更けて妻が寝室に引込んでしまった後も、「私」は一人居間のソファーに坐っていた。そして、寝室の戸の隙間から妻の穏やかな鼾が聞こえてくるのを待ち、大型の懐中電灯を手にしてダイニングキチンの窓に近づいた。「私」はもしかしたら少年が看板を動かしてくれているかもしれないという淡い期待を抱いて隣家の庭を窺ったが、庭は闇に包まれ看板の様子をはっきりと確認することはできなかった。網戸に擦りつけるようにして懐中電灯の明りをつけ再度様子を窺うと、光の環の中にこちらを睨み返す看板の男の顔が浮かんだ。闇に縁取られたその顔は「私」には昼間より一層生々しく感じられた。「私」は苛立つ気持ちを抑えきれず、「馬鹿奴」と呟くが、看板の男を罵っているのか、少年に怒りをぶつけているのか、自らを嘲っているのか、自分自身でもわからなかった。「私」は懐中電灯を手にしたまま素早く玄関を出て、隣家の裏の庭へと入り込んだ。それから懐中電灯を消し、暗闇の中、身を屈めたまま手探りで小屋の横に出たのである。

看板の男は見上げる高さでそこに立っていた。間近で見た看板の男は「私」にはただの板としか思えず、それが窓から見ていた男と同一人物とは信じられなかった。「私」は夜中にこっそりと隣家の庭に忍びこみ看板の男と向き合っている状況に対する胸の動悸を抑えつつ、「案山子にとまった雀はこんな気分がするだろうか」と苦笑する。それはただの板でしかない看板に描かれた男、そんなつまらぬものに脅かされていた自分の滑稽さを自覚したことからくる自嘲の笑いであろう。ところが濡れたように滑らかな板の表面に触れた時、「私」の指先に厭な違和感が走る。看板はベニヤ板でも紙でもなく、硬質のプラスチックに似た物体だったのである。思わず懐中電灯をつけ看板をよく見ると、断面は分厚い白色で、裏側には金属の補強材が縦横に渡されていた。看板は脆く簡単に崩れてしまうような代物ではなく、きわめて堅固な「土に埋められても腐ることのないしたたかな男」だったのである。「私」は看板を動かせないかと考え持ち上げてみようとするが、それは根が生えたかのごとく動かなかった。力の入れやすい手がかりを探ろうと看板の縁を辿ると、何かが「私」の指に当った。それは太い針金であり、看板は針金を使って何箇所も小屋と結びつけられていたのである。「私」は看板の男を動かすことを諦めた。そして、夕暮れの少年の細めた眼を思い出しながら、「私」は看板を設置した少年にも彼なりの覚悟があったのだろうと彼を認めてやりたいような気分を抱いていた。

〈設問解説〉

問1 傍線部の振る舞いの要因となる「私」の心情を説明する設問。

傍線部**A**は、「私」が散歩の途中で見つけた隣家の少年の前に飛び出したことを述べている。「私」はなぜ少年の前に飛び出したのか、その要因を考える。

ここで私は「ほとんど無意識のように」少年の前に立っていたと言われている。したがって「私」の行動はこの場面での意識的な判断によるものというより、日頃から抱いていた思考や感情から自然に導かれたものだと考えられる。

「私」が日頃から抱いていた思考や感情は、Ⅰの場面において描き出されている。「私」は看板の男の存在を気にしながらも、その思いを「少年にどう説明すればよいのか見当もつかない」でいた（**a**）。電話をかけ少年の親に事情を話して看板をどうにかしてもらうことも考えたが、「少年の頭越しのそんな手段はフェアではない」との意識が働き、打つ手が無くなっていたのである（**b**）。どうにか状況を打開したいがどうにもしようがないという苦しい思いを抱えるなかで、「私」は偶然出会った少年の前に思わず飛び出してしまったのである。

したがって、右の**a**の内容にあたる⑥と**b**の内容にあたる②が正解である。

①は、「少年にどんな疑惑が芽生えるか想像し恐ろしく思っていた」が不適当である。傍線部を含む段落の前段落に「相手の内にいかなる疑惑が芽生えるかは容易に想像がつく」とあるが、ここでの「相手」とは「少年」ではなくその「親」である。また、「恐ろしく思っていた」のであれば、むしろ「私」は少年との交渉を避けるはずであり、少年の「前に立っていた」ことの要因にはならない。

③は、看板の男に対して「余裕が生まれていた」としているが、これは傍線部の行動の要因とはならないため誤りである。通常の論理では「余裕が生まれていた」のであれば、わざわざ少年の前に立つ必要はないだろうということになる。

④は、「男がいつもの場所に立っているのを確かめるまで安心できなかった」がやはり傍線部の行動の要因とはならないため誤りである。ここから出てくる行動は少年の前に立つことではなく看板の男を確認することであろう。

⑤は、これも傍線部の行動の要因とはならず、誤りである。「私」はあくまでも看板について話すために少年の前に立ったのであり、それは少年の「骨格」と「身なり」の「不均衡をいぶかしく感じて」引き起こされる振る舞いではないだろう。

誤答の選択肢はいずれも本文中に見られる「私」の心情を（一部不正確なものはあるが）とらえたものになっている。しかし、これらは傍線部の振る舞いの要因とは考えられない心情であるため、設問の要求に正しく応えた説明にはならない。〈「私」の心中に存在している心情か否か〉という正誤ではなく、〈「私」の心中に存在しているさまざまな心情のうちで、傍線部の振る舞いの理由になるものか否か〉という正誤が問われているのである。安易に文中に見いだせる心情だから正解だといった考えを取るのではなく、設問で問われていることの答えになっているかどうかまで考えるよう注意してもらいたい。

問2　傍線部における「私」の心情を説明する設問。

傍線部B「身体の底を殴られたような厭な痛み」は、少年に無視され罵られたことによる「私」の精神的な苦痛を表している。これについては「一応は礼を尽して頼んでいるつもりだったのだから、中学生の餓鬼にそれを無視され、罵られたのは身に応えた」や「無視と捨台詞にも似た罵言とは、彼が息子よりも遥かに歳若い少年だけに、やはり耐え難かった」と述べられている。「私」は、まだ若い少年に年長者である自分が気を遣いながら話しかけたにもかかわらず、少年に無視されたうえに暴言まで浴びせられたことに耐え難い苦痛を感じているのである。そしてそれは「身体の底を殴られたような」と言われているように、自分の存在を根底から否定されるような不快感をもたらすものでもあったのだ。以上の内容をとらえた①が正解である。

②は「少年から非難され」が誤りである。「私」は少年から「ジジイ」と罵られたのであって、「非難され」たという言い方は適切ではない。また、ここでの「厭な痛み」は中学生の少年に自分の頼みを無視されたうえに罵声まで浴びせられたことから生じているのであって、「妻にも言えない」という思いまでその要因として考えることはできないだろう。したがって「深い孤独」もズレた把握である。

③は「説得できると見込んでいた」が誤りである。もともと「私」は看板について「どう説明すればよいのか見当もつかない」と思っていたのであり、このときも「説得できる」という考えなどないまま衝動的に少年の前に立ってしまっている。また、「常識だと信じていたことや経験までもが否定されたように感じた」も本文から読み取る内容としては過剰なものとなっている。

④は「看板についての交渉が絶望的になったと感じたこと」を「厭な痛み」の要因としている点が誤りである。「厭な痛み」は少年の「無視と捨台詞にも似た罵言」から生じている。

⑤は「妻の言葉を真に受け」が誤りである。本文冒頭に「妻の示唆を、私は大真面目で受け止めていたわけではなかった」とある。また、「自分の態度に、理不尽さを感じたことによる強い失望と後悔」も間違っている。ここでの「私」の思いはあくまでも少年の「無視と捨台詞にも似た罵言」に向かっている。

問3　傍線部における「私」の心情を説明する設問。

傍線部Cの「あ奴はあ奴でかなりの覚悟でことに臨んでいるのだ、と認めてやりたいような気分」は、看板が硬質のプラスチックに似た物体であり、さらにそれがプレハブ小屋に針金でしっかりと結び付けられている事実を確認したことから生じたものである。

隣家の庭に忍びこみ暗闇のなか初めて看板を間近に見た「私」はそれをただの板だと感じ、そんなつまらぬものに脅かされていた自分の滑稽さを思い苦笑する。ところがそのような思いは「私」が看板に触れたことで一変した。看板は「ベニヤ板でも紙でもなく、硬質のプラスチックに似た物体だった」のである。懐中電灯をつけて看板をよく見ると、断面は「分厚い白色」で、裏側には「金属の補強材が縦横に渡され」ていた。看板は容易には傷まない素材で頑強に作られたものだったのである。

「私」は看板を動かしてみようと試みるが、それは根が生えたかのごとく微動だにしなかった。力の入れやすい手がかりを求めて看板の縁を指で辿ると、その指が何かに当る感触があった。それは「太い針金」であった。看板はその太い針金によって何箇所にもわたってプレハブ小屋に「しっかり結ばれて」いたのである。

「私」は看板のこうした堅固なありようを見て、少年が何らかの揺るぎない意思をもって看板を設置したことを感じ取る。そして夕暮れ時に見た彼の細めた眼を思い出しながら、その気構えについては受け止めてあげようという「気分」に至ったのである。

以上の内容をとらえた③が正解である。

①は、「私」が少年の決意を認めた理由を、自分自身が「夜中に隣家の庭に忍び込むには決意を必要としたため」としている点で誤りである。「私」が少年の決意を認めたのは、看板が思いのほか堅牢なものであったからである。したがって「共感を覚えた」も正しくない。

②は、「陰ながら応援したいような新たな感情」が誤りである。「私」は少年の「覚悟」を認めてあげたいと思ったのであって、「応援したい」といった感情を抱いたわけではない。

④は、「この状況を受け入れてしまったほうが気が楽になるのではないかという思い」が誤りである。本文からはまったく読み取ることのできない感情である。

⑤は、「彼の気持ちを無視して一方的に苦情を申し立てようとしたことを悔やみ、多少なら歩み寄ってもよいという考え」が誤りである。ここでの「私」は少年の「覚悟」を認めてあげたいと思っているのであって、自分の振る舞いを悔やんだり、歩み寄りを考えたりしているわけではない。

問4

(i) 表現に表れた「私」の心情を説明する設問。

隣家の少年を示す表現としては「裏の家の息子」「中学生かそこらの少年」「君」「餓鬼」などが確認できる。

隣家の少年は「私」にとって看板を設置した厄介な存在ではあるが、「裏の家の息子」や「中学生かそこらの少年」といった表現は少年に関する事実から出たものであって、そこに「私」の特別な心情の表れを見ることはできないだろう。一方で「君」という表現には、看板を動かしてもらえないかと頼む「私」が少年に対して丁寧に接しようとする心情が表れていると考えられる。また、「餓鬼」という表現については、自らの頼みを無視し罵言まで浴びせてきた少年に対して憤る「私」の心情が表れていると見ることができる。したがって、この点をおさえた②が正解である。

①は、「我が子に向けるような親しみを抱いている」が誤りである。本文から読み取ることのできない心情である。

③は、「少年の外見や言動に対して内心では『中学生の餓鬼』『あの餓鬼』と侮っている」が誤りである。「中学生の餓鬼」や「あの餓鬼」は、少年が「私」の頼みを無視し罵言を吐いてきたことに対する怒りから出てきた表現である。「外見」を「侮っている」ことから出たわけではない。

④は、「彼の若さをうらやんでいる」が誤りである。「私」は若く未熟な少年に無視され罵られたことに憤りを感じているのであって、「うらやんでいる」わけではない。

⑤は、「彼の年頃を外見から判断しようとしている」が誤りである。本文の冒頭で「中学生かそこらの少年」と言われているように、隣の家に住む少年の年頃についてはもともとわかっていたことであり、少年に遭遇した際にその「外見から判断しようと」したわけではない。

(ii) 表現に表れた「私」の様子や心情を説明する設問。

看板の絵に関する表現としては「案山子」「あの男」「映画の看板」「素敵な絵」「あのオジサン」などが確認できる。

映画の看板はただの物体でありながら私を脅かす存在として認識されており、これを「私」は雀を脅かす「案山子」になぞらえている。さらに看板に描かれた男の視線を意識してしまう「私」は、「あの男」などの言い方に表れているように、それを擬人化してとらえてしまっているところがある。少年と話す場面においても、少年に対して気を遣って「映画の看板」や「素敵な絵」などと言っている（人間のように意識していることが「露呈」してしまうと、「頭のおかしな人間」と思われる、という懸念もある）が、「あのオジサン」といった言葉にも見られるように、時に看板に対する自身の思いが漏れてしまっている様子がうかがえる。

以上のような看板の絵に対する表現に表れた「私」の様子や心情をおさえたうえで、各選択肢の内容を吟味すると正解は①だと判断できる。

②は、「少年が憧れているらしい映画俳優への敬意を全面的に示すように『あのオジサン』と呼んでいる」が誤りである。「あのオジサン」は看板を生きた人間のように見てしまっている「私」の意識が露呈してしまった呼び方であり、「敬意」を「示す」ものではない。

③は、「看板を『案山子』と呼び、単なる物として軽視している」が正しくない。「案山子」は雀としての「私」を脅かす存在として看板をとらえ使われている表現でもあり、「単なる物」ということにはならない。また、「あのオジサン」も「親しみを込めて呼んでいる」わけではなく、看板に人としての存在を感じている「私」の思いが現れてしまっているのである。

④は、「少年の前でとっさに『映画の看板』『素敵な絵』と表してしまったため、親しみを込めながら『あのオジサン』と呼び直している」が誤りである。むしろ少年に配慮して「映画の看板」「素敵な絵」と呼んでいたところに、思わず「あのオジサン」という無遠慮な呼び名が飛び出してしまったのである。

問5 生徒の作成した**【ノート】**という設定を通して与えられた別のテクストをもとに本文の内容を捉え直す問題である。

(i) 看板に対する「私」の認識を別テクストの内容と結びつける設問。

空欄 X には「看板を家の窓から見ていた時の『私』」に対応する内容が入る。このとき「雀」としての「私」は「案山子」としての看板を恐れ不快に思っているのだから、「国語辞典」の説明で言えば「案山子」を㋐「おどし防ぐ」存在と見ており、「歳時記」のⓐの句の解釈に見られるようにその存在に「脅かされて」いるということになる。空欄 X には㋐か㋑の説明を補うことになるが、以上の説明に合致するのは㋐である。

また、空欄 Y には「看板に近づいた時の『私』」に対応する内容が入る。このとき「私」は看板を「ただの板」でしかないつまらぬものだと思っているのだから、「国語辞典」の説明で言えば「案山子」を㋑「見かけばかりのもっともらし」い存在と見ており、もはや「案山子」は「歳時記」のⓑの句の解釈に見られるように「私」を「追い払えない」ものとなっているということになる。空欄 Y には㋒か㋓の説明を補うことになるが、以上の説明に合致するのは㋒である。

したがって正解は①となる。

(ii) 別テクストの内容を踏まえ看板に対する「私」の認識の変化や心情をとらえる設問。

【ノート】に示された「国語辞典にある『案山子』の意味」や「歳時記に掲載されている案山子と雀の俳句」の「解釈のメモ」を踏まえて、「私」の看板に対する認識の変化や心情を説明する。

(i)でも確認したように、看板を家の窓から見ていた時、「私」はその存在を自己を脅かす不快なものと感じていた。常にその視線を感じて、心を乱されていたのである。このとき「私」は「国語辞典」の説明で言えば「案山子」を㋐「おどし防ぐ」存在と認識しており、「歳時記」のⓐ「案山子立つれば群雀空にしづまらず」の解釈に見られる「脅かされて」いるような心情を抱えていたことになる。

ところが夜中隣家の庭に忍びこみ近くで看板を見た時には、看板をただの板と感じて、そんなつまらぬものに脅かされていた自分を滑稽に思って自嘲の笑いをこぼしている。このとき「私」は「国語辞典」の説明で言えば「案山子」を㋑「見かけばかりのもっともらし」い存在と見ており、もはや「案山子」は「歳時記」のⓑの句の解釈に見られるように「私」を「追い払えない」ものと認識されるようになっている。

したがって以上の内容をとらえた⑤が正解となる。

①は、「はじめ『私』は、ⓒ『某は案山子にて候雀殿』の虚勢を張る『案山子』のような看板に近づけず」が誤りである。家の窓から「案山子」を見ていた「私」は実際に「案山子」に脅かされているのであって、「案山子」を「虚勢を張る（外見だけ力のあるふりをする）」ものととらえていない。

②は、庭に忍び込む前と後の説明が逆になっており不適切である。「私」は「案山子」をもともと「おどし防ぐもの」と感じていたが、庭に忍び込んで近くから見たことで自分に危害を加えるようなものではない「ただの板」だと感じたのである。

③は、「『ただの板』に対する怖さを克服しえた自分に自信をもつことができた」が誤りである。二重傍線部の「苦笑した」には「ただの板」に脅かされていた自身の滑稽さを自嘲する思いが表れている。ここに自分に対する「自信」を読み取ることはできない。

④は、「自分に哀れみを感じている」が誤りである。二重傍線部の「苦

笑した」に表れているのは「ただの板」を怖れていたことに対する自嘲である。これは自己を憐れむこととは違う。

正解⑤は、問3で見た本文最終部分の心情までは届いていないが、二重傍線部自体がその前段落の心情であり、【ノート】もその段落までの心情をまとめたものであるので、それを「踏まえ」た解答としては⑤が適切だということになる。つまり、この設問で問われている内容は(i)で問われている内容と重なっており、(i)と(ii)は連動する形の問いになっていたと言える。両者を相互に関連づけて、それぞれの解答のヒントを得ていくような考え方を意識してもらいたい。

第3問

〈出典〉

【文章Ⅰ】『増鏡』巻九「草枕」

『増鏡』は南北朝時代の歴史物語。四鏡(『大鏡』、『今鏡』、『水鏡』、『増鏡』)の一つ。作者は二条良基が有力視されている。成立年代は未詳であるが、一三五〇年前後であると考えられている。内容は、作者が嵯峨の清凉寺に詣でた際に百歳を超える老尼が語った昔語りという形式を取って、後鳥羽天皇誕生の一一八〇年七月から、後醍醐天皇が建武新政を樹立した一三三三年六月までの約百五十年間を、編年体で記載する。問題文は、巻九「草枕」の一節である。

【文章Ⅱ】『とはずがたり』巻一

『とはずがたり』は鎌倉時代の日記文学。後深草院二条(大納言久我雅忠の娘)著。五巻。徳治元年(一三〇六)以後まもなく完成したと考えられている。前半は十四歳で後深草上皇の寵愛を得て、宮廷生活を送ったときの記録が、後半は後深草院に捨てられ、三十一歳で出家後、諸国を巡った旅の記録が中心となっている。『増鏡』編述の資料の一つとなっている。問題文は巻一の一節である。

〈現代語訳〉

【文章Ⅰ】

後深草院も御自身の御部屋に帰って、おやすみになるけれど、お眠りになることができない。先ほどの(斎宮の)御姿が、心にかかるように思われなさることが、たいそうつらく耐えがたい。「わざわざお手紙を差し上げるようなことも、人聞きがよくないだろう。どうしようか」と思い乱れなさる。(院と斎宮とは)御兄妹とはいっても、長い年月離れて成長なさったので、疎遠におなりになっているために、(斎宮に思いをかけるのを)遠慮される気持ちも薄かったのだろうか、やはりひたすら心が晴れない状態のままで終わるようなことを、不満で残念にお思いになる。道理から外れた御性分であるよ。

何とかの大納言の娘で、後深草院がお側で召し使う人で、例の斎宮にも、

ふさわしい縁があって、親しく参上し慣れている人を（院は）お呼び寄せになって、

「なれなれしい関係になろうとまでは考えていない。ただ少し近くで、（私の）思う気持ちの一端を申し上げたい。このような好機が再び訪れるのはたいそう難しいだろう」

と切実に誠実ぶっておっしゃるので、どのように騙したのだろうか、夢とも現実ともなく（院は斎宮に）近づき申し上げなさったので、（斎宮は）たいそうつらいとお思いになるけれど、弱々しく消え惑うようなことはなさらなかった。

【文章Ⅱ】

斎宮は二十歳を超えていらっしゃる。成熟したご様子は、伊勢の神も名残惜しくお慕いになって、退任後もしばらく伊勢に留まることになったのも道理で、花と言うならば、桜にたとえても、傍目にはさほど見当違いではあるまいと見誤るほどで、美しい桜を霞が隠すように、御顔を袖で隠した間もどうしようかしらときっと思うに違いない御様子であるので、まして院の好色な御心の内は、早くもどのような物思いの種だろうかと、端から（見ている私）も心苦しいと、思わせなさるご様子でした。

（院と斎宮は）お話になって、伊勢神宮に奉仕していた頃の思い出話などを、途切れ途切れ申し上げなさって、院は、

「今宵はすっかり更けてしまいました。ゆっくりと、明日は嵐山の落葉した木々の梢なども御覧になって、お帰りください」

など申し上げなさって、御自身の御部屋にお入りになって、早くも、（私に対して、）

「どうしたらいいだろうか、どうしたらいいだろうか」

とおっしゃる。（私が、）思っていた通りのことだよと、おもしろがって見ていると、

「幼いときから側に仕えてきた証拠として、この恋慕の心を（斎宮に）申し上げてうまくいくよう取り計らってくれたのならば、（お前が私のことを）本気で愛していると思おう」

などとおっしゃって、そのまま（私が）御使として（斎宮のもとに）参上する。ただありふれた挨拶で、「お目にかかれて、うれしく存じます。おもいがけない旅寝は興ざめでしょうか」などと言って、密かに（院の）御手紙を渡した。（その手紙の色合いは）氷襲の薄様だろうか、

「知られじな……お分かりにならないだろうなあ。たった今見たあなたの面影が、すぐにそのまま私の心にとどまったことを。」

夜が更けたので、斎宮の御前にいる女房らも皆、物に寄りかかって寝ている。斎宮も小几帳を引き寄せて、おやすみになっているのだなあ。（私が）斎宮の近くに参上して、事の次第を申し上げると、（斎宮は）お顔を赤らめて、何もおっしゃらない。（院からの）手紙も見ることもなく、そのままお置きになった。

「（院に）何とお返事を申し上げましょうか」

と（私が）申し上げると、（斎宮が、）

「思いがけないお言葉は、何と申し上げたらよいか思いつかなくて」

とだけおっしゃって、またおやすみになったのも思いどおりにならず、じれったいので、（院のところに）帰参して、このことを申し上げる。

「とにかく、寝ていらっしゃるようなところに（私を）導け、導け」

と（院が私を）責めなさるのも煩わしいので、お供に参るようなことは簡単で、案内をして（斎宮のところに）参上する。甘の御衣などは大袈裟なので、（院は）ただ大口袴だけで、こっそりとお入りになる。

まず（私が）先に参上して、障子をそっと開けたところ、（斎宮は）さっきのままでおやすみになっている。御前に仕える女房も寝入ってしまったのだろうか、音を立てる人もなく、（院が）体を縮めて小さくして這ってお入りになった後、どのようなことなどがあったのであろうか。

〈設問解説〉

問１　語句を解釈する問題。

(ア)　正解は②。「まどろむ」は「うとうと眠る」意。「まどろむ」は現代語でも普通に使われる言葉である。「れ給はず」の「れ」は、可能の助動詞「る」の連用形。助動詞「る」「らる」は打消の表現と共に用いられた場合、可能となることが多い。誤答としては④が多かったが、傍線部(ア)と全く対応していない。

(イ)　正解は②。「ねぶ」は基本単語。「成長する」の意。「ねびととのふ」は「成長して立派になる」の意となる。

(ウ)　正解は③。「おほかた」は世間一般に広く通用する様子を表す言葉で、「普通」「一般」と訳す。「おほかたなるやうに」とは、どこでも通用するような普通の様子を表しているので、③の「ありふれた挨拶で」が解答となる。

問2　語句や表現に関する説明の問題。

正解は③。形式的には語句や表現に関する説明となっているが、傍線部Aの内容が理解できていないと解答できない。傍線部Aの内容を理解するためには、傍線部Aの前後の「御はらからといへど」の部分から「けしからぬ御本性なりや」までの内容を理解しておく必要がある。リード文に「斎宮」は「後深草院」の「異母妹」であると記されているので、「御はらからといへど」の主体は後深草院（以下「院」と略称する）と斎宮になる。その院と斎宮は、長い年月離れたところで成長なさったので、疎遠におなりになっているために、「つつましき御思ひ」が薄かったとある。この「つつましき御思ひ」とは誰のどのような思いなのかを、まず考える。「つつまし」が「遠慮される」「気恥ずかしい」の意であることと、リード文に院が斎宮に「恋慕」する場面であると記されていることを考慮すると、院が斎宮に思いをかけるのを「遠慮される」思いが「つつましき御思ひ」であると理解される。院にはこの「つつましき御思ひ」が薄かったので、院は「なほひたぶるにいぶせくてやみなむ」ことを「あかず口惜し」と思ったとある。「いぶせし」は「心が晴れない」、「やむ」は「そのまま終わる」、「あかず」は「満足せず」、「口惜し」は「残念だ」の意。院は斎宮への思いがとげられないという心が晴れない状態のままで終わるようなことを、不満で残念に思っているのである。院の異母妹に対してすら恋慕の対象と見てしまう心持ちを、『増鏡』の語り手は「けしからぬ御本性なりや」と言っている。以上の点を踏まえて各選択肢を見ていく。①は、「つつましき御思ひ」を「斎宮」の気持ちを表しているという点が誤り。②は、「けむ」が「過去推量」とする点はよいが、「対面したときの斎宮の心中を院が想像している」という点が誤り。「つつましき御思ひも薄くやありけむ」は、院が斎宮に思いを寄せるようになった理由について、語り手が想像している部分である。③は、「いぶせく」は、「心が晴れない」という意味なので、「思いをとげることができずに、悶々とした気持ち」を表しているという説明は正しい。また、その気持ちが「院」の「斎宮」への思いによるものであるという説明も正しい。④は、「やみなむ」の「む」が意志の意味であるという点が誤り。ここの「む」は婉曲の意味である。また、選択肢の後半部の「院が言い寄ってくるのをかわそうという斎宮の気持ちを表している」という点も誤り。⑤は、「あかず口惜し」が「不満で残念だという意味」という説明は正しいが、選択肢後半部の「院が斎宮の態度を物足りなく思っている」という点が誤り。院が物足りなく思っているのは、斎宮への思いをとげられないことである。

問3　院の言動についての説明の問題。

正解は④。傍線部Bの直前の院の発言から、院の心情を考える。院は「ただ少しけ近き程にて、思ふ心の片端を聞こえむ。かく折よき事もいと難かるべし」と言っているが、「ただ少しけ近き程にて、思ふ心の片端を聞こえむ」とは斎宮の傍らに行って、自らの恋情を打ち明けたいと言っているのであり、「かく折よき事もいと難かるべし」はこのような好機はなかなか訪れないだろうと言っているのである。この内容に合致する選択肢は、「この機会を逃してはなるまいと、一気に事を進めようとしている」とある④である。なお、傍線部Bに「せちにまめだちて」とあるため、「斎宮に対する院の誠実さ」とある③を選んでしまった受験生も多かったようだ。この設問は正答率が極めて低かった。③は「自分の気持ちを斎宮に伝えてほしいだけだ」とあるのが誤り。先に述べたように、院は斎宮の傍らに行って、自らの恋情を直接打ち明けたいと言っているのであり、二条に「自分の気持ちを斎宮に伝えてほしい」と頼んでいる訳ではない。

問4　複数のテクストを比較・評価する問題。

三つの枝問に分かれているが、そこで問われている内容は、(i)表現の特徴とその効果についての説明の問題、(ii)心情の説明の問題、(iii)テクスト全体の表現・内容を把握した上で、二つのテクストの違いを評価する問題、というように多岐にわたっている。多様な設問への負担を配慮したためか、問4の選択肢はいずれも四択となっている。

(i)　【文章Ⅱ】における院の様子の描写の特徴について、本文と整合する選択肢を選ぶ。正解は①。院の発言を見ると、7行目の「いかがすべき、いかがすべき」、19行目の「ただ、寝たまふらむ所へ導け、導け」とあるように、二箇所繰り返しがある。院が言葉を繰り返す理由は明示されておらず、推測するしかないが、院が斎宮を強く恋慕しているという本文の記述と、院が「いてもたってもいられない」様子であるという選択肢①の記述との間には矛盾はないので、解答として妥当性が高いのは①ということになる。他の選択肢は、いずれも本文の記述と矛盾がある。このタイプの問題では、正解を選ぶ根拠が本文からだけでは判断しきれず、正解であるという可能性が高いというレベルで止まっていることがしばしばあるので、結局、正解以外の選択肢における本文と明確に矛盾している部分を探していくしかない。②は、「斎宮に対する恋心と葛藤が院の中で次第に深まっていく様子」とあるのが誤り。院の斎宮に対する感情は、強い恋慕で最初から一貫しており、感情が次第に深まっていったとか、葛藤があったという記述はない。③は、院が「斎宮の気持ちを繰り返し思いやっている」とあるのが誤り。斎宮に関する院の発言は、①で取り扱った7行目の「いかがすべき、いかがすべき」、19行目の「ただ、寝たまふらむ所へ導け、導け」であるが、「いかがすべき、いかがすべき」は斎宮と懇ろになるにはどうしたらよいかという二条への問いかけ、「ただ、寝たまふらむ所へ導け、導け」は斎宮の所へと早く連れて行けという命令であり、斎宮の気持ちを思いやっているものではない。④は、17行目「思ひ寄らぬ御言の葉は、何と申すべき方もなくて」とあるように、斎宮は院に対して明確な返答をせず、そのままおやすみになってしまった。したがって、「斎宮から期待通りの返事をもらった院の心躍る様子」が誤り。

(ii)　【文章Ⅱ】における二条のコメントについて、本文と整合する選択肢を選ぶ。正解は①。二条が「院の性格を知り尽くしている」ことは、リード文に「後深草院に親しく仕える二条という女性」というかたちで暗示されており、院の「御思ひの種」が「好色の虫」であることは、注6の「くまなき御心」について「院の好色な心のこと」とあることから分かる。②は、「好色な院があの手この手で斎宮を口説こうとしている」点と、「世間離れした斎宮には全く通じていない」という点が誤り。(i)の④の解説で述べたように、院は「いかがすべき、いかがすべき」と斎宮と懇ろになるにはどうしたらよいかと二条に問いかけただけであり、この時点では「あの手この手で斎宮を口説こうとしている」訳ではない。したがって、まだ口説かれていない斎宮は、院の口説きに反応しようがない。二条が面白がっているのは、院の動きが予想通りであったことに対してであり、「世間離れした斎宮には全く通じていない」ことではない。③は、「院が強引な行動に出かねないことに対する注意を促すため、床についていた斎宮を起こしてしまったことに恐縮している」が誤り。院の誘いに対して斎宮は、「思ひ寄らぬ御言の葉は、何と申すべき方もなくて」というように、何とお答えしてよいか分からないと答えた後、そのままおやすみになってしまった。それは院の誘いに対する困惑した結果であり、二条が思いどおりにならず、じれったく感じているのである。「床についた斎宮を起こしてしまった」ことに対する「恐縮」を感じているのではない。「心やまし」は思いどおりにならず、心を痛める様子を表す形容詞。④は、「斎宮を院のもとに導く手立てが見つからずに困惑している」が誤り。「責めさせ給ふ」は、院が二条を「ただ、寝たまふらむ所へ導け、導け」と急きたてる様子を指しており、それを二条が煩わしく感じているのを「むつかし」と言っている。「むつかし」は好ましくない事態に対する不快な気持ちを表す形容詞で、「不快だ」「煩わしい」などと訳す。

(iii)　二つのテクストの表現・内容についての違いについて提示されている評価の中で、本文と整合する選択肢を選ぶ。正解は④。教師と生徒たちとの会話の中でも示されているように、二条の日記である【文章Ⅱ】は歴史物語である【文章Ⅰ】に比べると「臨場感」があり、院の発言が具体的で二条のコメントも多く記されている。これを裏返せば【文章Ⅰ】は「院の発言を簡略化したり、二条の心情を省略」しているということができる。問題は「斎宮の心情に触れている」という部分である。【文章Ⅰ】の最後にある「いと心憂しと思せど、あえかに消えまどひなどはし給はず」が斎宮の心情であるが、簡略に記されているので気づかなかった受験生も多かったのではないかと思われる。しかし、【文章Ⅱ】の末尾を見ると、「小さらかに這ひ入らせ給ひぬる後、いかなる御事どもかありけむ」というように、院が斎宮の寝所に這い入ったことは記されているが、それに対する斎宮の心情は記されていない。以上のように、④の【文章Ⅰ】の表現・内容についての説明は本文と合致しているが、選択肢後半の「当事者全員を俯瞰する立場から出来事の経緯を叙述しようとしているからだろう」という評価の部分は、本文には書かれていない内容である。したがって、(iii)の正解も、(i)と同様に解答として妥当性が高いものとして④ということになる。誤答選択肢に関しては、(i)と同様に、いずれも本文の記述と矛盾がある。ただし、いずれの選択肢も後半の評価の部分は本文に書かれていない内容なので、選択肢の検討は各選択肢前半に記された表現・内容についての説明が本文と矛盾していないかという点に絞って検討する必要がある。①は、「院を理想的な人物として印象づけて」が誤り。院を理想的な人物として描こうとしているのならば、4行目の「けしからぬ御本性なりや」というような批判的な表現は用いられないはずである。②は、「院と斎宮と二条の三者の関係性を明らかにすることで、複雑に絡み合った三人の恋心を整理している」とあることが誤り。【文章Ⅰ】には「院と斎宮と二条の三者の関係性を明らかにする」記述は見つからない。【文章Ⅰ】では、二条のことは「なにがしの大納言の女、御身近く召し使ふ人、かの斎宮にも、さるべきゆかりありて睦ましく参りなるるを召し寄せて」というように、院の恋人であることは明示されていない。③は、院が斎宮に送った歌が「いつかは私になびくことになる」という点が誤り。該当する歌は、【文章Ⅱ】12行目の「知られじな今しも見つる面影のやがて心にかかりけりとは」であるが、この歌の意味は「今しも見つる」斎宮の「面影」が、「やがて（すぐにそのまま）」私の心にかなったことを、あなたは「知られじな（お分かりにならないだろうなあ）」というもので、院が斎宮のことをいたく気に入ったことを、斎宮に伝えようとする歌である。

第４問

〈出典〉 阮元《げんげん》『揅経室集《けんけいしつしゅう》』

阮元（一七六四～一八四九）は清朝の学者・官僚。学者としては清代に盛行した考証学（実証的・文献学的な経典解釈）の大成者として知られる。『揅経室集』はその詩文集で、問題文は「題蝶夢園図巻用董思翁自書詩韻（蝶夢園図巻に題するに董思翁自書の詩韻を用ふ）」と題された詩とその序文である。

※詩とその序文の組合せによる出題。二〇一七年、二〇一八年の共通テスト試行調査（プレテスト）以来、二〇二一年の二つの日程も含めて、いずれも、複数の素材の組合せによって問題文が構成されており、共通テストの漢文においては今後もこの形での出題が頻出することが予想できる。二つの素材の同異を意識して読解する練習をしよう。

※詩の出題は二〇二〇年センター本試験、二〇二一年共通テスト第一日程に続いて三年連続である。共通テストでは今後も詩が積極的に出題されることが予想される。

〈問題文の解説〉

【序文】

かつて住んでいた庭園を、所有する明の文人・董其昌が書いた扇の詩句と、庭園に現れた不思議な蝶にちなんで、「蝶夢園」と名づけた（詩の題が省略されているため、問題文からは園名はわからなくなっている）ことを述べた文章である。

【詩】

序文で述べられた庭園を回想して懐かしんだ詩である。

〈読み方〉（音読みはカタカナ・現代仮名遣いで、訓読みはひらがな・歴史的仮名遣いで示す）

【序文】

余《ヨ》旧《もと》董《トウ》思《シ》翁《オウ》の自《みづか》ら詩《シ》を書《ショ》せし扇《あふぎ》を蔵《ゾウ》するに、「名園《メイエン》」「蝶夢《チョウム》」の句《ク》有《あ》り。

辛未《シンビ》の秋《あき》、異蝶《イチョウ》の園中《エンチュウ》に来《き》たる有《あ》り。識者《シキシャ》知《し》りて太常仙蝶《タイジョウセンチョウ》と為《な》し、之《これ》を呼《よ》べば扇《あふぎ》に落《お》つ。継《つ》いで復《ま》た之《これ》を瓜爾佳氏《カジカシ》の園中《エンチュウ》に見《み》る。客《カク》に之《これ》を呼《よ》びて匣《はこ》に入《い》れ奉《ホウ》じて余《ヨ》の園《エン》に帰《かへ》さんとする者有《ものあ》り、園《エン》に至《いた》りて之《これ》を啓《ひら》くに及《およ》べば、則《すなは》ち空匣《クウコウ》なり。壬申《ジンシン》の春《はる》、蝶《チョウ》復《ま》た余《ヨ》の園《エン》の台上《ダイジョウ》に見《あらは》る。画者《ガシャ》祝《いの》りて曰《い》はく、「苟《いやしく》も我《われ》に近《ちか》づけば、我当《われまさ》に之《これ》を図《ゑが》くべし」と。蝶《チョウ》其《そ》の袖《そで》に落《お》ち、審《つまび》らかに視《み》ること良久《ややひさ》しくして、其《そ》の形色《ケイショク》を得《う》るに、乃《すなは》ち従容《ショウヨウ》として翅《はね》を鼓《う》ちて去る。園《エン》故《もと》名《な》無《な》し。是《ここ》に於《お》いて始《はじ》めて思翁《シオウ》の詩《シ》及《およ》び蝶《チョウ》の意《イ》を以《もっ》て之《これ》に名《な》づく。芳叢《ホウソウ》秋半《あきなか》ばにして、余《ヨ》使《つか》ひを奉《ホウ》じて都《みやこ》を出《い》で、是《こ》の園《エン》も又《ま》た他人《タニン》に属《ゾク》す。芳叢を回憶《カイオク》すれば、真《まこと》に夢《ゆめ》のごとし。

【詩】

春城《シュンジョウ》の花事《カジ》　小園《ショウエン》多《おほ》く
幾度《いくたび》か花《はな》を看《み》て幾度《いくたび》か歌《うた》ふ
花《はな》は我《わ》が為《ため》に開《ひら》きて我《われ》を留《とど》め住《とど》め
人《ひと》は春《はる》に随《したが》ひて去《さ》り春《はる》を奈何《いかん》せん
思翁《シオウ》　夢《ゆめ》は好《よ》くして書扇《ショセン》を遺《のこ》し
仙蝶《センチョウ》　図《ズ》成《な》りて袖羅《シュウラ》を染《そ》む
他日《タジツ》　誰《た》が家《いへ》か還《ま》た竹《たけ》を種《う》ゑ
輿《こし》に坐《ザ》して子猷《シユウ》の過《よぎ》るを許《ゆる》すべき

〈現代語訳〉

【序文】

私はかつて董思翁が自作の詩を書いた扇を所蔵していたが、そこには「名園」「蝶夢」という文句があった。辛未の歳の秋に、珍しい蝶が庭園にやってくることがあった。物知りな人が知っていて、これは太常仙蝶だと言い、これを呼ぶと扇にとまった。引き続いて再びこの蝶を瓜爾佳氏の庭園で見た。食客にこれを呼んで箱に入れ、捧げ持って私の庭園に戻そうとした者がいたが、庭園にやってきてこれを開くと空っぽだった。壬申の歳の春になって、蝶が再び私の庭園に現れた。画家が蝶に祈って、「もしも私のもとに来れば、私はきっと君を描いてやろう」と言った。蝶は彼の袖にとまり、（画家が）長い間これを詳しく観察して、その形や色を把握すると、（蝶は）やっとゆったりと羽ばたいて去って行った。庭園にはもともと名前がなかった。ここではじめて思翁の詩と蝶とにちなんで庭園に名づけた。秋の半ばに私は使者となって都を出て、この庭園も他人のものになった。あの花の茂みを思い出すと、全く夢のようである。

【詩】

春の都城の花見は小さな庭園が多い
何度花を見、何度歌っただろう
花は私のために開いて私を留め
人は春とともに去って春をいかんともしがたい
思翁はよい夢を見て詩を書いた扇を残し
仙蝶は絵を完成させるため袖にとまった
後日どこの家で竹（や花々）を植え
輿に乗った王子猷（のように風流で気まぐれな蝶）の訪れを再び期待できるだろうか

〈設問解説〉

問1　文字の意味の設問

(ア)「復」は「また」と読み、「ふたたび」の意を表す。
(イ)「審」は「つまびらかに」と読み、「詳しく」の意を表す。
(ウ)「得」は「う」と読み、「手に入れる」「見つける」「捕らえる」「理解する」などの意を表す。傍線の前後に画家が蝶を観察したことと、それが終わると蝶は飛び去ったことが書かれているので、「理解する」の意だと判断できる。よって「把握する」とある選択肢④が正解。設問に「ここでの意味」とあるように文字の文脈における意味が問われている。傍線部の前後に目を配ろう。

問2　白文の書き下しの設問

まずは傍線部に句形や慣用的な表現が含まれていないかを確認する。すると「**有～者**」という表現が存在する。「**有～者**」は「**～者有り**」と訓読し、「～のもの・ことが存在する」の意を表す。この読みに従っているのは選択肢②③④である。さらに確認すると、③は「之を匣に入れ」と、「之」を「入」の目的語としているが、傍線部の語順は「之入匣」で、漢文では目的語は動詞の下に置かれるのが原則なので誤り。残る②と④はいずれも読みとして可能なので、それぞれの選択肢を解釈する。②は「食客にこれ（蝶）を呼んで箱に入れ捧げ持って帰そうとした私の庭園の者がいた」、④は「食客にこれを呼んで箱に入れ捧げ持って私の庭園に帰そうとした者がいた」となって、傍線部の後の、庭園について箱を開けると空であったという記述に自然につながるのは④だと判断できる。

※近年のセンター試験以来、書き下しは白文で出題されている。句形や重要表現をおぼえるだけでなく、訓読における返読の基本を確認しておこう。また、近年のセンター試験の書き下しの設問では、最終的に解釈で決定するパターンが頻出していた。解釈にも注意して選択肢を選ぼう。

問3　解釈の設問

「**苟～**」は「**いやしくも～ば**」と読み、「もしも～ならば」の意を表す。「**当動詞**」は「**まさに動詞べし**」と読み、「～しなければいけない」「きっと～する」の意を表す。この二つが正しく訳されているのは選択肢⑤である。

問4　漢詩の規則の設問

漢詩の規則としては、以下のことをおぼえておけばよい。

形式

出題された詩が

四句　→ **絶句**

八句　→ **律詩**

それ以外　→ **古詩**

韻＝末尾の母音が共通する文字

いずれの詩も**偶数句末に韻字**を置く

七言詩は第一句末にも韻字を置くのが原則だが、省略されることも多い。

対句

律詩の第三句と第四句（頷聯）、第五句と第六句（頸聯）は必ず対句

出題された詩は八句で構成され、一句が七文字なので七言律詩。よって選択肢③⑤が正解の候補となる。さらに空欄は第二句の末で、多（タ）、何（カ）、羅（ラ）、過（カ）とともに韻を踏んでいる。末尾の母音はアであることがわかる。ここで選択肢を確認すると、③は「歌（カ）」、⑤は「香（コウ）」で、正解は③。なお、「香」は「か」と読むことがあるが、「か」は訓読みである。わずかな例外はあるが、熟語は音読みが原則なので、その漢字の熟語での読みを考えるとよい。

※前述のように、二〇二〇年センター試験、二〇二一年共通テスト第一日程に引き続いての漢詩の出題で、今後の共通テストでも漢詩が積極的に出題されると予想される。漢詩の規則を確認しておこう。

問5　重要語の読みの設問

「**奈何**」は「**いかんせん**」と読み、「どうすればよいか」「どうしようもない」の意を表す。しばしば対象が二文字の間に置かれ、「**奈対象何**」の形を取り、「**対象をいかんせん**」と読む。この場合は「対象をどうしようもない」の意を表していることが多い。正解は選択肢⑤である。

問6　二つの問題文の内容に関する設問

【序文】は**【詩】**が作られた経緯や内容を説明したものであるから、**【序文】**の内容を主に考えてゆけばよい。**【序文】**において「太常仙蝶」が現れたりとまったりした場所を順に確認すると、扇→瓜爾佳氏園中→余園台上→袖となる。一方**【詩】**の「仙蝶」について確認すると、「染袖羅」とあって、**【序文】**の、画家の袖にとまったことが描写されていることがわかる。よって、扇―阮元の庭園の台―袖とある選択肢⑤が正解。

問7 二つの問題文から読み取れる筆者の心情の設問

前述のように**【序文】**の内容を主に考えてゆけばよい。**【序文】**の最後に「回憶芳叢、真如夢矣」とあるので、かつての庭園を懐かしんでいることがわかり、この時点で「懐かしく思い出している」とある選択肢⑤が正解の可能性が高いと判断できる。さらに⑤を確認すると、「珍しい蝶は、捕まえようとしても捕まえられない」という記述が、**【序文】**の、蝶を箱に入れて持ち帰ったが、開けてみたら空だったという記述に一致するので、⑤が正解だと判断できる。念のために他の選択肢を確認してゆくと、①は「蝶が扇や絵とともに他人のものとなった」が誤り。庭園は他人のものになったが、扇や絵が他人のものになったことは見えない。②は「扇から抜け出し」が誤り。「箱のなかにとらえて絵に描きたい」も誤り。③は「董思翁の夢を扇に描き」が誤り。「蝶の模様をあしらった服」も誤り。④は「都を離れているあいだに人に奪われてしまい」が誤りである。

2021年度

大学入学共通テスト 第１日程

解答・解説

■2021 年度大学入学共通テスト第１日程「国語」得点別偏差値表

下記の表は大学入試センター公表の平均点と標準偏差をもとに作成したものです。

平均点 117.51　標準偏差 34.67　　受験者数 457,305

得点	偏差値	得点	偏差値	得点	偏差値	得点	偏差値
200	73.8	150	59.4	100	44.9	50	30.5
199	73.5	149	59.1	99	44.7	49	30.2
198	73.2	148	58.8	98	44.4	48	30.0
197	72.9	147	58.5	97	44.1	47	29.7
196	72.6	146	58.2	96	43.8	46	29.4
195	72.4	145	57.9	95	43.5	45	29.1
194	72.1	144	57.6	94	43.2	44	28.8
193	71.8	143	57.4	93	42.9	43	28.5
192	71.5	142	57.1	92	42.6	42	28.2
191	71.2	141	56.8	91	42.4	41	27.9
190	70.9	140	56.5	90	42.1	40	27.6
189	70.6	139	56.2	89	41.8	39	27.4
188	70.3	138	55.9	88	41.5	38	27.1
187	70.0	137	55.6	87	41.2	37	26.8
186	69.8	136	55.3	86	40.9	36	26.5
185	69.5	135	55.0	85	40.6	35	26.2
184	69.2	134	54.8	84	40.3	34	25.9
183	68.9	133	54.5	83	40.0	33	25.6
182	68.6	132	54.2	82	39.8	32	25.3
181	68.3	131	53.9	81	39.5	31	25.0
180	68.0	130	53.6	80	39.2	30	24.8
179	67.7	129	53.3	79	38.9	29	24.5
178	67.4	128	53.0	78	38.6	28	24.2
177	67.2	127	52.7	77	38.3	27	23.9
176	66.9	126	52.4	76	38.0	26	23.6
175	66.6	125	52.2	75	37.7	25	23.3
174	66.3	124	51.9	74	37.5	24	23.0
173	66.0	123	51.6	73	37.2	23	22.7
172	65.7	122	51.3	72	36.9	22	22.5
171	65.4	121	51.0	71	36.6	21	22.2
170	65.1	120	50.7	70	36.3	20	21.9
169	64.9	119	50.4	69	36.0	19	21.6
168	64.6	118	50.1	68	35.7	18	21.3
167	64.3	117	49.9	67	35.4	17	21.0
166	64.0	116	49.6	66	35.1	16	20.7
165	63.7	115	49.3	65	34.9	15	20.4
164	63.4	114	49.0	64	34.6	14	20.1
163	63.1	113	48.7	63	34.3	13	19.9
162	62.8	112	48.4	62	34.0	12	19.6
161	62.5	111	48.1	61	33.7	11	19.3
160	62.3	110	47.8	60	33.4	10	19.0
159	62.0	109	47.5	59	33.1	9	18.7
158	61.7	108	47.3	58	32.8	8	18.4
157	61.4	107	47.0	57	32.5	7	18.1
156	61.1	106	46.7	56	32.3	6	17.8
155	60.8	105	46.4	55	32.0	5	17.5
154	60.5	104	46.1	54	31.7	4	17.3
153	60.2	103	45.8	53	31.4	3	17.0
152	59.9	102	45.5	52	31.1	2	16.7
151	59.7	101	45.2	51	30.8	1	16.4
						0	16.1

2021年度 第１日程　解答・配点

(200点満点)

問題番号(配点)	設問	(配点)	解答番号	正解	自己採点欄
第１問 (50)	1	(2)	1	③	
		(2)	2	①	
		(2)	3	②	
		(2)	4	③	
		(2)	5	①	
	2	(7)	6	①	
	3	(7)	7	②	
	4	(7)	8	②	
	5	(5)	9	④	
		(3)	10	③	
		(3)	11	④	
		(8)	12	②	
小　計					
第２問 (50)	1	(3)	13	②	
		(3)	14	②	
		(3)	15	①	
	2	(6)	16	③	
	3	(7)	17	①	
	4	(8)	18	①	
	5	(8)	19	⑤	
	6	(6)	20	④	
		(6)	21	④	
小　計					

問題番号(配点)	設問	(配点)	解答番号	正解	自己採点欄
第３問 (50)	1	(5)	22	④	
		(5)	23	③	
		(5)	24	①	
	2	(7)	25	①	
	3	(6)	26	①	
	4	(6)	27	⑤	
	5	(各8)	28 － 29	③ － ⑥	
小　計					
第４問 (50)	1	(4)	30	①	
		(4)	31	⑤	
	2	(5)	32	⑤	
		(5)	33	③	
		(5)	34	④	
	3	(6)	35	②	
	4	(6)	36	④	
	5	(6)	37	⑤	
	6	(9)	38	③	
小　計					
合　計					

(注)－(ハイフン)でつながれた正解は，順序を問わない。

第1問

〈出典〉 香川雅信（かがわ　まさのぶ）『江戸の妖怪革命』の〈序章　妖怪のアルケオロジーの試み〉の〈妖怪研究の二つのレベル〉の末尾から〈アルケオロジーという方法〉の全文および〈妖怪観のアルケオロジー〉の末尾近くまで。

香川雅信は一九六九年生まれ。大阪大学大学院文学研究科博士後期課程単位取得退学。博士（学術）。現在、兵庫県立歴史博物館学芸員。専攻は日本民俗学。著作・論文に、「登校拒否と憑《つ》きもの信仰――現代に生きる『犬神憑き』」（小松和彦編『怪異の民俗学1』所収）、「遊びの中の妖怪たち――近世後期における妖怪観の転換」（小松和彦編『日本妖怪学大全』所収）などがある。

〈問題文の解説〉

本文は約三三〇〇字の評論で、**問5**で（**【ノート】**および引用文を合わせて）五〇〇字を超える文章が加わる。全体として（前身であるセンター試験の出題歴をめやすにすると）標準的な分量だということができる。

内容的には、日本の「妖怪観」の変遷を現代思想的な視座から論じた文化論（民俗学）で、**各部分で対比関係や同内容関係をつかみ、それに基づいて全体の論旨展開を把握する**、というオーソドックスな読解力が求められるものであった。また、①〈妖怪観の変遷〉という**見慣れない話題・論旨を、筆者の記述を追って正確に理解できるか**　②一方で、〈人間は客観的世界のありのままを認識しているのではなく、各時代ごとの「知の枠組み」に基づいて認識し思考している〉という**入試頻出の〈ものの見方〉に慣れているか**の両面が試されているという点でも、入試問題としてオーソドックスな問題文だといえる。

共通テストの特徴として、事前に実施された〈試行調査〉からは、①複数のテクスト（文章・資料）の組合せ　②〈実用的場面に関わる文章〉の出題　③〈図表などを含む文章〉の出題　の三点が見てとれたが、今回の出題は、**問5**で①の形がとられ、②③の形は本文としては出題されなかった。しかし、**問5**は全体として〈学習の場面を想定している〉という点で②の〈実用的場面〉に関わるものであり、またⅰで③の〈図表〉的なものを出題している、とはいえる。今後も、程度の差はあれ、何らかの形で先の①②③を踏まえた出題がなされるものと思われる。

本文は、リード文に「序章」とあるように、出典となった書物の全体としての見取り図を、あらかじめ述べた箇所である。展開に沿って見ていこう。なお各形式段落を[1]～[18]で示す。

[1]～[5]は、日本における妖怪観を、「近世」（リード文にあるようにここでは「江戸時代」）とそれ以前との対比で説明した上で、**妖怪観の「変容」**を具体的に述べるのがこの文章の目的だ、と**〈問題設定〉**を行っている。

近世以前の妖怪は、「人間が**秩序ある意味世界**のなかで生きていく」[3]うえで、「**日常的理解を超えた**不可思議な現象」[3]が生じる「**意味論的な危機**」[4]を、〈その現象は妖怪が「原因」となって引き起こされた「結果」だ〉と「**了解**」することで、「**意味の体系のなかに回収する**」[3]ために生み出されたものであった（例えば、不可解な症例を示す病気について〈化け猫に憑かれたためだ〉と考えたり、ある川で溺死者が多いことについて〈あの川には人を襲う河童がいるのだ〉と考えたり、といったこと）。したがって〈**現実の危機をもたらすもの**〉としての「**リアリティ**をともなっていた」[3]。それが**近世**になって変化し、「**娯楽の対象**」となる「**フィクションとしての妖怪**」が生まれてきた（[1]・[2]・[4]）という。――私たちが（例えば映像作品やコミックなどで）想起するのは「娯楽の対象」「フィクション」の方だが、そうした妖怪観は必ずしも普遍的なものでなく、近世以降という特定の時代に生まれたものであり、その意味で「歴史性を帯びたもの」[2]（＝時代を超えて同一のものではなく、歴史的に変遷してきたもの）だというのである。――以上をうけて筆者は、それがどのような「**変容**」であり、どのような「**歴史的背景**」を持つのかを探るのが、この論の目的だ、と述べる[5]。

6～9は、フーコーの「アルケオロジー」について紹介し、この文章はこの考え方を基に論じていく、と〈方法論〉を提示している。

人間の認識や思考は、「『客観的に』存在する事物の秩序そのものに触れるのではなく、「事物のあいだになんらかの関係性をうち立てるある一つの枠組みを通して……事物の秩序を認識する」というものであり、その「枠組み」（＝「エピステーメー」）が「時代とともに変容する」ことで「事物に対する認識や思考が……変貌」するという見方に立って、その「変容」を「描き出す試み」が「アルケオロジー」だという⑦。――「妖怪観」でいえば、近世以前の〈理解を超えた現象の説明のための装置〉から、近世の〈娯楽の対象となるフィクション〉への「変貌」において、その背景にどのような「枠組み」の変化があったのか、ということになる。そのように「日本の妖怪観の変容を、大きな文化史的変動のなかで考える」ことが、この文章の目指すところだ⑨と述べた上で、10以降でその「変容」が具体的に説明されていくことになる。

10～18は〈日本の妖怪観の変容〉の具体的説明である。11～14はまず、近世以前（中世）から「近世」への妖怪観の変容について。――中世においては、「あらゆる自然物が」「物そのものと言うよりも『記号』（＝何かを意味するもの）であった」ので、妖怪も「神仏をはじめとする神秘的存在からの『警告』」「神霊からの『言葉』」を伝える……『記号』」であったという（例えば、子供を川に引き込む妖怪は〝危険な川に近づいてはいけない〟という警告だ、といったふうに）。人間はその記号を「読み取」り、「その結果にしたがって神霊への働きかけをおこな」ったというのである⑪。

しかし、「近世」においては、「物」からそうした「『言葉』や『記号』としての性質が剝ぎ取られ、……『物』そのものとして人間の目の前にあらわれるようになる」⑫。先に見た「神霊」の「言葉」が信じられていた時代には、それらは人間の自由にできるものではない――人間はそれを「『読み取る』ことしかできな」い⑬。しかし、それらが「剝ぎ取られ」、「『物』そのものとして」あらわれれば、そこに「人間が約束事のなかで作り出す」「人工的な記号、人間の支配下にある」記号を付与することができる。筆者はそうした記号を「表象」と呼び⑬、妖怪が「伝承や説話といった『言葉』の世界、意味の世界から切り離され、名前や視覚的形象によって弁別される『表象』とな」り、「フィクショナル」な「キャラクター」となっていった、と述べる⑭。こうした「妖怪の『表象』化は、人間の支配力が（「神霊」に代わって）世界のあらゆる局面……に及ぶようになったことの帰結である」⑭。――1～5で述べられた妖怪の「フィクション」化、「娯楽」化の背景には、〈世界を支配するのは神霊の意志だ〉とする世界観から、〈世界を支配する（意味づける）のは人間だ〉という世界観へ（11～14）という「認識の「枠組み」⑦の転換があった、というのである。

15～17は、さらに時代を下って「近代」の「妖怪観」について論じている。先に見たように、近世においては「人間の力の絶対性」⑯に基づき〈世界の意味づけ〉がなされていたが、近代には「この『人間』そのものに根本的な懐疑が突きつけられるようにな」り、「『神経』の作用、『催眠術』の効果、『心霊』の感応によって容易に妖怪を『見てしまう』不安定な存在、『内面』というコントロール不可能な部分を抱えた存在として認識されるようになった」⑯。そして、そうした「謎めいた『内面』を抱え込んでしまったことで、『私』は私にとって『不気味なもの』となり、いっぽうで未知なる可能性を秘めた神秘的な存在となった」⑰。そして、「妖怪は、まさにこのような『私』を投影した存在としてあらわれるようになる」⑰（例としては問5(iii)参照）。――近代には、自分で自分をおさえられなくなるような衝動や、無意識の欲望といったものの存在が認識されるようになり、〈自分のなかに自分でも理解しきれない（コントロールできない）ものがある〉といった人間観が一般化した。これが「認識」の「枠組み」⑦となり、右のような妖怪観が生じたのである。――以上のように考えると、一般的には「近世は妖怪をリアルなものとして恐怖していた迷信の時代、近代はそれを合理的思考によって否定し去った啓蒙の時代」と考えられているが⑮、実際にはむしろ、近世には妖怪は「フィクション」として楽しまれ、近代においては妖怪が人間（自己）の不気味さを表象するものとして「リアリティ」⑮を持つようになったのだ、というのである。

18は、右に見た〈中世→近世→近代〉の変化を「以上がアルケオロジー的方法によって描き出した、妖怪観の変容のストーリーである」とまとめて、結びとしている。

全文の論旨展開をまとめておこう。

■1～5　問題設定■

〈**近世以前**の妖怪〉　↔　〈**近世**の妖怪〉

日常的因果了解では説明のつかない現象
不安と恐怖　←　「妖怪」（が原因）　←　意味の体系に回収

A民間伝承としての妖怪　↔　**娯楽**の対象として
切実な**リアリティ**　　**フィクション**

■6～9　方法論■

〈人間の**思考**や**認識**〉「客観的」事物の秩序そのもの　↔　ではない

事物のあいだに関係性をうち立てる**一つの枠組み**を通して**認識**

エピステーメー　＝　時代とともに**変容**　←

歴史をエピステーメーの**変容**として描く＝**アルケオロジー**（傍線部B）
本書では、この方法を踏まえて日本の妖怪観の**変容**について記述

■10～18　日本の妖怪観の**変容**■

〈**中世**（**近世以前**）〉→〈**近世**〉———→〈**近代**〉

物＝意味を帯びた記号　←　剝ぎ取られ　↓　「物」そのものに　←

妖怪＝**神霊**からの「警告」を伝える「**記号**」　↔　「記号」は**人間**が**約束事**のなかで**作り出す**もの

神霊の支配　↔　**人間の支配下**「**表象**」（人間の力の絶対性）　↔　**人間**　**不安定**な存在
「**内面**」という**コントロール不可能**な部分を抱えた存在

C妖怪の「**表象**」化　**妖怪**＝**フィクショナルなキャラクター**　←　**謎めいた**「**内面**」を抱え込んだ「**私**」
私にとって**不気味**　←　**妖怪に投影**

以上のように、本文は各部分で〈中世↔近世〉〈近世↔近代〉という対比を軸にし、各部分でそれぞれの時代の特徴が繰り返し述べられる、という形で論旨が進んでいる。そして、**〈設問解説〉**の項でみるように、こうした形で論旨をつかめているか否かが、各設問で問われているのである。本文読解においては、こうした読み方を意識して練習したい。

〈論理的文章〉の読解においては、**〈対比〉**や**〈同内容の繰り返し〉**などを意識して**本文の内容を整理**しつつ読み、論旨をつかむ。

〈設問解説〉

設問構成は、**問2**～**問4**の傍線部設問で各部分の主旨を論旨展開に沿って順に問い（この点はセンター試験を踏襲）、そこまでで問い残されている本文最後の部分の主旨（近代）について、**問5**で共通テスト型設問で問う、という形になっている。一方、センター試験の**問6**（および二〇一八年試行調査の**問5**）で出題されていた表現・構成の設問はなくなっているが、その代わりに**問5**(i)で構成と論旨を問うている。配点は**問5**が19点であり、従来の**問5**・**問6**の合計よりもさらに多い。共通テスト型設問に多めに配点し、そこで問われる力に重点を置いて評価しようという意図がうかがえる。

問1　漢字に関する設問。

センター試験に準ずる漢字設問だが、選択肢が5本から4本に変わっている（第二日程問題も同様の形式であった）。**同音異義語**に注意を要する熟語(イ)や**音→訓の書きかえ**(エ)が出題されているのもセンター試験を踏襲している。

(ア)〈民間に伝承されてきた風俗・習慣〉の意の「民俗」。①所属②海賊③良俗④継続で、正解は③。

(イ)〈よび起こす〉意の「喚起」。①召喚②返還③栄冠④交換で、正解は①。〈換気〉〈歓喜〉などの同音異義語の使い分けに注意。

(ウ)〈自説を補強するために他の文献や事例などを引用する〉意の「援用」。①沿線②救援③順延④円熟で、正解は②。

(エ)〈間に距離を置く〉意の「隔（てる）」。①威嚇②拡充③隔絶④地殻で、正解は③。

(オ)〈反映させて現す〉意の「投影」。①投合②倒置③系統④奮闘で、正解は①。

問2　傍線部の具体的内容を説明する設問。

「フィクションとしての妖怪」以前の（近世以前の）妖怪観を問うもの。[1]～[5]の**対比関係を軸にした論旨の理解**を試す設問である。

〈問題文の解説〉の[1]～[5]の箇所を参照。[3]初めから近世以前の妖怪について「日常的理解を超えた不可思議な現象に意味を与えようとする」＝「日常的な因果了解では説明のつかない現象」を「意味の体系のなかに回収する」ことで「人間が（日常の）秩序ある意味世界のなかで生きていく」ために「生み出された」のが（近世以前の）「妖怪」だと述べられている。傍線部Aはこれを「民間伝承としての妖怪とは、**そうした存在**だった」とうけた箇所である。これに合致する①「人間の理解を超えた不可思議な現象に意味を与え日常世界のなかに導き入れる存在」が正解。

②「フィクションの領域において」は「近世」側で、〈近世←→近世以前〉という**対比**のうち後者について述べた傍線部Aとは**逆側**である。③「目の前の出来事から**予測**される」④「**日常的な因果関係**にもとづく意味の体系のリアリティ」は、[3]第二文の「人間は**つねに**、経験に裏打ちされた**日常的な原因**——**結果**の了解に基づいて目の前に生起する現象を認識し、未来を**予見**し……」とある通り、**通常の「日常」側**。妖怪はそれを「認識させ」「気づかせる」のではなく、「**日常的な因果了解**では**説明のつかない現象**」を〈妖怪のしわざだ〉という形で説明する、というものである。つまり③④は、〈日常←→非日常（妖怪）〉という**対比**のうち、設問で問われている「妖怪」とは**逆側**である。②と合わせ**〈対比関係の混同〉**というパターンの誤答を意識しておこう。

本文の論旨は、妖怪**が**⑤「意味論的な危機を……**生み出す**」というのではなく、〈危機が生まれ→それを〝妖怪のしわざだ〟ということによって理解可能なものにする〉という順序である。⑤は**〈因果関係の順序が逆〉**というパターンの誤答である。

問3　傍線部の具体的内容を説明する設問。

「アルケオロジー的方法」の内容について問うもの。[6]～[9]の**論旨の核となる概念の本文中における定義の理解**を試す設問である。

〈問題文の解説〉の[6]～[9]の箇所を参照。傍線部B「アルケオロジー的方法」については、[7]初めに「アルケオロジーとは……思考や認識を可能にしている知の枠組み……の変容として歴史を描き出す試みのことである」とあり、この「枠組み」については[7]半ばに「事物のあいだになんらかの関係性をうち立てるある一つの枠組みを通して、はじめて事物の秩序を認識することができる」とある。以上に合致する②「事物のあいだにある秩序を認識し思考することを可能にしている知の枠組みをとらえ、その枠組みが時代とともに変容するさまを記述する方法」が正解。

①「客観的な秩序を復元」は、[7]半ば「『客観的に』存在する事物の秩序そのものに触れているわけ**ではない**」という本文の論旨と逆になってしまう。③「要素ごとに**分類**」ではなく、[8]「『物』『言葉』『記号』そして『人間』の**関係性の再編成**」である。④は「ある時代の」とあるだけだから（例えば「近世」の文化的特徴を分析する、という話にしかなっておらず）、「時代とともに**変容**するさまを記述」という要素が不足。⑤には逆に「変動」の方はあるが、「知の枠組み」（によって認識や思考が可能に

なっている〉という要素が不足。④⑤は〈**設問で求められていることの答えとして必要な要素が（正解に比べて）不足している**〉というパターンの誤答である。

設問要求である「アルケオロジー的方法」についての文中での説明はどういうものかをしっかりつかめば、解答は比較的容易である。一方、単に〈本文に出てくるものは○、出てこないものは×〉というやり方で解こうとすると、④⑤が消しきれない可能性がある。〈**設問で求められていることについて本文でどのように説明されているか**〉を答える、という意識をもって解答練習を重ねよう。

問4　傍線部の具体的内容を説明する設問。

11～14における〈中世から近世への変化〉を問うもの。つまり、対比関係の把握を試す設問。

〈問題文の解説〉の10～14の箇所を参照。11に「中世」の妖怪について「妖怪……は……神仏をはじめとする神秘的存在からの『警告』」「神霊からの『言葉』を伝えるものという意味で、一種の『記号』だった」とあり、続く12からの「近世」の説明には、13「近世においては、『記号』は人間が約束事のなかで作り出すことができるものとなった……こうした『記号』を、本書では『**表象**』と呼んでいる」と述べた上で、14「妖怪は……『**表象**』となっていった。それはまさに、現代で言うところの『キャラクター』であった。そしてキャラクターとなった妖怪は……フィクショナルな存在として人間の娯楽の題材へと化していった」とある。傍線部C「妖怪の『**表象**』化」とは、この〈変化〉をいったものである。以上に合致する②「妖怪が、神霊の働きを告げる記号から、人間が約束事のなかで作り出す記号になり、架空の存在として楽しむ対象になったということ」が正解。

①「人間が人間を戒める」のではなく「娯楽」である。

③「**実在**するかのように」は「**リアリティ**」に当たり、「フィクション」側である傍線部Cとは逆。

14に「妖怪の『表象』化は、人間の支配力が世界のあらゆる局面、あらゆる『**物**』に及ぶようになったことの**帰結（＝結果）**である」とあるから、④「妖怪が……人間の力が世界のあらゆる局面や物に及ぶ**きっかけ（＝原因）になった**」は因果関係の順序が逆。

妖怪が「キャラクター」化した、とはあるし、「視覚的形象によって弁別される」ものとなった、ともあるが、⑤「人間の性質を戯画的に形象」とはいわれていない。

問5　生徒の作成したノートという〈設定〉で、構成（部分要約）・本文後半の部分の読解・他テクストへの応用を問う設問。〈ノート〉という形式自体は二〇一八年試行調査の（当時は出題が予定されていた）記述問題で出題された形である。①**学習や仕事などの実用的場面を想定した出題**　②**複数の文章や資料の関連をつかむ出題**　③**応用的・発展的思考力を問う出題**　という点で**共通テストの特徴が集約的に表れた設問**だといえる。

(i)　本文の構成に沿って各部分の論旨を問う設問。

文章構成を示した図の空欄にふさわしい小見出しを入れるという形で、実質的には部分要約を問う設問である。

〈問題文の解説〉の1～5の箇所を参照。Ⅰは「2～3」の小見出しである。①②のⅠは「妖怪はいかなる**歴史的背景**のもとで**娯楽の対象**になったのかという問い」であるが、これは内容的には1の問題提起であって空欄Ⅰ（2～3）の内容には合わない。「**娯楽の対象**」としての妖怪は「**近世**」のものだが、2はそれが「近世」のものだという指摘をしているだけで、その「歴史的**背景**」について「問い」を投げかけてはいないし、3は**近世以前**の妖怪についての説明である。

また、Ⅱは「4～5」の小見出しだが、①のⅡ「意味論的な危機」はどちらかというと3で論じられていることであり、それをうけた4前半に当たるとしても5をカバーしない。また4～5は②のⅡ「娯楽の**具体的事例**」を「紹介」しているともいえない（5で〈これから具体的事例を挙げて論じていく〉と予告しているだけである）。——以上のように、ⅠⅡいずれについても①②は×となる。

残る③④のうち、③のⅠ「娯楽の対象となった妖怪」は近世のもので、先に見た通り3をカバーしない。残る④が正解となる。④のⅠ「**歴史性**」

なら〈近世以前（3）→近世（2）〉という**時代的変遷全体**をカバーする言い方だといえる。また、④のⅡ「いかなる歴史的背景のもとで、どのように妖怪認識が変容したのかという**問い**」という言い方なら、4の「意味論的な危機から生み出される」近世以前の妖怪から「フィクションとしての妖怪」という「変容」を5でうけ、さらに「いかなる歴史的背景から生じたのか」と問う4～5の内容をカバーするものだといえる（4～5には「歴史的背景」の具体的説明はないが、それがどのようなものなのか、という「問い」はある）。――つまりこの設問は〈**本文の複数（段落）の具体的内容を適切に総括して抽象表現にできるか**〉を問うもので、この点が**共通テスト的**だといえる。

(ii)　説明文の空欄を補う形で本文の論旨の理解を問う**設問**。

〈**問題文の解説**〉の10～18の箇所を参照。設問文「近世から近代への変化」については、12～14で「近世」（空欄Ⅲ）が、15～17で「近代」（空欄Ⅳ）が、それぞれ説明されている。Ⅲは、14「妖怪は……名前や**視覚的**形象によって弁別される『表象』となっていった……現代で言うところの『**キャラクター**』であった」に合致する③が正解。①「恐怖」でなく「娯楽の題材」（14）である。②「神霊からの言葉を伝える記号」は「中世」側（11）だから、「近世には……」の空欄Ⅲとは逆。④「人を化かす」はこの本文とは無関係。

Ⅳは、16「近代になると……人間は……**不安定**な存在、『**内面**』という**コントロール不可能な部分**を抱えた存在として認識されるようになった」や17「『私』は私にとって『**不気味なもの**』となり」に合致する④が正解。①「合理的」というよりは「不安定」「コントロール不可能」「謎めいた」である。②は〈「私」はよいとしても〉「自立」が本文で「コントロール不可能」「謎めいた」といわれていることとは逆方向である。①②は〈「近代」について〉**よく聞く話だが、本文とは異なる**〉というパターンの誤答。③は16「『**表象**』という人工的な記号を成立させていたのは、『**万物の霊長**』とされた人間の力の絶対性であった」に当たるが、これは14「妖怪の『**表象**』化は、人間の支配力が世界のあらゆる局面……に及ぶようになったことの帰結」、つまり**「近世」側**だから、空欄Ⅳとは逆方向である。――(ii)は以上見たように、形式は目新しいが、実質的にはⅢ・Ⅳとも〈**対比関係の把握**〉を問う**設問**である。

(iii)　本文の論旨を別の文章と関連づけ、応用的に考えを展開する**設問**。

本文の原典となった著作の他の箇所への言及がなされ、そこで取り上げられた小説の一節が引用されて、その一節と本文の論旨とを重ねて考える設問。**複数のテクスト（文章・資料）の関連をとらえる設問**である点、**本文の論旨を他の文章・資料に応用して考える思考力を問う設問**である点で、共通テストの特徴が現れた設問である。

【**ノート3**】が取り上げている本文17には「『私』は私にとって『**不気味なもの**』となり、いっぽうで**未知なる可能性を秘めた神秘的な存在**となった」と述べられている。【**ノート3**】は最初の部分で「本文の17には、近代において『私』が私にとって『不気味なもの』となったということが書かれていた」としており、ここから論の焦点が〈「私」の「**不気味なもの**」**としての側面**〉の方にあることがつかめる。

> 〈**本文の論旨を他の論者**（ここでは「Nさん」）**が捉え直す設問**〉では、**設問で与えられた文脈から〈本文をどういう視点で捉え直すのか〉をつかみ、それに沿って設問を考えていく。**

【**ノート3**】で引用された「芥川龍之介の小説『歯車』」では、「ドッペルゲンガー」＝「分身」、「もう一人の自分を『見てしまう』怪異」が扱われている。「**歯車**」の内容を**本文**と関連付けた「考察」が、空欄Ⅴに入る解答内容である。　したがって、

・本文の趣旨に合致すること
・「歯車」の内容に合致すること
・両者の関連性を「『私』が私にとって『不気味なもの』となった」という方向性において的確に捉えていること

の三つが、正解の条件だということになる。

①「他人の認識のなかで生かされている」④「『私』という分身にコントロールされてしまう」は「歯車」の一節には合うかもしれないが、本文の趣旨と無関係〈自分で自分をコントロールできない〉という趣旨は16

にあるが、〈自分が別の自分にコントロールされる〉という趣旨は本文には出てこない。③「未知なる可能性を秘めた」は先に見たように17に出てくるが、**【ノート3】**の設定した方向性（「不気味なもの」）の側ではないし、「歯車」には③「別の僕が自分に代わって思いをかなえてくれた」とは述べられていない。

②「自分自身を統御できない」⑤「自分を制御できない」はともに16に合致する。その上で、⑤は「他人にうわさされることに困惑」が「歯車」の内容に合致しない（「歯車」の「K夫人に……言われ、当惑した」に合うように見えたかもしれないが、これは〈身におぼえのないことを言われてとまどった〉のであって〈うわさされて困った〉のではない。つまり⑤は、引用文「歯車」を誤読していないかを試す選択肢である）。残る②が正解である。②「もう一人の自分に死が訪れるのではないかと考えていた」は「歯車」の末尾「死はあるいは僕よりも第二の僕に来るのかも知れなかった」に合致する。②「『私』が自分自身を統御できない不安定な存在である」は16「『**内面**』という**コントロール不可能な部分**を抱えた存在」に合致し、これは17「**謎めいた**『**内面**』を抱え込んでしまったことで、『私』は私にとって『**不気味なもの**』となり」につながるから、**【ノート3】**の最初の部分の方向性にも合う。

複数テクスト問題自体は共通テストの出題方針に沿ったものだが、特に今回は、論理的文章の問題と文学的文章（小説）を組み合わせた問題であり、〈深読みすれば〉国語という教科が将来的に〈論理国語〉と〈文学国語〉とを分ける方向にあるとされることに疑問を呈しようとする出題だと考えられなくもない。しかしながら、来年度以降も同じ形での出題が続くとは必ずしもいえず、実用的資料なども含めた様々な形の複数テクスト問題が出題されると考えるべきであろう。いずれにせよ、右に見たように、

> **複数テクスト**（**文章・資料**）の**統合・解釈**を求める設問では、それらが〈**どの点で違い、どの点で共通するのか**〉といった形で関連性を捉え、それを基に、設問要求に即して解答を考える

ことになる。こうした意識をもって、複数テクスト問題の練習を重ねてほしい。

第2問

〈出典〉　加能作次郎（かのう　さくじろう）「羽織と時計」（一九一八年『新潮』十二月号初出、二〇〇七年刊講談社文芸文庫所収）の一節。

加能作次郎は一八八五年生まれの小説家。早稲田大学文学部英文学科卒。早大在学中に「恭三の父」「厄年」を『ホトトギス』に発表し、注目を浴びる。一九一三年、博文館に入社し、『文章世界』の編集者となる。一九一八年には「読売新聞」に「世の中へ」を連載し、作家としての地位を確立する。以後も多くの作品を発表していくが、昭和に入ってからは不振が続いた。一九四一年死去。主な著書に『若き日』『微光』『弱過ぎる』などがある。

【資料】

宮島新三郎（みやじま　しんざぶろう）「師走文壇の一瞥」（『時事新報』一九一八年一二月七日）の一節。

宮島新三郎は一八九二年生まれの文芸評論家、英文学者。早稲田大学英文学科卒。一九二七年、早大教授となる。英米の新興文学を中心に様々な外国文学の翻訳をする一方で、現代日本文学の評論も行った。一九三四年死去。主な著書に『文芸批評史』『現代文芸思潮概説』などがある。

〈問題文の解説〉

本文は空行を挟んで前後半の二つに分けられている。それぞれをⅠ、Ⅱとし、展開に即して物語の内容を確認していく。

前書き（リード文）

前書きでは、主に語り手である「私」と同じ出版社で働くW君についての説明がなされる。W君は妻子と従妹と暮らしていたが生活は苦しかった。彼は病で休職しており、「私」は何度か彼のもとを訪れ、同僚から集めた見舞金を届けたこともあった。

Ⅰ（冒頭～44行目「起させるのである。」）

春になって陽気が暖かになり、病気もよくなってきたW君は五月末には再

び出勤することができるようになった。そのW君が、久しぶりに出勤した最初の日、突然「私」に家紋の形をたずねてくる。聞けば、W君は休職中に世話になったお礼として、「私」に羽織にでもできるような紋入りの羽二重を一反贈りたいのだと言う。W君の郷里は羽二重の産地で、親類に織元があるので、そこから安く分けてもらい、京都へ染めにやることにしてあるとのことである。W君がどんどんと話を進めていくなか、「私」は断る術もないまま、その厚意にあずかることとなる。それから一ケ月あまり経ったころ、染め上がった羽二重を持ってW君は「私」の下宿を訪ねてきた。「私」は彼と連れだって呉服屋へ行き、裏地を買って羽織に縫ってもらったのである。

　貧乏な「私」は羽二重の紋付の羽織をこのときはじめて着たのだが、今でもそれは「私」の持ち物の中で最も貴重なものの一つとなっている。羽織の下に着る着物でも袴でも粗末なものしか持っていない「私」であるから、妻はその羽織を自分との結婚の折に拵えたものと信じ、「私」がそれを着るたびにたいそうほめてくれる。実はこの羽織がW君からの貰い物であることを「私」は妻に言いそびれてしまっており、いまだに本当のことを言い出せずにいたのである。妻から羽織をほめられるたびに、「私」は気まずく居心地の悪い思いをしていた。

　その後、会社の改革があってW君とは部署が違ってしまい、さらにその翌年には「私」自身が別の会社に移ることになった。「私」の退社に際し、W君は会社の同僚たちからお金を集めて、「私」が所望した懐中時計を記念品として贈ってくれた。ところがこれがW君に対する会社の同僚たちの反発を生んでしまう。入社二年足らずの「私」に対して退社の記念品を贈ることは、自らの病気の際にあずかった「私」の厚意に酬いようとするW君の個人的感情によるものだと非難したり、また、W君自身が会社を辞める際にも同じことをしてもらいたいという思いから行っていることだと皮肉を言ったりする者が出てきたのである。こうした言葉に対して「私」は不快感を覚えるとともに、W君を気の毒に思い、また、そのような非難を受けてまで自分のために奔走してくれた彼の厚い情誼に打たれ、彼に心から感謝した。しかし一方でその恩恵に対して、「私」はある重い圧迫を感じてもいた。羽織と時計という自分の持ち物の中で最も高価なものの二つがともにW君から贈られたものであることを意識するとき、「私」の心には今でも感謝の念とともに、何だかやましいような気恥ずかしいような、訳のわからぬ一種の重苦しい感情が引き起こされるのである。

Ⅱ（46行目「××社を出てから」～80行目「通ったこともなかった。」）

　会社を離れて以後、「私」はW君とは一度も会うことがなかった。彼については、その後病気が再発して会社を辞め、今はパン菓子屋を始めたことやW君自身は寝たきりで店は主に従妹が支配していて、それでやっと生活していることなどを聞いていた。しかし、「私」は会社が変わって忙しくなり、結婚し子供が出来るなど様々な面で自身を取り巻く環境も変化していくなかで、一度は見舞いもかねてW君を訪ねなければならないと思いながらも、彼から自然と足が遠のいてしまっていた。時折W君のことを思い出すことはあっても、久しく無沙汰をしていたことに自責の念を感じ、妙に改まった気持ちになって、つい億劫になってしまうのであった。

　実のところ、「私」はあの羽織と時計がW君と自分を遠ざける要因になっていると考えていた。この二つの物品のために、常に「私」はW君に対して恩恵的責務を負っているような意識を抱いていた。この意識のせいで「私」はW君を訪れることに気後れしてしまっていたのである。さらに不思議なことではあるが、「私」はW君以上に彼の妻の目を恐れていた。W君の妻は「私」が彼のもとを訪れるとき、自分の夫が贈った羽織と時計のことを考えるだろう、また、こうして無沙汰を続けている「私」については、羽織や時計をW君から貰っておきながら、見舞いにも訪れない薄情な人間だと思っているだろう。そのようなことを思うと「私」はとてもW君のもとを訪れる気にはなれなかった。何かの偶然でW君の妻か従妹に出くわし、彼の病気のことなど一切知らなかったふりをして事情を聞き、後日手土産を持って見舞いに行くことができれば、それから後は気安く彼のもとを訪ねることができるようになるだろうなどと考えたりしていたが、結局はそのまま三年四年と月日は流れていった。

　今年の新緑の頃、子供を連れて郊外へ散歩に行った際、「私」は少し遠回りしてW君の家の前を通り、子供に食べさせるためにと、妻にその店で餡パンを買わせた。もちろん子供にパンを食べさせるなどという話は建前であり、本音のところでは、その折に家の様子を窺い、うまくW君の妻や従妹に会えないかと期待する気持ちがあったのだった。ところが店に出てきたのはW君の妻でも従妹でもなく、まったく知らない女性であった。それ以来「私」は一度もW君の店の前を通っておらず、彼とも会えぬままなのである。

〈設問解説〉

問1　語句の意味を問う設問。

語彙の設問は基本的には知識を問うものであり、〈本来その語句がもつ意味ではないが〉当てはめると通じるだけの選択肢は正解にならない。あくまでも〈辞書的意味〉を解答の軸としたうえで、設問文にある「本文中における意味として」も考慮し、時に〈辞書的意味＋文脈上の意味内容〉で解答を探る。

(ア)　「術もなかった」は〈方法（手段・手立て）もなかった〉の意。正解は②。「術」が〈方法。手段。手立て〉を意味する。他の選択肢はいずれも本来の語義から外れる。

(イ)　「言いはぐれて」は〈言うべき機会を失って。言いそびれて〉という意味。正解は②。「はぐれる」には〈連れと離れ離れになる〉と〈機会を失う〉の意味があり、ここでは後者の意味をもって「言う」と結びついている。必ずしも「忘れて」いるわけではないので③は適切ではない。

(ウ)　「足が遠くなった」は〈疎遠になった。行きつけだったところに行かなくなった〉という意味。正解は①。ここでは「私」の境遇が以前と違ったものになるなかで、W君と疎遠になっていったという文脈で用いられている。

問2　傍線部における「私」の心情を説明する設問。

傍線部の「擽ぐられるような」という表現の意味を、「私」と妻のやりとりのなかで考え、妻に羽織が貰い物だと打ち明けていないという場面状況が導く「私」の心情を推測する。

傍線部の「擽ぐられるような思」は、〈うれしくはあるが、きまりがわるい〉と言った感情に対して用いられることがある表現である。この感情は直前に見られる妻とのやりとりにおいて「私」が抱いたものである。ここで妻は「私」の羽織を「飛び離れていいものをお拵えになりましたわね」とほめている。妻は羽織を「私が結婚の折に特に拵えたものと信じて居る」のである。一方の「私」は得意げに「そりゃ礼服だからな。これ一枚あれば……何処へでも出られるからな」と応じているが、ここに「私」の〈うれしくはあるが、きまりがわるい〉という思いがあるのである。自分の羽織を妻からほめられたのだから、〈うれしい〉ことに違いはない。しかし、実はこの羽織がW君からの貰い物であることを「私」は妻に「つい言いはぐれて了って」いる。そのため妻は羽織について結婚に際して「私」が自分で用意したものと勘違いをしたまま、それをほめることになってしまっている。このことに対し、真実を伝えていない「私」は気まずく〈きまりがわるい〉思いをしているのである。以上の内容をとらえた③が正解である。

①は、「笑い出したいような気持ち」が誤りである。傍線部の「擽ぐられるような」という表現がもつ一つの意味をとらえたものではあるが、「私」が妻をある意味であざむいているというこの場面の状況にそぐわない心情となっている。

②は、「不安になっている気持ち」が誤りである。傍線部の「擽ぐられるような思」という表現から「不安」という心情を導くことに無理がある。

④は、「羽織だけほめることを物足りなく思う気持ち」が誤りである。「私」が羽織だけでなく、他のことにおいても妻からほめられたいと考えていると読む根拠が本文中に見いだせない。

⑤は、妻に羽織が貰い物であることを「打ち明けてみたい衝動」が「私」にあるとしている点が誤りである。ここでの「私」は羽織が貰い物であることを言い出せずにいる気まずさを抱えているのであって、「打ち明けてみたい衝動」まであるとは言えない。また、「自分を侮っている妻への不満」も正しくない。たしかに妻は「私」のことを「貧乏人」と言い、侮っているような様子がうかがえないこともないが、ここで「私」がそれを「不満」に思っている様子までは読み取れない。

問3　傍線部における「私」の心情を説明する設問。
傍線部の「重苦しい感情」の具体的な内容を考え、羽織と時計という高価なものをW君から贈られたことに対する「私」の心情をおさえる。

傍線部の「何だかやましいような気恥しいような、訳のわからぬ一種の重苦しい感情」は、羽織と時計という「私の身についたものの中で最も高価なものが、二つともW君から贈られたもの」であることを意識することから生じている。この感情は前段落の終わりで「或る重い圧迫」とも言われているように、貧しい自分には不相応の高価な贈り物をW君から貰ったことで、彼に対して申し訳なく気後れするような気持ちを「私」が抱いていることを表すと考えられる。もちろん贈り物そのものを喜ぶ気持ちはあるのだが、あまりにも過分な心遣いを受けたことで、かえって心理的な負担（55行目「恩恵的債務」）を感じているということである。以上の内容をとらえた①が正解である。

②は、「私」が羽織や時計に「さしたる必要を感じていなかった」としている点が誤りである。このように読める箇所が本文中に見いだせない。また、W君が「評判を落としたこと」に対する感情として説明している点も間違っている。ここでの感情は、W君からの贈り物が過剰なものであることに対して生じたものである。

③は、「私」の「欲の深さ」を指摘している点で誤りである。W君からの贈り物は彼の厚意によるものであって、「私」が意図して手に入れたものではない（「自分から望んで」（32行目）とあるのは、〈記念品を贈る〉という申し出に対して、具体的な品物として時計を選ばせてもらった、というだけである）。また、「W君へ向けられた批判をそのまま自分にも向けられたものと受け取っている」も根拠のない記述である。

④は、「W君の厚意にも自分へ向けられた哀れみを感じ取っている」が間違っている。「私」はW君の厚意を心からのものだと思うからこそ、申し訳なく気後れするような気持ちになるのである。

⑤は、「見返りを期待する底意をも察知している」が誤りである。④でも触れたが、「私」はW君の厚意に別の意図を見いだしたりはしていない。

問4　傍線部における「私」の心情の理由を説明する設問。
W君の妻君に関する「私」の思いをとらえ、傍線部に続く具体的な記述を整理してまとめる。

傍線部では、W君を長らく訪ねていなかった「私」が彼の「妻君の眼を恐れた」ことが述べられているが、その理由は傍線部の後で語られている。ここで「私」は、自分がW君のもとを訪れた場合に彼の妻が何を思うか、あるいは今こうして無沙汰を続けている状態について彼女が何を思っているか、その一々を想像しては恐れを抱いている。羽織と時計を貰ったという恩義があるにもかかわらず、病気で生活も苦しいW君を一度も見舞うことがない自身の不義理を彼の妻は糾弾するのではないかと考えているのである。したがって、この内容をとらえた①が正解である。

②は、「転職後にさほど家計も潤わずW君を経済的に助けられないことを考えると」が誤りである。「私」は病気のW君のもとを訪れていないこと自体を気にしているのであって、経済的に助けることを考えているわけではない。

③は、「偽善的な態度を指摘されるのではないかという怖さを感じている」が誤りである。「私」はW君に恩義がありながら彼のもとを訪れない不義理を彼の妻から責められるのではないかと思っているのであり、「偽善的な態度」を咎められると考えているわけではない。

④は、「妻君の前では卑屈にへりくだらねばならないことを疎ましくも感じている」が誤りである。これも③と同様に、「私」が恐れているものを取り違えている。

⑤は、「W君が『私』を立派な人間と評価してくれた」が本文中に見いだせない内容となっており、誤りである。また、「W君の窮状を救いたいという思い」も、無沙汰を続けていることを気にしている「私」の心情からズレたものとなっている。

問5　傍線部における「私」の振る舞いの意味を説明する設問。
傍線部に至るまでの「私」の心理をたどり、傍線部の直後で明かされる「私」の行動の裏にある真意をとらえる。

傍線部は、散歩の途中で「少し遠廻りして、W君の家の前を通り」、彼の店で妻に「子供に食べさせる」ための餡パンを買わせたという「私」の振る舞いを示している。W君の窮状を知りながら、長らく彼のもとを訪れることのなかった「私」は、その不義理に対する後ろめたさから、なかなか見舞いに行く機会を設けられずにいた。偶然彼の妻や従妹に会い、事情を知らなかったことを伝える（もちろん嘘である）ことで、それから後心安く彼のもとを訪ねられるようにならないものかと願ったりするものの、そのような願いは叶えられることもなく、月日は流れてしまう。そんな「私」がいよいよW君の家を訪ねることにしたのがこの場面である。傍線部直後に「陰ながら家の様子を窺い、うまく行けば、全く偶然の様に、妻君なり従妹なりに遇おうという微かな期待をもって居た」とあるように、ここでの「私」はW君の妻や従妹に会うことを考えているのであり、散歩の途中でたまたま見つけたパン屋で子供のための餡パンを妻に買わせるという振る舞いは一種の芝居である。「私」は家族にも真意を隠しながら、偶然を装って、W君に会うためのきっかけを作ろうとこんな回りくどい行動をとっていたのである。したがって、以上の内容をとらえた⑤が正解である。

①は、「質素な生活を演出しようと作為的な振る舞いに及んでいる」が誤りである。ここでの「私」は散歩のついでに子供にパンを買い与えるという「演出」をしているのであって、「質素な生活」を装っているわけではない。

②は、「妻にまで虚勢を張るはめになっている」が誤りである。本当はW君の家の様子をうかがいに来たのに、子供のためにパンを買うという体を装っていることは「虚勢を張る」といったものではない。

③は、「家族を犠牲にしてまで自分を厚遇してくれたW君」という把握が間違っている。前書きでも言われていたように、W君の生活はもともと苦しいものだったが、「家族を犠牲にし」ながら「私」に羽織や時計を贈ったとまでは言えない（羽織は親類から羽二重を安く分けてもらって仕立てたものであるし、時計は会社の同僚から金を集めて買ったものである）。また、「店で買い物をすることによって、かつての厚意に少しでも応える」も誤り。店でパンを買ったのは、家の様子をうかがい、あわよくば偶然を装ってW君の妻や従妹に会おうと考えたからである。

④は、「W君の家族との間柄がこじれてしまった」が正しくない。「私」はW君の妻が自分のことを薄情な人間だと思っているのではないかと考えているが、これはあくまでも「私」の想像であって、実際に関係がこじれているわけではない。また、「誤解を解こうとして」とあるが、「私」はW君の窮状を知らなかったふりをして自身の不義理を取り繕おうとしているのであって、相手の誤った理解を正そうとしているわけではない。

問6　【資料】を踏まえて作品の批評を考察する設問。

【資料】として示された批評の主張を読み取った上で、設問文の指示を踏まえて、**【資料】**として示された批評とは異なる、本文に対する批評を考える。

(i)　**【資料】として与えられた批評の見解を説明する設問。**

本文「羽織と時計」とそれに対する批評という複数のテクストを読み取ることを求める新傾向の設問である。この(i)では主に**【資料】**として示された批評の読み取りが求められている。

【資料】において、本文の作者加能作次郎には「生活の種々相を様々な方面から多角的に描破して、其処から或るものを浮き上らせ」、そうすることで「作品の効果を強大にするという長所」があると言われる。加能の強みは「見た儘、有りの儘を刻明に描写する」ところにあるのであって、彼は「ライフの一点だけを覘って作をするというような所謂『小話』作家」ではないのである。ところが、この「羽織と時計」には「羽織と時計に伴う思い出」を中心とした「小話臭味」が出過ぎている嫌いがあり、「私」が見たW君の生活や境遇を如実に描くということができていない。それゆえに作品の効果が十分に上がっていないのである。

二重傍線部には**【資料】**の評者によるこのような「羽織と時計」に対する批評が示されている。「羽織と時計」にこだわりすぎたために、作品が「羽織と時計」を中心にまとまった「小話」になってしまっており、（作者のこれまでの作品と違っているというのだから）「生活の種々相」を「多角的に」描けておらず、「ライフの一点だけを覗っ」たような作品になっていて、そこにありのままの生活があらわれていないというのである。したがって、正解は④となる。

①は、「W君の描き方に予期せぬぶれが生じている」が【資料】で言われている作品の欠点と異なるため誤りである。

②は、「実際の出来事を忠実に再現しようと意識しすぎた」が、【資料】で示された見解と逆の内容になっているため、誤りである。

③は、「W君の一面だけを取り上げ美化している」が誤りである。このようなことは【資料】において述べられていない。

(ii)　【資料】として与えられた批評と異なる見解を説明する設問。

こちらの(ii)では本文と【資料】を読み合わせたうえで、本文に対して批判的な【資料】の見解とは異なる肯定的な見解を考えることが求められている。

本文43行目の「羽織と時計――」は、この二つのものが「私」に「重苦しい感情を起させる」という文脈で用いられている。また、53行目の「羽織と時計――」は、この二つのものが「W君と私とを遠ざけた」という文脈で用いられている。したがって、「羽織と時計――」という表現の繰り返しは、W君の厚意がかえって「私」に重い圧迫を与え、二人の間を遠ざけることになったという切ない皮肉を印象的に描き出すことになっているのである。この点をとらえた④が正解ということになる。

①は、「W君を信用できなくなっていく『私』の動揺が描かれる」が誤りである。「私」は高価なものを貰ったことでW君に対して気後れするような思いを抱いてはいるが、彼を「信用できなくなっていく」わけではない。

②は、「複雑な人間関係に耐えられず生活の破綻を招いてしまったW君のつたなさ」が誤りである。W君は主に病気のせいで生活が苦しくなったのであって、「複雑な人間関係」が原因ではない。

③は、「W君の思いの純粋さを想起させる」が誤りである。43行目、53行目の「羽織と時計――」の箇所で表現されているのは「私」の思いであって、「W君の思いの純粋さ」を伝えようとしている箇所ではない。

第3問

〈出典〉『栄花物語』巻第二十七「ころものたま」

『栄花物語』は平安時代後期までに成立した歴史物語である。正編三十巻、続編十巻の計四十巻から成る。正編の成立は十一世紀前半、続編の成立は十一世紀終わりであるとされる。藤原道長・頼通の栄華を中心に宇多天皇から堀河天皇までの十五代、約二〇〇年間の歴史を物語風に編年体で記している。

本文は、万寿二年（一〇二五）の記事である。万寿二年は、「赤疱瘡《あかもがさ》」（麻疹のこと）が大流行した。中納言藤原長家（藤原道長の六男）の北の方（大納言藤原斉信の娘）は、出産を目前にしていたが、「赤疱瘡」に感染して、母子ともに死去してしまう。本文の場面は、北の方の亡骸を東山の法住寺に移して、そこで精進の生活をする場面である。この後、十月十八日に法要を行うまで、長家・斉信一行は法住寺に籠もっていた。

〈現代語訳〉

大北の方（＝北の方の母君）も、故人と縁故のあった人々も、また繰り返し（悲しみで）身もだえをなさる。このこと（＝北の方が亡くなったこと）をさえ悲しくて不吉だと言わなくては、また何事を悲しくて不吉だと言うことができるのだろうか、いや何事も言うことはできないと見えた。さて（北の方の）亡骸を運ぶ車の後ろに、（北の方の父君の）大納言殿、（夫君の）中納言殿、（その他）葬送に参加するはずの（縁故のあった）人々はお歩きになる。（悲しいことは）言うまでもなくて、（言葉で）表現しつくすことはできない。（その後ろに）大北の方の御車や、女房たちの車が列を連ねている。お供の人々は数が分からないほど多い。法住寺では、いつものご訪問とは異なる御車の様子に、僧都の君は、（流れる涙によって）目の前も真っ暗におなりになって、（北の方の亡骸を）拝見することがおできにならない。そのまま御車から牛を外して、続いて人々は（車から）下りた。

さてこの精進（＝四十九日の法要が行われ、埋葬されるまでの期間）の間は、誰もがそこ（＝法住寺）においでになるはずであるのだなあ。（中納言殿は）山の方をぼんやりと御覧になるにつけても、自然と（木々は）さまざまな色に少し紅葉しはじめている。鹿の鳴く声に（中納言殿は）目がお覚めになって、今までよりも少し心細さがまさりなさる。（中納言殿の姉君である）宮様たちからも（悲しみに暮れる中納言殿の）御心を慰めなさるにちがいない御手紙が何度も送られてきたけれども、（中納言殿は）ただ今はただ夢を見ているようにだけお思いになって（お返事もせず）お過ごしになる。（北の方の亡骸が法住寺に移されたのは、九月の十五日であったが、）（十五夜の）月の大変明るい中でも、（中納言殿は）物思いをし残しなさることはない（＝あらゆる物思いをなさる）。内裏あたりにお仕えする女房も、（中納言殿に）さまざまに御手紙をさし上げるけれども、並一通りの人々に対してのお返事については、（中納言殿は）「今後（落ち着きましたら）自身で（ご挨拶に参ります）」とだけお書きになる。（その中で）進内侍と申し上げる人が、（お見舞いを）申し上げた。

契りけん……（中納言様と北の方様との間で）契りを交わしたとかいう千代（までも共にいようという約束）は（もう）ないので、（あなたが流した）涙（の海）の水底に、枕だけが浮いて見えているのでしょうか。

中納言殿のお返事は、

起き臥しの……（私と北の方との間で）起きたり寝たりしたときに交わした契りは絶えてしまったけれども、（悲しみは）決して尽きることはないので、枕を浮かせている（ほど流れている私の）涙であるのだなあ。

また東宮の若宮の御乳母の小弁は、

悲しさを……悲しさを一方では思い慰めて下さい。誰も結局はとどまることができる世の中でしょうか、いや誰もとどまることのできない世の中なのですから。

（中納言殿の）お返事は、

慰むる……心を慰める方法が思いつかないので、世の中が無常であるという道理も理解することができないのだなあ。

（中納言殿は）このようにお思いになって（お返事などを）おっしゃるにつけても、「いやまあ、（私は）ものを考えることができるのであるようだ。まして数ヶ月、数年が経ったならば、（北の方を失った悲しみを）忘れることがあるのだろうか」と、我ながらつらくお思いにならずにはいられない。（また、中納言殿は、北の方様を思い出して）「（北の方は）どんなことも『どうしてこのように（すばらしいのだろうか）』と（思うほど）、感じのよい人でいらっしゃったのになあ。容貌をはじめとして、性格（はすばらしく）、字を書くことや、絵などに関心を持って、最近まで熱心に、寝転びながらお描きになったものなのになあ。（北の方が）この夏に描いた絵を、（私が）枇杷殿のところに持って参上したところ、（枇杷殿は）とても興味をお持ちになりおほめになって、お受け取りになったが、（その絵を）よくぞ持って参上したことだなあ」などと、物思いをし残すことのない（＝あらゆる物思いをする）のにまかせて、様々なものについて（北の方様のことを）恋しく思い出し申し上げなさる。（北の方様が）長年書き集めなさった絵物語などは、数年前の火事ですべて燃えてしまった後、去年、今年の間に書き集めなさったものも大層多かったが、（その絵物語を）、自邸に戻ったときには、取り出しては見て心を慰めようと（中納言殿は）お思いにならずにはいられないのだった。

問5　Z

誰もみな……誰もが皆とどまることのできる世の中ではないけれど、相手に先立たれてしまうことはやはり悲しい。

〈設問解説〉

問1　語句を解釈する問題。

センター試験から共通テストに変わっても、語句を解釈するという問1の形態に変化はなかった。ただし、(ア)(ウ)は、逐語訳がそのまま正解ではなく、文脈に沿ったかたちで意訳してある選択肢が正解となっており、とまどった受験生も多かったのではないか。傍線部について、単語の知識を問うだけではなく、それを前後の文脈の中に置いて意味を考え、文法の知識を手がかりとして、逐語訳と近い意味を持つ選択肢を考えるという過程は、共通テストに求められる読解力「思考力・判断力・表現力」を意識した新傾向であると言える。

(ア) 正解は④。傍線部だけで考えず、「いへばおろかにて、えまねびやらず」という一連の表現から意味を考える。「いへばおろかなり」「いふもおろかなり」は、「言葉でうまく言い表せないほどの気持ち」を表す連語で「言い尽くせないほどだ」「言うまでもない」と訳す。ここでは、北の方の葬列に従う大納言殿・中納言殿たちの心情を推し量ったものなので、「いへばおろかにて」は、葬列に従う人々の「悲しみ」は「言うまでもない」ということになる。それに続く、「えまねびやらず」も、やはり、大納言殿・中納言殿たちの悲しみを推し量った上で、二人の深い悲しみは「まねぶ」ことができないという意味となると考えられる。

以上の点を踏まえつつ、選択肢を検討する。まず、「え……ず」に注目する。「え……ず」は不可能を表し、「……できない」と訳すので、ここで①④⑤が残る。次に、「まねぶ」の意味を考える。「まねぶ」は、「口まねをする」「学問を習う」などの意味を持つ単語である。「まねぶ」だけに注目すると、③「とても真似のしようがない」を選んでしまうことになるが、③は「え……ず」が訳出されておらず、さらに、「真似のしようがない」では、大納言殿や中納言殿の悲しみの深さの表現としてはおかしい。そこで、残った①「信じてあげる」、④「表現しつくす」、⑤「忘れる」の中で、「まねぶ」のニュアンスに最も近く、悲しみの深さの表現として適切なものを探すと、④の「表現しつくすことはできない」がよいと決めることができる。

(イ) 正解は③。まず、「おはせ」に注目する。「おはす」は、尊敬語で「いらっしゃる」と訳すので、②③が残る。「めやすし」は、「目安し」と書いて、「見た目に感じがよく、好感が持てる」という意味を持つ。②③で「めやすし」の意味に近いのは、③「感じのよい」である。

(ウ) 正解は①。正解が逐語訳から大きく外れているが、文法事項を手がかりとして、選択肢を絞っていく。まず、「なば」に注目する。「な」は完了の助動詞「ぬ」の未然形、「ば」は順接仮定条件の接続助詞（未然形＋ば）で、「なば」で「……たならば」と訳す。このような訳になっている選択肢はないが、③④が「……ので」としているのは、「ば」を順接確定条件の接続助詞（已然形＋ば）と混同していないかを確認することに作問の意図があると理解されるので、まず、③④は正解ではない。⑤の「……とすぐに」は、連語「ままに」・格助詞「より」の訳であるので、これも正解ではない。残った①②は、①「ときには」、②「日には」はいずれも順接仮定条件の直訳とは異なるが、③④⑤よりも表現のずれは少ないので、この二つから選ぶことになる。「里」について、①は「自邸」、②は「旧都」と訳している。本文は、北の方の亡骸を埋葬するために法住寺で精進している場面であり、その精進が終わって、山から里へと帰るということなので、①「自邸」がよい。なお、「旧都」は、「ふるさと」の訳語である。

問2 原因・理由を推測する問題。

正解は①。従来のセンター試験で出題された原因・理由を求める問題は、原因・理由が書いてある部分を抜き出し、その内容に近い選択肢を選ぶものがほとんどであった。一方、この問題では、中納言殿が「『今みづから』とばかり書かせたまふ」ことの理由を問うものであるが、その理由は本文に直接示されていないので、選択肢を手がかりとしながらよりよい解答を推測していくことになる。この問題の場合は、傍線部の直前の「よろしきほどは」が手がかりとなる。

「よろし」には、「悪くない」という意味もあるが、まあまあのレベルであることを表して「普通だ」という意味で使われることもある。「ほど」には、様々な意味用法があるが、ここでは「間柄」の意。このことを踏まえて本文を読むと、「内裏わたりの女房」の中で「よろしきほど」（普通の間柄の人々）に対して、中納言は「今みづから」という簡単な返事だけをしたのに対して、「よろしきほど」ではない（特に親しかった）進内侍・東宮の若宮の御乳母の小弁に対しては、和歌の贈答という丁寧な応対をしたことが記されていると理解される。ここで選択肢を見ると、「内裏わたりの女房」の「よろしきほど」の内容が反映されているのは、①「並一通りの関わりしかない人」となる。ただし、①の後半部の「丁寧な返事をする心の余裕がなかった」については、本文に対応する箇所がないので、正答率は低かった。誤答としては、②⑤が多かった。

問3　傍線部の表現について説明する問題。

従来のセンター試験では、助動詞の意味・識別・敬意の方向などが文法問題として出題されていたが、今回は傍線部の表現について説明するというかたちで、主語・目的語・指示語・文法・敬意の方向・言葉の意味・心情など、多様な要素と組み合わせるかたちで出題された。傍線部Bが含まれる第三段落は、中納言殿が亡き北の方のことを回想している場面であるが、心内文を「　」で提示しておらず、そのため、心内文の句点（。）が、読点（、）となっていることなどもあって、内容の理解が難しかった。また、選択肢で問われている内容についても、②「思し残すことなき」、③「ままに」は学力の高い生徒でも正誤の判断が難しかっただろうと思われる。

正解は①。第3段落の2行目では、亡き北の方が、「めやすくおはせし」ことが回想された上で、特に絵を描くことが得意であったことが記されている。そして、「この夏の絵を、枇杷殿にもてまゐりたりしかば、いみじう興じめでさせたまひて、納めたまひし」ことに対して、「よくぞもてまゐりにける」と「よろづにつけて恋しくのみ思ひ出できこえさせたまふ」とある。この部分は、動作主体（主語）をきちんと把握して読む必要がある。まず、亡き北の方のことを回想しているのは誰かを考える。これは北の方の父大納言殿か夫中納言殿かのいずれかであるが、選択肢を見れば、すべて中納言殿（長家）の回想となっているので、選択肢に従い中納言殿の回想として傍線部Bを読んでいく。その上で、この部分を見ていくと、「この夏の絵」（亡き北の方が夏に描いた絵）を、枇杷殿（妍子）のところに「もてまゐりたりしかば」の動作主体は、「まゐり」という謙譲語（謙譲語は動作の客体への敬意を表し、動作の主体への敬意を表さない）しか使われていないところから見て、この回想を行っている中納言殿自身の動作であることが分かる。その絵を「興じめでさせたまひて、納めたまひし」は、絵を献上された「枇杷殿」である。また「よくぞもてまゐりにける」の主体は、やはり「まゐり」という謙譲語しか使われていないところから見て、中納言殿自身の動作である。以上の点をふまえて、「よくぞもてまゐりにける」の内容を考えれば、中納言殿（長家）が、北の方の死の前に、今となっては形見となった絵を枇杷殿に献上したことを思い出して、そうしておいてよかったという感想を述べている言葉であると理解することができる。したがって、正解は①となる。

他の選択肢を見ていく。②は「思し残すことなき」を「後悔はない」と解釈している点が間違っている。「思ひ残すことなし」は「物思いをし残すことのない（＝あらゆる物思いをする）」という意味である。「思ひ残すことなし」についての解説は、受験生の持っているコンパクトな古語辞典に載っていないので、「思し残すことなき」の意味を正確に理解して解答した受験生は、ほとんどいなかっただろう。③は「『ままに』は『それでもやはり』という意味」という部分が間違いである。「ままに」には「……にまかせて」、「……ので」、「……に従って」、「……と同時に」などさまざまな意味があるが、多様な意味を持つ言葉なので、「ままに」に「それでもやはり」という意味はないと自信を持って判断を下せた受験生は、やはりほとんどいなかっただろう。ちなみに、「それでもやはり」は「さすがに」の訳である。②③の選択肢についての判断が難しかったこともあって、**問3**も正答率は低かった。④は「よろづにつけて」の内容を「妻の描いた絵物語のすべてが焼失してしまったことに対する」としている点が間違い。中納言殿は、亡き北の方についてさまざまな回想を行い、その回想のきっかけとなる様々なものを「よろづにつけて」と言っている。⑤は「思ひ出できこえさせたまふ」の「させ」が尊敬の助動詞なのに、「使役」としているのが間違い。この部分は、中納言殿は亡き北の方のことを「思い出し申し上げなさる」のであり、亡き北の方のことを誰かに「思い出させ申し上げなさる」のではない。

問4　全体を読んで正誤を確認する問題。

文章全体を読んで選択肢の正誤を確認していくタイプの問題は、センター試験でも繰り返し出題されてきた。ただし、従来のセンター試験では、そのほとんどが本文を順番に読んでいきながら内容を確認していくという作りになっていた。今回のように、登場人物ごとに選択肢が作られている問題は、二〇一八年のセンター本試験と二〇一八年の試行調査で出題されていたが、そこで示されている新傾向の選択肢を踏まえたものである。

次に選択肢を見ていく。正解は⑤。各選択肢は登場人物ごとにまとめられてはいるが、本文の順の通りに選択肢が並べられているので、該当部分を見つけるのはさほど難しくはないだろう。

①は、本文の1行目「大北の方も、この殿ばらも、またおしかへし臥しまろばせたまふ」とあるように、「大北の方」は他の人々と同様に、「悲しみのあまりに取り乱して」おり、「『大北の方』だけは冷静さを保って人々に指示を与えていた」のではない。

②は、本文の4行目「僧都の君、御目もくれて、え見たてまつりたまはず。さて御車かきおろして、つぎて人々おりぬ」と対応している。選択肢②の前半「『僧都の君』は涙があふれて長家の妻の亡骸を直視できないほどであった」は、「僧都の君、御目もくれて、え見たてまつりたまはず」と対応しているが、後半「気丈に振る舞い亡骸を車から降ろした」が間違っている。「御車かきおろして」は、牛車から牛を外して轅《ながえ》（牛車の前方に付いている二本の長い柄）を地に置いた榻《しぢ》（轅を載せる台）に置くことであり、「亡骸を車から降ろ」すことではない。また、もし僧都の君が「御車かきおろして」ならば、僧都の君に対する尊敬語が用いられるので、「御車かきおろしたまひて」となるはずである。さらに、北の方の「亡骸を車から降ろ」すのであれば、北の方に対する謙譲語が用いられるので、「御車かきおろし奉りて」となるはずである。

③は、本文の5～7行目「山の方をながめやらせたまふにつけても……ただ今はただ夢を見たらんやうにのみ思されて過ぐしたまふ」と対応している。選択肢の前半「長家は秋の終わりの寂しい風景を目にするたびに」は、「山の方をながめやらせたまふにつけても、わざとならず色々にすこしうつろひたり。鹿の鳴く音に御目もさめて、今すこし心細さまさりたまふ」と対応しているが、後半「妻を亡くしたことが夢であってくれればよいと思っていた」は、「宮々よりも思し慰むべき御消息たびたびあれど、ただ今はただ夢を見たらんやうにのみ思されて過ぐしたまふ」と異なっている。本文では、「宮々」からの見舞いの手紙が何度も届いたが、中納言殿は妻が亡くなったという現実は夢のようだとばかり思われて、過ごした（＝返事はしなかった）と記されている。それに対して、選択肢③では、秋の寂しい風景を見るたびに、中納言は妻を亡くしたことが夢であってほしいと願っていたとなっている。妻が死んだことは夢のようだと考えることと、妻が死んだことは夢であってほしいと願うこととではニュアンスが異なるし、現実を「夢」のようだと考えるきっかけについても、本文では宮々からの手紙をもらうこととなっており、秋の寂しい風景を見ることとでは異なっている。

④は、本文の10行目の進内侍の「契りけん千代は涙の水底に枕ばかりや浮きて見ゆらん」の和歌と対応する。この選択肢は後半の「自分も枕が浮くほど涙を流している」が間違い。「枕ばかりや浮きて見ゆらん」は、現在推量の助動詞「らむ」が用いられている。現在推量とは直接経験していない現在の事実についての推量を表すものなので、「枕が浮くほど涙を流している」という事実は、うたい手の進内侍からは直接見ることができない事柄のはずである。つまり、「枕が浮くほど涙を流している」のは、進内侍がその悲しみを思いやって見舞いの和歌を贈った中納言殿の様子であると理解できる。したがって、「自分も」というように、うたい手の進内侍が「枕が浮くほど涙を流している」とあるのがおかしい。

⑤は、本文第3段落の2～3行目の「顔かたちよりはじめ、心ざま、手うち書き、絵などの心に入り、さいつころまで御心に入りて、うつ伏しうつ伏して描きたまひしものを」とそのまま対応している。したがって、正解は⑤となる。

問5　複数のテクストの統合・評価を行う問題。

複数のテクストの統合・評価を行う問題は、二〇一七年、二〇一八年の試行調査の問題でいずれも出題されていたので、出題が予測されていたところである。また、適当なものを二つ選ぶという形式も、二〇一八年の試行調査の問題を踏襲するものであった。一方、二〇一八年の試行調査では教師と生徒との会話という形式で出題されていたのに対して、今回は、教師と生徒との会話は姿を消して、簡潔な説明文を読んで答えるかたちとなっていた。複数のテクストの統合・評価を行う問題は、出題の形式が定まっておらず、今後どのようなかたちで出題されるかは見守っていく必要がある。

では、X・Y・Zの和歌の内容を確認しながら、各選択肢の内容を見ていこう。正解は③⑥である。

Xは東宮の若宮の御乳母の小弁からの中納言殿に対する見舞いの歌である。まずは、「悲しさをかつは思ひも慰めよ」と、妻を失った悲しみを慰めてほしいとうたった上で、「誰もつひにはとまるべき世か」と、誰もがいずれこの世を去るのだからと言って慰めている。「か」は反語で、「誰も結局はとどまることができる世の中でしょうか、いや誰もとどまることのできない世の中なのです」という意味。Xに直接関係する選択肢は①②③である（④⑤もXについて触れているが、その内容は簡潔なので、Yから考える）。①は、「妻を失った長家の悲しみを深くは理解していない、ありきたりなおくやみの歌」「『悲しみをきっぱり忘れなさい』と安易に言ってしまっている」「誠意のなさ」などが間違い。①のXの和歌に対する評価は、いずれも主観的なものであり、本文中からその評価の正誤を判断する明確な根拠を見いだせない。しかし、ここで中納言殿と贈答を交わしている進内侍・東宮の若宮の御乳母の小弁は、**問2**のところで述べたように「並一通りの関わりしかない人」以外の「特別に親しい人」の一人であると理解される。このような前提で見ると、その特別に親しい小弁が、妻を失い涙にくれる中納言殿に「ありきたりなおくやみの歌」を贈るのはおかしいので、不正解となる。残る②「世の中は無常で誰しも永遠に生きることはできない」、③「誰でもいつかは必ず死ぬ身なのだから」は、Xの和歌の解釈と合致している。

②③の違いはZの和歌の解釈の違いなので、Yの前にZの和歌を見ていく。Zは、Xの「誰もつひにはとまるべき世か」に対して、「誰もみなとまるべきにはあらねども」と答えた上で、「後るるほどはなほぞ悲しき」と結んでいる。「後る」とは、あの世に行くのが後れるということから、「相手に先立たれる」の意味を表す。つまり、Zの和歌は、世の中の無常を理解しているが、それでもやはり北の方に先立たれるのは悲しいと言っているのである。ここで、②「妻に先立たれてしまった悲しみをなんとか慰めようとしている」、③「それでも妻を亡くした今は悲しくてならない」を見ると、Zの和歌の内容に近いのは③なので、一つ目の正解は③となる。なお、④もZの和歌の内容について触れているが、④の「悲しみを癒やしてくれたことへの感謝を表現している」は、Zの和歌の内容から外れているので間違いである。

次にYの和歌を見ていく。Yは、東宮の若宮の御乳母の小弁からの見舞いの歌に対する中納言殿の返歌である。Xの「悲しさをかつは思ひも慰めよ」に対して、「慰むる方しなければ」というように、心を慰める方法が思いつかないと嘆いた上で、「世の中の常なきことも知られざりけり」というように、自分は世の中が無常であるという道理を理解できず、よって妻の死も受け入れられないという嘆きをうたっている。そこで、残った⑤「私の心を癒やすことのできる人などいない」、⑥「世の無常のことなど今は考えられない」を見ると、Yの和歌の内容に近いのは⑥なので、二つ目の正解は⑥となる。⑤は「方」を「人」と解釈している点が間違いである。

第4問

〈出典〉

【問題文Ⅰ】欧陽脩《おうようしゅう》『欧陽文忠公集』

欧陽脩（一〇〇七～七二）は北宋の政治家・文人。秦漢以前に範を取った「古文」と呼ばれる散文の文体を提唱し、唐宋八大家の一人に数えられる。出題されたのは「有馬示徐無党（馬有りて徐無党に示す）」と題された詩で、友人・徐無党への戒めとなっている。

【問題文Ⅱ】『韓非子』

『韓非子』は戦国時代末期の思想家・韓非（？～前二三三）の著とされる書。実際には本人の著作と後世増補された部分の双方を含む。内容的には法治主義を標榜する法家の思想が主体となっているが、老子の思想の影響を受けた部分も存在する。問題文は老子の思想に基づく説話を集めた部分である喩老編の文章である。

※二〇二一年共通テスト第一・二日程、二〇一七年、二〇一八年共通テスト試行調査いずれも、複数の素材によって問題文が構成されており、共通テストの漢文においてはこの形での出題が頻出することが予想できる。二つの素材の同異を意識して読解する練習をしよう。

〈問題文の解説〉

【問題文Ⅰ】

名馬を御するには、御する者の心のあり方が大切であることを述べて、才能ある人物を用いるにあたっての戒めとした詩である。

【問題文Ⅱ】

【問題文Ⅰ】に出てくる王良の言葉で、やはり御する者の心のあり方が大切であることを述べている。

〈読み方〉（音読みはカタカナ・現代仮名遣いで、訓読みはひらがな・歴史的仮名遣いで示す）

【問題文Ⅰ】

吾《われ》に千里《センリ》の馬《うま》有《あ》り　毛骨《モウコツ》何《なん》ぞ蕭森《ショウシン》たる
疾《はや》く馳《は》すれば奔風《ホンプウ》のごとく　白日《ハクジツ》に陰《かげ》を留《とど》むる無《な》し
徐《おもむ》ろに駆《か》くれば大道《ダイドウ》に当《あ》たり　歩驟《ホシュウ》は五音《ゴオン》に中《あ》たる
馬《うま》に四足《シソク》有《あ》りと雖《いへど》も　遅速《チソク》は吾《わ》が心《こころ》に在《あ》り
六轡《リクヒ》は吾《わ》が手《て》に応《オウ》じ　調和《チョウワ》すること瑟琴《シッキン》のごとし
東西《トウザイ》と南北《ナンボク》と　山《やま》と林《はやし》とを高下《コウゲ》す
惟《た》だ意《イ》の適《ゆ》かんと欲《ほっ》する所《ところ》にして　九州《キュウシュウ》周《あまね》く尋《たづ》ぬべし
至《いた》れるかな人《ひと》と馬《うま》と　両楽《リョウラク》相《あひ》侵《おか》さず
伯楽《ハクラク》は其《そ》の外《そと》を識《し》るも　徒《た》だ価《あたひ》の千金《センキン》なるを知《し》る
王良《オウリョウ》は其《そ》の性《セイ》を得《え》たり　此《こ》の術《ジュツ》固《もと》より已《すで》に深《ふか》し
良馬《リョウバ》は善馭《ゼンギョ》を須《ま》つ　吾《わ》が言箴《ゲンシン》と為《な》すべし

【問題文Ⅱ】

凡《およ》そ御《ギョ》の貴《たつと》ぶ所《ところ》は、馬体《バタイ》車《くるま》に安《やす》んじ、人心《ジンシン》馬《うま》に調《かな》ひ、而《しか》る後《のち》に以《もっ》て進《すす》むこと速《すみ》やかにして遠《とほ》きを致《いた》すべし。今《いま》君《きみ》後《おく》るれば則《すなは》ち臣《シン》に逮《およ》ばんと欲《ほっ》し、先《さき》んずれば則《すなは》ち臣《シン》に逮《およ》ばるるを恐《おそ》る。夫《そ》れ道《みち》に誘《すす》めて遠《とほ》きを争《あらそ》ふは、先《さき》んずるに非《あら》ざれば則《すなは》ち後《おく》るるなり。而《しか》して先後《センゴ》の心《こころ》は臣《シン》に在《あ》り。尚《な》ほ何《なに》を以《もっ》て馬《うま》に調《ととの》はん。此《こ》れ君《きみ》の後《おく》るる所以《ゆゑん》なり。

〈現代語訳〉

【問題文Ⅰ】

私のもとに千里行く名馬がある
毛並みと骨格はなんとひきしまって美しいことだ
早駆けすれば疾風のようで
白日のもとでも影さえ留めない
静かに駆ければ大道に従い
駆ける音は音律にかなう

馬には四つの足があるが
遅い速いは私の心のままだ
手綱は私の手に応じて
その調和は琴瑟のようだ
東西に行き南北に行き
山と林とを上下する
ただ心に行きたいと思うがままで
天下をあまねく訪ねることができる
ああこの上ないことだ、人と馬と
両者の楽しみは邪魔し合うことがない
伯楽は馬の外面を理解していたが
ただその価値が千金であることを知っていただけだ
王良は馬の本性を理解しており
この術はもちろん伯楽よりも深いものだ
良馬は優れた御者を必要とする
この私の言葉は戒めにできよう

【問題文Ⅱ】

すべて馬車を御するにあたって大事なことは、馬体が馬車に安定し、御者の心が馬と調和して、そうなった後で速く進み遠くを極めることができます。ところが今わが君は、後になればわたくしに追いつこうとし、先になればわたくしに追いつかれることを恐れています。そもそも道を進んで遠くまで競争をしたならば、先に行くのでなければ後（先になるか後になるかどちらか）なのです。それなのに（わが君は）先になっても後になっても心はわたくしにあるのです。馬と調和することなどできはしません。これがわが君が後になった理由なのです。

〈設問解説〉

問1　文字の意味の設問

(ア)　「徒」は「徒歩」「弟子・生徒」などの意を表し、副詞として「いたづらに（むだに）」「ただ（～だけ）」の働きをする。傍線部では直下の動詞「知」に掛かる副詞の働きで、「ただ知っているだけだ」の意を表していると考えられるので、おなじく「ただ」と読む選択肢①「只」が正解だと判断できる。

(イ)　「固」は漢文では主に副詞として働き、「もとより」と読んで「本来」「当然」「もちろん」などの意を表す。よって選択肢⑤「本」が正解。

なお、「当然」は「必」とほぼ同意であり、波線部を含む句の解釈として「この術は必ずやすでに深い」も容認できるので、選択肢③「必」も正解として良いと思われる。

問2　文字・語句の解釈の設問

(1)　「何」は疑問詞として「なんぞ（なぜ・どうして）」「なにをか（なにを）」「なんの（何の・どんな）」「いづれ（どちら）」「いづく（どこ）」などの働きをし、本来の疑問を表現するだけでなく、反語や詠嘆を表現する。波線部と直後は「何ぞ蕭森たる」と読んで、「なんとひきしまって美しいことだ」の意だと考えられる。よって選択肢⑤が正解。

(2)　「周」は「めぐる（周囲をめぐる）」「まはり（周囲）」の意と、「あまねし（広くすべてにゆきわたって）」の意を表す。波線部と直後は「広くすべて訪ねる」だと考えられるので、「あらゆるところに」とある選択肢③が正解。

(3)　「至」は「やってくる」の意と、「至上」「至高」という言葉があるように、「この上ない」の意を表す。「哉」は疑問・反語を強調し、また「かな」と読んで詠嘆を表現する。波線部では後者の働きで、「いたれるかな」と読み、「なんとこの上ないことだ」の意を表していることがわかる。波線部では人馬が一体となって素晴らしい働きをしていることを詠嘆していると考えられるので、「このような境地にまで到達できるものなのか」とある選択肢④が正解。

問3　漢詩の規則と二つの問題文に関する設問

漢詩の規則としては、以下のことをおぼえておけばよい。

形式

出題された詩が

四句　→絶句

八句　→律詩

それ以外→古詩

韻＝末尾の母音が共通する文字

いずれの詩も偶数句末に韻字を置く

七言詩は第一句末にも韻字を置くのが原則

対句

律詩の第三句と第四句、第五句と第六句は必ず対句

古詩はほとんどの作品で対句が作られる

空欄は第八句の末だから韻字である。他の韻字は「森・陰・音・琴・林・尋・侵・金・深・箴」で、いずれも「ン」の音で終わっている。よって「心（シン）」「進（シン）」「先（セン）」「臣（シン）」が正解の候補となる。空欄に代入して考えると、「速い遅いは私の心にある」つまり、「速い遅いは私の心のままだ」と解釈できる選択肢②が適当だと思われる。ここで**【問題文Ⅱ】**を確認すると、車を御するには心のあり方が大事だと述べていることがわかるので、②が正解だと決定できる。

※二〇二〇年のセンター試験に引き続いての漢詩の出題で、今後の共通テストでは漢詩が積極的に出題されると予想される。漢詩の規則を確認しておこう。

問4　書き下しの設問

まず決まった読みがある部分から決定してゆく。「所[動詞]」は「～ところ」と読み、「～すること・もの」の意を表現する。「欲[動詞]」は「～んとほつす」と読み、「～したい」「～しようとする」の意を表現する。「適」は副詞「たまたま（ちょうど良く）」、動詞「ゆく（行く）」「とつぐ（嫁ぐ）」「かなふ（適切である）」などの働きをする。ここでは「欲」の下にあるので動詞としての働きである。よって「所欲適」を「適かんと欲する所」と読んでいる選択肢④が正解だと考えられる。念のために選択肢全体の解釈が「ただ心に行きたいと思うことで」つまり「ただ心に行きたいと思うがままで」となって、文脈にも当てはまることを確認しておこう。

問5　解釈の設問

傍線部に「後則欲逮臣」「先則恐逮于臣」という対句的表現が作られていることに注意。「則」は「すなはち」と読み、「～すれば」の意を表す。「逮」は動詞「およぶ（追いつく）」。「臣」は臣下の自称。「于」は「於」と同様、一種の前置詞として働き、場所や対象を示し、また、受身・比較を作る。傍線部では「私に追いつかれる」の意を表現している。対比をなしている「後」「先」はそれぞれ「後になる」「先になる」の意。対句的な部分は全体として「後になれば私に追いつこうとし、先になれば私に追いつかれることを恐れる」の意を表していることがわかる。よって選択肢⑤が正解。

※対比や対句をなしている部分を設問にするのは従来のセンター試験で頻出であったが、傾向が変化していないことがわかる。常に傍線部やその前後が対比・対句をなしていないか注意を払おう。

問6　二つの問題文の内容に関する設問

問3で確認したように、いずれの問題文も御する人の心が大事であることを述べている。そして**【問題文Ⅰ】**では「調和如瑟琴」とあって、人馬が調和すること、**【問題文Ⅱ】**では「何以調於馬」とあって、傍線部Cのように勝負に気を取られていては馬と心が調和することなどできないことを述べている。よって、「馬と一体となって走ることも大切である」とあり、「他のことに気をとられていては、馬を自在に走らせる御者にはなれない」とある選択肢③が正解である。二つの問題文に共通する「調」という文字に注意しよう。

① 20230706